그누위즈의

PHP&MySQL
웹 프로그래밍 입문 + 활용

그누위즈의
PHP&MySQL 웹 프로그래밍 입문 + 활용

초판 1쇄 인쇄 | 2018년 10월 5일
초판 1쇄 발행 | 2018년 10월 15일

지은이 | 윤성훈 정동진 최주호 공저
펴낸이 | 김병성
펴낸곳 | 앤써북

출판사 등록번호 | 제 382-2012-0007 호
주소 | 경기도 고양시 일산 서구 가좌동 565번지
전화 | 070-8877-4177
FAX | 031-919-9852
도서문의 | 앤써북 http://answerbook.co.kr

가격 | 23,000원
ISBN | 979-11-85553-43-6 13000

Preface
머리말

저는 현재까지 수백여 개의 홈페이지를 제작하고 프로그래밍 관련 강의와 실무에서 다양한 작업들을 하고 있습니다. 아마 저 뿐만이 아니라 많은 분들이 웹 프로그래밍을 공부함에 있어서 가장 기본적이고도 중요한 시작 단계는 PHP와 MySQL 을 배우는 단계라고 생각할 것입니다. 저도 몇 년전 PHP 공부를 처음 시작할 때 온라인과 오프라인을 가리지 않고 열심히 찾아다니며 공부했던 기억이 있습니다. 제가 그때 PHP를 공부하면서 느꼈던 생각들과 현재 웹 관련된 일을 하면서 신입이나 입문자들이 확실한 기초를 잡을 수 있는 PHP 관련 책이 필요하다는 것을 절실하게 느꼈습니다. 그래서 이 책은 PHP와 MySQL을 처음 시작하는, 즉 전문 프로그래머를 목표로 하는 초보자들을 대상으로 하여 집필하였습니다.

요즘은 세계적으로 프로그래머 인력이 더욱 필요한 시대가 되어가고 있습니다. 특히 IT강국인 우리 대한민국의 IT산업은 우리가 따라갈 수 없을 정도로 빠르게 진화하고 성장하고 있습니다. 프로그래머는 인구가 많은 동시에 인력이 부족하다는 점에서, 우리의 가장 가까운 곳에 문이 활짝 열린 창조적인 일이라고 할 수 있을지도 모릅니다.

우선 프로그래머라는 직업은 결코 쉽지 않은 길이라고 생각합니다. 시간이 지날수록 새로 생기는 프로그래밍 언어, 기술들이 하루가 다르게 쏟아지기 때문에 끊임없이 자기 개발을 필요로 하는 아주 고독한 싸움이 될 지도 모릅니다. 프로그래머가 되려면 나름의 노력과 경험이 필요한데, 그 첫걸음이 바로 책을 통함 배움입니다. 이 책에서 프로그래머가 되기 위해 첫걸음을 내딛고 어엿하게 제 몫을 해내는 PHP 프로그래머로 성장한 여러분과 어딘가에서 만날 수 있기를 기대합니다.

이 책이 나오기까지 저뿐만 아니라 제 주위에 계신 많은 분들의 여러 가지 많은 아픔과 노력과 희생이 있었습니다. 우선 항상 옆에서 많은 응원과 격려를 해준 사랑하는 우리 부모님 그리고 가족에게 사랑과 감사의 마음을 전하고 싶습니다. 힘들 때 마다 옆에서 의지가 되는 우리 친구들 그리고 이 책을 완성도 높은 책으로 만들기 위하여 출판 기획과 편집을 맡아주신 앤써북 임직원 여러분께 감사의 말씀을 전합니다.

여기까지 오기위해 현업에서 함께 혹은 다른 곳에서 일하면서 프로그래밍에 대한 여러 가지 고민을 했던 여러 동료선후배분들과 SIR회원님들, 제가 운영하고 서비스 하고 있는 그누위즈(gnuwiz.com)의 여러 회원님들에게도 감사드립니다.

마지막으로 말없이 묵묵히 많은 것들을 지원해 주었던 사랑하는 나의 보물 treasure에게 이 책을 바칩니다.

지자씀

책 예제 파일 &
강의자료(PPT) 다운로드

책의 예제 소스는 그누위즈(gnuwiz.com) 또는 앤써북(answerbook.co.kr)에 접속한 후 [책 소스/자료받기] 게시판을 클릭한 후 '[소스 다운로드] PHP&MySQL 웹 프로그래밍 입문+활용 다운받기' 게시글을 클릭하면 다운로드 받을 수 있습니다.

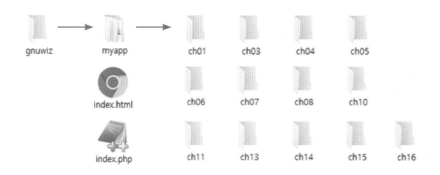

강의자료(PPT) 다운로드 방법

강의자료(PPT 파일)는 채택된 도서에 한하여 교수 · 강사 · 교사에게만 제공됨을 원칙으로 합니다. 강의자료 (PPT 파일)를 다운 받기 위해서는 그누위즈(gnuwiz.com) 또는 앤써북(answerbook.co.kr)에 접속한 후 [자료요청] 게시판의 '강의 자료(PPT) 요청 안내 사항' 게시글을 참조하시기 바랍니다.

책을 보면서 궁금한 사항을 Q&A 게시판에 올려주시면 최대한 빠른 답변을 얻을 수 있습니다.

❶ 저자가 운영하는 GNUWIZ 커뮤니티 사이트(gnuwiz.com)에 접속한 후 [BOOK] 메뉴를 클릭합니다.

❷ PHP&MySQL 게시판에 책을 보면서 궁금한 사항을 올려주시면 최대한 빠른 시간에 답변을 얻을 수 있습니다.

Contents
목 차

Contents
목 차

Contents
목 차

Contents
목 차

Part 03

PHP 실전 프로그램 익히기

PHP
Programming

PART
01

PHP 웹 프로그래밍 시작하기

Chapter

01

웹 프로그래밍의 이해

이번 장에서는 복잡한 웹 기술에 대한 변천사를 간략하게 정리하고 PHP로 작성한 웹 페이지가 가지고 있는 특징적인 기술에 대해서 알아보겠습니다. 그리고 PHP의 동작방식에 대한 이해와 이러한 기술들을 적용하여 사용할 때 나타나는 장점들에 대해서 알아보겠습니다. 이번 장에서 특별히 깊은 사전 지식이 요구되는 것은 아니지만, 웹 프로그래밍에 있어서 꼭 필요한 부분입니다.

01 _ 웹? 웹! 그리고 동적 컨텐츠!

▲ 대표적인 5개의 브라우저

웹에 대한 사전적 의미를 살펴보겠습니다.

'세계 규모의 거미집 또는 거미집 모양의 망이라는 뜻으로, 하이퍼텍스트(hypertext)라는 기능에 의해 인터넷 상에 존재하는 온갖 종류의 정보를 통일된 방법으로 찾아볼 수 있게 하는 광역 정보 서비스 및 소프트웨어이다. 월드와이드 웹은 WWW 또는 웹(web)이라고 부르며,(...중략...) 전 세계의 하이퍼텍스트가 이리저리로 연결된 모습이 마치 거미가 집을 지은 것처럼 보이기 때문에 월드와이드 웹(WWW)이라는 이름이 붙여졌다. (...중략...) 웹 서버에 있는 하이퍼텍스트를 볼 수 있게 하는 응용 소프트웨어가 브라우저(Browser)인데, 아주 기본적으로 많은 사람들이 사용하고 있는 마이크로소프트사에서 개발한 인터넷 익스플로러(Internet Explorer), 구글에서 개발한 크롬(Chrome), 모질라에서 개발한 파이어폭스(FireFox), 오페라 소프트웨어에서 만든 오페라(Opera), 애플에서 만든 사파리(Safari) 등이 있습니다.

– 참조_두산 동아사전에서

사전적 의미 그대로 웹은 망, 그물의 형태를 띠고 있는 네트워크입니다.

❖ 클라이언트와 서버(CS) : 월드와이드 웹(WWW)에서 브라우저가 작동하는 원리를 이해하기 위해서는 클라이언트와 서버라는 용어에 대해 알고 있어야 합니다. 왜냐하면 월드와이드 웹 서비스가 바로 클라이언트(Client)–서버(Server) 모델을 기본으로 작동하고 있기 때문인데 여기에서 클라이언트라는 것은 네트워크에서 정보를 요구하는 쪽을 의미하고, 서버라는 것은 요구받은 정보를 제공하는 쪽의 컴퓨터를 의미합니다. 즉 사용자의 브라우저가 클라이언트가 되는 것이고, 정보를 제공하고 있는 웹 사이트의 시스템은 서버가 되는 것입니다

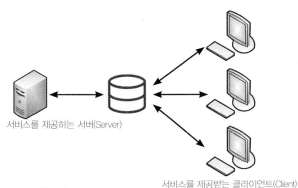

서비스를 제공하는 서버(Server)

서비스를 제공받는 클라이언트(Client)

▲ 클라이언트와 서버

웹의 역사를 잠깐 살펴보면 1969년도 인터넷이 개발된 이후 1989년 3월 팀 버너스 리에 의해 연구가 시작되어 개발되었습니다. 초창기의 웹은 지금과는 사뭇 다른 양상을 보였으며, 단순한 정보저장의 역할로서 수행을 하게 되었습니다. 하지만, 다양한 기업에서의 브라우저 개발이 시작되면서 기술적 차원의 발전을 통해 지금과 같은 웹이 탄생하게 되었습니다.

즉 초창기에 개발된 웹 브라우저, 웹 서비스, HTTP, HTML 등의 기술이 저작권에 대한 모든 부분에 오픈 되었고 이에 웹은 폭발적인 사용과 발전을 거듭하며 지금에 이르게 된 것입니다.

웹은 인터넷을 더욱 발전시켰습니다. 기존의 전화망에 버금가는 거대한 세계적 정보 기반이 되었고 그런 기반은 상거래라는 또 다른 단계로 진화를 거치게 됨으로써 전자상거래의 중요한 매체가 되었습니다.

웹, 인터넷의 역사에 대한 것은 이쯤에서 각설하고, 이제는 웹이란 것이 과연 어떻게 작동되는 것인 가? 웹을 통한 서비스는 어떻게 구현이 될 수 있는가에 대한 부분으로 초점을 맞추겠습니다.

운전면허 학원에 가도 운전하는 방법만 가르치진 않습니다. 자동차의 내부가 어떤 지에 대해서도 배우게 됩니다. 하물며 '웹 프로그래밍'이란 분야에 대해 알고자 하는데 웹이 어떻게 동작 되는지, 어떤 구성으로 되어 있는지도 모른 채 그냥 넘어 갈 수가 있겠습니까? 그렇다면 웹 프로그래밍에서의 대상은 무엇일까요? 바로 HTML 태그로 작성되어진 웹 페이지입니다. 그렇기 때문에 HTML 태그정도는 기본적으로 알고 있어야 합니다. 하지만 멋지고 화려한 HTML 구사기술이 요구되는 것은 아닙니다.

01-1 웹의 동작

웹이 동작되는 주요 요소로는 웹 브라우저, 웹 서버가 있습니다. 우리는 흔히 웹을 이야기할 때 두 가지 차원에서 이야기를 진행합니다. 우리가 흔히 웹을 사용하기 위해 클릭하게 되는 '웹 브라우저'와 웹 페이지의 요청에 응답하는 '웹 서버'입니다. 여기서 '웹 브라우저'는 클라이언트로 불리며, '웹 서버'는 서버로 불리게 됩니다.

다음 상황을 머리에 떠올려 보시기 바랍니다.

여러분은 전화기 앞에 있습니다. 전화기에는 송수화기가 있어 여러분의 말을 전달할 수 있고 반대편에서 오는 말도 들을 수도 있습니다. 여러분은 통화를 원하는 상대의 번호로 다이얼을 돌려 신호를 기다립니다.

여러분은 어떤 회사의 전화번호를 알기 위해서 114로 전화를 걸었습니다. 114 교환원은 당신의 요구 사항을 듣고 그 요구사항에 맞는 전화번호를 찾기 위해 전화목록 데이터베이스에서 검색을 하거나 이미 알고 있는 번호라면 굳이 검색을 하지 않을 수도 있을 것입니다. 교환원이 검색을 하는 동안 여러분들의 수화기에는 '대기중'이란 의미의 음악소리나, '잠시 기다려주세요'라는 메시지가 들리겠죠. 그러나 여러분은 114 교환원이 어떻게 필요한 전화번호를 찾는지에 관해서는 알 수 없습니다. 교환 원이 전화번호를 알려주기 전까지 기다리는 시간동안 어떻게 전화번호를 알아내는지, 어떤 행동을 하는지, 무엇을 하고 있는지 알 수가 없습니다. 이윽고, '대기중' 메시지가 끝나고 교환원으로부터 필요한 전화번호를 듣습니다.

자, 이번에는 여러분이 인터넷을 통해 검색하는 과정을 떠올려 보겠습니다.

여러분 앞에는 컴퓨터가 있고 그 안에 웹 브라우저가 있습니다. 그리고 인터넷에 연결되어 있는 검색 정보를 제공하는 네이버나 구글 사이트로 접속을 하였습니다. 브라우저를 통해서 검색 사이트로 접속하기 위해 URL을 입력하고 해당 사이트가 브라우저에 표시되면 검색어를 입력하는 곳에 검색어를 입력하고 검색버튼을 누릅니다. 검색 버튼이 눌려지고 나면 상태 바에서 "검색 중"이란 글자와 함께 상태 바가 조금씩 움직이고 움직이는 시간동안 여러분은 기다립니다.

어느 정도의 시간이 경과한 후 검색어에 맞는 검색 결과들이 여러분의 브라우저에 보이게 됩니다.

이제 전화를 거는 상황과 인터넷에서 검색하는 상황을 비교해 보도록 하겠습니다. 여러분의 전화기는 컴퓨터가 되고, 송수화기는 브라우저이며, 114 전화번호는 검색 사이트의 특정 URL이 됩니다. 계속해서 교환원은 검색 사이트가 되는 식입니다.

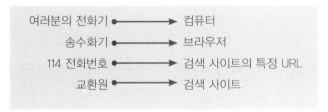

이것이 바로 웹이 동작하는 방식입니다.

웹이 동작하는 방식을 그림으로 도식화하면 다음과 같이 표현할 수 있습니다.

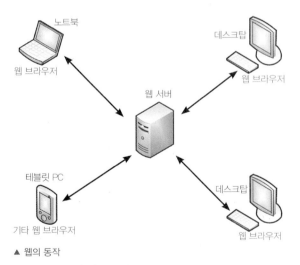

▲ 웹의 동작

❖ 요청(request)과 응답(response)
· 요청 : 클라이언트에서 서버로 정보를 요구하기 위해 보내는 메시지입니다. 이 요청 방식에는 GET 방식과 POST 방식이 있습니다.
· 응답 : HTTP에서 요구된 메시지에 대한 응답, HTML, 이미지 등이 응답의 내용이 됩니다.
요청과 응답은 HTTP라는 프로토콜(통신규약 또는 통신약속)을 지키면서 통신을 합니다.

웹의 동작은 사용자의 브라우저를 통해 다른 쪽에 있는 웹 서버로 사용자의 요청이 들어가게 됩니다. 해당 웹 서버에 요청이 도착하면 웹 서버는 요청에 맞는 처리를 한 후 다시 사용자에게로 요청에 대한 처리결과를 응답으로 보내게 됩니다. 결국 웹의 동작은 요청과 응답으로 이루어진다는 것입니다. 그리고 사용자의 브라우저에서 보이는 화면은 HTML 태그로 구성된 웹 페이지인 것입니다.

01-2 정적 페이지, 동적 페이지

지금까지 웹의 동작에 대해 알아보았습니다. 하지만 웹의 동작이 전화를 걸고 받고 하는 식으로 간단하다면 왜 많은 웹 프로그래밍 언어가 개발되고, 우리는 왜 PHP로 작성한 페이지에 대해서 궁금하게 여기는 것일까요?

위에서 언급한 전화를 거는 상황을 한 번 더 예를 들어 설명하겠습니다.

전화를 건 한 사람, 한 사람은 자기가 원하는 곳에 대한 전화번호만 필요로 하지만 전화를 받는 쪽, 교환원의 입장에서는 한 사람만이 아닌 아주 많은 사람들로부터 걸려온 전화를 받아서 그들 각각에게 원하는 정보를 제공해야 합니다. 전문적인 용어를 빌린다면 보다 개인화된(personalized) 정보를 제공해야 한다는 것입니다.

마찬가지로 웹 서버는 개인화된 응답을 제공해야만 합니다. 웹에서 개인화된 응답에 대한 몇 가지 예를 들자면, 시시각각 변하는 주식시세, 메일목록, 쇼핑몰에서 장바구니 안의 상품목록, 일기예보, 교통정보 등 한 개인이 필요로 하는 정보가 담겨져 있습니다. 또한 아주 짧은 시간 간격으로 자주 바뀌는 정보들입니다.

교환원의 경우에는 전화번호 데이터베이스에서 적절한 전화번호를 찾아내서 전달을 해주면 되지만, 웹 서버는 개인화된 정보를 사용자의 브라우저에 보여주기 위해서 이루 헤아릴 수 없을 정도의 많은 경우의 수에 대한 페이지를 가지고 있다가 요청에 맞는 페이지를 찾아서 보여주는 식이 되어야 합니다.

그렇다면 정말 웹 서버는 이러한 모든 상황에 맞는 웹 페이지를 가지고 있는 것일까요? 이러한 문제로 인해 '동적(Dynamic) 페이지'란 개념이 생겨나게 됩니다. 개별적인, 즉 개인화된 웹 페이지를 보여주기 위해서 특별한 처리를 수행할 수 있도록 하여 주

> **○ 동적 컨텐츠, 동적 페이지?**
> 콘텐츠를 동적으로 생성하는 페이지 또는 동적인 콘텐츠를 만든다고 생각하면 됩니다. 좀 더 쉽게 말하면 HTML 태그, 여러 이미지 등으로 구성되어 브라우저에서 보이는 웹 페이지들을 적절한 처리를 통해서 자동으로 HTML 태그들을 생성하고 이미지를 배치해서 사용자의 다양한 요구에 부합하도록 만들어진 페이지라고 할 수 있습니다.

식정보, 일기예보 등과 같은 동적인 정보를 웹 페이지에 포함시켜서 자동으로 웹 페이지를 생성한다는 것입니다.

'정적이다', '동적이다'란 말에 대해 결론을 말씀드린다면, 정적인 페이지는 '고정된, 변하지 않는' 성격을 가진 페이지입니다. 도서관에 있는 책을 브라우저를 통해 볼 수 있는데 이 때 보는 페이지는 책의 내용을 그대로 웹 페이지로 옮겨놓은 정적인 페이지입니다. 그리고 동적인 페이지는 '자동'으로 생성된 페이지라는 것입니다. 이렇게 자동으로 생성된 페이지는 브라우저를 통해서 사용자가 볼 수 있게 됩니다.

이제는 동적인 페이지를 생성할 수 있는 서버 측의 구성을 알아봄으로서 동적인 페이지가 어떻게 해서 생성이 되는가에 대해서 알아보겠습니다.

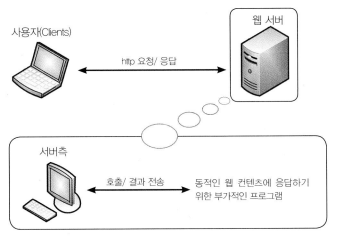

사용자(Clients)

http 요청/ 응답

웹 서버

서버측

호출/ 결과 전송   동적인 웹 컨텐츠에 응답하기
위한 부가적인 프로그램

▲ 동적인 컨텐츠 생성을 수용하는 서버측 구성

여기에서 클라이언트란 우리가 웹 브라우저로 접속하고 눈에 보이는 페이지로 흔히 보이는 즉 'View Page' 라고 합니다. 웹 개발을 하는 직업군으로 이야기하자면 프론트 엔드(Front-End)라고 할 수 있습니다.

서버란 웹 브라우저에서 불러진 파일을 필요로 할 때, 브라우저는 HTTP를 통해서 웹 서버에 파일을 요청합니다. 요청이 올바른 웹 서버에 도달하면 HTTP 서버는 요청된 문서를 HTTP를 이용해 다시 브라우저에 보내줍니다. 우리가 눈으로 확인할 수 없는 데이터베이스와의 연동을 하는 곳으로 웹 개발을 하는 직업군으로 이야기하자면 백 엔드(Back-End)라고 불리웁니다.

간단히 설명을 드리면 웹으로부터 들어오는 요청에 대한 결과물을 만들기 위해, 다시 말해 사용자가 보고자 하는 페이지를 생성하기 위해서는 웹 서버가 요청을 받은 뒤에 요청을 적절히 처리할 수 있는 웹 서버 프로그램에게로 요청을 다시 재전송하게 됩니다. 이렇게 요청이 '웹 서버 프로그램'에게 넘겨지게 되면 그 요청을 받은 프로그램은 필요한 결과물을 생성하게 되고 그 결과물을 웹 서버가 다시 받아서 사용자에게로 넘겨주게 되는 것입니다.

따라서 기존의 웹 서버에 새로운 기능을 가진 프로그램을 탑재하여 동적으로 HTML을 생성할 수 있게 해준 가장 초창기의 기술이 탄생하게 되었고, 이렇게 탄생한 기술에 대한 단점들이 발견되고, 더 나은 기술이 과거의 단점을 해소하면서 지금의 동적 컨텐츠 생성에 대한 기술들이 개발되었습니다. 여러분이 이미 알고 있는, 혹은 지금 알고자 하는 웹 프로그래밍 언어는 이러한 동적인 개념을 실제로 구현하기 위한 기술들인 것입니다. 그럼 어떠한 기술들이 발전되어져 왔는지, 어떤 식의 동작을 하는지에 대해 알아보도록 하겠습니다.

❍ 프론트 엔드(Front-End)와 백 엔드(Back-End)

프론트 엔드 ——————— 주문(데이터 전달) ——————▶ **백 엔드**

음식점의 카운터   ◀—— 만든 음식(처리된 데이터)을 전달 ——   음식점의 주방

▲ 프론트 엔드와 백 엔드

정확하게는 프론트 엔드 개발자라고 합니다. 프론트 엔드 개발자를 웹 계열에서는 퍼블리셔(Publisher)라고 통칭하기도 하지만 요즘 같이 UI, UX의 중요성이 높아진 웹 시장에서는 퍼블리셔의 역할이 갈수록 중요해지고 있습니다. 쉽게 말해 프론트 엔드는 사용자가 직접 눈으로 보면서 다루는 부분을 말합니다. 웹 사이트의 로그인 폼의 디자인과 구성, 배치 등을 예로 들 수 있습니다. 백 엔드는 이런 사용자의 요청에 대해 처리하고 다시 프론트 엔드로 처리된 결과를 전달해주는 역할을 말합니다. 프로그램의 뒷부분 즉, 서버 쪽을 비롯하여 서버와 클라이언트가 연결되는 역할을 하는 부분을 개발하는 것을 이야기합니다. 위에서 설명한 프론트 엔드가 로그인 폼의 디자인과 구성이라면 백 엔드는 입력 받은 아이디와 패스워드를 웹 서버의 데이터베이스에서 조회하고 그 결과를 프론트 엔드에 전달합니다. 이같은 프로세스는 사용자의 눈에 보이지 않습니다. 이게 백 엔드 개발자가 담당하는 역할이라할 수 있습니다.

개발 영역이 다른 만큼, 프론트 엔드와 백 엔드는 사용하는 언어도 다릅니다. 프론트 엔드는 HTML5, CSS, Javascript 등의 언어가 활발하게 쓰이고 있고, 백 엔드는 웹 서버 구축과 관리에 관여해야 하는 만큼 서버관리 쪽과 PHP, MySQL, JAVA 등 여러 가지 언어를 사용하는 것이 특징입니다.

(1) CGI

가장 먼저 웹 페이지에 동적인 생명을 불어넣기 위한 기술은 CGI입니다. CGI는 Common Gateway Interface의 약자로 사전적인 의미는 월드와이드 웹(www) 서버와 백 엔드 프로그램(게이트웨이라고 부름)사이에서 정보를 주고받는데 사용되는 인터페이스입니다.

CGI는 웹 서버와 동적 컨텐츠 생성을 맡은 프로그램 사이에서 정보를 주고받는 인터페이스입니다. 이 게이트웨이 개발 언어로 Perl, C 등 어떤 언어도 사용이 가능합니다. CGI의 규약을 준수한다면 어떠한 언어도 사용 가능하다는 것이 CGI의 장점이 됩니다. CGI 프로그램은 처리방식에 있어서 프로세스를 생성하여 처리하게 되는데, 한 요청에 대해 한 프로세스가 생성이 돼서 그 요청을 처리한 뒤 종료해 버리게 됩니다.

❂ 프로세스 : 프로그램이 실행중인 상태를 말합니다. 여러분 컴퓨터에는 각각의 프로그램을 뜻하는 아이콘들이 있습니다. 하지만 그런 프로그램은 여러분이 더블클릭하여 실행하지 않으면 단지 하나의 프로그램으로 존재할 뿐입니다. 여러분이 클릭하여 문서 편집창이 열렸다면 그것은 문서편집 프로그램에서 실행중인 상태(프로세스)라고 할 수 있습니다.

❂ 스레드 : 컴퓨터 프로그래밍에서 어떤 프로세스 또는 프로그램의 일부분이 되는 프로세스입니다. 은행을 예로 들면 프로세스는 은행이고 스레드는 은행 안에 있는 각각의 창구입니다. 각각의 창구에서 여러 사람들이 업무를 볼 수 있겠죠. 창구가 하나 밖에 없다면 또 다른 은행을 만들어서 업무를 처리해야 합니다. 그것보다 창구를 하나 더 추가하는 것이 훨씬 더 효율적이겠죠?

예를 들어 1000번의 동적인 컨텐츠 요구에 대한 응답을 제공하기 위해서 CGI 프로그램은 1000개의 프로세스가 생성이 되었다가 요구에 대한 처리를 마친 후 종료됩니다. 이러한 프로세스 기반의 CGI 프로그램은 많은 사용자가 몰리는 웹 사이트에 요청되는 수천, 수만의 요청에 대해서 하나의 요청마다 새로운 프로세스가 생성되고, 처리하고, 종료하는 방식 때문에 시스템에 많은 부하를 가져왔으며 이러한 부분은 중대한 단점으로 나타나게 되었습니다. 하지만 CGI는 동적 컨텐츠 생성 기술 중 비효율적이긴 하지만 이후에 발전될 기술들의 기반이 되었습니다.

(2) 확장 CGI

전통적인 CGI 방식의 단점들을 보완한 기술들이 확장 CGI로 발전하게 되었습니다. 확장 CGI는 매번 프로세스를 생성하는 방식이 아니고 동일한 프로그램에 대해서는 하나의 프로세스를 생성한 후 여러 개의 스레드 방식으로 요청이 처리되는 방식이기 때문에 시스템의 부하를 줄일 수 있습니다.

확장 CGI에 속하는 기술들은 PHP, ASP, Servlet, JSP 등이 있습니다. 각각의 기술들에 대한 특징을 간략하게 알아보도록 하겠습니다.

▪ PHP

PHP(Personal HomePage Tools, Professional Hypertext Preprocessor)는 ASP와는 달리 특정 영역에서만 동작하지 않고, C 언어의 문법과 유사하기 때문에 기존의 개발자들에게 쉬운 접근이 허락되었습니다. 또한 적은 명령어들로 프로그래밍이 가능하게 되어 있기 때문에 편리성이란 측면에서 많은 이점이 있습니다. 다른 언어보다 직관적으로 코드를 작성할 수 있고 작성해야 하는 코드의 양이 적습니다. 개인 웹호스팅 부분에서의 웹 프로그래밍의 점유율은 여전히 PHP의 강세가 이어지고 있는 추세입니다. 하지만 PHP는 간단한 사이트를 제작하기 위해서는 효율적이지만 복잡한 대형 사이트를 만드는 데는 효율적이지 못하다는 단점이 있습니다. 그리고 오픈소스로 만들어졌기 때문에 다른 언어에 비해서 안전하지 않은 언어 구조를 가지고 있다는 단점이 있습니다.

◐ 오픈소스(Open Source) : 오픈소스는 인터넷을 통해서 무상으로 공유 공개된 소스코드로써 누구나 소스코드를 수정, 재배포할 수 있도록 하는 것 또는 그런 소프트웨어를 뜻합니다.

◐ 스크립트 언어 : 스크립트는 컴퓨터 프로그래밍에 있어서 어떤 한 프로그램이라기보다 '어떤 일을 수행하는 부분 코드들' 정도로 이해하면 됩니다. 일반적으로 프로그램은 어떤 프로그램이 언어로 작성이 되어 그것을 컴파일 하여 실행을 할 수 있게 됩니다. 그렇게 하기 위해서는 완성된 프로그램의 형태를 띠고 있어야 합니다. 하지만 스크립트는 그러한 완성된 프로그램보다 명령어들의 부분적인 나열로 이해하면 됩니다.

▪ ASP

ASP(Active Server Page)는 Microsoft사에서 만들어진 확장 CGI의 기술입니다. ASP는 비주얼 베이직이라는 언어에서 사용되는 문법들을 사용하여 동적 컨텐츠를 만들어 내기 위한 기술입니다. ASP(Active Server Page)의 장점은 다양한 스크립트 언어를 지원하고, VBScript를 이용할 경우에는 서버 컴포넌트를 사용할 수 있는 장점이 있습니다. 하지만 단점으로는 윈도우즈 운영체제와 IIS라는 웹 서버에서 동작한다는 점을 꼽을 수 있고, 윈도우즈 개발 환경이 닷넷 플랫폼으로 변화하면서 ASP도 ASP.Net라는 이름으로 변경되어 많은 기능을 가지게 되었습니다.

◐ 랜섬웨어(Ransomware)란?
랜섬웨어란? 몸값을 뜻하는 램섬(Ransom)과 소프트웨어 제품을 뜻하는 웨어(Ware)가 합쳐진 단어. 악성코드로써 사용자의 동의 없이 컴퓨터에 설치되어 내부 파일을 인질로 잡아 돈을 요구하는 악성 프로그램의 일종. 일반적으로 윈도우 운영체제가 설치된 PC에서 가장 많이 발생하지만 모바일 환경에서도 발생하며, 맥OS도 랜섬웨어에 감염 될 수 있습니다.

▪ Servlet/JSP

• Servlet(Server + Applet) : 확장 CGI 방식으로 Sun 사에서 내놓은 기술입니다. Java라는 언어를 기반으로 하여 동적인 컨텐츠를 생성하는 기술을 제공합니다. 우선 서블릿은 Java 프로그램의 형식을 많이 닮았습니다. 이러한 형태는 Java 코드 안에 HTML 태그가 혼재되어 있어서 작업에 대한 분리적인 측면에서 볼 때 그 효율성이 떨어집니다. 서블릿의 사이클과 간단한 예제 작성은 Chapter03에서 다루도록 하겠습니다.

- JSP(Java Server Pages) : JSP 또한 Java라는 언어를 기반으로 하여 만들어진 것이지만, ASP, PHP처럼 HTML 태그 사이 중간에 동적인 컨텐츠 생성을 담당할 Java 코드가 들어가 있는 형태로 서 블릿의 형태와 다른 모습을 취하고 있습니다. 다시 말하면 동적 컨텐츠를 생성하기 위해 스크립트 언 어 형식으로 프로그램을 작성할 수 있어 개발자에게 쉬운 개발을 할 수 있게 합니다. 또한 JSP는 사 용자 정의 태그를 지정할 수 있는 기능이 있어서 보다 효율적인 웹 사이트를 구성할 수 있습니다. 대 체로 대기업이나 금융권, 관공서 등 주로 규모가 큰 곳에서는 여전히 수요가 많지만, 이러한 곳이 아 니라면 서비스 내용 대비 홈페이지가 무겁기 때문에 선호하지 않는 경향이 있습니다. 그리고 신흥강 자로 node.js와 기타 언어들이 나타나면서 JSP의 점유율도 서서히 떨어지고 있는 추세입니다.

용어		설명
	CGI	· 동적 컨텐츠 처리를 위한 가장 전통적인 방법입니다. · CGI용 프로그램은 CGI 규약만 지키면 어떤 언어라도 가능합니다. · 프로세스 기반 프로그램으로 시스템의 효율성 측면에서 시스템에 많은 부하를 가져옵니다.
확장CGI	PHP	· 중소 규모의 웹 사이트 개발에 적합합니다. · 윈도우, 리눅스(유닉스), MacOS 등의 다양한 운영체제에서 동작 가능합니다. · 같이 사용되고 있는 MySQL 데이터베이스가 무료이고, 일반적으로 리눅스와 같은 서버 운영체제를 사용하기에 사이트 구축 비용이 가장 적게 소모됩니다.
	ASP	· Microsoft 윈도우 서버에서 동작하기 때문에 웹 서버 운영이 용이합니다. · 윈도우 서버에서 제공하는 컴포넌트를 사용하기 때문에 개발 기간을 단축시킬 수 있습니다. · 리눅스와 같은 유닉스 운영체제에서 동작 불가능합니다. · MSSQL(ASP와 같이 사용되는 데이터베이스)과 윈도우 서버가 유료이기 때문에 사이트 구축 비용이 많이 소모됩니다.
	Servlet/ JSP	· 성능이 우수하고 보안성이 가장 좋아 대규모 웹 사이트 개발에 적합합니다. · 객체 지향 언어 기반으로 개발 기간이 길고 상대적으로 개발의 어려움이 있습니다. · 일반적으로 오라클과 같은 대용량, 고가의 데이터베이스와 함께 사용되기 때문에 사이트 구축 비용이 가장 많이 소모됩니다.

▲ 표 1-1 | CGI, PHP, ASP, JSP 간략정리

◉ 이식 : 특정한 시스템에서 개발한 소프트웨어를 다른 시스템에 설치해서 동작하게 하는 작업을 말합니다. 한 시스템에서 개발되어져서 작동되는 소프트웨어는 그 시스템에 맞게 맞추어져 있습니다. 이러한 소프트웨어를 다른 기종에 옮겼을 때 그 기종의 특성에 맞게 수정되어져야 정상적으로 작동이 됩니다. 이러한 과정을 '이식'이라고 하는데 이식성이 높은 소프트웨어일수록 이러한 작업에 걸리는 시간이 단축됩니다.
예를 들어 윈도우용 프로그램은 리눅스나 유닉스에서 동작이 되지 않습니다. 윈도우용 한글 프로그램을 리눅스에서 사용할 수 없는 것과 마찬가지입니다. 하지만 이식성이 높은 프로그램 언어로 개발된 프로그램은 다른 기종으로 옮겨서 작동시키기에 용이합니다.
자바는 윈도우나, 리눅스 어디에서든 JVM이 설치되어 있다면 잘 동작하게 됩니다. 바로 이식성이 높기 때문이지요.

◉ 서버 & 클라이언트 측 스크립트 : 웹 프로그래밍에서 Script Language는 서버 측 스크립트, 클라이언트 측 스크립트가 있습니다. 이 두 개로 나누는 기준은 스크립트 언어의 실행 위치에 있습니다. 전자는 서버에서 실행하는 것이고, 후자는 사용자의 브라우저에서 실행하는 것입니다. 서버 측 스크립트 언어로 CGI, PHP, ASP, JSP, Servlet 등이 있고 클라이언트 측 스크립트 언어로는 자바스크립트, VB 스크립트, XML 등이 있습니다.

위의 도표는 각각의 기술들에 대해서 비교를 통한 특징을 살펴보기 위한 내용입니다. 여러분은 많은 웹 사이트에서 PHP, ASP, Servlet/JSP로 작성된 페이지들을 보셨을 것입니다. PHP, ASP, JSP는 기본적으로 스크립트 형태의 웹 페이지이기 때문에 어느 정도 공통된 형태를 갖고 있습니다.

위에 열거한 기술들은 서버 측에서 동적인 컨텐츠 생성을 담당하는 기술입니다. 이렇게 서버 측에 위치해서 실행되는 스크립트 언어들을 서버 측 스크립트(Server Side Script)라고 합니다. 반면 클라이언트 사용자의 웹 브라우저에서 실행되는 언어를 클라이언트 측 스크립트(Client Side Script)라고 합니다.

02 _ PHP란 무엇인가?

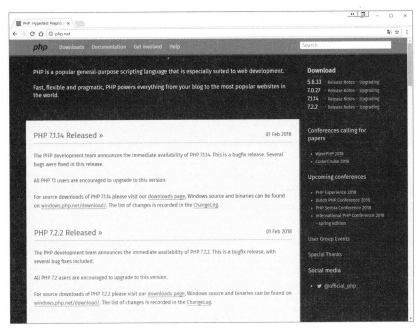

▲ PHP 홈페이지(php.net)

앞서 설명 드린 대로 PHP(Personal HomePage Tools, Professional Hypertext Preprocessor)는 웹 프로그래밍 언어들 중의 하나입니다. 웹 프로그래밍 언어는 동적인 페이지를 생성하기 위한 서버 사이드 스크립트 언어입니다. 그러한 언어들 중 PHP는 범용성을 지닌 널리 사용되는 오픈소스 스크립트 언어이며, 현재 최신 버전은 7.x까지 나와 있습니다. 이전의 PHP 5.6에 비해 빠른 속도와 메모리 사용률이 현저히 감소하였으며 뒷장에서 배우게 될 익명 클래스 등 다양한 부분이 향상 되었습니다. 특히 PHP 7 버전이 이전 버전에 비해 갖는 장점은 코드를 바꾸지 않고 PHP 5.x에서 PHP 7 버전으로 바꾸기만 해도 속도가 두 배 가량 향상되는 장점이 있고, 타입 힌팅(Type Hinting)이 강화되어 더욱더 엄격하게 코드를 작성할 수 있습니다. 또한 새로운 연산자들이 추가되어 프로그래밍하기 더욱 편리해졌습니다.

PHP는 실행 속도나 확장성 등 개발의 편의성이 다른 스크립트 언어보다 낫다고 할 수 있습니다. PHP 프로젝트가 오픈소스 기술이다 보니 이식성이 좋아서 리눅스나 윈도우 서버에서도 사용이 가능하며 거의 모든 웹 서버에서 실행할 수 있다는 특징이 있습니다.
예전에는 대기업이나 금융권에서는 PHP를 많이 선호하지는 않았지만, 최근에는 관공서나 여러 기관에서도 PHP를 많이 사용하는 곳이 늘어나고 있는 추세입니다. 가장 많이 사용되는 곳으로는 아무래도 단기간에 개발이 가능하고 다양한 PHP 웹 CMS로 만들 수 있는 개인 웹호스팅이나 쇼핑몰, 중소기업에서는 PHP가 많이 사용된다고 할 수 있습니다. 특히 쇼핑몰의 경우 대부분 PHP로 제작을 많이 하고 있습니다.

■ PHP의 주요 특징

– 오픈소스 기술이기 때문에 무료로 사용 가능합니다.
– 서버 측 스크립트로 동작합니다.
– C언어 혹은 자바 언어와 유사한 문법을 따릅니다.
– 데이터베이스와 쉽게 연동할 수 있습니다.
– 객체지향프로그래밍을 지원합니다.
– 많은 오픈소스 프레임워크와 라이브러리를 사용 가능합니다.
– 다양한 운영체제 환경에서도 사용 가능합니다.
– 가장 많은 공개소프트웨어가 PHP로 만들어졌습니다.

○ CMS(Contents Management System) : 웹 사이트에 있는 다양한 콘텐츠들을 효율적으로 관리할 수 있게 해주는 시스템이며, 홈페이지 제작툴을 포함해 B2C 콘텐츠 관리 시스템과 B2B 전자상거래에 쓰이는 관리 시스템 등을 모두 포함 합니다.

이렇게 해보세요 | PHP로 만들어진 솔루션은?

PHP로 만들어진 솔루션은 전 세계적으로 많은 점유율을 가지고 있는 워드프레스(WordPress), 네이버에서 제공하고 있는 XpressEngine, 게시판형태의 홈페이지와 쇼핑몰에서 많은 사용자를 가지고 있는 그누보드5(GnuBoard5)와 영카트5(YoungCart5) 등이 있습니다.

PHP는 C언어를 기반으로 만들어졌기 때문에 C언어가 갖는 특징들을 그대로 이어받고 있습니다. PHP의 특징은 이쯤에서 매듭짓고 PHP의 얼굴을 한번 보는 건 어떨까요? 실행을 시켜서 여러분의 브라우저에 PHP의 실행결과를 보는 것은 잠시 뒤로 미루고 어떻게 생겼을까 하는 궁금증을 해소 해 보겠습니다.

```html
<html>
<head>
<meta charset="utf-8">
<title>example</title>
</head>
<body>
    일반적인 HTML 페이지의 형태입니다.<br>
    올해는 2018년 입니다.<br>
    지금은 01월 입니다.<br>
    오늘은 01일 입니다.<br>
    오늘 날짜는 2018-01-01입니다.
</body>
</html>
```

위의 태그들로 구성된 페이지를 살펴보겠습니다. 단순한 HTML 태그로만 구성이 되어 있는 아주 정적인 페이지입니다. 동적인 웹 페이지에 대해 감을 잡은 분들은 뭔가 알 수 있을지도 모르지만 이 태그만으로 구성된 페이지는 이제부터 PHP가 무얼까 하는 부분에 대해서 설명하기 위한 가장 기본적인 프로그램이 될 것입니다.

만약 이 페이지로 현재 날짜를 보여주는 웹 사이트를 제공한다고 가정해 보겠습니다. 이 웹 사이트는 현재 회원수가 10명이며, 그들은 공교롭게도 모두들 달력을 가지고 있지 않아서 언제 어느 때고 이 사이트에 접속해서 날짜를 보고 그들의 약속을 정한다고 가정을 해보겠습니다.

자, 그럼 이 사이트의 운영자는 이 페이지를 시간에 맞춰 계속 현재 날짜로 고쳐서 수정된 페이지를 각 회원들에게 보여주어야 합니다.

여기서 말하는 것은 계속 변화하는 정보에 대한 표현 방법입니다. 단순한 날짜가 아닌 시간에 대한 정보라면 어떨까요? 아니면 실시간으로 변화하는 주식시세나 일기예보, 교통정보를 제공한다면 어떻게 될까요? 이 사이트의 서비스를 제공하는 회사는 당연히 그 페이지를 매번 수정해야 합니다. 당연히 많은 시간과 노력이 필요하겠죠.

```php
<html>
<head>
<meta charset="utf-8">
<title>example</title>
</head>
<body>
<?php
    $year = date('Y'); // 년
    $month = date('m'); // 월
    $day = date('d'); // 일
    $today = date('Y-m-d'); // 년-월-일
?>
    일반적인 HTML 페이지의 형태입니다.<br>
    올해는 <?php echo $year; ?>년 입니다.<br>
    지금은 <? echo $month; ?>월 입니다.<br>
    오늘은 <?= $day; ?>일 입니다.<br>
    오늘 날짜는 <script language="php"> echo $today; </script>입니다.
</body>
</html>
```

▲ 실행화면

위의 코드는 PHP 페이지의 아주 기본적이고도 핵심적인 형태입니다. 지금 보이는 익숙하지 않은 코드들에 대해선 신경 쓰지 말고 우선 이 페이지의 형태만을 보시기 바랍니다. 여러분들은 〈?php ... ?〉, 〈? ... ?〉, 〈?= ... ?〉 〈script language="php"〉 ... 〈/script〉 기호를 보실 수 있을 겁니다. PHP에서는 위와 같이 4가지 방법으로 HTML 문서 안에 PHP를 삽입해서 사용이 가능합니다. 이 부분들이 동적인 부분을 담당하는 부분입니다. 이 부분들이 서버에서 실행이 되어서 적절한 결과를 생성한 뒤에 다시 이 페이지에 그 결과가 포함이 됩니다. 즉 프로그램이 수행된 결과가 이 부분에 대신하여 놓이게 되어 웹 서버를 통하여 사용자의 브라우저로 전송되면, 사용자의 브라우저에서는 순수한 HTML 태그로만 구성된 페이지를 볼 수 있게 되는 것입니다.

❍ PHP란? : PHP(정식 명칭 "PHP: Hypertext Preprocessor")는 범용성을 지닌 널리 사용되는 오픈소스 스크립트 언어입니다. 특히, 웹 개발 및 HTML에 포함하기에 적합 합니다.

> **알아두세요**
>
> php 구문을 구분하는 〈?php ... ?〉, 〈? ... ?〉, 〈?= ... ?〉 〈script language="php"〉 ... 〈/script〉 기호 4가지 중 현재 사용 권장되는 것은 〈?php .. ?〉, 〈?= ... ?〉 두 개입니다. 옛날 코드를 분석할 때 4가지 기호가 모두 나타나기 때문에 알아 둘 필요는 있습니다.

결국 이 부분들의 내용이 서버에서 실행되고 사용자의 브라우저로 전송되었을 때는 현재의 날짜를 나타내고 있는 일반적인 웹 페이지의 형태로 보이게 됩니다.

03 _ PHP의 특징

PHP에 대한 특징에 대해 알아보기 위해서 PHP 만의 특별한 점을 살펴보고, 다른 언어들과의 비교를 통해 PHP의 특징에 대해 알아보도록 하겠습니다.

◑ 웹 어플리케이션?
웹 어플리케이션(Web Application), 웹 응용 프로그램이라고도 합니다. 쇼핑몰 사이트로 예를 든다면, 쇼핑몰을 인터넷에서 운영하기 위해서는 HTML 문서, 각종 이미지, 텍스트 문서, 자바 스크립트 등이 모든 것들이 합쳐져서 하나의 사이트를 이루고 전자상거래에 맞는 역할을 하게 됩니다. 이러한 구성요소 하나하나를 다 뭉쳐서 웹 어플리케이션이라고 합니다. 이 책처럼 PHP 문법을 사용하여 만든 PHP 페이지 또한 웹 어플리케이션을 이루는 한 요소입니다.

이렇게 해보세요 | 디자이너의 역할

실제 웹 어플리케이션을 개발할 때의 개발팀의 구성은 프로그램적인 부분을 담당하는 프로그래머와 사이트의 디자인을 담당할 디자이너 등으로 실제 개발에 투입되는 팀이 구성됩니다.
어떤 제품을 판매할 때 그 제품의 기능이 아주 중요합니다. 하지만 제품의 기능만큼 중요한 부분이 디자인적 요소입니다. 디자인을 무시하고 제품을 생산할 수는 없죠. 그만큼 디자인은 제품에 있어 그 제품에 대한 기본적이고도 필수적인 요소입니다.
마찬가지로 웹 어플리케이션에 있어서도 디자인적 요소는 아주 중요합니다. 이런 중요한 부분을 담당하는 디자이너와 개발자는 분명 같은 개발팀에 속하지만 각자의 영역이 있습니다. 디자이너는 프로그램 소스가 아닌 디자인적인 요소에 보다 더 집중할 수 있고 마찬가지로 프로그래머는 디자인적인 요소에 대해 신경을 쓰지 않고 오로지 프로그램적인 부분에 전념할 수 있어야 합니다.

---

❶ PHP는 동적 페이지를 생성하기 위한 프로그래밍 언어

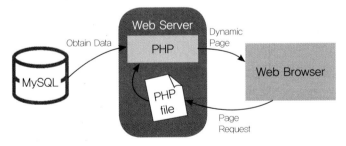

▲ 동적인 웹 페이지 접근 시 PHP 문서 전송

'PHP란 무엇인가'란에서 보신 바와 같이 PHP는 C언어와 비슷한 구조의 코드가 약간 포함된 HTML 페이지 형태를 띠고 있습니다. 물론 HTML이 없는 순수한 PHP 코드로만 구성된 페이지도 있긴 하지만 동적인 페이지를 만들기 위해 HTML 페이지에 필요한 PHP 코드들이 섞여 있는 형태는 많은 의미를 가지고 있습니다.

앞서 말한 대로 동적인 페이지를 생성해 내기 위해서 단순한 HTML 태그로만 만들 수는 없습니다. 그러나 사용자의 브라우저에 보이는 동적으로 생성된 페이지는 결국 HTML 태그로 구성된 페이지일 뿐입니다. 이러한 사용자에게 보여 지는 HTML 페이지는 실제로 서버 측에서 어떤 프로그램의 결과로 생성된 페이지입니다.

이렇게 동적인 페이지를 생성해 내기 위한 프로그래밍 언어들은 꼭 PHP만 있는 것은 아닙니다. 앞에서 설명하였듯이 대표적으로 CGI, ASP, Servlet, JSP 등의 여러 웹 프로그래밍 언어들이 있고, 각각의 언어들을 사용하여 동적인 페이지를 생성해 낼 수 있습니다. 이렇게 동적으로 웹 페이지를 생성하려면 HTML 태그와 PHP 코드가 일정한 규칙에 따라 섞여있는 형태의 프로그램을 작성하게 됩니다. 따라서 프로그램 내의 PHP 코드는 서버에서 동작하면서 일정한 HTML 코드를 생성해 내게 되고, 생성된 HTML 태그와 프로그램 내의 순수 HTML 태그와 함께 결합하여 종합적인 결과를 사용자에게 반환하게 되는 것입니다. 결국 브라우저를 통해 사용자는 PHP 코드를 보는 것이 아니라 순수한 HTML 코드만을 보게 되는 것입니다.

❷ 데이터베이스 연동을 편리하게 구현할 수 있다.

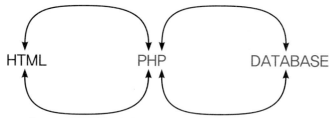

▲ PHP와 HTML, 데이터베이스의 연결 개념

PHP는 MySQL, MS-SQL, Oracle, MariaDB 및 윈도우 ODBC 등 여러 데이터베이스를 편리하게 연동할 수 있다는 특징을 가지고 있습니다. ASP는 MS-SQL과 사용하기 편리하고, JSP는 Oracle 과 사용이 편리하다고 알려져 있습니다. 특히 우리가 공부하게 될 PHP는 MySQL과는 궁합이 아주 좋다고 알려져 있습니다. 빠른 속도와 가벼운 데이터베이스인 MySQL은 중소형 데이터베이스 시장 에서 널리 사용되고 있습니다. 물론 MS-SQL, Oracle 등 다른 데이터베이스와 연동이 가능 하지만 MySQL을 많이 사용하는 만큼 PHP와 MySQL의 오픈소스도 그만큼 많이 찾아서 사용할 수 있다는 장점이 있습니다. 아무래도 값 비싼 오라클과 같은 데이터베이스를 사용한다면 속도나 데이터의 사용량이 많아도 충분히 빠른 속도로 사용이 가능 하겠지만 소규모 웹 사이트를 운영한다면 그 비용이 만만치 않기 때문에 오히려 낭비가 될 뿐입니다.

쉽게 생각하자면 컴퓨터에는 SSD 하드디스크와 고급 그래픽카드를 장착해서 사용하면서 정작 OS는 윈도우 XP를 사용하는 격입니다. MySQL은 무료 데이터베이스지만 가볍고 빠른 장점이 있습니다. 그리고 대규모 웹 사이트에서도 MySQL을 사용하는 곳이 많으며, 지금 우리와 같이 PHP를 공부하는 목적으로 사용할 경우에는 더더욱 MySQL은 우리에게 좋은 데이터베이스라고 할 수 있습니다. 따라서 무료로 사용가능하고 PHP와 궁합이 잘 맞는 MySQL 데이터베이스를 이 책에서 사용하도록 하겠습니다.

여기서는 'PHP는 연동되는 여러 가지 데이터베이스 중 MySQL과 사용하기 편리하고 이러한 데이터 베이스 연동이 기본적으로 쉽게 구현이 가능하며 다른 언어보다 데이터베이스 연동을 좀 더 편리하게 구현할 수 있다'는 정도만 알아두고 각 해당 장에서 자세히 설명하도록 하겠습니다.

■ PHP가 사랑 받는 이유?

Sep 2018	Sep 2017	Change	Programming Language	Ratings	Change
1	1		Java	17.436%	+4.75%
2	2		C	15.447%	+8.06%
3	5	∧	Python	7.653%	+4.67%
4	3	∨	C++	7.394%	+1.83%
5	8	∧	Visual Basic .NET	5.308%	+3.33%
6	4	∨	C#	3.295%	-1.48%
7	6	∨	PHP	2.775%	+0.57%
8	7	∨	JavaScript	2.131%	+0.11%
9	-	∧∧	SQL	2.062%	+2.06%
10	18	∧∧	Objective-C	1.509%	+0.00%
11	12	∧	Delphi/Object Pascal	1.292%	-0.49%
12	10	∨	Ruby	1.291%	-0.64%
13	16	∧	MATLAB	1.276%	-0.35%
14	15	∧	Assembly language	1.232%	-0.41%
15	13	∨	Swift	1.223%	-0.54%
16	17	∧	Go	1.081%	-0.49%
17	9	∨∨	Perl	1.073%	-0.88%
18	11	∨∨	R	1.016%	-0.80%
19	19		PL/SQL	0.850%	-0.63%
20	14	∨∨	Visual Basic	0.682%	-1.07%

▲ 2018년 9월 프로그래밍 언어 순위 | 출처 : http://www.tiobe.com/tiobe-index/

현재 PHP는 무서울 정도로 널리 보급되어 있습니다. PHP가 세팅 되지 않은 서버를 찾기 힘들고, PHP와 궁합이 잘 맞는 MySQL이 없는 서버 또한 찾기 힘듭니다. 그만큼 PHP의 범용성은 극히 최강이라고 할 수 있습니다. 위에 나타나있는 프로그래밍 언어 순위에서만 보더라도 PHP는 Java, C 언어의 다음 6번째에 랭크 되어있는 것을 확인할 수 있습니다.

이렇게 널리 사용되고 많은 사랑을 받는 이유는 오픈소스 이기 때문에 무료라는 장점입니다. 여러분이 원한다면 따로 금액을 지불하지 않아도 쉽게 다운받아서 이용할 수가 있습니다. PHP와 자주 비교되는 언어 중에 'ASP'가 있습니다. 윈도우 운영체제에서만 이용 가능한 ASP와는 달리, PHP는 윈도우나 리눅스 계열의 대부분의 운영체제에서 이용할 수 있다는 장점이 있습니다. 또한 빠른 생산성을 자랑합니다. 개발자의 입장에서 배우기 쉽고 간단하기 때문에 개발 기간이 적게 소요되는 것입니다. 또한 운영비용도 저렴합니다. 그렇기 때문에 간단한 웹사이트를 만들 때, 최대의 효율을 발휘할 수 있습니다. 또한 쉽게 플러그인이나 기능을 붙일 수가 있습니다. 블로그나 회사 소개 사이트, 간단한 쇼핑몰 등은 PHP로 만들면 효율적으로 만들 수 있기 때문에 전 세계의 모든 웹 사이트 시장에서 PHP의 점유율이 크다고 할 수 있습니다.

04 _ PHP의 기반으로 만들어진 사이트

WordPress

Drupal

Joomla

Xpress Engine

GNUBOARD5

▲ PHP로 만들어진 웹 어플리케이션

PHP를 알기 위해 PHP라는 언어로 만들어진 웹 사이트들에 대해서 알아보겠습니다. 앞에서 간단하게 설명을 한 것처럼 PHP는 아주 많은 곳에서 사용되고 있습니다.

워드프레스(WordPress)나 드루팔(Drupal), 줌라(Joomla), XE(XpressEngine), 그누보드5(Gnuboard5)와 같은 설치형 웹 애플리케이션은 PHP를 기반으로 만들어진 것이 대부분입니다. 전 세계의 웹 사이트 중 30% 가량이 워드프레스로 만들어진 웹 사이트라는 것만으로도 얼마나 많은 곳에서 PHP를 사용하고 있는지 가늠이 안 잡힐 정도입니다. 또한 여러분들이 많이 사용하고 있고 세계적으로도 많은 사용자를 가지고 있는 페이스북도 PHP를 기반으로 만들어졌습니다. 이전 설명에서 'PHP는 대형 사이트나 복잡한 구조의 사이트에는 효율적이지 않다.'라고 설명한 내용을 기억하시나요? 물론 페이스북과 같이 규모가 크고 사용자가 많은 웹 사이트의 경우에는 PHP만으로는 한계점이 분명히 있기 때문에 다른 언어를 개발하거나 추가하여 PHP로 만들어진 웹 사이트의 단점을 보완해서 사용하지만 보통의 웹 사이트의 경우에는 PHP만으로도 충분히 커버가 가능하다고 생각하면 될 것 같습니다.

이렇게 해보세요 | PHP와 설치형 웹 애플리케이션의 관계

전 세계적으로 많이 사용되는 웹 애플리케이션 워드프레스(WordPress)와 국내에서 인기 있는 CMS 솔루션인 XE(XpressEngine), 게시판 형태의 웹 사이트를 구현하기 편리한 BBS솔루션 그누보드(Gnuboard5)는 모두 설치형 웹 애플리케이션입니다.

간단하게 서버에 설치 파일을 업로드 하여 인스톨하는 형식이라 설치 시 기본 형태의 홈페이지가 순식간에 만들어집니다. 물론 디자인이나 추가 기능들은 추가하기 위해서는 PHP에 대해 사전지식이 필요합니다. 아니면 해당 웹 애플리케이션에서 제공하는 유료, 무료 플러그인(Plugin)등을 사용하여 구현해야하지만 클릭 몇 번으로 웹 사이트에 필요한 회원가입, 로그인, 게시판생성 같은 시간이 오래 걸리는 작업들을 간단하게 만들 수 있습니다. 그러다보니 제작기간이 짧고 비용이 저렴한 설치형 웹 애플리케이션으로 만들어진 웹 사이트들을 쉽게 찾아볼 수 있습니다.

물론, 웹 애플리케이션 역시 PHP와 HTML, Javascript등 여러 가지 언어를 토대로 만들어졌기 때문에 PHP나 HTML에 대한 지식이 약간은 필요할 수 있으나 설치형 형태를 가지고 있기 때문에 직접 PHP나 HTML을 코딩하여 웹 사이트를 만드는 것 보다 쉽다고 할 수 있습니다.

❖ 플러그인(Plugin) : 원래 사전적 뜻은 컴퓨터에 추가 프로그램을 설치하여 특정 기능을 수행할 수 있도록 하는 소프트웨어 입니다. 플러그인 방식 방향제는 집 벽면 콘센트에 꽂아 쓰고 방향제를 갈아 끼우기 용이 하듯이 부가기능을 기존 컴퓨터에 추가하기 쉽다는 뜻으로 인해 플러그인이라는 이름이 붙은 것입니다.
웹에서 사용하는 플러그인의 개념은 SNS 로그인, SNS 공유하기 등 제 3자가 만든 플러그인을 웹 사이트에 설치하여 직접개발하지 않고 쉽고 빠르게 연결하여 사용한다는 개념으로 이해하면 되겠습니다.

PHP를 이용하여 웹 사이트를 만들고 싶다면 HTML과 이미지 등이 PHP 코드 속에 어우러져 있기 때문에 디자이너는 디자인 변경의 문제가 발생했을 프로그램을 작성한 PHP 프로그래머의 도움을 필요로 합니다. 마찬가지로 PHP 코드 안에 디자인적인 요소가 함께 있기 때문에 기능적인 변화에 대한 필요가 있을 때도 디자이너가 함께 있어야 할 필요가 있습니다. 결국 PHP 하나로만은 웹 사이트의 개발에 어려움이 있기 때문에 HTML과 CSS등 웹 사이트 개발에 필요한 언어도 어느 정도 기본은 숙지를 해야 개발하는데 큰 어려움이 없겠습니다.

하지만 HTML의 특성과 PHP의 특성을 살려서 PHP만으로 된 웹 사이트보다 HTML과 PHP가 상호 보완적인 관계로, 즉 HTML은 화면 디자인과 출력 부분을 맡고, PHP는 프로그램의 처리 부분을 맡아서 처리하는 웹 사이트가 설계적인 측면에서 봤을 때 훨씬 효율적인 구성을 할 수 있습니다.
마지막으로 PHP 문서를 만들고 브라우저에서 실행하는 예제와 문서편집기 설치는 03장 PHP 동작 원리에서 다루도록 하겠습니다.

알아두세요

PHP 사이트(http://php.net)에는 PHP에서 발표한 많은 기술들을 접할 수 있습니다. PHP이 발표한 기술들에 대한 관련 문서, 기술에 대한 관련 예제 등 정보를 많이 얻을 수 있는 사이트입니다.

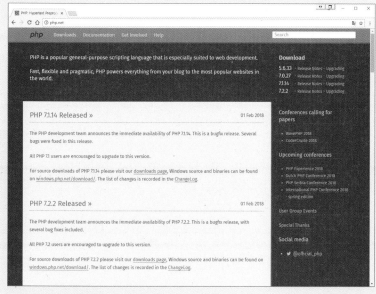

▲ PHP 릴리즈 버전 정보

사이트의 규모가 커지면서 고정되어 있는 정적인 페이지만으로 서비스가 힘들어 졌습니다. 그래서 보다 개인화된 정보를 제공하기 위한 동적인 웹 컨텐츠를 위한 기술들이 발전하게 되었습니다.

그 중 가장 전통적인 방법으로 CGI라는 기술이 탄생되었지만 프로세스 기반의 CGI 기술은 시스템에 많은 부하를 가져오는 단점이 있기 때문에 전통적인 CGI 방식의 단점을 해소하기 위한 확장 CGI 방식의 기술들이 탄생하게 되었습니다.

확장 CGI 방식 중 PHP, ASP, Servlet/JSP 등이 있는데 이들은 기존의 CGI 프로그램의 단점을 해소한 기술들입니다.

PHP는 문법이 C언어와 비슷하고 실행속도 또한 빠릅니다.
PHP는 초기에 한 개인에 의해 개발되어 오픈소스화되어 유명해진 웹 프로그래밍 언어입니다. 먼저 C언어의 문법과 비슷하기 때문에 문법이 쉬우며 무료라서 사용하는데 따로 비용이 발생하지 않습니다. 그리고 Window, Linux, Unux 등 여러 OS를 지원합니다.
무료 OS인 Linux에서 좀 더 빠르게 돌아가면서 무료 RDBMS인 MySQL과 궁합이 잘 맞아 APM(Apache+Php+MySQL)이라는 수식어를 가지고 다닙니다. 위의 3가지(Apache+Php+MySQL) 프로그램은 모두 무료로 사용할 수 있습니다.

PHP는 웹 모듈입니다. 즉 웹 서버 없이 혼자 동작하지 않습니다.
PHP는 웹 서버와 함께 사용해야만 동작을 합니다. 보통 PHP는 Apache라는 웹 서버와 함께 사용합니다. 브라우저에 사용자가 문서를 요구할 때 Apache는 HTML문서를 처리하고 PHP는 PHP문서를 처리합니다. 쉽게 설명하자면 웹 업무를 나누어서 처리한다는 뜻입니다.
아무래도 혼자서 처리하는 것 보다 나누어서 처리를 하기 때문에 속도도 빠릅니다.

기업들의 PHP 초기인식은 개인이 만들었다는 인식과 무료라는 인식 때문에 보안에 허술하거나 느리다고 생각하여 사용을 많이 하지 않았으나 지금에 와서는 국외로는 규모가 큰 사이트들도 사용을 하고 있으며 특히 웹 홈페이지를 만드는데 가장 많이 사용되는 언어 중 하나로 자리매김 하였습니다.

PHP란?
PHP(공식적으로 PHP Hypertext Preprocessor)는 Server-side HTML-embedded 스크립트 언어입니다. 즉, PHP는 서버에서 실행되며 HTML을 포함하는 스크립트 언어입니다. HTML을 포함하고 있기 때문에 HTML문서의 내용을 PHP 확장자(.php)로 저장하여도 아무런 지장 없이 사용할 수 있습니다.

1 Internet Explorer, Chrome, Firefox, Opera 등의 용도는 무엇일까요?

2 클라이언트와 서버에 대해서 간단하게 설명해 봅시다.

3 '동적(Dynamic) 페이지' 또는 '동적 컨텐츠'란 무엇일까요?

Answer

1 웹 브라우저로서 요청을 보내고 서버로부터 전달되어 온 응답을 보여주는 클라이언트들입니다. 이들 브라우저는 HTML 태그로 구성된 페이지를 화면에 글자나 이미지 등과 함께 보여주는 기능을 갖고 있습니다.

2 클라이언트라는 것은 네트워크에서 정보를 요구하는 쪽을 의미하고 서버라는 것은 요구받은 정보를 제공하는 쪽의 컴퓨터를 의미합니다.

3 정적으로 변하지 않은 웹 페이지가 아닌 실시간으로 변하는 정보를 포함한 페이지입니다.

Chapter
02

PHP 개발 환경

이번 장은 PHP를 사용하기 위한 기본적인 환경에 대해서 알아보는 곳입니다. PHP는 서버 측에서 동작하는 웹 프로그래밍 언어이기 때문에 여러분의 컴퓨터를 PHP가 동작할 수 있는 환경으로 만들어야 합니다. 이 장에서는 웹 서버란 무엇인지를 이해하고 앞으로 배울 내용들을 위한 APM의 설치와 환경설정 작업을 해 보도록 하겠습니다. 그리고 PHP를 사용하기 위한 프로그램에 대한 설치 및 설정에 대한 내용을 담고 있습니다. 더불어 PHP를 코딩함에 있어 여러 가지 편의성을 제공하는 툴인 에디트 플러스(Editplus)의 설치 및 설정 또한 알아보도록 하겠습니다.

01 _ 웹 서버란 무엇인가?

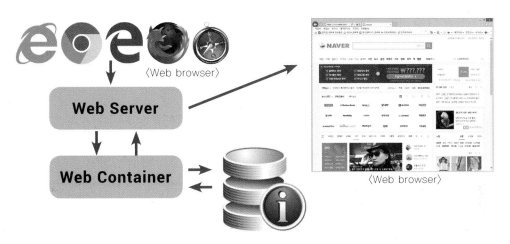

〈Web browser〉

〈Web browser〉

▲ 웹 서버 개요

웹 서버는 웹 페이지가 들어 있는 파일을 사용자들에게 제공하는 프로그램입니다. 웹 서버가 없다면 웹 사이트를 통해 웹 페이지를 보여줄 수 없습니다. 만약 하려면 웹 서버 프로그램이 있어야합니다. 조금 더 쉽게 설명하기 위해 우리가 항상 사용하고 있는 웹 서비스에 대하여 우선 알아보면, 예를 들어 방송국이 있습니다. 그 방송국에서는 우리가 즐겨보는 TV 프로그램들을 방송을 합니다. 우리는 TV를 켜서 즐겨보는 TV 프로그램을 볼 수 있습니다. 이런 관점에서 본다면 방송국은 방송을 서비스를 하는 것이고, 우리는 그 서비스를 이용하는 것이 됩니다. 물론 즐겨보는 TV 프로그램을 보기 위해서는 TV를 켜서 리모컨으로 해당 프로그램의 채널을 검색해서 볼 수 있습니다.

웹에 이러한 개념을 적용시켜보면, 우리는 웹 서비스를 이용하기 위하여 웹 브라우저가 필요하고, 웹 브라우저에게 TV 방송의 채널처럼 구글(www.google.com)과 같은 주소를 입력 합니다. 그러면 웹 서비스에서 제공하는 문서(HTML)를 조회할 수 있게 되는 것입니다.

여기에서 이러한 웹 서비스는 누가 제공하는가? 바로, 웹 서버(Web Server)가 제공하는 것입니다. 수십 수백여 개의 웹 서버가 존재하지만 대표적인 웹 서버로는 아파치 소프트웨어 재단의 아파치 웹 서버(Apache Web Server)와 마이크로소프트의 IIS(Internet Information Server), nginx 서버가 대표적이며 가장 많이 사용되고 있습니다.

▲ 다양한 웹 서버의 종류

이제 우리는 이렇게 많은 웹 서버 중 어떤 웹 서버를 사용할 것인지 선택해야 합니다. 아파치 웹 서버의 경우에는 다양한 OS를 지원하고 있고 IIS 웹 서버의 경우 윈도우 기반의 OS에서만 동작합니다. 그렇기 때문에 리눅스 계열에는 아파치를 선택하고 윈도우 계열이라면 IIS와 아파치 웹 서버 모두를 설치해서 사용할 수 있습니다. 특히 아파치는 PHP와 궁합이 좋은 것으로 유명합니다. 앞장에서 '전 세계의 모든 웹 사이트 시장에서 PHP의 점유율이 크다'라고 했던 이야기를 기억하실 겁니다. 아무래도 PHP의 점유율이 크기 때문에 PHP와 궁합이 좋은 아파치 웹 서버도 마찬가지로 웹 서버 시장에서 점유율이 크다고 할 수 있습니다. 아파치의 경우 윈도우 OS이더라도 리눅스를 설치해서 사용할 수 있기 때문에 책에서는 다양한 OS를 지원하는 아파치를 사용하여 웹 서버를 구축하도록 하겠습니다.

01-1 웹 서버란?

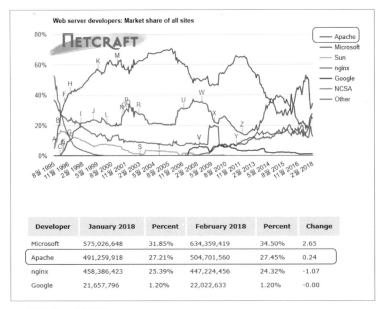

Developer	January 2018	Percent	February 2018	Percent	Change
Microsoft	575,026,648	31.85%	634,359,419	34.50%	2.65
Apache	491,259,918	27.21%	504,701,560	27.45%	0.24
nginx	458,386,423	25.39%	447,224,456	24.32%	-1.07
Google	21,657,796	1.20%	22,022,633	1.20%	-0.00

▲ 다양한 웹 서버의 종류

이렇게 해보세요 | 서버

'PHP 시작하기'의 내용에 포함되는 내용이지만 기억을 상기하는 의미로 말씀드린다면 사용자는 웹 브라우저를 이용해서 필요한 정보를 얻습니다. 사용자는 웹 브라우저에서 다양한 이미지, 텍스트 문서, 동영상, 게임, 음악 등을 이용하는데 이러한 정보는 서버에 저장되어 있습니다. 요약하자면 웹 서버는 사용자(인터넷 이용자)에게 정보를 제공해주는 시스템입니다.

01-2 APM이란?

▲ APM(Apache + PHP + MySQL)

APM이란 웹 서버를 구성하는 주요 도구인 Apache + PHP + MySQL의 첫 글자를 딴 줄임말입니다. APM이라는 소프트웨어나 프로그램이 있는 것이 아니라, 이 세 가지가 연동되어 운영되도록 만든 환경을 APM이라고 합니다. 이 세 가지의 공통점 이라고 한다면 리눅스 기반에서 엄청난 성능을 보여준다는 것과 모두 무료로 사용할 수 있다는 공통점이 있습니다. 여기서 Apache는 웹 서버 프로그램, PHP는 웹 프로그래밍 언어, MySQL은 SQL Database Server입니다. 물론 꼭 이 세 가지가 동시에 쓰여야만 하는 것은 아니지만, 이 세 가지가 하나에 맞물려 사용될 때의 성능이 매우 뛰어나다보니 많은 사용자들이 뛰어난 성능과 무료라는 장점을 가지고 있고 궁합이 좋은 APM으로 웹 서버를 구축해서 사용하고 있습니다. 그렇다면 지금 설명하는 APM을 간단하게 요약해보겠습니다.

■ Apache

웹은 다른 인터넷 서비스(ftp, news 등)들과 마찬가지로 클라이언트 서버 환경입니다. 아파치는 오픈소스 개발방식을 통해 가장 뛰어나다고 알려져 있는 웹서버 프로그램입니다. 아파치 웹서버는 일반적으로 리눅스 환경에서 사용되지만 윈도우 시스템에서도 무리 없이 사용할 수 있으며, MySQL, PHP도 꼭 리눅스가 아닌 윈도우에서 아파치 서버와 무리 없이 사용이 가능 합니다. 또한 무료이면서도 매우 강력하여 다른 사용 웹서버 프로그램을 누르고 일명 카테고리 킬러(과반수 이상의 시장점유율로 다른 제품이 해당 시장에 참여하지 못하게 하는 독보적 인 특정 제품)의 위치에 있습니다.

■ PHP

처음 인터넷 환경이 단순히 텍스트와 이미지만을 클라이언트에 전송해 주었던 반면에, 멀티미디어를 표현하기 시작하면서 부터 웹에 대한 사용자들의 요청이 많아지기 시작했습니다. 당연히 동적인 페이지를 표현해야 했습니다. 그렇게 하여 웹상에서 일반 응용프로그램을 실행시키고 그 결과를 출력하는 방식인 CGI가 있었는데, 실행 속도나 보안면에서 문제점이 있었고, CGI(Common

Gateway Interface) 처럼 컴파일을 하지 않고, 웹서버에서 해석을 하여 그 결과를 출력하는 방식은 SSI(Server Side Include) 방식이 등장 하였습니다. 그리고 PHP는 ASP와 함께 가장 일반적인 SSI 방식의 스크립트 언어입니다.

PHP는 서버에서 해석되는 HTML에 내장되어 동작합니다.

■ MySQL

이름에서 알 수 있듯이 DBMS의 한 종류 입니다. 하지만 공개된 관계형 데이터베이스로서 가볍고 또 상당한 안전성을 자랑합니다. 공개용 데이터베이스로는 mSQL, PostgreSQL, MySQL, MariaDB 등이 있고 그 중 전 세계적으로 볼 때 MySQL이 많이 애용되고 있다고 할 수 있습니다. PHP와도 연결이 용이하고 각종 공개용 웹 서버와 연결도 간편합니다.

이 MySQL은 듀얼라이센스 정책을 가지고 있어서 상업적으로 사용할 경우 DB 개발자들에게 약간의 개발 후원금을 제공하며 제품에 포함하여 개발된 프로그램과 함께 판매도 할 수 있고 배포 프로그램에 MySQL을 포함하지 않는다면 무료로 사용할 수 있습니다. 일반적인 웹어플리케이션 배포에서는 MySQL을 포함하지 않고 단순 연결로 사용해서 대부분 무료로 사용이 가능합니다.

❖ APM? : APM이란 웹 서버를 구성하는 주요 도구인 Apache + PHP + MySQL의 첫 글자를 딴 줄임말입니다. 주로 리눅스에서 사용되기 때문에 LAMP(Linux + Apace + MySQL + PHP)라고도 합니다.

02 _ 윈도우 기반 XAMPP 설치

우리는 PHP 개발에 앞서 설명한 APM를 설치해야 합니다. 왜냐하면 PHP는 웹 서버를 기반으로 하여 웹 프로그래밍에 적절하게 사용할 수 있는 언어의 한 부분이기 때문입니다. 여러분이 PHP가 아닌 어떠한 프로그램 언어를 공부한다 해도 그 언어를 브라우저에 문서로 보여줄 수 있는 웹 서버가 필요하게 됩니다. 마치 영어로 된 문장을 이해하기 위해 영한사전이 필요한 경우처럼 컴퓨터에게 여러분이 작성한 프로그램 언어를 이해시키기 위해서 컴퓨터가 읽을 수 있는 언어로 변환해야 합니다.

이처럼 PHP라는 프로그램 언어를 사용하기 위해서는 PHP로 작성한 문서를 브라우저에서 보여주고 실행할 수 있는 환경을 만들어 주어야 합니다.

이제 설치를 진행 해 볼 XAMPP라는 APM 설치 프로그램은 다른 APM 설치 프로그램과 달리 대부분의 윈도우 OS에서 호환되며 버전 업이 빠르며 최신 버전인 PHP 7.X 버전도 사용할 수 있기 때문에 최적의 프로그램이라고 할 수 있습니다.

우리는 최근 몇 년간 많은 사람들이 사용하고 있는 XAMPP를 사용하여 로컬 환경에 웹 서버를 구축하도록 하겠습니다.

�‣ XAMPP?

XAMPP란 무엇인가요? : XAMPP는 아파치 웹 서버, MySQL 데이터베이스, 그리고 PHP 개발 언어를 한 번에 전부 묶어서 배포하는 프로그램입니다. 다른 APM 설치 프로그램으로는 APMSETUP, AutoSet 등이 있습니다.

왜 XAMPP 인가요? : 원래는 웹 서버와 데이터베이스, 개발 언어는 개별적으로 설치해야 합니다. 하지만 이러한 작업들은 개발을 막 시작한 입문자한테는 웹 서버와 데이터베이스, 개발 언어를 설치하는 것 만으로도 어려운 작업이 될 수도 있습니다. 이 작업을 조금 더 쉽게 해 주기 위해 하나의 프로그램에 묶어서 간편하게 설치할 수 있도록 도와주는 프로그램입니다.

꼭 설치해야 하나요? : 내 컴퓨터(로컬 환경)에서 웹 브라우저에 사용되는 문서들을 작성하고 작성한 문서들을 브라우저에서 바로 확인하기 위해서 꼭 필요합니다. 물론 기본적인 HTML, JavaScript, StyleSheet 문서들은 웹 서버가 없더라도 브라우저에서 실행이 가능하지만 PHP, ASP 등 다른 언어들을 사용해서 문서를 만들어 사용할 경우 필요합니다.

> **알아두세요**
>
> **운영체제 환경**
> 현재 모든 프로그램은 Windows10 환경에서 설치한 것입니다.

XAMPP 설치는 가장 기본적이고, 매우 중요하지만, 설치 과정이 그렇게 어렵지 않습니다. 차근차근 이 책에 나오는 화면과 함께 마우스를 클릭하다 보면 여러분의 컴퓨터는 웹 서버를 실행할 수 있는 환경을 갖추게 될 것입니다.

> **알아두세요**
>
> 현재 책에서 사용하게 될 XAMPP는 최근 MySQL에서 MariaDB로 변경되어 배포중입니다. MySQL과 MariaDB는 데이터베이스 실행문의 문법과 설정 등 MySQL과 동일하므로 XAMPP에서 배포하는 MariaDB를 책에서는 사용하도록 하겠습니다. MariaDB 에 대해서는 뒤에서 다시 설명하도록 하겠습니다.

그럼 PHP 개발을 위해 필요한 도구들을 설치해 보도록 하겠습니다.

02-1 XAMPP 다운로드

01 XAMPP를 다운로드하기 위해 https://www.apachefriends.org 사이트에 접속합니다.

▲ XAMPP 다운로드 사이트

02 XAMPP 홈페이지에서 Download 메뉴를 클릭합니다.

▲ DownLoad 메뉴

03 자신이 사용하고 있는 운영
체제에 맞는 설치 파일을 다운
로드 합니다. 현재 설치를 하는
운영체제가 윈도우 운영체제를
사용 중 이기 때문에 첫 번째
(XAMPP for Windows)를 다운
로드하여 진행하겠습니다.

▲ XAMPP for Windows 버전을 다운로드

02-2 XAMPP 설치하기

01 다운로드 받은 xampp-win32-7.2.1-0-VC15-installer.exe 파일을 더블클릭하면 설치가 시작됩니다.

▲ XAMPP 설치파일

02 설치 파일을 실행하면 다음과 같이 로딩 화면이 열립니다.

▲ XAMPP 설치 로딩 화면

03 "Setup – XAMPP" 화면에서 [Next] 버튼을 클릭합니다.

▲ XAMPP Setup 화면

04 Select Components에서 Server는 Apache, MySQL 체크 박스, Program Languages – PHP, phpMyAdmin 체크 박스를 선택 합니다. 오른쪽 화면과 동일하게 선택 하셨다면 [Next] 버튼을 클릭 합니다.

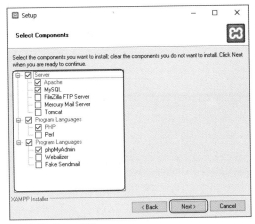

▲ XAMPP Setup 설정

05 "Installation folder"에서 설치 경로를 기본 경로인 "C:₩xampp"으로 유지하시고 [Next] 버튼을 클릭합니다.

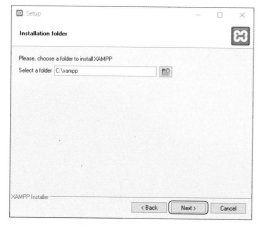

▲ XAMPP Setup 경로 설정

06 "Bitnami for XAMPP"에서 [Next] 버튼을 클릭합니다.

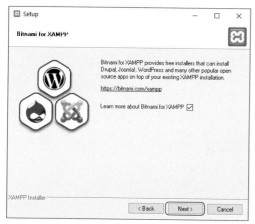

▲ XXAMPP 설치

07 "Ready to Install"에서 [Next] 버튼을 클릭합니다.

▲ XAMPP 설치

08 다음과 같이 XAMPP가 설치가 진행됩니다.

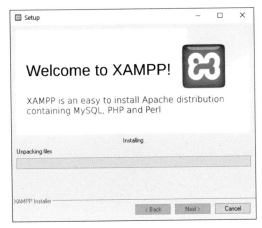

▲ XAMPP 설치중 화면

09 이 과정에서 "windows 보안 경고" 창이 나타난다면 하단의 [엑세스 허용] 버튼을 클릭을 합니다.

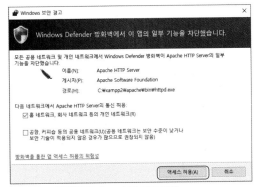

▲ XAMPP 설치중 Windows 보안 경고 화면

10 "Completing the XAMPP Setup Wizard"에서 [Finish] 버튼을 클릭하면 XAMPP 설치가 완료됩니다.

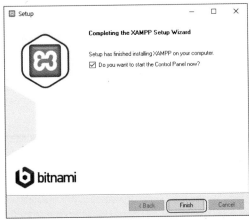

▲ XAMPP 설치 완료 화면

위와 같이 설치 과정을 차근차근 따라 왔다면 정상적으로 로컬 환경에 XAMPP가 설치됩니다.

02-3 XAMPP 서버 정상 동작 확인하기

이번에는 PHP를 실행하기 위해 필요한 XAMPP를 설치 후 서버 정상 동작 확인 방법을 살펴보겠습니다.

01 XAMPP를 실행 합니다. Language에서 USA 항목을 선택을 한 후에 [Save] 버튼을 클릭합니다.

▲ XAMPP 실행 Language 설정 화면

02 "XAMPP Control Panel v3.2.2"에서 Apache, MySQL 모듈의 [Start] 버튼을 클릭합니다. 그러면 웹서버 및 데이터베이스가 자동으로 시작합니다. 다시 한 번 [Stop] 버튼을 클릭하면 동작이 중지되고, 웹서버 및 데이터베이스는 끊어집니다.

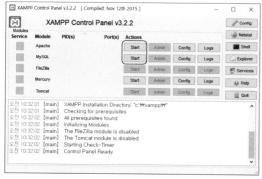

▲ XAMPP 실행 Control Panel 화면

03 Apache, MySQL 구동 시에 각각의 포트를 확인할 수 있습니다. 이러한 프로그램들이 PC 내의 포트를 통해 동작하게 됩니다.

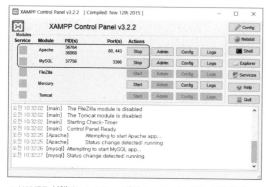

▲ XAMPP 실행 Control Panel에서 Apache, MySQL 실행 화면

04 인터넷 익스플로러나 구글 크롬의 주소창에 "http://localhost" 또는 "http://127.0.0.1"로 입력하여 접속하면 서버가 정상적으로 접속되었다는 것을 확인할 수 있습니다. 웹 프로그래밍 시에 서버에 업로드하면 프로그래밍 한 대로 화면이 바뀌게 됩니다. 다음과 같은 페이지가 나타난다면 정상적으로 XAMPP가 설치가 되었고 서버도 정상적으로 동작 한다는 것을 확인할 수 있습니다.

▲ XAMPP 정상 동작 브라우저에서 실행 화면

◐ **포트(Port)** : 포트(Port)란 컴퓨터와 외부장치(네트워크 포함) 사이에 데이터를 주고받을 수 있는 통로를 의미합니다. 다양한 외부장치(네트워크 포함)와 통신을 위해서 여러 개의 포트가 필요합니다.

알아두세요

XAMPP 및 APM을 처음 설치하는 분에게는 관계가 없지만, 이전에 다른 APM을 설치하고 책에서 사용하는 XAMPP를 설치한 경우에 APM이 제대로 작동하지 않는 경우가 있습니다. 이때는 이전에 설치한 APM을 완전히 지운 다음, XAMPP를 설치하면 됩니다. 물론, 제어판의 프로그램 삭제를 통하여, APM을 삭제하여야 한다는 것은 잘 알고 있겠죠?

03 _ Apache 설정

▲ Apache

"지금까지 APM 설치만 했는데 아파치에서 또 무엇인가를 설정을 해주어야 하나요?"

물론 초기 아파치의 설정으로도 PHP를 실행하는데 큰 지장이 있는 것은 아닙니다. 하지만 웹 서버의 설정을 변경해야할 일이 종종 발생하기 때문에 아래에서 배울 기본적인 설정 방법은 숙지하는 것이 좋습니다. 그렇다면 앞에서 설치한 XAMPP에서 웹 서버 아파치(Apache)를 설정하는 방법을 살펴보겠습니다.

아파치의 웹 서버 설정 파일은 일반적으로 "설치경로/apahce/conf/httpd.conf" 경로에 있으며 이와 같은 설정 파일 경로의 위치는 설치 방법에 따라 달라질 수 있습니다. 일반적으로 책에서와 같은 방법으로 XAMPP를 설치했다면 C:₩xampp₩apache₩conf 경로에서 설정 파일을 찾을 수 있습니다. 웹 서버의 설정 방법은 종류가 다양하고 많기 때문에 기억하지 못하더라도 웹 서버 설정 파일의 이름은 꼭 알아두어야 하겠습니다.

알아두세요

아파치 사이트(https://apache.org)에는 아파치 소프트웨어 재단에서 발표한 많은 소프트웨어들을 접할 수 있습니다. 아파치 소프트웨어에서 발표한 소프트웨어들에 관한 관련 문서, 기술에 대한 관련 정보를 많이 얻을 수 있는 사이트입니다.

▲ 아파치 홈페이지

3-1 XAMPP에서 설정하기

우리가 윈도우 로컬 환경에서 PHP를 실행하기 위해서 설치한 XAMPP의 Apache 설정 방법을 살펴 보겠습니다.

앞으로 책을 통해서 PHP를 실습하거나 소스코드를 작성하며 배울 예제들을 브라우저에서 직접 확 인하려면 아파치 웹 서버의 설정에서 우리가 PHP로 작성한 파일들을 저장하고 실행할 경로를 지정 해야하기 때문에 아래의 설정 방법을 통해서 차근차근 따라서 하도록 하겠습니다. 아파치 웹 서버를 설정하는 방법입니다. 설정 순서는 다음과 같습니다.

01 XAMPP가 설치된 경로 즉 웹 서버의 ROOT 디렉토리를 사용할 폴더를 만들어 보겠습니다. 새로 사용할 폴더 에 책에서 작성할 소스코드와 예제 파일을 넣기 위해서 다음과 같이 XAMPP가 설치된 경로에 "gnuwiz"라는 이름 으로 폴더를 생성하겠습니다.

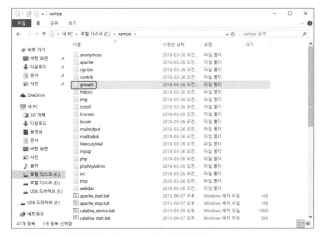

▲ XAMPP가 설치된 경로에 "gnuwiz" 디렉토리 생성

02 XAMPP 컨트롤 패널을 실행시켜 [Config] 버튼을 눌러서 아파치 설정 파일인 "Apache (httpd.conf)" 항목을 선 택합니다.

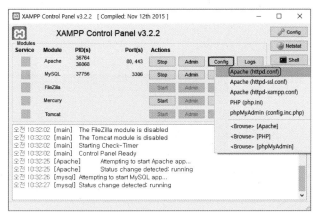

▲ XAMPP 컨트롤 패널을 실행시켜 Config -> Apache(httpd.conf) 실행

03 메모장이 실행되면서 아파치 웹 서버의 설정 내용이 표시됩니다. 여기에서는 웹 서버의 기본 경로(Document Root)를 앞서 생성한 "C:/xampp/gnuwiz" 경로로 변경하겠습니다. 메모장에서 [Ctrl]+[F]를 눌러서 "찾기" 창을 표시하고 다음과 같이 "DocumentRoot"라고 입력하여 검색합니다.

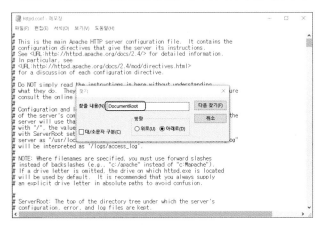

▲ 메모장으로 httpd.conf 파일에서 "DocumentRoot"를 검색

04 다음과 같이 DocumentRoot라는 설정 값이 나타나면 이 값을 앞서 생성한 자신의 작업 폴더(gnuwiz)로 변경합니다. 주의할 점은 역슬래시(₩)가 아니라 슬래시(/)를 사용해야 한다는 점입니다. DocumentRoot와 더불어 그 밑에 표시되는 〈Directory 경로〉 형식의 태그도 함께 수정해야 합니다. 설정이 모두 끝나면 파일을 저장하고 닫습니다.

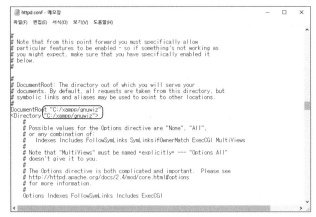

▲ 메모장으로 httpd.conf 파일의 DocumentRoot와 Directory를 수정

알아두세요

XAMPP의 설정 변경 시

XAMPP 컨트롤 패널에서 설정 변경 시 해당 설정을 저장한 모듈(Module)을 재시작 해주어야 설정이 적용됩니다. 만약 재시작을 하지 않으면 저장된 설정이 바로 적용되지 않으니 이점에 유의해야합니다.

05 위와 같이 DocumentRoot와 Directory 경로를 새로 생성한 폴더 명으로 변경하였다면 XAMPP에서 Apache 와 MySQL의 [Stop] 버튼을 클릭하고 다시 [Start] 버튼을 클릭해서 다시 시작합니다. 브라우저의 주소창에 "http:// localhost"로 입력하거나 아래의 그림과 같이 XAMPP 컨트롤 패널에서 Apache 메뉴의 [Admin] 버튼을 클릭하면 새로 변경한 폴더로 접속되는 것을 브라우저에서 확인할 수 있습니다.

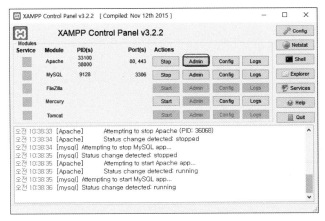

▲ XAMPP 컨트롤 패널에서 localhost 확인

06 아파치 설정에서 정상적으로 우리 가 생성한 "gnuwiz" 폴더로 연결이 되었 다면 다음과 같이 "http://localhost"에서 동일한 화면이 출력 되겠습니다. 현재는 "gnuwiz" 폴더 안에 초기에 실행되는 파 일이 하나도 없기 때문에 브라우저에서 는 "Index of /"라는 텍스트가 나타납니다.

▲ 브라우저에서 localhost 출력 화면

07 브라우저에서 우리가 설정하고 생성 한 "gnuwiz" 폴더를 정확하게 들어가고 있는지 확인하기 위해서 "gnuwiz" 폴더 안에 index.html 파일을 하나 생성해서 테스트를 진행 해보겠습니다. 아직은 문 서편집기로 생성하는 방법을 배우지 않 았기 때문에 우선 메모장으로 작성하여 index.html 파일을 만들어 보겠습니다. "gnuwiz" 폴더에 메모장으로 새 텍스트 문서를 하나 만들어 줍니다.

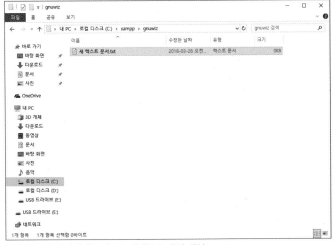

▲ "gnuwiz" 폴더에 메모장으로 새 텍스트 문서 생성

08 새 텍스트 문서를 열어 내용을 "Hello World" 라고 작성하고 문서를 다른 이름으로 저장합니다. 새로 저장할 파일의 이름은 "index.html" 인코딩은 UTF-8로 수정해서 저장합니다.

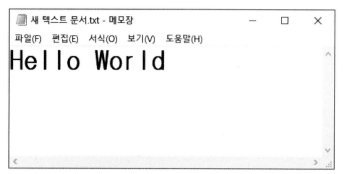
▲ 새 텍스트 문서의 내용에 "Hello World" 라고 입력

▲ 다른 이름으로 저장 파일이름 "index.html" 인코딩 UTF-8로 지정

09 새로 생성한 index.html 파일을 더블 클릭하여 실행하거나 브라우저의 주소창에 "http://localhost"를 입력하면 우리가 생성한 index.html 파일이 "gnuwiz" 폴더에서 정상적으로 불러오고 있다는 것을 확인할 수 있습니다.

▲ 브라우저에서 "index.html" 파일 실행 화면

이렇게 해보세요 | 책에서의 localhost

책에서는 XAMPP로 설정한 "C:/xampp/gnuwiz/" 경로가 기본 경로가 되므로 웹 서버가 구동 중에는 브라우저에서 주소 창에 입력한 localhost는 "C:/xampp/gnuwiz/" 경로를 가리키게 됩니다.

04 _ PHP 설정

PHP 설정은 php.ini 파일에서 설정할 수 있습니다. php.ini 파일에는 설정할 수 있는 항목들이 여러 가지 존재하지만 책에서 다루는 예제와 PHP를 기초로 배우기에는 크게 기본 설정 이외에는 다른 설정을 할 필요가 없기 때문에 따로 PHP의 설정을 변경하지는 않고 주로 많이 사용되는 알고 있으면 도움이 되는 기본적인 설정에 대해서 몇 가지를 살펴보겠습니다.

우선 XAMPP 컨트롤 패널을 실행시켜 [Config] 버튼을 눌러서 "PHP (php.ini)" 항목을 선택합니다.

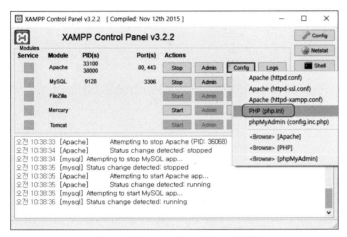

▲ XAMPP 컨트롤 패널을 실행시켜 Config -> PHP(php.ini) 실행

위 그림과 같이 php.ini 파일을 클릭하면 메모장으로 php.ini 파일이 열리는 것을 확인할 수 있습니다. 여기에서 여러 가지 PHP 설정을 할 수 있습니다.

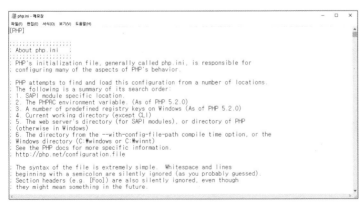

▲ 메모장으로 php.ini 실행

알아두세요

php.int 경로

php.ini 파일은 우리가 XAMPP를 일반 C드라이브 경로에 설치하였다면 'C:\xampp\php\php.ini' 해당 경로가 php.ini 파일이 있는 경로가 됩니다.

04-1 PHP로 파일 업로드 관련 설정

❶ file_uploads = On

파일 업로드를 허용할지 설정하는 부분으로 당연히 ON으로 되어 있어야 합니다.

❷ upload_max_filesize = 2M

최대 업로드 파일 사이즈입니다. 원하시는 용량만큼 설정하면 됩니다.

❸ post_max_size = 8M

뒤에서 POST 데이터 전송 방식에 대해서 따로 설명하겠지만, post방식으로 넘겨질 최대 데이터의 사이즈입니다.

❹ max_execution_time = 30

최대 실행시간을 설정합니다. 대용량 파일일수록 시간이 많이 걸리니 당연 실행시간을 늘려 주어야 합니다. 0으로 설정하면 무한대가 됩니다.

❺ memory_limit = 128M

실행되는 스크립트마다 최대 메모리 소비량입니다. PHP 업로드 용량 설정은 위의 부분을 수정하여 주시면 됩니다. 크기를 memory_limit 〉 post_max_size 〉 upload_man_filesize 순으로 설정해야 보다 정확합니다. upload_max_filesize, post_max_size, memory_limit는 같은 값으로 설정해도 무관합니다.

04-2 웹 개발 중 PHP 에러 출력에 관련 설정

❶ display_errors = On

php.ini 파일에서 위의 옵션을 Off으로 설정하면 PHP 스크립트 에러가 발생하여도 웹 페이지에서는 보이지 않게 됩니다. PHP 에러 출력은 잘못된 소스코드를 디버깅 할 경우 사용할 수 있습니다. 실제 개발 중에는 PHP 에러를 노출하여 개발하고 이후 실 서비스에서는 보안에 관련하여 항상 해당 옵션을 사용하지 않는 것이 좋습니다.

04-3 PHP의 문법 및 변수 값 전달에 관련 설정

❶ register_globals = Off

PHP의 상위버전부터는 보안상의 이유로 GET, POST, COOKIE, SESSION 등변수 명을 바로 이용하지 못하도록 php.ini에 register_globals옵션이 Off로 설정되어 있습니다. 그럴 경우 register_globals 옵션 설정을 On으로 설정하여 보시기 바랍니다.

GET, POST, COOKIE, SESSION 의 구분 없이 변수 명을 곧바로 이용할 수 있습니다.

❷ short_open_tag = Off

해당 설정 부분은 기본으로 PHP는 〈?php   ?〉와 같은 형식으로 사용하게 되어있는데 이것을 간단하게 〈? ?〉 이렇게 줄여서 사용할 수 있도록 해줍니다. 하위 버전의 PHP와 호환성 때문에 아직 남겨두고 있지만, XML등 다른 언어에서 〈? ?〉과 같은 방식이 사용되면서 서버에서 혼동을 일으킬 수 있기 때문에 PHP에서는 기본적으로 사용하지 않기를 권고하고 있습니다. PHP만 사용해서 개발할 경우에는 문제가 없지만 다른 언어와 혼용해서 사용할 경우 해당 옵션을 Off하여 다른 언어와의 충돌을 방지하는 것이 좋습니다.

이렇게 PHP에서 기본적으로 자주 사용되는 설정들을 살펴보았습니다. 이외에도 많은 설정들이 존재하기 때문에 모든 것을 암기하듯이 외우는 것 보다는 웹 프로그래밍 중 필요한 설정들을 따로 설정해서 사용하는 것이 중요합니다. 나머지 기타 설정에 관한 부분은 인터넷 검색을 통해서 다양한 설정 정보를 쉽게 얻을 수 있으니 다른 설정을 적용해야 하는 경우 직접 원하는 설정을 해보며 익히는 것이 많은 도움이 되겠습니다.

> **알아두세요**
>
> **php.int 파일 변경 시 유의할 점**
>
> 혹시라도 PHP 설정 변경 중 오타나 실수가 발생한다면 PHP가 정상적으로 실행되지 않을 수 있습니다. 그럴 경우 php.ini 파일을 변경하기 전 반드시 원본 php.ini 파일을 복사해서 백업해놓는 것이 좋습니다.

05 _ 문서편집기, 코딩 프로그램 설치

우리가 웹 개발을 하기에 앞서 필요한 것은 컴퓨터 또는 노트북 그리고 문서편집기가 필요합니다. 문서 편집기는 텍스트 에디터 프로그램, 코딩 프로그램으로도 불리고 있으며 모두 같은 의미의 소프트웨어를 지칭합니다. 그렇다면 문서편집기는 무엇이고 우리가 사용할 프로그램은 무엇인지 살펴보도록 하겠습니다.

05-1 문서편집기란?

프로그래밍을 처음 시작 하게 되면 문서편집기, 즉 텍스트에디터 프로그램이 무슨 프로그램이 생소하게 들릴 수 있습니다. 먼저 텍스트 에디터의 종류를 알아보기 전에 텍스트 에디터가 무엇인가를 잘 모르시는 분들을 위해서 잠깐 설명을 드리면, 텍스트 에디터란 단순하게 메모장의 기능만을 말하는 것이 아니라 여러 가지 코딩에 필요한 기능을 가지고 있는 프로그램을 말합니다.

즉 코딩을 간편하면서도 빠르게 작업을 위해 사용하는 프로그램으로 이해하면 되겠습니다. 물론 텍스트 에디터의 종류에 따라 부가적으로 사용할 수 있는 기능들이 다릅니다. 보통은 하나의 텍스트 에디터만 잘 사용하더라도 다른 텍스트 에디터 프로그램을 사용하는데 쉽게 적응이 가능 할 정도로 대부분이 비슷한 사용 방식으로 되어있습니다.

05-2 문서편집기의 종류

대체적으로 유명하고 사용자가 많은 다양한 종류의 문서편집기를 살펴보도록 하겠습니다. 추후에는 자신의 스타일에 맞는 문서편집기를 선택하는데 참고할 수도 있습니다.

❶ Editplus

에디트 플러스는 무료는 아니지만 유료 에디터 프로그램으로 많은 사랑을 받고 있습니다. 과거나 지금이나 쭉 많은 사용자들이 사용하고 있고 웹 프로그래밍을 하는 분들 중 에디트 플러스를 사용하지 않은 분은 거의 없을 정도로 국민 에디터라고 생각 하면 됩니다. 그리고 국내에서 개발이 되었기 때문에 익숙한 한글 메뉴 덕분에 처음 프로그래밍 코딩을 접하시는 분들께 추천 드리는 프로그램 중 하나입니다. 자동완성 기능이 없고 FTP에서 바로 문서를 수정할 수 있는 장점이 있습니다.

▲ Editplus 홈페이지(http://www.Editplus.com/kr)

❷ Sublime Text

가벼우면서도 강력한 기능을 가진 서브라임텍스트는 전 세계적으로 많은 유저를 보유하고 있는 프로그램 중 하나입니다. SFTP를 이용하여 사용이 편리하며, 다양한 플러그인(Plugin)이 있어 빠르게 코딩을 할 수 있도록 도와줍니다.

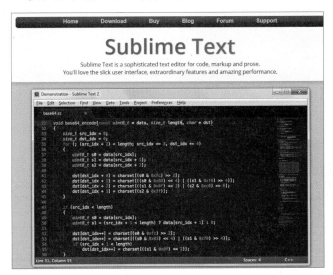

▲ http://www.sublimetext.com/ Sublime Text 홈페이지

❸ aptana

aptana는 처음 사용하시는 분들은 기능이 많아 다소 복잡해 보일 수 있지만 지속적으로 사용하고 익숙해지면 그만큼 편리하고 강력한 기능을 가진 텍스트 에디터 프로그램 중 하나입니다. 서브라임 텍스트와 마찬가지로 많은 유저가 있는 에디터 중 하나입니다.

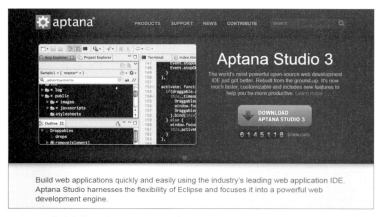

▲ aptana 홈페이지(http://www.aptana.com)

❹ Notepad++

텍스트 에디터 프로그램으로 유명한 Notepad++입니다. 많은 유저들이 사용하고 있고 어떻게 보면 프로그래밍 코딩을 처음 접하시는 분들에게 좋은 에디터 중 하나입니다. 다른 에디터에는 있는 자동 완성 기능이 없어 기존의 다른 에디터를 사용하신 분께서는 조금 답답하지만 처음 배우시는 분들에 겐 자동완성 기능이 없는 프로그램으로 시작하는 것도 좋습니다.

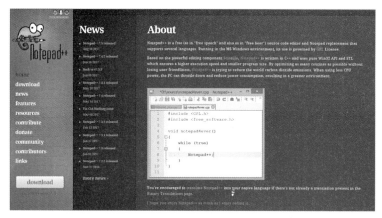

▲ Notepad++ 홈페이지(https://notepad-plus-plus.org)

❺ Atom

아톰은 Github에서 만든 에디터로 다양한 프로그래밍 언어의 편집기로 사용할 수 있도록 고안 된 프로그램입니다. 무료이고, 플러그인으로 기능을 쉽게 확장할 수 있습니다. 또한 HTML, CSS, JavaScript와 같은 웹 기술로 화면을 구현했기 때문에 웹페이지를 편집하듯이 UI를 제어할 수 있는 특징이 있습니다.

▲ Atom 홈페이지(https://atom.io)

❻ PhpStorm

PhpStorm은 통합개발환경(IDE) 프로그램입니다. 프로그램의 용량 또한 다른 에디터 프로그램과 다르게 무겁습니다. 하지만 그만큼 수많은 기능들이 들어있어서 PHP로 개발을 하는 개발자 분들에게 인기가 많은 프로그램입니다. 물론 기능이 많은 만큼 당연히 유료로 프로그램을 사용할 수 있습니다. 저자도 PHP로 코딩을 할 때 자주 사용하고 있는 프로그램이지만 정말 그 기능들이 막강하여 여타 최고의 프로그램이라고 할 수 있습니다.

▲ PhpStorm 홈페이지(https://www.jetbrains.com/phpstorm)

05-3 좋은 문서편집기의 조건

문서편집기인 에디터에는 정말 좋은 프로그램이 많이 있습니다. PhpStorm, Sublime Text, Atom, Editplus, aptana, Notepad++, 메모장?! 등 정말 다양합니다. 하지만 프로그램의 기능이 좋거나 사용하기 편리 할수록 거의 다 유료라는 것이 조금 마음에 걸립니다. 정말 필요하다면 유료결제를 해도 되겠지만 무료로 사용할 수 있는 프로그램이 있다면 굳이 그럴 필요가 없습니다. 에디트 플러스는 유료 프로그램이지만 처음 설치를 하고 평가판을 사용하면 30일 동안 무료로 에디트 플러스를 사용할 수 있습니다. 에디트 플러스는 웹 프로그래밍에 입문하기에 적합한 에디터라고 생각합니다. 왜 수많은 다른 에디터를 물리치고 책에서는 왜 이 프로그램을 사용하는지 설명하자면 에디트 플러스는 국내의 웹 프로그래밍을 직업으로 하는 분들은 한번은 사용 했을 정도로 국내에서 개발되어 배포중인 유명한 에디터 프로그램입니다. 그렇다 보니 프로그램의 사용방법 등 인터넷에 검색하면 수많은 웹 문서가 나올 정도로 인지도나 입지가 크다고 할 수 있습니다. 또한 설치 방법이 간단하고 다른 프로그램 보다 가볍습니다. 예를 들어 PhpStorm이나 Atom과 같은 에디터 프로그램들은 설치용량만 몇 기가바이트를 필요로 하고 프로그램 실행 시 메모리 또한 많이 차지합니다. 물론 방금 언급한 프로그램의 경우에는 수많은 기능들이 있기 때문에 어쩔 수가 없겠지만, 우리는 입문자용으로 프로그래밍을 이제 막 시작하고 배우기 때문에 에디트 플러스 같이 가벼운 프로그램을 사용하여 본인의 로컬 환경에 사용하는 것이 좋습니다. 그리고 국내에서 개발하여 배포하는 프로그램이다 보니 프로그램이 한글로 되어있어서 처음 프로그래밍을 접할 때 어려움을 덜어줄 수 있다고 할 수 있습니다. 또한 FTP연결을 통해서 에디터로 작성한 웹 문서들을 서버에 업로드하거나 다운로드를 할 때에도 아주 간단하게 FTP연결이 가능하므로 가볍고, 사용방법이 쉽고, 우리에게 친숙한 한글 프로그램인 에디트 플러스를 우리는 책에서 사용하도록 하겠습니다. 물론 다른 프로그램을 사용해도 되지만 에디트 플러스에 익숙해진다면 나중에는 다른 프로그램들을 설치해서 사용하면 금방 익숙하게 사용할 수 있을 겁니다.

05-4 EditPlus 설치

▲ 에디트 플러스(Editplus)

에디트 플러스는 인터넷 환경에서 편리하게 사용할 수 있는 윈도우용 문서 편집기입니다.

HTML, PHP, JAVA, C/C++, CSS, JavaScript 등 웬만한 언어들을 지원하고, 메모장을 대신할 뿐 아니라 웹 문서나 프로그램 개발을 쉽게할 수 있도록 도와주는 프로그램이라고 생각하면 되겠습니다.

에디터로는 이외에도 PhpStorm, Sublime Text3, Aptana, Eclipse, Atom 등 여러 가지 종류의 문서 편집기가 있습니다.

저자는 소스 코딩을 목적으로 주로 해당 프로그램을 사용하기 때문에 간략하게 코딩 프로그램이라 지칭하겠습니다.

우선 PHP 파일을 생성하고 본격적인 코딩을 시작하려면 코딩 프로그램이 필요합니다.

책에서는 가볍게 초보자들도 사용할 수 있는 에디트 플러스(Editplus)를 이용하여 설치를 진행하도록 하겠습니다. 그렇다면 지금부터 에디트 플러스를 설치하는 방법을 살펴보도록 하겠습니다.

(1) 에디트 플러스 다운로드

01 에디트 플러스 사이트(http://www.editplus.com/kr)에 접속하면 에디트 플러스를 다운로드할 수 있습니다. 사이트에서 에디트 플러스 문서 편집기 4.5 다운로드 링크를 클릭합니다.

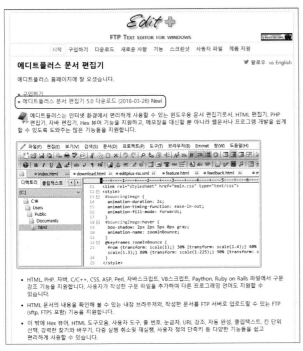

▲ 에디트 플러스 다운로드 사이트

02 자신이 사용하고 있는 운영체제에 맞는 설치 파일을 다운로드 합니다. 이 책에서 윈도우 운영체제를 기준으로 설치를 진행 하겠습니다. 저는 64bit 운영체제를 사용 중이기 때문에 두 번째(64-bit)를 다운로드하여 진행하겠습니다.

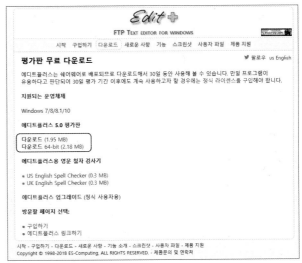

▲ 에디트 플러스 다운로드

(2) 에디트 플러스 설치하기

01 다운로드 사이트를 통해 다운받은 파일 epp430_64bit.exe를 더블클릭하면 설치가 시작됩니다.

▲ 에디트 플러스 설치파일

02 Setup 화면에서 [Accept] 버튼을 클릭합니다.

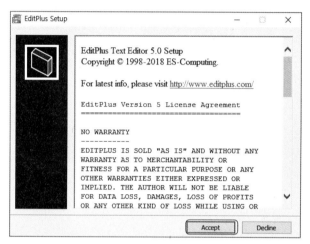

▲ 에디트 플러스 Setup 화면

03 [Accept] 버튼을 클릭하면 다음과 같이 설치가 진행되는 것을 확인할 수 있습니다.

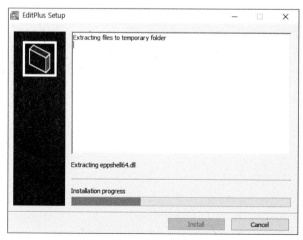

▲ 에디트 플러스 설치 중 화면

04 언어 선택에서 한글을 선택한 후 [확인] 버튼을 클릭합니다.

▲ 에디트 플러스 언어 선택 화면

05 설치 디렉토리 선택에서 설치할 경로를 원하는 경로로 설치가 가능하지만 책에서는 기본으로 설정하고 설치를 진행 하겠습니다. 경로를 지정하고 복사 시작 버튼을 클릭합니다.

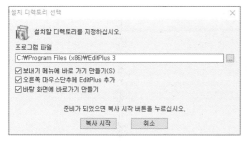

▲ 에디트 플러스 설치 디렉토리 선택 화면

06 정상적으로 설치를 진행하셨다면 에디트 플러스 설치가 완료 되었다는 확인창이 나타나면 [확인] 버튼을 클릭합니다. 만약 설치 도중 에러나 정상적으로 설치가 진행되지 않았다면 설치된 에디트 플러스를 제거하고 01 부터다시 시작 해줍니다.

▲ 에디트 플러스 설치 완료 화면

(3) 에디트 플러스 정상 실행 확인하기

설치가 완료 되었다면 설치된 에디트 플러스를 실행하도록 하겠습니다. 이후 실행순서는 다음과 같습니다.

01 바탕화면에 생성된 에디트 플러스 실행 아이콘(🔵)을 더블 클릭해서 실행 합니다.

02 "사용권 계약서" 화면에서 [예] 버튼을 클릭합니다.

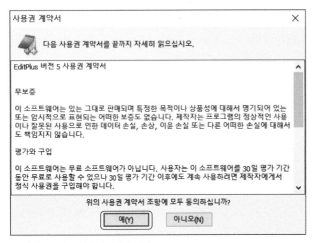

▲ 에디트 플러스 사용권 계약서 화면

03 "디렉토리 지정" 화면에서 모든 경로는 기본경로로 설정하고 [확인] 버튼을 클릭합니다.

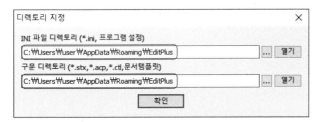

▲ 에디트 플러스 디렉토리 지정 화면

04 에디트 플러스가 정상적으로 실행되면 등록 코드를 입력하라는 창이 나타납니다. 책에서는 무료 평가판 버전을 사용하기 때문에 [평가판] 버튼을 클릭합니다. 평가판은 30일 동안 무료로 에디트 플러스를 사용할 수 있습니다. 등록코드를 입력하면, 에디트 플러스를 기한 없이 정품 프로그램으로 사용할 수 있습니다. 정품 등록코드는 에디트 플러스 프로그램 홈페이지에서 구매하여 사용 가능합니다.

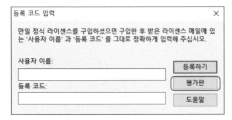

▲ 에디트 플러스 실행 후 평가하기

05 "평가판" 사용 안내창이 나타나면 [동의함] 버튼을 클릭하여 30일 동안 무료 평가판 사용을 시작합니다. 30일이 지난 후에는 [동의함] 버튼을 클릭하더라도 무료 평가판 사용기간이 지났기 때문에 프로그램이 종료되며, [종료] 버튼을 클릭하더라도 마찬가지로 종료됩니다.

▲ 에디트 플러스 평가판 동의 화면

06 모든 설치 과정을 진행하면 다음과 같이 에디트 플러스가 정상적으로 실행되는 것을 확인할 수 있습니다.

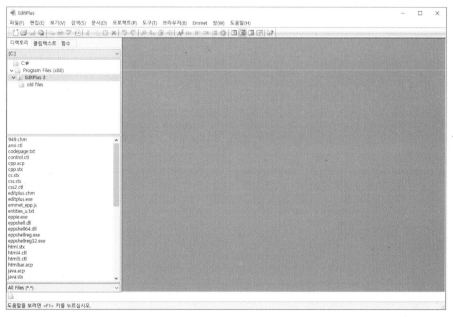

▲ 에디트 플러스 정상 실행 화면

이렇게 에디트 플러스를 설치하였다면 이제 코딩 프로그램으로 PHP 파일과 HTML파일 등 브라우저에서 실행할 수 있는 파일들을 생성하고 수정할 수 있습니다.

(4) 에디트 플러스 기본 설정

에디트 플러스가 정상적으로 설치가 되었다면 마지막으로 에디트 플러스의 기본 설정 부분을 셋팅 해놓고 시작하는 것이 좋습니다. 글꼴, 글꼴 크기, 유니코드 문자 인코딩 설정, 실행 브라우저 설정 등 수많은 설정과 옵션들을 사용가능 하지만 우리는 앞서 말씀드린 부분의 기본적인 설정 방법만 짚고 넘어 가도록 하겠습니다.

❍ 유니코드(Unicode)란? : 유니코드란 각 나라별 언어를 모두 표현하기 위해 나온 코드 체계이다. 유니코드는 사용 중인 운영체제, 프로그램, 언어에 관계없이 문자마다 고유한 코드 값을 제공하는 새로운 개념의 코드입니다. 유니코드를 저장하는 방식에는 UTF-8, UTF-16, UTF-32 등이 있습니다. 일반적으로 글자를 저장하는 비트가 가변적으로 변해서 오래전부터 사용하던 ASCII 방식과 호환성이 좋은 UTF-8이 많이 사용됩니다. 2018년 현재에도 계속해서 새 문자들을 추가시키고 있습니다. 2017년에 10.0 버전이 배포 되었으며 139 종류에 136,755 글자를 표현할 수 있습니다.

전 세계의 문자에 특정 번호를 매겨서 테이블로 만들어 두었는데, 만약 새로운 문자가 추가된다면 새로운 번호를 매겨준다. 그때마다 매겨주는 번호를 코드 포인트 (Code Point)라고 한다. 코드는 'U+0041'처럼 표기하면 된다. 이때 U+는 Unicode, 0041는 코드 포인트 값으로서 16진수로 표현합니다.

❍ 문자 인코딩이란? : 인코딩의 사전적 의미는 코드화, 암호화를 의미합니다. 문자 인코딩(Character Encoding)은 문자나 기호들의 집합을 컴퓨터에 저장하거나 통신에 사용할 목적으로 부호화 한 것입니다. 유니코드와 UTF-8은 세계에서 가장 많이 사용되는 문자 코드와 인코딩 방식입니다.

기본 인코딩을 변경하고 파일 저장 시 백업파일이 생기지 않도록 설정을 하겠습니다.

에디트 플러스의 기본 설정으로 사용하게 되면 HTML, PHP 파일 등 파일을 수정한 후 저장하게 되면 "파일이름.확장자(.bak)"라는 파일이 자동으로 생성됩니다. 매번 .bak 파일이 생성 된다면 파일들을 관리하기에 헷갈릴 수 있습니다. 물론 원본 파일을 보존하기 위해서 백업 파일을 보관하는 것이 좋지만 책에서는 예제 폴더의 정리를 위해서 백업 파일 생성을 사용하지 않겠습니다.

01 에디트 플러스를 실행하여 상단의 도구 메뉴에 기본 설정 메뉴를 클릭합니다.

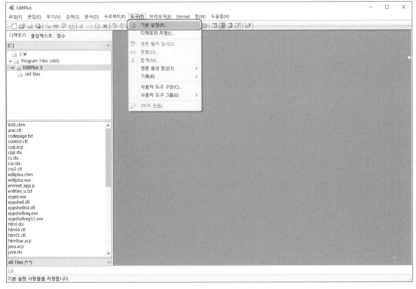

▲ 에디트 플러스 기본 설정 메뉴

02 항목에서 파일을 클릭하고 "기본 인코딩"에서 UTF-8을 선택합니다. 그리고 아래의 그림과 같이 "저장시 백업 파일 생성" 부분을 체크 해제하고 하단의 [확인] 버튼을 클릭합니다.

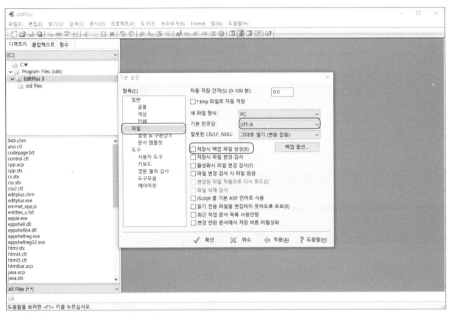

▲ 에디트 플러스 기본 설정 화면

에디트 플러스의 기본 폰트의 사이즈가 작아서 불편하기 때문에 글꼴을 설정해서 폰트 크기를 키우도록 하겠습니다.

01 에디트 플러스를 실행하여 상단의 도구 메뉴에 기본 설정 메뉴를 클릭합니다.

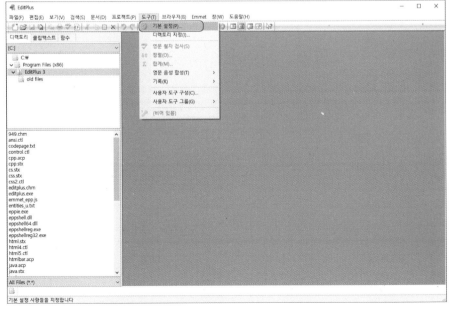

▲ 에디트 플러스 기본 설정 메뉴

02 기본 설정 메뉴의 좌측 항목에서 글꼴을 클릭합니다. 우측의 폰트 크기를 선택하는 부분에서 "16"으로 선택합니다.

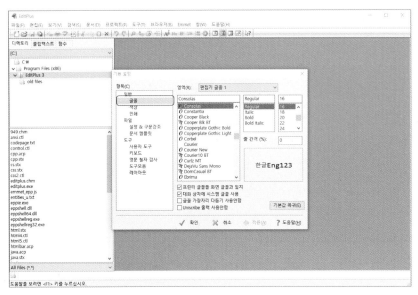

▲ 에디트 플러스 글꼴 설정 메뉴

에디트 플러스에는 현재 작성중인 웹 문서 또는 이미 작성된 웹 문서를 불러와서 브라우저로 바로보기 기능이 제공됩니다. 에디트 플러스의 좌측 상단의 지구본 아이콘을 클릭하거나 단축키 Ctrl + Shift + B 를 누르면 에디트 플러스 내에서 작성한 웹 문서를 브라우저로 확인할 수 있습니다. 기본 설정에 서는 좌측 상단에 지구본 아이콘이 없기 때문에 크롬(Chrome) 브라우저와 IE(Internet Explorer) 브라 우저를 등록해서 바로보기 아이콘을 생성 하도록 하겠습니다.

01 에디트 플러스를 실행하여 상단의 도구 메뉴에 기본 설정 메뉴를 클릭합니다.

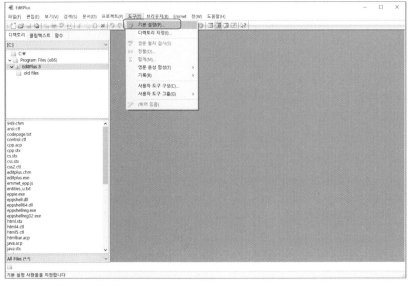

▲ 에디트 플러스 기본 설정 메뉴

02 항목에서 도구를 클릭하고 "Browser 1"을 선택합니다. 자체 브라우저를 클릭해서 "외부 브라우저 – Chrome" 을 선택합니다. 변경을 완료 하였다면 하단의 [확인] 버튼을 클릭합니다. 이렇게 설정하면 **Ctrl** + **B** 버튼을 눌렀을 때 또는 지구본 아이콘을 클릭하면 크롬 브라우저로 해당 웹 문서가 실행이 됩니다.

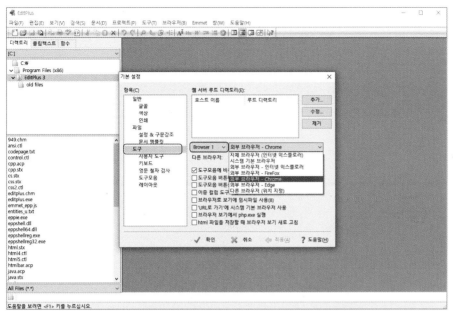

▲ 에디트 플러스 기본 설정 메뉴

03 우리는 크로스브라우징을 위해서 IE와 크롬 두 개의 브라우저에서 앞으로 실습될 소스코드 테스트를 위해서 위와 같은 방법으로 "Browser 2"에는 "외부 브라우저 – 인터넷 익스플로러"를 등록하겠습니다.

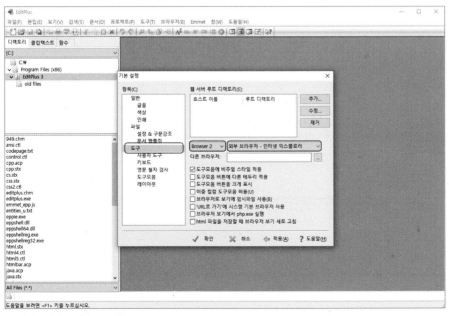

▲ 에디트 플러스 기본 설정 메뉴

04 기본 설정 메뉴의 좌측 항목에서 도구모음을 클릭합니다. 명령 선택 부분에서 "보기"를 선택, 도구모음 선택 부분에서는 "HTML"을 선택합니다. 보기에서 스크롤을 내리면 "브라우저 2로 보기"가 있습니다. 선택 후 [–)] 버튼으로 도구모음 HTML로 추가합니다. 추가 되었다면 "브라우저 2로 보기"가 맨 아래에 추가되어 있습니다. "브라우저 2로 보기"를 선택해서 마우스로 위로 끌어서 당기거나 위, 아래 버튼을 클릭하여 순서를 변경할 수 있습니다. 아래의 그림과 같이 HTML의 "브라우저 1로 보기" 바로 아래쪽에 "브라우저 2로 보기"를 위치 시켜주고 하단의 [확인] 버튼을 클릭합니다.

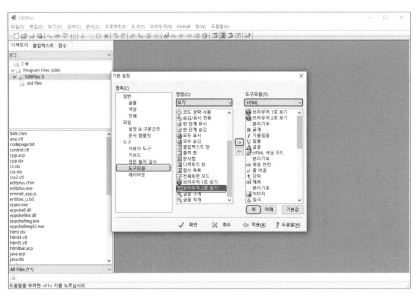

▲ 에디트 플러스 기본 설정 메뉴

정상적으로 설정을 따라서 했다면 이전에 XAMPP를 설치할 때 만들었던 index.html 문서를 열어 보겠습니다.

▲ 에디트 플러스 브라우저 바로보기 추가 확인

웹 문서를 열면 방금 추가한 브라우저 바로보기 아이콘이 좌측 상단에 추가 된 것을 확인할 수 있습니다. 첫 번째 바로보기 아이콘을 클릭하면 에디트 플러스 내에서 인터넷 익스플로러 실행되고, 두 번째 바로보기 아이콘을 클릭하면 크롬 브라우저에 웹 문서가 열리면서 다음과 같이 실행되는 화면을 확인할 수 있습니다.

▲ 에디트 플러스 브라우저 바로보기 실행 화면

여기까지 잘 따라 오셨다면 에디트 플러스의 기본 설정은 완료된 것입니다. 추가적으로 테마 변경의 기능도 간략하게 소개 적용 하는 방법을 습득 하고 넘어가겠습니다. 코딩 프로그램으로 오랜 시간 작업을 하게 되면 눈에 피로도가 많기 때문에 보통의 개발자들은 눈에 피로도를 줄이기 위해서 프로그램의 배경화면 색상을 어두운 계통으로 많이 셋팅하여 사용합니다. 그래서 눈이 쉽게 피로한 분들을 위해서 저자가 사용하는 에디트 플러스 테마를 다운로드받아 적용 해보겠습니다.

01 gnuwiz.com 홈페이지의 reference 자료실에서 첨부파일을 다운로드 받습니다.

▲ 테마 다운로드 화면

02 에디트 플러스를 실행하여 상단의 도구 메뉴에 기본 설정 메뉴를 클릭합니다.

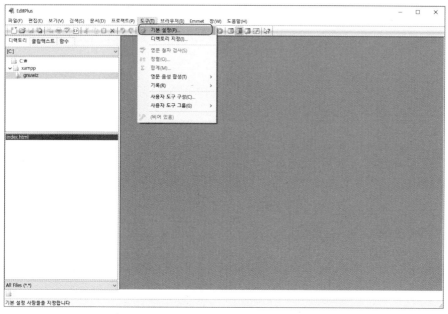

▲ 에디트 플러스 기본 설정 메뉴

03 기본 설정의 항목에서 색상을 클릭하고 [가져오기] 버튼을 클릭합니다. 방금 다운로드를 받은 경로로 들어가서 gnuwiz_theme.ini 파일을 가져옵니다. 그리고 하단의 [확인] 버튼을 클릭합니다.

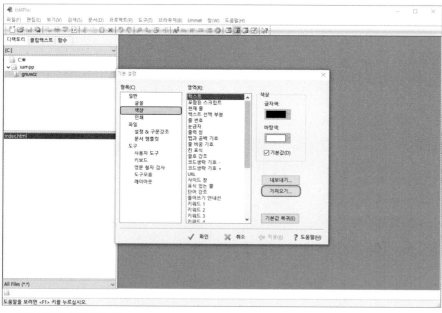

▲ 에디트 플러스 색상 설정 메뉴

04 적용이 정상적으로 되었다면 아래의 그림과 같이 에디트 플러스의 글꼴과 배경 색상 등 전체가 테마로 적용된 것을 확인할 수 있습니다.

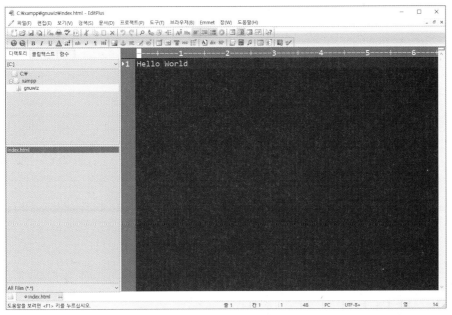

▲ 에디트 플러스 테마 적용 화면

지금까지 문서 편집기인 에디트 플러스의 설치 및 기본 설정을 살펴보았습니다.
이제 여러분은 에디트 플러스를 이용해서 책에서 나오는 PHP 문서들을 생성하여 소스코드를 수정, 삭제할 수 있습니다.

06 _ 설치한 웹 서버의 개발 환경 테스트

이제 웹 서버가 설치되었고 기타 설정을 마무리 했다면 우리가 설치한 웹 서버가 정상적으로 실행되는지를 간단한 PHP 예제를 통해서 테스트를 진행 해보겠습니다.

01 에디트 플러스를 실행해서 좌측 상단에 디렉토리 경로를 우리가 웹 서버를 설치한 경로로 지정합니다.
'gnuwiz' 디렉토리로 지정이 되었다면 아래 패널 부분에 조금 전 생성한 index.html 파일이 나타납니다.

그리고 아래 그림에 보이는 영역 부분에 마우스 오른쪽 버튼을 클릭하고 파일을 새로 만들 수 있는 '새로 작성…' 메뉴를 클릭합니다.

▲ 에디트 플러스 실행 디렉토리 설정 후 파일 새로 작성

02 새로 작성할 파일 이름은 index.php로 생성하도록 하겠습니다. 파일은 "C:/xampp/gnuwiz/" 경로에 생성됩니다.

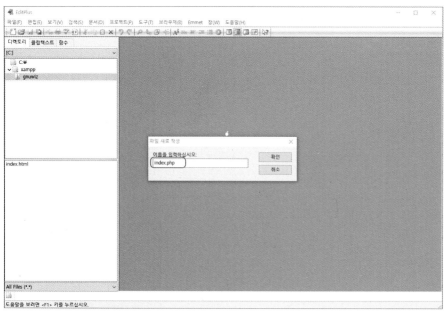

▲ index.php 파일 생성

03 index.php 파일에 아래 그림과 같이 PHP 문법으로 "Hello World"라고 작성 후 저장합니다. 04장부터 PHP 문법에 대해서 배우겠지만 우선 웹 서버를 테스트하기 위함이니 문법을 알지 못하더라도 따라서 작성하도록 하겠습니다.

```
소스 코드 : http://localhost/index.php

<?php
echo "Hello World";
?>
```

▲ index.php 파일에 Hello Wold 작성

04 새로 생성한 index.php 파일을 실행하기 위해서 브라우저의 주소창에 http://localhost/index.php 를 입력하면 우리가 생성 한 index.php 파일이 "gnuwiz" 폴더에서 정상적으로 불러오고 있다는 것을 확인할 수 있습니다.

▲ 브라우저에서 index.php 파일 실행 화면

이상으로 APM와 에디트 플러스의 다운로드, 설치, 환경설정 과정을 모두 완료하였습니다. 이제 본 격적으로 PHP 개발을 시작하기 위한 환경이 모두 갖추어졌습니다.

APM이란?

APM이란 웹 서버를 구성하는 주요 도구인 Apache + PHP + MySQL의 첫 글자를 딴 줄임말입니다. APM이라는 소프트웨어나 프로그램이 있는 것이 아니라, 이 세 가지가 연동되어 운영되도록 만든 환경을 APM이라고 합니다.

문서편집기

프로그래밍을 처음 시작 하게 되면 문서편집기. 즉 텍스트 에디터 프로그램이 무슨 프로그램이 생소하게 들릴 수 있습니다. 문서편집기는 코딩을 간편하면서도 빠르게 작업을 위해 사용하는 프로그램입니다.

1 _____은 웹 서버를 구성하는 주요 도구인 Apache + PHP + MySQL의 첫 글자를 딴 줄임말입니다. 주로 리눅스에서 사용되기 때문에 LAMP(Linux + Apache + MySQL + PHP)라고도 합니다.

2 웹 서버 _____는 Apache Software Foundation에서 개발한 웹 서버로 오픈소스 소프트웨어(Open-source Software)이며, 거의 대부분의 운영체제에서 설치 및 사용을 할 수 있습니다.

3 자신의 컴퓨터에 XAMPP를 설치하고 가동한 후 브라우저를 통해서 웹 서버가 정상적인 작동을 하는지 확인하는 작업입니다. 웹 서버로 접속하기 위한 URL을 적어봅니다.

Chapter
03

PHP 동작 원리

이번 장에서는 간단한 PHP 프로그램을 작성하고 브라우저에서 실행되는 모습과 실제 PHP가 어떻게 구동되는지에 대해서 알아보도록 하겠습니다. PHP 프로그램은 겉으로 보기에는 HTML과 비슷하지만 실제로 구동되는 방식은 HTML과는 다릅니다. 또한 PHP는 웹 프로그래밍을 위한 도구이기 때문에 기본적으로 HTML에 대한 이해가 어느 정도 필요합니다.

무엇보다 이번 장은 다음 장에서부터 공부하게 될, 보다 심도 있는 PHP 프로그래밍에 앞서서 하는 공부인 만큼 PHP에 대한 세부적이고 깊은 내용보다는 기본적인 개념과 PHP의 기본적인 사용에 대해서 이해하는 부분입니다.

01 _ 웹 어플리케이션

웹 프로그래밍 입문자가 가장 힘들어 하는 것은 '어떻게 무엇을 먼저 시작해야하나.'입니다. 우리는 웹 개발에 앞서 웹 어플리케이션의 개념을 이해하고 웹 어플리케이션을 만들어보고, PHP로 생성한 웹 페이지에 간단한 예제를 작성하고 출력해보도록 하겠습니다.

01-1 웹 어플리케이션이란?

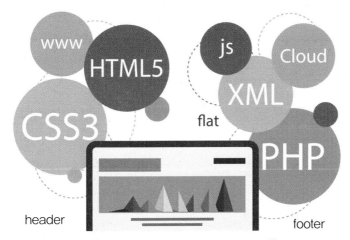

▲ 웹 어플리케이션 개발에 사용되는 언어들

웹 어플리케이션이란 브라우저가 웹 문서를 호출한 프로그램, 즉 웹을 기반으로 실행되는 프로그램입니다. 쉽게 말해 우리가 매일 스마트폰으로 검색하고 눈으로 보고 만지는 홈페이지가 웹 어플리케이션 이라고 할 수 있습니다. 우리가 공부하는 PHP 웹 프로그래밍과 웹 어플리케이션의 관계는 '웹 프로그래밍을 통한 웹 어플리케이션의 구현'이라고 할 수 있습니다.

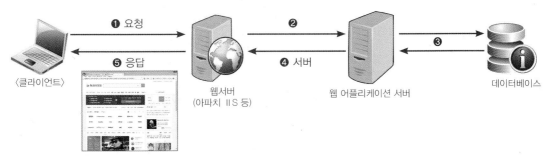

▲ 웹 어플리케이션의 구조

웹 어플리케이션의 구조는 웹 브라우저가 웹 서버에 어떠한 페이지를 요청하고 해당 웹 서버는 웹 브라우저의 요청을 받아서 요청된 페이지의 로직 및 데이터베이스와의 연동을 위해 웹 어플리케이션 서버에 이들의 처리를 요청합니다. 그리고 웹 어플리케이션 서버는 데이터베이스와의 연동이 필요하면 데이터베이스와의 데이터 처리를 하고 로직 및 데이터베이스 작업의 처리 결과를 웹 서버에 다시 전송합니다. 그리고 우리는 웹 서버의 결과를 브라우저를 통해서 눈으로 확인 하고 있습니다.

◐ 로직(Logic) : 논리라는 뜻의 'Logic'은 논리적으로 움직이는 회로, 즉 디지털 논리 회로를 가리킨다. 디지털 회로는 모두 논리 회로인데, 그 중에서도 특히 아날로그 회로와 비교하여 스위치 동작을 하는 회로를 가리키는 경우가 많습니다. 프로그래밍에서는 일반적으로 특정 프로그램의 동작을 위해 수행하는 응용프로그램의 일부를 말합니다. 데이터의 입력, 수정, 조회 및 처리 등을 수행하는 루틴, 보이는 것의 뒤에서 일어나는 각종 처리를 의미합니다.
프로그래밍에서의 로직이란 특정 동작을 수행 및 처리하기 위한 일련의 작업을 모아 놓은 응용프로그램을 말합니다.

1-2 웹 어플리케이션 생성

앞으로 사용될 모든 예제를 위한 프로젝트를 만들기 위해서 어플리케이션을 생성해 보도록 하겠습니다. 앞장에서 아파치의 실제적인 모든 환경에 대한 설치를 마친 뒤 실제 프로젝트를 진행하기 위해서 'myapp'라는 이름의 어플리케이션을 생성합니다.

알아두세요

이 책에 나오는 모든 예제 및 소스 들은 특정한 디렉토리에 위치하고 있습니다. 또한 그들을 실행시키기 위해서 URL에 특정 위치를 포함해서 호출을 합니다.

예 http://localhost/myapp에서 myapp

여기서 'myapp'은 어플리케이션의 이름이 됩니다.
웹 어플리케이션에 대한 이해를 돕기 위해 아래 URL에서 보는 것처럼

http://www.gnuwiz.com/myapp/...

'myapp'에 모든 PHP 페이지나 HTML 문서, 자바스크립트, 이미지 등이 존재하게 됩니다. 여기서 myapp가 하나의 어플리케이션이 되는 것입니다.
물론 우리는 로컬 환경에서의 웹 어플리케이션을 실행하기 위해서는 웹 서버를 항상 실행한 상태이여야 합니다.

(1) myapp라는 이름의 어플리케이션(프로젝트)를 생성하기

대소문자에 유의해서 다음 그림처럼 폴더를 생성합니다.

01 앞에서 XAMPP를 설치하여 아파치로 ROOT 경로를 설정 했던 것을 기억하십니까? 'C:\xampp\gnuwiz\'의 위치에 'myapp'이라는 폴더를 생성합니다.

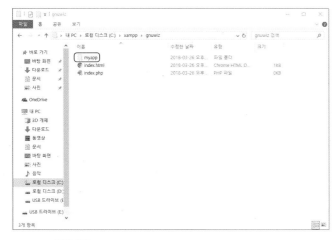

▲ myapp 폴더 생성

02 myapp 디렉토리 안에 'ch03'이라는 디렉토리를 생성합니다. ch030이라는 디렉토리는 책에서 공부하는 챕터를 의미합니다. 아래에서 간단한 예제를 실행하기 위해서 ch03(챕터03) 이라는 디렉토리를 생성하는 것 입니다. (대소문자 주의!)

▲ gnuwiz → ch03 폴더 생성

이렇게 해보세요

C:\xampp\gnuwiz\myapp\ch03 – 앞으로 예제의 파일들은 각각의 챕터에 ch03, ch04 형식과 같이 챕터별 디렉토리를 생성하여 따로 저장하여 관리를 하도록 하겠습니다.

웹 어플리케이션(WEB Application)

웹 어플리케이션(웹 응용 프로그램)은 특별한 구조를 가집니다.

❶ 웹 어플리케이션의 루트 폴더 : HTML, PHP, 이미지 등이 위치할 폴더입니다. 이 루트 폴더에 있는 자원(HTML, PHP, 이미지 등)이 웹 서버(PHP, MySQL 등, 이 책에서는 아파치)에 의해서 서비스됩니다.

❷ 'myapp'이라는 이름을 가진 웹 어플리케이션은 'myapp' 폴더 내의 파일들을 실행하고, 필요한 PHP 파일은 챕터별 폴더 내에 예제를 생성하여 해당 예제 파일을 사용합니다.

그리고 필요한 경우 'myapp'이라는 웹 어플리케이션에 챕터별 예제 파일을 사용하게 됩니다. 조금 전 추가한 ch03 폴더에 아직까지 우리가 배우는 예제가 없기 때문에 ch03 챕터의 파일들은 생성하지 않았습니다.

책에서의 웹 어플리케이션은 ❶, ❷의 요소를 반드시 필요로 합니다. 'myapp'이라는 웹 어플리케이션을 사용하기 위해서 'myapp'이라고 이름 지어진 웹 어플리케이션 루트 폴더와 폴더안의 웹 문서 파일들이 필요하다는 의미입니다.

03 XAMPP를 실행하여 아파치를 시작합니다. 우리는 컴퓨터를 새로 시작하게 되면 매번 XAMPP를 실행하여 아파치를 실행하도록 합니다. 그러지 않으면 웹 서버가 구동되지 않기 때문에 로컬 환경에서 PHP를 실행할 수 없습니다.

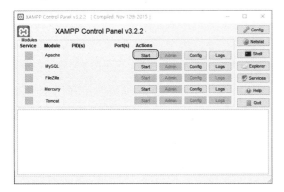

▲ XAMPP 아파치 실행

04 브라우저에서 'http://localhost/myapp/'로 입력해서 실행합니다. 정상적으로 실행이 되었다면 다음과 같이 'Index of /myapp'이라는 myapp의 웹 어플리케이션이 실행된 것을 확인할 수 있습니다. 하위 디렉토리에는 조금 전 myapp의 경로에 생성한 ch03(챕터03) 폴더가 나타납니다. 현재의 어플리케이션에서는 아무런 파일이 없기 때문에 브라우저에서는 해당 디렉토리를 표시해주고 있습니다. 실제 운영되는 서버에서는 보안상의 문제로 해당 기능을 해제해 놓아야합니다. 아파치 서버에서 해당 기능을 해제하기 위해서는 아파치의 옵션 부분에서 "Options –Indexes"를 추가하여 사용활 수 있습니다.

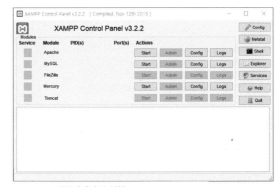

▲ myapp 어플리케이션 실행

02 _ Hello PHP!!!를 출력하는 PHP

프로그램 공부를 하면서 어느 정도의 이론을 익힌 후에는 예제로 제공되는 코드를 직접 작성하고 실행을 해보면서 그 결과를 확인하는 것이 일반적인 과정입니다.

많은 예제 프로그램을 직접 입력해 보고 실행한 뒤 나타나는 결과를 눈으로 확인해 보면서 조금씩 살을 붙여나가는 과정을 통해 실력이 보다 향상될 것입니다. 수십, 수백라인에 해당하는 어려운 프로그램도 처음에는 아주 단순한 예제에서 출발합니다. 단순한 예제가 아주 복잡한 프로그램으로 변하기까지는 많은 과정이 있습니다. 그 과정은 많은 프로그램 작성과 실행을 통해 얻어지는 경험입니다. 예제를 통해 자신이 직접 프로그램 수정도 해보고, 추가도 해보고, 나타나는 오류들을 수정하면서 여러분의 실력은 배가 될 것이며, 복잡한 프로그램도 작성할 수가 있게 될 것입니다. 그런 여러분들이 앞으로 공부하게 될 PHP에게 반갑다는 의미로 'Hello PHP!!!'를 출력하는 프로그램을 작성해 보겠습니다.

(1) 브라우저에 'Hello PHP!!!'란 문자열을 출력하기

01 에디터에서 PHP 파일로 직접 생성하여 다음의 내용을 작성해 보도록 하겠습니다. 에디터로 작성하는 방법을 차근차근 따라 해보겠습니다. 에디트 플러스를 실행하고 좌측의 디렉토리를 다음과 같이 동일하게 설정 해줍니다.

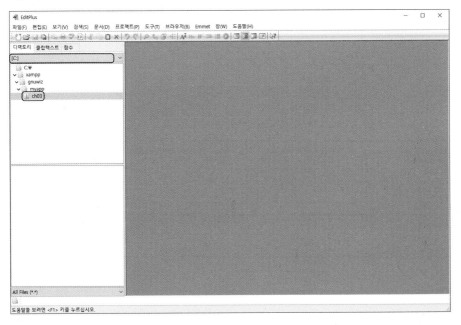

▲ 에디트 플러스 디렉토리 위치

02 ch03 폴더를 더블클릭하면 ch03 폴더로 경로가 지정 되고 이후 아래 영역에 마우스 오른쪽(우클릭)을 클릭하면 메뉴가 열립니다. 해당 메뉴에서 새로 작성 메뉴를 클릭합니다.

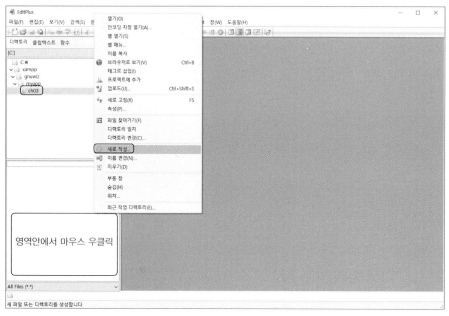

▲ 에디트 플러스 파일 생성

03 파일명을 hello.php으로 작성하고 [확인] 버튼을 클릭합니다.

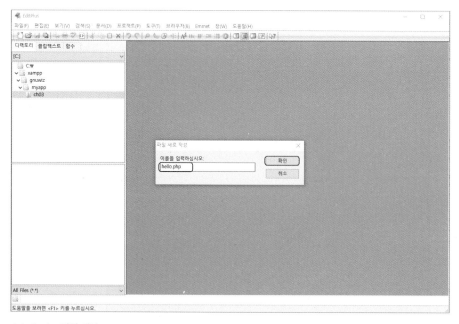

▲ hello.php 파일 생성

04 생성한 hello.php 파일에 에디터로 다음의 내용을 직접 작성해 보도록 하겠습니다.

소스 경로 : http://localhost/myapp/ch03/hello.php

```
01 : <html>
02 : <head>
03 :    <title>PHP 테스트</title>
04 : </head>
05 : <body>
06 : <?php   ← PHP 시작을 의미 합니다.
07 :    $str = "Hello PHP!!!";   ← PHP 변수 $str에 Hello PHP!!!라는 문자열을 넣었습니다.
08 : ?>   ← PHP 종료를 의미 합니다.
09 : PHP 명령어로 작성한 <?= $str ?><br/>
10 : HTML 태그로 작성한 Hello PHP!!!
11 : </body>
12 : </html>
```

02~05 : 순수한 HTML 태그입니다.
06~08 : PHP 변수를 설정한 부분입니다.
09 : '<?='와 '?>'로 싸여진 변수를 출력합니다. 나중에 배울 내용이지만, 이러한 종류의 태그를 짧은 태그 (Short open tag)로 하며 '<?='는 '<?php echo'의 짧은 태그입니다.
10~12 : 순수한 HTML 태그입니다.

알아두세요

대소문자 구별에 유의!!!

PHP에서는 대소문자를 구별하기 때문에 사용에 있어 유의해야 합니다. 예를 들어 hello.php를 Hello.php로 저장했다면 이 페이지를 호출하기 위해서는 Hello.php로 해야 인식을 합니다. 자바나 C언어도 대소문자를 구별하듯 PHP 사용에 있어서도 대소문자는 구별해야 합니다. 이는 변수명이나 나중에 배울 클래스의 사용에 있어서도 마찬가지 입니다.

---

05 위의 소스는 PHP에 관련된 부분과 일반 HTML로 작성되어진 부분이 있습니다. 두 개의 결과를 비교하기 위한 코드입니다. 그리고 작성된 프로그램을 'myapp\ch03'에 'hello.php'란 이름으로 저장하면 됩니다.

▲ PHP 파일저장 위치

06 그럼 PHP 페이지를 인식해서 처리하기 위한 아파치 웹 서버를 가동해야 합니다. XAMPP를 실행 후 아파치를 실행합니다. 웹 서버가 가동이 되었다면 브라우저에서 다음과 같이 PHP 파일을 호출합니다.

(소스 경로 : http://localhost/myapp/ch03/hello.php)

▲ Hello PHP!!! 실행화면

07 그림과 같은 결과가 나왔다면 브라우저에서 마우스 오른쪽 버튼 클릭을 통한 소스 보기를 하도록 하겠습니다.

▲ 소스 보기

08 소스 보기를 통해서 방금 작성한 PHP 파일의 소스를 보면 PHP 파일이 실행되어 브라우저에 나타난 모습은 HTML 태그로 구성된 웹 페이지로서 보이게 됩니다.

▲ 실행 후의 소스

그림을 보면 우선 전체적으로 공통된 부분이 많다는 것을 알 수 있을 것입니다. 순수 HTML 태그들(〈HTML〉〈/HTML〉〈HEAD〉〈/HEAD〉〈BODY〉〈/BODY〉 등)과 'PHP 명령어로 작성한', 'HTML 태그로 작성한 Hello PHP!!!' 부분은 서로 공통으로 나타납니다. 그리고 〈?php....?〉,〈?....?〉,〈?=....?〉 안에 포함된 부분이 없어졌다는 것을 볼 수 있을 것입니다. 그 안에 포함된 부분들이 PHP 엔진에서 처리가 되고 실행 후에는 HTML 태그로만 구성된 페이지를 생성해서 사용자의 브라우저에 보여 지게 되는 것입니다.

이렇듯 PHP 명령어를 통한 프로그래밍의 결과는 결국 HTML로 작성한 페이지와 실행 결과가 똑같습니다.

정리해 보면 'Hello PHP!!!'이라는 문자열을 출력하는 hello.php라는 프로그램이 사용자의 브라우저에 호출되면 웹 서버와 PHP 엔진에서 처리해서 'Hello PHP!!!'이란 문자열을 출력하는 웹 페이지를 사용자의 브라우저에 전송하는 것입니다. 이 때 전송되는 것은 순수한 HTML로 변환되어진 것입니다. 이러한 부분은 PHP만 HTML로 변환되어 지는 것은 아니고 JSP나 다른 웹 서버를 사용하는 언어에서도 마찬가지로 HTML로 변환되어 브라우저에 나타납니다.

이렇게 해보세요 | 소스 보기의 유용성!!

여러분은 많은 에러를 앞으로 접하게 될 것이라 장담합니다. 재앙처럼 다가올 그런 에러는 예고 없이 브라우저에 등장을 하곤 합니다. 어느 순간 오타로 인한 오류는 찾아볼 수 없고, 논리적인 부분에서 오류로 그 흐름이 바뀔 것입니다. 이때 "HTML 태그들이 잘 생성이 되었나?"라고 의구심이 들거나 "어디서부터 출력이 안 되었는지 잘 모르겠네..."라는 생각이 들 때는 주저 없이 브라우저에서 소스 보기를 해 보십시오. HTML이 생성이 되다가 멈춰버린 경우를 발견할 수 있을 것입니다. 그럼, 출력이 된 HTML까지에 해당되는 PHP 페이지를 분석해 보면 대략 대략적인 오류의 범위를 좁힐 수 있습니다.

또한 소스 보기의 유용성은 이루 말할 수 없을 정도입니다. 방문한 사이트의 페이지 전체에서 흐르는 통일감 있는 화면의 인터페이스, 디자인, 이미지와 텍스트의 적절한 배치에서 오는 feel!... 을 그대로 이어받기 위한 소스 보기는 모방보다 창조를 위한 도움으로 와닿을 것입니다.

03 _ PHP의 동작 구조

정적인 페이지에 대한 요청, 즉 HTML, 여러 이미지, 텍스트 파일들에 대한 요청은 웹 서버에서 해결합니다. 그리고 동적인 페이지에 대한 요청, 즉 PHP 페이지에 대한 요청은 웹 서버에서 PHP 엔진으로 다시 전달하여 해석 됩니다. 이렇게 해서 PHP 페이지가 웹 브라우저에 실행이 됩니다.

호출을 통한 PHP페이지의 내부적인 처리방식에 대해 알아보도록 하겠습니다. URL에서 ***.php에 대한 요청을 웹 서버에게 하면 웹 서버는 해당 페이지에 PHP구문이 있으면 해당 PHP에 대한 요청을 다시 PHP parser로 넘기게 됩니다. 이런 요청을 받은 PHP 엔진은 해당 PHP 페이지를 찾아서 PHP언어로 된 부분을 해석 합니다. 그런 다음 해석된 된 PHP 파일의 실행 결과가 사용자의 웹 브라우저로 전송이 됩니다.

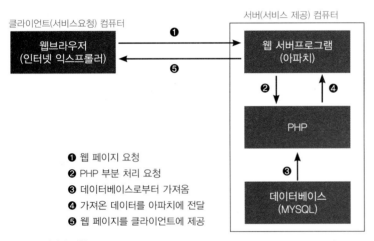

▲ PHP 파일의 변환

이런 변화를 단계별로 알아보기 위해 다음 그림을 살펴보도록 하겠습니다.

▲ PHP 파일 동작 단계

사용자의 브라우저에서 http://servername..../***.php의 형태로 요청을 합니다.

 웹 서버는 ***.php의 형태로 온 요청에 대해 자신이 처리할 수 없는 데이터임을 알고 PHP 엔진에서 처리하게 끔 요청 정보를 넘깁니다.

 해당 PHP 파일이 요청되 었다면 PHP 파일을 파싱, 해석 합니다.

 PHP 파일로부터 웹 브라우저에서 읽을 수 있도록 새로운 파일이 생성됩니다.

 PHP 엔진은 PHP 파일을 읽어서 그 결과를 웹 서버에 다시 전달합니다.

❻ 웹 서버는 그 결과를 웹 브라우저에 다시 전달하고 우리는 브라우저를 통해 최종 결과물을 보는 것입니다.

이렇게 웹 브라우저에서 PHP 파일이 요청되면 ❶~❻대한 동작의 사이클이 반복되며 우리가 웹 브라우저에서 확인할 수 있는 것입니다.

웹 어플리케이션

브라우저가 웹 문서를 호출한 프로그램, 즉 웹을 기반으로 실행되는 프로그램 입니다. 쉽게 말해 우리가 매일 스마트폰으로 검색하고 눈으로 보고 만지는 홈페이지가 웹 어플리케이션 이라고 할 수 있습니다.

PHP 동작구조

❶ 웹 페이지 요청

❷ PHP 부분 처리를 위해 PHP엔진으로 요청

❸ PHP 파일이 요청되었다면 PHP 파일을 파싱, 해석

❹ PHP 파일로부터 웹 브라우저에서 읽을 수 있도록 새로운 파일을 생성

❺ PHP 엔진은 PHP 파일을 읽어서 그 결과를 웹 서버에 다시 전달

❻ 웹 서버는 그 결과를 웹 브라우저에 다시 전달

❼ 사용자의 브라우저에서 HTML이 실행되어서 웹 페이지를 보여줌

1 본문에 나오는 Hello PHP!!!를 출력하는 예제를 참고로 해서 'Dreams come true!!!'로 바꾸어 출력하기 위한 코드입니다. 빈 곳을 채우세요.

```
01 : <html>
02 : <body>
03 : <?php
04 :    $str = (                );
05 : ?>
06 : PHP 명령어로 작성한 <?php echo $str ?><br/>
07 : HTML 태그로 작성한 Dreams come true!!!
08 : </body>
09 : </html>
```

2 _____은 브라우저가 웹 문서를 호출한 프로그램의 한 단위를 의미합니다. 그래서 웹 어플리케이션은 개발된 후 웹 서버가 설치되어 있는 다른 시스템이 있으면 그 시스템에서도 설치를 하여 사용할 수 있습니다.
웹 어플리케이션은 웹 프로그램에 있어서 하나의 단위라고 할 수 있는데 이 말은 여러 파일들과 이미지들이 함께 사용되어져서 웹에서 움직이는 프로그램 덩어리라는 의미입니다. 이 프로그램 덩어리를 구성하는 구조는 HTML, 이미지, PHP 등의 파일들이 존재할 폴더 등을 포함합니다.

3 논리라는 뜻의 _____은 논리적으로 움직이는 회로, 즉 디지털 논리 회로를 가리킵니다. 디지털 회로는 모두 논리 회로인데, 그 중에서도 특히 아날로그 회로와 비교하여 스위치 동작을 하는 회로를 가리키는 경우가 많습니다.
프로그래밍에서는 일반적으로 특정 프로그램의 동작을 위해 수행하는 응용프로그램의 일부를 말합니다. 데이터의 입력, 수정, 조회 및 처리 등을 수행하는 루틴, 보이는 것의 뒤에서 일어나는 각종 처리를 의미합니다.

Answer

1 "Dreams come true!!!";
2 웹 어플리케이션(Web Application)
3 로직(Logic)

Chapter
04

PHP 기초 문법

PHP는 컴퓨터와 대화할 수 있는 언어이지만, 우리가 PHP로 컴퓨터와 대화를 하기 위해서는 대화
하는 방법을 기초부터 하나씩 배워야 합니다. 이것이 PHP 문법이라고 할 수 있습니다. PHP의 기
초부터 단계적으로 학습해 나간다면 PHP를 활용해서 멋진 자신만의 홈페이지를 제작할 수 있습
니다. 이 장은 가장 기본적인 과정이므로 만약 이해가 잘 안 된다면 여러 번 반복해서 예제와 실
습을 해 보시기 바랍니다.

01 _ 기본 문법 구조

웹 브라우저에서 PHP 파일을 실행하게 되면 웹 서버에 여러분이 작성한 PHP 코드를 해석할 때 작성된 코드가 PHP라는 것을 알려 줄 필요가 있습니다. 이때 사용하는 코드를 PHP 태그라고 합니다. PHP는 작성된 코드 중 PHP 태그 안에 있는 코드만 PHP로 해석합니다. PHP코드 영역을 알려주는 PHP 태그의 방식에는 다음과 같이 여러 가지 스타일을 사용할 수 있습니다.

```
01. <?php ... ?>
02. <? ... ?>
03. <% .. %>
04. <script language = "php"> ... </script>
```

01 : 표준적인 PHP의 시작과 끝을 알려주는 PHP 태그입니다.

02 : PHP 태그의 축약형입니다. PHP 태그의 축약형은 기본 설정 상태에서는 사용할 수 없습니다. PHP 태그의 축약형을 사용하기 위해서는 php의 설정 파일인 php.ini에서 short_open_tag를 찾아서 활성화 시켜야합니다. 하지만 XML등과 같이 사용할 경우 XML로 해석되는 문제가 발생하기 때문에 가능하면 사용하지 않도록 합니다.

03 : ASP 스타일입니다. PHP 5에서는 사용할 수 있습니다. 하지만 PHP 7부터는 사용할 수 없습니다.

04 : script 스타일입니다. ASP 스타일과 같이 PHP 5에서만 사용할 수 있고 PHP 7에서는 사용할 수 없습니다.

알아두세요

PHP 태그 방식

PHP의 태그 방식은 앞서 말씀드린 4가지의 방법이 있습니다. 하지만 3,4번의 태그 방식의 경우 PHP 5 버전에서만 사용이 가능하고 PHP 7 버전에서는 사용이 불가능 합니다. 그렇기 때문에 우리는 가장 직관적으로 보이는 첫 번째 태그 방식을 사용하여 책에서의 모든 예제와 실습을 하도록 하겠습니다.

---

01 간단한 코드를 통해 PHP 코드의 기본 구조를 알아보도록 하겠습니다.

소스 코드 : http://localhost/myapp/ch04/grammar.php

```
01 : <?php   ← PHP 블록의 시작입니다
02 :
03 : class Grammer   ← 클래스를 정의합니다.
04 : {
05 :     public $name = "GNUWIZ";   ← 문자열 GNUWIZ 을 변수 $name 에 할당합니다.
06 :
07 :     public function phpStudy($year)   ← 메소드를 정의합니다.
08 :     {
```

```
09 :        echo "변수 name은 {$this->name} 입니다. <br/>";    ← 내용을 출력합니다.
10 :        echo "변수 year은 {$year} 입니다. <br/>";
11 :        echo $this->name . $year . "<br/>";
12 :    }
13 :
14 : }
15 :
16 : $year = 2018;
17 : $grammer = new Grammer();    ← 클래스 Grammer의 객체를 생성해서 변수 $grammar 에 할당합니다.
18 : $grammer->phpStudy($year);    ← 객체의 메소드 gnuWiz에 $year를 인자로 해서 실행합니다.
19 :
20 : ?>
```

01 : PHP 블럭 시작 – PHP 블럭 시작을 표시하는 것으로 PHP 블럭의 끝까지를 PHP가 해석해서 실행하게 됩니다.

03 : 클래스(class) – PHP는 Java나 C언어와 같이 클래스도 지원을 합니다. 클래스의 멤버변수와 메소드를 사용하면 편리하게 PHP 프로그램을 할 수 있습니다.

05 : 멤버변수 – 클래스에 속하는 변수입니다. 클래스에서 선언하였기 때문에 클래스에 속한 모든 메소드에서 자유롭게 사용이 가능합니다.

07 : 메소드(method) – 메소드는 클래스에 속합니다. 클래스를 정의하는 괄호 안에 메소드를 정의하며, 프로그램이 처리할 코드를 기술합니다.

16 : 변수 – 클래스의 멤버변수와는 달리 선언한 변수로 유효범위가 클래스의 멤버변수와는 다릅니다. 변수가 선언된 범위 안에서만 접근이 가능하며 다른 함수나 클래스 안에서는 접근할 수 없습니다.

17 : 객체선언, 생성 – 객체는 '$객체이름 = new 클래스명();'의 형식으로 선언합니다.

18 : 메소드 호출 – 해당 클래스에서 선언한 메소드를 호출합니다. 메소드가 호출되면 PHP는 호출된 메소드에 기술한 코드를 실행시킵니다.

20 : PHP 블럭의 끝 – PHP 블럭이 끝났다는 것을 표시하는 부분으로 이후부터는 PHP로 해석되지 않습니다.

PHP 언어가 가지는 구성요소들의 대략적인 개념입니다. 이러한 구성요소들의 자세한 개념을 한 페이지에 모두 설명할 수는 없지만 각 요소들의 개념을 간단한 테스트와 함께 PHP 기본 문법을 자세히 배워보도록 하겠습니다.

02 _ 주석

PHP에서는 개발자의 편의성을 위해 주석 기능을 제공합니다. PHP 코드를 주석처리하게 되면 해당 부분은 코드로 인식되지 않습니다. 따라서 프로그램에 영향을 끼치지 않게 됩니다.

이러한 주석은 프로그래머가 코드에 대한 설명을 메모형식으로 적거나 일시적으로 불필요한 코드를 PHP에서 인식하지 못하도록 할 때 사용합니다. 코드를 작성할 때는 이 부분에 이러한 코드가 있어야 동작을 한다. 라고 생각을 가지고 작성하지만, 일주일, 한 달이 지난 후에 프로그램을 유지, 보수를 위해 코드를 다시 열어 보면 이전에 작성 했던 코드들의 구성이나 내용들을 기억하기 힘들기 때문에 주석은 많이 달아 놓을수록 당장은 귀찮더라도 나중을 생각한다면 아주 편리하게 사용할 수 있습니다.

PHP에서 제공하는 주석은 한 줄 또는 여러 줄이 될 수 있습니다. 한 줄 주석은 주석의 시작부터 해당 줄의 끝까지 주석이 됩니다. 여러 줄 주석은 '/*'로 시작하며 '*/'로 끝이 납니다.

주석	단위
//주석내용	한줄
# 주석내용	
/ * 주석내용 * /	여러줄, 부분

❶ PHP 한줄 주석 사용방법1

```
//주석내용
```

❷ PHP 한줄 주석 사용방법2

```
# 주석내용
```

❸ PHP 여러 줄 주석 사용방법

```
01: /*
02:     주석내용
03: */
```

여러 줄을 주석 처리 할 경우에는 다음과 같이 주석에 주석이 중첩되지 않게 주의해야 합니다.

```
01 : <?php
02 : /* 1번
03 : 2번 /* 주석 안의 주석 */
04 : 3번 */
05 : ?>
```

이 경우 02~03번 줄까지 주석 처리 된 것이기 때문에 04번 줄에서 오류가 납니다.

```
01 :<?php
02 :
03 : # 이주석은 끝까지 나오지 않습니다.
04 : # 주석 ?> 출력 됨
05
06 : <?php
07 : // 주석 ?> 출력 됨
```

한 줄 주석은 해당 줄의 끝까지 주석처리 됩니다. 하지만 PHP 블럭에는 영향을 주지 않습니다.

알아두세요

여러 줄 주석

여러 줄 주석을 사용할 때 여러 줄 주석 안에 또 여러 줄 주석이 들어가면 에러가 발생하니 주의해야 합니다.

03 _ 데이터 타입과 변수와 상수

수치와 문자열을 상수(Constant)라고 하고 이들을 저장하는 장소를 변수라고 합니다. 변수는 사용 용도와 사용 방법에 따라서 크기와 표현범위가 다르기 때문에 변수가 나타내는 데이터형(Data Type)에 대해 알고 있어야 합니다.

PHP에는 다양한 값을 표현할 수 있는 데이터 타입이 있습니다. 그리고 그 값을 저장 및 변경할 수 있는 변수와 값을 변경할 수 없는 상수가 있습니다. 데이터 타입에는 어떤 것이 있고, 변수와 상수는 무엇인지 알아봅시다.

03-1 데이터 타입

PHP는 정수형(integer), 실수형(float), 논리형(boolean), 문자열(string), 배열(array), 객체형(object), 리소스형(resource), NULL, callable 의 데이터 타입이 존재합니다. 각 유형의 특징을 알아보도록 하겠습니다.

(1) 정수형(integer)

정수를 저장하는 데이터 타입 입니다. 즉 수학적인 의미의 정수를 저장하기 위한 데이터 타입 입니다. PHP에서 정수형의 크기는 플랫폼이 32bit 혹은 64bit 인지에 따라서 달라져서 플랫폼에 의존적입니다. 상수 PHP_INT_MAX를 통해서 최대 크기를 확인할 수 있습니다.

플랫폼	범위
32bit	−2147483648 ~ 2147483647
64bit	−9223372036854775808 ~ 9223372036854775807

▲ 정수형 데이터

소스 코드 : http://localhost/myapp/ch04/integer.php

```
01 : <?php
02 :
03 : echo 125 ."<br/>"; // 10진수 양수
04 : echo -123 ."<br/>"; // 10진수 음수
05 : echo 0377 ."<br/>"; // 8진수로 10진수 255임    ← 8진수는 0으로 시작합니다.
06 : echo 0xFF ."<br/>"; // 16진수로 10진수 255임   ← 16진수는 0x로 시작합니다.
07 : echo 0b11111111 ."<br/>"; // 이진수로 10진수 255임   ← 이진수는 0b로 시작합니다.
08 :
09 : ?>
```

```
125
-123
255
255
255
```

위의 정수 예제를 보면 정수형으로 변수에 대입할 수 있는 진법이 다양함을 알 수 있습니다. 이것은 정수를 나타는 방법이 다양함을 나타냅니다. 보통의 경우 10진법에 익숙합니다. 그래서 대부분 정수형의 변수에 대입하는 정수를 보면 03~04번처럼 10진법으로 표현합니다. 하지만 항상 10진법으로 표현하는 정수가 편리한 것만은 아닙니다. 일상생활에서의 예를 보면 시간의 경우 60진법과 12진법 혹은 24진법으로 계산함을 알 수 있습니다. 이럴 듯 필요에 따라서 사용하기 편리한 진법의 자료를 정수형의 변수에 대입할 수 있는 것은 매우 편리합니다. 사실 컴퓨터는 모든 정수를 이진수로 저장하고 있고 저장된 변수를 사용할 경우 필요에 맞춰서 진법변환을 통해서 원하는 진법의 형태로 보여주게 됩니다.

(2) 실수형(float)

실수를 저장하는 데이터 타입입니다. 실수형은 정수형과 마찬가지로 실수형의 범위는 플랫폼에 의존적입니다. 실수형 데이터 타입은 매우 큰 수부터 1이하의 아주 작은 수까지 대입이 가능합니다. 1/3 의 경우와 같이 실수는 정수가 저장할 수 없는 숫자까지 저장할 수 있습니다. 하지만 1/3처럼 무한히 계속되는 숫자도 저장할 수는 있기 때문에 약간의 오차가 발생하게 됩니다. 이는 실수형의 변수는 정수형의 변수처럼 취급하면 안되고 항상 오차범위를 생각해서 처리해야함을 의미합니다.

플랫폼	범위
32bit	$-3.4E38 \sim 3.4E38$
64bit	$-3.4E38 \sim 3.4E38$

▲ 실수형 데이터

알아두세요

실수는 매우 큰 수를 표현할 수 있습니다. 만약 30자리의 숫자를 표현한다면 123456789012345678901234567890 라고 적어야 합니다. 숫자가 너무 클 경우 지수표기법을 사용합니다. 1.2E30 의 지수표기법을 사용하면 편리하게 사용할 수 있습니다.

소스 코드 : http://localhost/myapp/ch04/float.php

```
01 : <?php
02 :
03 : echo 1.234 ."<br/>";
04 : echo 1.2e3 ."<br/>";   ◀ 지수는 e를 사용합니다.
05 : echo 7E-10 ."<br/>";
06 :
07 : ?>
```

실행 결과

```
1.234
1200
7.0E-10
```

(3) 논리형(boolean)

논리형 데이터 타입 boolean은 오직 참(true)과 거짓(false) 두 가지 값만 가질 수 있습니다. 기본적으로 상수로 지정되어 있으며 true와 false를 사용합니다. 논리형은 데이터 타입에 따라서 자동으로 변환이 됩니다. 자동 변환 될 때의 규칙은 0인 정수형, 0.0인 실수형, " "(빈 문자열) 이나 "0" 인 문자열, 요소가 없는 빈 배열, NULL은 false가 됩니다. 이외에는 전부 true가 됩니다.

데이터 타입	값
논리형	false
정수형	0
실수형	0.0
문자형	"", "0"
배열	요소가 없는 배열
NULL	NULL
SimplyXML	빈 태그로 생성된 객체

▲ false로 평가되는 다양한 데이터 타입의 값

소스 코드 : http://localhost/myapp/ch04/boolean.php

```
01 : <?php
02 :
03 : echo true ."<br/>";
04 : echo false ."<br/>";
05 :
06 : ?>
```

03 : true는 특정 값이 참임을 나타내는 값입니다. 보통은 1로 표시가 되며 false로 평가되지 않는 모든 값은 ture 인 참입니다.

04 : false는 특정 값이 거짓임을 나타내는 것으로 위에서 열거든 거짓으로 판별되는 데이터 타입의 값일 경우는 거짓으로 평가됩니다.

(4) 문자열(string)

문자열의 데이터 타입은 문자들을 나타냅니다. PHP는 문자열을 단순한 바이트로 처리하기 때문에 문자열을 지정하는 제한이 없습니다. 하지만 32bit 플랫폼에서는 한 개의 문자열이 가질 수 있는 최대 문자의 개수에 제한이 있습니다. 64bit는 사실상 제한이 없습니다.

플랫폼	범위
32bit	2,147,483,647 글자
64bit	제한 없음

▲ 문자형 데이터

소스 코드 : http://localhost/myapp/ch04/string.php

```php
01 : <?php
02 :
03 : echo '작은 따옴표입니다. <br/>';
04 : echo "큰 따옴표입니다. <br/>";
05 : echo '작은 따옴표 안에 작은 따옴표\' 사용하기 <br/>';     ← \ ' 는 이스케이프 문자입니다.
06 : echo "큰 따옴표안 안에 큰 따옴표\" 사용하기 <br/>";     ← \ " 는 이스케이프 문자입니다.
07 : echo "큰 따옴표안 안에 줄\n 바꿈하기 <br/>";     ← \n은 이스케이프 문자입니다.
08 :
09 : ?>
```

실행 결과

```
작은 따옴표입니다.
큰 따옴표입니다.
작은 따옴표 안에 작은 따옴표' 사용하기
큰 따옴표안 안에 큰 따옴표" 사용하기
큰 따옴표안 안에 줄 바꿈하기
```

작은 따옴표는 문자열을 있는 그대로 표시해 줍니다. 작은 따옴표 안에서 작은 따옴표를 사용하려면 이스케이프문자인 백슬래시를(\)를 작은 따옴표 앞에 사용합니다. 큰 따옴표는 문자열 안에 특별한 기능을 하는 문자를 넣을 수 있습니다. 이 역시 이스케이프문자인 백슬래시(\)와 함께 사용합니다.

문자열	의미	비고
\n	줄 바꿈	
\r	줄의 처음으로 이동	
\t	수평 탭	
\v	수직 탭	php5.2.5 이후
\e	이스케이프	php5.4.4 이후
\f	페이지 바꿈	php5.2.5 이후
\\	백슬래쉬	
\$	달러	
\"	큰따옴표	

▲ 이스케이프문자(Escape sequence)

(5) 배열(array)

'배열'은 다수의 값을 동시에 담을 수 있는 변수입니다. 일반 변수가 한 종류의 사과만을 담을 수 있다면 배열은 사과, 딸기, 바나나, 키위 등 여러 과일을 동시에 담을 수 있습니다.

배열은 다음과 같이 두 가지 형태로 선언할 수 있습니다.

```
array("사과","딸기");        ← 기본적인 배열 생성 방법입니다.
["사과","딸기"];            ← 축약형으로 생성하는 방법입니다.
```

❍ **축약형이란?** : 배열을 생성할 때 array('사과','딸기') 라고 생성하는 것보다 ['사과','딸기']로 생성하는 것이 간단하고 편리합니다. 이런 문법을 축약형이라고 합니다. array 축약형은 PHP 5.4 이상부터 사용할 수 있습니다.

배열은 키와 값으로 구성됩니다. 키는 정수형과 문자열만 쓸 수 있습니다. 만약 키에 정수형과 문자열 이외의 데이터 타입을 사용한다면 PHP는 자동으로 형변환을 하게 됩니다. 키는 생략할 수도 있는데, 이 경우에는 자동으로 정수형의 0부터 시작하는 키가 생성됩니다. 배열의 값으로 들어 갈 수 있는 데이터 타입의 제한은 없습니다. 그래서 배열의 값 안에 배열을 다시 중첩해서 사용할 수도 있습니다.

```
array(
    "apple"=> " 사과 ",
    "strawberry"=> " 딸기 "
)
[
    "apple"=> " 사과 ",
    "strawberry"=> " 딸기 "
];
```

01 배열의 활용법을 간단한 코드를 통해 알아보겠습니다.

```
01 : <?php
02 :
03 : $a = array("가","나","다","라");   ← 키워드 array를 사용해서 배열을 정의합니다.
04 :
05 : echo $a[0]."<br/>";   ← 배열 $a의 첫 번째 값을 출력합니다.
06 : echo $a[1]."<br/>";
07 : echo $a[2]."<br/>";
08 : echo $a[3]."<br/>";
09 :
10 : ?>
```

실행 결과

```
가
나
다
라
```

03　 : '$a'변수를 선언하고 "가,나,다,라" 값을 할당합니다.

05~08 : 배열값을 출력합니다. 배열은 '$a[순서]'의 형식으로 참조합니다. 배열의 크기는 0부터 시작하기 때문에 '$a[0]'
　　　　　은 첫 번째 배열인 "가"를 의미합니다.

알아두세요

형변환 이란?

형변환은 프로그래밍에서 자료형을 다른 형태로 변경하는 것입니다. 대게는 Java나 C언어에서는 변수 앞에 자료형을 선언하지
만 PHP에서는 자동으로 형변환을 합니다. 즉 PHP에서는 변수에 자료형을 꼭 알려주지 않아도 됩니다. 변수에 값을 넣으면 자
동으로 자료형을 정해줍니다.
필요에 따라서 변경되는 암시적 형변환과 프로그래머가 직접 변경하는 명시적 형변환으로 크게 두 가지로 나눌 수 있습니다.

(6) 기타 자료형(object)

오브젝트형은 클래스의 객체를 담을 수 있습니다. 리소스 형은 PHP의 외부자원에 대한 데이터 타
입입니다. 이 데이터 타입은 일반적은 변수의 생성 방법이 아닌 각 리소스의 고유한 생성방법으로
생성하게 됩니다. 이렇게 생성된 변수는 리소스를 제어할 수 있는 함수로만 제어할 수 있습니다.
NULL 형은 값이 없음을 나타내는 데이터 타입입니다. 상수 NULL과 아직 아무 값이 지정되지 않은
변수 그리고 unset된 변수는 NULL이 됩니다.
callable형은 다른 함수나 메소드에 의해서 호출 될 수 있는 데이터 타입입니다.

03-2 변수

변수는 무언가를 담을 수 있는 용기입니다. 과일 그릇으로 예를 들어보겠습니다. 과일 그릇에는 딸기, 사과, 포도, 키위 등 여러 가지 과일이 담길 수 있습니다. 여기서 과일 그릇은 변수이고 그 안에 들어가는 과일은 변수의 값이 됩니다. 과일의 종류는 변수의 타입이 됩니다. 과일 그릇(변수)의 주인(개발자)은 원하는 종류의 과일을 원하는 개수만큼 넣을 수 있습니다. 변수의 특징은 내부에 들어있는 값이 유동적으로 변할 수 있다는 것입니다. 값의 추가, 변경, 삭제가 자유롭습니다.

변수를 한 문장으로 간단하게 표현한다면 '변할 수 있는 수를 담는 그릇'이라고 할 수 있습니다.

▲ 과일 그릇과 변수

(1) 변수 선언, 할당, 참조

변수를 사용하기 위해서는 세 가지 방법이 필요합니다.

첫째, '선언'입니다. 변수의 이름을 정의하는 절차입니다. 변수는 $로 시작하며 대소문자를 구분합니다. 변수명은 문자나 밑줄로만 시작하며, 그 뒤에는 문자, 숫자, 밑줄을 사용할 수 있습니다. '$name'이 변수의 이름입니다. 과일 담는 그릇을 만드는 과정이라고 할 수 있습니다. PHP는 Java와 C언어와는 다르게 데이터 타입을 구분해서 변수를 설정하지 않습니다. PHP는 상황에 맞게 변수의 데이터 타입을 변경합니다.

```
$name;
$apple;
```

둘째, '할당'입니다. 앞에서 선언한 '$name'이라는 변수에 값을 넣어줍니다. 이 과정을 할당이라고 합니다. 변수를 선언한 후에 값을 할당하지 않으면 빈값으로 초기화 됩니다. '$name'이라는 과일그릇에 "GNUWIZ"라는 과일을 담았습니다.

```
$name = " GNUWIZ ";
```

셋째, '참조'입니다. 선언하고 값을 할당한 변수를 가리키는 행위를 말합니다. 준비된 변수를 사용하는 단계라고 할 수 있습니다.

```
echo $name;
```

01 변수를 사용하기 위한 세 가지 단계에 대해서 알아보았습니다. 그럼 이 세 단계를 사용하여 간단한 코드를 작성해 보겠습니다.

소스 코드 : http://localhost/myapp/ch04/variable.php

```php
01 : <?php
02 :
03 : class Variable
04 : {
05 :     public $name = "GNUStudy";
06 :     public $year = 2018;
07 :
08 :     public function gnuStudy()
09 :     {
10 :         echo "변수 name은 {$this->name} 입니다. <br/>";
11 :         echo "변수 year은 {$this->year} 입니다. <br/>";
12 :         echo $this->name . $this->year . "<br/>";
13 :     }
14 : }
15 :
16 : $variable = new Variable();
17 : $variable->gnuStudy();
18 :
19 : ?>
```

실행 결과

```
변수 name은 GNUWIZ 입니다.
변수 year은 2018 입니다.
GNUWIZ2018
```

05~06 : 변수를 선언하고 값을 할당하였습니다. "$name"은 문자열로 '$year'변수는 정수형으로 선언하고 'name'에는 "GNUWIZ", 'year'에는 "2018"이라는 값을 할당 하였습니다. 둘 다 클래스 바로 아래에 선언하였기 때문에 멤버 변수가 됩니다. 따라서 클래스내의 모든 메소드에서 사용이 가능합니다.
10~12 : 변수를 참조합니다. 'gnuStudy()' 메소드를 선언하고 출력클래스인 'echo'에서 변수 'name'과 'year'을 참조합니다. 값을 화면에 출력하는 부분입니다.
18~19 : PHP가 'Variable' 클래스의 객체를 생성하고 '$varialble->gnuStudy()' 형식으로 메소드를 호출하여 변수 값을 화면에 출력합니다.

02 변수는 사용 가능한 유효범위가 있습니다. 변수의 유효범위는 지역변수로 제한되므로 함수 밖에서 정의된 변수는 함수 안에서는 사용할 수 없습니다.

```
소스 코드 : http://localhost/myapp/ch04/color1.php

01 : <?php
02 :
03 : $color = "red";
04 : function echoColor() {      ◀ 함수 echoColor를 정의합니다.
05 :     echo $color;
06 : }
07 : echoColor();      ◀ 함수 echoColor를 실행합니다.
08 :
09 : ?>
```

03 echoColor 함수 안에서 $color의 변수를 출력합니다. 하지만 $color는 echoColor의 함수 밖에서 정의되어 있기 때문에 아무것도 출력되지 않습니다.

```
소스 코드 : http://localhost/myapp/ch04/color2.php

01 : <?php
02 :
03 : $color = " red ";
04 : function echoColor() {
05 :     global $color;      ◀ 외부의 $color 변수를 참고하게 global(전역변수)로 선언합니다.
06 :     echo $color;
07 : }
08 : echoColor();
09 :
10 : ?>
```

위의 예제는 echoColor 함수를 실행하면 $color의 값인 "red"가 출력됩니다. 이것은 echoColor 함수 안에서 $color 변수를 global로 선언해서 전역변수처럼 동작하기 때문입니다.

알아두세요

전역변수, 지역 변수

변수의 사용범위에 따라서 전역변수(global variable)와 지역변수(local variable)로 나누어집니다. 간단하게 설명하자면 전역변수는 전체 프로그램에 영향을 끼치는 변수이고 지역변수는 해당함수(메소드)의 블록({~}사이)내에서만 영향을 주는 변수입니다. 각각 프로그램에서의 필요한 변수의 사용범위에 따라서 사용한다면 보다 유연하게 프로그래밍을 할 수 있습니다.

3-3 상수

상수는 변수와 같이 정보를 담을 수 있는 공간입니다. 하지만 한번 정보를 담으면 변경 될 수 없습니다. 상수명은 변수와는 다르게 $로 시작하지 않습니다. 하지만 상수명 역시 변수명과 같이 문자와 밑줄로만 시작하며, 그 뒤에는 문자, 숫자, 밑줄을 같이 사용할 수 있습니다. 일반적으로 상수는 대문자로 구성합니다. 상수의 유효범위는 변수와 다르게 전역적이기 때문에 프로그램의 어디에서나 사용이 가능합니다.

```
01 : <?php
02 :
03 : define("CONSTANT_BOOL", true);     ← 상수 CONSTANT_BOOL 의 값을 true로 정의합니다.
04 : define("CONSTANT_INT", 1);
05 : define("CONSTANT_FLOAT", 3.14);
06 : define("CONSTANT_STRING", "문자열도됩니다.");
07 : const OTHER = "또 다른 상수정의 방법";
08 : #define("CONSTANT_INT", false);    ← 에러
09 : #define("1_CONSTANT_INT","상수명 숫자로 시작할 수 없습니다.");  ← 에러
10 :
11 : ?>
```

상수의 정의 방법은 define을 이용하는 방법과 const를 이용하는 방법 2가지가 있습니다. define은
모든 자료형을 어디에서나 정의할 수 있습니다. 하지만 const는 php 5.6 이전 버전에는 boolean,
정수, 실수, 문자열의 자료형을 php 5.6 버전부터 array의 자료형도 정의할 수 있습니다.

정의되지 않는 상수명을 사용하면 상수명 자체가 문자열로 사용되며 경고가 뜹니다.

소스 코드 : http://localhost/myapp/ch04/const.php

```
01 : <?php
02 :
03 : const COUNTRY = "KOREA";     ← 상수 COUNTRY를 문자열 KOREA로  정의합니다.
04 : echo COUNTRY;
05 : echo KOREA;
06 :
07 : ?>
```

배열을 사용할 때 정의되지 않는 상수를 사용하는 실수를 많이 하게 됩니다. 이는 경고가 발생하게
되므로 상수가 아닐 경우 문자열을 사용해야합니다.

소스 코드 : http://localhost/myapp/ch04/fruits.php

```
01 : <?php
02 :
03 : $fruits = array(
04 : "apple" => "사과",
05 : "banana" => "바나나"
06 : );
07 :
08 : echo $fruits["apple"];     ← 배열 $fruits의 키가 apple인 값을 출력합니다.
09 : echo $fruits[banana];     ← 정의되지 않는 상수이기 때문에 에러 발생
10 :
11 : ?>
```

04 _ 연산자

연산자는 우리가 수학에서 사용하는 덧셈(+), 뺄셈(−)과 같은 개념입니다.

이러한 연산자는 프로그래밍에 굉장히 중요한 역할을 합니다. 예를 들어 쇼핑몰의 상품개수, 추가 옵션의 개수, 주문 합계 금액 등 특히 금액과 관련된 곳에 자주 사용됩니다.

그렇다면 PHP의 대표적인 연산자는 무엇이 있을까요? 각각의 연산자에 대해서 알아보겠습니다.

04-1 산술 연산자와 증감 연산자

산술 연산자는 우리가 흔히 알고 있는 사칙연산을 다루는 가장 기본적이면서도 자주 사용되는 연산 자입니다. 사칙연산과 같이 수의 양과 셈을 다루는 연산자로서 '+,−,*,/,%'가 있으며 숫자와 변수 모두 적용이 가능합니다.

증감 연산자는 변수의 값을 1씩 증가시키거나 감소시키는 연산자로서 '++,−−'가 있으며 변수에만 적용이 가능합니다.

	연산자	예시	의미
산술 연산자	+	$a + $b	$a와 $b를 더합니다.
	−	$a − $b	$a에서 $b를 뺍니다.
	*	$a * $b	$a와 $b를 곱합니다.
	/	$a / $b	$a를 $b로 나눕니다.
	%	$a % $b	$a를 $b로 나눴을 때의 나머지를 구합니다.
증감 연산자	++	++$a $a++	$a를 1 증가시킨 후 참조합니다. $a를 먼저 참조한 후 1 증가시킵니다.
	−−	−−$a $b−−	$a를 1 감소시킨 후 참조합니다. $a를 먼저 참조한 후 1 감소시킵니다.

▲ 산술 연산자와 증감 연산자

01 간단한 테스트를 통해 산술 연산자와 증감 연산자가 어떻게 적용되는지 알아보겠습니다.

소스 코드 : http://localhost/myapp/ch04/arithmetic.php

```php
01 : <?php
02 :
03 : $a = 5;
04 : $b = 3;
05 : $c1 = 0;
06 : $c2 = 0;
07 : $c3 = 0;
08 : $c4 = 0;
09 : $c5 = 0;
```

```
10 :
11 : $c1 = $a + $b;
12 : $c2 = $a - $b;
13 : $c3 = $a * $b;
14 : $c4 = $a / $b;
15 : $c5 = $a & $b;
16 :
17 : echo "산술 연산자 <br/>";
18 : echo "a + b는 {$c1} 입니다.<br/>";
19 : echo "a - b는 {$c2} 입니다.<br/>";
20 : echo "a * b는 {$c3} 입니다.<br/>";
21 : echo "a / b는 {$c4} 입니다.<br/>";
22 : echo "a / b의 나머지는 {$c5} 입니다.<br/>";
23 :
24 : echo "--------------------------------------------<br/>";
25 :
26 : echo "증감 연산자 <br/>";
27 : echo "++a는". ++$a ."입니다.<br/>";
28 : echo "--a는". --$a ."입니다.<br/>";
29 : echo "a++는". $a++ ."입니다.<br/>";
30 : echo "a--는". $a-- ."입니다.<br/>";
31 : echo $a;
32 :
33 : ?>
```

실행 결과

```
a + b는 8 입니다.
a - b는 2 입니다.
a * b는 15 입니다.
a / b는 1.6666666666667 입니다.
a / b의 나머지는 1 입니다.
--------------------------------------------
증감 연산자
++a는 6입니다.
--a는 5입니다.
a++는 5입니다.
a--는 6입니다.
5
```

03~04 : 연산자를 적용할 변수 '$a, $b'를 선언하고 값을 할당합니다.

05~09 : 연산결과를 저장할 변수 '$c1 ~ $c5'를 선언합니다.

11~15 : 산술 연산자를 적용한 값을 변수 '$c1~$c5'에 저장합니다.

17~22 : '$c1 ~ $c5'의 값을 출력합니다.

27 : '++$a'는 '$a'의 값을 먼저 "1"증가시키고 참조하기 때문에 "6"이 나옵니다.

28 : '--$a'는 '$a'의 값을 먼저 "1"감소시키고 참조하기 때문에 "5"가 나옵니다.

29 : '$a++'는 $a를 먼저 출력(참조)하고 증가시키기 때문에 '++'가 적용되지 않은 값 "5"가 나옵니다.

30 : '$a--'는 25라인에서 '$a++'로 인하여 '5+1'이 되었기 때문에 "6"이 나옵니다. 역시 '--'가 뒤에 붙었기 때문에 출력(참조)시에는 적용되지 않고 참조 후 값이 변합니다.

31 : 변수 '$a'의 최종 값입니다. 30라인에서 $a를 출력한 후 '--'가 적용된 값 "5"가 출력됩니다.

04-2 비교 연산자와 대입 연산자

비교 연산자는 연산자 사이의 상대적인 크기를 판단하여, 참(true)과 거짓(false)를 반환 합니다. 아래(표 4-7)에서는 비교 연산자는 a와 b를 비교하는 연산자이며 '〈,〈=,〉,〉=,!='가 있습니다.

대입 연산자는 a에 b의 값을 단순히 대입하거나 대입하면서 산술적 연산을 하는 연산자이며 '=,+=,-=,*=,/=,&='가 있습니다.

	연산자	예시	의미
비 교 연 산 자	〈	$a 〈 $b	$a가 $b보다 작을 경우 true를 반환합니다.
	〈=	$a 〈= $b	$a가 $b보다 작거나 같을 경우 true를 반환합니다.
	〉	$a 〉 $b	$a가 $b보다 클 경우 true를 반환합니다.
	〉=	$a 〉= $b	$a가 $b보다 크거나 같을 경우 true를 반환합니다.
	!=	$a != $b	$a가 $b가 같지 않을 때 true를 반환합니다.
	〈〉	$a 〈〉 $b	
	!==	$a !== $b	$a와 $b의 데이터 타입이 다르거나 $a가 $b와 같지 않을 때 true를 반환합니다.
	==	$a == $b	$a가 $b가 같을 때 true를 반환합니다.
	===	$a === $b	$a와 $b의 데이터 타입이 같고 $a와 $b의 값이 같을 때 true를 반환합니다.
대 입 연 산 자	=	$a = $b	$b의 값을 $a에 대입합니다.
	+=	$a += $b	$b의 값을 $a에 더하고 대입합니다.
	-=	$a -= $b	$a에서 $b의 값을 빼고 대입합니다.
	*=	$a *= $b	$a에 $b의 값을 곱하고 대입합니다.
	/=	$a /= $b	$a에 $b의 값을 나누고 대입합니다.
	%=	$a %= $b	$a에 $b의 값을 나눈 나머지를 대입합니다.

▲ 비교 연산자와 대입 연산자

01 간단한 테스트를 통해 비교 연산자와 대입 연산자가 어떻게 적용되는지 알아보겠습니다.

소스 코드 : http://localhost/myapp/ch04/comparison.php

```
01 : <?php
02 :
03 : $a = 5;
04 : $b = 3;
05 :
06 : $r1 = 10;
07 : $r2 = 10;
08 : $r3 = 10;
09 : $r4 = 10;
10 : $r5 = 10;
11 : $r6 = 10;
12 :
13 : $r1 = $a;
```

```
14 : $r2 += $a;
15 : $r3 -= $a;
16 : $r4 *= $a;
17 : $r5 /= $a;
18 : $r6 %= $a;
19 :
20 : echo "비교 연산자 <br/>";
21 : echo "a > b는".($a > $b)  ."입니다<br/>";
22 : echo "a >= b는".($a >= $b)  ."입니다<br/>";
23 : echo "a == b는". ($a == $b)  ."입니다<br/>";
24 : echo "a != b는". ($a != $b)  ."입니다<br/>";
25 : echo "a <> b는". ($a <> $b)  ."입니다<br/>";
26 :
27 : echo "--------------------------------------------------<br/>";
28 :
29 : echo "대입 연산자 <br/>";
30 : echo "r1 = a는 {$r1} 입니다 <br/>";
31 : echo "r2 += a는 {$r2} 입니다 <br/>";
32 : echo "r3 -= a는 {$r3} 입니다 <br/>";
33 : echo "r4 *= a는 {$r4} 입니다 <br/>";
34 : echo "r5 /= a는 {$r5} 입니다 <br/>";
35 : echo "r6 %= a는 {$r6} 입니다 <br/>";
36 :
37 : ?>
```

실행 결과

```
비교 연산자
a > b는 1입니다.
a >= b는 1입니다.
a == b는 입니다.
a != b는 1입니다.
a <> b는 1입니다.
------------------------------
대입 연산자
r1 = a는 5입니다.
r2 += a는 15입니다.
r3 -= a는 5입니다.
r4 *= a는 50입니다.
r5 /= a는 2입니다.
r6 %= a는 0입니다.
```

21 : '$a = 5, $b = 3'입니다. '$a > $b'는 '5 > 3' 이 됩니다. 따라서 "1"를 반환합니다.

22 : '$a > $b'는 '5 >= 3' 이 됩니다. 따라서 "1"를 반환합니다.

23 : '$a == $b'는 '5 == 3' 이 됩니다. 둘은 같지 않으므로 ""를 반환합니다.

24 : '$a != $b'는 '5 != 3' 이 됩니다. 둘은 같지 않으므로 "1"를 반환합니다.

25 : '$a <> $b'는 '5 <> 3' 이 됩니다. 둘은 같지 않으므로 "1"를 반환합니다.

30 : '$r1 = $a'는 '10 = 5'이므로 '$a'의 값을 '$r1'에 그대로 대입하면 '$r1'의 값은 "5"가 됩니다.

31 : '10 += 5'이므로 '$a'의 값을 'r$2'에 더하고 대입하면 '$r2'의 값은 "10+5=15"가 됩니다.

32 : '10 -= 5'이므로 '$a'의 값을 'r$3'에 빼고 대입하면 'r$3'의 값은 "10-5=5"가 됩니다.

33 : '10 *= 5'이므로 '$a'의 값을 '$r4'에 곱하고 대입하면 'r$4'의 값은 "10x5=50"이 됩니다.

34 : '10 /= 5'이므로 $r5의 값을 $a의 값으로 나누고 대입하면 '$r5'의 값은 "10/5=2"가 됩니다.

35 : '10 /= 5'이므로 $r6의 값을 $a의 값으로 나눈 나머지를 대입하면 '$r6'의 값은 10/5의 나머지 "0"이 됩니다.

알아두세요

비교 연산자

!=와 <> 연산자는 정확히 같은 동작을 합니다. 다만 연산자의 우선순위에서만 차이가 발생합니다. 연산의 우선순위에 주의하여 사용해야 합니다.

04-3 논리 연산자와 비트 연산자

논리 연산자는 논리식을 판단하여 참(true) 또는 거짓(false)을 반환하여 연산하는 연산자이며 'and, or, xor, !, &&, ||' 가 있습니다.

	연산자	예시	의미
논리 연산자	and	$a and $b	$a와 $b가 모두 true일 경우 true를 반환합니다.
	or	$a or $b	$a 또는 $b가 true일 경우 true를 반환합니다.
	xor	$a xor $b	$a와 $b중 하나만 true일 경우 true를 반환합니다.
	!	!$a	$a와 true가 아니면 true를 반환합니다.
	&&	$a && $b	$a와 $b가 모두 true일 경우 true를 반환합니다.
	||	$a || $b	$a 또는 $b가 true일 경우 true를 반환합니다.

▲ 논리 연산자

여기서 'and, &&'과 'or, ||' 연산자는 같은 역할을 하고 있습니다. 이 연산자가 두 종류가 있는 것은 우선 순위가 다르기 때문입니다.

'and, &&' 연산자는 앞의 값을 연산한 후 "false"면 뒤의 값을 연산하지 않고 "false"를 반환합니다. 'or, ||' 연산자가 두 개 있으면 앞의 값을 연산한 후 "true"면 뒤의 값을 연산하지 않고 "true"를 반환합니다.

01 간단한 테스트를 통해 논리 연산자가 어떻게 적용되는지 알아보겠습니다.

소스 코드 : http://localhost/myapp/ch04/logic.php

```
01 : <?php
02 :
03 : $a = true;
04 : $b = false;
05 :
06 : echo "a and b는 ". ($a and $b). "<br/>";
```

```
07 : echo "a or b는 ". ($a or $b). "<br/>";
08 : echo "a xor b는 ". ($a xor $b). "<br/>";
09 : echo "!a는 ". (!$a). "<br/>";
10 : echo "a && b는 ". ($a && $b). "<br/>";
11 : echo "a || b는 ". ($a || $b). "<br/>";
12 :
13 : ?>
```

실행 결과

```
a and b는
a or b는 1
a xor b는 1
!a는
a && b는
a || b는 1
```

06 : 'a and b'는 'true and false' 이므로 ""를 반환합니다.
07 : 'a or b'는 'true or false' 이므로 "1"를 반환합니다. •
08 : 'a xor b'는 'true & false' 이므로 "1"를 반환합니다.
09 : '!a'는 '!true' 이므로 ""를 반환합니다.
10 : 'a && b'는 'true && false' 이므로 ""를 반환합니다.
11 : 'a or b'는 'true or false' 이므로 "false"를 반환합니다.

비트 연산자는 정수에 있는 한 개 혹은 두 개의 이진수에 대해서 비트 단위로 적용 되는 연산자입니다. 비트 연산자는 10진수의 정수형 보다는 2진수의 정수형으로 표현하는 것이 이해하기 쉽습니다.

	연산자	예시	의미
비 트 연 산 자	&	$a & $b	$a와 $b가 모두 설정된 비트가 설정됩니다.
	|	$a | $b	$a나 $b에 설정된 비트가 설정됩니다.
	^	$a ^ $b	$a 또는 $b에 설정되었지만, 양쪽에 설정되지 않은 비트가 설정됩니다.
	~	~$a	$a에 설정되지 않은 비트가 설정됩니다.
	<<	$a << $b	$a의 비트를 $b 단계만큼 왼쪽으로 시프트합니다.
	>>	$a >> $b	$a의 비트를 $b 단계만큼 오른쪽으로 시프트합니다.

▲ 비트 연산자

04-4 기타 연산자

(1) 삼항 연산자

삼항 연산자는 유일하게 세 개의 피연산자를 가지는 연산자입니다. 첫 번째 피연산자가 참(true)이면 두 번째 피연산자를 해석하며 거짓(false)이면 세 번째 피연산자를 해석합니다.

삼항 연산자 구조

```
(조건) ? (조건이 true일 경우) : (조건이 false일 경우)
```

물음표(?) 앞의 조건에 따라 결과 값이 참이면 (:)으로 구분된 앞의 참인 true값을 반환하고 결과 값
이 거짓이라면 (:)으로 구분된 뒤의 false값을 반환합니다.

01 간단한 테스트를 통해 삼항 연산자가 어떻게 적용되는지 알아보겠습니다.

소스 코드 : http://localhost/myapp/ch04/operator_ternary.php

```
01 : <?php
02 :
03 : echo true ?'true': 'false';
04 :
05 : ?>
```

실행 결과

```
true
```

03 : 삼항 연산자의 조건이 참이므로 조건이 참일 때 실행되는 부분은 "true" 이 실행되어서 echo를 통해서 출력이 됩니다.

02 위의 예제를 통해서 살펴보더라도 처음엔 이해가 잘 되지 않을 수 있습니다. 아직까지 참과 거짓이 어려울지
도 모릅니다. 그럼 이번에는 삼항 연산자의 조건을 조금 더 보기 쉽게 간단한 테스트를 통해 삼항 연산자가 어떻
게 적용되는지 알아보겠습니다.

소스 코드 : http://localhost/myapp/ch04/ternary.php

```
01 : <?php
02 :
03 : $num = 1;
04 : echo $num == 1 ? "1입니다." : "1이 아닙니다.";
05 :
06 : ?>
```

실행 결과

```
1입니다.
```

03 : $num 이라는 변수에 숫자 1을 할당 합니다.
04 : 변수 $num 이 1과 같다면 참, 1과 같지 않다면 거짓입니다. 변수 $num은 숫자 1이 할당 되어있기 때문에 echo를 통
해서 참의 값인 "1입니다."가 출력됩니다.

(2) 문자열 연산자

문자열 연산자는 두 개 이상의 문자열을 결합하는 연산자입니다.

	연산자	예시	의미
문 자 열 연 산 자	&	$a + $b	$a와 $b의 합집합입니다.
	==	$a == $b	$a와 $b가 동일한 키, 값의 쌍을 가지면 true입니다.
	===	$a === $b	$a와 $b가 동일한 키, 값의 쌍을 동일한 순서로 동일한 데이터 타입으로 가지면 true입니다.
	!=	$a != $b	$a가 $b와 같지 않으면 true입니다.
	〈〉	$a 〈〉 $b	a가 $b와 같지 않으면 true입니다.
	!==	$a !== $b	$a가 $b와 동일하지 않으면 true입니다.

▲ 문자열 연산자

(3) instanceof 연산자

instanceof 연산자는 객체를 담고 있는 변수가 어떤 클래스에서 생성 된 것인지를 확인할 때 사용합니다.

결합순서	연산자	우선순위
왼쪽	.	
왼쪽	or	
왼쪽	xor	
왼쪽	and	
오른쪽	print	
왼쪽	= += -= *= /= .= %= &= |= ^= ~= 〈〈= 〉〉=	
왼쪽	? :	
왼쪽	||	
왼쪽	&&	
왼쪽	|	
왼쪽	^	
왼쪽	&	낮음
없음	== != === !==	↕
없음	〈 〈= 〉 〉=	높음
왼쪽	〈〈 〉〉	
왼쪽	+ - .	
왼쪽	* / %	
오른쪽	! ~ ++ -- (int) (double) (string) (array) (object) @	
오른쪽	[ ]	
없음	new	
없음	( )	

▲ 우선순위와 결합 순서

05 _ 제어문

PHP에서 사용하는 제어문은 프로그램의 실행여부, 순서, 방식을 제어하는 문장입니다.
제어문이란 반복해서 같은 동작을 하게 하는 반복문이 있고, 어떤 동작을 할지 말지 판단해주는 조건문이 있습니다. 그리고 상황에 따라 사용할 수 있는 기타 제어문이 있습니다.
PHP에서 사용하는 제어문에는 어떤 것이 있는지 알아보도록 하겠습니다.

05-1 조건문

조건문은 지정한 조건의 결과 값에 따라서 코드의 실행여부를 결정하는 문장입니다. 조건문은 크게 if문과 switch문으로 나누어지는데 각각의 옵션을 가집니다. 각 조건문을 어떻게 기술하고 어떻게 실행되는지 알아보겠습니다.

(1) if문

if문은 PHP를 포함해서 모든 언어에 있어서 가장 중요한 기능 중 하나입니다. 이 제어문으로 각각 다른 코드에 대해 조건적인 수행을 가능하게 합니다.

영어 if의 뜻은 "(만약) ~하면"입니다. PHP에서의 if도 마찬가지로 '만약 지정한 조건에 맞아 떨어지면 지정한 코드를 실행하라'의 뜻을 가지고 있습니다. 마치 우리가 아침에 일어나기 위해 맞추어 놓는 '알람'과 유사하다고 할 수 있습니다. 알람을 한 문장으로 표현한다면 "7시가 되면 울려라 시계야"가 되겠죠. 여기서 "7시가 되면"이 지정한 조건이고 "울려라 시계야"가 지정한 조건에 만족할 때 실행할 코드가 됩니다.

> **if문의 구조**
>
> if(조건){ 조건이 true일 때 실행할 코드 }

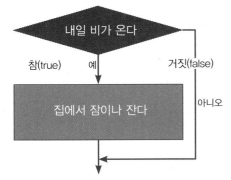

▲ if문의 처리 순서도

if 뒤의 '()' 괄호 안에 코드의 실행여부를 결정할 조건을 기술합니다. 그 뒤 '{}'괄호 안에 조건이 "true"일 경우 실행할 코드를 기술합니다.

01 간단한 테스트를 통해 if문이 어떻게 동작하는지 알아보겠습니다.

소스 코드 : http://localhost/myapp/ch04/if.php

```
01 : <?php
02 :
03 : $score = 100;
04 : if($score == 100)   ← $score 값이 100일 때 true로 판단되어 아래 블록이 실행됩니다.
05 : {
06 :     echo "점수는 100점입니다.<br/>";
07 : }
08 :
09 : ?>
```

실행 결과

점수는 100점입니다.

03 : 사용할 변수 '$score'를 선언하고 값을 할당합니다.
04 : 비교 연산자 '==' 사용하여 변수 '$score'의 값이 "100"과 같은지 비교합니다. '$score'의 값이 "100"이 맞으므로 "true"를 반환합니다.
06 : 조건이 "true"이므로 if문의 '{}' 괄호 안에 기술한 문장을 실행합니다.

(2) if-else문

if문 뒤에 붙는 else문은 '만약 if문의 조건을 만족하지 못할 경우 else문에 있는 문장을 실행하라'는 의미를 가집니다. if문에 조건을 지정하고 조건에 해당되지 않을 경우 무조건 else문에 있는 문장을 실행하게 됩니다. 쉽게 말해서 '모 아니면 도' 인거죠.

if-else문의 구조

if(조건){조건이 true일 때 실행할 코드}else{조건이 false일 때 실행할 코드}

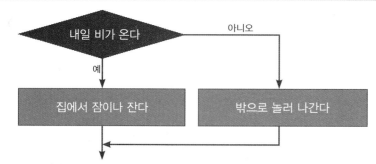

▲ if-else 문의 처리 순서도

조건이 "false"일 때 else 뒤에 있는 '{}'괄호에 기술된 코드가 실행됩니다.

01 간단한 테스트를 통해 if-else문이 어떻게 동작하는지 알아보겠습니다.

소스 코드 : http://localhost/myapp/ch04/ifelse.php

```php
01 : <?php
02 :
03 : $score = 100;
04 : if ($score == 100)   ← $score 의 값이 100일 때 아래의 코드가 실행됩니다.
05 : {
06 :     echo "점수는 100점입니다.<br/>";
07 : } else {   ← $score 의 값이 100이 아닐 때 아래 코드가 실행됩니다.
08 :     echo "점수는 100이 아닙니다.<br/>";
09 : }
10 :
11 : ?>
```

실행 결과

점수는 100점입니다.

03 : 변수 '$score'의 값은 "90"이기 때문에 'score == 100'의 반환값은 "false"입니다. 따라서 06라인의 문장은 실행되지 않습니다.

08 : if문의 조건이 "false"를 반환하였기 때문에 else문의 '{}'괄호 안에 기술한 문장이 실행됩니다.

(3) else if문

else if문 역시 if문의 뒤에 기술합니다. else문이 if문에 지정한 조건 외의 모든 상황에서 동작하는 반면, else if문은 if문 뒤에 다수의 조건을 추가할 수 있습니다. 두 가지 이상, 다수의 조건이 필요할 때 else if문을 사용해서 기술하게 됩니다.

else if문의 구조

```
if(조건) {
    조건이 true일 때 실행할 코드
} else if(조건2) {
    조건2가 true일 때 실행할 코드
} else if(조건3) {
    조건3이 true일 때 실행할 코드
} else if(조건4) {
    ................
}
```

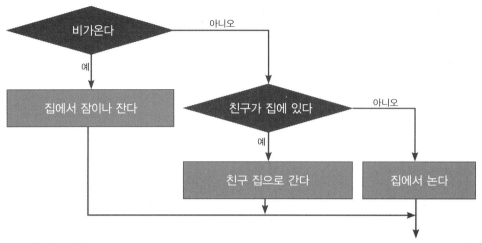

▲ else if 문의 처리 순서도

01 간단한 테스트를 통해 else if문이 어떻게 동작하는지 알아보겠습니다.

소스 코드 : http://localhost/myapp/ch04/elseif.php

```
01 : <?php
02 :
03 : $score = 90;
04 : if ($score == 100)    ← $score 의 값이 100일 때 아래의 코드가 실행됩니다.
05 : {
06 :     echo "점수는 100점입니다.<br/>";
07 : } elseif ($score == 90) {   ← $score 의 값이 90일 때 아래의 코드가 실행됩니다.
08 :     echo "점수는 90입니다.<br/>";
09 : }
10 :
11 : ?>
```

실행 결과

점수는 90입니다.

03 : 변수 '$score'의 값은 "90"입니다. 첫 번째 조건 '$score == 100'은 "false"이기 때문에 실행되지 않고 다음 조건으로 넘어갑니다.
08 : 두 번째 조건인 '$score = 90'은 "true"이기 때문에 '{}'괄호 안에 기술된 코드가 실행됩니다.

이렇게 해보세요 | PHP의 elseif 문

PHP에서는 C언어의 else if문과 다르게 else와 if 사이에 공백이 있어도 되고 없어도 됩니다. 그래서 elseif와 else if처럼 둘 다 사용이 가능합니다. 하지만 한 가지 방식으로 통일하여 사용하는 습관을 기르는 것이 좋습니다.

(4) switch문

switch문은 else if문과 구조가 비슷합니다. 먼저 switch에 전달인자를 지정한 뒤 case에 다수의 조건을 추가할 수 있는 구조입니다. 마지막에 default를 추가할 경우 앞의 조건이 모두 만족하지 않을 때 실행할 문장을 기술할 수 있습니다. default는 if문 뒤에 붙는 else와 같은 역할을 한다고 할 수 있습니다. 이러한 switch문은 if / else 조건문 보다 직관적인 코드라서 가독성면에서 더욱 좋습니다.

switch문의 구조

```
switch (전달인자){
     case 조건1:
          조건1에 해당될 때 실행될 코드
          break;
     case 조건2:
          조건2에 해당될 때 실행될 코드
          break;
     default:
          모든 조건에 해당되지 않을 때 실행될 코드
          break;
}
```

01 간단한 테스트를 통해 switch문이 어떻게 동작하는지 알아보겠습니다.

소스 코드 : http://localhost/myapp/ch04/switch.php

```
01 : <?php
02 :
03 : $score = 90;
04 : switch ($score)
05 : {
06 :      case 100:        ← $score 의 값이 100일 때 아래의 코드가 실행됩니다.
07 :          echo "점수는 100점입니다.<br/>";
08 :          break;        ← 실행을 멈추고 switch에서 벗어납니다.
09 :      case 90:
10 :          echo "점수는 90점입니다.<br/>";
11 :          break;
12 :      case 80:
13 :          echo "점수는 80점입니다.<br/>";
14 :          break;
15 :      default:        ← $score 의 값이 case와 다를 경우 실행됩니다.
16 :          echo "점수는 70점입니다.<br/>";
17 :          break;
18 : }
19 :
20 : ?>
```

점수는 90입니다.

04 : '()'괄호 안의 '$score'는 case에 기술할 조건의 기준이 되는 전달인자입니다.
06 : '$score' 변수의 값을 기준으로 조건을 평가합니다. '$score'의 값은 "80"이므로 'case 100:'은 해당되지 않습니다. 그러므로 다음 case로 넘어갑니다.
09 ~ 10 : 'case 90:'은 'score' 변수의 값과 일치합니다. 따라서 해당 case에 기술한 코드를 실행합니다.
11 : break;는 case 내부에 존재하며 조건이 일치하여 코드가 실행될 경우 switch문을 정지시키고 빠져나가는 역할을 합니다.
❑ break : break는 제어문을 정지시키고 빠져나오는 예약어입니다. switch문외에도 다양한 제어문에서 사용될 수 있습니다. break문에 대한 자세한 설명은 'break 및 continue' 단원을 참조합니다.

5-2 반복문

반복문은 일정한 기준에 의해 특정 코드를 반복하는 문장입니다. 반복문은 크게 for, foreach, while, do-while으로 나누어지는데 각각의 반복문이 어떠한 구조를 가지고 어떻게 실행되는지 알아보도록 하겠습니다.

(1) for문

for문은 자체적으로 초기식, 조건식, 증감식을 모두 포함하고 있는 반복문입니다. 쉽게 설명하면 특정 코드를 지정한 횟수만큼 반복하는 문장입니다. 반복하는 기준은 변수의 크기나 숫자, 문자열의 길이 등 다양한 기준이 사용될 수 있습니다.

for 문의 구조

```
for (초기식; 조건식; 증감식) {반복할 코드}
```

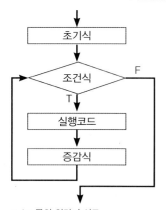

▲ for 문의 처리 순서도

```
for ($i = 0; $i < 반복횟수; $i++) {반복할 코드}
```

01 간단한 테스트를 통해 for문이 어떻게 동작하는지 알아보겠습니다.

소스 코드 : http://localhost/myapp/ch04/for.php

```
01 : <?php
02 :
03 : for ($i = 0 ; $i <= 10 ; $i++)    ← $i는 0으로 초기화 되며 조건이 true일 때 아래 구문이 실행되며 실행이
04 : {                                    끝난후에 $i 의 값이 증가합니다.
05 :     echo "{$i}<br/>";
06 :     if($i === 10)
07 :     {
08 :         echo "\$i가 {$i} 이므로 for문은 종료됩니다.";
09 :     }
10 : }
11 :
12 : ?>
```

실행 결과

```
0
1
2
3
4
5
6
7
8
9
10
$i가 10 이므로 for문은 종료됩니다.
```

03   : for문의 선언부입니다. '$i'는 for문 내에서만 사용할 수 있는 변수이며 반복횟수를 지정하기 위한 값을 가집니다. '$i = 0;'은 반복을 0부터 시작하겠다는 뜻이고 '$i <= 10; $i++'의 경우 '$i'가 10보다 작거나 같을 때까지 즉, for문을 11번 반복하라는 뜻이 됩니다. 뒤의 '$i++'의 '++'는 증감 연산자로써 for문이 한 번 반복될 때마다 '$i'의 값을 1씩 더하라는 뜻입니다. 따라서 변수 '$i'의 값이 10이 되면 for문은 종료됩니다.

05   : 변수 '$i'의 값을 출력합니다. for문이 11번 반복되므로 0에서 10까지의 숫자가 차례대로 출력됩니다.

06~09 : 만약 변수 '$i'의 값이 10이 될 경우 if문 내부의 문장을 출력하고 for문은 종료됩니다.

(2) foreach문

foreach문은 배열과 같은 데이터 타입의 변수에 할당된 값 전체에 반복적으로 특정 코드를 실행하는 문장입니다.

```
foreach (배열명 as 값 변수) {반복할 코드}
foreach (배열명 as 키 변수 => 값 변수) {반복할 코드}
```

```
foreach ($array as $value) {반복할 코드}
foreach ($array as $key => $value) {반복할 코드}
```

foreach문은 배열에 대해 반복을 실행할 때 사용되는 반복문입니다. 배열이 아닌 다른 타입의 변수로 실행하면 에러가 발생합니다. foreach문의 구조는 두 가지의 형태가 있습니다. 첫 번째는 배열의 값만 코드에 사용하는 방식이며 두 번째는 배열의 값(value) 뿐만 아니라 키(key)도 같이 사용하는 방식입니다.

01 간단한 테스트를 통해 foreach문이 어떻게 동작하는지 알아보겠습니다.

소스 코드 : http://localhost/myapp/ch04/foreach.php

```php
01 : <?php
02 :
03 : $fruits = [
04 :     "apple"=>"사과",
05 :     "strawberry"=>"딸기",
06 :     "banana"=>"바나나"
07 : ];
08 :
09 : echo "값만 사용 <br/>";
10 : foreach($fruits as $fruit)
11 : {
12 :     echo "{$fruit}<br/>";
13 : }
14 :
15 : echo "키와 값 모두를 사용 <br/>";
16 : foreach($fruits as $eng => $kor)    ◀ 배열의 key => 배열의 value 입니다.
17 : {
18 :     echo "{$eng} => {$kor}<br/>";
19 : }
20 :
21 : ?>
```

실행 결과

```
값만 사용
사과
딸기
바나나
키와 값 모두를 사용
apple => 사과
strawberry => 딸기
banana => 바나나
```

03 ~ 07 : 변수로 $fruits를 선언하고, 선언한 $fruits에 배열을 대입합니다.
10 ~ 13 : foreach 구문에서 값만을 인자로 받아서 배열의 값만으로 출력합니다.
16 ~ 19 : foreach 구문에서 키와 값을 인자로 받아서 키와 값을 출력합니다..

(3) while문

조건부 반복문입니다. if문의 반복문 형태라고 할 수 있습니다. 조건을 지정하고 조건이 true일 때 실행되며, 조건이 false가 될 때까지 반복합니다. 따라서 조건이 false가 되지 않으면 무한루프가 발생하게 됩니다.

🔾 **무한루프** : 무한루프의 루프(loop)는 고리라는 뜻입니다. 무한루프는 말 그대로 끝나지 않는 반복을 뜻합니다. while문의 경우 조건이 'false'가 되지 않을 경우 무한정 반복합니다.

```
While문의 구조

while(조건){반복할 코드}
```

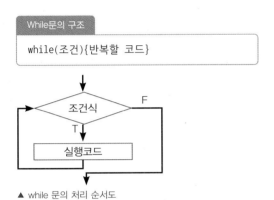

▲ while 문의 처리 순서도

01 간단한 테스트를 통해 while문이 어떻게 동작하는지 알아보겠습니다.

```
소스 코드 : http://localhost/myapp/ch04/while.php

01 : <?php
02 :
03 : $i = 1;
04 : while ($i <= 10)   ← $i 가 10보다 작거나 같을 때 true입니다.
05 : {
06 :     echo "{$i}<br/>";
07 :     if($i === 10)   ← $i의 데이터타입이 정수형이고 10일 때 true입니다.
08 :     {
09 :         echo "\$i가 {$i} 이므로 while문은 종료됩니다.";
10 :     }
11 :     $i++;
12 : }
13 :
14 : ?>
```

```
1
2
3
4
5
6
7
8
9
10
$i가 10 이므로 while문은 종료됩니다.
```

04 : while문의 선언부이며 변수 '$i'가 10보다 작거나 같을 경우 '{}'내부의 코드를 반복하라는 뜻입니다.

06 : for문과 마찬가지로 1부터 10까지의 숫자를 출력합니다.

07~10 : 'a'의 값이 10일 경우 '{}'내의 코드를 실행하고 while문은 종료됩니다.

11 : while문은 '{}'괄호 내부에 증감 연산자를 기술합니다. '$i++'를 기술함으로써 while문이 반복될 때마다 '$i'의 값이 1씩 증가합니다. 이 연산자를 기술하지 않을 경우 while문은 무한루프에 빠지고, 영원히 반복됩니다.

(4)do-while문

do-while문은 조건의 만족 여부와 상관없이 처음 한번은 무조건 실행합니다. 작성한 코드를 무조건 한 번 실행한 뒤 while에 기술한 조건을 평가하고 반복 여부를 결정합니다.

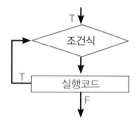

do-while문의 구조

```
do{반복할 코드}while(조건);
```

▲ do-while 문의 처리 순서도

01 간단한 테스트를 통해 do-while문이 어떻게 동작하는지 알아보겠습니다.

소스 코드 : http://localhost/myapp/ch04/dowhile.php

```
01 : <?php
02 :
03 : $i = 11;
04 :
05 : do
```

```
06 : {
07 :    echo "{$i}<br/>";
08 :    if($i === 10)
09 :    {
10 :        echo "\$i가 {$i} 이므로 do while문은 종료됩니다.";
11 :    }
12 :    $i++;
13 : }while ($i <= 10)
14 :
15 : ?>
```

```
11
```

07~12 : do 뒤의 '{}'괄호에 기술한 코드는 조건 만족여부와 관계없이 실행됩니다. 따라서 07라인에서 변수 '$i'의 값인 11
이 출력됩니다.

08~11 : 변수 'a'의 값이 11이므로 if문의 조건을 만족하지 않습니다. 따라서 if문은 실행되지 않습니다.

13 : while문의 조건인 '$i <= 10'은 'a'의 값이 11이기 때문에 만족되지 않습니다. 따라서 while문은 종료됩니다.

5-3 기타 제어문

(1) break 및 continue

break는 for, while, do 문과 같은 반복 제어문을 종료시킵니다. 앞서 다룬 switch 문을 다룰 때 switch 문을 빠져 나가는 데 break 문이 사용된다고 언급하였습니다. 반복문에서도 break 문은 반복구간을 빠져 나가는 데 사용됩니다. break 문이 반복구간 내부에서 사용되면 반복구간 내 break 이하의 코드들은 무시하고 반복구간을 빠져나가 반복구간 이하의 코드들을 수행하도록 합니다. 따라서 조건식이 만족되어도 반복구간을 빠져나가고 싶다면 반복구간 내의 적당한 위치에 break 문을 위치시키면 됩니다. 제어문에 break를 기술할 경우 해당 제어문의 코드는 실행되지 않고 완전히 종료됩니다. break에 정수형 인수를 넘겨 줄 수 있습니다. 이 경우에는 중첩된 순환 구조를 break의 정수형 인수의 숫자만큼 종료 시킵니다.

반면 continue는 반복구간 내에서 사용되면 continue의 하위 코드를 수행하지 않고 조건식으로 분기하여 참(true)과 거짓(false) 결과에 따라 반복구간 수행 여부를 결정합니다. 제어문에 continue를 기술할 경우 continue 밑에 기술한 코드는 실행되지 않고 다시 제어문의 선언부로 되돌아갑니다. 그럼 다음 페이지의 순서도에서 for, while, do 반복문에서 break, continue 문이 사용됐을 경우의 흐름을 살펴보겠습니다.

for문의 경우 반복구간 내부에서 break를 만나면 즉시 수행을 멈추고 반복구간을 빠져 나갑니다. 그러나 continue를 만나면 증감식을 수행하고 조건식의 결과에 따라 반복구간의 수행여부를 판단합니다.

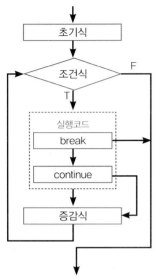

▲ for 문에서의 break, continue의 제어흐름

반면 while과 do 반복구간에서는 break의 경우 for문에서와 같이 즉시 반복구간을 빠져나갑니다. 하지만 continue의 경우 조건식으로 분기하여 조건식의 참(true)과 거짓(false)의 결과에 따라 반복구간 수행 여부를 결정합니다.

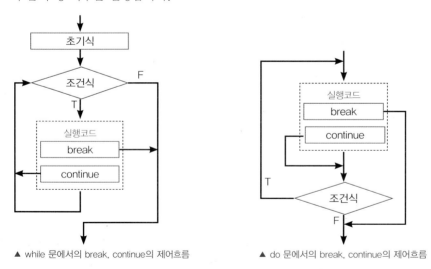

▲ while 문에서의 break, continue의 제어흐름   ▲ do 문에서의 break, continue의 제어흐름

다음의 예제를 통해서 반복문에서의 break와 continue를 살펴보겠습니다.

01 간단한 테스트를 통해 break가 어떻게 동작하는지 알아보겠습니다.

소스 코드 : http://localhost/myapp/ch04/break.php

```php
01 : <?php
02 :
03 : for ($i = 1 ; $i <= 10 ; $i++)
04 : {
05 :     echo "{$i}<br/>";
06 :     if($i === 5)
07 :     {
08 :         break;       ◀ 반복문을 한 단계 벗어납니다.
09 :     }  ◀ if문 종료
10 : }  ◀ for문 종료
11 :
12 : ?>
```

실행 결과

```
1
2
3
4
5
```

03 : for문을 10번 반복하도록 기술하였습니다.

06~10 : 06라인의 if문에 '$i'가 "5"일 때 break를 적용하라는 조건을 기술 하였습니다. 따라서 for문에는 10번 반복하게 되어있지만 if문 안에 있는 break에 의해 다섯 번 반복 후 for문은 종료됩니다.

02 간단한 테스트를 통해 continue가 어떻게 동작하는지 알아보겠습니다.

소스 코드 : http://localhost/myapp/ch04/continue.php

```php
01 : <?php
02 :
03 : for ($i = 1 ; $i <= 50 ; $i++)
04 : {
05 :     if($i % 2 === 0) continue;    ◀ $i의 데이터 타입이 정수형이고 값이 2일 경우 이후 코드를
06 :     echo "{$i}<br/>";               실행하지 않고 반복문을 반복합니다.
07 : }  ◀ for문 종료
08 :
09 : ?>
```

```
1
3
5
7
. . . . . . . . . .
47
49
```

03 : 1부터 시작해서 50번 반복하는 for문을 선언합니다.

05 : if문에 '$i % 2 === 0' 즉, 'i'의 값이 짝수일 때만 실행하는 조건을 기술하고 뒤에 'continue'를 적었습니다. 'continue'는 제어문 내부에서 아래의 코드를 생략하고 다시 처음으로 돌아가기 때문에 짝수에서 if문이 실행되더라도 'continue'를 만나므로 아래의 'echo "{$i}
";'는 실행되지 않고 for문의 처음으로 돌아갑니다. 따라서 for문은 1부터 50까지의 숫자 중 짝수를 제외한 홀수만을 출력하게 됩니다.

(2) goto, return, die, exit

PHP 코드는 다른 언어들과 같이 좌측에서 우측으로 위에서 아래의 순서대로 실행이 됩니다. 하지만 PHP 5.3.0 이후버전부터 생긴 goto문을 사용하면 PHP코드 상의 임의의 위치로 이동이 가능합니다. 말 그대로 원하는 코드로 바로 이동시키는 구문입니다. 이동 시킬 때는 콜론(:)을 뒤에 붙인 라벨(label)을 식별자로 사용합니다. 복잡하게 중첩된 반복구조를 벗어 날 때 사용하면 편리합니다.

```
goto label;
:label
```

return은 함수의 실행을 종료하거나 자신을 인클루드 했던 파일로 돌아갈 때 사용합니다. 함수안에서 return이 사용되면 즉시 실행을 멈추고 함수를 호출한 곳으로 되돌아가며 이 때 특정 인자값을 전달할 수 있습니다. 글로벌() 영역에서 return이 사용되면 스크립트의 실행이 즉시 종료됩니다. 또한 실행이 가능한 함수도 아니고 인클루드된 파일도 아니라면 PHP가 종료 됩니다.

```
function 함수명()
{
    return;
}
```

exit는 주어진 문자열이나 정수형 인수를 출력한 한 후에 PHP코드의 실행을 종료합니다. die는 exit의 별명으로 같은 제어문입니다. 특히 exit는 페이지가 오류로 인해서 실행되지 않을 때 디버깅을 해야 하는데 이 때 자주 쓰이는 것이 exit입니다. 어떤 코드 부분에서 오류가 발생했는지 위치를 추적

하기 위해서 exit로 코드의 중간 중간 강제로 PHP코드의 실행을 종료하여 어디서부터 에러가 시작되었는지 확인할 수 있는 디버깅에 유용한 함수이기도 합니다.

```
exit("문자열");
exit(1);
```

○ 디버깅(Debugging) : 컴퓨터 프로그램이나 하드웨어 장치에서 잘못된 부분, 즉 버그를 찾아서 수정하거나 또는 에러를 피해나가는 처리과정입니다. 버그(bug)는 벌레를 뜻하며, 디버그(debug)는 해충을 잡다라는 뜻이며, 프로그램의 오류를 벌레에 비유하여 오류를 찾아 수정하는 일 이라는 의미로 쓰입니다. 주로 디버그가 오류수정프로그램과 그 작업을 통칭하는 반면 작업에 중점을 둔 어휘는 디버깅(Debugging)을 쓰며 오류수정 소프트웨어를 가리킬 때 디버거(Debugger)라는 말을 사용합니다.

(3) include, require, include_once, require_once

include, require, include_once, require_once는 서버를 실행시킬 때 즉 웹페이지 문서를 읽을 때 현재 실행중인 PHP 파일에서 다른 PHP 파일의 내용을 넣을 때 사용합니다. include된 파일은 include한 파일과 하나의 파일인 것처럼 동작합니다. 그래서 include 된 파일은 include한 파일의 동일한 변수 유효 범위를 가집니다. 때문에 같은 소스를 반복적으로 사용하고 싶을 경우 가장 유용하게 사용되는 함수입니다.

include와 require는 인클루드 실패 할 경우를 제외하고는 같습니다. include는 해당 파일이 존재하지 않는 경우에는 Warning Error 메세지를 발생시켜서 PHP가 코드를 계속해서 실행하게 하며 require는 Fatal Error 메세지를 발생 후 스크립트의 실행이 중단하는 차이점을 가집니다.

include_once는 한번만 include한다는 뜻입니다. include와 대부분 동일한 동작을 수행 하는데 한 페이지 내에서 이미 include한 동일한 문서를 다시 include 시도하면 무시하고 처음 include한 파일만 참조합니다. require_once는 한번만 require한다는 뜻입니다. 마찬가지로 require와 대부분 동일한 동작을 수행하며 중복된 require를 방지하는 제어문입니다.
include_once와 require_once는 함수가 중복 되었을 경우나 변수가 중복 선언 및 할당으로 원치 않는 동작을 해결할 수 있습니다.

(4) 제어문의 대체 문법

PHP는 제어문을 위해 사용할 수 있는 또 하나의 대체 문법을 제공하고 있습니다.
이 대체 문법은 조건문에서는 if 문과 switch 문, 반복문에서는 while 문, for 문과 foreach 문에 사용할 수 있습니다. 이러한 대체문법을 제공하는 이유는 .PHP 가 HTML과 같이 사용하는 경우가 많기 때문입니다. PHP와 HTML을 같이 사용할 경우 대체문법을 사용하면 편리 할 경우가 많습니다.

```
if($test)
{
    echo "<div class=\"test\">if</div>";
}
```

이런 경우처럼 PHP와 HTML이 섞여 있을 경우 HTML의 일부 문자열을 이스케이프 시켜야합니다.
그러면 PHP 및 HTML의 읽기가 힘들어져서 이해하기 어려워집니다.

```
<?php if($test): ?>
<div class="test">if 대체문법</div>
<?php endif; ?>
```

약간 코드량이 증가하기는 하지만 PHP와 HTML의 분리가 잘 되어 있어서 읽고 이해하기 쉬워집니
다. 대체 문법의 사용 방법은 우선 제어문의 여는 괄호({)를 콜론(:)으로 대체합니다. 그리고 닫는 괄
호(})를 각각 endif;, endswitch;, endwhile;, endfor;, endforeach;로 대체하면 됩니다.

소스 코드 : http://localhost/myapp/ch04/alternative.php

```
01 : <?php
02 :
03 : echo "if 대체문법 <br/>";
04 : $score = 100;
05 : if($score == 100):
06 : ?>
07 :     점수는 100점입니다<br/>
08 : <?php
09 : elseif ($score == 90):
10 : ?>
11 :     점수는 90점입니다<br/>
12 : <?php
13 : else:
14 : ?>
15 :     점수는 90점 미만입니다.<br/>
16 : <?php
17 : endif;
18 : echo "for 대체문법 <br/>";
19 : for ($i = 0 ; $i <= 10 ; $i++):
20 : ?>
21 :     <div><?php echo $i;?>번</div>
22 : <?php
23 : endfor;
24 :
25 : echo "while 대체문법 <br/>";
```

```
26 : $i = 0;
27 : while($i <= 10):
28 : ?>
29 : <div><?php echo $i;?>번</div>
30 : <?php
31 : $i++;
32 : endwhile;
33 :
34 : ?>
```

실행 결과

```
if 대체문법
점수는 100점입니다
for 대체문법
0번
1번
2번
...........
9번
10번
while 대체문법
0번
1번
2번
...........
9번
10번
```

05 : if의 대체문법을 시작하는 부분입니다. "{"를 대체해서 ":"이 사용되었습니다.

09~13 : elsief, else 의 대체문법입니다 역시 "}"는 사용하지 않았고 "{"를 대체해서 ":" 가 사용되었습니다.

17 : if의 마지막 부분을 나타내는 "}"를 대신해서 endif; 가 사용되어 if 구문이 끝났음을 알려줍니다.

19 : for 구문의 대체문법입니다. if문의 대체문법과 형태가 같음을 알 수 있습니다.

06 _ 함수

함수는 프로그램 상에서 계속 사용할 수 있는 코드의 모음입니다. 함수의 개념을 설명하자면, 특정한 기능을 하는 코드를 따로 빼내어서 묶어놓은 것입니다.

함수를 사용하는 가장 큰 이유는 반복적인 코드를 함수로 만들어 소스코드를 간략하게 작성할 수 있고 같은 서버 내에 있다면 어디서든 필요할 때 마다 함수를 호출하여 해당 작업을 반복해서 수행할 수 있는 장점이 있습니다. 그리고 프로그램에 문제가 발생하거나 기능의 변경이 필요할 경우에도 호출된 함수자체를 수정하여 손쉽게 프로그램을 유지보수할 수 있습니다. 특정 코드가 한번 이상 반복적으로 사용된다면 해당 코드를 함수로 변경할 것을 생각해 보는 것이 좋습니다.

PHP 함수의 구조를 아래의 예제에서 살펴보겠습니다.

소스 코드 : http://localhost/myapp/ch04/sum.php

```php
01 : <?php
02 :
03 : function sum($num1,$num2)
04 : {
05 :     $num3 = $num1 + $num2;
06 :     return $num3;
07 : }
08 : echo sum( 4 , 7 );   ← 함수 test에 두 인수인 4와 7을 넣어서 실행한 후 반환 값을 출력합니다.
09 :
10 : ?>
```

일반적인 함수의 구조는 함수명, 인수명, 코드, 반환값으로 구성됩니다. sum 함수는 2개의 인수를 받아서 합친 값을 반환하는 단순한 구조입니다.

대부분의 함수는 PHP 상에서 전역적으로 사용할 수 있습니다. 함수는 함수 안이나 클래스의 안에서도 정의할 수도 있습니다.

소스 코드 : http://localhost/myapp/ch04/makefoo1.php

```php
01 : <?php
02 :
03 : $makefoo = true;
04 :
05 : /* 여기서 foo()은 아직 정의되지 않았기에 호출할 수는 없습니다.
06 :    하지만 bar()는 호출할 수 있습니다. */
07 :
08 : bar();
```

```
09 :
10 : if ($makefoo) {
11 :    function foo()
12 :    {
13 :      echo "여기에 도달하기 전까지 존재하지 않습니다.";
14 :    }
15 : }
16 :
17 : /* 변수 $makefoo 가 참으로 평가 되어서 foo 함수를 호출할 수 있습니다. */
18 :
19 : if ($makefoo) foo();
20 :
21 : function bar()
22 : {
23 :    echo "PHP의 해석이 되지 않아도 바로 호출이 가능합니다.<br/>";
24 : }
25 :
26 : ?>
```

PHP의 해석이 되지 않아도 바로 호출이 가능합니다.
여기에 도달하기 전까지 존재하지 않습니다.

소스 코드 : http://localhost/myapp/ch04/makefoo2.php

```
01 : <?php
02 :
03 : function foo()
04 : {
05 :    function bar()
06 :    {
07 :        echo "foo()를 호출하기 전까지는 존재하지 않습니다.\n";
08 :    }
09 : }
10 :
11 : /* bar()를 호출할 수 없습니다.
12 :    아직 존재하지 않습니다. */
13 :
14 : foo();
15 :
16 : /* 이제 bar()를 호출할 수
17 :    있습니다. foo()를 실행하여
18 :    접근할 수 있게 되었습니다. */
19 :
20 : bar();
21 :
22 : ?>
```

foo()를 호출하기 전까지는 존재하지 않습니다.

조건절이나 함수 안에 정의되어 있는 함수는 해당 조건이나 함수가 실행된 이후에 사용할 수 있습니다. 함수명 역시 변수와 상수의 이름의 규칙과 같이 문자, 밑줄로 시작 하며 문자, 밑줄, 숫자를 사용할 수 있습니다.

인수는 함수를 호출 할 때 넘겨주는 정보입니다. 인수는 " , "로 구분합니다. 인수는 값, 참조, 기본값을 지원합니다.

```php
01 : <?php
02 : function test1($input)
03 : {
04 : }
05 :
06 : function test2(&$input)      ← 키워드 &를 통해서 $input은 참조로 인자를 받습니다.
07 : {
08 : }
09 :
10 : function test3($input = " default ")   ← $input 의 값이 없다면 default로 설정됩니다.
11 : {
12 : }
13 : ?>
```

기본적으로 인수는 변수의 값이 전달됩니다. 그래서 함수를 호출할 때 인수로 전달된 변수는 값이 변경이 되어도 함수 안에서 인자를 통해서 받은 변수의 값은 변경 되지 않습니다. 반대로 인자를 통해 들어온 변수의 값이 변경 되어도 함수를 호출할 때 사용된 변수의 값은 변경되지 않습니다. 이것은 변수의 유효범위가 다르기 때문입니다.

하지만 참조를 통해서 전달 된 인수는 변수의 값이 아니라 변수를 참조하는 값이 전달 됩니다. 참조로 전달된 변수는 함수를 호출할 때 인자로 사용된 변수와 함수 안에 인자로 할당된 변수가 가리키는 값이 같습니다. 때문에 함수 안에서 인자로 할당된 변수의 값이 변경 되면 함수 밖의 변수의 값역시 변경 됩니다.

함수의 인수는 기본값을 가질 수 있습니다. 함수를 호출 할 때 인수가 없다면 함수의 기본값을 인수에 연결된 변수에 할당 하게 됩니다. 기본값은 인수의 순서에 주의할 필요가 있습니다. 인수에 기본값이 있다면 그 후에 나오는 인수에도 기본값이 설정하는 것이 좋습니다.

```php
01 : <?php
02 :
03 : function test1($arg1, $arg2 = "default")
04 : {
05 : }
06 :
07 : test1("tt");    ← 올바른 방법
08 :
09 : function test2($arg1 = "default", $arg2)
10 : {
11 : }
12 :
13 : test2("tt");    ← 오류
14 : test2("aa","bb");    ← 올바른 방법
15 :
16 : ?>
```

함수는 다음과 같이 한 개의 반환값을 가질 수 있습니다. 반환값의 자료형은 제한이 없습니다.

소스 코드 : http://localhost/myapp/ch04/return.php

```php
01 : <?php
02 :
03 : function test1()
04 : {
05 :    return 1;
06 : }
07 : function test2()
08 : {
09 :    return "test";
10 : }
11 : function test3()
12 : {
13 :    return ["apple","banana"];
14 : }
15 : function test4()
16 : {
17 :    return 1.1;
18 : }
19 :
20 : ?>
```

07 _ 클래스 및 객체

객체는 객체 지향 기술의 핵심입니다. 객체는 필드와 메소드들로 이루어진 소프트웨어의 묶음이라고 할 수 있습니다. 객체와 뗄 수 없는 클래스란, 특정한 기능을 가진 객체를 생성하게 해주는 설계도라고 할 수 있습니다.

PHP에서도 다른 언어와 마찬가지로 객체지향 언어를 사용할 수 있습니다.

그렇다면 PHP의 객체가 무엇이며 이러한 객체를 생성하기 위한 클래스가 무엇인지에 대해서 다양한 예제를 통해서 배워보도록 하겠습니다.

07-1 객체란?

(1) 객체란 무엇일까요?

우리가 매일 타고 다니는 자동차를 예로 들어보겠습니다. 바퀴, 엔진, 미션, 브레이크, 통풍시트, 점화플러그 등 여러 가지의 구성품들이 모여서 하나의 자동차가 완성됩니다. 이러한 자동차의 구성품을 우리는 객체라고 할 수 있습니다.

프로그램이 실행되면 자동차의 구성품과 같이 프로그램의 이미지, 동영상, 연산을 위한 메소드와 같은 프로그램을 구성하는 덩어리들이 메모리에 저장됩니다. 프로그램의 구성요소들이 메모리에 저장되는 이유는 무엇일까요?

프로그램 실행을 위한 순간순간의 동작을 위해서는 즉각적으로 프로그램의 구성요소들을 불러올 필요가 있습니다. 하지만 우리가 저장 공간으로 사용하는 하드디스크는 성능이 느리기 때문에 이러한 프로그램의 구성요소들을 불러오는데 필요한 순간적인 속도를 만족시키지 못합니다.

따라서 컴퓨터는 프로그램을 실행할 때 필요한 요소들을 전송속도가 빠른 메모리에 저장시켜났다가 바로바로 불러와서 사용합니다. 이러한 요소들은 더 이상 필요하지 않을 경우 메모리에서 즉각적으로 삭제됩니다. 메모리는 프로그램 실행을 위한 임시적인 기억공간이기 때문입니다.

이렇게 메모리에 임시적으로 저장되는 프로그램의 구성요소들을 우리는 객체라고 합니다.

PHP도 객체지향적인 프로그램이 가능한 이유는 비슷한 기능을 가지는 요소를 객체라는 단위로 묶어서 구분하는 형태를 가지기 때문입니다.

> **객체를 선언하고 생성하는 방법**
>
> ```
> 클래스명 변수 = new 클래스명();
> 예 $o = new Object();
> ```

여기서 '='의 뒤에 기술된 'new Object();'는 Object 클래스의 객체를 메모리상에 생성시키는 코드입니다. 이것은 객체의 생성이죠.

'='의 앞에 기술된 $o'는 메모리에 생성된 Object 타입의 객체가 메모리상에서 가지는 주소 값을 '$o'라는 변수에 할당합니다. 변수 '$o'는 Object를 가리키게 됩니다.

이것이 객체의 선언입니다.

07-2 클래스란?

앞에서 설명한 객체는 PHP에서 클래스에 의해 만들어집니다. 클래스는 우리가 흔하게 접할 수 있는 붕어빵틀에 비유할 수 있는데요. 붕어빵틀은 붕어빵을 찍어내는 도구이죠. 붕어빵틀의 모양에 의해서 결과물인 붕어빵의 모양이 결정됩니다. 붕어빵을 만드는데 틀을 사용하는 이유는 같은 모양을 가지는 다수의 붕어빵을 손쉽게 찍어낼 수 있기 때문입니다.

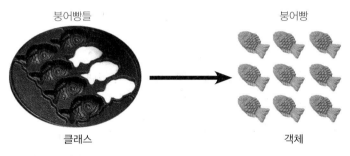

▲ 클래스와 붕어빵틀

우리는 붕어빵틀처럼 같은 클래스를 사용하여 같은 형태를 가지는 다수의 객체를 생성하게 됩니다. 붕어빵틀의 모양에 따라서 찍어내는 붕어빵의 모양이 결정되듯이 클래스에 어떤 메소드와 함수를 기술하느냐에 따라서 만들어지는 객체의 형태가 결정됩니다.

클래스의 구조

```
class 클래스이름 {}
```

클래스 이름 뒤의 '{}' 괄호 안에 메소드와 함수를 기술하여 클래스가 가지는 기능을 정의합니다.

(1) 상속

PHP에서는 클래스와 클래스 간에 상속을 받을 수 있습니다. 상속 해주는 클래스를 부모클래스, 상속 받는 클래스를 자식클래스라고 합니다. 상속을 받을 경우 자식클래스는 상속받은 부모클래스의 구성요소들을 사용할 수 있습니다. 상속은 중복된 코드를 제거할 수 있고, 재사용성을 높일 수 있고, 가독성을 높일 수 있다는 장점이 있습니다.

자식클래스 명 **extends** 상속받을 부모클래스 명
예 class Child **extends** Parents{}

01 간단한 테스트를 통해 클래스 간 상속이 어떻게 이루어지는지 알아보겠습니다. 먼저 'Parents' 클래스를 생성합니다. 부모클래스입니다.

소스 코드 : http://localhost/myapp/ch04/parents.php

```php
01 : <?php
02 :
03 : class Parents
04 : {
05 :     public $par = "부모클래스의 변수입니다.";
06 : }
07 :
08 : ?>
```

05 : PHP클래스인 'Child'에서 상속받아 참조하기 위해 부모클래스 'Parents'에서 변수 '$par'을 선언하였습니다.

02 다음으로 'Child' 클래스를 생성합니다. 자식클래스입니다.

소스 코드 : http://localhost/myapp/ch04/child.php

```php
01 : <?php
02 :
03 : include "parents.php";
04 :
05 : class Child extends Parents
06 : {
07 :     public function echoPar()
08 :     {
09 :         echo $this->par;
10 :     }
11 : }
12 :
13 : $child = new Child();
14 : $child->echoPar();
15 :
16 : ?>
```

실행 결과

부모클래스의 변수입니다.

03 : 부모클래스인 Parents를 포함하고 있는 parents.php를 include 합니다.

05 : 클래스 명 뒤에 'extends'를 기술하고 'Parents' 클래스를 상속받습니다.

07~10 : 'Child'의 메소드로 실행이 될 때 'Parents' 클래스에서 상속받은 부모클래스의 멤버변수인 $par 를 참조해서 값을 출력하는 코드입니다.

13 : 클래스인 'Child'의 객체를 생성해서 변수인 $child에 대입합니다.

14 : 클래스 'Child'의 객체인 '$child'의 메소드를 실행합니다.

07-3 생성자

생성자는 클래스가 메모리상에 객체를 생성시켰을 때 가장 먼저 수행할 작업을 기술하는 메소드입니다. 따라서 클래스의 인스턴스 생성시 값을 초기화 할 때 사용됩니다. 생성자는 리턴 값을 반환할 필요가 없는 특징을 가집니다. PHP 5 이상에서의 생성자는 __construct()라는 이름의 함수이며 PHP 5 이하에서 클래스명과 동일한 이름의 함수를 생성자로 사용합니다. 생성자는 반드시 필요한 것은 아니므로 생략하여도 상관없습니다. 아래의 예제에서 간단하게 생성자의 구조와 동작을 살펴보겠습니다.

생성자의 구조

```
public function __construct
```

01 간단한 테스트를 통해 생성자가 어떻게 기술되고 동작하는지 알아보겠습니다.

소스 코드 : http://localhost/myapp/ch04/constructor.php

```
01 : <?php
02 :
03 : class Constructor
04 : {
05 :     public function __construct()
06 :     {
07 :         $a = 1;
08 :         echo $a;
09 :     }
10 : }
11 :
12 : new Constructor();
13 :
14 : ?>
```

실행 결과

```
1
```

06 : 클래스의 생성자인의 이름을 가지는 메소드인 `__construct()`를 선언하였습니다.

08~09 : 생성자 내부에 변수 '$a'를 선언하고 그 값을 출력하는 코드를 작성하였습니다.

13 : 클래스 Constructor의 객체를 생성하기 위해서 new Construcotr를 실행 했습니다. 객체가 생성이 되면 즉시 그 클래스의 생성자가 실행이 됩니다.

07-4 멤버변수

멤버변수는 클래스에 속하는 변수입니다. 따라서 클래스에 속하는 모든 메소드에서 사용이 가능합니다. 멤버변수의 특징은 참조를 위한 초기화가 필요 없다는 점입니다. 멤버변수를 선언하고 값을 할당하지 않으면 자동으로 null값이 할당됩니다.

또한 클래스에서 선언한 멤버변수와 같은 이름으로 지역변수를 선언할 수 있으며 이렇게 선언한 지역변수는 당연히 '{}' 괄호 안에서만 유효합니다. 즉, 멤버변수와 같은 이름으로 지역변수를 선언할 수 있지만 이 둘은 전혀 별개의 변수가 되는 것입니다.

01 간단한 테스트를 통해 멤버변수가 어떻게 기술되고 동작하는지 알아보겠습니다.

소스 코드 : http://localhost/myapp/ch04/member.php

```php
01 : <?php
02 :
03 : class Member
04 : {
05 :     public $m;
06 :     public $m1 = "멤버변수입니다.";
07 :
08 :     public function __construct()
09 :     {
10 :         $m = "지역변수입니다.";
11 :         echo "{$m}<br/>";
12 :     }
13 : }
14 :
15 : $member = new Member();
16 : echo "초기화하지 않은 멤버변수 : {$member->m} <br/>";
17 : echo "초기화한 멤버 변수 : {$member->m1} <br/>";
18 :
19 : ?>
```

실행 결과

```
지역변수입니다.
초기화하지 않은 멤버변수 :
초기화한 멤버 변수 : 멤버변수입니다.
```

05~06	:	변수 '$m'과 '$m1'을 선언합니다. '$m'은 값을 할당하지 않고 '$m1'에만 데이터 타입이 문자열인 값을 할당함으로써 'm1'만 값을 할당합니다
10~11	:	생성자에 지역변수 '$m'을 선언하고 값을 출력합니다.
15	:	Member 클래스의 객체를 생성하고 멤버변수 '$m'과 '$m1'의 값을 출력합니다. 먼저 객체가 생성되면서 생성자가 호출됩니다. 따라서 생성자에 기술한 지역변수 '$m'의 값인 "지역변수입니다."가 출력됩니다.
16~17	:	멤버변수 '$m'과 '$m1'의 값을 출력합니다. 멤버변수 '$m'에는 값을 할당하지 않았지만 멤버변수이기 때문에 자동으로 공백인 ""값으로 초기화되어 공백인 ""이 출력됩니다. 아래에는 멤버변수 '$m1'에 할당한 값인 "멤버변수입니다."가 출력됩니다.

07-5 접근 제어자

접근 제어자는 클래스와 클래스 간 또는 패키지와 패키지간의 접근 권한을 지정하는 예약어입니다. 접근 제어자는 클래스, 멤버변수, 메소드 세 가지 요소의 선언부에 사용할 수 있습니다. 하지만 각 요소들이 모든 접근 제어자를 사용할 수 있는 것은 아닙니다. 접근 제어자의 종류와 사용대상에 대해서 알아보도록 하겠습니다.

접근 제어자	동일한 클래스	하위 클래스	전체
private	○		
protected	○	○	
public	○	○	○
var	○	○	○
default	○	○	○

▲ 접근 제어자의 종류

알아두세요

default

접근 제어자를 따로 기술하지 않을 경우는 'default'에 해당됩니다.

이렇게 해보세요 | var

PHP4에서는 private, preotecd, public 대신에 var라는 키워드를 사용해서 멤버변수를 설정했습니다. var는 public과 같은 접근 제어자입니다. var 대신에 public을 사용합시다.

사용대상	사용 가능한 접근 제어자
멤버변수	public, var, protected, private
메소드	public, protected, private, default

▲ 접근제어자의 사용대상

◑ 예약어 : PHP 언어에서 특별한 의미를 지니는 단어를 말합니다. if, public, int와 같은 예약어는 단어 자체만으로 특정한 기능을 수행할 수 있도록 예약되어 있습니다. 따라서 이러한 예약어는 메소드 명이나 변수 명으로 사용할 수 없습니다.

(1) private

동일한 클래스 내에서 접근할 수 있습니다.

01 간단한 테스트를 통해 'private' 접근 제어자가 어떻게 기술되고 동작하는지 알아보겠습니다.

소스 코드 : http://localhost/myapp/ch04/private.php

```
01 : <?php
02 :
03 : class OutSider
04 : {
05 :     private  $s = "OutSider";
06 : }
07 :
08 : $o = new OutSider;
09 : echo $o->s;
10 :
11 : ?>
```

실행 결과

```
500 서버 에러 발생
```

05 : 'OutSider' 클래스에 'private' 접근 제어자와 함께 변수 '$s'를 선언합니다.
08 : 'OutSide' 클래스의 객체를 생성해서 $o에 할당을 합니다.
09 : 'OutSide' 클래스에서 선언한 변수 's'를 출력합니다. 당연히 프로그램은 실행되지 않습니다. 웹서버는 500 에러를 출력합니다. 'OutSide' 클래스에 선언한 변수 's'는 'private' 접근 제어자를 기술하였기 때문에 외부에서는 'Private' 멤버변수를 참조할 수 없기 때문입니다.

(2) protected

동일한 패키지와 하위 클래스에서 접근할 수 있습니다.

01 간단한 테스트를 통해 'protected' 접근 제어자가 어떻게 기술되고 동작하는지 알아보겠습니다.

소스 코드 : http://localhost/myapp/ch04/protected.php

```
01 : <?php
02 :
03 : class OutSider
04 : {
05 :     protected $s = "OutSider";
06 : }
07 :
08 : class OutSider2 extends OutSider
09 : {
```

```
10 :     public function echoS()
11 :     {
12 :         echo $this->s;
13 :     }
14 : }
15 :
16 : $outSider = new OutSider2();
17 : $outSider->echoS();
18 :
19 : ?>
```

```
OutSider
```

03~06 : 'OutSider' 클래스에 'protected' 접근 제어자와 함께 멤버변수 '$s'를 선언합니다.

08 : 'OutSider2' 클래스가 'extends' 예약어를 사용해서 'OutSider' 클래스를 상속받습니다.

10~11 : 멤버변수인 $s를 출력하는 Public 의 메소드인 echoS를 작성합니다. 클래스 OutSider2에서는 멤버변수인 $s가 없고 상속 받은 클래스인 OutSider에는 $s가 있습니다. 이때는 Outsider에 있는 멤버변수인 $s를 참조 합니다.

16 : 클래스 OutSider2의 객체를 생성해서 $outSider에 할당합니다.

17 : 클래스 OutSider2의 메소드인 echoS를 실행합니다. 메소드 echoS는 Protected로 선언된 OutSider의 멤버변수인 $s의 값을 정상적으로 출력합니다.

(3) public

동일한 클래스와 동일한 패키지는 물론 외부 패키지에서도 접근할 수 있습니다.

01 간단한 테스트를 통해 'public' 접근 제어자가 어떻게 기술되고 동작하는지 알아보겠습니다.

소스 코드 : http://localhost/myapp/ch04/public.php

```
01 : <?php
02 :
03 : include "parents.php";
04 :
05 : class Parents2 extends Parents
06 : {
07 :     public function echoPar()
08 :     {
09 :         echo $this->par;
10 :     }
11 : }
12 :
13 : $parents = new Parents2();
14 : $parents->echoPar();
15 :
16 : ?>
```

부모클래스의 변수입니다.

05 : 'public' 접근 제어자를 설명하기 위해 앞에서 작성했던 'Parents' 클래스를 상속받았습니다.

07~10 : 멤버변수인 $par를 출력하는 Public 의 메소드인 echoPar를 작성합니다. 클래스 Parents2에서는 Public 멤버변수인 $par가 없고 상속 받은 클래스인 Parents에는 $par가 있습니다. 이때는 Parents에 있는 멤버변수인 $par를 참조 합니다.

13 : 클래스 Parents2의 객체를 생성해서 $parent에 할당합니다.

14 : 클래스 Parents2의 메소드인 echoPar를 실행합니다. 메소드 echoPar는 Public으로 선언된 Parents의 멤버변수인 $par의 값을 정상적으로 출력합니다.

07-6 static과 final

PHP의 예약어인 'static'과 'final'에 대하여 알아보도록 하겠습니다.

(1) static

'static' 예약어는 변수와 메소드 선언 시에 사용할 수 있습니다.

'static'으로 선언된 변수와 메소드는 '정적변수/정적메소드'라고 칭하며, 'new 클래스명'과 같은 객체생성을 위한 코드를 작성할 필요가 없이 바로 접근 혹은 호출이 가능합니다.

'static'을 변수 선언에 사용할 경우 해당 변수는 클래스 내부에서 공유됩니다. 클래스 내부에서 객체를 생성할 필요 없이 바로 사용할 수 있습니다.

'static'을 메소드 선언에 사용할 경우 해당 메소드 역시 클래스 내부에서 공유됩니다. 변수와 마찬가지로 클래스 내부에서 객체를 생성할 필요 없이 '클래스명::메소드명()'으로 사용할 수 있습니다.

> **이렇게 해보세요** | static
>
> 'static'을 이용한 변수와 메소드 선언은 클래스 내부에서 객체간의 공유가 필요할 때 이루어지며, 'static'을 통해 메모리상에 생성된 객체는 프로그램이 종료될 때까지 남아서 리소스를 잡아먹습니다. 따라서 'static'은 꼭 필요할 경우에만 사용해야 됩니다.

01 간단한 테스트를 통해 'static' 예약어가 어떻게 기술되고 동작하는지 알아보겠습니다.

소스 코드 : http://localhost/myapp/ch04/static.php

```
01 : <?php
02 :
03 : class StaticTest
04 : {
05 :     public static $gnu_wiz = "static으로 선언된 변수입니다. <br/>";
```

```
06 :    public static function  gnuWiz()
07 :    {
08 :        $gnu_wiz = "static으로 선언된 메소드입니다. <br/>";
09 :        echo $gnu_wiz;
10 :    }
11 : }
12 :
13 : echo StaticTest::$gnu_wiz;
14 : StaticTest::gnuWiz();
15 :
16 : ?>
```

static으로 선언된 변수입니다.
static으로 선언된 메소드입니다.

05   : 변수 '$gnu_wiz'를 'static' 형식으로 선언하고 값을 할당합니다.
06~10 : 메소드 'gnuWiz()'를 'static' 형식으로 선언하고 내부에 변수 '$gnu_wiz'와 변수의 값을 출력하는 코드를 작성합니다.
13   : 클래스에서 'static'으로 선언된 변수 'StaticTest'는 객체생성이 필요 없이 바로 참조할 수 있습니다.
14   : 마찬가지로 'static'로 선언된 메소드 'gnuWiz()' 역시 객체를 생성하지 않고 'StaticTest(클래스명).gnuWiz()(메소드명)' 형식으로 호출할 수 있습니다.

(2) final

'final'의 뜻은 '마지막'입니다. 경우에 따라서는 메소드나 클래스에 대해 상속을 못하도록 금지해야 할 경우에 final을 사용할수 있습니다. PHP에서도 다른 JAVA나 C언어와 같이 역시 비슷한 의미로 쓰입니다. 'final'은 클래스, 메소드 선언 시에 사용할 수 있는데 각각의 의미를 알아보겠습니다.

사용 대상	final 예약어
클래스	하위 클래스에 대한 상속을 허용하지 않는다.
메소드	하위 클래스에서 static로 선언한 메소드를 오버라이드할 수 없다.

▲ final 예약어의 대상에 다른 의미

❍ Override : 상속받은 부모클래스의 메소드를 하위클래스에서 똑같은 이름으로 재정의 하는 행위를 말합니다. 자식 클래스가 부모 클래스를 상속하여 자식에게 없는 메소드를 호출하면 부모클래스에 가서 해당 메소드를 찾게 됩니다. 만약 부모클래스의 메소드를 자식클래스에서 동일한 이름으로 다시 재정의 하면 부모클래스의 메소드를 찾지 않고 자식 클래스의 메소드를 호출하게 됩니다. 이것을 오버라이드(재정의)라고 합니다.

```
final class 클래스명{}
예 final class GnuWiz{}
```

```
final 메소드명() {}
예 final gnuWiz() {}
```

```
01 : <?php
02 :
03 : final class FinalParent
04 : {
05 :     public $gnu_wiz = "final로 선언된 class입니다.";
06 :
07 :     public final function gnuWiz()
08 :     {
09 :         echo "final로  선언된 메소드입니다.<br/>";
10 :         echo $this->gnu_wiz;
11 :     }
12 : }
13 :
14 : $gnuWiz = new FinalParent();
15 : $gnuWiz->gnuWiz();
16 :
17 : ?>
```

실행 결과

```
Final로 선언된 메소드입니다.
Final로 선언된 class 입니다
```

03 : 클래스를 정의 할 때에 final 키워드를 추가로 사용해서 해당 클래스가 final 임을 명시합니다.
07 : 메소드 'gnuWiz()'를 'final' 형식으로 선언하고 내부에 변수 '$gnu_wiz'와 변수의 값을 출력하는 코드를 작성합니다.
14 : final로 정의된 클래스 FinalParent의 객체를 생성합니다.
15 : 클래서 FinalParent의 객체에서 final로 정의된 메소드인 gnuWiz를 실행합니다.

위의 예제는 final 키워드를 사용했지만 클래스를 상속을 받거나 메소드를 오버라이딩 하지 않았습니다. 그래서 큰 차이가 나지 않습니다.

```
01 : <?php
02 :
03 : final class FinalParent
04 : {
05 :     public $gnu_wiz = "final로 선언된 class 입니다";
06 :
07 :     final public  function gnuWiz()
08 :     {
09 :         echo "final로  선언된 메소드입니다.<br/>";
10 :         echo $this->gnu_wiz;
```

```
11 :     }
12 : }
13 :
14 : class Child extends FinalParent
15 : {
16 :
17 : }
18 :
19 : $childGnuWiz = new Child();
20 : $childGnuWiz->gnuWiz();
21 :
22 : ?>
```

```
Fatal error: Class Child may not inherit from final class (FinalParent) in /myapp/ch04/final2.php
on line 17
```

03 ~ 12 : final.php 의 final 클래스와 동일.

04   : FinalParent를 상속해서 Child 클래스를 정의합니다. 상속 받을 수 없는 final 클래스를 상속하려고 했기 때문
            에 Fatal error 가 발생합니다.

05   : Child 클래스의 객체를 생성해서 $childGnuWiz에 대입입합니다.

06   : 객체 $childGnuWiz 의 메소드인 gnuWinz()를 실행합니다.

07-7 namespace

namespace는 클래스, 함수, 상수의 모음입니다. 클래스가 변수와 메소드의 집합인 것과 비슷합니다. namespace를 사용하는 가장 큰 이유는 전역공간의 문제를 해결할 수 있기 때문입니다. namespace가 없었던 PHP 5.3 이전 버전에서는 외부 라이브러리를 사용하기 어려웠습니다. 외부 라이브러리가 기존 클래스와 이름이 같다면 사용할 수가 없기 때문입니다. 동일한 이름의 다른 함수, 다른 변수가 존재할 수 없듯이 동일한 이름의 다른 클래스가 같은 전역공간에 존재할 수가 없기 때문입니다. 이때는 한쪽 클래스의 이름을 변경해야 하는데 그 클래스를 확장하거나 참조한 모든 것을 수정해야하기 때문에 외부라이브러리 자체를 사용 못하는 경우까지도 발생 했었습니다. namespace가 도입된 이후 같은 이름의 클래스, 함수, 변수라도 namepace를 다르게 사용하면 충돌의 문제가 발생하지 않아서 쉽게 외부라이브러리 사용 및 클래스의 작성이 및 구분이 용의 해 졌습니다.

쉽게 설명해서 namespace는 폴더처럼 동작을 합니다. 같은 폴더에는 같은 이름의 파일이 있을 수 없지만 다른 폴더에는 같은 이름의 파일이 있을 수 있습니다. namespace도 이와 같이 폴더로 생각하면 이해하기가 쉽습니다. 폴더 안에 폴더가 있을 수 있듯이 namespace도 자신이 원하는 만큼 추가시킬 수 있습니다.

```
namespace GnuWiz
namespace GnuWiz\Student
namespace GnuWiz\Lecture
namespace GnuWiz\Book
```

위의 코드처럼 namespace를 정리해 놓으면 나중에 쉽게 확인할 수 있습니다.

여기서는 GnuWiz가 최상위 namespace이며 GnuWiz는 전역 공간 내에 있습니다.

소스 코드 : http://localhost/myapp/ch04/namespace.php

```php
01 : <?php
02 :
03 : namespace GnuWiz\GnuStudy;
04 :
05 : class Student {
06 :     protected $_name;
07 :
08 :     public function __construct($name)
09 :     {
10 :         $this->_name = $name;
11 :     }
12 :
13 :     public function name()
14 :     {
15 :         return $this->_name;
16 :     }
17 : }
18 :
19 : namespace GnuWiz\JspStudy;
20 :
21 : class Student {
22 :     protected $_name;
23 :
24 :     public function __construct($name)
25 :     {
26 :         $this->_name = $name;
27 :     }
28 :
29 :     public function name()
30 :     {
31 :         return $this->_name;
32 :     }
33 : }
34 :
35 : $gnuStudy = new \GnuWiz\GnuStudy\Student('GnuStudy');
```

```
36 : echo $gnuStudy->name()."<br/>";
37 :
38 : $jspStudy = new \GnuWiz\JspStudy\Student('JspStudy');
39 : echo $jspStudy->name()."<br/>";
40 :
41 : ?>
```

실행 결과

```
GnuStudy
JspStudy
```

03 : namespace를 설정하는 부분입니다. namespace가 설정된 이후부터 다른 namespace가 설정 될 때까지의 코드는 해당 namespace에 속하게 됩니다.

15~17 : Student 클래스를 생성합니다. 생성자에 이름을 받아서 name()을 호출 할 때 반환하는 코드입니다/

19 : namespace를 다시 설정하는 부분입니다. 이후 코드는 새로운 namespace에 속하게 됩니다.

35 : GnuWiz\GnuStudy에 속한 Student의 클래스의 인스턴스를 생성합니다.

36 : Student 클래서의 메소드인 name을 호출합니다.

38 : GnuWiz\JspStudy에 속한 Student의 클래스의 인스턴스를 생성합니다.

39 : Student 클래서의 메소드인 name을 호출합니다.

```
GnuWiz
\GnuWiz
```

GnuWiz를 사용할 때 역슬래시가 있는 상태로 사용할 수 도 있고 없이 사용할 수도 있습니다. 이 차이는 역슬래시가 있으면 전역공간에서 찾게 되며 역슬래시 없으면 사용한 이름 공간 내에서 찾게 되어 있습니다. 이도 폴더의 형태와 동일합니다.

소스 코드 : http://localhost/myapp/ch04/GnuWiz/user.php

```
01 : <?php
02 :
03 : namespace GnuWiz;
04 :
05 : class User
06 : {
07 :     public function getNamespaceName()
08 :     {
09 :         return __NAMESPACE__;
10 :     }
11 : }
12 :
13 : ?
```

```php
01 : <?php
02 :
03 : namespace GnuWiz\GnuStudy;
04 :
05 : class User
06 : {
07 :     public function getNamespaceName()
08 :     {
09 :         return __NAMESPACE__;
10 :     }
11 : }
12 :
13 : ?>
```

```php
01 : <?php
02 :
03 : namespace GnuWiz\JspStudy;
04 :
05 : class User
06 : {
07 :     public function getNamespaceName()
08 :     {
09 :         return __NAMESPACE__;
10 :     }
11 : }
12 :
13 : ?>
```

```php
01 : <?php
02 :
03 : include "GnuWiz/user.php";
04 : include "GnuWiz/GnuStudy/user.php";
05 : include "GnuWiz/JspStudy/user.php";
06 :
07 : $user2 = new \GnuWiz\User();
08 : echo $user2->getNamespaceName()."<br/>";
09 :
10 : $user3 = new \GnuWiz\GnuStudy\User();
11 : echo $user3->getNamespaceName()."<br/>";
```

```
12 :
13 : $user4 = new \GnuWiz\JspStudy\User();
14 : echo $user4->getNamespaceName()."<br/>";
15 :
16 : ?>
```

```
GnuWiz
GnuWiz\GnuStudy
GnuWiz\JspStudy
```

(GnuWiz/user.php, GnuWiz₩GnuStudy/user.php, GnuWiz₩JspStudy₩user)
03 : namespace를 설정하는 부분입니다. 각기 폴더명과 일치하는 namespace를 지정 했습니다.
08 : User 클래스의 메소드인 getNamespaceName()입니다. 상수 __NAMESPACE__ 의 값을 반환하는 함수입니다.

(namespace2.php)
03~05 : GnuWiz/user.php, GnuWiz₩GnuStudy/user.php, GnuWiz₩JspStudy₩user 의 파일들을 인클루드합니다.
07　　　 : Uesr 클래스의 인스턴스를 생성하려고 했지만 전역공간에 User 클래스가 없기 때문에 오류가 납니다.
10　　　 : GnuWiz₩User 클래스의 인스턴스를 생성해서 $user2에 대입합니다.
11　　　 : $user2 인스턴스에서 GnuWiz₩User 클래스의 getNamespaceName() 메소드를 호출합니다.
13　　　 : GnuWiz₩GnuStudy₩User 클래스의 인스턴스를 생성해서 $user3에 대입합니다.
14　　　 : $user3 인스턴스에서 GnuWiz₩GnuStudy₩User 클래스의 getNamespaceName() 메소드를 호출합니다.
16　　　 : GnuWiz₩JspStudy₩User 클래스의 인스턴스를 생성해서 $user4에 대입합니다.
17　　　 : $user4 인스턴스에서 GnuWiz₩JspStudy₩User 클래스의 getNamespaceName() 메소드를 호출합니다.

namespace를 사용하면서 PHP에서 기본적으로 제공하는 클래스 혹은 외부라이브러리를 사용할 경우에는 사용하고자 하는 namespace의 이름에 유의할 필요가 있습니다. 상기 했듯이 역슬래시의 유무에 따라 namespace가 가리키고 있는 위치가 다르기 때문입니다. 일반적으로 namespace안에서 다른 namespace의 클래스, 함수, 변수를 사용하고자 한다면 역슬래쉬를 붙여서 전역공간에서부터 찾아 들어와야 합니다.

알아두세요

__NAMESPACE__는 PHP에서 제공하는 상수로 해당 위치의 namespace를 의미합니다. 이는 해당 클래스가 동적으로 호출되고 있을 때 nameapsce의 이름을 알 필요가 있을 경우에 사용 합니다.

07-8 use

이름이 긴 네임스페이스를 가지고 있는 라이브러리를 사용하려고 하면 클래스, 함수, 변수를 사용할 때마다 긴 이름의 네임스페이스를 적어야 하니 매우 불편합니다. 이때 use를 사용하면 namespace 를 포함한 class의 전체 명칭 대신에 별명을 통해서 사용할 수 있습니다.

> **use 사용 방법**
> ```
> use Gnuwiz\Member\Account
> use Gnuwiz\Member\Account as MyAccount
> ```

예를 들어서 Gnuwiz₩Member 의 네임스페이스를 가진 Account 클래스를 사용한다고 합시다. 그러면 해당 클래스의 객체를 생성하기 위해서는

```
new Gnuwiz\Member\Account
```

를 사용해야합니다. 하지만 use를 사용해서 미리 해당 클래스를 사용하겠다고 선언하면

```
new Account
```

만으로도 해당 클래스의 객체를 생성할 수 있습니다. 또한 별명을 사용해서 다른 네임스페이스의 같은 이름의 클래스를 다른 이름의 클래스처럼 접근해서 사용할 수도 있습니다.

```
use Gnuwiz\Member\Account as MyAccount
```

위처럼 use를 설정하면

```
new MyAccount
```

로 클래스를 사용할 수가 있습니다.

namespace2.php 코드를 재활용해서 use를 사용하는 예제를 작성하고 테스트 해 봅시다.

> **소스 코드 : http://localhost/myapp/ch04/use.php**
> ```
> 01 : <?php
> 02 :
> 03 : include "GnuWiz/user.php";
> 04 : include "GnuWiz/GnuStudy/user.php";
> 05 : include "GnuWiz/JspStudy/user.php";
> 06 :
> 07 : use GnuWiz\User as User;
> 08 : use GnuWiz\GnuStudy\User as GnuUser;
> ```

```
09 : use GnuWiz\JspStudy\User as JspUser;
10 :
11 : $user1 = new User();
12 : echo $user1->getNamespaceName()."<br/>";
13 :
14 : $user2 = new GnuUser();
15 : echo $user2->getNamespaceName()."<br/>";
16 :
17 : $user3 = new JspUser();
18 : echo $user3->getNamespaceName()."<br/>";
19 :
20 : ?>
```

실행 결과

```
GnuWiz
GnuWiz\GnuStudy
GnuWiz\JspStudy
```

03~05 : GnuWiz/user.php, GnuWiz\GnuStudy/user.php, GnuWiz\JspStudy\user 의 파일들을 인클루드합니다.

07   : use를 사용하여 GnuWiz namespace를 가진 User 클래스를 User 클래스로 정합니다.

08   : use를 사용하여 GnuWiz\GnuStudy namespace를 가진 User 클래스를 GnuUser 클래스러 정합니다.

09   : use를 사용하여 GnuWiz\JspStudy namespace를 가진 User 클래스를 JspUser 클래스러 정합니다.

10   : GnuWiz\User 클래스 대신 User 클래스를 사용한 후 인스턴스를 생성해서 $user1에 대입합니다.

11   : $user1 인스턴스에서 GnuWiz\User 클래스의 getNamespaceName() 메소드를 호출합니다.

13   : GnuWiz\GnuStudy\User 클래스 대신 GnuUser 클래스를 사용한 후 인스턴스를 생성해서 $user2에 대입합니다.

14   : $user2 인스턴스에서 GnuWiz\GnuStudy\User 클래스의 getNamespaceName() 메소드를 호출합니다.

16   : GnuWiz\JspStudy\User 클래스 대신 JspUser 클래스를 사용한 후 인스턴스를 생성해서 $user3에 대입합니다.

17   : $user3 인스턴스에서 GnuWiz\JspStudy\User 클래스의 getNamespaceName() 메소드를 호출합니다.

알아두세요

PHP의 =과 비교연산자 중 ==과 ===의 차이점

• = : 값을 지정할 때 사용

  엄밀히 말하자면 = 은 == 나 === 처럼 비교연산자가 아닙니다. 그냥 특정 변수에 어떤 값을 넣겠다는 상황에서 사용한
  다고 보면 됩니다. 따라서 == 혹은 === 처럼 true 나 false 의 결과 값을 내보내지는 않습니다.

• == : 두 값이 같은지 확인하기

  == 은 두 값이 같은지 확인하여 같으면 true 를 반환합니다.

• === : 두 값이 같고, 형식도 같은지 확인하기

  === 은 == 과 같은 기능을 하지만 두 데이터의 형식까지 비교하여 같은 데이터 형식일 경우 true 를 반환합니다.

PHP 기본문법 구조

```
01 : <?php
02 :
03 : class Grammer
04 : {
05 :     public $name = "GNUWIZ";
06 :
07 :     public function phpStudy($year)
08 :     {
09 :         echo "변수 name은 {$this->name} 입니다. <br/>";
10 :         echo "변수 year은 {$year} 입니다. <br/>";
11 :         echo $this->name . $year . "<br/>";
12 :     }
13 :
14 : }
15 :
16 : $year = 2018;
17 : $grammer = new Grammer();
18 : $grammer->phpStudy($year);
19 :
20 : ?>
```

01 : PHP 블럭 시작 – PHP블럭 시작을 표시하는 것으로 PHP 블럭의 끝까지를 PHP가 해석해서 실행하게 됩니다.

03 : 클래스(class) – PHP는 Java나 C언어와 같이 클래스도 지원을 합니다. 클래스의 멤버변수와 메소드를 사용하면 편리하게 PHP 프로그램을 할 수 있습니다.

05 : 맴버변수 – 클래스에 속하는 변수입니다. 클래스에서 선언하였기 때문에 클래스에 속한 모든 메소드에서 자유롭게 사용이 가능합니다.

07 : 메소드(method) – 메소드는 클래스에 속합니다. 클래스를 정의하는 괄호 안에 메소드를 정의하며, 프로그램이 처리할 코드를 기술합니다.

16 : 변수 – 클래스의 멤버변수와는 달리 선언한 변수로 유효범위가 클래스의 멤버변수와는 다릅니다. 변수가 선언된 범위 안에서만 접근이 가능하며 다른 함수나 클래스 안에서는 접근 할 수 없습니다.

17 : 객체선언, 생성 – 객체는 '$객체이름 = new 클래스명();'의 형식으로 선언합니다.

18 : 메소드 호출 – 해당 클래스에서 선언한 메소드를 호출합니다. 메소드가 호출되면 PHP는 호출된 메소드에 기술한 코드를 실행시킵니다.

20 : PHP 블럭의 끝 – PHP 블럭이 끝났다는 것을 표시하는 부분으로 이후부터는 PHP로 해석되지 않습니다.

제어문의 종류와 기능

1. 조건문

❶ if문 : 만약 지정한 조건에 만족할 경우 지정한 코드를 실행합니다.

❷ if-else문 : 만약 if문의 조건을 만족하지 못할 경우 else문에 있는 코드를 실행합니다.

❸ else if문 : if문 뒤에 다수의 조건을 추가할 수 있습니다. 두 가지 이상, 다수의 조건이 필요할 때 else if문을 사용해서 기술하게 됩니다.

❹ switch문 : switch에 전달인자를 지정한 뒤 case에 다수의 조건을 추가할 수 있는 구조입니다.

2. 반복문

❶ for문 : 특정 코드를 지정한 횟수만큼 반복하는 문장입니다. 변수의 크기나 숫자, 문자열의 길이 등 다양한 기준이 사용될 수 있습니다.

❷ while문 : if문의 반복문 형태입니다. 조건을 지정하고 조건이 true일 때 실행되며, 조건이 false가 될 때까지 반복합니다.

❸ do-while문 : do-while문은 조건의 만족 여부와 상관없이 처음 한번은 무조건 실행합니다. 작성한 코드를 무조건 한 번 실행한 뒤 while에 기술한 조건을 평가하고 반복 여부를 결정합니다.

❹ break : 제어문을 종료시킵니다. 제어문에 break를 기술할 경우 해당 제어문의 코드는 실행되지 않고 완전히 종료됩니다.

❺ continue : 제어문에서 continue의 하위 코드를 생략합니다. 제어문에 continue를 기술할 경우 continue 밑에 기술한 코드는 실행되지 않고 다시 제어문의 선언부로 되돌아갑니다.

1 다음과 같은 결과가 나오기 위해서 괄호 안에 들어가야 할 코드를 작성하세요.

결 과

하와이로 가시겠습니까? 니가가라 하와이

```php
<?php
class SimpleClass
{
    public $question    = '하와이로 가시겠습니까?';
    public $answer       = '니가가라 하와이';

    public function displayVar() {
        echo $this->❶ (                    )
        echo $this->answer;
    }
}

$grammer = ❷ (                    )
$grammer->displayVar();
?>
```

2 PHP의 변수에 대한 질문입니다. 다음보기에서 정답을 선택하세요.

변수의 사용범위에 따라서 ❶___와 지역변수로 나누어집니다. 간단하게 설명하자면 ❶___는 전체 프로그램에 영향을 끼치는 변수이고 지역변수는 해당함수(메소드)의 블록({~}사이)내에서만 영향을 주는 변수입니다.

❶ 클래스　　　　❷ 멤버변수　　　　❸ 전역변수　　　　❹ 지역변수　　　　❺ 메소드

3 다음과 같은 결과가 나오기 위해서 괄호 안에 들어가야 할 코드를 작성하세요.

결 과

사과

```php
<?php
$fruits = array(
"apple" => "사과",
"banana" => "바나나"
);
echo (                    )
?>
```

Answer

1 ❶ question;　❷ new SimpleClass();
2 ❸번 전역변수
3 $fruits["apple"];

PHP 내장함수 익히기

이 장에서는 PHP의 내장함수에 대해서 알아보겠습니다. PHP 역시 다른 언어들처럼 많은 수의 내장함수를 제공되고 있습니다. 자신이 필요에 의해서 원하는 함수를 직접 만들어도 되지만 기본적인 기능의 함수는 PHP에서 제공되어 지고 있습니다. 이러한 내장함수를 예제와 같이 익혀보도록 합시다.

01 _ 숫자 관련 함수

PHP에서는 다양한 숫자 관련 함수가 있습니다. 숫자 관련 함수를 이용해서 여러 가지 숫자에 관련된 계산을 할 수 있습니다. 예를 들어 반올림, 평균값, 각도 계산 등 PHP 내장함수에는 무수히 많은 숫자 관련 함수가 존재하기 때문에 모든 함수를 실습할 수는 없지만, 그 중 실무에서 많이 사용되는 알아두면 유용한 함수들을 축약해서 실습하도록 하겠습니다.

01-1 삼각함수

PHP에서는 삼각함수와 관련된 함수를 제공하고 있습니다.

함수명	설명
sin	사인
cos	코사인
tan	탄젠트
asin	역사인
acos	역코사인
atan	역탄젠트
sinh	쌍곡사인
cosh	쌍곡코사인
tanh	쌍곡탄젠트
asinh	역쌍곡사인
acosh	역쌍곡코사인
atanh	역쌍곡탄젠트

▲ 삼각함수

먼저 사인함수의 구조를 살펴봅시다.

```
float sin ( float $arg )
```

사인함수는 매개변수로 실수형의 라디안 값을 받아서 실수형 값을 리턴하는 것으로 알 수 있습니다. 일반적으로 수학을 공부할 때에는 사인함수에 각도를 넣지만 PHP를 비롯한 대부분의 언어에서의 삼각함수 라이브러리는 각도를 라디안 값으로 변경 한 후에 사용합니다.

각 $\times \dfrac{\pi}{180}$ = 라디언   라는 공식을 통해서 각을 라디안으로 변경할 수 있습니다. 하지만 공식을 이용해서 함수를 만드는 것 보다 해당 함수가 있는가를 먼저 확인하는 것이 좋습니다.

● 라디안(radian) : 1 라디안(radian)은 원둘레 위에서 반지름의 길이와 같은 길이를 갖는 호에 대응하는 중심각의 크기로 무차원의 단위입니다. 우리가 예전부터 사용하고 있는 '도' 단위와 비슷한 단위이지만 계산하는 방식은 다음과 같습니다.

1도는 "π/180" 라디안입니다. 따라서 π 나누기 180 을 하면 0.017453292519943295769236907684886 라디안 이라는 근사값이 나옵니다. 즉 1도는 약 0.017 rad 입니다.

PHP 역시 각도와 라디안을 상호 변환할 수 있는 함수가 존재합니다.

```
float deg2rad( float $number )
float rad2deg( float $number )
```

01 예제를 통해 라디안이 어떻게 적용되는지 알아보겠습니다.

소스 코드 : http://localhost/myapp/ch05/radian.php

```
01 : <?php
02 :
03 : $deg = 180 / M_PI;
04 : $rad = deg2rad($deg);
05 : echo $rad."<br/>";
06 : echo rad2deg($rad)."<br/>";
07 :
08 : ?>
```

실행 결과

```
1
57.295779513082
```

03 : 1라디안의 정의인 180 / π 값을 구하기 위해서 π의 상수값은 M_P를 사용합니다.
04 : deg2rad() 함수를 사용해서, $deg를 라디안으로 변경해서 $rad에 대입합니다.
05 : $rad 변수의 값을 출력합니다.
06 : $rad 값을 각으로 변경하기 위해서 rad2deg 함수를 사용해서 출력합니다.

sin의 결과 값으로 입력 값을 확인할 수 있는 것이 역함수입니다. sin의 역함수는 asin입니다.

```
float asin ( float $arg )
```

역사인함수는 사인함수의 결과 값의 범위 내의 매개변수를 받아서 해당 매개변수에 해당하는 라디안 값을 출력합니다.

```
$rad = asin ( sin ( $rad ) )
```

위와 같은 형식으로 사용 할 수 있습니다.

쌍곡사인과 역쌍곡사인도 함수를 보면

```
float sinh ( float $arg )
float asinh ( float $arg )
```

sin과 asin과 매개변수 및 리턴 값의 형태가 같음을 알 수 있습니다. 즉 cos, tan 도 이렇게 규칙적
으로 되어 있어서 sin 함수의 사용방법만 잘 알아도 cos, tan 역시 쉽게 사용할 수 있습니다.

01 예제를 통해 삼각함수가 어떻게 적용되는지 알아보겠습니다.

소스 코드 : http://localhost/myapp/ch05/trigonometric_function.php

```php
01 : <?php
02 :
03 : $a = 23;
04 : $b = 42;
05 :
06 : $ar = deg2rad($a);
07 : $br = deg2rad($b);
08 :
09 : $radian_0 = deg2rad(0);
10 : $radian_30 = deg2rad(30);
11 : $radian_45 = deg2rad(45);
12 : $radian_60 = deg2rad(60);
13 : $radian_90 = deg2rad(90);
14 : echo $radian_0."<br/>";
15 : echo $radian_30."<br/>";
16 : echo $radian_45."<br/>";
17 : echo $radian_60."<br/>";
18 : echo $radian_90."<br/>";
19 : echo "<br/>";
20 :
21 : echo sin($radian_0)."<br/>";
22 : echo sin($radian_30)."<br/>";
23 : echo sin($radian_45)."<br/>";
24 : echo sin($radian_60)."<br/>";
25 : echo sin($radian_90)."<br/>";
26 : echo "<br/>";
27 :
28 : echo cos($radian_0)."<br/>";
29 : echo cos($radian_30)."<br/>";
30 : echo cos($radian_45)."<br/>";
31 : echo cos($radian_60)."<br/>";
32 : echo cos($radian_90)."<br/>";
33 : echo "<br/>";
```

```
34 :
35 : echo tan($radian_0)."<br/>";
36 : echo tan($radian_30)."<br/>";
37 : echo tan($radian_45)."<br/>";
38 : echo tan($radian_60)."<br/>";
39 : echo tan($radian_90)."<br/>";
40 : echo "<br/>";
41 :
42 : echo sin($ar + $br)."<br/>";
43 : echo sin($ar) * cos($br) + cos($ar) * sin($br)."<br/>";
44 : echo "<br/>";
45 :
46 : echo sin($ar - $br)."<br/>";
47 : echo sin($ar) * cos($br) - cos($ar) * sin($br)."<br/>";
48 : echo "<br/>";
49 :
50 : echo cos($ar + $br)."<br/>";
51 : echo cos($ar) * cos($br) - sin($ar) * sin($br)."<br/>";
52 : echo "<br/>";
53 :
54 : echo cos($ar - $br)."<br/>";
55 : echo sin($ar) * sin($br) + cos($ar) * cos($br)."<br/>";
56 : echo "<br/>";
57 :
58 : $sin_ar = sin($ar);
59 : $asin_ar = asin($sin_ar);
60 :
61 : echo $ar."<br/>";
62 : echo $sin_ar."<br/>";
63 : echo $asin_ar."<br/>";
64 :
65 : ?>
```

실행 결과

```
0
0.5235987755983
0.78539816339745
1.0471975511966
1.5707963267949

0
0.5
0.70710678118655
0.86602540378444
1
```

```
1
0.86602540378444
0.70710678118655
0.5
6.1232339957368E-17

0
0.57735026918963
1
1.7320508075689
1.6331239353195E+16

0.90630778703665
0.90630778703665

-0.32556815445716
-0.32556815445716

0.4226182617407
0.4226182617407

0.94551857559932
0.94551857559932

0.4014257279587
0.39073112848927
0.4014257279587
```

03　　　: 변수 $a에 정수 23을 대입합니다.
04　　　: 변수 $b에 정수 42를 대입합니다.
06　　　: $a의 라디안 값을 $ar에 대입합니다.
07　　　: $b의 라디안 값을 $br에 대입합니다.
09~13 : 0도, 30도, 45도, 60도, 90도에 해당하는 라디안 값을 $radian_0, $radian_30, $radian_45, $radian_60, $radian_90에 대입합니다.
14~18 : 라디안 값인 $radian_0, $radian_30, $radian_45, $radian_60, $radian_90을 출력합니다.
21~25 : $radian_0, $radian_30, $radian_45, $radian_60, $radian_90에 해당하는 sin 값을 출력합니다.
28~32 : $radian_0, $radian_30, $radian_45, $radian_60, $radian_90에 해당하는 cos 값을 출력합니다.
35~39 : $radian_0, $radian_30, $radian_45, $radian_60, $radian_90에 해당하는 tan 값을 출력합니다.
42~48 : 삼각함수의 덧셈정리(사인)를 계산합니다.
50~56 : 삼각함수의 덧셈정리(코사인)를 계산합니다.
58　　　: $ar의 사인값을 $sin_ar에 대입합니다.
59　　　: $sin_ar의 역사인값을 $asin_ar에 대입합니다.
61　　　: $ar 값을 출력합니다.
62　　　: $sin_ar 값을 출력합니다.
63　　　: $asin_ar 값을 출력합니다.

01-2 소수점 처리

PHP의 숫자관련 함수들을 살펴보면 상당수가 실수형 리턴값을 가지고 있음을 알 수 있습니다. 계산 시에는 정밀도를 위하여 실수형이 맞는 경우가 많이 있지만 실제적인 실행 출력할 경우에는 정수형 이 좋은 경우가 많습니다.

실수형 자료를 정수형으로 변경 하려면 소수점을 처리해야합니다. 일반적으로 소수점을 처리하는 방법은 반올림, 버림, 올림이 있습니다.

❶ 버림 floor

```
mixed floor ( float $value )
```

입력되는 실수보다 작은 가장 큰 정수를 리턴하는 함수입니다.

❷ 올림 ceil

```
float ceil ( float $value )
```

입력되는 실수보다 큰 가장 작은 정수를 리턴하는 함수입니다.

❸ 반올림 round

```
float round ( float $val [, int $precision = 0 [, int $mode = PHP_ROUND_HALF_UP ]] )
```

일반적인 경우 입력되는 실수가 0.4 이하면 버림을 0.5 이상이면 올림을 실행하는 함수입니다.
floor과 ceil과는 다르게 round 함수는 매개변수를 2개 더 가지고 있습니다. $precision은 반올림되는 정밀도로 0일 경우 소수점이하에 대해서 동작을 하게 되고 양수일 경우는 소수점 자리 수에서 반올림 되며 음수일 경우는 정수부분의 자리 수에서 반올림이 됩니다.
$mode는 어떻게 반올림 할 것인가에 대한 옵션입니다.

상수	설명
PHP_ROUND_HALF_UP	0.5를 올림 합니다.
PHP_ROUND_HALF_DOWN	0.5를 버림 합니다.
PHP_ROUND_HALF_EVEN	짝수 값까지 올림 합니다.
PHP_ROUND_HALF_ODD	홀수 값까지 올림 합니다.

▲ 소수점의 상수

01 예제를 통해 라운드 함수가 어떻게 적용되는지 알아보겠습니다.

소스 코드 : http://localhost/myapp/ch05/round.php

```php
01 : <?php
02 :
03 : echo floor(11.94)."<br/>";
04 : echo floor(11.14)."<br/>";
05 : echo floor(-11.94)."<br/>";
06 : echo floor(-11.14)."<br/>";
07 : echo "<br/>";
08 :
09 : echo ceil(11.94)."<br/>";
10 : echo ceil(11.14)."<br/>";
11 : echo ceil(-11.94)."<br/>";
12 : echo ceil(-11.14)."<br/>";
13 : echo "<br/>";
14 :
15 : echo round(11.94)."<br/>";
16 : echo round(11.14)."<br/>";
17 : echo round(-11.94)."<br/>";
18 : echo round(-11.14)."<br/>";
19 : echo "<br/>";
20 :
21 : echo round(11.94,1)."<br/>";
22 : echo round(11.94,0)."<br/>";
23 : echo round(11.94,-1)."<br/>";
24 : echo "<br/>";
25 :
26 : ?>
```

실행 결과

```
11
11
-12
-12

12
12
-11
-11

12
11
-12
-11
```

```
11.9
12
10
```

03 : floor() 함수를 사용해서 11.94를 버림 합니다.
04 : floor() 함수를 사용해서 11.14를 버림 합니다.
05 : floor() 함수를 사용해서 −11.94를 버림 합니다.
06 : floor() 함수를 사용해서 −11.14를 버림 합니다.
09 : ceil() 함수를 사용해서 11.94를 올림 합니다.
10 : ceil() 함수를 사용해서 11.14를 올림 합니다.
11 : ceil() 함수를 사용해서 −11.94를 올림 합니다.
12 : ceil() 함수를 사용해서 −11.14를 올림 합니다.
15 : round() 함수를 사용해서 11.94를 반올림 합니다.
16 : round() 함수를 사용해서 11.14를 반올림 합니다.
17 : round() 함수를 사용해서 −11.94를 반올림 합니다.
18 : round() 함수를 사용해서 −11.14를 반올림 합니다.
21 : round() 함수를 사용해서 11.94를 소수점 둘째 자리에서 반올림 합니다.
22 : round() 함수를 사용해서 11.94를 반올림 합니다.
23 : round() 함수를 사용해서 11.94를 일의 자리에서 반올림 합니다.

01-3 쉼표 넣기

숫자를 출력할 때 가독성을 위해서 천 단위 마다 쉼표를 넣어서 출력해야 할 경우가 많이 있습니다.
이런 경우에 사용하기 편리한 함수가 number_format입니다.

```
string number_format ( float $number [, int $decimals = 0 ] )
```

```
string number_format ( float $number , int $decimals = 0 , string $dec_point = "." ,
string $thousands_sep = "," )
```

number_format 함수는 한 개 두 개 혹은 네 개의 매개변수를 받습니다.

number는 출력하기 위하는 정수 자리의 숫자이고 decimals는 출력하기 위하는 소수점 자리수입니다.

또한 천 단위를 구분하기 위한 문자와 소수점을 구분하기 위한 문자를 넣을 수도 있습니다.

```
string number_format ( float $number , int $decimals = 0 , string $dec_point = "." ,
string $thousands_sep = "," )
```

01 예제를 통해 숫자 함수가 어떻게 적용되는지 알아보겠습니다.

소스 코드 : http://localhost/myapp/ch05/number_format.php

```php
01 : <?php
02 :
03 : $i = 2018.0209;
04 :
05 : echo number_format($i)."<br/>";
06 : echo number_format($i,4)."<br/>";
07 : echo number_format($i,4,"#","!");
08 :
09 : ?
```

실행 결과

```
2,018
2,018.0209
2!018#0209
```

03 : 변수 $i에 2018.0209 의 실수를 대입합니다.
05 : number_format() 함수를 이용해서 $i 변수의 값을 출력합니다.
05 : number_format() 함수를 이용해서 $i 변수의 값을 소수점 4자리까지 출력합니다.
05 : number_format() 함수를 이용해서 $i 변수의 값을 소수점 4자리까지 출력하되 천 자리에는 "," 대신 "!"를 소수점은 "." 대신 "#"을 출력합니다.

01-4 최소값, 최대값, 절대값

❶ 최소값

```
mixed min ( array $values )
```

```
mixed min ( mixed $value1 , mixed $value2 [, mixed $... ] )
```

최소값을 구하는 함수는 배열을 받을 수도 있고 여러 개의 매개 변수로도 받을 수 있습니다.
함수의 매개변수를 살펴보면 배열뿐만 아니라 mixed로 받을 수 있습니다. 이 경우는 PHP의 비교
규칙에 의해서 크거나 작거나 혹은 같거나를 구분하게 됩니다. 정수형과 실수형과 같은 숫자형 자료
가 아니라면 주의 깊게 살펴볼 필요가 있습니다.

❷ 최대값

```
mixed max ( array $values )
```

```
mixed max ( mixed $value1 , mixed $value2 [, mixed $... ] )
```

최대값을 구하는 함수는 최소값을 구하는 함수와 형태와 사용법이 동일합니다.

❸ 절대값

```
number abs ( mixed $number )
```

특정 숫자의 절대값을 구할 때 사용하는 함수입니다. 이 함수는 실수형 자료를 매개변수로 넘겨주면 실수형을 리턴해 주며 실수형 이외의 자료를 매개변수로 넘겨주면 정수형을 리턴해 줍니다.

01 예제를 통해 최소값, 최대값 함수가 어떻게 적용되는지 알아보겠습니다.

소스 코드 : http://localhost/myapp/ch05/min_max.php

```php
01 : <?php
02 :
03 : $i = 123;
04 : $j = 221;
05 : $k = 1231;
06 : $l = 22;
07 :
08 : $numbers = [$i,$j,$k,$l];
09 :
10 : echo min($i,$j,$k,$l)."<br/>";
11 : echo min($numbers)."<br/>";
12 : echo "<br/>";
13 :
14 : echo max($i,$j,$k,$l)."<br/>";
15 : echo max($numbers)."<br/>";
16 : echo "<br/>";
17 :
18 : echo abs(-10)."<br/>";
19 : echo abs(10)."<br/>";
20 : echo "<br/>";
21 :
22 : ?>
```

실행 결과

```
22
22

1231
1231

10
10
```

03~06 : 123,221,1231,22 값이 들어 있는 변수 $i, $j, $k, $l을 생성합니다.

09 : $i, $j, $k, $l 변수가 배열로 들어 있는 $numbers 변수를 생성합니다.

10 : min() 함수에 $i, $j, $k, $l 값을 각각 인자로 넘겨서 최소값을 구합니다.

11 : min() 함수에 $i, $j, $k, $l 의 값을 가진 배열 $numbers를 인자로 넘겨서 최소값을 구합니다.

14 : max() 함수에 $i, $j, $k, $l 값을 각각 인자로 넘겨서 최대값을 구합니다.

15 : max() 함수에 $i, $j, $k, $l 의 값을 가진 배열 $numbers를 인자로 넘겨서 최대값을 구합니다.

18 : abs() 함수를 사용해서 −10의 절대값을 출력합니다.

19 : abs() 함수를 사용해서 10의 절대값을 출력합니다.

01-5 진수 변환

PHP는 진수 변환을 위한 여러 함수를 제공하고 있습니다.

❶ 10진수와 2진수의 상호 변환

```
string decbin ( int $number )
```

```
number bindec ( string $binary_string )
```

decbin은 10진수를 2진수로 바꾸는 함수이고 bindec은 2진수를 10진수로 바꾸는 함수입니다. decbin은 정수형 자료를 받아서 2진수 형태의 문자열을 돌려줍니다. 10진수를 2진수로 변환할 경우는 특별한 경우가 없으니 2진수를 10진수로 변환 할 경우는 반드시 2진수 형태의 문자열을 매개변수로 넘겨야지만 올바른 결과 값을 얻을 수 있습니다.

❷ 10진수와 8진수의 상호 변환

```
string decoct ( int $number )
```

```
number octdec ( string $octal_string )
```

decoct은 10진수를 8진수로 바꾸는 함수이고 octdec는 8진수를 10진수로 바꾸는 함수입니다 decoct는 정수형 자료를 받아서 8진수 형태의 문자열을 돌려줍니다. 2진수의 변환과 마찬가지로 8진수를 10진수로 변경할 경우는 8진수 형태에 맞는 문자열을 매개변수로 넣어 줘야 합니다.

❸ 10진수와 16진수의 상호 변환

```
string dechex ( int $number )
```

```
number hexdec ( string $hex_string )
```

dechex는 10진수를 16진수로 바꾸는 함수이고 hexdec는 16진수를 10진수로 바꾸는 함수입니다. dechex는 정수형 자료를 받아서 16진수 형태의 문자열을 돌려줍니다. 2진수, 8진수와 마찬가지로 16진수를 10진수로 변경할 경우는 16진수 형태에 맞는 문자열을 매개변수로 넘겨 줘야합니다.

❹ 기타 진수 변환

```
string base_convert ( string $number , int $frombase , int $tobase )base_convert
```

2진수 8진수 16진수는 많이 사용하기 때문에 상호 변환하는 내장함수가 있습니다. 그렇다고 다른 진수변환을 위해서는 base_convert를 사용하면 됩니다. base_convert는 2~36진수까지 변환이 가능합니다. 그 이유는 0~9와 a(10)~z(35)를 사용하기 때문입니다.
base_convert는 특정 진수형태의 문자열(string $number)을 넣고 매개변수에 넣은 숫자의 문자열의 진수(int $frombase)와 변경할 숫자의 진수(int $tobase)를 매개변수로 넘겨줍니다.

알아두세요

컴퓨터는 이진수 기반입니다.

컴퓨터는 모든 것을 이진법으로 계산 합니다. PHP를 비롯한 대부분의 프로그램에서는 숫자를 십진법을 이용해서 자료를 입력하지만 결국 변수에 저장 될 때는 이진법으로 변환되어 계산됩니다. 일반적인 정수형일 경우 이진법과 십진법의 변환에는 차이가 없지만 실수형의 경우 변환에는 약간의 차이가 발생합니다.

01 예제를 통해 숫자 타입 변경이 어떻게 적용되는지 알아보겠습니다.

소스 코드 : http://localhost/myapp/ch05/number_change.php

```
01 : <?php
02 :
03 : $i = 255;
04 : echo decbin($i)."<br/>";
05 : echo decoct($i)."<br/>";
06 : echo dechex($i)."<br/>";
07 : echo "<br/>";
08 : echo base_convert("255",10,16)."<br/>";
09 : echo base_convert("ff",16,10)."<br/>";
10 :
11 : ?>
```

```
11111111
377
ff

ff
255
```

03 : 정수 255의 값을 $i 변수에 대입합니다.
04 : $i 변수의 값을 decbin() 함수를 이용해서 2진수로 변환해서 출력합니다.
05 : $i 변수의 값을 decoct() 함수를 이용해서 8진수로 변환해서 출력합니다.
06 : $i 변수의 값을 dechex() 함수를 이용해서 16진수로 변환해서 출력합니다.
09 : base_convert() 함수를 이용해서 255의 값을 10진수에서 16진수로 변경해서 출력합니다.
10 : base_convert() 함수를 이용해서 ff의 값을 16진수에서 16진수로 변경해서 출력합니다.

01-6 랜덤

rand, srand, getrandmax, mt_rand, mt_srand, mt_getrandmax
난수를 생성하기 위해 숫자를 무작위로 뽑기 위한 함수를 살펴보도록 하겠습니다.

가장 기본이 되는 rand 함수를 살펴보겠습니다.

```
int rand ( void )
```

```
int rand ( int $min , int $max )
```

rand 함수는 매개변수 없이 사용하거나 2개를 사용해야합니다.
매개변수 없이 사용할 경우의 리턴되는 값의 범위는 0부터 getrandmax로 구해지는 최대값입니다.
매개변수를 사용할 경우는 구하고자 하는 랜덤한 수의 범위를 설정합니다. 첫 번째 매개변수는 int
$min으로 최소 범위를 넘겨주고 두 번째 매개변수인 int $max는 최대값을 넘겨줍니다.

rand 함수의 무작위 값을 더욱 더 예측 불가능하게 해주기 위해서 srand를 설정할 수 있습니다.

```
void srand ([ int $seed ] )
```

srand 함수는 int $seed라는 임의의 매개변수를 넘겨 줄 수 있는데 이를 사용해서 rand 함수가 더
무작위의 숫자를 돌려주게 할 수 있습니다.
하지만 rand 함수가 자동으로 srand를 실행되기 때문에 굳이 seed를 생성을 위해서 srand를 사용
할 필요가 없습니다.

01 예제를 통해 랜덤 함수가 어떻게 적용되는지 알아보겠습니다.

소스 코드 : http://localhost/myapp/ch05/srand.php

```
01 : <?php
02 :
03 : for($i = 0 ; $i < 10 ; $i++)
04 : {
05 :     srand();
06 :     echo rand()."<br/>";
07 : }
08 :
09 : ?>
```

실행 결과

```
604220852
955550781
804344494
551902294
1139508177
1854123472
84297551
743007646
508141899
1715439323
```

03 : 랜덤 값을 10번 생성하기 위해서 for 구문을 사용합니다.
05 : 랜덤 함수의 시드를 초기화합니다.
06 : 랜덤 값을 구해서 출력합니다.

```
int getrandmax ( void )
```

rand 함수가 생성할 수 있는 난수의 최대값을 알아내기 위해 사용합니다. rand 함수를 매개 변수 없이 사용할 경우 난수 범위의 최대값을 구하기 위해서 자동으로 사용 됩니다.

예제를 통해 난수의 최대값이 어떻게 적용되는지 알아보겠습니다.

소스 코드 : http://localhost/myapp/ch05/getrandmax.php

```
01 : <?php
02 :
03 : echo getrandmax();
04 :
05 : ?>
```

2147483647

03 : 해당 서버에서 생성할 수 있는 최대 랜덤 값을 출력합니다.

rand 보다 더 무작위한 난수를 생성하기 위한 메르센느 트위스터(Mersenne Twister) 알고리즘을 통한 난수 생성하는 함수는 앞에 mt_가 붙습니다.

```
int mt_rand ( void )
```

```
int mt_rand ( int $min , int $max )
```

rand와 마찬가지로 매개변수 없이 사용하거나 2개의 매개변수를 사용할 수 있습니다.

매개변수 없이 사용할 경우의 리턴되는 값의 범위는 0부터 mt_getrandmax로 구해지는 최대값입니다.

매개변수를 사용할 경우는 구하고자 하는 랜덤한 수의 범위를 설정합니다. 첫 번째 매개변수는 int $min으로 최소 범위를 넘겨주고, 두 번째 매개변수인 int $max는 최대값을 넘겨줍니다.

```
void mt_srand ([ int $seed [, int $mode = MT_RAND_MT19937 ]] )
```

난수를 생성하기 위한 seed를 생성하기 위한 함수입니다. 7.1 이후 버전에서 메르센느 트위스터 알고리즘 구현체가 수정이 되어서 이전 버전과 구분하기 위해서 매개변수로 해당 상수를 넘겨 줄 수 있습니다. 7.1 이전 버전과의 호환성을 위해서 이전 알고리즘 구현체를 사용할 필요가 있다면 $mode에 MT_RAND_PHP 상수를 넘겨주면 됩니다.

상수	설명
MT_RAND_MT19937	7.1 이후 올바르게 수정된 MT 알고리즘 구현체 사용
MT_RAND_PHP	7.1 이전 버전의 올바르지 않은 MT 알고리즘 구현체 사용 – 하위버전 호환성

▲ 메르센느 트위스터의 상수

```
int mt_getrandmax ( void )
```

mt_rand 함수가 생성할 수 있는 난수의 최대값을 알아내기 위해 사용합니다. rand 함수를 매개변수 없이 사용할 경우 난수 범위의 최대값을 구하기 위해서 자동으로 사용 됩니다.

이렇게 해보세요 | mt_ 함수를 사용합시다.

난수를 생성하기 위해서 rand 보다 메르센트 트위스터 알고리즘을 사용한 mt_rand를 사용하는 것이 좋습니다.
php 7.1 이상에서는 rand와 mt_rand가 동일하고 알고리즘 구현체의 오류가 수정 되었으니 되도록 php 7.1 이상 버전을 사용하는 것이 좋습니다.

02 _ 문자 관련 함수

PHP에는 다른 프로그래밍 언어에서도 많이 사용되는 문자열에 관련된 함수가 많이 있습니다. 특히 PHP는 웹 프로그래밍, 즉 홈페이지에 특화되어 있는 프로그램 언어여서 문자열 관련된 함수가 많이 있습니다.

실제 실무에서도 문자열에 관련된 함수들은 상당히 자주 사용되며, 문자열을 합치거나 문자열을 자르거나 문자열에 특정 단어가 포함이 되어있는지 등 그 활용성이 광범위하게 사용되고 있습니다.
이번 장에서는 자주 사용되는 문자 관련 함수가 무엇인지 그 사용방법은 어떻게 되는지 여러 가지 예제를 통해서 실습하도록 하겠습니다.

02-1 문자열 합치기

PHP는 문자열을 합치기 위해서 "."를 사용합니다. 문자형 변수나 문자열 모두 같은 형태로 사용할 수 있습니다.

```
$a = " Hello "
$b = " World "

$c = $a.$b
$d = " Hello "." World ";
$e = $a." World ";
```

배열에 들어가 있는 문자열도 쉽게 합칠 수 있습니다.

```
string implode ( string $glue , array $pieces )
```

```
string implode ( array $pieces )
```

implode는 하나 혹은 두 개의 매개변수를 가집니다. 배열에 있는 문자열을 합칠 때 합치는 문자열 중간에 특정 문자열을 넣고 싶다면 처음 인자 (string $glue)에 넣고 싶은 문자열을 넘기면 됩니다. 아무런 문자열을 넘기지 않으면 배열에 있는 문자열이 연속적으로 합쳐져서 반환 됩니다.

01 예제를 통해 implode 함수와 join 함수가 어떻게 적용되는지 알아보겠습니다.

소스 코드 : http://localhost/myapp/ch05/implode.php

```php
01 : <?php
02 :
03 : $i = [
04 :     'www',
05 :     'gnuwiz',
06 :     'com',
07 : ];
08 :
09 : echo implode($i)."<br/>";
10 : echo implode('.', $i)."<br/>";
11 : echo "<br/>";
12 :
13 : echo join($i)."<br/>";
14 : echo join('.', $i)."<br/>";
15 : echo "<br/>";
16 :
17 : ?>
```

실행 결과

```
wwwgnuwizcom
www.gnuwiz.com

wwwgnuwizcom
www.gnuwiz.com
```

03~07 : 배열 $i를 만들어서 "www", "gnuwiz", "com" 이라는 값을 넣습니다.

09 : 배열 $i를 출력합니다.

10 : implode() 함수의 첫 번째 인자에 구분자를 넣어서 출력되는 배열 $i의 값 사이에 구분자(.)가 추가되어 출력됩니다.

13 : 배열 $i를 출력합니다.

14 : join() 함수의 첫 번째 인자에 구분자를 넣어서 출력되는 배열 $i의 값 사이에 구분자(.)가 추가되어 출력됩니다.

알아두세요

join과 implode는 동일합니다.

join() 함수는 implode() 함수의 별명으로 동일한 함수입니다.

02-2 문자열 분리하기

이메일과 같이 @를 기준으로 사용자명과 도메인을 분리 할 필요가 있을 때 사용할 수 있는 함수가 explode입니다.

```
array explode ( string $delimiter , string $string [, int $limit = PHP_INT_MAX ] )
```

string $delimiter는 문자열을 분리할 때 기준이 되는 문자입니다. 분리하고 싶은 문자는 string $string에 넣으면 됩니다. 특정 길이까지 제한하고 싶으면 int $limit를 설정하면 됩니다.

01 예제를 통해 explode 함수가 어떻게 적용되는지 알아보겠습니다.

소스 코드 : http://localhost/myapp/ch05/explode.php

```php
01 : <?php
02 :
03 : $i = "www.gnuwiz.com";
04 :
05 : $exploded_i = explode(".", $i);
06 :
07 : echo "<pre>";
08 : var_dump($exploded_i);
09 : echo "</pre>";
10 :
11 : ?>
```

실행 결과

```
array(3) {
  [0]=>
  string(3) "www"
  [1]=>
  string(6) "gnuwiz"
  [2]=>
  string(3) "com"
}
```

03 : "www.gnuwiz.com" 문자열을 $i 변수에 대입합니다.

05 : explode() 함수의 첫 번째 인자에는 구분자 두 번째 인자에는 문자열이 들어갑니다. 이때 두 번째 인자에 들어가는 $i 변수의 문자열에서 구분자(.)를 기준으로 분할한 후 $exploded_i 변수에 대입됩니다. 이렇게 explode() 함수를 사용해서 대입된 $exploded_i 변수는 배열이 됩니다.

08 : 배열 $exploded_i를 출력합니다.

02-3 문자열 찾기

PHP는 다양한 방법으로 문자를 찾을 수 있습니다.

```
string substr ( string $string , int $start [, int $length ] )
```

substr는 문자열의 특정 위치에서 특정 길이만큼의 문자열을 돌려줍니다.

string $string은 찾기 위한 문자열이고 int $start는 특정 위치입니다. int $length는 $start부터 몇 글자를 리턴 할 것인지 설정합니다.

```
string strstr ( string $haystack , mixed $needle [, bool $before_needle = false ] )
```

특정문자를 기준으로 그 이후 혹은 이전 문자열을 돌려줍니다.

string $haystack에 주어진 문자열에서 mixed $needle을 찾아서 bool $before_needle에 의해 전후 문자열을 리턴합니다.

```
mixed strpos ( string $haystack , mixed $needle [, int $offset = 0 ] )
```

주어진 문자열인 string $haystack에서 특정문자인 mixed $needle의 위치를 찾습니다. int $offest이 설정되어 있다면 그 이후부터 특정 문자열을 찾습니다.

01 예제를 통해 문자열 함수가 어떻게 적용되는지 알아보겠습니다.

소스 코드 : http://localhost/myapp/ch05/string_find.php

```php
01 : <?php
02 :
03 : echo substr('gnuwiz', 1)."<br/>";
04 : echo substr('gnuwiz', 1, 3)."<br/>";
05 : echo substr('gnuwiz', 0, 4)."<br/>";
06 : echo substr('gnuwiz', 0, 8)."<br/>";
07 : echo substr('gnuwiz', -1, 1)."<br/>";
08 : echo "<br/>";
09 :
10 : $email  = 'info@gnuwiz.com';
11 : $domain = strstr($email, '@');
```

```
12 : echo $domain."<br/>";
13 :
14 : $user = strstr($email, '@', true);
15 : echo $user."<br/>";
16 :
17 :
18 : $pos = strpos($email, "@");
19 : echo $pos."<br/>";
20 :
21 : $pos2 = strpos($email,'-');
22 : if($pos2 === false)
23 : {
24 :     echo "발견되지 않음<br/>";
25 : }else{
26 :     echo $pos2."위치에 있음<br/>";
27 : }
28 :
29 : ?>
```

실행 결과

```
nuwiz
nuw
gnuw
gnuwiz
z

@gnuwiz.com
info
4
발견되지 않음
```

03 : "gnuwiz"의 2번째 문자열부터 출력합니다.

04 : "gnuwiz"의 2번째 문자열부터 3글자를 출력합니다.

05 : "gnuwiz"의 첫 번째 문자열부터 4글자를 출력합니다.

06 : "gnuwiz"의 첫 번째 문자열부터 8글자를 출력합니다.

07 : "gnuwiz"의 뒤에서 첫 번째 문자열부터 한글자를 출력합니다.

10 : "info@gnuwiz.com" 문자열을 $email 변수에 대입합니다.

11 : $email 변수에서 "@"가 들어 있는 문자열부터 전체 문자열을 $domain 변수에 대입합니다.

12 : $domain 변수에 들어 있는 값을 출력합니다.

14 : $email 변수에서 "@"가 들어 있는 문자열까지 문자열을 $user 변수에 대입합니다.

15 : $user 변수에 들어 있는 값을 출력합니다.

18 : $email 변수에서 "@"가 나타나는 문자열의 인덱스 값을 $pos 변수에 대입합니다.

19 : $pos 변수에 들어 있는 값을 출력합니다.

21 : $email 변수에서 "-"가 나타나는 문자열의 인덱스 값을 $pos2 변수에 대입합니다.

22 : $pos2 변수를 데이터 타입까지 확인해서 존재유무를 확인합니다.

02-4 문자열 변경하기

```
string strtoupper ( string $string )
```

대소문자가 섞여 있는 문자열을 전부 대문자로 변경합니다.

```
string strtolower ( string $string )
```

대소문자가 섞여 있는 문자열을 전부 소문자로 변경합니다.

```
string strtolower ( string $string )
```

대소문자가 섞여 있는 문자열의 시작 문자를 대문자로 변경합니다.

```
string ucwords ( string $str [, string $delimiters = " \t\r\n\f\v"  ] )
```

대소문자가 섞여 있는 문자열의 단어의 첫 글자를 대문자로 변경합니다.

```
string lcfirst ( string $str )
```

주어진 문자열에서 특정 문자열을 다른 문자열로 변경합니다.

```
string strtr ( string $str , string $from , string $to )
```

```
string strtr ( string $str , array $replace_pairs )
```

strtr() 함수는 두 개 혹은 세 개의 인자를 받을 수 있습니다. 세 개의 인자는 주어진 문자열과 찾을 문자열 그리고 변경할 문자열입니다. 두 개의 인자는 첫 번째는 세 개의 인자를 가진 것과 마찬가지로 변경할 문자열이 들어 있는 전체 문자열입니다. 두 번째는 찾을 문자열의 키값이고 변경할 문자열의 값은 배열입니다. 이것은 한 번에 여러 개의 문자열을 변경해야할 경우에 편리하게 사용할 수 있습니다.

알아두세요

세 개의 인자를 줄 경우 찾는 문자열의 크기와 바꿀 문자열의 크기는 같아야합니다. 만역 다른 크기를 가진 문자열을 치환하려고 한다면 둘 중 더 긴 문자열의 일부를 무시하고 치환하게 됩니다. 이런 특성으로 주어진 문자열의 길이는 변경되지 않습니다. 하지만 두 개의 인자를 줄 경우는 찾고 변경할 문자열의 크기와 상관없이 치환됩니다.

01 예제를 통해 문자열 변경 함수가 어떻게 적용되는지 알아보겠습니다.

소스 코드 : http://localhost/myapp/ch05/string_change.php

```php
01 : <?php
02 :
03 : $i = "hello gnuWiz.com";
04 :
05 : echo strtoupper($i)."<br/>";
06 : echo strtolower($i)."<br/>";
07 : echo ucfirst($i)."<br/>";
08 : echo ucwords($i)."<br/>";
09 : echo lcfirst($i)."<br/>";
10 :
11 : $j = strtr($i,"hello","Welcome to");
12 : echo $j."<br/>";
13 :
14 : $replace_pairs = [
15 :     'hello'=>'Welcome',
16 :     'gnuWiz'=>'php',
17 :     'com'=>'co.kr'
18 : ];
19 :
20 : $k = strtr($i,$replace_pairs);
21 : echo $k."<br/>";
22 :
23 : ?>
```

실행 결과

```
HELLO GNUWIZ.COM
hello gnuwiz.com
Hello gnuWiz.com
Hello GnuWiz.com
hello gnuWiz.com
Wecco gnuWiz.com
Welcome php.co.kr
```

03 : "Hello gnuWiz.com"의 문자열이 들어 있는 변수 $i를 생성합니다.

05 : $i 변수에 들어 있는 문자열을 모두 대문자로 만들어 출력합니다.

06 : $i 변수에 들어 있는 문자열을 모두 소문자로 만들어 출력합니다.

07 : $i 변수에 들어 있는 문자열의 첫글자만 대문자로 변경하여 출력합니다.

08 : $i 변수에 들어 있는 문자열에 있는 단어의 첫 문자를 대문자로 변경하여 출력합니다.

09 : $i 변수에 들어 있는 문자열의 첫글자만 소문자로 변경하여 출력합니다.

11 : strtr() 함수를 이용해서 $i 변수에 들어 있는 문자열 중 "hello"라는 글자를 "Welcome to"로 변경해서 $j 변수에 대입합니다.

12 : $j 변수에 대입되어 있는 문자열을 출력합니다. "hello"라는 글자수 만큼 변경되었음을 알 수 있습니다.

14~18 : 변경할 문자열 쌍을 배열로 만들어 $replace_pairs 변수에 대입합니다.

20 : strrr() 함수를 이용해서 $i 변수에 들어 있는 문자열을 $replace_paris 변수에 들어 있는 문자열 쌍을 이용해서 변경한 후 $k 변수에 대입합니다. $k 변수에 대입되어 있는 문자열을 출력합니다. 12번 줄과 다르게 전체가 변경되어 있는 문자열이 출력됨을 알 수 있습니다.

03 _ 날짜 관련 함수

PHP에서는 날짜를 계산할 때 일반적으로 timestamp를 사용합니다.

하지만 우리가 일반적으로 사용하는 날짜 형식인 '년-월-일 시:분:초' 의 형태로도 나타내서 사용할 수 있도록 다양한 종류의 날짜 관련 함수가 있습니다.

이번 달은 며칠까지 인지, 현재 날짜부터 100일 뒤는 몇 월 며칠인지 이런 계산을 날짜 관련 함수를 통해서 timestamp 형식으로 변환하여 계산할 수 있습니다.

PHP에서 날짜 관련 함수를 어떻게 사용하는지 다양한 삼수를 예제를 통해서 실습하도록 하겠습니다.

❶ timestamp : timestamp는 1970년 1월 1일 0시 0분 0초부터 몇 초가 지났는지를 나타내는 숫자입니다. 계산하는 기준일은 유닉스의 개발시점인 1970년대에 유닉스에서 사용하기 위해서 제작되었기 때문에 1970년대 초가 기준일이 되었습니다.

03-1 날짜 생성하기

```
int time ( void )
```

현재 날짜에 대한 timestamp를 구하기 위해서는 time()이라는 함수를 사용합니다. time() 함수를 사용하면 int 형의 숫자가 반환되는데 이것이 time() 함수를 호출한 시점의 timestamp입니다.

특정날짜를 구하고 싶다면 mktime을 사용합니다.

```
int mktime ([ int $hour = date("H") [, int $minute = date("i") [, int $second = date("s") [, int
$month = date("n") [, int $day = date("j") [, int $year = date("Y") [, int $is_dst = -1 ]]]]]]] )
```

mktime은 시간, 분, 초, 월, 일, 년, dst 순으로 매개변수를 넣으면 됩니다. 순서가 우리가 일반적으로 사용하는 년, 월, 일순이 아님에 주의할 필요가 있습니다. 입력하지 않은 매개변수는 현재 시간의 해당 값이 기본값으로 들어갑니다.

초 단위 보다 정밀한 시간의 정보가 필요하다면 microtime()을 사용합니다.

```
mixed microtime ([ bool $get_as_float = false ] )
```

time() 함수는 초 단위 시간을 리턴 하지만 microtime은 마이크로 초를 리턴합니다. 마이크로초 백만분의 1초입니다. 매개변수의 기본값은 false로 마이크로초와 timestamp 의 값을 문자열로 돌려줍니다. 매개변수를 true로 설정하면 마이크로초를 포함한 float 형식의 timestamp 값을 리턴 합니다. 사용 필요에 맞게 매개변수를 설정하면 됩니다.

03-2 날짜 표현하기

time(), mktime() 함수를 사용해서 생성한 값은 int형의 timestamp 값입니다. 이것은 사람이 읽고 이해하기가 어렵습니다. 그래서 사람이 알 수 있는 형태로 변경해서 출력할 필요가 있습니다. 이때 사용하는 함수가 date()입니다.

```
string date ( string $format [, int $timestamp = time() ] )
```

date() 함수는 사람이 읽을 수 있는 형태의 날짜와 시간이나 필요한 형태의 정보를 돌려줍니다. 두 번째 매개변수로 특정 시간을 설정할 수 있으며 따로 설정하지 않을 경우는 현재 시간의 timestamp 값이 들어갑니다.

첫 번째 매개변수인 string $formant은 사람이 읽을 수 있거나 프로그램적으로 필요한 값을 timestamp로 부터 뽑아 낼 수 있는 특정한 형태를 입력 받습니다.

형식		의미	예
일	d	0이 붙는 두 자리의 일	01~31
	D	3글자의 영문 요일	Mon~Sun
	j	0이 붙지 않는 일	1~31
	l (소문자 L)	영문 요일	Monday ~ Sunday
	N	ISO–8601 형태의 요일의 숫자표기	월요일 1 ~ 일요일 7
	S	일과 함께 쓰는 영어 접미사	st, nd, rd, th, j와 같이 사용
	w	요일의 숫자표기	일요일 0 ~ 토요일 6
	z	해당 연도의 0부터 시작하는 일차	0~365
주	W	ISO–8601 형태의 월요일부터 시작하는 주차	1~53
월	F	영문 월	January ~ December
	m	0이 붙는 두 자리의 월	01~12
	M	3글자의 영문 월	Jan~Dec
	n	0이 붙지 않는 월	1~12
	t	주어진 달의 일수	1~31
년	L	윤년 여부	윤년일 경우 1, 아닐 경우 0
	o	ISO–8601 형태의 4자리 연도 (Y와 동일)	1999, 2017
	Y	4자리의 연도	1999, 2017
	y	2자리의 연도	99,17
시간	a	오전, 오후의 소문자 표기	am, pm
	A	오전, 오후의 대문자 표기	AM, PM
	B	스와치 인터넷 시간	000 ~ 999

	g	0이 붙지 않는 12시간 형식의 시	1~12
	G	0이 붙지 않는 24시간 형식의 시	0~23
	h	0이 붙는 두 자리의 12시간 형식의 시	01~12
	H	0이 붙는 두 자리의 24시간 형식의 시	00~23
시간	I	0이 붙는 두 자리의 분	00~59
	s	0이 붙는 두 자리의 초	00~59
	u	마이크로 초	654321
	v	마이크로 초, u와 동일	654321
	e	타임존 표기	UTC,GMT, Asia/Seoul
	I (대문자 I)	서머타임 유무	서머타임 1 아닐 경우 0
타임존	O	GMT와의 차이 – 시간	+0900
	P	GMT와의 차이 – 시간:분	+02:00
	T	타임존 약자	EST, MDT
	Z	타임존의 차이 초, UTC기준으로 서쪽은 음수 동쪽은 양수a	–43200~ 50400
	c	ISO 8601 형식의 날짜	2017–01–01T12:34:56+00:00
시간 날짜	r	RFC 2822 형식의 날짜	Thu, 21 Dec 2000 16:01:07 +0200
	U	1970년 1월 1일 이후의 초	time()

▲ 날짜와 시간의 형식1

03-3 DateTime 클래스를 이용해서 날짜 만들기

timestamp를 사용해서 날짜와 시간을 표현해도 되지만 DateTime 클래스를 이용해서 표현할 수도 있습니다.

```
public DateTime::__construct ([ string $time = "now" [, DateTimeZone $timezone = NULL ]] )
```

DateTime에 별도의 시간 설정 없이 객체를 생성하면 현재 시간 값이 들어갑니다. 객체를 생성할 때 string $time에 원하는 날짜를 넣으면 해당 날짜의 값이 들어가 있는 객체가 생성이 됩니다.
DateTime 객체를 date() 함수처럼 사람이 읽을 수 있는 형태의 값이나 필요한 형태의 값으로 나타내려면 format() 매소드를 사용하면 됩니다.

```
public string DateTime::format ( string $format )
```

string $format의 형태는 date() 함수의 format 형태와 동일하니 date() 함수를 참조하면 됩니다.

03-4 날짜 간 차이 구하기

두 날짜간의 차이를 구하는 방법은 크게 2가지가 있습니다. timestamp의 값을 이용해서 구하는 방법과 DateTime 클래스를 이용하는 방법입니다.

첫 번째 방법은 mktime을 이용해서 특정한 두 날짜와 시간의 timestamp 값을 생성한 뒤에 그 차이를 계산하는 방법입니다. 그렇게 하면 두 날짜와 시간의 초 단위 차이를 알 수 있습니다. 이것은 timestamp 가 1970년 1월 1일부터 1초 단위로 증가하는 값을 가지고 있는 특성을 이용한 방법입니다.

두 번째 방법은 DateTIme 클래스의 diff() 메소드를 사용하는 것입니다.

```
public DateInterval DateTime::diff ( DateTimeInterface $datetime2 [, bool $absolute = false ] )
```

차이를 구하고 싶은 두 날짜와 시간을 가지는 DateTime 객체를 생성한 후에 diff() 메소드를 사용하면 두 DateTime 객체의 차이가 들어 있는 DateInterval 객체를 돌려줍니다.

DateInterval 객체에서 원하는 값을 얻기 위해서는 format() 메소드를 사용해야합니다.

```
public string DateInterval::format ( string $format )
```

format() 메소드의 string $format 매개변수는 date()의 format과 유사하지만 약간의 차이가 있습니다. 반드시 %문자열로 시작해야합니다.

형식	의미	예
%	문자열 %	%
Y	0을 포함한 2자리의 연차	01, 03
y	0을 포함하지 않는 연차	1, 3
M	0을 포함한 2자리의 월차	01, 03, 12
m	0을 포함하지 않는 월차	1, 3, 13
D	0을 포함한 최소 2자리의 일차	01, 03, 31
d	0을 포함하지 않는 일차	1, 3, 31
a	두 DateTime 객체의 일차	4, 18, 8123
H	0을 포함한 최소 2자리의 시간차	01, 03, 23
h	0을 포함하지 않는 시간차	1, 3, 23
m	00이 붙는 두 자리의 월	01~12
I	0을 포함한 최소 2자라의 분차	01, 03, 59
i	0을 포함하지 않는 분차	1, 3, 59

S	0을 포함한 최소 2자리의 초차	01, s03, 57
s	0을 포함하지 않는 초차	1, 3, 57
R	음수일 경우 – 양수일 경우 +	–, +
r	음수일 경우 – 양수일 경우 값이 없음	—

▲ 날짜와 시간의 형식2

대문자일 경우 0을 포함한 형태의 출력물을 얻을 수 있고 소문자일 경우 단순한 숫자 형의 값을 얻을 수 있는 공통점이 있습니다.

이렇게 해보세요 | days

대부분의 경우 두 날짜의 차이를 계산할 때는 날짜의 수를 구하고자 하는 경우일 것입니다. 이 경우는 format('%a') 메소드 보다는 days 프로퍼티를 사용하는 것이 더 편리하고 알기 쉽습니다.

01 예제를 통해 날짜 함수가 어떻게 적용되는지 알아보겠습니다.

소스 코드 : http://localhost/myapp/ch05/datetime_create.php

```php
01 : <?php
02 :
03 : echo time()."<br/>";
04 :
05 : $i = mktime(9,10,29,2,9,2018);
06 : echo $i."<br/>";
07 :
08 : echo microtime()."<br/>";
09 :
10 : echo microtime(true)."<br/>";
11 :
12 : echo date('Y-m-d H:i:s',$i)."<br/>";
13 :
14 : $datetime = new DateTime('2018-02-09 09:10:29');
15 : echo $datetime->format("Y-m-d H:i:s")."<br/>";
16 :
17 : $datetime2 = new DateTime('2018-01-1 00:00:00');
18 :
19 : $date_diff = $datetime->diff($datetime2);
20 : echo $date_diff->format('%a')."<br/>";
21 : echo $date_diff->days."<br/>";
22 :
23 : ?>
```

```
1518135029
1518135029
0.55971900 1518135029
1518135029.5597
2018-02-09 09:10:29
2018-02-09 09:10:29
39
39
```

03 : 현재 시간의 timestamp 값을 출력합니다.

05 : 2018년 2월 9일 9시 10분 29초의 timestamp 값을 얻기 위해 mktime() 함수를 사용해서 $i 변수에 대입합니다.

06 : $i 변수에 대입되어 있는 timestamp의 값을 출력합니다.

08 : 현재 시간의 마이크로타임을 값을 출력합니다.

10 : 현재 시간의 마이크로타임을 실수로 출력합니다.

14 : DateTime 클래스의 생성자를 이용해서 2018년 2월 9일 9시 10분 29초의 값이 들어 있는 객체를 생성해서 $datetime 변수에 대입합니다.

15 : DateTime 클래스의 format 메소드를 사용해서 $dateime의 값을 출력합니다.

17 : DateTime 클래스의 생성자를 이용해서 2018년 1월 1일 0시 0분 0초의 값이 들어 있는 객체를 생성해서 $datetime2 변수에 대입합니다.

19 : $datetime과 $dateime2의 차이을 구하기 위해서 diff() 메소드를 사용해서 결과값을 $date_diff 변수에 대입합니다.

20 : $date_diff 변수에 대입 되어 있는 객체에 format 메소드를 사용해서 날짜 차이를 구합니다.

21 : $date_idff 변수에 대입 되어 있는 객체의 프러퍼트를 사용해서 날짜 차이를 구합니다.

03-5 timezone 변경하기

PHP로 현재 날짜와 시간을 구하다보면 서버 설정에 따라서 다른 타임존이 설정되어 원하는 날짜와 시간이 구해지지 않는 경우가 발생합니다. 이럴 경우는 자신이 사용하는 타임존을 설정하면 올바른 날짜와 시간대의 값을 얻을 수 있습니다.

```
bool date_default_timezone_set ( string $timezone_identifier )
```

date_default_timezone_set()을 사용하면 원하는 타임존을 설정할 수 있습니다. 우리나라의 경우 Asia/Seoul의 타임존을 사용합니다.

다른 나라가 사용하는 타임존의 목록을 확인하고 싶다면 timezone_identifiers_list()을 사용하면 됩니다.

```
array timezone_identifiers_list ([ int $what = DateTimeZone::ALL [, string $country = NULL ]] )
```

아무 매개변수 없이 timezone_identifiers_list() 함수를 호출하면 전체 국가의 목록이 나타납니다. 특정 국가의 타임존 들만 보고 싶다면 첫 번째 매개변수에 DateTimeZone::PER_COUNTRY를 넣으시고 두 번째 매개변수에 ISO-3166-1 형태의 2자리 국가코드를 넣으시면 됩니다. 우리나라의 경우 "KR"입니다.

01 예제를 통해 시간존이 어떻게 적용되는지 알아보겠습니다.

소스 코드 : http://localhost/myapp/ch05/time_zone.php

```
01 : <?php
02 :
03 : $timestamp = mktime(0,0,0,2,9,2018);
04 :
05 : date_default_timezone_set("America/New_York");
06 :
07 : echo date('Y-m-d H:i:s',$timestamp)."<br/>";
08 :
09 : date_default_timezone_set("Asia/Seoul");
10 :
11 : echo date('Y-m-d H:i:s',$timestamp)."<br/>";
12 :
13 : ?>
```

실행 결과

```
2018-02-08 10:00:00
2018-02-09 00:00:00
```

03 : 시간의 timestamp 값을 얻기 위해서 mktime() 함수를 이용합니다. 순서대로 시간, 분, 초, 월, 일, 년을 입력합니다.

05 : php 실행타임에서 시간대를 미국의 뉴욕시간대인 America/New_Yokr으로 변경합니다.

07 : 년-월-일 시:분:초 순으로 timestamp 값을 출력합니다. 출력된 시간은 대한민국 시간으로 2018년 2월 9일 0시 0분 0초 이므로 해당 시간의 미국 뉴욕시간인 2018년 2월 8일 10시 0분 0초가 출력됩니다.

09 : php 실행타임에서 시간대를 대한민국 시간대인 Asia/seoul으로 변경합니다.

10 : 년-월-일 시:분:초 순으로 timestamp 값을 출력합니다. 다시 대한민국 시간대로 변경 했기 때문에 2018년 2월 9일 0시 0분 0초가 출력됩니다.

알아두세요

시간대

시간대 동일한 표준시를 사용하는 지역입니다. 협정세계시를 기준으로 해당 시간대의 빠르고 느림을 계산할 수 있습니다. 협정세계시는 영국의 그리니치 천문대를 기준으로 대한민국의 +9 (9시간 빠름) 이며 미국의 뉴욕은 −4(4시간 느림)입니다. 세계협정시를 사용하면 시간대와 상관없이 정확한 시간을 알 수 있습니다.

04 _ 배열 관련 함수

배열이란 다른 언어에서는 리스트라고도 하는 형태의 데이터 타입 입니다.

배열은 연관된 데이터를 모아서 관리하기 위해서 사용하는 데이터 타입 이며, PHP를 활용하다 보면 단순히 변수에 값을 대입하기 보다는 배열을 사용해서 여러 개의 데이터를 저장하여 처리할 경우가 많습니다.

다른 프로그래밍 언어와 마찬가지로 PHP 역시 배열에 관한 함수가 많이 있어서 많은 시간을 절약할 수 있습니다. PHP에서 제공하는 배열 관련 함수는 수십 가지가 넘을 정도로 많고, 그만큼 배열은 프로그래밍 언어에서 매우 중요한 요소 중 하나라는 뜻과도 같습니다.

그렇다면 PHP에서는 어떠한 배열 관련 함수가 있고, 자주 사용되는 배열 관련 함수를 예제를 통해서 실습하도록 하겠습니다.

❶ 배열에서 키나 값 확인하기

배열이 특정키를 가지고 있는지 확인할 때 사용합니다.

```
bool array_key_exists ( mixed $key , array $array )
```

mixed $key 매개변수는 찾을 키 값이고 array $array 매개변수는 조사를 할 배열입니다.

배열이 특정 값을 가지고 있는지 확인할 경우에 사용합니다.

```
bool in_array ( mixed $needle , array $haystack [, bool $strict = FALSE ] )
```

mixed $needle은 배열의 값에서 찾을 특정한 값입니다. array $haystack 매개변수는 조사를 할 배열입니다. bool $strickt는 변수의 타입형을 검사유무를 설정하는 매개변수입니다.

array_key_exists() 함수와 in_array() 함수는 특정키와 값이 배열에 존재하는지에 대한 확인이 가능합니다. 하지만 특정 값을 가지고 있는 키를 알고 싶을 경우는 사용할 수 없습니다. 이 경우 특정한 값을 가지고 있는 키 값을 찾을 때 사용합니다.

```
mixed array_search ( mixed $needle , array $haystack [, bool $strict = false ] )
```

mixed $needle 매개변수는 배열에서 찾는 값입니다. array $haystack은 찾을 배열입니다. bool $strict는 찾을 변수의 타입형에 대한 검사유무를 설정하는 매개변수입니다.

배열이 가지고 있는 모든 키 값이 필요 할 때 사용합니다.

```
array array_keys ( array $array [, mixed $search_value = null [, bool $strict = false ]] )
```

array $array는 키 값을 구할 배열입니다. mixed $search_value은 배열의 값과 일치하는 키 값을 찾을 때 사용합니다. bool $strickt는 변수의 타입형을 검사유무를 설정하는 매개변수입니다.

배열의 모든 값이 필요할 때 사용합니다.

```
array array_values ( array $array )
```

array $array는 배열의 값을 추출할 때 사용할 배열입니다.

01 예제를 통해 배열 함수가 어떻게 적용되는지 알아보겠습니다.

소스 코드 : http://localhost/myapp/ch05/array_find.php

```php
01 : <?php
02 :
03 : $fruits = [
04 :     'apple' => '사과',
05 :     'banana' => '바나나',
06 :     'strawberry' => '딸기',
07 :     'grape' => '포도',
08 :     'watermelon' => '수박',
09 :     'kiwi' => '키위',
10 :     'mango' => '망고',
11 :     'tomato' => '토마토'
12 : ];
13 :
14 : $find_key = 'kiwi';
15 :
16 : if(array_key_exists($find_key,$fruits))
17 : {
18 :     echo "\$fruits 배열에 {$find_key} 키가 있음<br/>";
19 : }else{
20 :     echo "\$fruits 배열에 {$find_key} 키가 없음<br/>";
21 : }
22 :
23 : $find_value = '호박';
24 :
25 : if(in_array($find_value,$fruits))
26 : {
27 :     echo "\$fruits 배열에 {$find_value} 값이 있음<br/>";
28 : }else{
29 :     echo "\$fruits 배열에 {$find_value} 값이 없음<br/>";
```

```
30 : }
31 :
32 : $find_value2 = '망고';
33 : $finded_key = array_search($find_value2,$fruits);
34 : echo $finded_key."<br/>";
35 :
36 : $keys = array_keys($fruits);
37 :
38 : echo "<pre>";
39 : print_r($keys);
40 : echo "</pre>";
41 :
42 : $values = array_values($fruits);
43 :
44 : echo "<pre>";
45 : print_r($values);
46 : echo "</pre>";
47 :
48 : ?>
```

```
$fruits 배열에 kiwi 키가 있음
$fruits 배열에 호박 값이 없음
mango
Array
(
    [0] => apple
    [1] => banana
    [2] => strawberry
    [3] => grape
    [4] => watermelon
    [5] => kiwi
    [6] => mango
    [7] => tomato
)
Array
(
    [0] => 사과
    [1] => 바나나
    [2] => 딸기
    [3] => 포도
    [4] => 수박
    [5] => 키위
    [6] => 망고
    [7] => 토마토
)
```

03~11 : 과일 이름이 들어 있는 변수 $fruits를 만듭니다.

14 : 'kiwi'라는 문자열을 $find_key에 대입합니다.

16 : $fruits 변수에서 $find_key에 들어 있는 값이 키에 존재하는 유무를 확인하기 위해서 array_key_exist() 함수를 사용합니다.

17~20 : array_key_exist() 함수의 리턴값을 확인해서 존재 유무를 출력합니다.

23 : '호박'이라는 문자열을 $find_value 변수에 대입합니다.

25 : $fruits 변수에서 $find_value에 들어 있는 값이 값에 존재하는 유무를 확인하기 위해서 in_array() 함수를 사용합니다.

26~28 : in_array() 함수의 리턴값을 확인해서 존재 유무를 출력합니다.

32 : '망고'라는 문자열을 $find_key2에 대입합니다.

33 : $fruits 변수에 $find_value2의 값이 있는 키의 값을 찾기 위해서 array_search() 함수를 사용합니다. 찾아진 값은 $finded_key에 대입됩니다.

34 : $finded_key의 값을 출력합니다.

36 : $fruits의 키 값만을 배열에 추출하기 위해서 array_keys() 함수를 사용해서 리턴되는 배열을 $keys에 대입합니다.

39 : $keys의 대입되어 있는 배열을 출력합니다.

42 : $fruits의 값만을 배열에 추출하기 위해서 array_values() 함수를 사용해서 리턴되는 배열을 $values에 대입합니다.

45 : $values의 대입되어 있는 배열을 출력합니다.

❷ 배열 변경하기

배열에서 특정 값만 추출할 때 사용합니다.

```
array array_filter ( array $array [, callable $callback [, int $flag = 0 ]] )
```

array $array는 추출할 배열의 매개변수입니다. callable $callback은 추출 유무를 판별할 함수입니다. int $flag는 callable $callback에 들어 갈 값을 키 혹은 키와 값을 선택하게 합니다.

배열의 값을 변경할 경우 사용합니다.

```
array array_map ( callable $callback , array $array1 [, array $... ] )
```

주어진 배열의 값들을 callable $callback 함수의 매개변수로 넣어 실행한 값을 배열로 반환합니다.
주어진 배열을 연속적으로 사용해서 값을 얻을 필요가 있을 경우에 사용합니다.

```
mixed array_reduce ( array $array , callable $callback [, mixed $initial = NULL ] )
```

array $array로 주어진 배열의 값을 callable $callback 함수의 매개변수로 넣어 실행한 값을 다음 배열의 값을 사용해서 연속적으로 값을 처리한 결과를 얻습니다. mixed $initial은 최초 초기값을 설정합니다.

01 예제를 통해 배열 변경 함수가 어떻게 적용되는지 알아보겠습니다.

소스 코드 : http://localhost/myapp/ch05/array_change.php

```php
01 : <?php
02 :
03 : $languages = [
04 :     'JAVA',
05 :     'PHP',
06 :     'Javascript',
07 :     'Python',
08 :     'Lisp',
09 :     'Erlang',
10 :     'Swift',
11 :     'Kotlin',
12 : ];
13 :
14 : $filter = array_filter($languages,function($val){
15 :     if(strlen($val) <= 4)
16 :     {
17 :         return true;
18 :     }else{
19 :         return false;
20 :     }
21 : });
22 :
23 : echo "<pre>";
24 : print_r($filter);
25 : echo "</pre>";
26 :
27 : $map = array_map(function($val){
28 :     $upper_string = strtoupper($val);
29 :     return $upper_string;
30 : },$languages);
31 :
32 : echo "<pre>";
33 : print_r($map);
34 : echo "</pre>";
35 :
36 :
37 : $reduce = array_reduce($languages,function($carry,$item){
38 :     $len = strlen($item);
39 :     $result = $carry + $len;
40 :     return $result;
41 : },0);
42 :
43 : echo "<pre>";
44 : print_r($reduce);
45 : echo "</pre>";
46 :
47 : ?>
```

```
Array
(
    [0] => JAVA
    [1] => PHP
    [4] => Lisp
)
Array
(
    [0] => JAVA
    [1] => PHP
    [2] => JAVASCRIPT
    [3] => PYTHON
    [4] => LISP
    [5] => ERLANG
    [6] => SWIFT
    [7] => KOTLIN
)
44
```

03~12 : 프로그램언어가 들어가 있는 배열을 $languages에 대입합니다.

14 : array_filter() 함수를 사용해서 배열에서 원하는 자료만 $filter 변수에 대입합니다.

15~20 : array_filter()에 익명함수 부분으로 배열의 요소를 읽어와서 요소에 담겨 있는 문자열의 길이가 4이하인 문자열만 참을 리턴해서 5이상인 문자열을 제외시킵니다.

34 : $filter에 대입되어 있는 배열을 출력합니다.

27 : array_map() 함수를 사용해서 배열에 들어가 있는 요소에 특정 함수를 실행해서 $map 변수에 대입합니다.

28~29 : array_map()에 익명함수 부분으로 배열의 요소를 읽어와서 요소에 담겨 있는 문자열을 대문자로 만들어 리턴합니다.

36 : $map에 대입되어 있는 배열을 출력합니다.

37 : array_reduce() 함수를 사용해서 배열에 들어가 있는 요소에 특정 함수를 실행한 결과값을 누적시켜서 $reduce 변수에 대입합니다.

38~40 : array_reduce()에 익명함수 부분으로 배열의 요소를 읽어와서 요소에 담겨 있는 문자열의 길이를 $len에 대입한 후에 이전 실행 결과로 넘어온 $carry 변수에 합친 후 $result 변수에 대입한 후에 해당 변수를 리턴합니다.

44 : $reduce에 대입되어 있는 배열을 출력합니다.

❸ 배열합치기

배열을 가진 여러 변수를 합칠 필요가 있을 때 일일이 합치지 않고 한 번에 합칠 수 있습니다.

```
array array_merge ( array $array1 [, array $... ] )
```

하나 이상의 배열을 넘기면 배열을 합쳐서 반환합니다. 하나의 배열만 넘기면 배열의 인덱스를 재정렬해서 반환합니다.

두 배열의 교집합을 구할 수도 있습니다.

```
array array_intersect ( array $array1 , array $array2 [, array $... ] )
```

인수로 들어간 배열들의 값을 비교해서 교집합을 구합니다.

배열의 키와 값을 비교할 수도 있습니다.

```
array array_intersect_assoc ( array $array1 , array $array2 [, array $ ... ] )
```

배열의 값뿐만 아니라 키도 비교해서 교집합을 구합니다.

배열의 키만을 비교할 수도 있습니다.

```
array array_intersect_key ( array $array1 , array $array2 [, array $ ... ] )
```

배열의 키만을 비교해서 교집합을 구합니다.

01 예제를 통해 배열 합치기 함수가 어떻게 적용되는지 알아보겠습니다.

소스 코드 : http://localhost/myapp/ch05/array_merge.php

```php
01 : <?php
02 :
03 : $fruits = [
04 :     'apple' => '사과',
05 :     'banana' => '바나나',
06 :     'strawberry' => '딸기',
07 :     'grape' => '포도',
08 :     'watermelon' => '수박',
09 :     'kiwi' => '키위',
10 :     'mango' => '망고',
11 :     'cherry' => '앵두',
12 :     'peach' => '복숭아'
13 : ];
14 :
15 : $vegetables = [
16 :     'celery' => '샐러리',
17 :     'cucumber' => '오이',
18 :     'carrot' => '당근',
19 :     'pepper' => '후추',
20 :     'garlic' => '마늘',
21 :     'ginger' => '생강',
22 :     'watermelon' => '수박',
23 :     'tomato' => '토마토',
24 :     'strawberry' => '딸기',
```

```
25 : ];
26 :
27 : $merge = array_merge($fruits,$vegetables);
28 :
29 : echo "<pre>";
30 : print_r($merge);
31 : echo "</pre>";
32 :
33 : $intersec = array_intersect($fruits,$vegetables);
34 :
35 : echo "<pre>";
36 : print_r($intersec);
37 : echo "</pre>";
38 :
39 : ?>
```

실행 결과

```
Array
(
    [apple] => 사과
    [banana] => 바나나
    [strawberry] => 딸기
    [grape] => 포도
    [watermelon] => 수박
    [kiwi] => 키위
    [mango] => 망고
    [cherry] => 앵두
    [peach] => 복숭아
    [celery] => 샐러리
    [cucumber] => 오이
    [carrot] => 당근
    [pepper] => 후추
    [garlic] => 마늘
    [ginger] => 생강
    [tomato] => 토마토
)
Array
(
    [strawberry] => 딸기
    [watermelon] => 수박
)
```

03~13 : 과일 정보가 들어 있는 배열을 만들어서 변수 $fruits에 대입합니다.

15~25 : 채소 정보가 들어 있는 배열을 만들어서 변수 $vegetables에 대입합니다.

27 : array_merge() 함수를 사용해서 $fruits와 $vegetables에 들어 있는 두 배열을 합쳐서 $merge에 대입합니다.

30 : $merget에 대입되어 있는 배열을 출력합니다.

33 : array_intersect() 함수를 사용해서 $fruits와 $vegetables에 들어 있는 두 배열을 합쳐서 $intersec에 대입합니다. array_merge() 함수와는 다르게 두 배열에 들어 있는 내용만 $intersec 변수에 들어갑니다.

36 : $intersec에 대입되어 있는 배열을 출력합니다.

❹ 배열정렬하기

배열은 보통 입력된 순서대로 값을 가지고 있습니다. 자신이 원하는 순서대로 출력을 하고 싶을 경우는 배열을 정렬해서 사용하면 됩니다.

값으로 정렬합니다.

```
bool sort ( array &$array [, int $sort_flags ] )
```

배열의 값을 비교해서 정렬합니다. 이때 키는 새로 생성 됩니다

값의 역순으로 정렬합니다.

```
bool rsort ( array &$array [, int $sort_flags ] )
```

배열의 값을 비교해서 역순으로 정렬합니다. 이때 키는 새로 생성 됩니다.

키로 정렬합니다.

```
bool ksort ( array &$array [, int $sort_flags ] )
```

배열의 키를 비교해서 정렬합니다.

키의 역순으로 정렬합니다.

```
bool krsort ( array &$array [, int $sort_flags ] )
```

배열의 키를 비교해서 역순으로 정렬합니다.

값으로 정렬하고 키를 보존합니다.

```
bool asort ( array &$array [, int $sort_flags ] )
```

배열의 값을 비교해서 정렬하지만 sort() 함수와는 다르게 키를 보존합니다.

값의 역순으로 정렬하고 키를 보존합니다.

```
bool a
rsort ( array &$array [, int $sort_flags ] )
```

배열의 값을 비교해서 역순으로 정렬하지만 rsort() 함수와는 다르게 키를 보존합니다.

01 예제를 통해 배열 정렬 함수가 어떻게 적용되는지 알아보겠습니다.

소스 코드 : http://localhost/myapp/ch05/array_sort.php

```php
01 : <?php
02 :
03 : $fruits = [
04 :     'apple' => '사과',
05 :     'banana' => '바나나',
06 :     'strawberry' => '딸기',
07 :     'grape' => '포도',
08 :     'watermelon' => '수박',
09 :     'kiwi' => '키위',
10 :     'mango' => '망고',
11 :     'cherry' => '앵두',
12 :     'peach' => '복숭아'
13 : ];
14 :
15 : $fruits2 = $fruits;
16 : $fruits3 = $fruits;
17 :
18 : sort($fruits);
19 :
20 : echo "<pre>";
21 : print_r($fruits);
22 : echo "</pre>";
23 :
24 : rsort($fruits);
25 :
26 : echo "<pre>";
27 : print_r($fruits);
28 : echo "</pre>";
29 :
30 : ksort($fruits2);
31 :
32 : echo "<pre>";
33 : print_r($fruits2);
34 : echo "</pre>";
35 :
36 : krsort($fruits2);
37 :
38 : echo "<pre>";
39 : print_r($fruits2);
40 : echo "</pre>";
41 :
42 : asort($fruits3);
43 :
```

```
44 : echo "<pre>";
45 : print_r($fruits3);
46 : echo "</pre>";
47 :
48 : arsort($fruits3);
49 :
50 : echo "<pre>";
51 : print_r($fruits3);
52 : echo "</pre>";
53 :
54 : ?>
```

```
Array
(
    [0] => 딸기
    [1] => 망고
    [2] => 바나나
    [3] => 복숭아
    [4] => 사과
    [5] => 수박
    [6] => 앵두
    [7] => 키위
    [8] => 포도
)
Array
(
    [0] => 포도
    [1] => 키위
    [2] => 앵두
    [3] => 수박
    [4] => 사과
    [5] => 복숭아
    [6] => 바나나
    [7] => 망고
    [8] => 딸기
)
Array
(
    [apple] => 사과
    [banana] => 바나나
    [cherry] => 앵두
    [grape] => 포도
    [kiwi] => 키위
    [mango] => 망고
    [peach] => 복숭아
    [strawberry] => 딸기
    [watermelon] => 수박
```

```
)
Array
(
    [watermelon] => 수박
    [strawberry] => 딸기
    [peach] => 복숭아
    [mango] => 망고
    [kiwi] => 키위
    [grape] => 포도
    [cherry] => 앵두
    [banana] => 바나나
    [apple] => 사과
)
Array
(
    [strawberry] => 딸기
    [mango] => 망고
    [banana] => 바나나
    [peach] => 복숭아
    [apple] => 사과
    [watermelon] => 수박
    [cherry] => 앵두
    [kiwi] => 키위
    [grape] => 포도
)
Array
(
    [grape] => 포도
    [kiwi] => 키위
    [cherry] => 앵두
    [watermelon] => 수박
    [apple] => 사과
    [peach] => 복숭아
    [banana] => 바나나
    [mango] => 망고
    [strawberry] => 딸기
)
```

03   : 과일 정보가 들어 있는 배열을 만들어서 변수 $fruits에 대입합니다.

15~16 : 여러 가지 다른 정렬 방법을 테스트 해보기 위해서 변수 $fruits를 복사해서 동일한 내용의 $fruits2와 $fruits3의 변수를 만듭니다.

18   : 배열의 값으로 올림 차순 정렬을 합니다.

21   : 정렬한 배열의 변수를 출력합니다.

24   : 배열의 값으로 내림차순 정렬을 합니다.

05 _ 디렉터리 관련 함수

PHP에서는 다양한 디렉터리 관련 함수들을 사용할 수 있습니다.

예를 들어 디렉터리를 열거나 닫고, 디렉터리를 생성하거나, 디렉터리 안에 무슨 파일들이 존재하는지 등을 PHP의 디렉터리 관련 함수를 통해서 사용할 수 있습니다.

간단한 예제를 통해서 디렉터리 관련 함수를 살펴보도록 하겠습니다.

05-1 디렉터리 목록보기

디렉터리의 목록을 보기 위해서는 디렉터리를 열고 디렉터리를 읽고 디렉터리를 닫는 세 단계를 거쳐야합니다.

디렉터리를 열기 위해서는 opendir() 함수를 사용하면 됩니다.

```
resource opendir ( string $path [, resource $context ] )
```

opendir() 함수는 2개의 매개변수를 가지고 있습니다. 제일 중요한 것은 string $path입니다. 파일 목록을 읽어 들일 경로를 넣으면 됩니다. 두 번째 매개변수인 resource $context를 사용하면 stream으로 된 다른 리소스의 목록도 사용할 수 있습니다. opendir()은 디렉터리를 사용할 수 있는 resource를 리턴합니다. 이 resource를 사용해서 해당 디렉터리의 목록을 읽을 수 있습니다.

디렉터리의 목록을 읽기 위해서는 readdir() 함수를 사용하면 됩니다.

```
string readdir ([ resource $dir_handle ] )
```

readdir() 함수는 opendir() 함수로 생성한 resource를 매개변수로 받습니다. readdir은 한번 호출할 때 마다 resource가 가리키는 파일 혹은 디렉터리 명을 알려줍니다.

목록 다 읽어 들였으면 resource를 반환해야합니다. 이 경우 사용합니다.

```
void closedir ([ resource $dir_handle ] )
```

closedir() 함수는 readdir() 함수와 마찬가지로 opendir() 함수가 열어 놓은 resource를 매개변수로 받아서 닫습니다.

디렉터리 내의 목록을 얻기 위해서는 opendir(), readdir(), closedir() 함수를 쓰는 것 이외에도 scandir() 함수를 사용하면 더 편리하게 목록을 얻을 수 있습니다.

```
array scandir ( string $directory [, int $sorting_order = SCANDIR_SORT_ASCENDING [, resource $context ]] )
```

sacndir() 함수는 디렉터리 내에 있는 파일과 디렉터리의 목록을 배열로 반환하고 3개의 매개변수를 가지고 있습니다. string $directory는 opendir() 함수의 첫 번째 매개변수인 string $path와 동일합니다. 목록을 얻고 싶은 디렉터리의 경로를 넘기면 됩니다. 두 번째 매개변수인 int $sorting_order는 정렬하는 순서입니다. 아래의 상수를 넣으면 됩니다.

상수	설명
SCANDIR_SORT_DESCENDING	영문 내림차순으로 정렬합니다.
SCANDIR_SORT_NONE	정렬하지 않습니다.

▲ 디렉터리의 상수 1

05-2 원하는 파일만 보기

특정 디렉터리에서 readdir() 함수를 사용하면 전체 목록이 나옵니다. 이 목록을 배열로 받아서 필터를 사용해서 원하는 파일을 찾아도 되지만 함수 자체에서도 원하는 파일을 확인하는 함수를 제공합니다. 파일이름이 특정 문자열과 일치하는지를 확인할 경우 사용합니다.

```
bool fnmatch ( string $pattern , string $string [, int $flags = 0 ] )
```

fnmatch() 함수는 3개의 매개변수를 받습니다. string $patten은 원하는 파일이름의 형태를 입력합니다. string $string은 readdir() 함수나 scandir() 함수 등을 이용해 얻은 파일이름을 입력합니다. int $flags는 $patten을 $string에 어떻게 적용 할지를 설정할 때 사용하는 상수를 입력합니다.

상수	설명
FNM_NOESCAPE	"₩"를 특별하게 취급하지 않습니다.
FNM_PATHNAME]	"/"를 특별하게 취급하지 않습니다.
FNM_PERIOD	처음 나오는 " . "를 특별하게 취급하지 않습니다.
FNM_CASEFOLD	대소문자를 구분하지 않습니다.

▲ 디렉터리의 상수 2

fnmatch() 함수는 파일이나 디렉터리의 이름을 하나하나 비교해야합니다. 주어진 패턴과 일치하는 목록을 배열로 얻을 필요가 있을 경우에 사용합니다.

```
array glob ( string $pattern [, int $flags = 0 ] )
```

glob() 함수는 두 개의 매개변수를 가집니다. 첫 번째 매개변수인 string $patten에 매칭 되는 파일이나 디렉터리를 찾아서 배열로 리턴합니다. 두 번째 매개변수인 int $flag는 주어진 패턴을 어떻게 사용할지에 대한 설정 값으로 아래의 상수를 설정할 수 있습니다.

상수	설명
GLOB_MARK	디렉터리에 슬래시(/)를 붙입니다.
GLOB_NOSORT	결과 값을 정렬하지 않습니다.
GLOB_NOCHECK	일치하는 것이 없을 경우 패턴을 리턴합니다.
GLOB_NOESCAPE	"₩"를 특별하게 취급하지 않습니다.
GLOB_BRACE	다중 패턴에 일치하는 파일이나 디렉터리를 찾습니다.
GLOB_ONLYDIR	일치하는 디렉터리만 찾습니다.
GLOB_ERR	에러 발생 시에 멈춥니다.

▲ 디렉터리의 상수 3

01 예제를 통해 디렉터리 함수가 어떻게 적용되는지 알아보겠습니다.

소스 코드 : http://localhost/myapp/ch05/directory_filter.php

```php
01 : <?php
02 :
03 : $dp = opendir('.');
04 : while(($file = readdir($dp)) !== false)
05 : {
06 :     if(fnmatch("array*", $file, FNM_CASEFOLD))
07 :     {
08 :         echo "파일이름 : ".$file."<br/>";
09 :     }
10 : }
11 : closedir($dp);
12 :
13 : $list = glob("[Aa]rray*");
14 :
15 : echo "<pre>";
16 : print_r($list);
17 : echo "</pre>";
18 :
19 : ?>
```

실행 결과

```
파일이름 : arrayMerge.php
파일이름 : arrayFind.php
파일이름 : arraySort.php
파일이름 : arrayChange.php
Array
(
    [0] => arrayChange.php
    [1] => arrayFind.php
    [2] => arrayMerge.php
    [3] => arraySort.php
)
```

03 : 디렉터리를 열어서 리소스를 변수 $dp에 대입합니다.

05 : 디렉터리 리소스에서 정보를 읽어서 변수 $file에 대입합니다. 읽어올 정보가 없을 때까지 반복합니다.

06 : 파일이름이 array로 시작하는 파일을 찾습니다. 이때 대소문자는 무시하는 옵션을 넣습니다.

08 : 이름이 array로 시작하는 파일들만 출력합니다.

11 : 디렉터리의 리소스를 반환합니다.

13 : Array 혹은 array로 시작하는 파일들만 읽어서 변수 $list에 넣습니다.

16 : 변수 $list의 배열을 출력합니다.

06 _ 파일 관련 함수

파일 관련 함수를 사용하면 파일을 제어할 수 있는 다양한 모드를 사용할 수 있습니다. 모드에는 파일을 생성하거나 그 파일을 읽기, 쓰기, 삭제 등 모드에 따라서 파일에 관련된 제어를할 수 있습니다. PHP에서는 파일 관련 함수를 어떻게 사용하는지 예제를 통해서 실습하도록 하겠습니다.

06-1 존재 유무 확인하기

디렉터리의 존재 유무를 확인 합니다.

```
bool is_dir ( string $filename )
```

is_dir() 함수는 string $filename을 인자로 받습니다. 주어진 파일이름이 디렉터리이면 TRUE을 리턴하고 디렉터리가 없거나 디렉터리가 아니라면 FALSE를 리턴합니다.

파일의 존재 유무를 확인합니다.

```
bool is_file ( string $filename )
```

is_fike() 함수는 string $filename을 인자로 받습니다. 주어진 파일이름의 파일이면 TRUE을 리턴하고 파일이 없거나 파일이 아니라면 FALSE를 리턴합니다.

파일 혹은 디렉터리의 유무를 확인 합니다.

```
bool file_exists ( string $filename )
```

file_exists() 함수는 is_dir() 이나 is_file() 함수와는 다르게 주어진 파일이름이 파일이거나 디렉터리면 TRUE를 리턴하고 존재 하지 않는다면 FALSE를 리턴합니다.

01 예제를 통해 파일 관련 함수가 어떻게 적용되는지 알아보겠습니다.

소스 코드 : http://localhost/myapp/ch05/file_check.php

```php
01 : <?php
02 :
03 : $directory = ".";
04 : if(is_dir($directory))
05 : {
06 :     echo "{$directory} 디렉터리가 있습니다.<br/>";
07 : }else{
08 :     echo "{$directory} 디렉터리가 없습니다.<br/>";
09 : }
10 :
11 : $directory = "no";
12 : if(is_dir($directory))
13 : {
14 :     echo "{$directory} 디렉터리가 있습니다.<br/>";
15 : }else{
16 :     echo "{$directory} 디렉터리가 없습니다.<br/>";
17 : }
18 :
19 : $file = basename(__FILE__);
20 : if(is_file($file))
21 : {
22 :     echo "{$file} 파일이 있습니다.<br/>";
23 : }else{
24 :     echo "{$file} 파일이 없습니다.<br/>";
25 : }
26 :
27 : if(file_exists($directory))
28 : {
29 :     echo "{$directory} 파일이나 디렉터리가 있습니다.<br/>";
30 : }else{
31 :     echo "{$directory} 파일이나 디렉티리가 없습니다.<br/>";
32 : }
33 :
34 : if(file_exists($file))
35 : {
36 :     echo "{$file} 파일이나 디렉터리가 있습니다.<br/>";
37 : }else{
38 :     echo "{$file} 파일이나 디렉터리가 없습니다.<br/>";
39 : }
40 :
41 : ?>
```

. 디렉터리가 있습니다.
no 디렉터리가 없습니다.
file_check.php 파일이 있습니다.
no 파일이나 디렉터리가 없습니다.
file_check.php 파일이나 디렉터리가 있습니다.

03 : 확인할 디렉터리 명을 변수 $directory에 대입합니다.
05 : 디렉터리 존재 유무를 확인합니다.
06 : 디렉터리가 존재하지 않을 경우 출력합니다.
08 : 디렉터리가 존재할 경우 출력합니다.
19 : 읽은 글자를 출력합니다.
10 : 파일의 리소스를 반납합니다.
12 : 파일을 읽기 전용으로 열어서 리소스를 $fp에 대입합니다.
13 : 한 줄씩을 읽어서 변수 $reading에 대입합니다. 읽어올 줄이 없을 때까지 반복합니다.
15 : 읽은 줄을 출력합니다.
19 : 현재 파일의 절대 경로로 파일이름을 반환받아서 변수 $file에 넣습니다.
20 : 파일의 존재유무를 확인합니다.
22 : 파일이 있으면 출력됩니다.
24 : 파일이 없으면 출력됩니다.
27 : 파일이나 디렉터리의 유무를 확인합니다.
29 : 파일이나 디렉터리가 존재하면 출력됩니다.
31 : 파일이나 디렉터리가 존재하지 않으면 출력됩니다.

알아두세요

" "
. :.
리눅스 계열에서는 "."은 현재 디렉터리를 ".."은 상위 디렉터리를 의미합니다.

알아두세요

__FILE__
현재 실행되고 있는 파일의 절대 경로를 나타내는 매직상수입니다. 매직상수는 PHP가 기본적으로 제공하는 상수입니다. 이런 상수는 밑줄 두 개로 시작하고 끝이 납니다

06-2 파일 열기와 닫기

파일을 읽고 수정하고 삭제하기 위해서는 먼저 파일을 열어야합니다. 파일을 열기 위해서 사용합니다.

```
resource fopen ( string $filename , string $mode [, bool $use_include_path = false [, resource $context ]] )
```

fopen() 함수는 4개의 매개변수를 가집니다. 중요한 것은 첫 번째와 두 번째의 매개변수입니다. 첫 번째 매개변수인 string $filename은 파일이름입니다. 두 번째 매개변수인 string $mode는 파일을 여는 방법입니다.

모드	설명
r	읽기 전용
r+	읽기와 쓰기
w	쓰기용, 파일이 있을 경우 내용을 지우며, 파일이 없을 경우 생성합니다.
w+	읽기와 쓰기, 파일이 있을 경우 내용을 지우며, 파일이 없을 경우 생성합니다.
a	쓰기용, 파일이 있을 경우 그 끝으로 이동하며, 파일이 없을 경우 생성합니다.
a+	읽기와 쓰기, 파일이 있을 경우 그 끝으로 이동하며, 파일이 없을 경우 생성합니다.
x	쓰기용, 파일이 있을 경우 에러가 나며, 파일이 없을 경우 생성합니다.
x+	읽기와 쓰기용, 파일이 있을 경우 에러가 나며, 파일이 없을 경우 생성합니다.
c	쓰기용, 파일이 있을 경우 처음으로 이동하며, 파일이 없을 경우 생성합니다.
c+	읽기와 쓰기용, 파일이 있을 경우 처음으로 이동하며, 파일이 없을 경우 생성합니다.

▲ 파일 열기 닫기의 모드

string $mode는 다양한 옵션을 가지고 있습니다. 주의 할 것은 파일이 존재 했을 때 어떻게 동작 하는가 입니다. w는 기존 파일의 내용을 없애 버립니다. a는 기존 파일 뒤에 추가하며 c는 기존 파일 앞에 추가합니다. x는 기존 파일이 있을 경우 오류가 납니다. 파일을 생성할 경우 기존 파일의 처리 방법에 따라 mode를 선택하면 됩니다.

파일을 사용하기 위해 연 후에는 반드시 닫아야 합니다. 이때 사용합니다.

```
bool fclose ( resource $handle )
```

fopne() 함수로 생성한 resource를 fclose() 함수의 인자로 넘겨주며 파일이 닫힙니다. 파일을 닫아야 다른 프로그램이나 프로세스가 해당 파일을 사용할 수 있습니다.

06-3 파일의 내용을 읽기

파일을 연 후에는 내용을 읽거나 쓸 수 있습니다. 먼저 내용을 읽는 다양한 함수를 확인해 봅시다.
한 글자만 읽을 때 사용합니다.

```
string fgetc ( resource $handle )
```

fgetc() 함수는 fopen() 함수로 열어 놓은 resource를 매개변수로 받습니다. fgetc() 함수는 파일에서 한글자만 리턴합니다. 함수를 실행할 때 마다 다음 한 글자씩을 얻을 수 있습니다.

한 줄을 글을 읽을 때 사용합니다.

```
string fgets ( resource $handle [, int $length ] )
```

fgets() 함수는 fgetc() 함수와 같이 fopen()으로 열어 놓은 resource를 받습니다. fgetc() 함수는 글자 한자씩을 리턴 하지만 fgets() 함수는 한 줄씩을 리턴합니다.

특정 길이만큼 읽을 때 사용합니다.

```
string fread ( resource $handle , int $length )
```

fread() 함수는 fopen() 함수로 열어 놓은 resource와 읽어 들일 길이인 int $length를 매개변수로 받습니다. $length로 주어진 사이즈의 내용을 리턴합니다.

간단한 예제를 통해 파일 사용 함수 어떻게 적용되는지 알아보겠습니다.

예제를 실행하기 위해서는 ch05 디렉토리에 text.txt 파일이 필요합니다. text.txt 파일의 내용은 다음과 같습니다.

```
GNUWiz
JSPStudy
JAVA
JSP
PHP
```

소스 코드 : http://localhost/myapp/ch05/file_using.php

```php
01 : <?php
02 :
03 : $filename = "text.txt";
04 :
05 : $fp = fopen($filename,'r');
06 : while ($reading = fgetc($fp))
07 : {
08 :     echo $reading."<br/>";
09 : }
10 : fclose($fp);
11 :
12 : $fp = fopen($filename,'r');
13 : while ($reading = fgets($fp))
14 : {
15 :     echo $reading."<br/>";
16 : }
17 :
18 : rewind($fp);
19 :
```

```
20 : $length = filesize($filename);
21 : $string = fread($fp,$length);
22 :
23 : fclose($fp);
24 :
25 : $string = nl2br($string);
26 : echo $string;
27 :
28 : ?>
```

실행 결과

```
G
N
U
..........
P
H
P

GNUWiz
JSPStudy
JAVA
JSP
PHP

GNUWiz
JSPStudy
JAVA
JSP
PHP
```

03 : 읽어 들일 파일명을 변수 $filename에 대입합니다.

05 : 파일을 읽기 전용으로 열어서 리소스를 변수 $fp 대입합니다.

06 : 한 글자씩을 읽어서 변수 $reading에 대입합니다. 읽어올 글자가 없을 때까지 반복합니다.

08 : 읽은 글자를 출력합니다.

10 : 파일의 리소스를 반납합니다.

12 : 파일을 읽기 전용으로 열어서 리소스를 $fp에 대입합니다.

13 : 한 줄씩을 읽어서 변수 $reading에 대입합니다. 읽어올 줄이 없을 때까지 반복합니다.

15 : 읽은 줄을 출력합니다.

18 : 이번에는 파일의 리소스를 반납하지 않고 리소스가 가리키는 위치를 처음 위치로 변경합니다.

20 : 파일의 크기를 변수 $length에 대입합니다.

21 : 파일의 내용을 파일의 크기만큼 읽어서 변수 $string에 대입합니다.

23 : 파일의 리소스를 반환합니다.

25 : $string에 들어 있는 자료에서 줄바꿈 문자를 〈br/〉로 변경해서 다시 $string에 대입합니다.

26 : $string을 출력합니다.

06-4 파일에 내용을 쓰기

파일에 내용을 쓸 때 사용합니다.

```
int fwrite ( resource $handle , string $string [, int $length ] )
```

fwrite() 함수는 fgets() 함수와 같이 fopen()으로 열어 놓은 resource를 받으며 입력할 내용은 string $string과 입력할 내용 중 얼마만큼을 입력 할 것인가 하는 int $length를 입력 받습니다. 이때 입력되는 위치는 fopen() 함수의 string $mode에 영향을 받습니다. w, x, c의 경우 파일의 앞부분이면 a의 경우는 파일의 끝부분입니다. 파일을 읽어 들였다면 읽은 그 위치입니다.

06-5 간단하게 파일을 읽고 쓰기

파일을 읽거나 쓰기 위해서는 파일을 열기 위한 fopen() 함수, 파일을 닫기 위한 fclose() 함수, 파일을 읽거나 쓰기 위한 함수를 사용해야합니다. 이런 번거로움을 피하기 위해서 PHP는 간단하게 사용할 수 있는 file_get_contents()와 file_put_contentsI() 함수를 가지고 있습니다.

파일의 내용을 읽을 때 사용합니다.

```
string file_get_contents ( string $filename [, bool $use_include_path = false [, resource $context [,
int $offset = 0 [, int $maxlen ]]]] )
```

file_get_contents() 함수는 5개의 매개변수를 가집니다. 중요한 것은 첫 번째 매개변수인 string $finename입니다. 내용을 읽어 들일 파일의 경로 입력하면 파일의 전체 내용이 리턴 됩니다. bool $use_include_path는 파일의 전체 경로가 아닌 파일이름만 입력 할 경우 현재 파일 기준 뿐만 아니라 사용자 경로에 입력된 경로도 찾을 지에 대한 유무입니다. resource $context는 fopen() 함수와 같이 다른 stream을 사용할 때 특정 stream을 사용합니다. int $offset은 파일을 읽을 위치를 설정하며 int $maxlen은 읽을 내용의 길이를 설정합니다.

파일에 내용을 쓸 때 사용 합니다.

```
int file_put_contents ( string $filename , mixed $data [, int $flags = 0 [, resource $context ]] )
```

file_put_contents() 함수는 4개의 매개변수를 가집니다. file_get_contents() 함수처럼 첫 번째 두 번째 매개변수가 중요합니다. string $filename은 저장할 파일의 이름입니다. mixed $sata는 저장할 내용입니다. int $flags는 저장 할 방법입니다. resource $context는 steam입니다.

01 예제를 통해 간단한 파일 함수 어떻게 적용되는지 알아보겠습니다.

소스 코드 : http://localhost/myapp/ch05/file_simply.php

```php
01 : <?php
02 :
03 : $filename = "text.txt";
04 : $content = file_get_contents($filename);
05 : echo nl2br($content);
06 :
07 : ?>
```

실행 결과

```
GNUWiz
JSPStudy
JAVA
JSP
PHP
```

03 : 읽어 들일 파일명을 변수 $filename에 대입합니다.
04 : 파일을 읽어 들여 변수 $content에 대입합니다.
05 : $content의 내용을 출력합니다.

06-6 기타 파일 정보

파일의 크기를 리턴합니다.

```
int filesize ( string $filename )
```

경로에서 파일명을 반환 합니다.

```
string basename ( string $path [, string $suffix ] )
```

string $suffix를 주면 주어진 문자열을 뒤에서 삭제한 후에 파일명을 반환합니다.
경로에서 상위 경로까지를 반환합니다.

```
string dirname ( string $path [, int $levels = 1 ] )
```

int $level을 인자로 넣으면 상위경로의 단계를 지정할 수 있습니다.

07 _ 네트워크 관련 함수

외부에 있는 파일에서 정보를 가져 오기 위해서는 네트워크 관련 함수의 사용 방법에 대해서 알아야 합니다. 일반적으로 curl이 네트워크 관련 강력한 기능을 지원하고 있어서 PHP역시 curl을 통해서 외부 파일에 접근합니다.

07-1 curl 기본 사용법

curl은 다른 파일 관련 함수와 같이 curl 관련 함수로 열고 사용하고 닫는 과정이 필요합니다
curl을 시작하기 위해서 사용합니다.

```
resource curl_init ([ string $url = NULL ] )
```

curl_init() 함수는 한 개의 매개변수를 가지고 있습니다. 함수를 실행할 때 네트워크의 위치가 있는 url을 string $url의 인자 값으로 넘겨 줄 수 있습니다. url은 curl_init() 함수의 인자로 넘겨도 되며 curl_setopt() 함수를 통해서 넘겨도 됩니다.사용이 끝나면 cur의 리소스를 닫아야 합니다. 이 때 사용합니다.

```
void curl_close ( resource $ch )
```

curl_close() 함수는 curl_init() 함수가 반환한 리소스를 매개변수로 받아서 리소스 사용을 종료합니다.
curl의 옵션을 조정할 때 사용합니다.

```
bool curl_setopt ( resource $ch , int $option , mixed $value )
```

curl_setopt() 함수는 3개의 매개변수를 가집니다. 첫 번째 매개변수인 resource $ch는 curl_init() 함수로 생성한 리소스입니다. int $options은 설정한 옵션이며 mixed $valu은 설정할 옵션의 값입니다. curl_setopt() 함수에서 사용할 수 있는 옵션의 수가 많아서 매우 정밀하게 제어할 수 있습니다. 여기서는 자주 사용하는 옵션에 대해서 확인해 보겠습니다.

옵션	설명
CURLOPT_POST	http의 post로 설정됩니다.
CURLOPT_PUT	http의 put으로 설정됩니다.
CURLOPT_URL	url을 설정합니다.
CURLOPT_PORT	80번 포트가 아닐 경우 설정합니다.
CURLOPT_POSTFIELDS	post로 넘길 자료입니다.

▲ url 관련 옵션

curl을 실행합니다.

```
mixed curl_exec ( resource $ch )
```

curl_exec() 함수는 curl을 생성하고 옵션을 설정한 다음 실행할 때 사용하는 함수로 curl_init() 함수로 생성한 리소스를 매개변수로 받습니다. 해당 url을 실행한 결과 값을 리턴합니다.

01 예제를 통해 url 함수가 어떻게 적용되는지 알아보겠습니다.

소스 코드 : http://localhost/myapp/ch05/url_open.php

```
01 : <?php
02 :
03 : $curl = curl_init();
04 : curl_setopt($curl,CURLOPT_URL,'http://gnuwiz.com');
05 : $content = curl_exec($curl);
06 : curl_close($curl);
07 : echo $content;
08 :
09 : ?>
```

실행 결과

```
gnuwiz.com 첫 화면의 코드
```

03 : curl을 사용하기 위해서 초기화 시켜서 해당 리소스를 사용할 수 있게 변수 $curl에 대입합니다.
04 : curl 옵션을 통해서 연결할 도메인을 설정합니다.
05 : curl을 실행하여 그 결과를 변수 $content에 넣습니다.
06 : curl의 리소스를 닫습니다.
09 : curl의 결과물은 $content를 출력합니다.

07-2 도메인으로 아이피 알기

인터넷에서 사용하는 도메인은 gnuwiz.com과 같은 형태를 가지고 있습니다. 도메인은 사람이 읽고 기억하기 좋은 문자열로 되어 있지만 컴퓨터가 사용한 것은 도메인이 가리키고 있는 IP주소입니다. 이 도메인의 IP를 알고자 할 때 사용합니다.

```
string gethostbyname ( string $hostname )
```

gethostbyname() 함수는 string $hostname 매개변수를 가집니다. 알고자하는 도메인을 넣으면 해당 도메인의 아이피 주소가 반환됩니다.

07-3 IP주소를 숫자로 변환하기

32bit의 IP주소는 xxx.xxx.xxx.xxx 형태를 가지고 있습니다. 이런 형태는 사람이 읽기 좋은 형태로 프로그램으로 처리하기는 불편함이 있습니다. 이때 사람이 읽기 좋은 IP주소를 정수형으로 변환해서 처리 하면 편리합니다. 이 IP주소를 숫자 형태로 바꿀 때 사용합니다.

```
int ip2long ( string $ip_address )
```

ip2long() 함수는 문자열의 IP주소를 받아서 정수형의 IP주소를 반환합니다.
숫자로 된 IP주소를 사람이 읽기 편한 형태로 변환 할 때 사용합니다.

```
string long2ip ( int $proper_address )
```

long2ip() 함수는 정수형 IP주소를 받아서 사람이 읽기 편한 IP주소로 변환합니다.

01 예제를 통해 IP관련 함수가 어떻게 적용되는지 알아보겠습니다.

소스 코드 : http://localhost/myapp/ch05/ip_address.php

```php
01 : <?php
02 :
03 : $domain = 'gnuwiz.com';
04 :
05 : $ip = gethostbyname($domain);
06 : echo $ip."<br/>";
07 :
08 : $ip_number = ip2long($ip);
09 : echo $ip_number."<br/>";
10 :
11 : $ip_address = long2ip($ip_number);
12 : echo $ip_address."<br/>";
13 :
14 : ?>
```

실행 결과 : IP의 결과값은 다를 수 있습니다.

```
183.111.182.229
3077551845
183.111.182.229
```

➡ **IP란?** : IP는 컴퓨터 네트워크에서 장치들이 서로를 인식하고 통신을 하기 위해서 사용하는 특수한 고유 번호로 휴대폰의 전화번호와 비슷합니다. 현재 IP는 IPv4와 IPv6가 있는데 IPv4는 32비트이 크기를 가지고 IPv6는 128비트의 크기를 가집니다. 이 크기의 차이로 사용할 수 있는 아이피의 개수가 차이가 납니다. IPv4은 약 42억개 정도이며 IPv6는 할당할 수 있는 IP의 개수가 무한하다고 생각하셔도 됩니다.

03 : 아이피를 조회할 "gnuwiz.com" 도메인을 변수 $domain에 넣습니다.

05 : 도메인의 아이피를 조회해서 변수 $ip에 넣습니다.

06 : $ip를 출력합니다. 현재 gnuwiz.com의 IP가 183.111.182.229 임을 알 수 있습니다.

08 : $ip를 32비트의 숫자 형으로 변경해서 변수 $ip_number에 넣습니다.

09 : $ip_number를 십진수의 4자리 표기법으로 변경합니다.

11 : $ip_number를 long2ip() 함수로 변환해서 변수 $ip_address에 넣습니다.

12 : $ip_address를 출력합니다. 현재 $ip_number에 있는 gnuwiz.com의 정수형 IP주소를 받아서 사람이 읽기 편한 IP주소로 변환된 IP가 183.111.182.229 임을 알 수 있습니다.

내장함수

PHP에서는 숫자관련함수, 문자관련함수, 날짜관련함수 등 수많은 내장함수를 제공합니다.

대표적으로 자주 사용되는 함수들은 숫자, 문자, 날짜, 배열, 데이터베이스 관련 함수들이 실무에서 자주 사용되고 있으며 책에서 실습하지 않은 수많은 내장함수들은 PHP공식 홈페이지의 http://php.net/manual/kr/functions.internal.php 링크에서 참고 할 수 있습니다.

1 PHP의 숫자관련 내장함수에 대한 질문입니다. 다음보기에서 정답을 선택하세요.

숫자를 출력할 때 가독성을 위해서 천 단위 마다 콤마를 넣어서 출력해야 할 경우가 많이 있습니다. 이런 경우에 사용하기 편리한 함수는 (   ) 함수입니다.

❶ number_format   **❷** min   **❸** max   **❹** round   **❺** ceil

2 PHP의 문자열관련 내장함수에 대한 질문입니다. 다음보기에서 정답을 선택하세요.

implode() 함수와 동일한 역할을 하는 함수는 (   ) 함수입니다.

❶ explode   **❷** substr   **❸** join   **❹** strstr   **❺** strpos

3 PHP의 explode() 함수를 사용하여 문자열 "www.gnuwiz.com"을 마침표(.) 구분으로 분리하였습니다. 다음의 $exploded_i[1]에 출력된 단어는 무엇입니까?

```php
<?php
$i = "www.gnuwiz.com";
$exploded_i = explode(".", $i);

echo $exploded_i[1];
?>
```

Answer

1 ❶번 number_format
2 ❸번 join
3 gnuwiz

Chapter
06

세션(Session)과 쿠키(Cookie)

이번 장에서는 웹 프로그래밍에서 중요한 세션과 쿠키에 대해서 알아보겠습니다. 여러분은 온라인 쇼핑몰에서 물건을 구매한 경험이 있을 것입니다. 일반적으로 온라인 쇼핑몰은 장바구니 또는 최근 본 상품 이라는 기능을 제공합니다. 이러한 장바구니 또는 최근 본 상품 리스트기능을 통해서 구매할 상품의 리스트 보거나 또는 필요한 물품을 장바구니에 담아 두고 쇼핑이 끝나면 장바구니에 담겨진 물품을 구매를 합니다. 이때 적용되는 웹 프로그래밍 기술이 세션과 쿠키입니다.

01 _ 세션(Session)

온라인 쇼핑몰에서 쇼핑을 하면서 구매하기를 원하는 물품들을 장바구니에 넣어둡니다. 이 장바구니에 물품을 새로 추가할 수도 있고, 장바구니에 있던 물품을 삭제시킬 수도 있습니다. 아마 여러분들은 이런 장바구니를 온라인이나 오프라인에서 많이 사용한 경험이 있을 것입니다.

온라인에서는 장바구니를 들고 다니면서 필요한 물품을 그 안에 넣어두고 다시 새로운 물품을 넣고, 필요없는 물품은 다시 뺄 수도 있는 장바구니 기능은 세션을 사용함으로 가능하게 됩니다.

여러분이 이용하는 인터넷은 HTTP 프로토콜을 사용합니다. 이 HTTP 프로토콜은 상태(연결의 지속성)가 없는 프로토콜이라고 하는데, 사용자의 브라우저와 서버 간의 상태에 대한 보존 없이 매 순간순간 새로운 연결을 하고, 요청에 대한 응답을 서버가 전송하고 나면 모든 연결이 끊어지게 됩니다. 이렇게 연결이 끊어지게 되면 지금 어떤 사람이 로그인되어 있는지에 대한 내용도 모두 잃어버리게 됩니다. 또한 그 사람이 담아두었던 장바구니의 물품 정보 또한 잃어버리게 됩니다.

이렇게 상태가 없는 프로토콜을 이용하면서 상태에 대한 보전을 위해서 세션을 사용합니다. 그럼 세션을 뭐라고 이해할 수 있을까요? 사용자의 브라우저와 서버 간의 가상의 논리적인 연결이라고 생각하면 됩니다. 클라이언트가 서버로 요청을 할 때 보내지는 정보에는 그 클라이언트에 대한 정보도 포함이 되어서 전송됩니다. 서버에서는 요청에 담겨진 브라우저에 대한 정보를 알 수 있습니다. 이 정보를 세션에 이용하는 것입니다.

특정한 클라이언트에서 서버로 요청을 보냈다면 서버는 이 클라이언트가 보낸 요청에 함께 존재하는 그 클라이언트의 정보를 가지고 있다가 다시 그 클라이언트로부터 또 다른 요청이 왔을 때는 이미 가지고 있던 정보를 비교해서 동일한 브라우저인지를 판단하게 되는 것입니다. 마치 한 번 본 개미에게 일련번호가 적혀 있는 꼬리표를 달아서 다음에 발견했을 때 꼬리표의 번호를 읽어서 '이전에 한번 봤던 개미다'라고 인식을 하게 되는 것과 같은 원리입니다.

이렇게 서버가 자신에게 접속한 클라이언트의 정보를 갖고 있는 상태를 '세션'이라고 합니다.

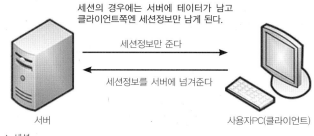

세션의 경우에는 서버에 테이터가 남고
클라이언트쪽엔 세션정보만 남게 된다.

세션정보만 준다 →

← 세션정보를 서버에 넘겨준다

서버   사용자PC(클라이언트)

▲ 세션

FTP 서비스와 HTTP 서버 차이점

FTP 서비스를 사용해 보신 경험이 있다면, 서버와 클라이언트 간의 연결 지속에 대해서 감이 올 것입니다. FTP 서비스를 이용하기 위해 FTP 서비스 프로그램을 사용해서 파일을 업로드하거나 다운로드 했을 것입니다. FTP는 파일 전송을 위한 프로토콜을 사용하고 있습니다. FTP는 처음에 FTP 서버에 접속을 하면 접속을 한 사용자와의 연결을 계속 가지고 있습니다.

반면 HTTP 서버(웹 서버)는 사용자와의 연결을 계속 가지고 있지 않는 방식을 취하고 있기 때문에 사용자의 요청에 대한 응답을 처리한 후 연결을 해제합니다.

02 _ 쿠키(Cookie)

HTTP 프로토콜은 상태가 없는, 즉 이전에 무엇을 했고, 지금 무엇을 했는지에 대한 정보가 없는 것이라고 했습니다. 이런 상태에 대한 지속적인 연결이 없기 때문에 이런 부분을 해결하기 위해서 서버 측에 클라이언트의 정보를 저장해서 이후에 계속 되는 클라이언트의 요청 속에 있는 클라이언트의 정보와 서버에 저장되어 있는 각각의 클라이언트에 대한 정보를 비교해서 동일한 클라이언트로부터 온 요청을 판단할 수 있다고 했습니다.

마찬가지로 쿠키 역시 상태가 없는 프로토콜을 위해 상태를 지속시키기 위한 방법입니다. 쿠키는 세션과는 달리 서버에 클라이언트의 정보를 담아두지 않고 클라이언트 자신들에게 그 정보를 저장하게 합니다. 그래서 이후에 서버로 전송되는 요청에는 쿠키가 담아둔 정보를 포함해 전송이 되면, 요청 속에 포함되어 있을 쿠키를 읽어서 새로운 클라이언트인지 이전에 요청을 했던 클라이언트인지를 판단할 수가 있는 것입니다.

브라우저를 통해서 특정 사이트에 접속하면 현재 접속한 클라이언트 측에 쿠키가 저장됩니다. 이 부분이 세션과 큰 차이점인데, 세션은 서버 측에 정보를 남겨두는 것이고 쿠키는 클라이언트 측에 정보를 남기게 됩니다. 그러나 클라이언트에서 '쿠키를 사용하지 않는 것으로 설정이 되면 쿠키는 저장이 되지 않는다.'라는 것이 세션과의 차이점입니다.

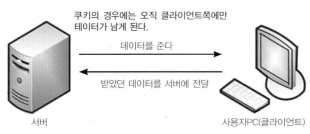

쿠키의 경우에는 오직 클라이언트쪽에만 데이터가 남게 된다.

데이터를 준다 →

← 받았던 데이터를 서버에 전달

서버   사용자PC(클라이언트)

▲ 쿠키

◑ 쿠키 : 쿠키를 먹을 때 쿠키 부스러기가 남습니다. 정확한 속설인지 아닌지는 모르지만 사이트에 접속했을 때 그 사이트에 접속했던 클라이언트에 대한 정보가 과자 부스러기처럼 남는다고 해서 쿠키란 이름이 붙여졌다고도 합니다. 쿠키는 Netscape사에서 처음 만들어 졌습니다. 그리하여 쿠키는 현재 클라이언트에 대한 상태를 지속시키기 위한 방법으로 많이 사용되고 있습니다.

03 _ HTTP 프로토콜에서 상태를 지속시키기 위한 방법

로그인을 해도 새로운 페이지가 실행이 되면 상태가 없는 HTTP 프로토콜에서는 새로운 페이지가 실행되었을 때는 로그인한 사용자의 정보가 남이 있지 않습니다. 이렇게 상태가 지속되지 않는 부분을 극복하여 지속적인 상태를 유지할 수 있게 하는 방법에 대해서 알아보겠습니다.

로그인한 후 그 사이트 내에서 로그인한 상태를 계속 가지고 갈 필요가 있습니다. 이런 기능이 제공이 되지 않는다면, 매번 페이지를 이동할 때마다 사용자의 정보를 계속 물어야하며 매번 로그인을 해야 합니다. 여러분은 어떤 사이트에 회원가입을 위해서 많은 정보를 입력한 적이 있을 것입니다. 이름, EMAIL, 생년월일, 주소, 우편번호를 검색해서 입력하고, 그 외에 몇 가지의 자기 정보를 힘들게 입력하고 난 뒤 [회원가입] 버튼을 누릅니다.

이때 정상적인 입력으로 회원가입이 된다면 다행이지만, 입력 오류로 인해서 회원가입이 바로 처리되지 않고 방금 입력한 화면으로 다시 되돌아온 경험이 있을 것입니다. 다시 로드된 페이지는 이전에 입력했던 정보가 남아있지 않고 깨끗하게 비어있는 텍스트 박스로 구성된 페이지를 보고 귀찮아 한 적이 많이 있을 것입니다. 이것이 바로 상태가 없다는 단적인 예가 될 수 있습니다. 상태가 보존이 된다면 이전에 입력했던 정보가 남아있어서 입력 오류가 난 부분만 수정해서 다시 등록을 하면 보다 효율적일 것입니다. 이런 식으로 상태를 지속시키기 위한 방법에 대해서 알아보도록 하겠습니다.

알아두세요

세션은 이렇게 사용합니다.

인터넷 서핑 중 회원으로 가입하여 로그인한 후 얼마동안의 시간이 지난 뒤 그 사이트를 이용하려고 할 때 '로그인 하시오'라는 메시지를 본 적이 있을 것입니다. 또는 '세션이 만료되었습니다. 새로 로그인 하세요'라는 식의 메시지를 보여주고, 로그인 창으로 화면이 바뀌는 경험을 하셨을 것입니다. 세션은 서버에서 사용자의 브라우저로부터 일정기간 동안 아무런 반응(요청)이 없으면 해제해 버립니다. 로그인한 후이지만, 일정기간 동안 아무런 입력이나 클릭이 없을 때 다시 로그인 창으로 이동되는 경우가 바로 이 경우에 해당됩니다.

03-1 숨겨진 필드(Hidden Form Variable)

form 데이터를 전송할 때 Hidden type을 이용해서 값을 넘길 수도 있습니다.

```
<form name="frmName" method="post" action="***.php">
...
<input type="hidden" name="confirmId" value="<?php echo $login_id; ?>">
...
</form>
```

이 방법은 URL에 직접적인 정보가 노출이 되지는 않지만 이 페이지가 실행이 되었을 때 브라우저에서 소스 보기를 통해서 정보가 노출될 수 있습니다.

알아두세요

쿠키는 이렇게 쓰이곤 합니다.

이전에 방문한 사이트에서 로그인하고 난 후, 브라우저 메뉴들 중에 '아이디 기억'의 형태로 제공되는 메뉴를 클릭하거나 지정하면, 브라우저를 종료하고 시간이 지난 후에 다시 그 사이트를 방문하면, 이미 아이디 입력창에 이전에 입력했던 아이디가 입력되어 있는 경우를 경험하셨을 것입니다. 이때 사용되는 것이 쿠키입니다.

쿠키에 아이디를 저장해 둡니다. 이 쿠키는 여러분의 컴퓨터 속에 저장되어 있습니다. 이후에 그 사이트를 방문하면, 쿠키에 담겨져 있던 아이디가 사용되어 입력되어 있게 되는 것입니다.

03-2 쿠키를 구현할 수 있는 쿠키 함수

PHP에서는 쿠키를 구현할 수 있도록 기본적으로 제공하는 setcookie()라는 함수가 있습니다. 먼저 아래는 쿠키를 설정하기 위해 필요한 설정 및 사용방법입니다. 참고로 클라이언트 쪽과 서버 쪽에 각각 모두 쿠키를 설정할 수 있지만 설정 값이 전부 저장되는 곳은 클라이언트의 브라우저라는 것을 알고 있어야 합니다.

쿠키 생성

```php
<?php
setcookie('쿠키명', '쿠키값', '만료시간', '경로', '도메인', '보안', 'httponly');
?>
```

이렇게 해보세요 | setcookie() 함수에 설정 가능한 옵션 값

- 쿠키명(필수) : 설정 될 쿠키 이름을 결정함
- 쿠키값(선택) : 쿠키 이름에 입력될 값
- 만료시간(선택) : Default 값은 0이며 쿠키가 유지될 시간을 설정
- 경로(선택) : 경로를 지정할 경우 특정 위치와 하위 경로에서만 사용가능하도록 설정됨
- 슬러쉬(/) : 슬러쉬 기호를 값으로 입력할 경우 전체 경로에서 사용됨을 의미
- 도메인(선택) : 사용될 도메인을 지정 가능함. 서브도메인 입력 시 해당 서브도메인만 사용가능
- 보안(선택) : 보안 프로토콜인 https에서만 사용가능하도록 설정함
- httponly : HTTP에서만 사용가능하도록 하여 스크립트에 의한 쿠키 접근을 허용 안하게 함.

위 값에서 만료시간은 초단위로 추가해서 사용할 수 있습니다.

이렇게 해보세요 | PHP 쿠키 설정 시 시간에 대하여 처리하는 방법

❶ 한 시간 : 60 * 60 = 3,600 이므로 다음과 같이 설정 가능합니다.
  time() + 3600 // 한 시간을 쿠키 값으로 설정
❷ 하루 (24시간) : 60 * 60 * 24 = 86,400이므로 다음과 같이 설정 가능합니다.
  time() + 86400 // 24시간, 하루를 쿠키 값으로 설정

■ 쿠키의 유지시간 설정

아래 예제는 쿠키함수에 실제 원하는 쿠키 시간을 설정한 예제입니다. 예제에서는 한 시간 그리고
한 달 동안 쿠키가 유효하도록 구현한 예제입니다.

```php
<?php
    // ↓ 1시간 뒤에 만료될 쿠키값 설정하기
    setcookie('쿠키명', '쿠키값', time() + 3600);
    // ↓ 한달 뒤에 만료될 쿠키값 설정하기, 하루 86400 * 30(한달 30일 기준)
    setcookie('쿠키명', '쿠키값', time() + 86400 * 30);
?>
```

그렇다면 쿠키 값을 새롭게 업데이트하거나 읽어올 경우 어떻게 할까요? 이 경우 $_COOKIE['쿠키
명']을 사용합니다. 다음 예제를 통해서 어떻게 사용하는 것인지 살펴보겠습니다.

> **알아두세요**
>
> setcookie() 함수의 사용 위치
>
> setcookie() 함수가 포함된 PHP 스크립트 코드는 〈html〉 태그보다 앞서 위치해야 합니다.

setcookie() 함수가 포함된 PHP 스크립트 코드는 〈html〉 태그보다 앞서 위치해야 합니다.
쿠키의 이름이 'myCookie'라는 쿠키가 설정된 경우 'myCookie'라는 쿠키에 설정된 값을 확인하는
방법입니다.

```php
<?php
    // ↓ myCookie라는 이름의 쿠키 생성
    setcookie('myCookie', '1234567890', time() + 3600);
    // ↓ 쿠키명 myCookie의 설정 값 출력
    echo '쿠키 출력:'.$_COOKIE['myCookie'];
?>
```

> **실행 결과**
>
> 쿠키 출력:1234567890

이처럼 쿠키가 설정된 경우 이 값을 가져와 간단하게 확인할 수 있습니다.

이제 사용되는 쿠키 값을 중단시키기 위해 삭제 및 만료하는 방법을 살펴보겠습니다. 똑같은
setcookie() 함수를 사용하되 해당 쿠키명의 시간에 마이너스 값을 입력하거나 unset() 함수를 사용
하여 쿠키를 삭제 및 중단 되도록 바꿀 수 있습니다.

■ 쿠키 삭제

다음은 쿠키의 이름이 'myCookie'라는 쿠키 값을 삭제하는 예제입니다. 아래의 두 가지 방법 모두 동일하게 동작하여 쿠키 값을 제거합니다.

```php
<?php
// myCookie라는 이름의 쿠키 사용불가, 만료
unset($_COOKIE["myCookie"]);
setcookie('myCookie', '', time() - 1);
?
```

참고로, 뒤에 설정한 -1보다 마이너스 값이 더 크면 삭제되며 -1000 역시 값을 삭제하는 건 동일합니다.

Cookie 사용 예제

01 쿠키를 생성하는 페이지를 작성하고 저장합니다.

소스 코드 : http://localhost/myapp/ch06/create_cookie.php

```php
01 : <?php
02 :     $cookie_name = "myCookie";
03 :     $cookie_value = "Apply";
04 :     setcookie($cookie_name, $cookie_value, time() + 86400 * 30);
05 : ?>
06 : <html>
07 : <head>
08 :     <title>Create Cookie</title>
09 : </head>
10 : <body>
11 : <h1>Cookie Example</h1>
12 :     쿠키를 만듭니다.<br/>
13 :     쿠키 내용은 <a href="./result_cookie.php">여기로</a>!!!
14 : </body>
15 : </html>
```

02 : $cookie_name이란 변수에 사용할 쿠키이름을 넣어둡니다.

03 : $cookie_value이란 변수에 사용할 쿠키값을 넣어둡니다.

04 : cookie를 생성하기 위한 명령입니다. cookie의 이름은 "myCookie"가 되고, myCookie라고 불리는 쿠키값은 "Apple"이 됩니다. 쿠키가 1시간의 생성을 가지도록 쿠키 속성을 지정합니다.

13 : 쿠키를 확인하는 페이지로 이동하기 위한 링크입니다.

▲ create_cookie.php 실행 화면

01 생성한 쿠키를 이용하는 페이지를 작성하고 저장합니다.

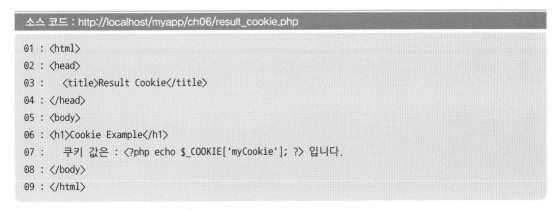

소스 코드 : http://localhost/myapp/ch06/result_cookie.php

```
01 : <html>
02 : <head>
03 :   <title>Result Cookie</title>
04 : </head>
05 : <body>
06 : <h1>Cookie Example</h1>
07 :   쿠키 값은 : <?php echo $_COOKIE['myCookie']; ?> 입니다.
08 : </body>
09 : </html>
```

07 : "myCookie"라는 이름을 가진 쿠키의 값을 출력합니다.

▲ result_cookie.php 결과 화면

03-3 세션을 구현할 수 있는 세션 함수

앞서 설명한 것처럼 쿠키는 클라이언트에 저장이 되어 서버가 쿠키 정보를 읽어서 사용하는 경우였습니다. 하지만, 클라이언트에 저장된 쿠키를 열어볼 수 가 있기 때문에 중요한 정보를 쿠키에 저장할 경우 보안에 문제가 될 우려가 있습니다.

서버와 관련된 정보를 노출시키지 않기 위해서 쿠키를 사용하는 것보다 세션을 사용하는 것이 더욱 효율적입니다.

서버에서는 각각의 클라이언트로부터 발생한 요청에 대해서 특정한 ID를 부여합니다. 이 ID를 이후에 클라이언트에서 발생한 요청들과 비교해서 같은 ID인지를 구별할 수 있습니다. 또한 이 ID라는 식별자에 특정한 값을 넣을 수도 있습니다. 이렇게 ID를 다루는 것이 세션이라고 할 수 있습니다. 여기서 사용되는 유일한 값인 식별자는 클라이언트에 저장됩니다. 클라이언트에 저장되는 것은 식별자만이 저장되고 나머지는 서버에 저장됩니다.

이번 절에서는 서버 측에서 상태관리를 위한 세션을 다루는 방법에 대해서 알아보겠습니다. PHP에서는 session_start() 함수를 이용하여 새로운 세션을 시작하거나, 기존의 세션을 다시 시작할 수 있습니다. session_start() 함수는 세션 ID가 이미 존재하는지를 확인하고, 존재하지 않으면 새로운 ID를 만듭니다. 만약 이미 존재하는 세션 ID가 있을 때는 원래 있던 세션 변수를 다시 불러와서 사용할 수 있도록 합니다.

세션도 쿠키와 마찬가지로 어떤 헤더보다도 먼저 생성하여 사용해야 합니다.

알아두세요

세션 아이디는 무엇인가요?

세션 아이디는 웹 서버에 의해 무작위로 만들어진 숫자입니다.
이 세션 아이디는 세션이 유지되는 동안 클라이언트 측에 저장되며, 세션 변수를 등록하는 키로 사용됩니다.
웹 서버에서는 클라이언트로부터 받아온 세션 아이디를 가지고, 해당 아이디에 대응되는 세션 변수에 접근할 수 있습니다.

■ 세션 생성

PHP에서는 세션을 구현할 수 있도록 기본적으로 제공하는 session_start()라는 함수가 있습니다. 세션이 생성되고 나면 세션 변수를 수퍼 글로벌인 $_SESSION 배열에 등록할 수 있습니다.

이때 세션 변수의 이름이 키 값이 되며 이 내용은 서버 측에 저장됩니다. 등록된 세션 변수는 등록을 해지하거나 브라우저를 종료하지 않는 한 세션이 끝날 때까지 유지됩니다.

```php
<?php
session_start();
$_SESSION[ 'city' ] = "부산";    ← 세션 변수의 등록
$_SESSION[ 'gu' ] = "해운대구";
?>
```

세션을 생성하는 방법은 아주 간단합니다. $_SESSION[] 변수를 사용하기 전에 session_start() 함수를 반드시 실행시켜야합니다. session_start() 함수를 실행 후 $_SESSION['세션명']의 세션 변수에 세션 값을 넣으면 바로 세션이 생성됩니다.

알아두세요

세션의 지속 시간

세션의 지속 시간은 쿠키와 달리 php.ini 파일에 설정되어 있으므로, 따로 명시해주지 않아도 됩니다.

그렇다면 세션 값을 새롭게 업데이트하거나 읽어올 경우 어떻게 할까요? 이 경우 $_SESSION['세션명']을 사용합니다. 다음 예제를 통해서 어떻게 사용하는 것인지 살펴보겠습니다.

> **알아두세요**
>
> session_start() 함수의 사용 위치
>
> session_start() 함수는 〈html〉 태그보다 앞서 위치해야 합니다.

세션의 이름이 'city'라는 세션과 'gu'라는 세션 이름으로 설정된 경우 두 세션에 설정된 값을 확인하는 방법입니다.

```php
<?php
session_start();              ← 세션의 사용 시작
$_SESSION[ ' city ' ] = "부산";    ← city라는 이름의 세션 생성
$_SESSION[ ' gu ' ] = "해운대구";   ← gu라는 이름의 세션 생성
?>
제가 살고 있는 도시는 <?php echo $_SESSION['city']; ?> 입니다.<br/>
그 중에서도 <?php echo $_SESSION['gu']; ?>에 살고 있습니다.<br/>
```

실행 결과

```
제가 살고 있는 도시는 부산 입니다.
그 중에서도 해운대구에 살고 있습니다.
```

■ **세션 삭제**

세션 변수의 사용이 모두 끝나면, 세션 변수의 등록을 해지할 수 있습니다. unset() 함수를 사용하면, 특정 이름의 세션 변수만을 해지할 수 있습니다.

현재 등록된 모든 세션 변수를 해지하고자 할 때에는 session_unset() 함수를 사용하면 됩니다. 또한, 세션 자체를 완전히 종료하려면 session_destroy() 함수를 사용하여 세션 아이디를 삭제하면 됩니다.

```php
<?php
unset($_SESSION["city"]);     ← city라는 이름의 세션 해지
session_unset();              ← 모든 세션 변수의 등록 해지
session_destroy();           ← 세션 아이디의 삭제
?>
```

세션 사용 예제

01 세션을 생성하는 페이지를 작성하고 저장합니다.

소스 코드 : http://localhost/myapp/ch06/create_session.php

```
01 : <?php
02 :   session_start();
03 :   $session_value = "gnuwiz";
04 :   $_SESSION["mySession"] = $session_value;
05 : ?>
06 : <html>
07 : <head>
08 :   <title>Create Session</title>
09 : </head>
10 : <body>
11 : <h1>Session Example</h1>
12 :   세션을 만듭니다.<br/>
13 :   세션 내용은 <a href="./result_session.php">여기로</a>!!!
14 : </body>
15 : </html>
```

02 : session_start() 함수를 실행하여 세션을 시작합니다.
03 : $session_value이란 변수에 사용할 세션 값을 넣어둡니다.
04 : "mySession"이란 이름을 가진 세션에 $session_value 변수에 있는 세션 값을 넣습니다.
13 : 세션을 확인하는 페이지로 이동하기 위한 링크입니다.

▲ create_session.php 실행 화면

02 세션에 할당된 세션값을 확인하기 위한 php 페이지를 작성하고 저장합니다.

소스 코드 : http://localhost/myapp/ch06/result_session.php

```
01 : <?php
02 :   session_start();
03 : ?>
04 : <html>
05 : <head>
06 :   <title>Result Session</title>
07 : </head>
08 : <body>
```

```
09 : <h1>Session Example</h1>
10 :     세션 값은 : <?php echo $_SESSION['mySession']; ?> 입니다.
11 : </body>
12 : </html>
```

02 : session_start() 함수를 실행하여 세션을 시작합니다.
10 : "mySession"이란 이름을 가진 세션의 값을 출력합니다.

▲ result_session.php 결과 화면

03-4 Cookie와 Session 비교

http 프로토콜에서 상태를 지속하지 않음으로 웹을 통한 효율적인 서비스를할 수 있지만, 그런 특징으로 인해 상태정보에 대한 지속적인 보전이 어렵게 되어 쿠키나 세션을 사용하게 되었다고 이미 설명했습니다.

쿠키와 세션에 있어서 가장 큰 특징은 어디에 존재하는가에 대한 차이가 가장 두드러집니다. 쿠키는 클라이언트에 저장이 된다는 점과 세션은 서버 측에 저장이 되어 있다는 사실입니다. 그래서 클라이언트 측에 있는 사용자는 저장된 쿠키를 열어 볼 수 있습니다. 하지만 서버 측에 있는 세션에 관한 정보는 클라이언트 측에서 접근할 수 없는 영역에 있게 되어 보안에 유리합니다.

다음 그림을 통해서 쿠키와 세션의 차이점에 대해서 알아보겠는데, 먼저 쿠키에 대한 내용입니다.

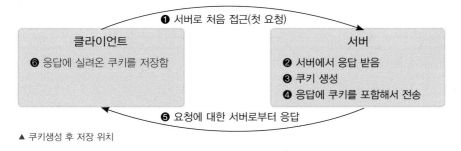

▲ 쿠키생성 후 저장 위치

그림에서 보는 것처럼 클라이언트에서 서버로 첫 요청을 할 때는 쿠키는 아직 존재하지 않습니다. 하지만 요청을 받은 서버는 현재 접속한 클라이언트가 첫 요청을 한 클라이언트인지 여러 번 접속을 한 클라이언트인지를 알 수 없습니다. 다만 요청에 쿠키 정보가 있는지 없는지를 알아본 후에 쿠키에 대한 정보가 없다면 쿠키를 서버에서 우선 생성합니다. 그리고 쿠키에 필요한 값을 넣어둔 후 클라이언트로 응답할 때 쿠키를 같이 전송합니다. 클라이언트에서는 서버로부터 받은 요청에 쿠키를 뽑아내서 자신의 저장 공간에 쿠키를 저장합니다.

다음으로 저장된 쿠키를 사용하는 그림을 보겠습니다.

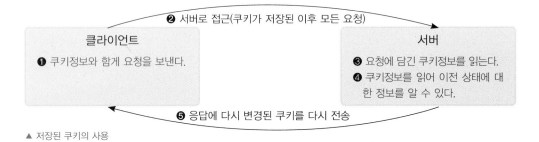

▲ 저장된 쿠키의 사용

첫 요청에 대한 응답을 받은 클라이언트는 쿠키를 갖고 있습니다. 이후에 서버로 요청을 할 때는 쿠키 정보를 실어 요청을 합니다.

요청을 받은 서버는 요청에 쿠키정보가 있는지 없는지를 조사합니다. 만약 쿠키정보가 있다면 그 쿠키에 필요한 정보를 쓰거나, 새로운 쿠키를 생성할 수도 있습니다. 물론 새로 생성된 쿠키나 새로 변경된 값은 요청한 클라이언트로 넘겨주기 위함입니다. 요청에 대한 응답을 받은 클라이언트는 그 속에 포함된 쿠키정보를 읽어 새로운 쿠키가 있으면 저장하고 기존의 쿠키 값을 변경 시켜 저장하게 됩니다.

이렇게 저장되는 쿠키는 서버의 저장 공간을 사용하지 않음으로 해서 서버 측의 부하를 덜어 낼 수 있습니다. 각각의 쿠키는 4KB(4×1024 Bytes)를 넘을 수 없고, 하나의 사이트 당 20개의 쿠키만 사용될 수 있고, 클라이언트에 저장된 쿠키의 총 개수는 300개를 넘을 수 없습니다. 300개를 넘는 경우 가장 오래된 쿠키부터 삭제한 후 새로운 쿠키를 저장합니다. 즉 저장할 수 있는 최대 쿠키개수는 300개입니다.

이제 세션의 경우입니다.

클라이언트가 서버에 접속되어 요청을 합니다. 각각의 클라이언트의 브라우저에 임의의 값을 부여해서 서버가 갖고 있습니다. 이후에 들어오는 요청에 대해 서버가 갖고 있는 브라우저 정보와 비교를 해서 동일한 클라이언트인지를 판별하게 되는데, 쿠키와 반대로 특정 클라이언트의 정보는 서버에 저장이 되어 있습니다. 첫 요청 발생 시 서버에서는 ID를 생성합니다. 그런 후 쿠키가 저장되는 방식과 마찬가지로 클라이언트에 ID만이 저장됩니다. 이후의 요청이 발생되었던 ID만이 서버로 보내는 요청에 포함이 됩니다.

이 ID정보를 읽어서 서버는 이전에 있는 값을 바꾸거나 새로운 값을 적을 수 있습니다. 다만 클라이언트에서는 ID에 붙이는 이름과 ID의 실제 값만을 저장하고 있고 나머지 값은 서버에 저장이 됩니다. 하지만 세션을 많이 사용하게 되면 서버의 자원을 많이 소모하게 되니까 많은 세션 사용은 서버에 부하를 증가시킬 수도 있습니다.

04 _ 웹 어플리케이션에 있어서 세션과 쿠키의 사용

만약 사용자가 어떤 홈페이지에 로그인을 한다고 할 때, 로그인 된 사용자의 정보가 웹페이지 안에 저장된다면 어떻게 될까요? 다시 말해서 로그인 후 사용자의 정보가 웹페이지를 구성하는 PHP 파일(.php)에 다음과 같이 변수로 저장된다면 어떻게 될까요?

```php
<?php
$user_name = "Gnuwiz";
$user_number = 1234;
?>
```

물론, 우리는 위에서 선언한 사용자이름과 사용자번호를 이용해서 웹페이지를 이용할 수 있을 것입니다. 하지만, 만약 중간에 인터넷이 끊기거나 의도치 않게 웹페이지에서 오류가 생겨서 다시 접속해야 하는 경우가 생기면 어떻게 될까요? 어쩔 수 없이 우리는 새로 웹페이지를 로딩해야하고 그런 과정에서 사용자 이름과 번호는 지워지게 될 것입니다. 오류가 나거나 인터넷이 끊길 때 마다 다시 로그인을 하는 것은 여간 귀찮은 일이 아닐 수 없습니다. 또 다른 예로, 네이버 메인홈페이지에서 로그인 한 후에 블로그 사이트로 이동할 때, 로그인 된 나의 정보는 여전히 보존 되어있습니다. 물론 뒤에서 배울 것처럼 GET 또는 POST 방식으로 메인페이지에서 블로그 페이지로 사용자정보를 전달할 수 도 있습니다. 하지만, 네이버의 모든 페이지들 (네이버 메인, 블로그, 카페, 등 무수히 많은 네이버 웹페이지들)을 GET 이나 POST 방식으로 전달 하고자 한다면 정말 번거로운 일이 될 것입니다. POST방식을 사용하는 것은 사용자정보를 종이 한 장에만 적어놓고 이 종이 한 장을 보내는 사람과 받는 사람이 매번 서로 만나서 교환하여 옮겨가며 사용하는 방식이라 볼 수 있습니다.

이 방법은 언제 누가 누구에게 정보를 주는지 확실히 알 수 있지만, 매번 보내는 사람과 받는 사람을 정해야하고 두 사람 사이에 정보를 전달을 약속하는 코드를 매번 작성해 주어야하는 불편함이 있습니다. 앞에서 말한 것처럼 네이버의 수많은 웹페이지를 이동해 가면서 사용자 정보를 유지하기 위해서는 아마 100가지가 넘는 정보교환 코드를 작성해야 할 것입니다.

하지만, 만약 우리 모두 사용자정보를 적은 종이를 한 서랍에 보관하기로 약속을 하고, 필요한 사람이 그때그때 거기에서 정보를 가져와 사용하는 방식이 된다면 우리는 매번 보내는 사람과 받는 사람을 정의하고 정보교환을 약속하는 코드를 작성할 필요가 없으며, 단순히 약속한 장소에서 정보를 가져오는 코드만 작성하면 됩니다. 또한 어느 웹페이지에서든지 한 서랍에만 접근하면 되므로 모든 네이버 웹사이트에서 정보를 가져오는 코드가 동일하게 적용되며, 단순히 정보를 가져오는 코드를 하나 작성해서 모든 웹사이트에서 복사 하고 붙여넣기 하면 된다는 매우 큰 장점이 있습니다. 위와 같이 특정한 장소에 정보들을 보관해 놓고 필요할 때 마다 가져와서 사용하는 방법이 쿠키와 세션을 이용하는 방법입니다. 쿠키는 사용자 정보들을 클라이언트 측의 컴퓨터에 저장하고, 세션은 서버 쪽의 컴퓨터에 저장한다는 차이점이 있습니다. 이 차이점은 겉보기에는 별 차이가 없어 보일 수 있지만, 정보보안에 큰 차이를 줍니다.

세션과 쿠키

http protocol은 Stateless protocol입니다. 결국 로그인 서비스를 제공하기 위해서 지속적인 상태관리가 필요합니다. 상태관리를 위해서 세션, 쿠기 등을 이용해서 지속적인 상태관리를 할 수 있습니다.

세션과 쿠키의 비교

세션과 쿠키에 있어서 가장 큰 특징은 어디에 존재하는가에 대한 차이가 가장 두드러집니다. 세션은 서버 측에 저장이 되어 있다는 점과 쿠키는 클라이언트에 저장이 된다는 사실입니다. 그래서 클라이언트 측에 있는 사용자는 저장된 쿠키를 열어 볼 수 있습니다. 하지만 서버 측에 있는 세션에 관한 정보는 클라이언트 측에서 접근할 수 없는 영역에 있게 되어 보안에 유리합니다.

1 Http protocol의 특징

Http protocol은 ＿＿＿프로토콜입니다. 그래서 상태를 지속하지 않습니다.

2 상태관리를 위해서 대표적으로 사용되는 것 두 가지는 무엇입니까? (①), (②)

3 다음은 "myCookie"라는 이름을 가진 쿠키를 삭제하기위한 명령입니다. 다음을 완성하세요.

```php
<?php
(____) ($_COOKIE["myCookie"]);
?
```

4 다음은 "mySession"이라는 이름을 가진 세션을 생성하고 "hello"라는 값을 설정하는 다음 명령을 완성하세요.

```php
<?php
session_start();
$session_value = "hello";
(____) = $session_value;
?>
```

Answer

1 stateless
2 ❶ Session ❷ Cookie
3 unset
4 $_SESSION["mySession"]

Chapter
07

HTML Form을 통하여 데이터 전송

이번 장에서는 HTML Form을 통하여 각 태그별 데이터를 전송하는 방법을 예제를 통해서 살펴보도록 하겠습니다. 웹 프로그래밍에서 페이지와 페이지 간의 통신은 링크 방식과 Form 방식을 통해서 데이터의 전송이 이루어집니다. 일반적으로 사용을 많이 하는 회원가입, 게시판 글쓰기 및 댓글 기능들은 전부 다 Form 방식을 통해서 데이터 통신을 합니다.

우리는 여러 가지 웹 사이트를 이용하면서 회원로그인, 회원가입, 게시글 작성 등 HTML의 Form을 통해서 내용을 입력하고 버튼을 누르면 다음 페이지에서 처리하는 방식들을 많이 사용해왔습니다. 웹 프로그래밍을 하다보면 마찬가지로 아래 그림과 같이 웹페이지에서 웹페이지로 정보를 전달해야 하는 경우가 있습니다. 그럴 경우에는 POST, GET 방식을 사용하여 데이터를 전달하고 받을 수 있습니다.

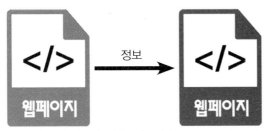

▲ 웹페이지에서 다른 웹페이지로 정보 전달

01 _ POST, GET 이란?

클라이언트인 브라우저가 서버에 HTTP 요청을 보낼 때는 다음 방식 중 하나를 사용합니다.

❶ POST 방식
❷ GET 방식

두 방식 모두 HTML의 〈form〉 태그 안에 있는 〈input〉, 〈select〉, 〈textarea〉 태그와 같은 폼 요소들 통해 브라우저에서 서버로 정보를 보냅니다. 두 방식의 차이는 GET의 경우 URL로 정보가 전송 되며 POST의 경우 HTTP의 BODY로 정보가 전송됩니다. 전송되는 자료는 전송하는 방식에 맞는 특정한 형태의 key – value 방식으로 전송됩니다. 태그의 name 속성을 key로 사용하며 value 속성은 value로 사용합니다.

PHP는 이렇게 외부에서 온 정보를 PHP의 자료형 중 하나인 배열로 저장합니다. 이 배열은 PHP에 의해서 미리 선언 되며 슈퍼전역배열로 설정이 되어 있어서 어디에서든 제약 없이 접근할 수 있습니다. 배열의 key와 value은 전송된 key와 value의 연관배열이 됩니다.

GET은 $_GET의 배열로 접근할 수 있으며 POST는 $_POST의 배열로 접근할 수 있습니다. 또한 GET과 POST는 모두 $_REQUEST 배열로 접근할 수 있습니다.

알아두세요

$_REQUEST 순서

$_REQUEST 변수는 GET, POST, COOKIE와 같이 외부에서 온 변수에 접근할 수 있습니다. 이때 같은 key를 가지고 있을 경우 변수를 덮어 쓰게 되는데 이순서는 php 설정에서 variables_order를 통해서 설정할 수 있습니다.

POST, GET 방식을 제대로 이해해야만 우리가 원하는 데이터를 〈form〉 태그를 통해 전송하고 받아올 수 있습니다. 그렇다면 POST, GET 방식은 무슨 차이가 있고 어떻게 사용하는 것인지 다양한 예제를 통해서 배워보도록 하겠습니다.

알아두세요

HTPP란?

HTTP(Hypertext Transfer Protocol)의 준말로 클라이언트와 서버가 커뮤니케이션을 하는 방식 중 하나입니다. HTTP는 request-response protocol(요청-응답 방식)으로 커뮤니케이션을 합니다.
이는 클라이언트 측에서 요청을 보내면 서버에서 요청을 받아 처리한 결과를 클라이언트 측으로 보내면 클라이언트는 그 요청을 받는 방식입니다. 예를 들어, 사용자가 크롬 브라우저를 사용하여 네이버에 아이디, 비번을 입력하고 로그인 버튼을 누르면, 해당 사용자의 컴퓨터에 켜져 있는 크롬(클라이언트)에서 네이버(서버)로 아이디, 비번과 함께 로그인을 허락해달라는 요청을 보내게 됩니다. 네이버(서버)에서는 이 요청을 받아 아이디 비번이 맞는지 확인 한 후 이 결과(로그인 성공 또는 실패)를 클라이언트의 요청에 대한 응답으로 전달합니다. 이것이 request-response protocol(요청-응답 방식)이 작동하는 방식입니다. 이는 다시 말하면 사용자가 로그인 요청을 보내기 전까지 서버 측에서는 사용자에게 어떠한 응답도 주지 않는 다는 것이 됩니다. 스마트 폰으로 인터넷을 사용하다보면 어느 순간 인터넷이(와이파이가) 끊기더라도 웹페이지는 이전의 컨텐츠를 보여주고 있다가 사용자가 다른 창으로 이동하고자 하면 인터넷 연결이 끊겼다는 메시지를 띄우는 경우가 자주 있었을 것입니다. 이는 인터넷이 끊긴 후에 사용자가 아무런 요청을 서버로 보내지 않았기 때문에 끊기기 전과 같은 창이 그대로 떠있는 것입니다. 하지만 다른 창으로 이동하려는 순간 우리는 서버로 요청을 보내게 되고, 요청을 보내는 순간 인터넷이 끊겨있기 때문에 인터넷이 끊겨있다는 응답을 받게 되는 것입니다.

01-1 POST로 데이터 전달

브라우저로부터 PHP가 설치된 웹 서버로 전송할 때에는 〈form〉 태그의 method에 설정된 데이터 방식으로 전송됩니다.
POST 방식으로 전송된 데이터는 PHP의 $_POST 배열 변수에 저장되며 GET 방식으로 전송된 데이터는 $_GET 배열 변수에 저장됩니다.
또한 PHP에서는 $_REQUEST라는 배열 변수가 존재하는데 $_REQUEST는 POST, GET 방식으로 전송된 데이터와 전송된 파일의 정보, 쿠키의 정보까지도 저장하고 있습니다.

그래서 $_REQUEST 배열 번수를 사용하면 POST나 GET 방식으로 전송된 데이터를 구분하지 않고 받을 수 있습니다.

$_POST 배열 변수는 HTTP POST 방식으로 전송된 태그의 name 속성과 value 속성의 값이 변수들의 배열이 됩니다.

POST 방식은 HTTP의 BODY를 통해서 정보가 전송되기 때문에 일반적인 사용 방법으로는 전송 형태를 볼 수 있습니다. 이렇게 다른 사람들에게 보이지 않고 보낼 수 있는 정보의 양에도 제한이 없으며, POST 방식은 HTML의 〈form〉 태그와 함께 사용해야만 합니다.

01 POST 방식으로 데이터를 전송하는 예제를 만들어 보겠습니다.

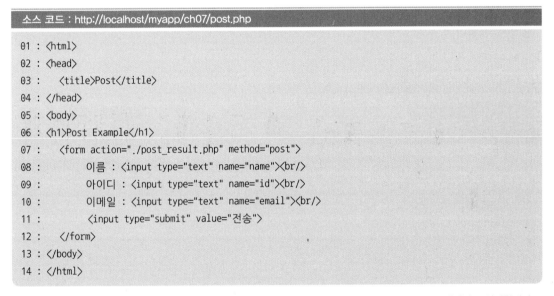

```
소스 코드 : http://localhost/myapp/ch07/post.php

01 : <html>
02 : <head>
03 :    <title>Post</title>
04 : </head>
05 : <body>
06 : <h1>Post Example</h1>
07 :    <form action="./post_result.php" method="post">
08 :        이름 : <input type="text" name="name"><br/>
09 :        아이디 : <input type="text" name="id"><br/>
10 :        이메일 : <input type="text" name="email"><br/>
11 :        <input type="submit" value="전송">
12 :    </form>
13 : </body>
14 : </html>
```

07 : 〈form〉 태그의 action에는 전송 결과를 받을 파일경로를 입력하고 method에는 POST 방식으로 보내겠다고 설정합니다.

08 : 이름을 입력할 수 있는 칸을 생성합니다. 이때 〈input〉 태그의 name 속성 값으로 전송된 페이지에서 POST 배열변수의 키 값으로 데이터를 받을 수 있습니다. 이름의 name 속성 값은 name으로 설정 하였습니다.

09 : 아이디를 입력할 수 있는 칸을 생성합니다. 아이디의 name 속성 값은 id로 설정 하였습니다.

10 : 이메일을 입력할 수 있는 칸을 생성합니다. 이메일의 name 속성 값은 email로 설정 하였습니다.

11 : 전송 버튼을 생성합니다. 전송버튼을 클릭하게 되면 〈form〉 태그의 action 경로로 전송됩니다.

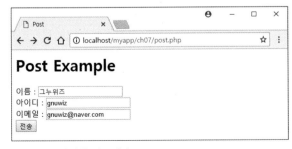

▲ post.php 실행 후 정보 입력

사용자가 브라우저로부터 웹 서버로 데이터를 전송하기 위해서는 HTML의 〈form〉 태그를 사용하여 데이터를 주고받을 수 있습니다.

〈form〉 태그에서 데이터 전송을 위해 사용할 수 있는 태그는 여러 가지가 있으며, 이러한 태그에 데이터 값을 입력하고 submit 버튼을 클릭하면 데이터들은 〈form〉의 action에 설정된 경로도 전송됩니다.

사용자가 전송 버튼을 누르면 전송되는 곳의 주소(URL)는 우리가 요청한 페이지, 즉 다음과 같은 형태의 경로로 데이터 값 전송을 요청합니다.

```
http://localhost/myapp/ch07/post_result.php
```

02 이어서 데이터 값을 받을 페이지를 만들어보겠습니다.

소스 코드 : http://localhost/myapp/ch07/post_result.php

```
01 : <?php
02 : $name = $_POST["name"];
03 : $id = $_POST["id"];
04 : $email = $_POST["email"];
05 : ?>
06 :
07 : <html>
08 : <head>
09 :    <title>Post Result</title>
10 : </head>
11 : <body>
12 : <h1>Post Example</h1>
13 :    <?php echo $name."님의 아이디는 ".$id.", 이메일 주소는 ".$email."입니다."; ?>
14 : </body>
15 : </html>
```

post.php 파일과 post_result.php 파일을 작성했다면 post.php 파일을 실행하여 이름, 아이디, 이메일을 입력한 후 전송 버튼을 클릭해보겠습니다.

▲ post_result.php 결과 화면

예제를 실행 후 post_result.php 결과 화면을 보면 주소(URL)창에는 post_result.php로 입력한 값들이 전송되어 넘어왔다는 것을 확인할 수 있습니다. 이렇게 〈input〉 태그에 입력한 name의 속성 값을 POST의 키 값으로 여러 가지의 데이터를 전달해서 받아올 수 있습니다.

실행 결과

그누위즈님의 아이디는 gnuwiz, 이메일 주소는 gnuwiz@naver.com입니다.

03 : $name 이라는 변수에 POST로 받은 name이라는 키 값의 데이터를 넣어줍니다.
04 : $id 이라는 변수에 POST로 받은 id라는 키 값의 데이터를 넣어줍니다.
05 : $email 이라는 변수에 POST로 받은 email이라는 키 값의 데이터를 넣어줍니다.
08 : POST로 받은 값들을 출력하는 부분입니다.

알아두세요

name 속성 값

〈input〉 태그의 name 속성 값과 연관 배열의 키 값은 모두 대소문자를 구분하니 주의해야 합니다.

알아두세요

왜 $_POST 방식을 사용하나요?

HTTP POST 방식으로 보내진 변수들은 주소(URL)에 나타나지 않습니다. 따라서 일반적으로 홈페이지에서의 회원로그인과 같이 보안이 중요한 부분에는 POST방식을 사용합니다. 그리고 전송되는 데이터의 길이에 제한이 없습니다. 하지만, 변수들이 주소(URL)에 나타나지 않기 때문에, 그 페이지를 즐겨찾기 하거나 북마크 하는 것은 불가능 합니다.

01-2 GET으로 데이터 전달

$_GET 배열 변수는 HTTP GET 방식으로 전송된 태그의 name 속성과 value 속성의 값이 변수들의 배열이 됩니다. $_GET 변수는 method="get"으로 설정된 〈form〉으로부터 값을 수집하는데 사용됩니다. GET 방식으로 〈form〉으로부터 전송된 정보는 웹 브라우저의 주소(URL)을 통해서 모든 사용자들이 볼 수 있습니다. 보낼 수 있는 데이터 길이는 브라우저의 영향을 받습니다. HTTP 스펙상의 제한

은 없으나 IE 10 이하일 경우 2,083글자까지 전송됩니다. 크롬, 파이어폭스, 사파리 등은 IE 보다
더 많은 글자를 URL로 보낼 수 있으며 특별한 제한은 없습니다. 하지만 IE를 포함한 모든 브라우저
에서 접근할 수 있게 보수적으로 최대 2048 글자수를 잡는 것이 좋습니다.

물론 GET의 경우 POST와 마찬가지로 다음과 같이 〈form〉의 method에 get을 설정해서 전송이 가
능합니다.

01 GET 방식으로 데이터를 전송하는 예제는 만들어 보겠습니다.

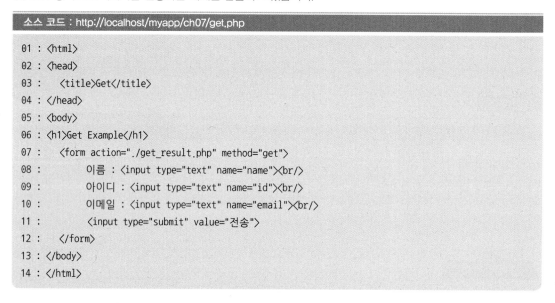

소스 코드 : http://localhost/myapp/ch07/get.php

```
01 : <html>
02 : <head>
03 :   <title>Get</title>
04 : </head>
05 : <body>
06 : <h1>Get Example</h1>
07 :   <form action="./get_result.php" method="get">
08 :         이름 : <input type="text" name="name"><br/>
09 :         아이디 : <input type="text" name="id"><br/>
10 :         이메일 : <input type="text" name="email"><br/>
11 :         <input type="submit" value="전송">
12 :   </form>
13 : </body>
14 : </html>
```

07 : 〈form〉 태그의 action에는 전송 결과를 받을 파일경로를 입력하고 method에는 GET 방식으로 보내겠다고 설정합니다.

08 : 이름을 입력할 수 있는 칸을 생성합니다. 이때 〈input〉 태그의 name 속성 값으로 전송된 페이지에서 GET 배열변수
의 키 값으로 데이터를 받을 수 있습니다. 이름의 name 속성 값은 name으로 설정 하였습니다.

09 : 아이디를 입력할 수 있는 칸을 생성합니다. 아이디의 name 속성 값은 id로 설정 하였습니다.

10 : 이메일을 입력할 수 있는 칸을 생성합니다. 이메일의 name 속성 값은 email로 설정 하였습니다.

11 : 전송 버튼을 생성합니다. 전송버튼을 클릭하게 되면 form 태그의 action 경로로 전송됩니다.

▲ get.php 실행 후 정보 입력

02 이어서 데이터 값을 받을 페이지를 만들어보겠습니다.

```php
01 : <?php
02 : $name = $_GET["name"];
03 : $id = $_GET["id"];
04 : $email = $_GET["email"];
05 : ?>
06 :
07 : <html>
08 : <head>
09 :    <title>Get Result</title>
10 : </head>
11 : <body>
12 : <h1>Get Example</h1>
13 :    <?php echo $name."님의 아이디는 ".$id.", 이메일 주소는 ".$email."입니다."; ?>
14 : </body>
15 : </html>
```

get.php 파일과 get_result.php 파일을 작성했다면 get.php 파일을 실행하여 이름, 아이디, 이메일을 입력한 후 전송 버튼을 클릭 해 보겠습니다.

실행 결과

그누위즈님의 아이디는 gnuwiz, 이메일 주소는 gnuwiz@naver.com입니다.

03 : $name 이라는 변수에 GET으로 받은 name이라는 키 값의 데이터를 넣어줍니다.
04 : $id 이라는 변수에 GET으로 받은 id라는 키 값의 데이터를 넣어줍니다.
05 : $email 이라는 변수에 GET으로 받은 email이라는 키 값의 데이터를 넣어줍니다.
08 : GET으로 받은 값들을 출력하는 부분입니다.

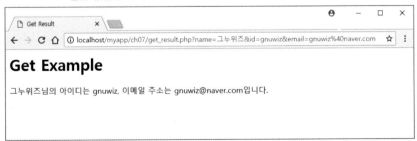

▲ get_result.php 결과 화면

예제 실행 결과를 확인해보면 get_result.php 파일이 실행된 주소(URL)창에 앞서 get.php 파일에서 입력한 값들이 주소(URL)창에 같이 전달되어 브라우저에서 확인가능 한 것을 알 수 있습니다.

POST와 GET의 차이를 조금은 이해하셨나요?

GET 방식은 위의 예제와 같이 주소(URL)에 데이터를 추가하여 전달하는 방식입니다.

GET 방식의 HTTP 요청은 브라우저에 의해 캐시(cached) 되어 저장 되며 보통 쿼리 문자열(query string)에 포함되어 전송됩니다.

예제를 통해 값을 전달 받은 주소(URL)를 살펴보면 주소(URL)에 전달하는 데이터의 키와 값이 나타나기 때문에 보안상 취약점이 존재하므로, 중요한 데이터는 POST 방식을 사용하여 요청하는 것이 좋습니다.

조금 전 예제에서는 form 태그를 사용해서 데이터를 전송하였지만 GET 방식은 더욱 간단하게 데이터를 전달할 수 있습니다. GET 방식은 꼭 form 태그를 사용하지 않더라도 주소(URL)에 키와 데이터 값만 연결하면 간편하게 사용할 수 있습니다.

03 GET 방식으로 form 태그를 사용하지 않고 데이터를 전송하는 예제를 만들어 보겠습니다.

소스 코드 : http://localhost/myapp/ch07/get2.php

```php
01 : <?php
02 : $name = "그누위즈";
03 : $id = "gnuwiz";
04 : $email = "gnuwiz@naver.com";
05 : ?>
06 :
07 : <html>
08 : <head>
09 :     <title>Get</title>
10 : </head>
11 : <body>
12 : <h1>Get Example</h1>
13 :     <a href="./get_result.php?name=<?php echo $name; ?>&id=<?php echo $id; ?>&email=<?php echo $email; ?>">전송</a>
14 : </body>
15 : </html>
```

02~04 : $name, $id, $email 변수에 이름, 아이디, 이메일을 넣어줍니다.
08　　 : HTML의 〈a〉 태그로 전송 링크를 생성합니다. 전송이라는 글자를 클릭하게 되면 〈a〉 태그의 head에 설정된 경로로 이동합니다.

이렇게 작성한 get2.php 파일을 실행하게 되면 앞서 〈form〉 태그를 통해서 전송한 GET방식과 같은 결과가 나타나는 것을 확인할 수 있습니다.

▲ get2.php 실행 화면

▲ get_result.php 실행 화면

예제처럼 여러 개의 값을 사용하고 싶을 경우 첫 번째 키에는 물음표(?)로 구분하고 추가로 두개, 세 개의 키를 연결해서 사용할 경우에는 사이에 앰퍼샌드(&) 기호를 추가하여 여러 키의 사이를 연결하여 사용할 수 있습니다.

알아두세요

왜 $_GET을 사용하나요?

$_GET 변수를 사용할 때 모든 변수 이름과 값들이 URL에 표시됩니다. 그래서 이 방법은 암호나 다른 민감한 정보를 보낼 때 사용하셔서는 안 됩니다. 하지만, 변수들이 URL에 표시되기 때문에, 페이지를 즐겨찾기나 북마크 하는 것이 가능합니다. 이렇게 GET 방식을 사용하는 것이 몇몇 상황에서는 상당히 유용합니다.

❏ POST, GET : ⟨form⟩으로 데이터를 전송하는 방법에는 크게 POST와 GET 방식이 있습니다. POST 방식은 정보를 숨겨서 보내기 때문에 눈으로 확인할 수 없습니다. 정확히는 HTTP의 BODY에 숨겨져 (인코드 되어) 서버로 전송됩니다. GET 방식은 정보를 주소(URL)에 추가하여 전달하는 방식입니다.

알아두세요

$_REQUEST 배열 변수

PHP의 $_POST 배열 변수는 $_GET, $_POST, $_COOKIE 모두의 내용을 담고 있습니다. $_REQUEST 배열 변수는 GET 이나 POST 방식으로 전송된 form 데이터로부터 결과를 얻는데 사용될 수 있습니다. $_REQUEST의 변수는 $_GET, $_POST, $_COOKIE 순으로 데이터가 오버라이드 됩니다. 그래서 $_REQUEST는 사용하기는 편리하나 자료의 출처에 대해서는 다소 모호할 수 있습니다.

02 _ input 태그로 데이터 전달

HTML의 〈input〉 태그 자체가 사용자 입력부분과 전송 기능을 제공해주는 태그라고 이해할 수 있습니다. 〈input〉 태그의 type="" 속성을 통해 입력하는 내용이 어떤 정보인지를 지정 가능하며 type="" 속성 값에 따라 사용할 수 있는 속성들도 다릅니다.

> 〈input type="유형" name="속성 값" value="데이터 값"〉

여러 가지 〈input〉 태그의 type 속성들을 사용해서 데이터를 전송하는 방법을 예제를 통해서 같이 실습해보도록 하겠습니다.

02-1 hidden 속성으로 데이터 전송

〈input〉 태그의 속성 값 중에는 hidden이라는 속성이 있는데 Hidden이라는 언어 자체는 숨긴다는 의미가 있습니다. 즉, 화면에 입력부분이 출력되지는 않지만 데이터를 보낼 때 숨겨서 보낼 수 있습니다. 브라우저에서 소스 보기를 통해서 살펴본다면 hidden 속성을 사용하고 있다는 것을 알 수는 있지만 대게 숨겨진 입력필드를 정의 즉, 화면상에 Form에는 보이지 않지만, Form 을 서버로 전송할 때 함께 전송되는 요소를 보내는데 사용합니다.

예를 들어, 회원가입 Form에서 가입 경로, 날짜와 같이 굳이 사용자가 입력하지 않아도 알 수 있는 정보들의 데이터를 서버로 전송 할 때 사용할 수 있습니다.

hidden 속성의 사용방법은 다음과 같이 사용할 수 있습니다.

> 〈input type="hidden' name="속성 값" value="데이터 값"〉

01 예제를 통해 히든 방식을 어떻게 적용되는지 알아보겠습니다.

소스 코드 : http://localhost/myapp/ch07/hidden.php

```
01 : <?php
02 : $name = "그누위즈";
03 : $id = "gnuwiz";
04 : $email = "gnuwiz@naver.com";
05 : ?>
06 : <html>
07 : <head>
08 :     <title>Hidden</title>
09 : </head>
```

```
10 : <body>
11 : <h1>Hidden Example</h1>
12 :    <form action="./post_result.php" method="post">
13 :        <input type="hidden" name="name" value="<?php echo $name; ?>">
14 :        <input type="hidden" name="id" value="<?php echo $id; ?>">
15 :        <input type="hidden" name="email" value="<?php echo $email; ?>">
16 :        <input type="submit" value="전송">
17 :    </form>
18 : </body>
19 : </html>
```

실행 결과

그누위즈님의 아이디는 gnuwiz, 이메일 주소는 gnuwiz@naver.com입니다.

02~04 : $name, $id, $email 변수에 이름, 아이디, 이메일을 넣어줍니다.
13~15 : <input> 태그의 type을 hidden으로 설정하고 name 속성 값을 넣어줍니다. 데이터 값이 들어가는 value에는 위
         에서 변수에 설정한 각 항목에 맞는 값을 넣어줍니다.
16   : 전송 버튼을 생성합니다. 전송버튼을 클릭하게 되면 <form> 태그의 action 경로로 전송됩니다.

▲ hidden.php 실행 화면

이렇게 작성한 hidden.php 파일을 실행하고 브라우저에서 마우스 오른쪽 버튼을 클릭하여 소스 보기를 해보면 다음과 같이 소스에서는 hidden 속성을 사용 중인 것을 확인할 수 있습니다.

알아두세요

hidden 속성은 사용자가 직접 입력할 수 없고 숨겨져 있기 때문에 웹 프로그래밍을 할 때에 미리 어떤 특정 값을 넣어두어 사용할 수 있도록 구현하여야 합니다. 물론 소스 보기를 통해서 모든 값들이 노출 될 수 있기 때문에 보안상 사용해도 되는 정보의 값을 넣어야 합니다. 예를 들어 홈페이지 가입경로, 현재 사용자의 ip와 같이 직접 입력하지 않아도 되지만, 데이터를 전송받아 특정 값을 사용하고 싶은 경우 hidden 속성을 사용합니다.

02-2 체크박스 태그로 데이터 전달

〈input〉 태그의 속성 값 중에는 checkbox라는 속성이 있는데 checkbox는 여러 항목 중에서 2개 이상의 값을 선택하여 데이터를 전달할 수 있습니다.

예를 들어, 회원가입 Form에서 취미, 좋아하는 분야 등 두 가지 이상의 항목을 선택할 경우 사용할 수 있습니다.

checkbox 속성의 사용방법은 다음과 같이 사용할 수 있습니다.

```
<input type="checkbox' name="속성 값" value="데이터 값">
```

01 예제를 통해 체크박스 방식을 어떻게 적용되는지 알아보겠습니다.

소스 코드 : http://localhost/myapp/ch07/checkbox.php

```
01 : <html>
02 : <head>
03 :    <title>Checkbox</title>
04 : </head>
05 : <body>
06 : <h1>Checkbox Example</h1>
07 :    <form action="./checkbox_result.php" method="post">
08 :        <input type="checkbox" name="fruit[]" value="사과">사과
09 :        <input type="checkbox" name="fruit[]" value="포도">포도
10 :        <input type="checkbox" name="fruit[]" value="딸기">딸기
11 :        <input type="checkbox" name="fruit[]" value="바나나">바나나
12 :        <br/>
13 :        <input type="submit" value="전송">
14 :    </form>
15 : </body>
16 : </html>
```

08~11 : 〈input〉 태그의 type을 checkbox로 설정하고 name 속성 값은 fruit라는 이름의 배열을 넣어줍니다. 값이 들어가는 value에는 각 항목에 맞는 과일 값을 넣어줍니다.

13　　　: 전송 버튼을 생성합니다. 전송버튼을 클릭하게 되면 〈form〉 태그의 action 경로로 전송됩니다.

▲ checkbox.php 실행 화면

체크박스 속성을 사용할 경우에는 〈input〉 태그의 name 속성 값을 각각 지정할 수 있지만 보통은 같은 항목 중 여러 값을 선택하는 것이기 때문에 배열을 사용하여 하나의 그룹으로 묶어서 표현하는 것이 좋습니다. 예를 들어 위의 예제의 공통은 분류는 과일입니다. 같은 과일이지만 name 값을 각각 다르게 한다면 데이터를 전달 받는 파일에서는 각각의 name 값을 일일이 $_POST 배열변수로 받아 각 변수에 넣어주어야 하며 출력 하는 부분에서도 불필요한 소스들을 많이 작성해야합니다.

02 다음의 예제를 통해 체크박스 결과를 어떻게 적용되는지 알아보겠습니다.

소스 코드 : http://localhost/myapp/ch07/checkbox_result.php

```
01 : <html>
02 : <head>
03 :   <title>Checkbox Result</title>
04 : </head>
05 : <body>
06 : <h1>Checkbox Example</h1>
07 :   <?php
08 :   if(isset($_POST['fruit'])) {        ← 배열에 값이 있으면 출력
09 :       echo "선택한 과일은<br/>";
10 :       for($i=0; $i<count($_POST['fruit']); $i++) {
11 :           $fruit = $_POST['fruit'][$i];
12 :           echo $fruit."<br/>";
13 :       }
14 :       echo "입니다.";
15 :   } else {        ← 배열에 값이 없으면 출력
16 :       echo "선택한 과일이 없습니다.";
17 :   }
18 :   ?>
19 : </body>
20 : </html>
```

08 : isset() 함수를 사용하여 배열이 설정되어 있는지를 확인합니다.

10 : for문을 이용하여 POST로 전송받은 배열 fruit의 개수만큼 반복문을 실행합니다. 즉, 앞서 form에서 2개의 항목을 체크했다면 2번, 3개의 항목을 체크했다면 3번이 실행됩니다. *count() 함수는 배열에 몇 개의 값이 있는지 개수를 체크하는 함수입니다.

11 : 반복문을 한번 실행 할 때 마다 fruit 배열의 값을 $fruit 변수에 넣습니다.

12 : 반복문을 한번 실행 할 때 마다 $fruit 변수를 출력합니다.

15~16 : 만약 배열에 값이 한 개라도 없다면 "선택한 과일이 없습니다."라는 문자를 출력합니다.

여기까지, 〈input〉 태그를 활용하여 화면에 체크박스를 표시하고, 선택된 체크박스의 항목이 서버로 어떻게 전달되는지 확인하였습니다. 체크박스 예제에서는 배열을 사용하여 다소 어렵게 느낄 수는 있겠지만, 체크박스를 배열로 사용하여 서버로 데이터를 전달하는 방식은 실무에서 유용하게 사용되기 때문에 반드시 이해하고 넘어가도록 합니다.

02-3 라디오버튼 태그로 데이터 전달

radio는 여러 개의 항목 중에서 한 가지만 선택하여 데이터를 전달할 수 있습니다. 이미 선택된 항목이 있을 때는 다른 항목을 선택하면 기존 항목이 취소됩니다.

예를 들어, 성별 같은 경우 앞에서 배운 체크박스로 표시하면 '남자'와 '여자' 두 항목을 모두 선택할 수 있게 됩니다. 이럴 경우에는 체크박스 대신 라디오 버튼을 사용해야 합니다.

radio 속성의 사용방법은 다음과 같이 사용할 수 있습니다.

```
<input type="radio' name="속성 값" value="데이터 값">
```

01 예제를 통해 라디오 방식이 어떻게 적용되는지 알아보겠습니다.

소스 코드 : http://localhost/myapp/ch07/radio.php

```
01 : <html>
02 : <head>
03 :   <title>Radio</title>
04 : </head>
05 : <body>
06 : <h1>Radio Example</h1>
07 :   <form action="./post_result.php" method="post">
08 :       이름 :
09 :       <input type="radio" name="name" value="그누위즈">그누위즈
10 :       <input type="radio" name="name" value="홍길동">홍길동
11 :       <input type="radio" name="name" value="임꺽정">임꺽정
12 :       <br/>
13 :
14 :       아이디 :
15 :       <input type="radio" name="id" value="gnuwiz">gnuwiz
16 :       <input type="radio" name="id" value="hong">hong
17 :       <input type="radio" name="id" value="im">im
18 :       <br/>
19 :
20 :       이메일 :
```

```
21 :        <input type="radio" name="email" value="gnuwiz@naver.com">gnuwiz@naver.com
22 :        <input type="radio" name="email" value="hong@gmail.com ">hong@gmail.com
23 :        <input type="radio" name="email" value="im@naver.com">im@naver.com
24 :        <br/>
25 :        <input type="submit" value="전송">
26 :    </form>
27 : </body>
28 : </html>
```

09~11 : 〈input〉 태그의 type을 radio로 설정하고 name 속성 값과 value의 값을 넣어줍니다. 이때 특징은 이름이라는 분류에서 하나의 값만 선택할 수 있기 때문에 name 속성 값은 통일시켜 하나의 그룹으로 묶어줍니다.

15~17 : 〈input〉 태그의 type을 radio로 설정하고 name 속성 값과 value의 값을 넣어줍니다. 이때 특징은 아이디라는 분류에서 하나의 값만 선택할 수 있기 때문에 name 속성 값은 통일시켜 하나의 그룹으로 묶어줍니다.

21~23 : 〈input〉 태그의 type을 radio로 설정하고 name 속성 값과 value의 값을 넣어줍니다. 이때 특징은 이메일 이라는 분류에서 하나의 값만 선택할 수 있기 때문에 name 속성 값은 통일시켜 하나의 그룹으로 묶어줍니다.

25 : 전송 버튼을 생성합니다. 전송버튼을 클릭하게 되면 〈form〉 태그의 action 경로로 전송됩니다.

▲ radio.php 실행 화면

라디오 버튼은 우리가 웹 페이지에서 자주 보고 사용하던 방식입니다. 같은 분류의 경우에는 위의 예제와 같이 같은 그룹으로 묶어주어 하나의 값만 선택 되도록 하는 것이 일반적인 사용방법입니다.

03 _ select 태그로 데이터 전달

----

select박스는 〈form〉 태그를 사용할 때 굉장히 많이 사용되는 태그중 하나입니다. 여러 가지의 값들을 드롭다운 목록 형태로 보여주어 선택할 때 사용되는 방식입니다. 보통은 셀렉트 박스나 콤보 박스로 불리고 있습니다. 〈select〉 태그를 사용한 방법에 대하여 예제와 함께 알아보도록 하겠습니다. 〈select〉 태그의 사용방법은 다음과 같이 사용할 수 있습니다.

```
<select name="속성 값">
    <option value="데이터 값1">노출 값1</option>
    <option value="데이터 값2">노출 값2</option>
    <option value="데이터 값3" selected="selected">노출 값3</option>
</select>
```

〈select〉 태그와 〈option〉 태그로 구성되며, 〈option〉 태그에서 사용하는 value 속성은 〈input〉 태그에서의 value 속성과는 조금 다릅니다. 일반적으로 〈input〉 태그에서 value 속성에 값을 입력하면 기본 값으로 입력되지만 〈option〉 태그의 경우는 이 〈option〉이 선택된 경우 전송되는 값을 지정하는 것입니다.

위의 사용방법에서 노출 값3을 선택한 채로 〈form〉을 전송했다면 value값은 〈option value="데이터 값3"〉의 value값인 "데이터 값3"으로 지정됩니다. 기본 값으로 데이터 값3이 선택되게 하려면 위와 같이 selected 속성을 사용하면 됩니다.

01 예제를 통해 셀렉트 방식을 어떻게 적용되는지 알아보겠습니다.

소스 코드 : http://localhost/myapp/ch07/select.php

```
01 : <html>
02 : <head>
03 :    <title>Select</title>
04 : </head>
05 : <body>
06 : <h1>Select Example</h1>
07 :    <form action="./post_result.php" method="post">
08 :        이름 :
09 :        <select name="name">
10 :            <option value="">선택하세요</option>
11 :            <option value="그누위즈">그누위즈</option>
12 :            <option value="홍길동">홍길동</option>
13 :            <option value="임꺽정">임꺽정</option>
14 :        </select>
```

```
15 :        <br/>
16 :
17 :        아이디 :
18 :        <select name="id">
19 :            <option value="">선택하세요</option>
20 :            <option value="gnuwiz">gnuwiz</option>
21 :            <option value="hong">hong</option>
22 :            <option value="im">im</option>
23 :        </select>
24 :        <br/>
25 :
26 :        이메일 :
27 :        <select name="email">
28 :            <option value="">선택하세요</option>
29 :            <option value="gnuwiz@naver.com">gnuwiz@naver.com</option>
30 :            <option value="hong@gmail.com">hong@gmail.com</option>
31 :            <option value="im@naver.com">im@naver.com</option>
32 :        </select>
33 :        <br/>
34 :        <input type="submit" value="전송">
35 :    </form>
36 : </body>
```

10~13 : ⟨select⟩ 태그의 name 속성 값과 각 ⟨option⟩을 추가하여 목록에서 이름을 선택할 수 있도록 각각의 값을 넣어
줍니다. 이름이라는 분류에서 하나의 값만 선택할 수 있고 name 속성 값으로 데이터가 전송됩니다.

18~21 : ⟨select⟩ 태그의 name 속성 값과 각 ⟨option⟩을 추가하여 목록에서 아이디를 선택할 수 있도록 각각의 값을 넣
어줍니다. 아이디라는 분류에서 하나의 값만 선택할 수 있고 name 속성 값으로 데이터가 전송됩니다.

28~31 : ⟨select⟩ 태그의 name 속성 값과 각 ⟨option⟩을 추가하여 목록에서 이메일을 선택할 수 있도록 각각의 값을 넣
어줍니다. 이메일 이라는 분류에서 하나의 값만 선택할 수 있고 name 속성 값으로 데이터가 전송됩니다.

34 : 전송 버튼을 생성합니다. 전송버튼을 클릭하게 되면 ⟨form⟩ 태그의 action 경로로 전송됩니다.

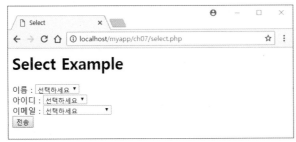

▲ select.php 실행 화면

셀렉트 박스도 같은 분류에서 하나의 값만 선택이 가능하기 때문에 라디오 버튼과 마찬가지의 결과
를 가져오지만 만약 항목의 값들이 너무 많다면 라디오 버튼으로 구현하게 되면 옆으로 길게 늘어나
기 때문에 항목들이 많을 경우 이렇게 셀렉트 박스로 구현하는 것이 사용자가 사용하는 데에도 편리
하게 보일 수도 있습니다.

HTML Form을 통하여 데이터 전송

클라이언트인 브라우저가 서버에 HTTP 요청을 보낼 때는 POST, GET 방식 중 하나를 사용합니다. GET은 $_GET의 배열로 접근 할 수 있으며 POST는 $_POST의 배열로 접근 할 수 있습니다. 또한 GET과 POST는 모두 $_REQUEST 배열로 접근 할 수 있습니다.

PHP의 $_REQUEST 순서

$_REQUEST 변수는 GET, POST, COOKIE 와 같이 외부에서 온 변수에 접근 할 수 있습니다. 이때 같은 key 를 가지고 있을 경우 변수를 덮어 쓰게 되는데 이 순서는 PHP 설정에서 variables_order를 통해서 설정 할 수 있습니다.

1 POST 방식으로 데이터전송을 위한 페이지 중 코드의 일부입니다. 빈칸을 채우세요.

```
<form action="./post_result.php" method="(_____)">
        이름 : <input type="text" name="name"><br/>
        아이디 : <input type="text" name="id"><br/>
        이메일 : <input type="text" name="email"><br/>
      <input type="submit" value="전송">
</form>
```

2 POST 방식으로 데이터전송을 받는 페이지 중 코드의 일부입니다. 빈칸을 채우세요.

```
<?php
$name = (_____)["name"];
$id = (_____)["id"];
$email = (_____)["email"];
?>
```

3 다음의 HTTP 요청 방식은 무엇일까요?

- URL에 변수를 포함시켜 요청 → 즐겨찾기 추가 가능
- 브라우저에서 URL을 입력하여 접근하는 방식이 이것
- 데이터가 헤더에 포함되어 전달됨
- URL에 데이터가 노출됨
- 길이 제한이 있음

4 HTML의 input type 속성에 해당하는 이것은 무엇일까요?

-여러 개의 항목 중에서 한 가지만 선택하여 데이터를 전달 할 수 있습니다.
-이미 선택된 항목이 있을 때는 다른 항목을 선택하면 기존 항목이 취소됩니다.
-성별 같은 경우 '남자'와 '여자' 두 항목을 모두 선택할 수 없습니다.

❶ checkbox   ❷ text   ❸ hidden   ❹ radio

5 HTML의 input type 속성 중 화면에 입력부분이 출력되지는 않지만 데이터를 보낼 때 숨겨서 보낼 수 있으며, 숨긴다는 의미가 있는 이 속성은 무엇일까요?

Answer

1 post   **2** $_POST   **3** get 방식   **4.** ❹번 radio   **5** hidden

Chapter

08

파일 업로드

게시판, 자료실, 메일 등의 서비스를 구현한 사이트들에서 첨부 파일과 함께 새로운 글을 등록한 경험은 이미 많을 것이라 생각됩니다. 많은 사이트에서 다양한 서비스들이 단순한 텍스트만 전송 하는 것이 아닌 바이너리 코드 형태의 파일을 사용하는 서비스를 제공합니다. 이번 장에서는 파일 을 전송하여 서버로 업로드 하는 자료실 형태의 폼을 학습해 보도록 하겠습니다.

01 _ php.ini에서 파일 업로드 사용 설정 방법

PHP에서, 기본적으로 제공되는 여러 가지 파일에 관련된 함수들이 많이 있기 때문에 서버에 파일을 업로드 하는 것은 크게 어렵지 않습니다. 우선 PHP를 설정하는 php.ini 파일에서 file_uploads의 옵션이 사용 가능한 상태에만 사용이 가능합니다. php.ini에서 파일 업로드 사용을 설정하는 방법입니다. 설정 순서는 다음과 같습니다.

01 XAMPP 컨트롤 패널을 실행시켜 [Config] 버튼을 눌러서 "PHP (php.ini)" 항목을 선택합니다.

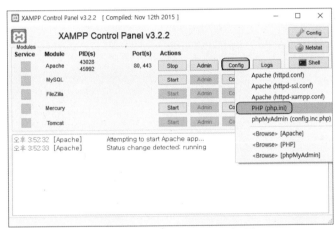

▲ XAMPP 컨트롤 패널을 실행시켜 Config –〉 PHP(php.ini) 실행

02 메모장에 php.ini 파일이 열리면 다음과 같이 file_uploads 부분을 찾아서 On으로 설정합니다. 기본적으로 php. ini에서는 파일업로드 부분이 On으로 설정되어있지만 어느 부분에서 파일업로드의 설정을 지정할 수 있는지 알고

있어야하기 때문에 같이
실습하도록 하였습니다.

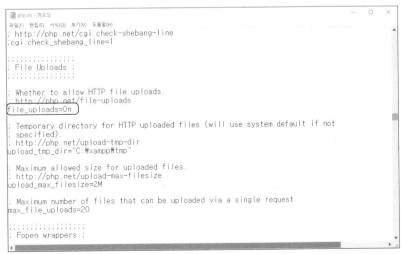

▲ 메모장으로 php.ini 파일의 file_uploads를 수정

XAMPP에서 PHP나 Apache, MySQL의 설정을 변경하는 경우 반드시 XAMPP 컨트롤 패널에서 서버를 중지하고 다시 실행해 주어야 합니다. 그렇지 않으면 운용중인 서버에는 실시간으로 적용되지 않으므로 새로운 설정이 적용되지 않을 수 있습니다.

PHP 4.2.0 버전부터 PHP는 파일 배열 $_FILES에 에러코드를 함께 반환합니다.

에러코드는 $_FILES['속성 키']['error']에서 확인 가능하며 아래의 8-1표와 같이 에러코드가 반환됩니다.

에러코드	설명
UPLOAD_ERR_OK [CODE:0]	파일 업로드 성공
UPLOAD_ERR_INI_SIZE [CODE:1]	업로드된 파일의 크기가 php.ini에서 선언된 upload_max_filesize 보다 큼
UPLOAD_ERR_FORM_SIZE [CODE:2]	업로드된 파일이 HTML 폼에서 지정한 max_file_size 보다 큼
UPLOAD_ERR_PARTIAL [CODE:3]	파일이 일부분만 전송됨
UPLOAD_ERR_NO_FILE [CODE:4]	파일이 전송되지 않음
UPLOAD_ERR_NO_TMP_DIR [CODE:6]	임시 폴더가 없음 (PHP 4.3.10, PHP 5.0.0에서 추가)
UPLOAD_ERR_CANT_WRITE [CODE:7]	디스크에 파일쓰기 실패 (PHP 5.1.0에서 추가)
UPLOAD_ERR_EXTENSION [CODE:8]	확장에 의해 파일 업로드가 중지됨 (PHP 5.2.0에서 추가)

▲ 접근제어자의 종류

이렇게 해보세요 | 파일 업로드 에러 디버깅

파일 업로드 프로그래밍을 하다보면 파일 업로드가 의도치 않게 동작하지 않는 경우들을 심심치 않게 볼 수 있는데 이때는 다음과 같이 디버깅을 진행하면 됩니다.

❶ 임시 파일이 업로드 되었는지 확인해봅니다.

❷ 파일을 업로드 하려는 대상 디렉토리가 존재 하며 사용 권한이 올바른지 확인해봅니다.

❸ move_uploaded_file() 함수를 올바르게 사용하였는지 확인해봅니다.

만약 ❶단계에서 에러 코드를 리턴하며 파일이 업로드 되지 않는 경우 아래 에러 코드별 디버그 방법을 참조하여 처리합니다.

❷ ❸의 경우에서 에러가 발생한다면 자신의 프로그램을 다시 점검해보아야 합니다.

02 _ 파일 업로드의 기본적인 Form

사용자로부터 입력받은 파일을 서버로 보내는 가장 일반적인 방법은 〈form〉 태그를 이용한 전송 방식입니다. 〈form〉 방식은 〈input〉 태그를 이용하여 사용자로부터 파일을 선택하게 하고 form. submit() 을 통해 서버로 전송하는 방식입니다.

우선, 파일 업로드를 구현하려면 파일 업로드를할 수 있는 Form부터 생성해야 합니다.

01 파일 업로드에 필요한 기본적인 Form의 예제를 작성 해보겠습니다.

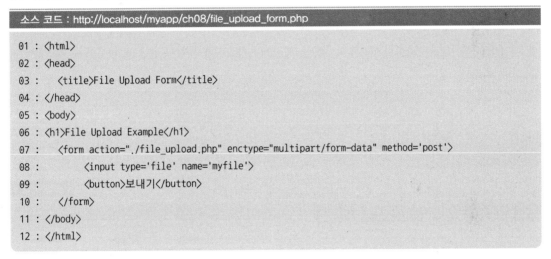

```
소스 코드 : http://localhost/myapp/ch08/file_upload_form.php

01 : <html>
02 : <head>
03 :    <title>File Upload Form</title>
04 : </head>
05 : <body>
06 : <h1>File Upload Example</h1>
07 :    <form action="./file_upload.php" enctype="multipart/form-data" method='post'>
08 :        <input type='file' name='myfile'>
09 :        <button>보내기</button>
10 :    </form>
11 : </body>
12 : </html>
```

07 : 〈form〉 태그의 action에는 전송 결과를 받을 파일경로를 입력하고 method에는 POST 방식으로 보내겠다고 설정하고, enctype은 "multipart/form-data"로 지정합니다.

08 : 〈inuit〉 태그의 type 속성을 file로 설정합니다. name 속성 값은 myfile로 설정 하였습니다.

09 : 전송 버튼을 생성합니다. 전송버튼을 클릭하게 되면 〈form〉 태그의 action 경로로 전송됩니다.

▲ file_upload_form.php 파일 실행 화면

파일 업로드 사용 시 HTML 서식의 규칙

위 예제의 HTML 〈form〉 태그의 서식에서 몇 가지 규칙을 있습니다.

❶ method는 "post" 방식을 사용해야만 합니다.

❷ enctype은 "multipart/form-data"로 사용해야만 합니다.

❸ 〈input〉 태그의 type="file" 속성은 입력되는 것이 파일임을 지정합니다. 예를 들어, 브라우저에서 보면 텍스트 박스 하나와 찾아보기 버튼이 그 옆에 위치해 있는 것을 보았을 것입니다.

위 조건을 따르지 않는다면, 파일 업로드는 작동하지 않습니다.

작성한 파일을 실행하면 우리가 일반적으로 웹 사이트에서 자주 사용해보았던 익숙한 파일 업로드 화면이 나타납니다. 지금 우리가 작성한 파일은 단순 입력 양식에 불과합니다. 이제 입력 form은 완성 하였으니 이어서 업로드 된 파일을 저장 하는 부분을 추가적으로 작성해야합니다. 〈form〉 태그를 이용해서 데이터를 전송할 경우에는 항상 전송될 경로의 파일에서 전송한 데이터를 처리해주는 부분이 필요합니다.

03 _ 파일 업로드 하기

PHP에서는 파일 업로드 시 전역 배열인 $_FILES를 사용함으로써 클라이언트 컴퓨터로부터 원격 서버로 파일을 업로드할 수 있게 됩니다.

$_FILES 배열의 첫 번째 매개변수는 〈form〉의 해당 파일을 업로드를 하는 〈input〉 태그의 name 이 위치해야합니다. $_FILES 배열의 두 번째 인덱스는 "name", "type", "size", "tmp_name", "error"가 올 수 있습니다. 예를 들어 다음과 같이 사용할 수 있습니다.

```
$_FILES["file"]["name"] - 업로드된 파일의 이름
$_FILES["file"]["type"] - 업로드된 파일의 MIME(마임) 형식 - 에 image/gif
$_FILES["file"]["size"] - 업로드된 파일의 크기(바이트로 표시됨)
$_FILES["file"]["tmp_name"] - 서버에 저장된 파일의 임시 복사본의 이름
$_FILES["file"]["error"] - 파일 업로드 중 발생한 오류의 오류코드
```

앞서 file_upload_form.php 파일에서는 파일을 업로드를 위한 form을 작성 하였습니다.

이제 form에서 파일을 선택해 보내기버튼을 클릭하면 파일 업로드를 진행하는 부분을 작성해야합니다. 앞서 작성한 form에서는 action에 설정된 file_upload.php 파일로 데이터를 전송하기 때문에 file_upload.php 파일을 생성해서 파일 업로드를 위한 소스를 작성하도록 하겠습니다.

01 기본적인 Form에서 업로드한 파일을 처리하는 예제를 작성 해보겠습니다.

소스 코드 : http://localhost/myapp/ch08/file_upload.php

```php
01 : <?php
02 :    ↓ 설정 시작
03 : $uploads_dir = './uploads';
04 : $allowed_ext = array('jpg','jpeg','png','gif');
05 : $field_name = 'myfile';
06 :    ↓ uploads 디렉토리가 없다면 생성
07 : if(!is_dir($uploads_dir)){
08 :     if(!mkdir($uploads_dir, 0777))
09 :     {
10 :         die("업로드 디렉토리 생성에 실패 했습니다.");
11 :     };
12 : }
13 :
14 : if(!isset($_FILES[$field_name]))
15 : {
16 :     die("업로드된 파일이 없습니다.");
17 : }
18 :    ↓ 변수 정리
19 : $error = $_FILES[$field_name]['error'];
20 : $name = $_FILES[$field_name]['name'];
21 :    ↓ 오류 확인
22 : if( $error != UPLOAD_ERR_OK ) {
23 :   switch( $error ) {
24 :         case UPLOAD_ERR_INI_SIZE:
25 :         case UPLOAD_ERR_FORM_SIZE:
26 :             echo  "파일이 너무 큽니다. ($error)";
27 :              break;
28 :         case UPLOAD_ERR_PARTIAL:
29 :             echo "파일이 부분적으로 첨부되었습니다. ($error)";
30 :             break;
31 :         case UPLOAD_ERR_NO_FILE:
```

```php
32 :          echo "파일이 첨부되지 않았습니다. ($error)";
33 :              break;
34 :          case UPLOAD_ERR_NO_TMP_DIR:
35 :              echo "임시파일을 저정할 디렉토리가 없습니다. ($error)";
36 :              break;
37 :          case UPLOAD_ERR_CANT_WRITE:
38 :              echo "임시파일을 생성할 수 없습니다. ($error)";
39 :              break;
40 :          case UPLOAD_ERR_EXTENSION:
41 :              echo "업로드 불가능한 파일이 첨부 되었습니다. ($error)";
42 :              break;
43 :          default:
44 :              echo "파일이 제대로 업로드되지 않았습니다. ($error)";
45 :      }
46 :      exit;
47 : }
48 :
49 : $upload_file = $uploads_dir.'/'.$name;      ← 저장될 디렉토리 및 파일명
50 : $fileinfo = pathinfo($upload_file);      ← 첨부파일의 정보를 가져옴
51 : $ext = strtolower($fileinfo['extension']);
52 :
53 : $i = 1;
54 :
55 : while(is_file($upload_file))
56 : {
57 :      $name = $fileinfo['filename']."-{$i}.".$fileinfo['extension'];
58 :      $upload_file = $uploads_dir.'/'.$name;
59 :      $i++;
60 : }
61 :
62 : if( !in_array($ext, $allowed_ext) ) {      ← 확장자 확인
63 :      echo "허용되지 않는 확장자입니다.";
64 :      exit;
65 : }
66 :
67 : if ( !move_uploaded_file($_FILES[$field_name]['tmp_name'], $upload_file) ) {      ← 파일 이동
68 :      echo "파일이 업로드 되지 않았습니다.";
69 :      exit;
70 : }
71 :
72 : ?>
73 : <html>
74 : <head>
75 :      <title>File Upload</title>
76 : </head>
```

```
77 : <body>
78 : <h1>File Upload Example</h1>
79 :     <h2>파일 정보</h2>
80 :     <ul>
81 :         <li>파일명: <?php echo $name; ?></li>
82 :         <li>확장자: <?php echo $ext; ?></li>
83 :         <li>파일형식: <?php echo $_FILES[$field_name]['type']; ?></li>
84 :         <li>파일크기: <?php echo number_format($_FILES[$field_name]['size']); ?> 바이트</li>
85 :     </ul>
86 :     <a href="./file_download.php?file=<?php echo $name; ?>">다운로드</a>
87 : </body>
88 : </html>
```

03 : $uploads_dir 변수에는 업로드 된 파일을 저장할 디렉토리를 설정합니다.

04 : $allowed_ext 변수에는 배열에 이미지 파일 확장자들을 넣어 이미지 파일만 업로드 되도록 설정합니다.

05 : $field_name 변수에는 전송되는 name 속성의 값을 설정합니다.

07~12 : is_dir() 함수를 사용해서 경로내에 $uploads_dir에 설정된 디렉토리가 존재하는지 체크합니다. 이후 디렉토리가 존재하지 않다면 mkdir() 함수를 사용 사용하여 0777의 퍼미션을 가진 디렉토리를 생성합니다. 만약 디렉토리 생성에 실패 했을 경우는 오류 메시지를 노출하고 실행을 종료합니다.
*mkdir() 함수는 디렉토리를 생성하는 함수 입니다. 디렉토리 생성 성공시 true를 반환하고, 실패하면 php 오류를 반환 합니다.

14~17 : $_FILES에 전송되는 name 속성을 가진 배열이 없을 경우 오류 메시지를 노출하고 실행을 종료합니다. 일반적으로 정상적인 접근이 아니고 직접 해당 파일에 접근 했을 경우에 $_FILES의 배열에 값이 할당되지 않습니다.

19~20 : $error 변수에는 파일 업로드시 에러가 발생하면 에러 메시지를 출력하기 위해 $_FILES[$field_name]['error']를 넣고, $name 변수에는 업로드하는 파일명을 넣어줍니다.

22~47 : $error 변수에는 에러코드가 들어있습니다. 조건문으로 $error != UPLOAD_ERR_OK 즉 $error 가 UPLOAD_ERR_OK 가 아니라면 에러라는 의미이기 때문에 switch문을 통해 각 에러코드 별 출력할 에러를 작성합니다. 에러가 발생했다면 각 에러코드 별 에러 메시지를 출력하고 exit; 실행중인 페이지를 종료합니다.

49 : $upload_file 변수에는 저장될 디렉토리 및 파일명을 넣어줍니다.

50 : 저장할 경로명을 pathinfo 함수를 이용해서 개별 정보로 분리 합니다. 이는 디렉토리, 파일명, 확장자명에 대한 정보를 쉽게 접근하기 위해서입니다.

51 : 파일의 확장자명을 소문자로 변경해서 $ext의 변수에 넣습니다. 소문자로 변경하는 이유는 업로드된 파일은 대소문자를 구분하기 때문에 비교를 위해서 소문자로 변경하는 것입니다.

53~69 : 저장할 경로명에 파일이 존재하는가를 확인해서 존재한다면 파일이름에 숫자를 더해서 존재하지 않을 때까지 숫자를 크게 합니다.

62~65 : in_array() 함수는 값이 배열 안에 존재하는지 확인해주는 함수 입니다. 배열안에 찾는 값이 존재한다면 true를 반환하고, 실패하면 false를 반환합니다.
$ext 변수에는 현재 업로드한 첨부파일의 확장자가 들어있고, $allowed_ext 배열에는 업로드 가능한 'jpg', 'jpeg', 'png', 'gif' 확장자가 있습니다.
if문에는 !(느낌표)를 사용하여 조건의 부정을 뜻하기 때문에, 만약 업로드하는 파일이 'jpg', 'jpeg', 'png', 'gif'중 하나라도 일치하는 확장자가 없다면 "허용되지 않는 확장자입니다."라는 메시지를 출력 하도록 되어있습니다.

67~81 : move_uploaded_file() 함수는 임시 디렉토리에 저장된 파일을 새 위치로 이동하는 함수 입니다. 성공시 true를 반환하고, 실패하면 false를 반환합니다. 파일 업로드를 실패했다면 "파일이 업로드 되지 않았습니다."라는 메시지를 출력합니다.

81~84 : 파일 업로드를 성공하면 업로드 된 파일의 정보를 출력하는 부분입니다.

86   : 파일 업로드를 성공하면 해당 파일을 다운로드를 받을 수 있도록 링크를 만들어 줍니다. *다운로드 부분은 뒤에 이어서 작성해야할 예제와 연결 됩니다.

▲ file_upload.php 파일 실행 후 이미지 파일 업로드

이제 앞서 작성한 file_upload.php 파일을 실행 후 자신의 로컬 환경에 있는 이미지 파일을 업로드 해보도록 하겠습니다. 예제에서는 이미지 파일만 업로드가 가능하도록 체크하기 때문에 예제에 설정된 파일 확장자가 아니라면 업로드 되지 않습니다.

▲ 파일 업로드 후 file_upload.php 실행 화면

파일 업로드 후 보내기 버튼을 클릭하면 파일 정보가 나타나고 다음과 같이 서버에 파일을 저장하는 디렉토리가 생성되며 디렉토리 안에는 방금 업로드 한 파일이 저장된 것을 확인할 수 있습니다.

▲ 파일 업로드 후 저장 된 파일 확인

위의 예제는 파일의 형식이 'jpg', 'jpeg', 'png', 'gif'이거나 에러가 없다면 파일을 지정한 폴더로 복사합니다. 예제는 파일 업로드를 위한 매우 단순한 코드입니다. 실제 웹 프로그래밍으로 구현할 경우에는 보안상의 이유 때문에, 사용자가 어떤 것을 업로드할 수 있는지에 대해 여러 가지 제한을 추가해야 합니다.

이렇게 해보세요 | 디렉토리의 권한 작성

권한 작성 시 주의 점은 8진수로 작성해야 한다는 점이며, 777로 권한을 처리하고자 한다면 앞자리에 0을 추가해주어 0777로 하면 자동으로 8진수로 처리하게 됩니다. 그리고 작은 따옴표('')나 큰 따옴표("")로 감싸 주어서도 안 됩니다. 반드시 8진수로 작성하여야 합니다.

```php
<?php
$mydir = "dir";
mkdir($mydir,"0777"); // 잘못된 표현
mkdir($mydir, 0777); // 올바른 표현
?>
```

이렇게 해보세요 | 동일한 이름의 파일이 이미 업로드 되어 있다면?

예제에서 사용한 move_uploaded_file() 함수는 업로드 하는 대상 파일이 이미 존재하는 경우, 그 파일은 덮어 쓰게 됩니다. 만약 동일한 이름의 파일을 덮어 쓰지 않고 새로운 이름으로 업로드를 하고 싶다면 파일 업로드시 해당 디렉토리에 존재하는 파일들의 이름을 검색해서 동일한 이름의 파일이 존재한다면 다른 이름으로 바꾸어서 저장하는 방식으로 사용할 수 있습니다. 예제에서는 단순하게 파일에 숫자를 덧붙이는 방법으로 중복을 피했습니다. 실무에서는 해당 파일의 이름을 바꾸어서 등록하거나 데이터베이스에 파일명, 업로드 시간 등의 기록을 같이 저장하여 사용합니다.

우리가 파일을 업로드 예제를 통해서 실행하면 업로드된 파일이 'uploads' 디렉토리에 저장이 되는 것을 확인할 수 있습니다.

일반적으로 우리는 '이 파일을 첨부 하고 보내기 버튼을 눌렀으니 제대로 업로드 되었구나' 라고 단순하게 생각합니다. 하지만 실제 프로그램의 처리 순서는 우리가 생각하는 것과 조금 다릅니다.

〈input〉 태그를 통해 파일이 업로드 되면 실제로 파일이 업로드 되었는지 확인하는 과정이 필요합니다. 이때 is_uploaded_file() 함수를 사용해 확인할 수 있으며 파일이 업로드 되면 일시적으로 서버에 저장됩니다.

서버에 임시 저장된 파일은 브라우저가 종료되면 사라지기 때문에 실제로 저장하기 위해서는 move_uploaded_file() 함수를 사용합니다. 이 함수를 통해 서버에 저장된 파일을 원하는 위치【예】'/uploads/' 에 저장할 수 있습니다. 추가적인 파일 첨부를 위해서도 이 함수를 이용할 수 있습니다.

파일 업로드에 대한 순서를 쉽게 설명하면 파일 업로드를 하더라도 바로 지정한 경로로 들어가지 않고 서버의 임시 저장 공간에 저장됩니다.

이후 파일 업로드 함수로 처리하여 원하는 경로로 임시 저장 공간에 있는 파일을 복사해서 넣는 개념입니다. 물론, 그 처리속도가 너무 빠르기 때문에 우리는 이 파일이 바로 업로드 되는 것으로 인식합니다.

우리는 프로그래밍을 직업으로 하는 개발자가 되려는 사람이기 때문에 일반적인 방식도 조금 더 깊게 이해하며 공부를 하는 것이 프로그래밍, 즉 컴퓨터 언어를 이해하는데 매우 중요하게 작용될 수 있습니다.

04 _ 파일 다운로드 하기

앞서 file_upload.php 파일의 마지막 부분에 다운로드 링크를 생성했었습니다.

위의 예제들과 이어서 다운로드 링크를 클릭하면 업로드한 파일을 다운로드 가능 하도록 해야 합니다.

우리가 구현할 파일 다운로드 순서는 다음과 같습니다.

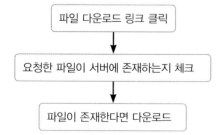

01 파일 다운로드를 위한 소스를 작성하도록 하겠습니다.

소스 코드 : http://localhost/myapp/ch08/file_download.php

```php
01 : <?php
02 :
03 : $filename = $_GET['file'];          ← 요청한 파일명
04 :
05 : $filepath = $_SERVER['DOCUMENT_ROOT'].'/myapp/ch08/uploads/'.$filename;    ← 서버에 저장된 파일 경로
06 :
07 : if (!is_file($filepath) || !file_exists($filepath)) {    ← 파일이 존재하는지 확인
08 :     echo '파일이 존재하지 않습니다.';
09 :   exit;
10 : }
11 :      ↓ 브라우저를 체크합니다.
12 : if(preg_match("/msie/i", $_SERVER['HTTP_USER_AGENT']) && preg_match("/5\.5/", $_SERVER['HTTP_USER_
    AGENT'])) {
13 :     header("content-type: doesn/matter");
14 :     header("content-length: ".filesize("$filepath"));
15 :     header("content-disposition: attachment; filename=\"$filename\"");    ← 다운로드되는 파일명
16 :     header("content-transfer-encoding: binary");
17 : } else {
18 :     header("content-type: file/unknown");
19 :     header("content-length: ".filesize("$filepath"));
20 :     header("content-disposition: attachment; filename=\"$filename\"");    ← 다운로드되는 파일명
21 :     header("content-description: php generated data");
22 : }
23 :
24 : header("pragma: no-cache");
25 : header("expires: 0");
26 :
27 : $fp = fopen($filepath, 'rb');    ← rb 읽기전용, 바이러니 타입
28 :
29 : while(!feof($fp)) {
30 :     echo fread($fp, 100*1024);    ← 여기에서 echo는 전송을 의미.
31 : }
32 : fclose($fp);    ← 파일을 닫음
33 :
34 : ?>
```

03 : $filename 변수에 GET으로 받은 파일명을 넣어줍니다.

05 : $filepath 변수에 서버에 저장된 파일 경로를 넣어줍니다.

07~10 : is_file() 함수의 경우 파일의 확인이 가능하며 디렉토리를 확인할 경우 무조건 false를 반환합니다. 그렇기 때문에 경로를 확인하기 위해서는 file_exists() 함수를 사용해서 해당 파일이 존재하는지의 여부를 체크합니다. 해당 경로가 존재하고 해당 경로의 파일이 있을 경우 두 가지 조건을 모두 만족하므로 if문을 빠져 나가게 됩니다.

12~22 : 브라우저를 체크합니다. 브라우저에 따라 header(헤더)의 설정이 조금씩 다릅니다. 또한 파일의 확장자가 pdf, execel 등 종류에 따라서 설정이 달라질 수 있습니다.

27 : fopen() 함수는 문서, 그림 등의 외부 파일을 열어주는 함수입니다. 열고 싶은 파일의 경로와 파일 모드 설정내용을 인자로 받아들이고, 파일 모드는 반드시 설정해야만 사용이 가능합니다.

29~31 : feof() 함수는 파일 포인터를 읽어 들인 위치가 끝인지 아닌지를 체크하는 함수 입니다. while문을 사용해서 파일이 끝이 아니라면 계속 반복하도록 되어있습니다.
fread() 함수는 파일의 처음부터 끝까지 지정한 크기만큼 읽어 들이는 함수 입니다. 여기에서 echo는 읽어 들인 파일의 전송을 의미합니다.

33 : fopen() 함수로 파일을 열어서 사용한 다음에는 반드시 fclose() 함수로 파일을 닫아주어야 합니다. 전송이 완료되면 파일을 닫습니다.

▲ 파일 업로드 후 파일 다운로드 실행

파일 다운로드 예제를 보면 파일 다운로드를 파일이 있는 경로로 직접 접근하지 않고 file_download. php 파일을 실행해서 정상적인 요청이 맞는지 확인 후 파일을 다운로드하도록 되어있습니다.

이렇게 PHP로 웹 개발 중 파일 다운로드를 URL로 직접 접근하지 않는 이유는 크게 아래 2가지 이유로 구분합니다.

❶ 보안 이슈 : 파일 다운로드 시 파일이 저장되는 경로로 직접 접근하는 방식은 해당 파일을 실행시키는 것과도 같기 때문에 악의적인 프로그램을 업로드 한 후 경로로 직접 접근하여 프로그램을 실행시키는 문제를 야기할 수 있습니다.

❷ 강제 다운로드 : 서버 설정과 브라우저의 설정에 따라서 브라우저에서 해당 파일의 형식의 뷰어를 제공할 경우 브라우저 열리는 경우가 있습니다. 이때 브라우저 별로 적절한 header 값을 전송해서 다운로드창이 열리게 할 수 있습니다.

header 설정

예제에서는 예제에 맞는 헤더를 설정해서 사용하기 때문에, 다양한 파일 타입에 대해서는 검색이나 다른 참고 자료를 통해서 header 설정을 참조해야합니다.

직접 예제를 작성하고 실행 해보면서 우리가 일반적으로 생각하는 파일 다운로드가 어떻게 동작하는 것인지 약간은 이해가 되었나요?

파일 다운로드를 요청하면 파일 이름을 서버에 파일들이 저장되는 경로에 존재하는지 체크를 하고 확인이 되면 해당 파일을 열어서 읽어 들여서 전송을 합니다.

이렇게 하나의 파일을 다운로드하는 데에는 여러 가지를 검증하는 과정들이 들어가 있습니다.

예제에는 완벽하게 모든 부분을 처리하고 검증하지는 않은 간단한 다운로드의 기초이기 때문에 실제 웹 프로그래밍을 할 경우에는 여러 검증을 하는 소스를 만들어서 추가해야 합니다.

ETag란?

컨텐트 기반의 캐쉬를 위해 특정 컨텐트에 대해 MD5 해쉬 등의 단방향 암호화 방법으로 다이제스트를 생성하면 해당 컨텐츠가 변경되었는지를 판별할 수 있는데 이러한 다이제스트 값을 ETag(entity tag)로 사용합니다.

대부분의 HTTP서버들은 정적인 컨텐츠(파일이나, 내용이 변하지 않는 웹페이지 등)에 대해 ETag와 Last-Modified를 생성하여 헤더에 추가하도록 설정되어있으며, 이를 HTTP서버 관리자가 원하는 대로 수정하는 것이 가능합니다.

클라이언트가 특정 URL을 서버에 요청을 하면 웹서버는 해당 요청에 대한 응답을 하게 되는데 해당 응답 헤더에 ETag, Last-Modified 항목이 포함되어있습니다. 클라이언트가 동일한 URL로 다시 요청을 할 경우 클라이언트는 요청 헤더의 If-None-Match필드에 ETag값을 포함시켜서 보내게 되고, 서버는 클라이언트에서 보내온 ETag와 현재 컨텐츠의 ETag를 비교하여 유효성을 검사합니다.

ETag가 동일한 경우 응답 바디 없이 헤더만 HTTP 304 Not modified를 리턴하고, ETag가 다른 것이 발견되면 전체응답을 완전히 재전송 하게 됩니다.

일반적으로 캐쉬 유효성 검사(cache validation) 방법에 사용됩니다.

HTTP 304 상태코드(304 Not Modified)

브라우저가 서버에게 요청 자료에 대해 서버는 클라이언트 내에 저장된 캐시를 사용하게 합니다. 서버는 If-Modified-Since와 If-None-Match 요청 헤더를 사용해 클라이언트가 가장 최근의 자료를 가지고 있는지 여부를 확인합니다.

파일 업로드를 위한 폼 ENCTYPE 속성 지정

```
<form method="post" enctype="multipart/form-data">
```

PHP 파일 업로드 에러 코드표

에러코드	설명
UPLOAD_ERR_OK [CODE:0]	파일 업로드 성공
UPLOAD_ERR_INI_SIZE [CODE:1]	업로드된 파일의 크기가 php.ini에서 선언된 upload_max_filesize 보다 큼
UPLOAD_ERR_FORM_SIZE [CODE:2]	업로드된 파일이 HTML 폼에서 지정한 max_file_size 보다 큼
UPLOAD_ERR_PARTIAL [CODE:3]	파일이 일부분만 전송됨
UPLOAD_ERR_NO_FILE [CODE:4]	파일이 전송되지 않음
UPLOAD_ERR_NO_TMP_DIR [CODE:6	임시 폴더가 없음 (PHP 4.3.10, PHP 5.0.0에서 추가)
UPLOAD_ERR_CANT_WRITE [CODE:7]	디스크에 파일쓰기 실패 (PHP 5.1.0에서 추가)
UPLOAD_ERR_EXTENSION [CODE:8]	확장에 의해 파일 업로드가 중지됨 (PHP 5.2.0에서 추가)

파일 업로드 에러 디버깅

파일 업로드 프로그래밍을 하다보면 파일 업로드가 의도치 않게 동작하지 않는 경우들을 심심치 않게 볼 수 있는데 이때는 아래와 같이 디버깅을 진행하면 됩니다.

❶ 임시 파일이 업로드 되었는지 확인해봅니다.

❷ 파일을 업로드 하려는 대상 디렉토리가 존재 하며 사용 권한이 올바른지 확인해봅니다.

❸ move_uploaded_file() 함수를 올바르게 사용하였는지 확인해봅니다.

만약 ❶단계에서 에러 코드를 리턴하며 파일이 업로드 되지 않는 경우 아래 에러 코드별 디버그 방법을 참조하여 처리합니다. ❷❸의 경우에서 에러가 발생한다면 자신의 프로그램을 다시 점검해보아야 합니다.

1 파일 업로드를 위한 페이지 중 코드의 일부입니다. 빈칸을 채우세요.

```
<form action="./file_upload.php" enctype="❶____" method='post'>
        <input type=" ❷____ " name=" myfile ">
        <button>보내기</button>
</form>
```

2 파일 업로드시 전역 배열인 (____)를 사용함으로써 클라이언트 컴퓨터로부터 원격 서버로 파일을 업로드 할 수 있게 됩니다. 이 전역 배열은 무엇일까요?

3 경로내에 해당 디렉토리가 존재하는지 체크하는 함수는 무엇일까요?

4 디렉토리의 권한을 작성하는데 다음 중 올바른 방법은 무엇일까요?

```
<?php
$mydir = "dir";
❶ mkdir($mydir,"0777");
❷ mkdir($mydir, 0777);
?>
```

5 (____) 함수는 문서, 그림 등의 외부 파일을 열어주는 함수입니다. 열고 싶은 파일의 경로와 파일 모드 설정 내용을 인자로 받아들이고, 파일 모드는 반드시 설정해야만 사용이 가능합니다. 이 함수는 무엇일까요?

PHP Programming

MySQL 데이터베이스 시작하기

데이터베이스의 이해

데이터베이스(Database)라는 말을 들어 보셨나요? 직업이 프로그래머이거나 컴퓨터에 조금 관심이 있다면 데이터베이스라는 용어를 들어봤을 겁니다. 하지만 직업이 컴퓨터와 관련된 프로그래머가 아니라면 이것이 정확히 무엇인지 알 수 없습니다. 그래서 이번 장에서는 데이터베이스가 무엇이며 어디에 쓰이고 어떻게 사용되는지, 그리고 다양한 종류의 데이터베이스를 살펴보고 우리가 PHP와 함께 사용할 MySQL 데이터베이스에 대해서는 좀 더 자세하게 알아보겠습니다.

01 _ 데이터베이스란?

데이터베이스란 어느 특정 조직의 응용 업무에 필요한 자료들을 많은 사람들이 공동 사용하기 위하여 운영상 필요한 데이터를 관리할 수 있는 공간에 저장한 데이터의 집합체입니다.

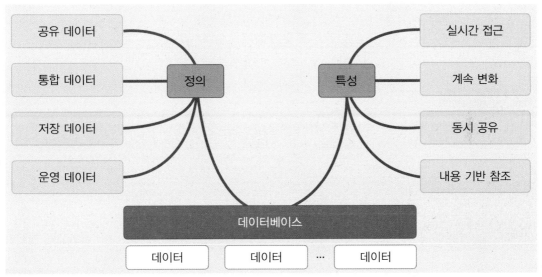

▲ 데이터베이스의 관계

01-1 데이터베이스의 정의

데이터베이스는 원래 같은 데이터가 상이한 목적을 가진 여러 응용에 중복되어 사용될 수 있다는 공용의 개념에 기초를 두고 있으며, 데이터베이스를 구성하는 궁극적인 목적은 실세계의 다양한 정보를 보다 정확하고 신속하게 처리하기 위해서 만들어져 사용되기 시작했습니다. 그렇기 때문에 데이터베이스는 이러한 목적을 염두에 두고 데이터베이스를 구성하여야만 데이터베이스의 내부적 일치성과 보안성 그리고 경제성 등이 보장되며 사용자에게 정확하고 원하는 정보를 제공할 수 있게 됩니다.

위의 목적에 부응하는 데이터베이스를 구성하기 위해서는 데이터를 저장하고 처리하기 위한 하드웨어, 소프트웨어 그리고 데이터베이스를 설계하는 데이터베이스 관리자 또는 축적된 정보를 이용하는 사용자가 필요합니다. 이러한 각 요소를 합하여 데이터베이스 시스템(DBS : Database System)이라 합니다.

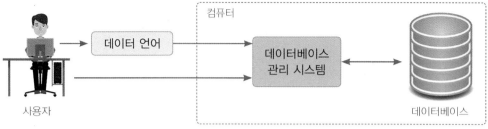

▲ 데이터베이스 시스템의 구성

그렇다면 네이버 지식백과에 있는 데이터베이스에 대한 사전적 의미를 살펴보겠습니다.

알아두세요

'여러 사람에 의해 공유되어 사용될 목적으로 통합하여 관리되는 데이터의 집합을 말한다. 자료항목의 중복을 없애고 자료를 구조화하여 저장함으로써 자료 검색과 갱신의 효율을 높인다. 현대적인 의미의 데이터베이스 개념을 확립한 사람은 당시 제너럴일렉트릭사(社)에 있던 C.바크만으로 그는 1963년 IDS(Integrated Data Store)라는 데이터베이스 관리시스템을 만들었다.'

−네이버 지식백과에서−

네이버 지식백과에서는 공유의 목적을 주로 하여 설명하고 있습니다. 네이버 지식백과에서 정의하고 있는 것처럼 공유의 목적으로 사용되고 또한 데이터를 쉽게 저장하기 위해 사용됩니다.

그럼 이러한 의문이 생깁니다. 그냥 엑셀, 메모장, 한글 파일로 저장하면 되지 않을까요?? 하지만 그건 소수의 적은 데이터일 때 만 가능합니다.

만약 엑셀 파일이나 메모장, 한글파일이 100개 정도 있다고 한다면? 그리고 필요한 내용을 찾으려면 모든 파일을 열어서 검색을 해야 찾을 수 있습니다. 그런 부분들을 해결해주는 것이 데이터베이스이고 또한 다른 사람들에게 공유를 하여 모든 사람들이 사용할 수 있도록 하는 것입니다.

예를 들어 네이버 지식백과에서 검색할 수 있는 모든 검색 결과들은 네이버의 데이터베이스에 저장이 되어있고 우리는 브라우저를 통해 쉽게 검색을 하고 우리가 요청한 데이터들만 볼 수 있습니다. 이처럼 방대한 자료를 저장하거나 분류별로 원하는 자료들만 나누어서 저장, 관리를할 수 있도록 도와주는 저장소가 데이터베이스라고 할 수 있습니다.

이런 것 뿐 만이 아니라, 스마트 폰이나 PC, 노트북 등 대부분의 컴퓨터에 사용되는 프로그램, OS 등도 데이터베이스를 사용하고 있습니다. 카카오톡이나 문자, 전화통화 또한 데이터베이스로 내용이나 목록 등이 저장이 됩니다. 이렇게 일상의 모든 부분에서 우리는 데이터베이스를 자연스럽게 사용하고 있습니다.

알아두세요

데이터베이스(Databasse)

공통으로 사용되는 데이터의 공유와 운영을 위해 저장 관리할 수 있도록 하는 공간을 말합니다.

01-2 데이터베이스의 필요성

모든 기업은 물론 지금은 아주 작은 상점이나 회사를 제외하고 정보시스템의 도움이 필요한 시대가 되었습니다. IT가 발달하기 전에는 대부분의 기업에선 장부 또는 서류를 직접 적어 관리를 해왔고, 이후 조금 더 발전하여 파일시스템 구조로 컴퓨터에 자료를 관리하게 되었습니다. 예를 들어 엑셀 또는 워드프로세서를 이용하여 파일에 자료를 저장하고 관리를 하기 시작했습니다. 기업이 점차 커지고 성장함에 따라 관리해야하는 자료들은 점점 많아지고 수기로 쓴 장부 또는 파일들을 효과적으로 관리해야할 필요성이 생기게 되었는데 이를 효과적으로 관리하기 위해서는 정보시스템이 필수적으로 요구되는 시대가 온 것입니다.

자, 여기서, 정보시스템의 목적중 하나가 여러 가지 자원들을 관리하기 위한 목적이라는 것이라는 것을 아시겠습니까? 이 여러 자원들의 대부분은 데이터에 해당하는 것입니다. 기업을 운영하는데 데이터는 아주 중요한 역할을 하고 있다는 것을 알 수 있습니다.
심지어 우리는 소형 편의점에서도 POS시스템을 통해서 데이터를 관리하는 것을 알 수 있습니다. 누가, 언제, 어떤 상품을, 얼마나 구매했는지 정보시스템을 이용해서 데이터를 관리하고 그 데이터를 보고 분석하여 어떤 상품이 어떤 계절에 많이 판매가 되는지 그리고 특정시간에 인기가 있는 상품 등 세밀하게 분석을 할 수 있게 되었습니다.

이와 같이 데이터가 없는 정보시스템은 없습니다. 모든 정보시스템의 내부에는 데이터가 있고 또한 정보시스템을 구축하는데 있어서도 골격에 해당하는 부분이 바로 데이터입니다.
건축물을 세울 때 건물의 골격을 잡는 것이 중요하고 그것이 튼튼해야만 외부충격에도 잘 견딜 수 있듯이, 마찬가지로 정보시스템의 골격도 튼튼해야 더욱 많은 자료를 효율적으로 저장할 수 있습니다. 하지만 건축물의 골조가 그렇듯 데이터베이스도 시스템의 우리가 눈으로 확인할 수 있도록 겉에 드러나 있지 않습니다. 그래서 사용자 입장에서는 데이터베이스가 어떻게 구성되어 있는지도 모르고 데이터베이스의 중요성에 대해서 모르는 사람이 많습니다.

여러분은 최근 몇 년간 빅 데이터라는 단어에 대해 들어본 적이 있을 겁니다.
요즘 대부분의 사람들이 인터넷을 이용하고 있고, 집 뿐 만아니라 회사나 커피숍, 또는 약속을 기다리면서, 심지어 화장실에서도 스마트 폰을 이용하여 인터넷을 하고 있으며, 언제 어디서든 SNS를 통하여 자신의 생각을 게시하고 정보를 검색하는 시대입니다.
기업은 많은 사람들이 자신의 생각을 SNS에서 공유하는 것을 알고 있으며, 이점을 활용하여 정보를 효과적으로 분석하여 기업경영에 활용하고 미래 경쟁력을 확보 하고자 합니다. 사람들이 어떤 생각을 가지고 있는지 어떤 제품을 좋아하는지 등 이러한 정보를 활용하는 사례는 기업경영 뿐만 아니라, 경제, 사회 다양한 분야에서도 점차 확대되고 있습니다. 예를 들어 2017년 대통령 선거 지지도 조사에서 SNS에 어떤 후보의 이름이 많이 오르락 내리락 하는지를 분석하여 활용한 사례를 들 수 있습니다.

하지만 수많은 사람들이 SNS에 글을 게시하고 그 많은 데이터들을 어떻게 효과적이고 빠르게 분석할 것이냐가 문제인 것인데 이것이 바로 요즘 화두가 되고 있는 빅 데이터 입니다. 기존의 데이터에 비해 너무 크기 때문에, 어떤 기술을 활용하여 수집 분석, 저장, 검색을 할 것인지에 대한 것이 빅 데이터 입니다.

지금까지 한 말을 요약하자면, 모든 정보시스템, 기업경영, IT에는 데이터가 필수적이며 데이터가 중요한 역할을 하고 있다는 점, IT의 발달로 인해 많은 사람들이 자신의 생각을 인터넷상에 데이터로 남기고 공유하고 있으며 이러한 데이터를 효과적으로 분석해야 할 필요성을 느끼고 있다는 점. 이것이 데이터가 중요한 이유, 우리가 데이터를 꼭 공부해야하는 이유입니다.

알아두세요

빅데이터란 무엇인가?

일반적으로, 빅데이터의 기초단위인 데이터는 의미 있는 수치나 문자, 기호를 뜻합니다. 기존의 빅데이터에 관한 사전적 정의는 단순히 데이터의 양이 많은 것을 의미 하였습니다. 하지만 최근 빅 데이터의 정의의 범주가 확장 되어, 기존의 대용량의 정형화된 데이터를 뜻하는 정의뿐만 아니라 비정형화된 일상의 정보들까지 포함하는 거대한 데이터의 집합을 의미합니다. 비정형화된 데이터는 가공되지 않고 표준화되지 않은 일상 언어나 대화와 같은 정보를 의미하며, 그 예로, 카카오톡을 통해 사진을 주고받는 사례와 페이스북 담벼락에 글을 업로드 하는 등의 자신의 일상생활 기록들을 들 수 있습니다.

이러한 비정형화된 일상적인 데이터들은 가공되지는 않았지만, 빅데이터 시대에서는 충분히 활용 가능한 가치를 지닙니다. 소비자 요구 분석, 마케팅 기법을 위한 반응 추이 등의 분석에 일상 정보를 이용한다면, 이전에 활용성이 없어 보였던 비정형화된 일상의 정보들도 충분한 가치를 갖게 되는 것입니다.

우리가 흔히 접하며 사용하는 데이터베이스들은 분명 많은 사용자들이 필요하기 때문에 사용되고 있습니다. 그렇다면 이러한 데이터베이스는 왜 이렇게 일상에 자주 사용되는 것일까요? 데이터베이스가 필요한 이유는 간단합니다.

- 데이터베이스는 데이터의 대규모 저장 공간으로서, 여러 사용자에 의해 동시에 사용됩니다. 더 이상 데이터를 한 사용자 또는 한 부서에서만 사용하지 않습니다. 데이터베이스는 이제 조직체의 모든 구성원이 공유하는 자료가 되었습니다.
- 중복된 데이터를 갖는 별도의 파일들로 유지되는 대신 데이터베이스에서는 모든 데이터가 중복을 최소화하고 불일치성을 피해 통합됩니다.

- 데이터베이스는 조직체의 운영 데이터뿐만 아니라 그 데이터에 관한 설명까지 포함됩니다. 이런 설명을 데이터베이스 스키마(Schema) 또는 메타데이터(Metadata)라고 합니다.
- 데이터의 구조가 프로그램과 분리되어 데이터베이스에 저장되므로 프로그램과 데이터 간의 물리적, 논리적 독립성이 제공됩니다.
- 데이터베이스는 효율적으로 접근이 가능하고 다양한 질의를 통해 원하는 데이터를 검색할 수 있습니다.

알아두세요

메타데이터(metadata)

메타데이터란 데이터에 관한 데이터란 뜻입니다.
자료를 설명하는 데이터 (자료의 속성 등)
- 데이터에 관한 정보의 기술, 데이터 구성의 정의, 데이터 분류를 위한 데이터 등
데이터에 대한 데이터로써 하위레벨의 데이터를 기술함
- 상위레벨에서 하위레벨 데이터에 대한 각종 정보(자원의 속성)를 담고있는 데이터
도서관의 도서목록으로써 메타데이터의 예로 설명하자면
- 표제, 저자, 주제명, 분류기호 등이 포함되어 있는 목록 레코드 또는 색인에 의해 생성된 데이터베이스 레코드

01-3 데이터베이스 관리 시스템

업무가 다양화되고 복잡해지고 그런 업무를 처리하기 위한 프로그램도 같이 복잡하게 되었습니다. 그리고 그 프로그램에서 다루는 데이터의 양도 많아지게 되었습니다. 이렇게 많은 데이터를 저장하기 위해서 데이터베이스가 필요하게 되었는데, 이러한 데이터베이스 안에 있는 데이터를 관리하는 것이 데이터베이스 관리 시스템(DBMS : Database Management System)입니다.

데이터베이스에 저장되는 데이터는 특정한 규칙에 맞게 저장되어 있습니다. 이 규칙에 맞게 저장된 데이터를 읽고, 변경하고, 추가하고, 삭제할 수 있게 해주는 것이 DBMS라고 말할 수 있습니다. DBMS의 종류에는 Oracle, MySQL, MariaDB, MS-SQL, PostGreSQL 등 수많은 종류가 있습니다. 크게 관계형 데이터베이스, 객체지향 데이터베이스 등으로 나뉘고 주로 사용하는 관계형 데이터베이스의 대표적인 DBMS로는 Oracle, MySQL, MariaDB, MS-SQL 등이 있습니다. 이러한 데이터베이스 안에 저장되어있는 데이터를 처리해 주는 것이 바로 여러분이 많이 들어본 위에 열거한 DBMS입니다.

예를 들어 전화번호 목록을 검색한다고 했을 때 전화번호 목록은 데이터베이스라는 저장 공간에 저장되어 있고, DBMS라는 프로그램을 통해서 데이터베이스 안에 저장되어 있는 전화번호를 읽고, 쓰고, 삭제하고, 변경할 수 있습니다. 그리고 DBMS는 다른 프로그램과 연동이 되어서 데이터베이스

에 접근할 수 있는 것입니다. 이렇게 해서 'DBMS는 DBMS에서 자체적으로 데이터베이스에 접근할 수 있고, 또 다른 프로그램과 연동이 되어서 그 프로그램에서 데이터베이스의 데이터에 접근할 수 있게 한다.' 라고 정리할 수 있습니다.

알아두세요

데이터베이스 관리 시스템(DBMS : Database Management System)

데이터베이스에서 필요한 데이터를 검색하거나 데이터를 삽입, 수정, 삭제하기 위해서는 이를 효율적으로 지원하는 프로그램이 필요합니다. 데이터베이스 관리 시스템(DBMS : Database Management System)은 데이터베이스를 정의하고 질의어를 지원하고, 리포트를 생성하는 등의 작업을 수행하는 소프트웨어이다.

알아두세요

데이터베이스의 종류

데이터베이스에 저장되는 데이터들은 특정한 규칙에 따라 저장이 됩니다. 그 규칙이란 것은 저장될 데이터들이 상호간에 어떤 연관을 갖고 있는가를 말하는 것입니다. 그러한 연관관계는 관계형, 네트워크형, 계층형, 객체지향형 등으로 분류할 수 있습니다. 그 중 관계형 데이터베이스는 가장 많이 사용되는 방식 중 하나입니다.

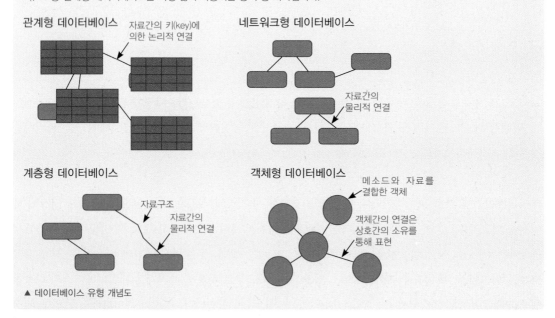

▲ 데이터베이스 유형 개념도

알아두세요

데이터베이스 vs DBMS

데이터베이스, DBMS가 차이가 있는 것은 분명하지만, 보통 'DBMS는 Oracle 또는 MySQL을 사용한다... DBMS는 무엇이다...'라고 말하지 않고 '데이터베이스는 Oracle, MySQL을 사용한다... 또는 데이터베이스는 무엇이다...'라는 식으로 말합니다. 하지만 두 용어에는 차이가 있다는 것을 알고 계시면 됩니다.

그럼 데이터베이스의 종류에는 어떤 것들이 있는지 주로 많이 사용되는 데이터베이스의 종류에 대해서 간단하게 알아보겠습니다.

❶ 오라클(Oracle)

오라클은 가장 유명한 데이터베이스입니다. 데이터베이스를 알고 있는 사람들은 모두 알고 있을 정도로 유명한 데이터베이스입니다. 오라클은 미국 오라클사의 관계형 데이터베이스 관리 시스템입니다. 현재 유닉스 환경에서 가장 널리 사용되는 데이터베이스이며, 또한 우리나라의 내놓으라 하는 큰 기업들은 모두 오라클을 사용할 정도로 막강한 성능을 자랑합니다. 이유는 빠른 업데이트와 차별화된 기능 때문입니다. 또한 유지보수가 좋은 장점이 있습니다. 한 가지 단점이 있다면 유료라는 점인데 그 비용이 상업적 목적으로 사용한다면 엄청난 금액을 지불해야 사용이 가능합니다. 그렇기 때문에 큰 기업이 아니면 오라클 데이터베이스를 구매해서 사용하기 힘들기 때문에 큰 기업에서만 사용을 하고 있다고 생각하면 되겠습니다.

❷ MySQL

MySQL 또한 유명합니다. 프로그래밍을 입문하면서 가장 처음으로 입문하기에 좋은 데이터베이스입니다. 저자 또한 MySQL로 데이터베이스를 배우기도 했습니다.

입문용으로 좋은 이유는 무료라는 장점과 PHP와 궁합이 좋고 많은 사용자가 있기 때문에 쉽게 배울 수 있다는 장점이 있습니다. 현재는 오라클 회사에서 인수하였고 기본적으로 제공하는 함수 부분에서는 오라클보다는 기능이 뛰어나지는 않지만 그래도 관계형 데이터베이스의 개념을 배우기에는 아주 좋은 데이터베이스입니다.

❸ MS−SQL

MS사의 MS−SQL은 1989년에 최초로 발표하면서 세상에 나온 데이터베이스 입니다.

MS−SQL의 특징은 오라클과 MySQL과는 다르게 윈도우 서버에서만 구동이 되고 C#과는 가장 높은 호환성을 자랑하는 데이터베이스라고 할 수 있습니다. ASP와 주로 많이 사용되고 있습니다. 현재는 ASP시장이 크게 줄어들었기 때문에 점점 사용자들이 줄어들고 있는 추세입니다.

❹ MariaDB

MySQL이 Sun Microsystems로 넘어가면서 당시 MySQL AB 출신들이 따로 나와 MySQL을 기반으로 한 다른 오픈소스 기반의 DBMS를 배포했다고 합니다. 바로 MariaDB가 그것이며 MySQL과 유전 정보를 그대로 고수한 "진짜" 오픈 소스 기반의 DBMS입니다.

현재 Monty Program AB와 MariaDB Community에서 개발하고 있으며, MySQL과 기본적으로 구조 및 사용 방법 등 모두 동일합니다. MySQL의 모든 명령어, 인터페이스, 라이브러리와 API 가 MariaDB에도 존재합니다.

MariaDB는 GPL v2 라이선스에 따르기 때문에, Oracle의 횡포로부터 상당히 자유롭습니다. 사실 Oracle에서 MySQL 관련하여 현재는 오픈 소스 정책을 고수하고 있지만, 언제 갑자기 그들의 정책을 폐쇄적으로 바꿀지 모르기 때문에 많은 사용자들이 유심히 지켜보고 있는 데이터베이스 중 하나입니다. 즉, MariaDB는 사실상 MySQL의 완벽한 대체라고 말할 수 있습니다. 게다가, MariaDB는 MySQL보다 많은 훌륭한 새로운 기능들을 가지고 있습니다.

우선 책에서 설명하는 데이터베이스 이외에도 수많은 데이터베이스가 존재 합니다. 책에서는 간단하게 많은 유저들이 사용하는 데이터베이스 위주로 설명하였습니다. 그렇다고 종류가 다양하다보니 어렵지 않을까? 하는 의구심이 생길 수도 있습니다. 하지만 대부분의 데이터베이스는 SQL질의문과 사용하는 방식이 비슷하기 때문에 크게 다른 종류의 데이터베이스와 차이점은 많이 없습니다. 다른 데이터베이스도 궁금하다면 찾아서 사용해보는 것도 데이터베이스를 공부하는데 아주 많은 도움이 되겠습니다.

01-4 데이터베이스 관리 시스템의 요구사항

- 데이터 독립성 : 응용 프로그램이 데이터 표현의 상세한 내역과 데이터 저장으로부터 독립적으로 운용됩니다.

- 융통성 : 기존의 응용 프로그램들에 영향을 주지 않으면서 데이터베이스 구조를 변경할 수 있어야 합니다.

- 효율적인 데이터 접근 : 방대한 데이터베이스를 효율적으로 저장하고 접근하기 위해 다수의 정교한 기법을 제공해야 합니다. 일반적으로 데이터베이스의 인덱스 구조가 이러한 목적으로 사용됩니다.

- 데이터에 대한 동시 접근 : 데이터베이스는 조직체의 중요한 공유 정보이므로 여러 사용자가 동일한 데이터베이스를 동시에 접근합니다. 하지만 각 사용자가 혼자서 데이터베이스를 접근하는 것처럼 인식하도록 데이터베이스에 대한 동시 접근을 동기화하기 위한 동시성 제어를 제공해야 합니다.

- 백업과 회복 : 시스템 에러 등으로부터 데이터베이스를 회복하며, 디스크 등이 손상을 입는 경우를 대비해서 수행합니다.

- 중복을 줄이거나 제거하여 일관성 유지 : 데이터를 통합함으로써 동일한 데이터가 여러 개의 사본으로 존재하는 것을 피합니다. 성능을 향상시키기 위해 중복을 일부 허용하고 제어할 수 있습니다.

- 데이터 무결성 : 데이터 무결성은 의미적인 측면에서 데이터가 정확하고 완전함을 의미합니다. 사용자가 무결성 제약 조건을 정의하면 DBMS는 데이터를 삽입, 삭제, 수정할 때마다 제약 조건을 자동으로 검사합니다.

- 데이터 보안 : 권한이 없는 접근으로부터 데이터베이스를 보호합니다.

- 쉬운 질의어 : 키워드와 간단한 구문을 사용한 질의어를 통해 질의를 표현하고 결과를 바로 얻을 수 있습니다. 효율적인 질의의 최적화와 질의 수행이 중요합니다.

- 다양한 사용자 인터페이스의 제공 : 데이터베이스를 사용하는 사람을 위한 질의어 인터페이스, 응용 프로그램 개발자를 위한 프로그래밍 인터페이스, 초보 사용자를 위한 메뉴 기반 인터페이스 또는 폼 기반 인터페이스 등 다양한 사용자 인터페이스를 제공해야 합니다.

01-5 데이터베이스 사용자

데이터베이스 사용자는 데이터베이스를 이용하기 위해 접근하는 모든 사람을 뜻하며, 이용 목적에 따라 데이터베이스 관리자, 최종 사용자, 응용 프로그래머로 구분할 수 있습니다.

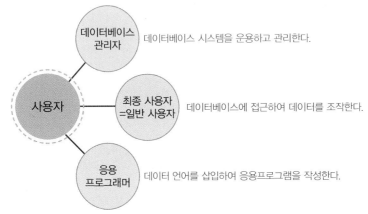

▲ 데이터베이스 사용자

❶ 데이터베이스 관리자

데이터베이스 사용자 중 데이터베이스 관리자(DBA : DataBase Administrator)는 데이터베이스 시스템을 운영하고 관리하는 역할을 하는 사람입니다. 주로 뒤에서 배우게 될 데이터 정의 언어와 데이터 제어 언어를 사용하여 다음과 같은 주요 업무를 수행합니다.

• 데이터베이스 관리자 주요 업무

- 데이터베이스 구성 요소 선정 : 사용자의 요구사항을 분석하여 데이터베이스를 구성할 데이터를 결정합니다.
- 데이터베이스 스키마 정의 : 데이터베이스 스키마를 설계, 데이터 정의 언어를 이용해 설계한 스키마를 데이터베이스 관리 시스템에 설명합니다.
- 물리적 저장 구조와 접근 방법 결정 : 레코드 구조 설계, 저장순서, 빠른 접근을 위한 인덱스를 만들 기준 등도 결정합니다.
- 무결성 유지를 위한 제약조건 정의 : 결함이 없는 데이터만 저장할 수 있도록 필요한 규칙을 정의하고 규칙에 따라 데이터의 정확성과 유효성을 유지합니다.
- 보안 및 접근 권한 정책 결정 : 허가되지 않는 사용자의 불법접근을 방지하고, 허가된 사용자에게 적절한 권한을 부여합니다. 또한 보안관련 정책을 결정합니다.
- 백업 및 회복 기법 정의 : 시스템 장애에 대비하여 데이터베이스 백업 및 손상된 데이터베이스를 일관된 상태로 복구하는 방법을 결정합니다.

- 시스템 데이터베이스 관리 : 데이터 사전과 같은 시스템 데이터베이스를 관리합니다.
- 시스템 성능 감시 및 성능 분석 : 시스템 병목현상 등이 발생하지 않는지를 확인하고, 시스템 자원의 활용도를 분석하여 시스템 성능을 감시합니다.
- 데이터베이스 재구성 : 사용자의 요구사항이 발생하면 요구사항에 맞게 데이터베이스를 재구성하고, 시스템 성능 향상을 위해 시스템 교체 시 데이터베이스를 재구성합니다.

❷ 최종 사용자

데이터베이스 사용자중 최종 사용자(end user)는 데이터베이스에 접근하여 데이터를 삽입, 삭제, 수정, 검색 등의 조작을 하는 사람을 뜻합니다. 주로 데이터 조작 언어(DML)를 사용하며, 캐주얼 사용자와 일반 사용자로 구분할 수 있습니다.

알아두세요

캐주얼 사용자와 일반 사용자

• **캐주얼 사용자** : 데이터베이스에 대한 지식이 있으며, 주로 데이터 조작 언어를 이용해 원하는 데이터베이스에 대한 처리 및 데이터베이스 관리 시스템에 직접 접근하여 사용합니다.
• **일반 사용자** : 데이터베이스를 초보자 수준으로 이용할 수 있어 데이터 조작 언어 보다는 메뉴나 GUI 형태의 응용 프로그램을 통해 데이터베이스를 사용합니다.

---

❸ 응용 프로그래머

데이터베이스 사용자중 응용 프로그래머(application programmer)는 데이터 언어를 삽입하여 응용 프로그램을 작성하는 사람을 뜻합니다. 주로 데이터 조작 언어를 사용해서 일반 사용자가 응용 프로그램을 사용할 수 있게, 인터페이스를 제공할 목적으로 데이터베이스에 접근 합니다. DBMS가 지원하는 데이터 조작문을 능숙하게 사용하며, 보통은 웹 개발자의 역할이 응용 프로그래머의 역할과 같습니다.

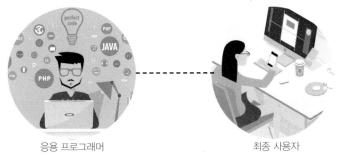

응용 프로그래머   최종 사용자

▲ 최종 사용자와 응용 프로그래머의 예

여러 종류의 데이터베이스 사용자중 우리의 역할은 대개 응용 프로그래머의 역할을 주로 수행하게 됩니다. 데이터베이스 관리자의 경우 큰 기업의 경우 따로 해당 직군으로 구분해서 데이터베이스 관

리자를 따로 채용하지만, 보통의 경우에는 오랜 경력의 프로그래머가 데이터베이스 관리자의 역할까지 수행하는 것이 일반적입니다.

01-6 데이터베이스 언어

데이터베이스 언어(Database Language)는 컴퓨터의 데이터베이스 작업을 위한 데이터베이스 언어입니다. 데이터베이스 언어를 사용하여 데이터베이스 사용자 및 응용 프로그램 소프트웨어는 데이터베이스에 액세스할 수 있습니다. 데이터베이스를 취급하는 기능 중 검색(질의)이 중요하기 때문에, 보통은 데이터베이스의 쿼리 언어라고도 불립니다. SQL문, 질의문, Query문은 완벽하게 같은 뜻을 지니는 동의어는 아니지만, 개념적으로 겹치는 부분도 많기 때문에 같은 의미로 사용되고 있습니다.

현재 가장 대중적으로 사용되는 데이터베이스 언어는 관계형 데이터베이스의 데이터베이스 언어 SQL입니다.

알아두세요

액세스(access)

액세스는 원하는 것을 얻기 위해 단순히 다가가는 것을 뜻합니다. 데이터 액세스는 컴퓨터상의 특정한 데이터를 얻는 것을 말하며, 보통 사용 권한을 가지고 있어야 합니다. 데이터 액세스에서는 보통 읽기만 가능한 액세스와 읽고 쓰기를 모두할 수 있는 액세스로 나뉩니다.

이러한 데이터베이스 언어는 크게 세 가지로 구분됩니다. 뒤에서 각각의 데이터베이스 언어를 사용하는 방법을 배우겠지만 우선 개념적인 부분부터 의미를 살펴보도록 하겠습니다.

• 데이터 정의 언어(DDL : Data Definition Language)

사용자는 데이터 정의 언어를 사용하여 데이터베이스 스키마를 정의하고 데이터 정의 언어로 명시된 문장이 입력되면 DBMS는 사용자가 정의한 스키마에 대한 명세를 시스템 카탈로그 또는 데이터 사전에 저장합니다.

데이터 정의 언어의 기본적인 기능

❶ 데이터 모델에서 지원하는 데이터 구조를 생성 **예** SQL에서 CREATE TABLE

❷ 데이터 구조의 변경 **예** 예, SQL에서 ALTER TABLE

❸ 데이터 구조의 삭제 **예** SQL에서 DROP TABLE

❹ 데이터 접근을 위해 특정 애트리뷰트 위에 인덱스를 정의 **예** SQL에서 CREATE INDEX

- 데이터 조작 언어(DML : Data Manipulation Language)

사용자는 데이터 조작 언어를 사용하여 데이터베이스 내의 원하는 데이터를 검색하고, 수정하고, 삽입하고, 삭제할 수 있습니다.

❶ 절차적 언어(procedural language)와 비절차적 언어(non-procedural language)가 있습니다.

❷ 관계형 DBMS에서 사용되는 SQL은 대표적인 비절차적 언어입니다.

❸ 대부분의 데이터 조작 언어는 SUM, COUNT, AVG와 같은 내장 함수들을 가지고 있습니다.

❹ 사용자로 하여금 데이터를 처리할 수 있게 하는 도구로서, 사용자와 DBMS 간의 인터페이스를 제공합니다.

- 데이터 제어 언어(DCL ; Data Control Language)

데이터의 무결성, 보안 및 권한 제어, 회복 등을 위한 언어입니다. 주로 데이터를 보호하고 관리하는 목적으로 사용하며, 시스템 장애에 대비한 데이터의 백업과 복원 등에 사용됩니다.

사실 대부분의 데이터베이스는 데이터 정의 언어와 데이터 조작 언어로 데이터베이스 모든 데이터들을 제어할 수 있습니다. 데이터베이스 언어에서는 데이터 정의 언어와 데이터 조작 언어만 잘 습득한다면 데이터베이스를 제어하는데 크게 어려움이 없을 것입니다.

01-7 스키마의 정의와 종류

데이터베이스에서 스키마는 데이터 개체(Entity), 속성(Attribute), 관계(Relationship)와 같은 데이터베이스 구조와 기타 제약조건에 대한 명세를 기술한 것으로 데이터 사전 (Data Dictionary or System Catalog)에 저장되며 메타데이터(Meta-data)라고도 합니다. 스키마는 개념 스키마, 외부 스키마, 내부 스키마로 나누어지며 이를 스키마 3계층이라고 합니다.

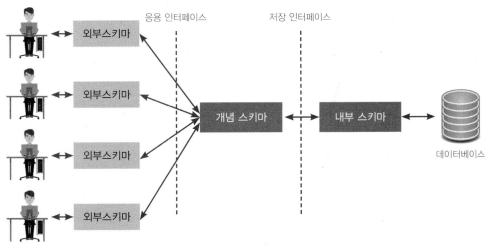

▲ 스키마의 3계층

❶ 개념 스키마(Conceptual Schema)

데이터베이스의 전체적인 구조를 논리적으로 표현한 것으로 객체(Entity) 간의 관계 및 제약조건, 무결성 규칙, 데이터베이스 접근권한 및 보안 등의 명세를 정의합니다. 보통 하나의 데이터베이스에 대해 한개만 존재하며 데이터베이스에 대한 전체적인 뷰(View) 를 나타냅니다. 단순히 스키마(Schema)라고 하면 보통 개념 스키마를 의미합니다. 개념 스키마는 일반적으로 DBA에 의해서 구성되고 관리됩니다.

❷ 외부 스키마(External Schema)

사용자나 개발자 입장에서 논리적으로 데이터베이스의 구조를 정의한 것으로 하나의 데이터베이스에 대해 여러 개가 존재할 수 있습니다. 다른 말로는 서브 스키마 라고도 표현하며 사용자 뷰(View) 관점에서의 스키마입니다.

❸ 내부 스키마(Internal Schema)

데이터베이스의 물리적인 구조를 정의한 스키마로 데이터의 속성이나 저장 크기 등을 기술하고 있습니다. 내부스키마는 물리적인 저장장치와 밀접한 계층으로 시스템 프로그래머나 시스템 설계자 관점에서의 스키마입니다.

알아두세요

스키마의 특징

❶ 스키마는 컴파일 되어 데이터 사전(Data Dictionary)에 저장됩니다.
　–데이터 사전 : 데이터베이스에 저장되어 있는 모든 데이터 개체들에 대한 정보를 유지, 관리. 메타 데이터라고도 합니다.
❷ 현실 세계의 특정한 한 부분의 표현으로서 특정 데이터 모델을 이용해서 만들어집니다.
❸ 데이터의 구조적 특성을 의미하며, 인스턴스에 의해 규정됩니다.
　– 인스턴스(Instance) : 데이터 개체를 구성하고 있는 속성들에 데이터 타입이 정의되어 구체적인 데이터 값을 갖고 있는 것을 의미합니다.

01-8 데이터베이스 설계

데이터베이스 설계라는 것은 모델링 과정을 통해 추출된 정보를 컴퓨터 내부에서 관리할 수 있는 형태로 구체화하며 구조와 관계를 표현하는 것입니다. 스키마를 정의하고, 이에 따라 데이터베이스를 구현하기 위한 전반적인 과정입니다.

데이터베이스 설계 순서는

❶ 요구분석 ➡ ❷ 개념적설계 ➡ ❸ 논리적설계 ➡ ❹ 물리적설계 ➡ ❺ 구현 순으로 이루어집니다.

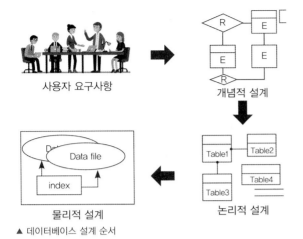

▲ 데이터베이스 설계 순서

❶ 요구조건 분석 / 명세

데이터베이스의 사용자, 사용목적, 사용범위, 제약조건 등에 대한 내용을 정리하고 명세서를 작성합니다.

❷ 개념적설계(E-R모델)

정보를 구조화하기 위해 추상적 개념으로 표현하는 과정으로 요구조건 분석 결과를 특정 DBMS에 독립적이면서 추상화된 표현 기법으로 기술합니다.

❸ 논리적설계(데이터 모델링)

자료를 컴퓨터가 이해할 수 있도록 특정 DBMS의 논리적 자료 구조로 변환하는 과정입니다. 관계형 데이터베이스인 경우 이 단계에서 테이블을 설계하고, 정규화 과정을 거치게 됩니다.

❹ 물리적설계(데이터 구조화)

논리적 구조로 표현된 데이터를 물리적 구조의 데이터로 변환하는 과정입니다. 데이터베이스 파일의 저장 구조 및 액세스 경로, 인덱스의 구조와 저장 레코드의 크기, 순서, 접근 경로 등을 결정하며, 반응시간, 공간 활용도, 트랜잭션 처리량을 고려하여 설계를 하여야 합니다.

❺ 구현

앞선 설계 단계에서 도출된 데이터베이스 스키마를 실제 파일로 생성하는 단계입니다. 특정 DBMS에서 데이터베이스 스키마를 생성한 후 데이터를 입력하며, 응용 프로그램에서 사용하기 위한 트랜잭션을 생성합니다.

02 _ 데이터 모델?

데이터 모델이란 현실세계의 요소를 인간과 컴퓨터가 이해할 수 있는 정보로 표현하기 위해서 단순
화, 추상화하여 체계적으로 표현한 개념적 모형입니다. 데이터의 구조(Schema)를 논리적으로 표현
하기 위해 꼭 필요한 것이 데이터 모델입니다.

시스템 분석 및 설계 단계에서 모델링과 설계라는 단어가 혼용되는 경우가 많지만 모델링과 설계는 분명히
다른 의미를 가지고 있습니다. 데이터 모델링이란 현실 세계의 특정 한 부분을 추상화하는 것입니다.

예를 들어 현실세계에 존재하는 주택이라는 개체를 가지고 데이터 모델링을 한다면, 특성은 주소,
색상, 가격, 양식 등이 됩니다. 값은 특성중 양식의 값으로는 아파트, 단독주택 등이 됩니다. 이것을
데이터 모델로 표현해보면 다음 그림과 같이 표현할 수 있습니다.

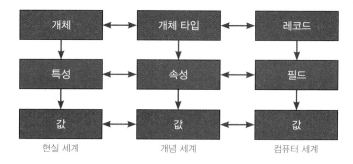

• 개체 : 주택
• 특성 : 주소, 색상, 가격, 양식
• 값 : 양식의 값은 아파트, 단독주택

▲ 주택의 데이터 모델

02-1 데이터 모델의 종류

데이터 모델은 개념적, 논리적, 물리적 데이터 모델로 나눌 수 있습니다.

❶ 개념적 데이터 모델

현실세계의 요소를 인간이 이해할 수 있는 정보 구조로 표현하는 것으로 개체 타입들 간의 관계를 이용
하여 현실세계를 표현합니다. 대표적으로는 E-R 모델이 있습니다. (E-R 모델 : 개체-관계 모델)

❷ 논리적 데이터 모델

개념적 데이터 모델을 컴퓨터가 이해할 수 있도록 변환한 데이터 모델로 일반적으로 데이터 모델이
라고 하며 논리적 데이터 모델을 의미합니다. 데이터 간의 관계 표현에 따라서 관계 모델, 계층 모
델, 네트워크 모델로 구분합니다.

❸ 물리적 데이터 모델

논리적 데이터 모델에서 레코드의 상세 스펙 등을 기술한 모델로 실제 컴퓨터에 데이터가 저장되는
방법을 정의합니다.

02-2 데이터 모델의 구성요소

데이터 모델은 개체(Entity), 속성(Attribute), 관계(Relationship)로 구성되어 있습니다. 각각의 구성요소에 대해서 조금 더 자세하게 살펴보겠습니다.

❶ 개체(Entity)

- 데이터베이스에 표현하려는 것(사람이 생각하는 개념이나 정보 단위 같은 현실 세계의 대상체)
- 실세계에 독립적으로 존재하는 유형, 무형의 정보로서 서로 연관된 몇 개의 속성으로 구성
- 파일 시스템의 레코드에 대응하는 것으로 어떤 정보를 제공하는 역할 수행
- 독립적으로 존재하거나 그 자체로서도 구별 가능

❷ 속성(Attribute)

- 데이터의 가장 작은 논리적 단위로서 파일 구조상의 데이터 항목 또는 데이터 필드에 해당
- 개체를 구성하는 항목

❸ 관계(Relationship)

- 두 개 이상의 개체 간의 연관성을 의미
- 개체 간의 관계 또는 속성 간의 관계를 표현
- 개체 집합 구성 원소 사이의 대응성을 명시
- 관계의 형태에는 일대일(1:1), 일대다(1:N), 다대다(N:M)

이러한 데이터 모델의 구성 요소 중 개체를 조금 더 쉽게 이해할 수 있도록 교사를 개체로 예를 들어 데이터 모델의 구성 요소를 그림의 표로 표현하면 다음과 같습니다.

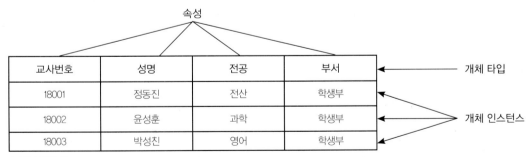

▲ 교사 개체 예

> **알아두세요**
>
> **개체 인스턴스(Entity instance)**
>
> 개체 어커런스(Occurrence) 라고도 하며 이것의 집합을 개체 집합(Entity set)이라 합니다. 데이터베이스에 저장된 구체적인 객체(Object)라고 정의할 수 있습니다.

교사라는 개체에서 교사번호, 이름, 전공, 부서는 속성이 됩니다. 속성은 데이터의 가장 작은 논리적 단위로서 파일 구조상의 데이터 항목 또는 데이터 필드(Field)라고도 합니다.

데이터 모델의 구성 요소 중 관계란 단어의 의미 그대로 두 개 이상의 개체 간의 연관성을 의미합니다. 교사가 학생을 지도하는 관계를 E-R 다이어그램으로 표현하면 다음과 같습니다.

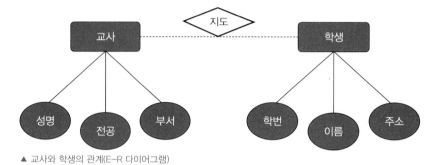

▲ 교사와 학생의 관계(E-R 다이어그램)

이러한 테이블 간의 관계는 관계를 맺는 테이블의 수에 따라 일대일 관계, 일대다 관계, 다대다 관계 등으로 나눌 수 있습니다.

관계형 데이터베이스에서는 이러한 관계를 나타내기 위해 외래 키(foreign key)라는 것을 사용합니다. 외래 키는 한 테이블의 키 중에서 다른 테이블의 행(row)을 식별할 수 있는 키를 의미합니다.

테이블 간의 관계를 그림으로 표현하면 다음과 같습니다.

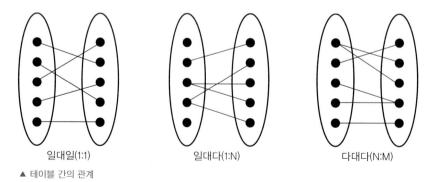

일대일(1:1)   일대다(1:N)   다대다(N:M)

▲ 테이블 간의 관계

02-3 개체–관계(E-R) 모델

E-R 모델(개체–관계 모델) 이란 개념적 모델링에 사용되는 데이터 표현 방법으로 Entity(개체)와 Entity 간의 Relationship(관계)를 나타내는 모델입니다. 1976년 피터 첸에 의해 제안되었으면 현재 개념적 모델링 시 자주 사용되고 있습니다.

앞서 설명한 E-R 다이어그램은 개체 간의 관계를 표현한 그림으로, 실체 간의 관계는 물론 조직, 사용자, 프로그램, 데이터 등 시스템 내에서 역할을 가진 모든 실체들을 표현한 도표입니다. E-R 다이어그램에는 여러 가지 기호가 사용되는데 E-R 다이어그램에서 사용되는 각 기호와 의미를 살펴보도록 하겠습니다.

의미	개체	관계	속성	기본키 속성	연결, 링크
기호	사각형	마름모	타원, 원		선

▲ 기호와 의미

위의 그림과 같이 개체는 사각형, 관계는 마름모, 속성은 타원 또는 원으로 하고 그 중 기본키 속성은 원 안에 선이 들어가 있는 것으로 표현됩니다. 마지막으로 연결은 선으로 표현됩니다.

앞서 설명한 교사가 학생을 지도하는 관계를 다시 한 번 살펴보겠습니다.

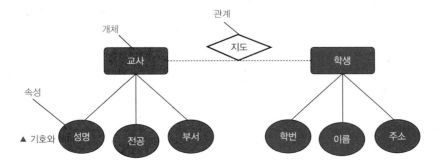

▲ 기호와

위의 그림은 E-R 모델로 교사와 학생의 관계를 표현한 것입니다. 각 기호가 어떻게 사용되는지 이제 조금 이해했을 겁니다. 이러한 기호는 약속된 의미를 가지고 있기 때문에 표현하려는 관계를 정확한 기호를 사용해서 E-R 다이어그램으로 그려야합니다.

03 _ 관계형 데이터베이스

관계형 데이터베이스는 현재 가장 많이 사용되고 있는 데이터베이스의 한 종류입니다. 다른 종류도 있지만 우리는 관계형 데이터베이스를 사용하는 MySQL을 사용하기 때문에 여러 가지 데이터베이스의 종류 중 관계형 데이터베이스만 설명하고 넘어가도록 하겠습니다.

관계형 데이터베이스는 데이터 항목 간에 사전 정의된 관계가 있을 때 그러한 데이터 항목들의 모음을 가리킵니다. 이 항목들은 열과 행으로 이루어진 테이블 집합으로 구성됩니다. 테이블은 데이터베이스에 표시할 해당 객체들에 관한 정보를 수록하는 데 사용됩니다. 테이블의 각 열은 특정 종류의 데이터를 수록하며 필드는 속성의 실제 값을 저장합니다. 테이블의 행은 한 객체 또는 엔터키와 관련된 값들의 모음을 나타냅니다. 테이블의 각 행은 기본 키라고 부르는 고유 식별자로 표시할 수 있고 여러 테이블에 있는 행들은 외래키를 사용하여 상호 연결될 수 있습니다. 이 데이터는 데이터베이스 테이블 자체를 재구성하지 않고도 여러 가지 방법으로 액세스할 수 있습니다. 이처럼 데이터의 종속성을 관계(relationship)로 표현하는 것이 관계형 데이터베이스의 특징입니다.

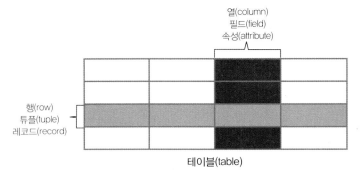

▲ 관계형 데이터베이스의 테이블

03-1 관계형 데이터베이스의 특징

관계형 데이터베이스의 개념은 표현 개체의 내부 관계가 아닌 외부의 개념 관계를 적용한 것으로서 개체의 의미 중심이 아닌 데이터 간의 상관관계에서 개체 간의 관계를 표현한 것이라고 할 수 있습니다. 다음의 관계형 데이터베이스의 특징은 이제 데이터베이스의 일반적 특징이라고 볼 수 있습니다.

❶ 데이터 간의 관계를 표현하기 위해 테이블 집합을 사용합니다.
- 테이블이라는 단순한 개념 및 견고한 수학적 토대를 가지고 있습니다.
- 프로그래머가 이해하기가 수월하고 실제 데이터베이스시스템을 구현하는데 편리합니다.
- 테이블들의 모임으로 구성되며, 각 테이블은 고유한 이름을 가집니다.

❷ 다른 데이터베이스 모델에 비해 수정이 편리합니다.
- 다른 유형의 데이터베이스 구조를 관계 데이터베이스로 변환하는 일이 비교적 수월합니다.
- 데이터의 분류, 정렬, 탐색 속도가 빠릅니다.

❸ 민감한 데이터에 대한 액세스 제어를 구현하기가 쉽습니다.
- 엑세스할 때 상당한 조심을 요하는 데이터는 별도로 관계를 정의하여 두고, 그 관계를 엑세스할 수 있는 권한을 두거나 또는 액세스 기법을 따로 두어 제어가 가능합니다.

❹ 데이터베이스의 간결성(clarity)과 가시성(visibility)이 증진되었다
- 포인터를 사용하여 복잡하게 연관되어 있는 데이터 요소들에 대한 탐색 보다는 테이블 표 형식의 데이터 요소를 탐색하는 편이 훨씬 수월합니다.

❺ 관계형 데이터베이스에 접근하기 쉬운 언어 지원
- 데이터베이스에 대한 자료요구는 대부분의 RDBMS 제품들이 지원하는 SQL 구문으로 작성됩니다.
- ANSI 규정에 따르고 있는 SQL 구문은 표준화된 포맷을 사용하므로 동일 어플리케이션들이 이 기종의 RDBMS에서 운용될 수 있어 이식성이 뛰어납니다.

03-2 관계형 데이터베이스의 용어

관계형 데이터베이스는 테이블의 집합으로 표현합니다. 테이블은 표와 같이 단순하고 직관적인 개념이지만 테이블의 개념과 관계의 수학적 개념 사이에는 직접적인 연관성이 있습니다. 관계형 데이터베이스의 기본 구조를 학생 릴레이션을 통해서 간략히 살펴보겠습니다.

다음 그림에서 학번은 기본키를 나타내는데 기본키는 테이블의 유일한 식별자를 나타내며 테이블의 두 행이 열에서 같은 값을 갖지 않는 성질이 있을 때의 열을 말합니다. 즉 학번의 값은 유일한 값이기 때문에 다른 열에서 중복된 값을 가질 수 없습니다.

릴레이션은 테이블에 해당되며, 튜플은 테이블에 있어서의 행과 같으며, 속성은 열에 해당됩니다. 그리고 도메인은 데이터의 공급처와 유사한 개념이라고 볼 수 있습니다. 여기서 학과 도메인은 다양한 학과 이름의 집합입니다.

▲ 학생 릴레이션

• 릴레이션(Relation)

관계형 데이터베이스에서 사용하는 릴레이션이라는 용어는 몇 가지 성질을 가진 2차원 테이블을 나타냅니다. 테이블 속에 포함되는 성질을 살펴보면 다음과 같습니다.

❶ 각 개체(entry)들은 단일 값을 가지게 됩니다. 다시 말하면 배열이나 값의 그룹을 허용하지 않습니다.

❷ 각 열은 유일한 이름을 가지며 열의 순서는 무의미합니다.

❸ 테이블의 모든 행도 동일하지 않으며 행의 순서는 중요한 의미를 갖지 않습니다.

• 속성(Attribute)

테이블의 열(Column)을 나타내며 위 그림에서 학번, 이름, 학년 및 학과가 속성입니다.

• 튜플(Tuple)

테이블의 행(row)을 튜플이라고 합니다. 위 그림에서 각 행 부분이 튜플이며 각 튜플은 속성들이 모여서 이루는 집합입니다. 테이블이 n개의 열을 가지면 행을 n-튜플이라고 하고 테이블을 n차 테이블이라 부르기도 합니다.

튜플(Tuple)이라는 용어는 수열의 개념으로부터 유래되었습니다. 즉, single, double, triple, 하는 식으로 카운트하다가 가장 큰 수열을 n-tuple이라고 불렸던 것입니다.

• 도메인(Domain)

도메인은 속성에서 나타낼 수 있는 값의 집합입니다. 위 그림에서 학과의 도메인은 컴퓨터공학, 멀티미디어, 소프트웨어입니다. 모든 도메인은 반드시 유일한 값을 가져야 하는 제한은 없습니다.

도메인의 속성은 각각을 유일하게 구별할 수 있도록 속성 명을 가지고 있습니다. 위 그림에서 학번, 이름, 학년, 학과가 속성 명입니다.

데이터베이스 사용자들은 속성의 값에 의해서 각 튜플을 구별할 수 있기를 바라며, 구별하는 가장 기본적인 방법은 한 튜플이 가지고 있는 전체 속성의 값을 표시하는 방법입니다.

위 그림에서 예를 들면 {18001, 정동진, 4, 컴퓨터공학} 입니다. 그러나 가능하면 더 적은 속성으로 튜플을 구별하는 것이 좋습니다. 예를 들어 아래의 그림에서는 부서 및 직급만을 가지고는 유일한 튜플을 찾을 수 없습니다.

성명	직급	배우자 성명	나이	배우자 나이	부서
정동진	팀장	설현	40	28	전산실
윤성훈	대리	–	32	–	인사부
박성진	과장	–	39	–	전산실
홍길동	사원	황진이	26	26	자재부
임꺽정	사원	심청이	28	24	인사부

▲ 사원 릴레이션

그러나 성명에 의해서는 유일한 튜플을 구별할 수 있습니다. 하나의 속성으로 유일한 튜플을 찾지 못하는 경우에는 속성의 조합에 의하여 찾아야 합니다. 만약 하나의 속성만으로 모든 튜플을 유일하게 구별할 수 있을 때, 그 속성을 기본 키(primary key)라고 합니다. 릴레이션의 키에 대해서는 뒤에서 자세히 다루도록 하겠습니다.

RDBMS의 개념적 용어	자주 사용되는 용어	파일 시스템
릴레이션(Relation)	테이블	파일
튜플(Tuple)	행/레코드	레코드
속성(Attribute)	열	필드

▲ 관계형 데이터베이스 용어 정리

• 릴레이션 스키마

릴레이션의 이름과 릴레이션을 구성하는 속성의 집합을 릴레이션 스키마(Relational Schema)라고 합니다. 스키마는 릴레이션의 틀(Framework)입니다. 릴레이션 스키마는 다음과 같이 표기하는 것이 일반적입니다.

릴레이션 이름(속성1, 속성2, 속성3, ...)

• 내포와 외연

논리적으로 용어로 살펴보면 릴레이션 스키마를 내포(Intension)라 하며 실제 데이터인 튜플을 외연(Extension)이라 합니다. 다음 그림에 논리적인 구조로 살펴보겠습니다.

학번	이름	학년	학과	— 외연
18001	정동진	4	컴퓨터공학	
18002	윤성훈	2	멀티미디어	
18003	박성진	3	컴퓨터공학	내포
18004	홍길동	2	멀티미디어	
18005	임꺽정	1	소프트웨어	

▲ 릴레이션의 논리적인 구분

알아두세요

레이션의 특성
❶ 각 릴레이션은 오직 하나의 튜플 타입만 포함합니다.
❷ 하나의 속성 내의 값들은 모두 같은 타입으로 정의됩니다.
❸ 속성의 순서는 중요하지 않습니다.
❹ 릴레이션이 튜플의 집합이기 때문에 동일한 튜플이 두 개 이상 존재하지 않습니다.
❺ 한 튜플의 각 속성은 원자값을 가집니다.
❻ 릴레이션의 튜플들의 집합이기 때문에 튜플들의 순서는 중요하지 않습니다.
❼ 각 속성의 이름은 한 릴레이션 내에서만 고유합니다.

• 릴레이션의 키

관계형 데이터베이스에서 키의 의미는 대단히 중요합니다. 키는 각각 튜플을 구별할 수 있는 속성을 말하는 것으로서, 후보키, 기본키, 대체키, 외래키, 슈퍼키 등의 종류가 있습니다.

• 후보키(Candidate Key)

후보키는 모든 릴레이션에 하나 이상 존재한다. 각 튜플들을 구별할 수 있는 속성 값이라면 모두 후보키가 됩니다.

릴레이션 : 학생 (학번, 이름, 주민등록번호, 소속학과)

예를 들어 위의 학생 릴레이션에서 학번과 주민등록번호는 각 학생마다 유일한 값을 가지게 됩니다. 학번이나 주민등록번호가 동일한 학생이 있다면 학교의 행정업무 또는 성적업무는 혼란에 빠지게 될 것입니다. 따라서 학번이나 주민등록 번호는 각 튜플을 구별할 수 있는 요소가 될 수 있습니다. 여기에서 '학번'과 '주민등록번호'는 후보키가 됩니다.

• 기본키(Primary Key)

기본키는 후보키 중에서 하나를 선택하여 설정합니다. 즉 하나의 릴레이션에서 각 튜플을 구별할 수 있도록 데이터베이스 설계자가 후보키 중에서 선택한 한 개의 키입니다.

> 릴레이션 : 학생 (학번, 이름, 주민등록번호, 소속학과)

예를 들어, 학생 릴레이션에서 학번을 기본키로 선택하거나. 또는 주민등록번호를 기본키로 선택할 수도 있습니다.

여기서 중요한 것은 기본키로 설정된 속성의 값은 NULL이 되어서는 안되며. NULL을 갖는다는 것은 이 속성에 아무런 값이 입력되지 않았다는 것을 의미합니다. 기본키로 속성의 값이 NULL을 가지게 되면 각각의 튜플을 구별할 수 없게 되기 때문입니다.

또 한가지 중요한 사실은 모든 릴레이션은 적어도 하나의 기본키를 가지고 있어야 한다는 것입니다. 왜냐하면 여러 튜플 각각을 구별할 수 있게 하기 위해서인데, 여러 가지 데이터들을 빠르게 검색해서 가져오기 위해서는 꼭 기본키가 필요하기 때문입니다.

어떤 릴레이션에는 기본키로 사용할 만한 적당한 속성이 없을 수도 있는 경우가 생길수도 있습니다. 이런 경우에는 기본키가 될 수 있는 속성을 임의로 추가시켜 주어야 합니다. 예를 들어 릴레이션의 각 튜플을 입력할 때마다 자동으로 그 숫자가 증가되어 기록되는 속성을 추가시킬 수 있습니다.

알아두세요

릴레이션의 기본키를 선정할 때 고려할 사항

❶ 속성이 항상 고유한 값을 가질 것인가
❷ 속성이 확실하게 NULL을 갖지 않을 것인가
❸ 속성의 값이 변경될 가능성이 높은 속성은 기본키로 선정하지 말 것
❹ 속성의 값의 타입은 가능하면 작은 정수 값이나 짧은 문자열로 할 것
❺ 가능하면 복합키는 피할 것

• 대체키(Alternate Key)

대체키는 후보키에서 기본키로 선택된 키를 제외한 키들이 대체키가 됩니다.

> **릴레이션 : 학생 (학번, 이름, 주민등록번호, 소속학과)**

예를 들어 학생 릴레이션에서 학번을 기본키로 삼았다면 주민등록번호가 대체키가 됩니다. 반대로 주민등록번호를 기본키로 삼았다면 학번이 대체키가 됩니다.

• 외래키(Foreign Key)

하나의 릴레이션을 구성하는 속성 중에서 다른 릴레이션에서 기본키로 사용되는 속성을 포함하고 있을 경우 이를 외래키라 부릅니다.

> 릴레이션 : 수강과목 (과목코드, 과목명, 담당교수번호, 강의실, 강의시간)
> 릴레이션 : 교수 (교수번호, 교수명, 소속학과)

기본키

교수번호	교수명	소속학과
18001	정동진	컴퓨터 공학
18002	윤성훈	멀티미디어
18003	박성진	컴퓨터공학
18004	홍길동	멀티미디어
18005	임꺽정	소프트웨어

외래키

과목코드	과목명	담당교수번호	강의실	강의시간
001	MySQL	18001	3층 컴퓨터실	오후 1시
002	PHP	18002	2층 컴퓨터실	오후 2시
003	PHP	18003	1층 컴퓨터실	오후 1시
004	HTML	18004	2층 컴퓨터실	오후 1시
005	MySQL	18005	1층 컴퓨터실	오후 2시

▲ 교수 릴레이션과 수강과목 릴레이션의 기본키, 외래키

예를 들어 수강과목 릴레이션과 교수 릴레이션이 위와 같을 때 수강과목 릴레이션의 담당교수번호는 외래키가 됩니다. 담당교수번호는 교수 릴레이션에서 기본키로 사용되고 있기 때문입니다. 다시 말해, 하나의 속성이 외래키가 되기 위해서는 다른 릴레이션에서 그 속성이 기본키로 사용되고 있어야만 합니다.

• 슈퍼키(Super Key)

슈퍼키는 속성들의 집합으로 구성된 키를 말합니다. 슈퍼키는 집합으로 구성되어 유일성은 만족시키지만 집합으로 구성된 하나의 속성으로도 다른 튜플 구분이 가능하며 최소성은 만족시키지 못합니다. 슈퍼키의 특징은 튜플들을 고유하게 식별하는 데 꼭 필요하지 않은 속성들을 포함할 수 있다는 것입니다. 예를 들어 (담당교수번호, 강의실, 강의시간) 또는 (과목코드, 과목명, 강의시간)은 모

두 슈퍼키가 될 수 있습니다. 이와 같이 키를 구성할 때 속성의 집합으로 구성하는 것을 슈퍼키라고 하며, 후보키는 기본키로 사용될 수 있는 속성들의 부분집합인데, 이 중 속성의 집합으로 구성된 후보키를 복합키라고 합니다.

> **릴레이션 : 도서 (도서명, 출판사, 가격, 페이지)**

예를 들어 도서 릴레이션에서 도서명이 동일한 책이 있을 수 있고, 한 출판사에서 여러 권의 책을 출판할 수도 있으며 가격이 똑같은 책이 있을 수도 있습니다. 따라서 어느 속성으로도 단독으로 기본키로 사용하는 것은 어렵습니다. 그러나 '도서명'과 '출판사'를 조합한다면 슈퍼키로 사용할 수 있게 됩니다.

이렇게 여러 가지 관계형 데이터베이스의 용어에 대해서 살펴보았습니다. 지금은 데이터베이스의 이론적인 부분으로 설명하고 있기 때문에 아직까지는 정확하게 이해가 되지 않을 수도 있습니다. 하지만 뒤에서 배울 SQL문들을 배우게 되면 방금 배운 용어나 설명들이 아마 쉽게 이해가 되실 겁니다.

알아두세요

관계형 데이터베이스의 용어

- 릴레이션(Relation) : 자료의 저장 형태가 2차원 구조인 테이블(표)
- 속성(Attribute) : 릴레이션을 구성하는 각 열(Column, 항목, 필드)을 의미
- 튜플(Tuple) : 릴레이션의 한 행을 구성하는 속성들의 집합으로 행(Row, 레코드)을 의미
- 도메인(Domain) : 하나의 속성이 가질 수 있는 값들의 범위
- 릴레이션 스키마(Relation Schema) : 릴레이션의 이름과 속성 이름의 집합. 릴레이션의 구조를 말함
- 릴레이션 인스턴스(Relation Instance) : 릴레이션에서 어느 시점까지 입력된 튜플들의 집합
- 차수(Degree) : 하나의 릴레이션을 구성하는 속성의 수
- 카디널리티(Cardinality) : 하나의 릴레이션에 입력된 튜플의 수

04 _ MySQL이란 무엇인가?

▲ MySQL

우리가 PHP와 함께 책에서 배울 MySQL은 전세계적으로 가장 널리 사용되고 있는 오픈소스 데이터베이스이며, MySQL AB사가 개발하여 배포, 판매하고 있는 데이터베이스(DataBase)입니다. 표준 데이터베이스 질의 언어 SQL(Structured Query Language)을 사용하는 관계형 데이터베이스이며, MySQL은 매우 빠르고, 유연하며, 사용하기 쉬운 특징이 있습니다. 다중사용자, 다중 쓰레드를 지원하고, C, C++, Eiffel, 자바, 펄, PHP, Pyton 스크립트 등을 위한 응용프로그램 인터페이스(API)를 제공하고 있습니다. 또한 다양한 운영체제(유닉스, 리눅스, Windows 운영체제) 등에서 사용할 수 있습니다. LAPM 즉 리눅스 운영체제와 Apache 서버 프로그램, MySQL, PHP 스크립트 언어 구성은 상호 연동이 잘되면서도 오픈소스로 개발되는 무료 프로그램이어서 홈페이지나 쇼핑몰 등등 일반적인 웹 개발에 널리 사용되고 있는 데이터베이스입니다.

알아두세요

http://mysql.com/ 사이트에서는 MySQL 데이터베이스에 대한 가장 최신의 정보를 제공하고 있으며, 기술들에 대한 관련 문서, 기술에 대한 관련 예제 등 정보를 많이 얻을 수 있는 사이트입니다. 또한 이러한 정보는 mysqlkorea.com에서 참조할 수 있습니다.

▲ http://mysql.com 화면

○ 질의(query)와 SQL이 무엇인가요?

❶ 질의(query) : 데이터베이스를 조작할 때, 사용자는 명령을 통해 데이터베이스에 처리할 내용을 전달하는데, 이 명령을 문자로 표시한 것이 질의(query)입니다.

❷ SQL : 질의를 사용할 때 사용하는 규칙이 SQL(Structured Query Language) 이라는 언어. 이는 '구조화한(Structured) 질의(Query)를 위한 언어(Language)라는 의미입니다. 즉 SQL은 데이터베이스에 질의하기 위한 언어입니다.

04-1 MySQL의 소개

MySQL의 제작사는 "MySQL AB"로, MySQL을 만든 제작자들이 설립한 회사입니다. 1995년 MySQL AB사에 의해 첫 번째 버전이 발표가 되었고 1998년에는 윈도우 버전의 MySQL이 발표 되었습니다. MySQL AB 회사는 SUN에 10억 달러에 인수되었고 같은 시기에 MySQL 5.1버전을 발표하게 됩니다. 이후 오라클이 썬을 72억달러에 인수하면서 MySQL에 대한 권리들도 모두 같이 SUN에 넘어가게 됩니다. 따라서 MySQL의 실질적인 소유주는 오라클이 되었고, 가장 최신 버전은 2015년에 발표된 5.7 버전으로, 현재까지 전 세계적으로 널리 사용되고 있습니다.

	Rank			DBMS	Database Model	Score		
Sep 2018	Aug 2018	Sep 2017				Sep 2018	Aug 2018	Sep 2017
1.	1.	1.	Oracle ➕		Relational DBMS	1309.12	-2.91	-49.97
2.	2.	2.	MySQL ➕		Relational DBMS	1180.48	-26.33	-132.13
3.	3.	3.	Microsoft SQL Server ➕		Relational DBMS	1051.28	-21.37	-161.26
4.	4.	4.	PostgreSQL ➕		Relational DBMS	406.43	-11.07	+34.07
5.	5.	5.	MongoDB ➕		Document store	358.79	+7.81	+26.06
6.	6.	6.	DB2 ➕		Relational DBMS	181.06	-0.78	-17.28
7.	↑8.	↑10.	Elasticsearch ➕		Search engine	142.61	+4.49	+22.61
8.	↓7.	↑9.	Redis ➕		Key-value store	140.94	+2.37	+20.54
9.	9.	↓7.	Microsoft Access		Relational DBMS	133.39	+4.30	+4.58
10.	10.	↓8.	Cassandra ➕		Wide column store	119.55	-0.02	-6.65

345 systems in ranking, September 2018

▲ 2018년 9월 DBMS 순위 | 출처 : https://db-engines.com/en/ranking

세계적으로 MySQL의 점유율은 상당히 높은 편입니다. 설치 형 블로그나 게시판 등등 상당수의 CMS(컨텐츠 관리 시스템)가 MySQL을 지원하고, 한국에서는 XE(이전의 제로보드), 그누보드가 이걸 지원하면서 폭발적으로 점유율을 높혀 갔습니다. 세계적으로도 미디어위키나 드루팔, 워드프레스, phpBB등의 유명한 웹 프로그램에서 사용되고 있습니다. 전통적으로 리눅스에 설치하는 APM 패키지(Apache+PHP+MySQL)에 기본으로 포함될 정도로 인기가 있는 데이터베이스 입니다. 물론 우리가 앞전에 설치한 XAMPP와 같은 윈도우용 APM 설치 프로그램에도 기본적으로 MySQL이 설치가 되어 나올 정도로 PHP와 궁합도 좋다고 알려져 있고 PHP는 대부분 MySQL을 사용하기 때문에 PHP의 점유율과 마찬가지로 사용자가 많습니다.

04-2 MySQL의 특징

MySQL이 다른 RDBMS와 다른 점은 오픈소스라는 점입니다.

일반적으로 많이 쓰이는 RDBMS에는 Oracle*, Access, Microsoft SQL Server*, PostgreSQL, MySQL 등이 있습니다. 이 중 *가 있는 Oracle과 Microsoft SQL Server는 라이센스 계약을 하고 라이센스 사용 금액을 지불해야 사용이 가능합니다. 하지만 MySQL과 PostgreSQL은 오픈 소스이며 무료입니다.

MySQL은 크게 두가지 형태가 있습니다. 일반적으로 많이 사용하는 무료인 MySQL Community Edition과 유료인 상용 MySQL 이렇게 두 가지 종류가 있습니다. 상용 MySQL은 기술지원과 업데이트 등이 되며 지속적으로 많은 지원을 받을 수 있습니다.

• MySQL은 데이터베이스 관리 시스템 입니다.

데이터베이스란 구조화된 데이터 집합입니다. 이러한 데이터 집합에는, 간단한 쇼핑 리스트에서부터 기업에서 사용하는 다양한 정보의 데이터까지 포함이 됩니다. 컴퓨터 데이터베이스에 저장되어 있는 데이터 집합을 추가, 접속, 처리하기 위해서는, MySQL과 같은 데이터베이스 관리 시스템을 사용해야 합니다.

• MySQL은 관계형 데이터베이스 관리 시스템 입니다.

관계형 데이터베이스란 데이터를 하나의 커다란 저장 공간에 저장하지 않고 서로 별개의 테이블에 나누어서 저장을 하는 시스템을 말합니다. 이를 통해 처리 속도와 유연성을 확보할 수 있습니다. SQL은 "Structured Query language"의 약자이며, SQL은 ANSI/ISO 표준에서 정의한 데이터베이스 접속을 위한 가장 일반적인 표준 언어입니다. 이 책에서 언급하는 "SQL 표준"은 각 시점에서 발표된 SQL표준을의미합니다.

• MySQL 소프트웨어는 오픈 소스 입니다.

MySQL 데이터베이스는 GPL (GNU Public License)를 준수하는 오픈 소스 데이터베이스이며, GPL을 준수해서 사용하는 모든 사용자에게 무료로 배포되고 있습니다. MySQL 데이터베이스에 대한 보다 자세한 정보는 https://dev.mysql.com/에서 다양한 정보와 문서 정보를 확인할 수 있습니다.

• MySQL 서버는 클라이언트/서버 또는 임베디드 시스템에서 사용할 수 있습니다.

MySQL 데이터베이스 소프트웨어는 다중-쓰레드 SQL 서버로 구성된 클라이언트/서버 시스템입니다. 또한, MySQL 서버를 임베디드 형태로도 다양한 용도로 사용할 수가 있습니다.

> **알아두세요**
>
> MySQL의 특징
> • 동작이 빠르다
> • 오픈 소스
> • 여러 운영체제(OS)에서 동작
> • 많은 프로그램 언어 지원
> • 무료와 유료 두가지 형태가 있음

05 _ 데이터베이스 설치

우리가 책에서 설치하여 사용할 데이터베이스로는 PHP와 궁합이 좋기로 잘 알려진 MySQL을 사용하여 데이터베이스를 공부 하도록 하겠습니다. 사실 우리는 이전에 XAMPP를 설치할 때 MySQL도 함께 설치하였습니다. APM의 단어를 다시 기억해보면 Apache, Php, MySQL 인 것이 떠오를 겁니다. 리눅스, 윈도우 다양한 운영체제에서 MySQL을 설치하여 사용할 수 있지만 우리는 로컬 환경에서의 MySQL로 데이터베이스를 공부하기 때문에 리눅스와 기타, 다른 운영체제에서의 설치 방법은 서버환경에 따라 다르기 때문에 윈도우 운영체제의 로컬 환경에서만 설치 후 설정을 하고 넘어가도록 하겠습니다. 우리가 이전에 XAMPP를 이용하여 MySQL을 설치 했다 하더라도 세부적으로 몇 가지의 기본적인 설정을 해주어야 정상적으로 이용하기가 편합니다.

기본적으로 XAMPP를 설치하게 되면 MySQL의 최고관리자 아이디(root)는 패스워드가 없는 기본 설정 상태로 시작 됩니다.
하지만 아무리 로컬 환경에서 간단하게 MySQL을 설치하여 사용하더라도 데이터베이스에 접근 가능한 계정에 패스워드가 없다면 추후에 여러 가지 불편한 사항들이 생길 수 있기 때문에 미리 데이터베이스 계정에 패스워드를 부여하고 해당 계정으로 데이터베이스를 생성하는 단계까지 진행 하도록 하겠습니다.

05-1 XAMPP에서 MySQL 설정

(1) MySQL을 실행하기 위한 환경 설정

MySQL을 실행하기 위한 환경 설정 순서는 다음 따라하기와 같습니다.

01 MySQL의 실행경로를 설정하기 위해 환경변수를 설정하기 위해 내컴퓨터 아이콘을 마우스 우클릭 하여 속성을 클릭합니다.

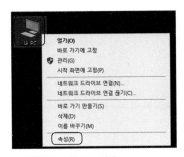

▲ 내컴퓨터 속성 메뉴 선택

02 내 컴퓨터 속성의 좌측에 있는 "고급 시스템 설정"을 클릭합니다.

▲ 고급 시스템 설정 메뉴

03 시스템 속성 메뉴에서 고급 탭에 있는 환경 변수 버튼을 클릭합니다.

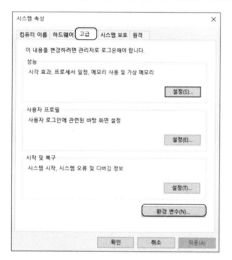

▲ 시스템 속성 메뉴의 고급 -> 환경 변수

04 환경 변수 메뉴에서 시스템 변수 목록에 있는 Path를 찾아 다음과 같이 클릭 후 편집 버튼을 클릭합니다.

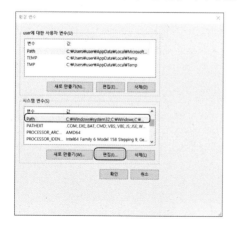

▲ 환경 변수 메뉴 시스템 변수 Path 편집

05 윈도우 10 이하 시스템 변수 편집 화면에서는 변수 값의 제일 마지막 부분에 다음과 같이 "C:₩xampp₩ mysql₩bin₩"를 입력하고 [확인] 버튼을 클릭합니다. 앞 장에서 XAMPP의 설치 경로를 "C:₩xampp" 경로에 설치 했기 때문에 환경 변수의 제일 마지막 부분에 해당 경로를 넣어 주는 것입니다.

• 윈도우10 이하의 시스템 변수 편집 화면

▲ 윈도우10 이하의 시스템 변수 편집 화면

윈도우10 시스템 변수 편집 화면에서는 "새로 만들기" 버튼을 클릭하여 "C:₩xampp₩mysql₩bin₩"를 입력하고 [확인] 버튼을 클릭합니다. XAMPP의 설치 경로를 "C:₩xampp" 경로에 설치했기 때문에 환경 변수의 제일 마지막 부분에 해당 경로를 넣어 주는 것입니다.

• 윈도우10 시스템 변수 편집 화면

▲ 윈도우10 시스템 변수 편집 화면

> **알아두세요**
>
> 만약 XAMPP를 다른 경로에 설치 하셨다면 자신의 설치 경로에 맞는 주소를 넣어주셔야 합니다. 그렇지 않으면 시스템 변수를 정상으로 사용할 수 없습니다.

(2) root의 비밀번호를 설정하기

MySQL 최고관리자 계정인 root의 비밀번호를 설정하기 위한 방법입니다.

XAMPP를 설치하면 반드시 MySQL의 사용자의 비밀번호를 설정해야 합니다.

책에서의 예제에는 비밀번호를 "1234"로 쉽게 설정 하겠습니다. 하지만 실제로는 보안성이 높은 비밀번호를 사용하는 것이 바람직합니다. 설정 순서는 다음과 같습니다.

01 윈도우 좌측 하단에 있는 버튼을 클릭 후 하단의 검색 창에서 "cmd" 라고 검색 후 검색되는 "cmd.exe" 프로그램을 실행 합니다.

*실행 창 호출 단축 키 : "윈도우즈 키 + r"입니다.

▲ 윈도우10 시스템 변수 편집 화면 　　　 ▲ 실행 창 화면

02 cmd 관리자 창에서 다음과 같이 "mysqladmin −u root password 1234" 를 입력하고 엔터 키를 눌러줍니다. 그러면 root 아이디의 비밀번호가 "1234"로 바뀌어서 사용이 가능하겠습니다.

▲ cmd 관리자 창 화면

(3) XAMPP 설치 경로에서 해당 부분을 설정

이제 root 아이디 설정과 비밀번호의 설정은 되었지만 데이터베이스를 관리하는 phpMyAdmin 페이지에 접속이 되지 않기 때문에 XAMPP 설치 경로에서 해당 부분을 설정 해주어야 정상적으로 사용이 가능합니다. 설정 순서는 다음과 같습니다.

01 XAMPP의 컨트롤 패널에서 "MySQL 〉 Admin" 버튼을 클릭합니다.

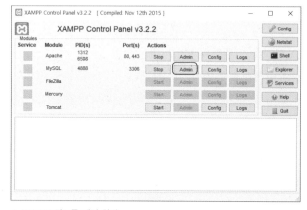

▲ XAMPP 컨트롤 패널 화면

02 다음과 같이 phpMyAdmin 페이지에 오류 메시지가 나타납니다. * 만약 다음과 같은 오류 페이지가 나타나지 않고 정상적으로 phpMyAdmin 페이지로 접속이 되었다면 root 계정의 비밀번호가 "1234"로 수정이 되지 않았다는 의미입니다. MySQL을 XAMPP 컨트롤 패널에서 중지하고 다시 실행하고 앞의 cmd 실행 창에서 다시 root 계정의 비밀번호를 변경해야 합니다.

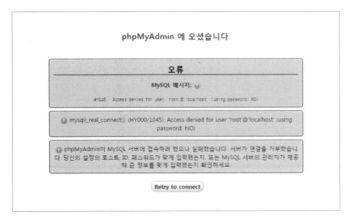

▲ phpMyAdmin 오류 화면

03 XAMPP를 설치한 "C:₩xampp₩phpMyAdmin" 폴더에 있는 config.inc.php 파일을 에디트 플러스나 기타 에디터로 열어줍니다.

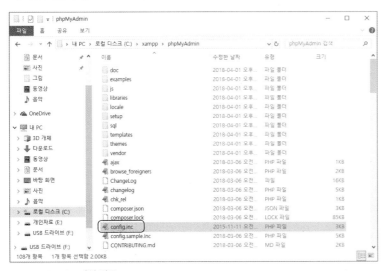

▲ config.inc.php 파일 경로

04 config.inc.php 파일을 열어 보면 password 부분에 "" 공백으로 들어가 있는 부분이 있습니다.

```php
    +---+----1----+----2----+----3----+----4----+----5----+----6----+----7----+----8----+----9----+
 1  <?php
 2  /*
 3   * This is needed for cookie based authentication to encrypt password in
 4   * cookie
 5   */
 6  $cfg['blowfish_secret'] = 'xampp'; /* YOU SHOULD CHANGE THIS FOR A MORE SECURE COOKIE AUTH! */
 7
 8  /*
 9   * Servers configuration
10   */
11  $i = 0;
12
13  /*
14   * First server
15   */
16  $i++;
17
18  /* Authentication type and info */
19  $cfg['Servers'][$i]['auth_type'] = 'config';
20  $cfg['Servers'][$i]['user'] = 'root';
21  $cfg['Servers'][$i]['password'] = '';
22  $cfg['Servers'][$i]['extension'] = 'mysqli';
23  $cfg['Servers'][$i]['AllowNoPassword'] = true;
24  $cfg['Lang'] = '';
25
26  /* Bind to the localhost ipv4 address and tcp */
27  $cfg['Servers'][$i]['host'] = '127.0.0.1';
28  $cfg['Servers'][$i]['connect_type'] = 'tcp';
29
30  /* User for advanced features */
31  $cfg['Servers'][$i]['controluser'] = 'pma';
32  $cfg['Servers'][$i]['controlpass'] = '';
33
34  /* Advanced phpMyAdmin features */
35  $cfg['Servers'][$i]['pmadb'] = 'phpmyadmin';
36  $cfg['Servers'][$i]['bookmarktable'] = 'pma__bookmark';
```

▲ config.inc.php 파일 password 설정 화면

05 해당 password 부분에 있는 "" 부분에 조금 전 cmd 관리자 창에서 바꾸어준 비밀번호 "1234" 를 입력하고 해당 파일을 저장합니다.

```php
    +---+----1----+----2----+----3----+----4----+----5----+----6----+----7----+----8----+----9----+
 1  <?php
 2  /*
 3   * This is needed for cookie based authentication to encrypt password in
 4   * cookie
 5   */
 6  $cfg['blowfish_secret'] = 'xampp'; /* YOU SHOULD CHANGE THIS FOR A MORE SECURE COOKIE AUTH! */
 7
 8  /*
 9   * Servers configuration
10   */
11  $i = 0;
12
13  /*
14   * First server
15   */
16  $i++;
17
18  /* Authentication type and info */
19  $cfg['Servers'][$i]['auth_type'] = 'config';
20  $cfg['Servers'][$i]['user'] = 'root';
21  $cfg['Servers'][$i]['password'] = '1234';
22  $cfg['Servers'][$i]['extension'] = 'mysqli';
23  $cfg['Servers'][$i]['AllowNoPassword'] = true;
24  $cfg['Lang'] = '';
25
26  /* Bind to the localhost ipv4 address and tcp */
27  $cfg['Servers'][$i]['host'] = '127.0.0.1';
28  $cfg['Servers'][$i]['connect_type'] = 'tcp';
29
30  /* User for advanced features */
31  $cfg['Servers'][$i]['controluser'] = 'pma';
32  $cfg['Servers'][$i]['controlpass'] = '';
```

▲ config.inc.php 파일 password 설정 화면

06 다시 한 번 XAMPP의 컨트롤 패널에서 "MySQL 〉Admin" 버튼을 클릭합니다.

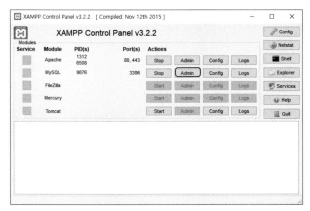

▲ XAMPP 컨트롤 패널 MySQL Admin 설정 버튼

07 다음과 같이 정상적으로 phpMyAdmin 페이지로 접속이 되었다면 모든 것이 정상적으로 설정 되었다고 할 수 있습니다.

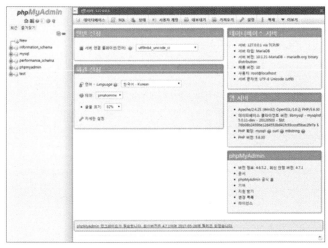

▲ phpMyAdmin 정상 접속 화면

알아두세요

phpMyAdmin 창에서 나오는 'MYSQL'이라는 데이터베이스는 MySQL에서 시스템 사용을 위해 만들어져 있는 데이터베이스입니다. 또한 'test'라는 데이터베이스도 이미 생성되어 있습니다.

(4) MySQL 세부 설정

phpMyAdmin으로 정상 접속이 된다면 이제 MySQL의 세부 설정을 해주어야 합니다. MySQL 데이터베이스에 테이블을 생성하고 한글 데이터를 저장한 후 phpMyAdmin에서 확인하면 한글이 제대로 보입니다. 하지만 웹 브라우저에서 보면 한글이 ??(물음표)와 같은 형식으로 읽을 수 없게 나옵니다. 이것은 XAMPP의 기본 문자 셋이 유니코드가 아니기 때문입니다.

MySQL 설정은 my.ini 파일에서 설정할 수 있습니다. my.ini 파일에는 설정할 수 있는 항목들이 여러 가지 존재하지만 책에서 다루는 예제와 MySQL 데이터베이스를 기초로 배우기에는 크게 기본 설정 이외에는 다른 설정을 할 필요가 없기 때문에 많은 설정을 변경하지는 않고, 기본적으로 필요한 문자 셋 설정을 UTF8로 변경하도록 하겠습니다.

01 우선 기본 MySQL의 문자 셋이 어떻게 설정되어있는지 확인하기 위해서 cmd 관리자 창에서 다음과 같이 "mysql –uroot –p1234"를 입력하고 엔터 키를 눌러줍니다. 그러면 cmd 관리자 창에서 MySQL로 접속됩니다.

▲ cmd 관리자 창 화면

03 이어서 서버 접속 정보를 나타내는 명령어 "status"를 입력하고 엔터 키를 눌러줍니다.

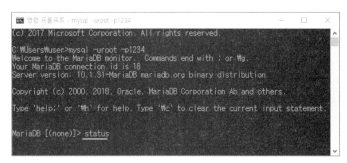

▲ cmd 관리자 창 화면

03 명령어 "status"를 입력하면 다음과 같이 현재 연결된 서버의 정보가 나타납니다.

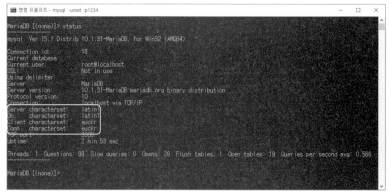

▲ cmd 관리자 창 화면

Server, Db, Client, Conn 부분의 언어가 Latin1, euckr로 되어있습니다. 해당 부분을 UTF8로 변경해야 위에서 언급한 한글 출력 문제가 해결됩니다.

04 우선 XAMPP 컨트롤 패널을 실행시켜 [Config] 버튼을 눌러서 "my.in)" 항목을 선택합니다.

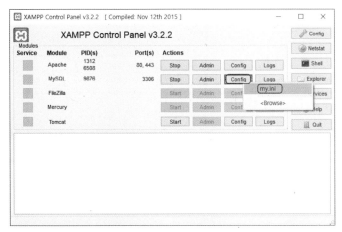

▲ XAMPP 컨트롤 패널을 실행시켜 Config –> my.ini 실행

05 위 그림과 같이 my.ini 파일을 클릭하면 메모장으로 my.ini 파일이 열리는 것을 확인할 수 있습니다. 여기에서 여러 가지 MySQL 설정을 할 수 있습니다.

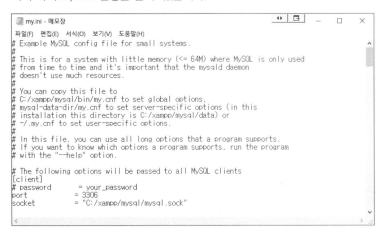

▲ 메모장으로 my.ini 실행

알아두세요

my.ini 경로

my.ini 파일은 우리가 XAMPP를 일반 C드라이브 경로에 설치 하였다면 'C:₩xampp₩mysql₩bin₩my.ini' 해당 경로가 my.ini 파일이 있는 경로가 됩니다.

06 우리가 my.ini 파일에 추가해야할 부분은 다음과 같습니다. [client] , [mysqld], [mysqldump], [mysql] 항목에 각
각 아래의 설정을 넣어줍니다.

```
[client]
default-character-set = utf8

[mysqld]
character-set-client-handshake=FALSE
init_connect="SET collation_connection = utf8_general_ci"
init_connect="SET NAMES utf8"
character-set-server = utf8
collation-server = utf8_general_ci

[mysqldump]
default-character-set = utf8

[mysql]
default-character-set = utf8
```

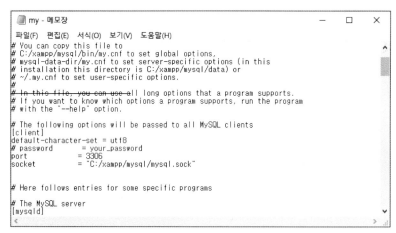

▲ my.ini 파일에 [client] 설정 추가

▲ my.ini 파일에 [mysqld] 설정 추가=

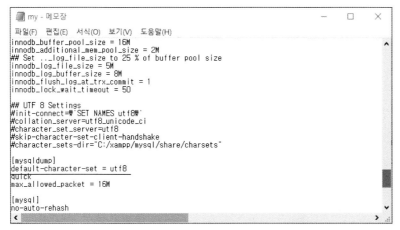

▲ my.ini 파일에 [mysqldump] 설정 추가

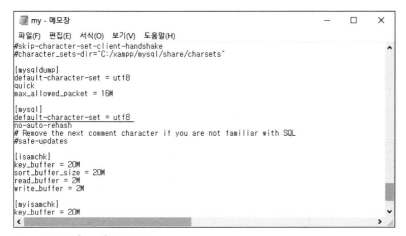

▲ my.ini 파일에 [mysql] 설정 추가

위의 설정들은 기본 MySQL을 설치하게 되면 문자 셋이 한글을 지원하지 않으므로 한글이 가능하도록 UTF8의 캐릭터 셋으로 변경하는 설정입니다. 그림과 같이 모든 설정을 추가 했다면 my.ini 파일을 저장합니다. 저장 후에는 XAMPP 패널에서 항상 MySQL을 재시작 해주어야 합니다. 만약 오류가 발생하여 MySQL 재시작 되지 않는다면 my.ini 파일에서 설정 시 오타가 있는 것일 수 있습니다.

> **알아두세요**
>
> **my.ini 파일 변경 시 유의할 점**
>
> 혹시라도 MySQL 설정 변경 중 오타나 실수가 발생한다면 MySQL이 정상적으로 실행되지 않을 수 있습니다. 그럴 경우 my.ini 파일을 변경하기 전 반드시 원본 my.ini 파일을 복사해서 백업해놓는 것이 좋습니다.

07 MySQL 재시작하고 다시 cmd 관리자 창에서 "status" 명령어를 입력해서 MySQL 설정이 변경 되었는지 확인하면 다음과 같이 문자 셋이 UTF8로 변경 되었는지 확인 가능합니다.

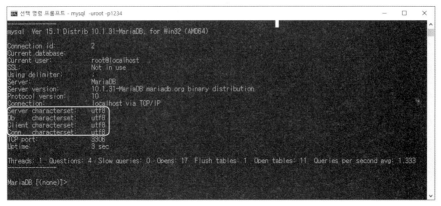

▲ cmd 관리자 창 화면

(5) MySQL에서 구현하기

이제 앞에서 배운 개념을 실제로 MySQL에서 구현을 해보도록 하겠습니다. 데이터베이스를 사용하기 위한 테스트용 데이터베이스 이름은 "gnuwiz"로 정하겠습니다.

우선 MySQL 서버를 가동하는 것이 첫 번째로 해야 할 일입니다. 데이터베이스에 연동이 되는 프로그램을 하기 위해서는 반드시 데이터베이스를 가동해야 합니다. 그런 다음 "gnuwiz"라는 이름의 데이터베이스를 생성하도록 하겠습니다. 데이터베이스 생성 순서는 다음과 같습니다.

> **알아두세요**
>
> 실제 개발 시에는 데이터베이스용 서버를 따로 두어 서비스를 하고 있는 경우가 많습니다. 이때도 데이터베이스 서버로 접속을 할 경우 그 서버가 구동중인지를 먼저 확인한 후에 데이터베이스 서버로 접속해야 합니다.

> **알아두세요**
>
> 데이터 모델링
>
> 실제 프로젝트에는 데이터 모델이 필수입니다. 데이터 모델 없이 프로젝트가 진행될 수는 없습니다. 그만큼 모델링은 프로젝트에서 중요하고, 많은 부분을 차지하고 있습니다. 이 모델링 단계를 거쳐서 각 개체(테이블) 간의 관계가 정의된 다이어그램이 작성되어집니다. 그런 다음에 이 모델을 토대로 프로그램 작업이 수행이 되어 집니다. 프로그램이 아무리 중요하다고 해도 모델이 없다면, 프로젝트는 수행될 수 없는 정도입니다.

01 phpMyAdmin을 실행하면 다음과 같은 페이지가 새 창으로 열립니다. 패널 좌측의 'New'를 클릭해서 데이터베이스를 생성하는 페이지로 이동합니다.

▲ phpMyAdmin 좌측의 New 버튼 클릭

02 해당 화면은 데이터베이스를 생성하는 화면입니다. 데이터베이스명에는 "gnuwiz"라는 데이터베이스명으로 입력하겠습니다. 데이터정렬방식은 "utf8_genneral_ci" 방식을 선택하고 만들기 버튼을 클릭합니다.

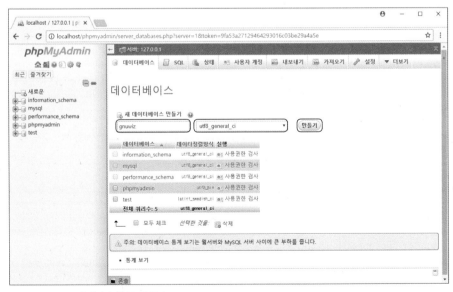

▲ phpMyAdmin 새 데이터베이스 만들기

03 데이터베이스가 정상적으로 생성 되었다면 다음과 같이 좌측의 데이터베이스 목록에 추가한 "gnuwiz"라는 데이터베이스가 나타납니다. 데이터베이스가 생성 된 것을 확인했다면 정상적으로 데이터베이스가 생성되었다고 할 수 있습니다.

▲ 새 데이터베이스 생성 확인

이렇게 해보세요 | SQL명령어를 이용한 데이터베이스 생성 명령

phpMyAdmin에서 상단의 SQL메뉴에 접속하면 쿼리(query)문으로 데이터베이스도 생성이 가능합니다.

```
create database mydb;
```

위와 같이 쿼리문을 이용해서 데이터베이스도 생성이 가능하지만 아직까지 우리는 쿼리문을 배우지 않았기 때문에 간단하게 클릭만으로 데이터베이스를 생성 하였습니다.
쿼리문의 경우 한번 실행할 명령의 마지막 단위에 ';'를 붙입니다. 입력이 끝났다면 실행 버튼을 클릭합니다.

이렇게 해보세요 | SQL명령어를 이용한 데이터베이스 삭제 명령

```
DROP DATABASE [DATABASE_NAME]
```

이 명령은 데이터베이스를 삭제하는 명령입니다. 삭제된 데이터베이스는 복구가 되지 않습니다. 이 명령을 사용할 때는 조심해서 사용하시길 바랍니다.

이렇게 해보세요 | SQL명령어를 이용한 데이터베이스 삭제 명령

실제로 데이터베이스를 사용하기 위한 명령어는 아주 많은 종류가 있습니다. 그런 명령어들을 잘 기억하고 어떻게 사용하는지에 대해서 잘 알아두면 데이터베이스 사용에 있어 부담을 훨씬 줄일 수 있습니다. 이 책의 후반부에는 데이터베이스에 관해 여러 가지 명령어를 다루도록 하겠습니다.

이상으로 우리는 데이터베이스의 이론적인 개념을 배우고 책에서 사용하게 될 MySQL(MariaDB)에 대해서 자세히 살펴보았습니다.

그리고 MySQL 환경설정 과정을 모두 완료하였습니다. 이제 본격적으로 MySQL을 시작하기 위한 환경이 모두 갖추어졌습니다.

데이터베이스

많은 자료들을 특정한 규칙에 맞게 대용량의 저장장치에 보관하여 필요한 업무에 사용하는 자료의 저장 창고
입니다.

DBMS

데이터베이스에 저장되는 데이터는 특정한 규칙에 맞게 저장되어 있습니다. 이 규칙에 맞게 저장된 데이터를 읽
고, 변경하고, 추가하고, 삭제할 수 있게 해주는 것이 DBMS입니다.

이러한 DBMS는 관계형 데이터베이스, 객체지향 데이터베이스 등으로 나뉘고 주로 사용하는 관계형 데이터베이
스의 대표적인 DBMS로는 MySQL, Oracle, MariaDB, MS-SQL 등이 있습니다.

1 특정한 규칙에 따라서 데이터를 저장장치에 저장한 것을 _____라고 합니다.

2 저장장치에 들어가 있는 데이터를 관리하기 위한 프로그램을 _____라고 합니다.

3 데이터베이스에 데이터 정의 언어는 크게 세 가지로 구분됩니다. 이 세 가지는
❶_____, ❷_____, ❸_____ 가 있습니다.

4 데이터베이스 사용자중 최종 사용자(end user)는 데이터베이스에 접근하여 데이터를 삽입, 삭제, 수정, 검색 등의 조작을 하는 사람을 뜻합니다. 주로 데이터 조작 언어(DML)를 사용하며, ①_____ 와 ②_____ 로 구분 할 수 있습니다.

5 데이터의 구조(Schema)를 논리적으로 표현하기 위해 사용되며, 현실세계의 요소를 인간과 컴퓨터가 이해할 수 있는 정보로 표현하기 위해서 단순화, 추상화하여 체계적으로 표현한 개념적 모형입니다. 이것은 무엇일까요?

6 데이터 모델은 개체(Entity), 속성(Attribute), 관계(Relationship) 로 구성되어 있습니다. 다음 설명에 해당되는 구성요소는 무엇일까요?

-데이터의 가장 작은 논리적 단위로서 파일 구조상의 데이터 항목 또는 데이터 필드에 해당
-개체를 구성하는 항목

7 이 데이터베이스는 AB사가 개발하여 배포, 판매하고 있는 데이터베이스(DataBase)입니다. 표준 데이터베이스 질의 언어 SQL(Structured Query Language)을 사용하는 관계형 데이터베이스이며, 매우 빠르고, 우연하며, 사용하기 쉬운 특징이 있습니다. 또한 다양한 운영체제(유닉스, 리눅스, Windows 운영체제) 등에서 사용할 수 있습니다. 오픈소스로 개발되는 무료 프로그램이어서 홈페이지나 쇼핑몰 등등 일반적인 웹 개발에 널리 사용되고 있는 데이터베이스입니다. 이 데이터베이스의 이름은 무엇일까요?

Answer

1 데이터베이스(DataBase)
2 DBMS(DataBase Management System)
3 ❶ 데이터 정의 언어(DDL : Data Definition Language)
　　❷ 데이터 조작 언어(DML : Data Manipulation Language)
　　❸ 데이터 제어 언어(DCL : Data Control Language)
4 ❶ 캐주얼 사용자　❷ 일반 사용자
5 데이터 모델
6. 속성(Attribute)
7 MySQL

phpMyAdmin 살펴보기

이번 장에서는 앞서 데이터베이스를 생성하면서 잠깐 사용한 phpMyAdmin에 대해서 알아보도록 하겠습니다. MySQL를 사용하기 위해서 필요한 도구(Tool)는 많이 존재 하지만 다른 도구들은 다 운로드를 하고 설치하는 과정을 거쳐야 하지만 phpMyAdmin는 웹에서 실행하는 도구이기 때문에 바로 사용할 수 있는 장점이 있는 도구입니다. 이번 장에서는 phpMyAdmin의 사용방법에 학 습해 보도록 하겠습니다.

01 _ phpMyAdmin이란?

▲ phpMyAdmin

phpMyAdmin은 MySQL을 월드와이드 웹상에서 관리할 목적으로 PHP로 작성한 오픈소스 도구입니다. 데이터베이스, 테이블, 필드, 열의 작성, 수정, 삭제, 또 SQL 상태 실행, 사용자 및 사용 권한 관리 등의 다양한 작업을 편리하게 수행할 수 있도록 도와주는 프로그램입니다.

> **알아두세요**
>
> 지금 우리가 로컬 환경에서 웹 서버를 구동하여 phpMyAdmin을 사용하는 것은 문제가 없지만, 추후 서버호스팅이나 호스팅 서비스를 구매하여 사용할 경우에는 웹상에서 인터넷을 통해 데이터베이스에 접근하기 때문에 인터넷이 사용 가능한 환경에서만 동작합니다.

MySQL은 데이터베이스의 한 종류입니다. 윈도우 환경에서는 이를 사용하기 위해서는 ms-dos(시작〉실행〉cmd)을 실행하여 사용해야 하고, 리눅스/유닉스 환경의 경우 Putty나 Xshell과 같은 텔넷/SSH 클라이언트 프로그램으로 원격 리눅스/유닉스 호스트에 연결하고, 터미널 명령어를 사용하여 MySQL에서 SQL명령어를 사용하여 데이터베이스를 조작해야 합니다. 하지만 위와 같이 cmd 콘솔 창을 실행하거나 터미널 에뮬레이션 소프트웨어를 사용하여 데이터베이스를 조작하거나 작업하기에는 그 사용 방법 관한 명령어들을 습득해야하고 데이터베이스에 처음 입문하는 초급자의 경우에는 작업하기 어렵기 때문에 웹 페이지에서 작업할 수 있도록 도와주는 phpMyAdmin과 같은 다소 사용방법이 쉬운 프로그램으로 MySQL을 공부하는 것이 좋습니다.

물론 phpMyAdmin을 사용하는 경우에는 자체서버를 운영할 경우나 특별히 데이터베이스에 접근하여 수정을 해야 할 경우와 데이터베이스에 저장되어진 데이터를 확인할 경우에만 사용 됩니다.

호스팅인 경우 호스팅에서 이 프로그램을 설치되지 않을 수 도 있으며 또는 phpMyAdmin이 아닌 다른 프로그램이 설치되어 있을 수 도 있습니다. phpMyAdmin과 같은 방식으로 웹에서 데이터베이스에 접근하여 작업을 가능하도록 해주는 프로그램의 종류는 여러 가지가 있습니다. 하지만 보편적으로 대부분의 국내외 호스팅 업체에서는 phpMyAdmin을 많이 사용하고 있습니다.

⊙ 호스팅(Hosting) 이란?

제공자 등의 사업자가 주로 개인 홈페이지의 서버 기능을 대행하는 것입니다. 기업의 대용량 메모리 공간 일부를 이용하여 사용자의 홈페이지나 웹 서버 기능을 대행하는 서비스로써 사용자는 웹 서버의 운영 관리와 고속 전용선을 저렴한 가격으로 상시 사용가능하고 회선 사용료의 부담을 줄일 수 있는 장점이 있습니다. 사용자가 가진 도메인에서 홈페이지 개설부터 서버 관리까지 대행해주므로 독자 도메인 서비스라고도 합니다. 한편, 서버를 갖고 있지 않은 사용자에게 웹 사이트나 서버 기능을 대여하는 것을 렌탈 서버(rental server)라고 합니다. 유명한 호스팅 업체에는 카페24, 가비아, 고도호스팅 등이 있습니다.

우리가 앞에서 설치하여 사용 하고 있는 XAMPP에는 기본적으로 phpMyAdmin이 설치 되어있습니다. 물론 설치 방법 또한 아주 간단하기 때문에 누구나 쉽게 설치하여 사용할 수 있습니다. 설치가 간단한 만큼 인터넷 네이버나 구글에서 많은 설치 방법이 있기 때문에 책에서는 따로 phpMyAdmin의 설치 방법을 설명하지 않고 phpMyAdmin과 비슷한 다른 유명한 데이터베이스 GUI 프로그램들을 소개 하도록 하겠습니다.

알아두세요

https://phpmyadmin.net 사이트에는 phpMyAdmin의 다운로드 및 여러가지 관련 정보를 많이 얻을 수 있는 사이트입니다.

▲ phpMyAdmin 홈페이지

❖ GUI(Graphic User Interface) : GUI방식은 엑셀처럼 화면의 메뉴이동이나 데이터베이스에 있는 다른 테이블들을 조회하기 편리하도록 마우스로 간단하게 작업 가능한 형태의 프로그램을 뜻합니다. 예전에는 주로 프로그래밍 방식으로 콘솔 창에 데이터베이스 명령어를 직접 입력하여 사용하였지만 데이터베이스에 입력된 데이터들을 눈으로 쉽게 보고 이해하기 힘들고 데이터베이스가 길어지는 경우에는 콘솔 창에서 글자의 길이가 잘리거나 깨져 보이는 현상이 발생합니다. 최근에는 GUI방식이 보기에도 쉽고 사용하기 편리하기 때문에 많이 사용하고 있는 추세입니다.

(1) 데이터베이스 개발, 관리 프로그램의 종류

사용자가 많은 다양한 종류의 데이터베이스 개발, 관리 프로그램을 살펴보도록 하겠습니다. 책에서는 phpMyAdmin을 사용하여 SQL문을 공부하겠지만 다양한 종류의 에디트 프로그램과 마찬가지로 프로그램만 다를 뿐 기본적인 MySQL의 SQL문을 사용하는 것은 동일하기 때문에 추후에는 본인이 사용하기 편리한 프로그램을 선택하는데 참고할 수도 있습니다.

❶ MySQL Workbench

MySQL Workbench은 https://mysql.com/products/workbench/에서 다운로드할 수 있고 MySQL의 공식적인 데이터베이스 관리 프로그램입니다. 무료로 사용이 가능하고 GUI 프로그램 이라는 점과 데이터 모델링이 가능한 것이 특징입니다. 프로그램의 한글화 부분이 완벽하지 않고 대용량의 데이터베이스를 사용할 시에는 간혹 프로그램이 불안정하게 종료되는 현상이 있습니다. 하지만 무료로 사용이 가능하다는 점과 MySQL의 공식 프로그램이기 때문에 괜찮은 프로그램이라고 생각합니다.

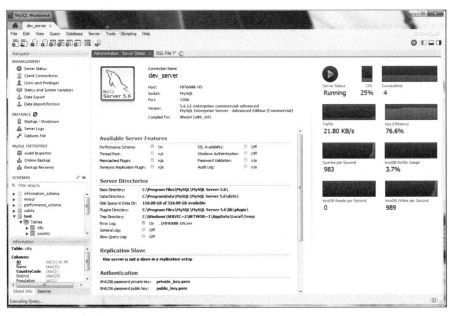

▲ MySQL Workbench 실행화면

◐ 모델링이란?

모델링이란 복잡한 현실 세계에 존재하는 데이터를 단순화 시켜 표현해 컴퓨터 세계의 데이터베이스로 옮기는 변환 과정입니다. 현실의 개념들을 체계적으로 수집하여 정보모델링을 통해 사용자의 정보요구사항을 조사하고 이를 개체, 관계, 속성을 중심으로 명확하게 체계적으로 표현하고 문서화하는 기법을 데이터 모델링이라고 합니다.

❷ HeidiSQL

HeidiSQL은 가볍고 적은 용량의 GUI 프로그램이지만 데이터베이스에 필요한 거의 모든 기능들을 사용 가능한 프로그램입니다. https://heidisql.com/download.php에서 다운로드가 가능하며 용량이 작고 빠르게 설치가 가능하기 때문에 작업환경이 바뀌거나 하는 경우에도 빠르게 설치를 하여 사용할 수 있습니다. Workbench와 동일하게 무료로 사용이 가능하며 한글화가 잘되어있어서 처음 GUI 프로그램을 접하는 사람들에게 추천하는 프로그램입니다.

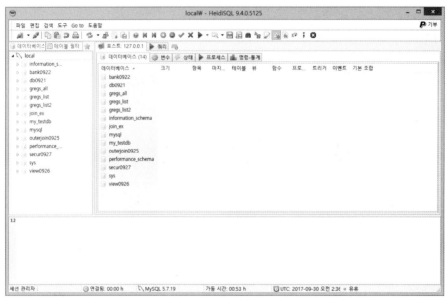

▲ HeidiSQL 실행화면

❸ SQLyog

SQLyog은 여러 가지 버전의 프로그램이 존재하는데 SQLyog Community Edition을 다운로드해서 사용하면 무료로 이용이 가능합니다. 다른 프로그램과는 다르게 무료 버전을 사용하면 데이터베이스의 백업 및 복원 기능을 사용할 수 없고 다른 유료버전에서만 사용이 가능하도록 되어있습니다. 현재는 SQLyog을 개발한 개발사 사이트에 무료버전은 따로 배포하지 않고 유료버전과 30일 평가판이 다운로드 가능하며 무료버전을 다운로드 하려면 https://code.google.com/archive/p/sqlyog/wikis/Downloads.wiki의 링크에서 다운로드가 가능합니다.

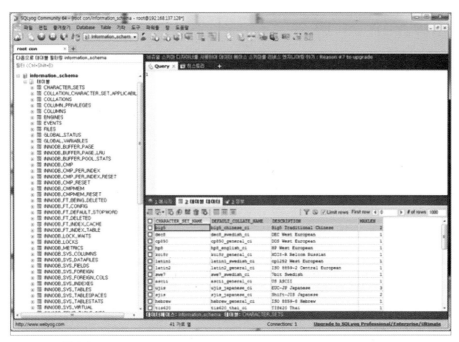

▲ SQLyog 실행화면

사실 위와 같은 GUI 프로그램의 사용법은 익숙하지 않다보니 처음에는 다소 어렵게 느껴질 수 있
지만 한번 사용하고 익숙해지면 영어로 되어있는 프로그램이라도 금방 적응해서 사용할 수 있을 정
도로 프로그램들은 대부분 비슷하거나 같은 기능을 합니다. 보통의 데이터베이스 GUI 프로그램은
MySQL만 연결하여 사용하는 것이 아니라 MS-SQL등 여러 데이터베이스에 연결이 가능하도록 되
어있습니다. 우리가 DB전문가가 아닌 이상 일반적인 수준의 데이터베이스만 수정, 관리를 하는 경
우에는 사용하는 SQL문과 원하는 데이터의 검색, 출력과 데이터베이스의 백업과 복원 등 사용하는
기능이 그다지 많지는 않을 것입니다.

02 _ phpMyAdmin 메뉴 익히기

지금부터 익혀 볼 phpMyAdmin에는 수많은 기능들이 있습니다. 앞에서 데이터베이스를 생성 할 때와 마찬가지로 데이터가 저장되는 테이블을 생성할 수도 있고 해당 테이블에 데이터를 직접 SQL문을 실행하여 입력할 수도 있습니다. 그리고 데이터베이스 전체를 백업할 수 있고, 백업된 데이터베이스를 복원할 수도 있습니다. 쉽게 생각하면 데이터베이스에 관련된 모든 행동들을 실행할 수 있는 툴 입니다.

모든 데이터베이스와 테이블, 그리고 테이블에 쌓여있는 데이터들을 한눈에 보기 편하게 웹으로 보여 지기 때문에 phpMyAdmin의 각 메뉴들을 살펴보면 앞으로 더욱 깊게 배울 데이터베이스를 보다 쉽게 생각할 수도 있게 될 겁니다.

이제 phpMyAdmin 메뉴들을 살펴보기 위해 phpMyAdmin을 실행해보겠습니다.

01 PHP를 사용할 때와 마찬가지로 XAMPP를 실행하여 Apache와 MySQL 을 구동시킵니다.

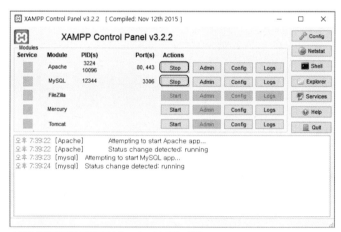

▲ XAMPP 컨트롤 패널에서 Apache, MySQL 실행

02 제대로 실행이 되었다면 하단에 Apache와 MySQL이 실행되었다는 로그 가 생깁니다.

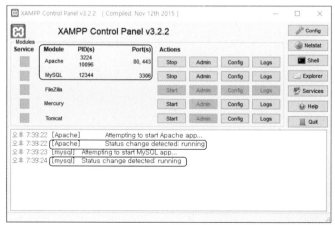

▲ XAMPP 컨트롤 패널에서 Apache, MySQL 실행

03 XAMPP의 컨트롤 패널에서 MySQL 메뉴의 Admin 버튼을 클릭합니다. 그러면 XAMPP의 기본으로 설치되어있는 phpMyAdmin이 실행됩니다.

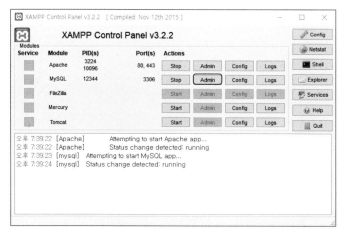

▲ XAMPP 컨트롤 패널에서 phpMyAdmin 실행

04 정상적으로 웹 서버를 구동하고 MySQL 메뉴의 Admin 버튼을 클릭했다면 다음과 같이 phpMyAdmin의 화면이 나타납니다.

▲ phpMyAdmin 화면

알아두세요

책에서 나오는 MySQL의 모든 예제들은 phpMyAdmin과 함께 작성하므로 반드시 phpMyAdmin의 메뉴에 대해서 숙지하고 넘어가도록 합니다.

이제 여러분은 phpMyAdmin의 실행 화면이 보일 겁니다. 우선 실행 화면을 간략하게 설명을 하자면 좌측에는 현재 연결된 데이터베이스를 보여줍니다.

▲ phpMyAdmin 데이터베이스 목록

앞장에서 "gnuwiz"라는 데이터베이스를 생성한 것을 기억하시나요? 우리가 생성한 "gnuwiz"라는 데이터베이스가 제일 상단에 위치해 있고 이후의 데이터베이스는 기본으로 생성되어 있는 데이터베이스입니다. 기본으로 생성된 데이터베이스들은 읽기전용으로 사용자가 직접 수정, 삭제할 수 없습니다. 이러한 데이터베이스들은 데이터베이스를 운용 하는데 필요한 정보들이 있는 기본 데이터베이스라고 생각하면 되겠습니다.

"test"라는 데이터베이스는 우리가 생성한 "gnuwiz" 데이터베이스와 동일하게 아직은 테이블이 없는 텅 비어있는 데이터베이스입니다. 처음 MySQL을 설치하게 되면 테스트용도로 사용하도록 "test"라는 이름으로 데이터베이스가 하나 생성되어집니다. 마찬가지로 SQL문을 사용해서 다른 데이터베이스에 어떠한 테이블이 있고 어떠한 데이터가 들어있는지 확인할 수도 있습니다. 그리고 생성된 데이터베이스의 위에 있는 "New" 버튼을 클릭하면 새로운 데이터베이스를 생성할 수 있습니다.

◑ 데이터베이스 – Information_schema
• Information_schema는 데이터에 의한 데이터로써 즉, 메타 데이터(Meta Data)로써 데이터 사전이다. 데이터 사전(Data Dictionary)이란 데이터베이스에 속한 데이터들의 정보를 저장한 것으로써, 시스템 카탈로그(System Catalog)라고도 한다.
• Information_schema의 특징 중 하나는 읽기전용(Read–only)인데, 데이터베이스의 테이블과 같은 데이터로 동적으로 생성됨으로써 사용자가 직접 수정하거나 관여할 수는 없다.
• CHARACTER_SETS : 사용가능한 모든 문자 셋에 대한 정보를 가지고 있다.
• COLLATIONS : 사용 가능한 모든 콜레션에 대한 정보를 가지고 있다. 콜레션은 데이터베이스에 저장된 값들을 비교, 검색하거나 정렬 등의 작업을 위해 문자들을 서로 비교할 때 사용하는 규칙들의 집합이다.
• COLLATION_CHARACTER_SET_APPLICABILITY : 어떤 콜레션에 어떤 문자열 세트가 적용되는지를 표시한다.
• COLUMNS : 테이블 컬럼의 콜레션 정보를 가지고 있다. 컬럼이라도 char, varchar, text 형태의 컬럼은 콜레션을 가진다. 비 문자 타입은 콜레션을 가지지 않는다.
• COLUMN_PRIVILEGES : 테이블 컬럼 권한에 대한 정보를 제공한다.
• KEY_COLUMN_USAGE : 제약사항을 가지고 있는 키 컬럼에 대한 정보를 제공한다.
• ROUTINES : 스토어드 루틴에 대한 정보를 제공한다. 스토어드 루틴이란 DB상에 저장이 가능한 SQL 구문이다.(프로시저, 함수 포함)
• SCHEMATA : 하나의 스키마는 하나의 데이터베이스다. SCHMATA는 데이터베이스의 정보를 제공한다.
– • STATISTICS : 테이블 인덱스에 대한 정보를 제공한다.
• TABLES : 데이터베이스에 존재하는 테이블에 대한 정보를 제공한다.–TABLE_CONSTRAINTS : 테이블에 대한 제약사항에 대한 정보를 제공한다.
• TRIGGERS : 트리거에 대한 정보를 제공한다. 트리거란 테이블에 대한 이벤트에 반응하여 자동으로 실행되는 작업을 의미한다.
• USER_PRIVILEGES : 글로벌 권한에 대한 정보를 제공한다. 글로벌 권한은 모든 데이터베이스에 대한 권한이 주어지는 권한이다.
• VIEWS : DB에 있는 뷰에 대한 정보를 제공한다.

아래의 화면은 phpMyAdmin 화면의 중앙 영역에 있는 부분들입니다.

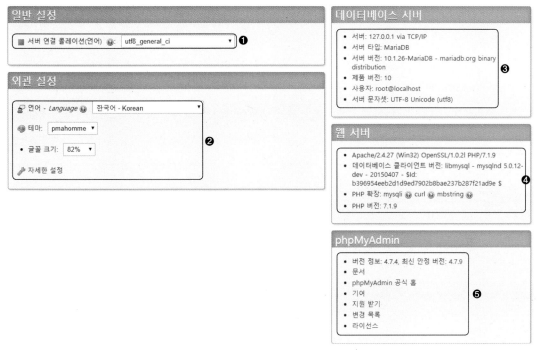

▲ phpMyAdmin 데이터베이스 목록

❶ 서버의 연결 언어를 설정하는 부분입니다. 보통은 utf8_general_ci를 사용합니다. euc-kr등을 사용하게 되면 한글이 깨지는 경우 종종 발생하기 때문에 우리는 utf8_general_ci로 설정하여 사용하도록 하겠습니다.

❷ phpMyAdmin의 화면 언어를 설정할 수 있습니다. 세계적으로 많이 사용되는 툴인 만큼 다양한 언어를 지원합니다. 그리고 테마를 변경할 수 있습니다. 테마를 변경하게 되면 전체적인 디자인이 바뀐다고 생각하면 되겠습니다. original테마와 pmahomme테마가 기본으로 있고 본인이 HTML과 CSS에 능숙하다면 직접 커스텀하여 수정하여 사용할 수도 있습니다. 마지막으로 화면상에 폰트 크기를 지정할 수 있습니다.

❸ 현재 설치되어 사용 중인 데이터베이스의 정보를 알려주는 화면입니다.

서버 타입에는 MySQL이나 MariaDB가 있을 수 있으며 현재 저희는 XAMPP의 최신버전을 설치하여 사용 중 이기 때문에 기존의 MySQL이 아닌 MariaDB가 서버타입에 나타나겠습니다. 사용자 부분에는 root@localhost라고 되어있습니다. 현재 접속 중인 사용자의 ID가 root라는 ID로 접속을 했다라고 표시 되어있습니다. 그리고 서버 문자셋이 표시 되어있습니다.

❹ 구동중인 웹 서버(Apache)와 PHP의 정보가 나타납니다.

현재 Apache 2.4.27 버전을 사용 중이고 PHP 버전은 7.1.8 최신 버전이 적용 되어있다는 것을 확인할 수 있습니다. PHP 확장 부분에서는 mysqli, curl, mbstring을 추가적으로 사용 가능하도록 확장되어 있다고 표시되어있습니다.

❺ 마지막으로 사용 중인 phpMyAdmin의 정보를 알려주는 화면입니다.

현재 설치되어있는 phpMyAdmin은 4.7.0버전이며 최신 안정화된 버전은 4.7.4버전이 있다고 표시 되어있고, 공식 홈페이지 링크와 패치, 업데이트 목록 링크가 있습니다.

(1) phpMyAdmin 기본 메뉴

phpMyAdmin의 상단에는 다음과 같이 여러 가지 메뉴들이 있습니다. 좌측의 데이터베이스 목록 중에 있는 데이터베이스를 클릭 하게 되면 클릭한 데이터베이스에서 조작이 가능한 다른 메뉴로 바뀌게 됩니다. 우선은 phpMyAdmin에 접속 하였을 때 나타나는 메뉴에 대해 설명하고 넘어가겠습니다. 각 메뉴 하나하나가 어떠한 기능을 하는지 살펴보도록 하겠습니다.

▲ phpMyAdmin 메뉴 목록

❶ 데이터베이스

▲ phpMyAdmin 데이터베이스 메뉴

데이터베이스 메뉴는 phpMyAdmin의 기본 화면의 좌측의 데이터베이스 목록과 동일하게 생성된 데이터베이스의 목록을 보여주고 있습니다. 데이터베이스 "gnuwiz"의 우측에 있는 "사용권한 검사" 링크를 클릭하게 되면 다음과 같은 화면으로 넘어갑니다.

▲ phpMyAdmin 데이터베이스 사용권한 검사 메뉴

현재 "gnuwiz" 데이터베이스를 사용할 수 있는 사용자는 root라는 계정만 사용이 가능하게 나타나 있고 "권한 수정" 또는 "사용자 추가" 메뉴를 통해서 해당 계정에 대한 데이터베이스 접근 권한을 지정할 수 있고 다른 사용자를 추가할 수도 있습니다.

❷ SQL

▲ phpMyAdmin SQL 메뉴

SQL메뉴는 데이터베이스에 SQL문으로 데이터베이스를 추가, 삭제, 수정, 조회 등을 할 수 있도록 SQL질의를 실행하는 메뉴입니다. 이전의 "gnuwiz"라는 데이터베이스를 생성 할 때에는 간단하게 버튼을 클릭하여 데이터베이스명만 입력하여 생성을 했다면 이번에는 직접 SQL문으로 데이터베이스를 추가해보도록 하겠습니다.

▲ SQL 메뉴에서 데이터베이스 "mydb" 추가

▲ 데이터베이스 "mydb" 추가 확인 화면

앞의 그림과 같이 create database mydb; 입력하고 실행 버튼을 클릭하게 되면 간단하게 "mydb"라는 데이터베이스가 생성됩니다. SQL문을 실행 할 때의 주의 사항은 항상 SQL문의 마지막에는

PHP와 같은 방식으로 세미콜론(;)을 붙여줘야 한다는 사실을 기억하셔야합니다. 이제 데이터베이스를 추가하는 방법을 알았으니 방금 생성된 "mydb"를 삭제하는 방법도 같이 해보겠습니다. 마찬가지로 SQL메뉴에서 drop database mydb; 입력하고 SQL질의를 실행 합니다.

▲ 데이터베이스 "mydb" 삭제

▲ 데이터베이스 "mydb" 삭제 확인 화면

이렇게 간단하게 데이터베이스를 삭제 하였습니다. 지금은 테스트로 간단하게 비어있는 데이터베이스를 생성하고 삭제하는 것을 예제로 다루고 있지만 데이터베이스를 삭제하거나 수정해야 할 때에는 항상 데이터베이스의 백업을 해놓은 상태로 작업을 진행해야 혹시나 실수로 인해 잘못된 SQL문을 실행하더라도 복원을 할 수 있습니다.

SQL메뉴에서는 이렇게 SQL문을 실행하여 여러 가지 작업을 할 수 있습니다. 물론 phpMyAdmin 툴에 익숙해진다면 간단하게 마우스 클릭만으로도 추가, 삭제, 수정, 조회 등을 할 수 있습니다.

❸ 상태

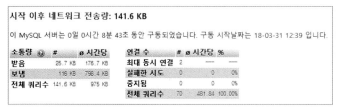

▲ 상태 메뉴

상태 메뉴 화면에서는 데이터베이스 서버의 상태를 확인할 수 있습니다. MySQL서버가 언제 구동되어 지금까지 얼마나 구동되고 있는지를 확인할 수 있습니다. 데이터베이스의 전송량도 표시가 되며 상단의 프로세스, 질의 통계 등 기타 메뉴에서는 어떠한 SQL질의를 실행 했는지에 따른 통계도 나타납니다. 이처럼 사용 중인 모든 데이터베이스를 관리하기 편리하도록 쉽게 화면에 나타내주는 메뉴입니다.

❹ 사용자 계정

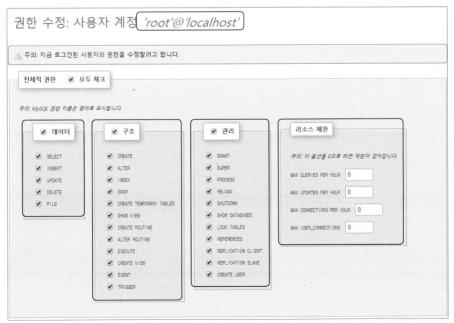

▲ 사용자계정 메뉴

사용자계정 메뉴에서는 데이터베이스에 접근할 여러 계정을 추가하거나 삭제할 수 있으며 해당 각각의 계정마다 데이터베이스에 접근할 권한들을 부여할 수 있습니다. 예를 들어 우리가 데이터베이스 "gnuwiz"만 다른 사람에게 사용할 수 있도록 열어줘야 한다고 생각을 해보겠습니다. 다른 사람은 "gnuwiz" 데이터베이스만 사용하면 되는데 현재 우리가 사용하고 있는 root의 계정과 패스워드까지 전달해준다면 다른 사람은 불필요한 다른 데이터베이스까지 접근이 가능하므로 보안상 위험하며 좋지가 않습니다. 그런 경우에는 특정 사용자계정을 추가하여 데이터베이스 "gnuwiz"에만 접근할 수 있도록 권한을 부여한 이후 다른 사람에게 새로운 사용자계정의 정보만 넘겨주는 되는 것입니다.

▲ 사용자계정 권한수정 메뉴

이처럼 사용자계정 권한수정 메뉴에서는 해당 계정의 데이터베이스 접근 권한을 선택해서 부여할 수 있습니다. 아직은 정확히 어떠한 권한인지 여러분들은 이해할 수 없겠지만 아마도 MySQL을 뒷장에서 배우며 습득한 이후 권한수정 메뉴를 다시 본다면 어떠한 의미인지 알 수 있게 될 겁니다.

❺ 내보내기

▲ 내보내기 메뉴

내보내기 메뉴에서는 현재 사용 중인 전체 데이터베이스를 Excel, PDF, SQL 파일로 저장하는 메뉴입니다. 쉽게 생각하면 데이터베이스를 백업하는 것 이라고 생각하면 되겠습니다. 보통은 SQL파일로 저장하고 다른 데이터베이스 서버에서 백업한 SQL파일을 불러와서 데이터베이스를 복원하여 사용합니다. 모든 데이터베이스 관리 프로그램에서는 SQL확장자 파일을 사용하기 때문에 주로 SQL 파일로 사용을 많이 합니다.

```
1   -- phpMyAdmin SQL Dump
2   -- version 4.7.4
3   -- https://www.phpmyadmin.net/
4   --
5   -- Host: 127.0.0.1
6   -- 생성 시간: 18-03-31 12:50
7   -- 서버 버전: 10.1.26-MariaDB
8   -- PHP 버전: 7.1.9
9
10  SET SQL_MODE = "NO_AUTO_VALUE_ON_ZERO";
11  SET AUTOCOMMIT = 0;
12  START TRANSACTION;
13  SET time_zone = "+00:00";
14
15
16  /*!40101 SET @OLD_CHARACTER_SET_CLIENT=@@CHARACTER_SET_CLIENT */;
17  /*!40101 SET @OLD_CHARACTER_SET_RESULTS=@@CHARACTER_SET_RESULTS */;
18  /*!40101 SET @OLD_COLLATION_CONNECTION=@@COLLATION_CONNECTION */;
19  /*!40101 SET NAMES utf8mb4 */;
20
21  --
22  -- 데이터베이스: `gnuwiz`
23  --
24  CREATE DATABASE IF NOT EXISTS `gnuwiz` DEFAULT CHARACTER SET utf8 COLLATE utf8_general_ci;
25  USE `gnuwiz`;
26
27  -- --------------------------------------------------------
```

▲ SQL파일의 내용

위와 같이 SQL파일을 EditPlus와 같은 에디터 프로그램으로 열어보면 여러 가지의 SQL문이 나타나는데 데이터베이스의 모든 내용들을 phpMyAdmin 툴에서 SQL문으로 자동으로 바꾸어서 저장되는 개념이라고 이해하면 되겠습니다.

❻ 가져오기

▲ 가져오기 메뉴

가져오기 메뉴는 앞서 내보내기 메뉴에서 백업한 데이터베이스를 가져오는 메뉴입니다. 복원을 하는 메뉴라고 생각하면 되겠습니다. 백업과 마찬가지로 여러 가지 파일 형식을 지원하며 가져올 데이터베이스 파일을 첨부 하고 아래의 형식 부분에서 CVS, XML, SQL등 파일 형식을 지정하고 실행 버튼을 클릭 하게 되면 이전의 데이터베이스들이 새로운 데이터베이스 서버로 복사되어 가져와집니다. 만약 이전의 데이터베이스와 같은 이름의 데이터베이스가 존재한다면 가져오기가 정상적으로 실행하지 않으며 중복된 데이터베이스명이 있는지 확인을 한 이후에 가져오기를 실행해야 합니다.

알아두세요

만약 데이터베이스를 가져올 때 내용을 수정하여 가져오고 싶다면 SQL파일을 에디터 프로그램으로 열어서 원하는 SQL문의 실행 부분에 데이터를 수정하여 저장 후 해당 파일을 가져오기로 실행하면 변경된 새로운 데이터로 저장이 가능합니다.

❼ 설정

▲ 설정 메뉴

설정 메뉴는 phpMyAdmin 툴에서 사용자가 지정한 설정들을 내보내고 가져오는 메뉴입니다. 예를 들어 폰트크기, 여러 가지 메뉴의 UI 설정 등 사용자가 설정한 설정들을 내보내고 가져오는 메뉴이며 만약 본인의 컴퓨터에서 작업 중 새로 포맷을 한다거나 개발환경이 바뀌게 되면 기존의 사용자가 사용하던 설정과 달라져 익숙하지 않아 작업을 하는데 불편함을 느끼는 사용자들을 위해 간편하게 설정들을 내보내고 가져오는 메뉴라고 생각하면 되겠습니다. 저 또한 개발환경이 바뀌게 되면 폰트크기나 다른 설정들을 다시 일일이 설정하기 귀찮아 매번 사용하는 기능중 하나입니다. phpMyAdmin에서 여러 가지 설정을 하여 사용을 하는 경우 설정 메뉴를 이용해보는 것도 도움이 될 것입니다.

❽ 복제와 **❾ 환경설정값** 메뉴의 경우 기본 MySQL 서버의 설정 부분이기 때문에 우리가 따로 수정하여 사용할 필요는 없습니다. 기본 MySQL의 기능을 그대로 사용하여 모든 데이터베이스를 조작하기 때문에 자신이 데이터베이스 전문가가 아니라면 해당 메뉴는 필요 없다고 할 수 있습니다.

❿ 문자셋

데이터정렬방식	설명
	armscii8 (ARMSCII-8 Armenian)
armscii8_bin	아르메니아어, binary
armscii8_general_ci	아르메니아어, 대소문자 구분안함
	ascii (US ASCII)
ascii_bin	서유럽어, binary
ascii_general_ci	서유럽어, 대소문자 구분안함
	big5 (Big5 Traditional Chinese)
big5_bin	한문 (번자체), binary
big5_chinese_ci	한문 (번자체), 대소문자 구분안함
	binary (Binary pseudo charset)
binary	바이너리
	cp1250 (Windows Central European)
cp1250_bin	중부유럽어, binary
cp1250_croatian_ci	크로아티아어, 대소문자 구분안함
cp1250_czech_cs	체코어, 대소문자 구분
cp1250_general_ci	중부유럽어, 대소문자 구분안함
cp1250_polish_ci	폴란드어, 대소문자 구분안함

문자셋과 정렬

▲ 문자셋 메뉴

우리가 데이터베이스를 생성할 때 선택한 utf8_general_ci과 같은 데이터 정렬 방식에 대해서 설명이 되어있습니다. 보통은 utf8_general_ci를 사용하기 때문에 다른 데이터 정렬 방식에는 이런 것들도 있구나 하는 정도만 알고 있어도 충분 합니다. 만약 다른 데이터 정렬 방식이 궁금하다면 해당 문자셋 메뉴에서 확인하면 되겠습니다.

⑪ 엔진

스토리지 엔진

스토리지 엔진	설명
CSV	CSV storage engine
InnoDB	Percona-XtraDB, Supports transactions, row-level locking, foreign keys and encryption for tables
MEMORY	Hash based, stored in memory, useful for temporary tables
MyISAM	MyISAM storage engine
MRG_MyISAM	Collection of identical MyISAM tables
Aria	Crash-safe tables with MyISAM heritage
PERFORMANCE_SCHEMA	Performance Schema
SEQUENCE	Generated tables filled with sequential values

▲ 엔진 메뉴

엔진 메뉴는 현재 데이터베이스에서 사용가능한 스토리지 엔진을 확인할 수 있는 메뉴입니다. MySQL의 스토리지 엔진은 'Plug in' 방식이며, 기본적으로 위에 그림에 있는 8가지의 스토리지 엔진이 탑재 되어 있습니다.

알아두세요

MySQL의 2가지 엔진 구조

• 서버 엔진 : 클라이언트(또는 사용자)가 Query를 요청 했을 때, Query Parsing과, 스토리지 엔진에 데이터를 요청하는 작업을 수행.
• 스토리지 엔진 : 물리적 저장장치에서 데이터를 읽어오는 역할을 담당.

여기서 중점적으로 봐야할 것은 '스토리지 엔진' 인데, 그 이유는 데이터를 직접적으로 다루는 역할을 하므로 엔진 종류 마다 동작원리가 다르고, 따라서 트랜잭션, 성능과 같은 주요 이슈에도 밀접하게 연관되어 있기 때문입니다.

가장 많이 쓰이는 스토리지 엔진은 MyISAM, InnoDB, Archive 엔진이 유명하며 일반적으로 많이 사용되고 있습니다.

	MYISAM	INNODB	ARCHIVE
스토리지 지원	256TB	64TB	None
트랜잭션	No	Yes	No
LOCKING 레벨	Table	Row	Row
인덱스	B-Tree	B-Tree	No
CACHE	Index	Data/Index	No
파티셔닝	Yes	Yes	Yes
CLUSTER INDEX	No	Yes	No
FOREIGN KEY	No	Yes	No

▲ 주요 스토리지 엔진별 특징

스토리지 엔진별 10만 건에 해당하는 데이터 파일의 크기

스토리지 엔진	용량
INNODB	12.0MB
MYISAM	2.7MB
ARCHIVE	1.5MB

▲ 스토리지 엔진별 데이터가 차지하는 디스크 용량

이처럼 어떠한 엔진을 사용하느냐에 따라 디스크 용량이 줄어들 수도 있고 속도가 빠를 수도 있으며 그에 따른 차이점이 발생합니다.

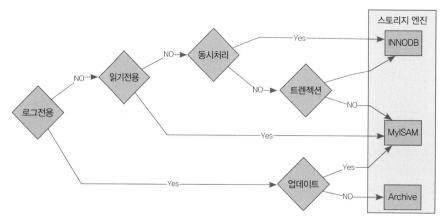

▲ 서비스 특징에 따른 스토리지 엔진 설정

어떠한 스토리지 엔진을 사용할 것인지는 데이터베이스를 생성하여 서비스를 제공 전부터 어떠한 목적과 용도로 사용하는지에 따라서 적합한 스토리지 엔진을 선택하여 사용하는 것이 좋습니다.

알아두세요

가장 많이 쓰이는 스토리지 엔진 MyISAM, InnoDB, Archive

- InnoDB : 따로 스토리지 엔진을 명시하지 않으면 default로 설정되는 스토리지 엔진이다. InnoDB는 transaction-safe 하며, 커밋과 롤백, 그리고 데이터 복구 기능을 제공하므로 데이터를 효과적으로 보호할 수 있습니다. InnoDB는 기본적으로 row-level locking 제공하며, 또한 데이터를 clustered index에 저장하여 PK 기반의 query의 I/O 비용을 줄인다. 또한 FK 제약을 제공하여 데이터 무결성을 보장합니다.
- MyISAM : 트랜잭션을 지원하지 않고 table-level locking을 제공한다. 따라서 multi-thread 환경에서 성능이 저하 될 수 있다. 특정 세션이 테이블을 변경하는 동안 테이블 단위로 lock이 잡히기 때문입니다. 텍스트 전문 검색(Fulltext Searching)과 지리정보 처리 기능도 지원되는데, 이를 사용할 시에는 파티셔닝을 사용할 수 없다는 단점이 있습니다.
- Archive : '로그 수집'에 적합한 엔진이다. 데이터가 메모리상에서 압축되고 압축된 상태로 디스크에 저장이 되기 때문에 row-level locking이 가능합니다. 다만, 한번 INSERT된 데이터는 UPDATE, DELETE를 사용할 수 없으며 인덱스를 지원하지 않는다. 따라서 거의 가공하지 않을 원시 로그 데이터를 관리하는데 효율적일 수 있고, 테이블 파티셔닝도 지원하지만 트랜잭션은 지원하지 않습니다.

⓬ 플러그인

플러그인 메뉴에서는 여러 종류의 사용가능한 데이터베이스 플러그인을 확인할 수 있습니다. ❽ 복제와 ❾ 환경설정값 메뉴와 같이 데이터베이스 전문가가 아닌 이상 대부분은 플러그인 설정을 변경하여 사용할 일은 없겠지만 이러한 메뉴도 있다는 것 정도만 알고 넘어가면 되겠습니다.

이렇게 phpMyAdmin의 기본 메뉴에 대해서 살펴보았습니다. 브라우저에서 실행하는 데이터베이스 관리 툴 치고는 상당히 많은 기능을 제공 하고 있습니다. 우리가 많이 사용하고 있는 카페24 호스팅이나 닷홈 등 많은 유료 호스팅 서비스 업체에서는 해당 phpMyAdmin으로 접속하여 데이터베이스를 관리하도록 설정이 되어있습니다.

(2) phpMyAdmin 데이터베이스 메뉴

앞에서는 phpMyAdmin의 기본 메뉴에 대해서 설명을 드렸습니다. phpMyAdmin의 좌측에 있는 데이터베이스의 목록 중 하나의 데이터베이스를 클릭하게 되면 phpMyAdmin 상단의 메뉴가 바뀝니다.

▲ phpMyAdmin의 기본 메뉴

▲ phpMyAdmin의 데이터베이스 메뉴

그림과 같이 현재 선택된 데이터베이스명(gnuwiz)이 나타나고 그 아래 부분 부터 새로운 메뉴로 바뀌게 됩니다. 여러분들은 메뉴의 차이가 보이시나요? 아직은 무슨 차이가 있는지 어떠한 부분이 다른지 눈으로 보며 이해하기는 힘들 테니 같이 따라하며 각 메뉴의 차이점들이 무엇인지 살펴보겠습니다.

이렇게 해보세요 | 데이터베이스 사용 선택

데이터베이스를 사용하기 위해서 USE DATABASE_NAME의 형식인 'USE' 명령을 통해서 'gnuwiz'라는 데이터베이스를 사용합니다.

```
USE [DATABASE_NAME]
설명 : [DATABASE_NAME] 사용할 데이터베이스 이름을 입력합니다.
```

'USE gnuwiz'와 같이 SQL질의를 실행하면 해당 데이터베이스를 사용할 수 있습니다. phpMyAdmin에서는 좌측에 있는 데이터베이스 목록에서 데이터베이스를 클릭 하는 것 만으로 해당 SQL질의가 자동으로 실행됩니다.

간략하게 차이점을 설명 드리자면 위의 메뉴는 모든 MySQL 데이터베이스의 정보, 상태 등을 확인하거나 세부 설정들을 하는 부분이라고 생각 하면 됩니다. 데이터베이스를 클릭 했을 때 바뀌는 메뉴는 해당 데이터베이스 안에 들어있는 데이터를 조회하거나 수정, 삭제 등을 할 수 있고 또한 그 데이터베이스에 테이블을 생성한다거나 삭제를할 수 있습니다. 우선 데이터베이스의 메뉴에 대해 알아보기 전에 미리 "gnuwiz" 데이터베이스 안에 예제로 테이블과 데이터를 생성하고 시작 하겠습니다.

이제 예제로 생성할 회원정보를 담아둘 회원테이블을 간단하게 생성해야 할 차례입니다. 회원테이블의 구성에 대해서 잠깐 생각해 보겠습니다. 여러분들이 사이트에서 회원가입을 할 때 입력했던 그런 내용들이 회원테이블의 속성이 될 수 있습니다. 우선 각각의 회원들이 사용할 아이디가 있어야 하고 패스워드, 회원이름, 주민등록번호, 이메일, 전화번호, 주소, 직업 등이 있을 수 있습니다. 물론 상세한 정보를 담아두기 위해서 이보다 더 많은 속성을 두어서 회원에 대한 정보를 담을 수 있습니다.

결혼여부, 결혼기념일, 관심분야, 취미 등등 여러 가지가 있을 수 있습니다. 여기서는 기본 몇 가지의 정보만을 담아 두도록 하겠습니다. 이렇게 하면 위에 말했던 속성을 가진 테이블이 구성됩니다. 테이블을 그림으로 나타내어 보겠습니다.

회원테이블	member
고유번호	mb_no: INT(11)
아이디	mb_id: VARCHAR(20)
패스워드	mb_password: VARCHAR(255)
이름	mb_name: VARCHAR(255)
이메일	mb_email: VARCHAR(255)

▲ 회원테이블 표

그림은 회원테이블에 들어갈 속성들을 나타내는 그림입니다. 왼쪽의 '회원테이블'은 논리적으로 테이블에 들어갈 속성을 나타낸 부분이고, 오른쪽의 'member'는 실제 데이터베이스에 만들어진 속성들과 각각의 속성들이 가질 크기, 혹은 길이를 정의한 실제의 테이블입니다.

데이터베이스 테이블을 생성하기 위해서 필요한 질의문은 다음과 같습니다.

```sql
CREATE TABLE member (
        mb_no INT(11) NOT NULL AUTO_INCREMENT,
        mb_id VARCHAR(20) NOT NULL DEFAULT '',
        mb_password VARCHAR(255) NOT NULL DEFAULT '',
        mb_name VARCHAR(255) NOT NULL DEFAULT '',
        mb_email VARCHAR(255) NOT NULL DEFAULT '',
        PRIMARY KEY (mb_no),
        UNIQUE INDEX mb_id (mb_id)
);
```

알아두세요

아이디와 패스워드 이외에도 꼭 필요한 부분이 있다면 NOT NULL로 설정해도 됩니다. NOT NULL로 설정된 컬럼은 저장될 값이 꼭 있어야 합니다.

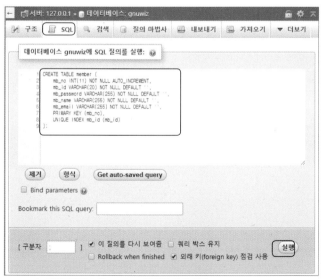

▲ gnuwiz 데이터베이스에 member 테이블 생성 화면

phpMyAdmin 상단의 SQL메뉴를 클릭하여 테이블을 생성할 SQL문을 입력하고 실행 버튼을 클릭합니다. 정상 적으로 실행 했다면 다음과 같이 'gnuwiz' 데이터베이스 아래로 'member'라는 테이블이 추가가 된 것을 확인할 수 있습니다.

▲ gnuwiz 데이터베이스에 member 테이블 생성 확인 화면

제대로 생성이 되었다면 이어서 'member' 테이블에 몇 명의 회원 데이터를 삽입 하도록 하겠습니다. 실행 방법은 아래와 동일합니다.

```
INSERT INTO member (mb_id, mb_password, mb_name, mb_email)
VALUES('member01', '1234', '정동진', 'member01@email.com');
INSERT INTO member (mb_id, mb_password, mb_name, mb_email)
VALUES('member02', '1234', '윤성훈', 'member02@email.com');
INSERT INTO member (mb_id, mb_password, mb_name, mb_email)
VALUES('member03', '1234', '박성진', 'member03@email.com');
```

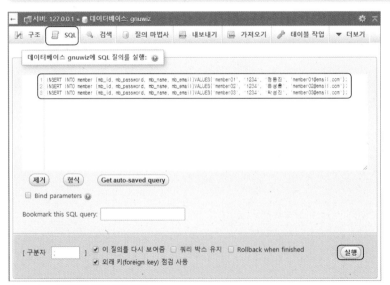

▲ member 테이블에 회원 생성 화면

알아두세요

데이터베이스이름, 테이블이름, 한 테이블 안에 컬럼 이름은 중복이 되어서는 안 됩니다. 중복되는 부분이 있다면 에러가 발생합니다. 만약 에러가 발생하였다면 중복되는 이름이 없는지 확인하기 바랍니다.

▲ member 테이블에 회원 생성 화면

마찬가지로 phpMyAdmin 상단의 SQL메뉴를 클릭하여 테이블을 생성할 SQL문을 입력하고 실행 버튼을 클릭합니다. 정상 적으로 실행 했다면 다음과 같이 'member' 데이터베이스 아래로 3명의 회원이 추가가 된 것을 확인할 수 있습니다.

▲ member 테이블에 회원 생성 확인 화면

간단하게 테이블을 생성하고 생성한 테이블에 데이터를 추가해보았습니다. 위에 있는 예제로 실행한 SQL문에 대해서 더욱 설명할 부분이 많이 남아있지만 SQL문은 뒷장에서 중점적으로 상세하게 다루도록 하고 지금은 계속해서 phpMyAdmin의 데이터베이스 메뉴에 대해서 살펴보겠습니다.

알아두세요

Windows용 MySQL에서는 대소문자를 구별하지 않습니다. 대소문자에 의한 오류는 나타나지 않지만, 철자가 틀린 경우 질의문이 제대로 수행되지 않습니다. 또한 여러 개의 컬럼의 경우 각 컬럼을 구분하기 위해 ','가 있어야 하고, 그리고 그 외 '()' 부분에서도 글자가 누락되는 경우에 질의가 수행이 되질 않습니다. 이러한 부분에 유의해서 질의를 작성합시다.

▲ phpMyAdmin의 데이터베이스 메뉴

❶ 구조

▲ 구조 메뉴

구조 메뉴에는 선택한 데이터베이스의 테이블이 나타나고 테이블 안에 몇 건의 자료가 있는지 스토
리지 엔진은 무엇을 사용하는지 데이터 정렬방식, 데이터의 크기 등 테이블 전체에 대한 정보가 담
겨있습니다.

보기를 누르면 자동으로 SELECT * FROM 'member'라는 SQL문이 실행이 되며 다음과 같이 해당
테이블의 자료들이 나타납니다.

▲ 보기 메뉴

해당 화면에서는 각각의 데이터를 직접 수정, 복사, 삭제를 할 수 있으며 우측의 정렬 란에서 어떠한 컬럼을 기준으로 정렬을 할 것인지를 선택하면 해당 컬럼을 기준으로 정렬되어 새롭게 데이터가 나타납니다. 앞서 처음 언급한 shell이나 cmd와 같은 명령어로 접근하는 방식의 경우에는 이러한 부분을 직접 SQL질의를 실행하여 조회를 해야 합니다. phpMyAdmin이나 다른 데이터베이스 관리 프로그램은 단 몇 번의 클릭으로 데이터베이스를 쉽게 컨트롤이 가능하다는 것을 이런 부분에서 느낄 수 있습니다.

방금 우리가 몇 번의 클릭으로 데이터베이스의 자료를 눈으로 보는 것이 데이터베이스를 명령어로 접근하는 방식을 사용하게 된다면 mysql로그인->use database->select * from 'member'와 같은 순서로 3번의 SQL문을 실행을 해야 합니다. 만약 대부분의 SQL문을 알고 있다면 사용하는데 크게 어려움은 없겠지만 입문자의 경우에는 어려운 부분이므로 이렇게 쉽게 사용할 수 있는 데이터베이스 관리 툴이 적합하다고 할 수 있습니다.

이어서 상단의 구조 메뉴를 클릭하게 되면 사용되는 컬럼의 이름, 데이터형태, 정렬방식 등 테이블의 상세 구조를 확인할 수 있습니다. 그리고 필요하다면 컬럼을 추가할 수 있고 삭제도 할 수 있습니다.

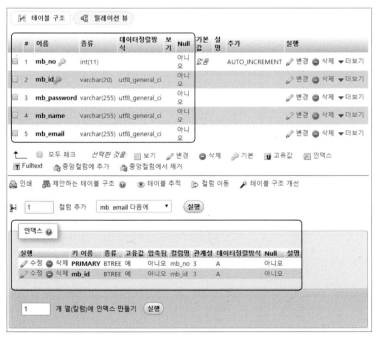

▲ 구조 메뉴

❷ SQL

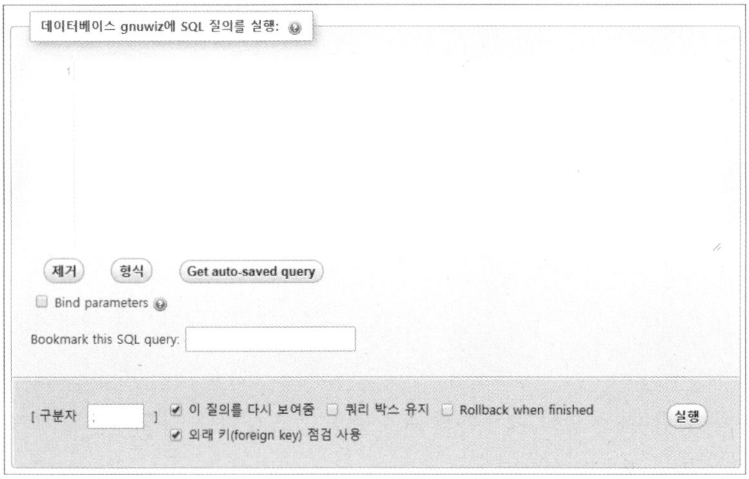

▲ SQL 메뉴

SQL메뉴는 현재 선택되어 사용되고 있는 데이터베이스에 SQL질의를 실행하는 메뉴입니다.
다른 데이터베이스에 있는 중복된 테이블이나 데이터가 있더라도 현재 사용되는 데이터베이스에만
SQL질의가 실행됩니다.

❸ 검색

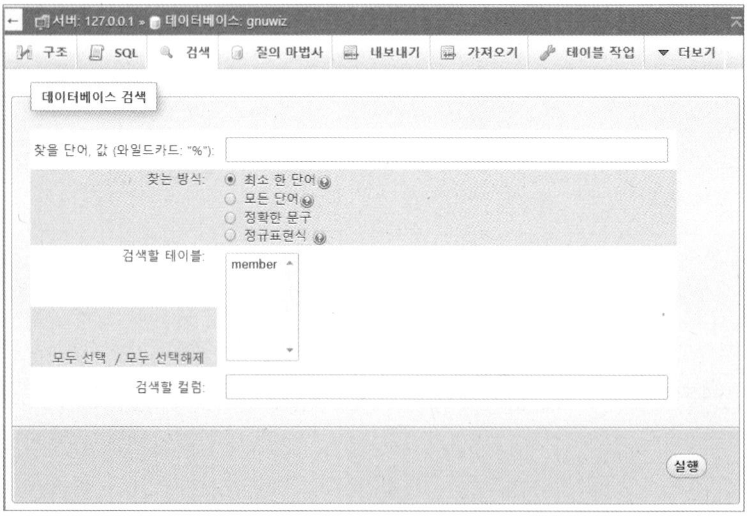

▲ 검색 메뉴

검색 메뉴는 특정 테이블에 사용되고 있는 자료들을 쉽게 찾을 수 있도록 검색을 하게 해주는 메뉴
입니다. 앞서 입력한 3건의 자료와 같이 자료의 수가 많지 않다면 쉽게 자료를 구별해서 찾을 수 있

지만 입력된 자료가 1만건, 10만건이 되어버린다면 이제는 사람이 직접 자료를 검색하기엔 힘들 수 있습니다. 직접 같이 실행하면서 어떻게 작동하는지 살펴보겠습니다.

앞서 입력한 'member'테이블에 입력한 3건의 데이터 중 '윤성훈' 이라는 회원을 찾아보겠습니다. 찾을 단어에는 '성훈' 이라는 단어만 넣고, 검색할 테이블에는 'member' 테이블을 선택하고 우측 하단의 실행 버튼을 클릭합니다.

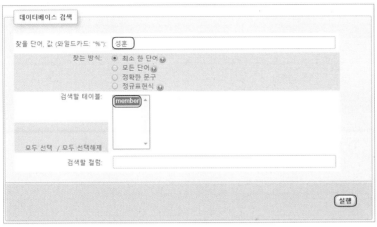

▲ 검색 실행 화면

실행 버튼을 클릭 했다면 'member'테이블에 '성훈'이라는 단어가 1건 검색이 되었다는 결과 화면이 나타납니다. 보기를 클릭하면 다음과 같이 자동으로 SQL질의가 실행되어 검색된 데이터의 행(row)이 나타나게 됩니다.

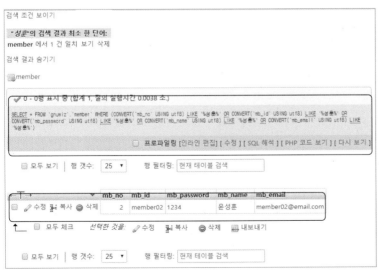

▲ 검색 실행 결과 화면

만약 저장된 데이터의 자료가 많다면 모든 컬럼에서 검색하는 것은 검색 속도가 늦을 수 있습니다. 그래서 많은 양의 데이터 중에서 검색을 할 경우에는 검색할 컬럼 명을 직접 입력하여 검색 시간을 단축 하는 것이 좋습니다.

❹ 질의 마법사

▲ 질의 마법사 메뉴

질의 마법사 메뉴에서는 조회를 원하는 테이블을 선택하여 컬럼 명을 선택하고 정렬의 순서를 변경하는 등 다양한 조건으로 간단하게 테이블의 자료를 조회할 수 있도록 제공되는 메뉴입니다. 자주 사용하는 조회 방식을 북마크로 생성하여 관리할 수도 있습니다.

❺ 내보내기

▲ 데이터베이스 내보내기 메뉴

내보내기 메뉴는 이전에 MySQL의 전체 데이터베이스를 내보내기 하는 메뉴와 거의 비슷합니다. 이전 메뉴와의 차이점은 현재 사용 중인 데이터베이스만 추출하여 내보내는 역할을 합니다.

▲ 테이블 내보내기 메뉴

테이블을 클릭 하였을 때 나타나는 내보내기의 기능도 있는데 마찬가지로 현재 사용 중인 테이블의 구조와 데이터를 추출하여 내보내는 기능을 합니다.

내보내기 메뉴는 모든 데이터베이스의 테이블 구조와 데이터의 내용 등 모든 것이 붕어빵처럼 동일하게 복사되어 내보내 집니다.

❻ 가져오기

▲ 데이터베이스 가져오기 메뉴

가져오기 메뉴는 조금 전 내보내기로 백업한 데이터베이스 파일을 현재 사용 중인 데이터베이스로 가져오는 기능을 하는 메뉴입니다.

▲ 테이블 가져오기 메뉴

테이블을 클릭 하였을 때 나타나는 가져오기의 기능도 있는데 마찬가지로 현재 사용 중인 테이블의
구조와 데이터를 가져오는 기능을 합니다.

❼ 테이블 작성

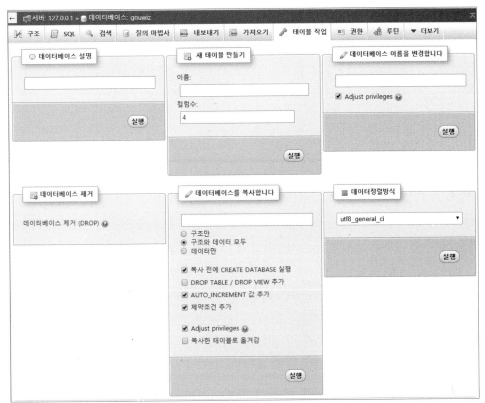

▲ 테이블 작업 메뉴

테이블 작업 메뉴에서는 데이터베이스 설명, 새로운 테이블 생성, 데이터베이스 이름 변경, 제거 등
의 작업이 가능합니다. 특히 데이터베이스의 구조를 복사 할 때 손쉽게 사용할 수 있는 기능이 있고
데이터베이스 복사 시 구조만, 구조와 데이터 모두, 데이터만 등 원하는 종류를 선택하여 새로운 데
이터베이스에 복사를 하는 경우에 유용하게 사용할 수 있습니다. 위에서 살펴본 내보내기와 가져오
기 메뉴의 경우에는 데이터베이스의 구조, 데이터 모두 복사되어 모두 붕어빵과 같이 동일하게 덮어
진다면 테이블 작업 메뉴에서의 복사 기능은 구조만 가져올 수도, 데이터만 가져올 수도 있습니다.
따로 SQL파일이나 CSV파일 등으로 백업하지 않더라도 쉽게 복사가 가능하다는 장점이 있습니다.

❽ 권한

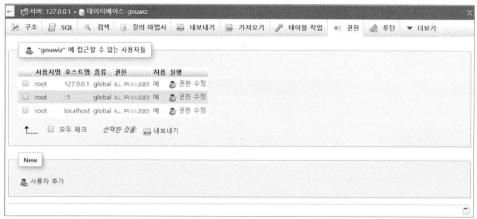

▲ 권한 메뉴

권한 메뉴는 현재 사용 중인 데이터베이스에 어떠한 사용자가 있는지 해당 사용자가 어느 권한까지 사용이 가능한지 권한을 조절할 수 있는 메뉴입니다. 현재는 root라는 최고관리자 권한의 사용자만 있지만 아래의 사용자 추가 버튼을 통해 다른 사용자를 추가 하여 사용할 수도 있습니다.

❾ 루틴, ❿ 이벤트, ⓫ 트리거, ⓬ SQL 명령어 트래킹 메뉴는 데이터베이스 전문가가 아닌 이상 대부분 사용하지 않는 메뉴 이므로 책에서는 따로 설명하지 않고 넘어가도록 하겠습니다.

⓭ 디자이너

▲ 디자이너 메뉴

디자이너 메뉴는 현재 사용 중인 데이터베이스의 테이블 구조와 컬럼의 정보가 그림과 같이 모델링 되어 눈으로 쉽게 볼 수 있도록 제공해주는 메뉴입니다. 데이터베이스에 생성된 모든 테이블의 구조를 확인할 수 있어 전체적인 데이터베이스를 구조를 쉽게 파악할 수 있도록 도와줍니다.

❶ 중심 열

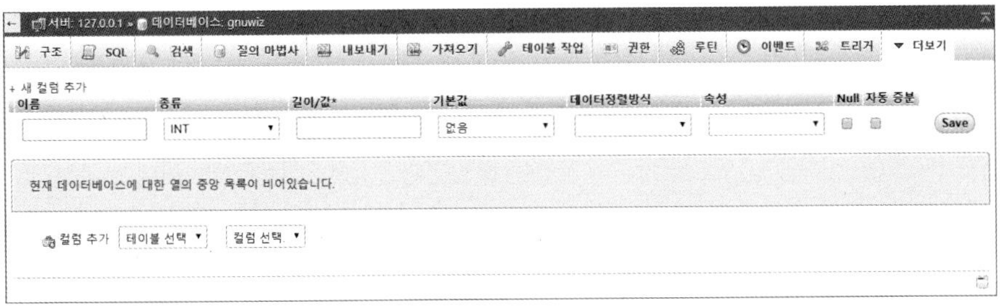

▲ 중심 열 메뉴

중심 열 메뉴는 데이터베이스 당 열의 중앙 목록을 유지하여 동일한 데이터 요소에 대해 유사한 이름을 피하고 동일한 데이터 요소에 대해 데이터 유형의 일관성을 유지할 수 있게 하는 메뉴입니다.

이렇게 phpMyAdmin에는 수많은 기능이 있습니다. phpMyAdmin의 버전에 따라 위에서 설명한 메뉴 중 없는 메뉴가 있을 수 있지만 대부분의 중요한 메뉴는 하위 버전의 경우에도 같은 기능으로 제공되기 때문에 데이터베이스를 관리하는데 큰 어려움 없이 사용할 수 있을 것입니다. 간단한 설명으로 phpMyAdmin의 모든 기능을 이해할 순 없겠지만 이렇게 전체 메뉴를 직접 보고 따라 해보면서 점점 데이터베이스와 친숙해지도록 노력해야 하겠습니다.

phpMyAdmin

phpMyAdmin은 MySQL을 월드 와이드 웹상에서 관리할 목적으로 PHP로 작성한 오픈소스 도구입니다. 데이터베이스, 테이블, 필드, 열의 작성, 수정, 삭제, 또 SQL 상태 실행, 사용자 및 사용 권한 관리 등의 다양한 작업을 편리하게 수행할 수 있도록 도와주는 프로그램입니다.

MySQL DB의 "스토리지 엔진" 이란 ?

스토리지엔진은 DB에서 데이터를 어떠한 방식으로 저장하고 접근할 것인지에 대한 기능을 제공합니다. 스토리지엔진의 특성에 따라 데이터 접근이 얼마나 빠른지, 얼마나 안정적인지, 트랜잭션 등의 기능을 제공하는지 등의 차이점이 발생합니다.

스토리지 엔진 MyISAM, InnoDB, Archive

❶ InnoDB : 따로 스토리지 엔진을 명시하지 않으면 default 로 설정되는 스토리지 엔진입니다. InnoDB는 transaction-safe 하며, 커밋과 롤백, 그리고 데이터 복구 기능을 제공하므로 데이터를 효과적으로 보호 할 수 있습니다.

❷ MyISAM : 트랜잭션을 지원하지 않고 table-level locking을 제공합니다. 따라서 multi-thread 환경에서 성능이 저하 될 수 있으며 그 이유는 특정 세션이 테이블을 변경하는 동안 테이블 단위로 lock이 잡히기 때문입니다.

❸ Archive : '로그 수집'에 적합한 엔진입니다. 데이터가 메모리상에서 압축되고 압축된 상태로 디스크에 저장이 되기 때문에 row-level locking이 가능합니다. 다만, 한번 INSERT된 데이터는 UPDATE, DELETE를 사용할 수 없으며 인덱스를 지원하지 않습니다.

1 MySQL을 월드 와이드 웹상에서 관리할 목적으로 PHP로 작성한 오픈소스 도구는 무엇입니까?

2 (___)은 데이터베이스에서 데이터를 어떠한 방식으로 저장하고 접근할 것인지에 대한 기능을 제공하며 (___)의 특성에 따라 데이터 접근이 얼마나 빠른지, 얼마나 안정적인지, 트랜잭션 등의 기능을 제공하는지 등의 차이점이 발생합니다. 이것은 무엇일까요?

Answer

1 phpMyAdmin
2 스토리지엔진

MySQL 문법

많은 자료들을 특정한 규칙에 맞게 대용량의 저장장치에 보관하여 필요한 업무에 사용될 수 있는 것을 데이터베이스라고 할 수 있습니다. 프로그래밍에 있어 데이터베이스에 있는 자료를 검색하고 가공하고 저장할 수 있는 능력은 꼭 필요한 부분입니다. 이번 장은 데이터베이스에 대한 기본적인 이해를 통해서 필요한 자료를 검색하고, 가공하고, 저장하는 SQL문 작성하는 방법에 대해 알아봅시다.

01 _ MySQL 구문

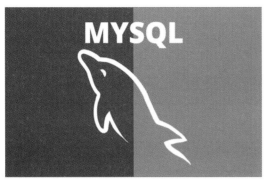

▲ MySQL

MySQL에서 데이터베이스에 대한 작업 명령은 앞서 phpMyAdmin을 다루면서 간단하게 예제로 실행해 보았습니다. 데이터베이스에 요청을 할 때에는 SQL구문을 이용하여 요청하고 MySQL에서는 해당 SQL구문을 실행해서 정상적인 SQL구문이라면 결과 값을 여러분들이 요청한 화면에 보여주게 됩니다.

⭕ **SQL이란?** : SQL은 Structured Query Language의 약자입니다. 구조화 질의어라 부르며 RDBMS의 데이터를 관리하기 위해 설계된 특수 목적의 프로그래밍 언어입니다. 대부분의 RDBMS가 SQL을 표준으로 채택하고 있습니다.(SQL 없는 RDBMS는 찾기도 힘듭니다.) SQL은 개발되었던 1970년대 초엔 SEQUEL(Structured English Query Language)라는 이름으로 시작하였으며, IBM의 준 RDBMS였던 시스템 R에 저장된 데이터를 조작하고 수신하기 위해 고안되었습니다. SEQUEL은 영국의 호커 시들리 항공사의 상표라는 이유로 이후 SQL로 변화하게 되었습니다.

간단하게 데이터베이스의 'member' 테이블을 조회하는 SQL문을 실행하겠습니다.

```
SELECT * FROM member;
```

서버와의 연결을 끊는 구문인 QUIT와 같은 특정한 경우를 제외한 일반적인 SQL구문 뒤에는 항상 세미콜론(;)을 붙입니다.

> **알아두세요**
>
> ### SQL구문 종료
>
> 앞서 배웠던 PHP 문법에 대해서 기억하시나요? PHP 문법에서도 각 명령 구문 끝을 세미콜론(;)으로 종료하여 사용했습니다. MySQL도 마찬가지로 마지막 구문에 세미콜론(;)으로 SQL구문을 구분하는 기준이 되기 때문에 무조건 붙여서 사용해야 합니다. 이러한 특징은 비단 MySQL만 그런 것이 아니라 Oracle, MS-SQL도 동일하게 사용해야 합니다.

그리고 MySQL은 질의어에 사용되는 키워드와 함수, 속성명, 수식 구문에서 대소문자를 구분하지 않습니다. 간단한 예제를 살펴보겠습니다.

```
❶ SELECT * FROM member;
❷ select * from member;
❸ SEleCt * FRom member;
```

위의 예제와 같이 MySQL은 테이블명이나 컬럼명도 SQL 질의문과 같이 대소문자를 구분하지 않습니다. 위의 3가지를 각각 실행하면 모든 같은 결과를 나타내지만 가급적 ❶, ❷과 같은 방식으로 일괄되게 사용하는 것이 좋습니다. 이러한 이유는 성능에는 전혀 관계없지만 SQL문에서 직관적으로 테이블명이나 컬럼명과 SQL 명령어를 구분하기 위해서입니다.

MySQL에서 자주 사용하는 주요 구문에 대해 알아보기 위해 예제를 통해 다음과 같은 테이블과 테이블에 들어갈 데이터를 작성하고 해당 생성한 테이블을 통해서 MySQL의 주요 구문들을 실습하도록 하겠습니다.

mb_no	mb_id	mb_password	mb_name	mb_email
1	member01	1234	정동진	member01@email.com
2	member02	1234	윤성훈	member02@email.com
3	member04	1234	박성진	member03@email.com

▲ 'member' 테이블

데이터베이스는 데이터 정의 언어(DDL)로부터 시작하고, SQL문을 효율적으로 사용하기 위해서 데이터 조작 언어(DML)를 깊게 공부해야 하고, 데이터베이스를 효과적으로 관리하기 위해서는 데이터 제어 언어(DCL)를 사용할 수 있어야합니다. 그럼 MySQL에서 사용되는 주요 SQL구문을 하나씩 살펴보도록 하겠습니다.

02 _ 데이터 정의문

데이터정의 언어(Data definition Language: DDL)는 데이터의 저장구조를 정의하는 언어로 스키마의 정의 수정, 삭제하는 명령문과 인덱스의 생성 및 삭제 명령문을 뜻합니다. 주로 사용되는 데이터 정의 문에는 어떤 것들이 있는지 살펴보겠습니다.

02-1 CREATE DATABASE

MySQL에서는 CREATE DATABASE 문을 사용하여 데이터베이스를 생성할 수 있습니다.
데이터베이스가 없다면 여러 가지 자료를 입력할 수 없기 때문에 테이블을 생성하기 이전에 반드시 이루어져야 하는 작업입니다.

CREATE DATABASE 문의 문법은 다음과 같습니다.

```
CREATE DATABASE [데이터베이스 이름]
```

다음 예제는 'mydb'라는 새로운 데이터베이스를 생성하는 예제입니다.
phpMyAdmin에서 아래의 예제와 같이 'mydb'라는 새로운 데이터베이스를 생성하는 SQL문을 실행하도록 하겠습니다. 간단하게 phpMyAdmin에서 생성 버튼을 클릭해서 데이터베이스를 만들 수 있지만 실습을 위해 직접 SQL문을 입력하여 실행하도록 합니다.

```
CREATE DATABASE mydb;
```

01 phpMyAdmin의 SQL 메뉴에 CREATE DATABASE mydb;를 입력 후 실행 버튼을 클릭합니다.

▲ 'mydb' 데이터베이스 생성

02 데이터베이스 'mydb'가 생성된 것을 확인 하였다면 정상적으로 SQL문이 실행된 것입니다.

▲ 'mydb' 데이터베이스 생성 확인

데이터베이스를 생성하고, 해당 데이터베이스를 사용하기 위해서는 해당 데이터베이스를 선택해야합니다. phpMyAdmin에서는 간단하게 좌측 데이터베이스를 클릭하면 되지만 USE 문을 사용하여 데이터베이스를 선택할 수도 있습니다.

USE 문의 문법은 다음과 같습니다.

```
USE [데이터베이스 이름]
```

다음 예제는 방금 생성한 'mydb'라는 데이터베이스를 선택하는 예제입니다.

```
USE mydb;
```

이렇게 해보세요 | 데이터베이스 대소문자 구분

유닉스나 리눅스 환경의 MySQL에서는 데이터베이스 이름의 대소문자를 구분하고, 윈도우 환경의 MySQL에서는 데이터베이스의 이름에 대소문자를 구분하지 않습니다. 하지만 데이터베이스의 이름을 대소문자를 구분하여 사용하는 습관을 가지는 것이 좋습니다.

02-2 CREATE TABLE

CREATE TABLE 문을 사용하여 테이블을 생성할 수 있습니다.

우선적으로 데이터베이스를 생성해야 해당 데이터베이스 안에 테이블을 생성할 수 있습니다. 데이터를 입력하기 이전에 반드시 이루어져야 하는 작업입니다.

CREATE TABLE 문의 문법은 다음과 같습니다.

```
CREATE TABLE [테이블 이름] (
      [컬럼이름1 컬럼타입1],
      [컬럼이름2 컬럼타입2],
      [컬럼이름3 컬럼타입3],
      ...
)
```

테이블을 생성하기 위해서는 테이블 이름, 컬럼 목록과 각 컬럼의 타입을 명시해야 합니다.
컬럼의 타입이란 해당 컬럼에 저장될 데이터가 가질 수 있는 타입을 의미합니다. 여러 가지 타입에
관해서는 12장 MySQL 타입에서 따로 설명하도록 하겠습니다.

알아두세요

MySQL에서는 위의 문법과 같이 콤마(,) 구분으로 테이블에 여러 개 컬럼을 추가할 수 있습니다. 유의할 점은 콤마(,)를 구분하
여 여러 개 컬럼이 추가되지만 마지막에 추가되는 컬럼에는 콤마(,)를 입력하지 않습니다.

다음 예제는 'member'라는 테이블을 생성하는 예제입니다.

```
CREATE TABLE member (
      mb_no INT(11) NOT NULL AUTO_INCREMENT,
      mb_id VARCHAR(20) NOT NULL DEFAULT '',
      mb_password VARCHAR(255) NOT NULL DEFAULT '',
      mb_name VARCHAR(255) NOT NULL DEFAULT '',
      mb_email VARCHAR(255) NOT NULL DEFAULT '',
      PRIMARY KEY (mb_no),
      UNIQUE INDEX mb_id (mb_id)
);
```

알아두세요

아이디와 패스워드 이외에도 꼭 필요한 부분이 있다면 NOT NULL로 설정해도 됩니다. NOT NULL로 설정된 컬럼은 저장될 값
이 꼭 있어야 합니다.

알아두세요

데이터베이스이름, 테이블이름, 같은 테이블 안에 컬럼이름은 중복이 되어서는 안 됩니다. 중복되는 부분이 있다면 에러가 발생
합니다. 만약 에러가 발생 하였다면 중복되는 이름이 없는지 확인하기 바랍니다.

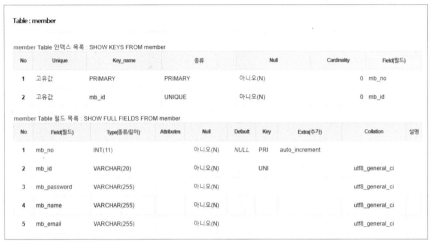

Table : member

member Table 인덱스 목록 : SHOW KEYS FROM member

No	Unique	Key_name	종류	Null	Cardinality	Field(필드)
1	고유값	PRIMARY	PRIMARY	아니오(N)	0	mb_no
2	고유값	mb_id	UNIQUE	아니오(N)	0	mb_id

member Table 필드 목록 : SHOW FULL FIELDS FROM member

No	Field(필드)	Type(종류/길이)	Attributes	Null	Default	Key	Extra(추가)	Collation	설명
1	mb_no	INT(11)		아니오(N)	NULL	PRI	auto_increment		
2	mb_id	VARCHAR(20)		아니오(N)		UNI		utf8_general_ci	
3	mb_password	VARCHAR(255)		아니오(N)				utf8_general_ci	
4	mb_name	VARCHAR(255)		아니오(N)				utf8_general_ci	
5	mb_email	VARCHAR(255)		아니오(N)				utf8_general_ci	

▲ 'member' 테이블 구조

02-3 ALTER DATABASE

ALTER DATABASE 문은 데이터베이스의 전체적인 특징들을 변경할 수 있게 해줍니다. 이들 특징들은 데이터베이스 디렉토리의 db.opt 파일에 저장 되어 있습니다. ALTER DATABASE를 사용하기 위해서는 해당 계정이 ALTER 권한을 가지고 있어야합니다.

ALTER DATABASE 문의 문법은 다음과 같습니다.

> ❶ ALTER DATABASE [데이터베이스 이름] CHARACTER SET = [문자집합 이름]
> ❷ ALTER DATABASE [데이터베이스 이름] COLLATE = [콜레이션 이름]

❖ **콜레이션(Collation) 이란?** : 콜레이션(collation)이란 데이터베이스에서 검색이나 정렬과 같은 작업을 할 때 사용하는 비교를 위한 규칙의 집합을 의미합니다.

우리가 2-1에서 생성한 'mydb'라는 데이터베이스를 phpMyAdmin으로 확인해겠습니다.

만약 아래의 그림과 같이 데이터정렬방식이 'latin1_swedish_ci'으로 설정되어 있다면 09장에서 MySQL 언어 셋을 설정한 것이 아니거나, 잘못된 설정으로 되어있을 것입니다.

▲ 'member' 테이블 구조

보통은 데이터베이스를 생성 할 때 데이터정렬방식을 선택해서 생성하므로 문제가 없지만 위에서는
단순히 CREATE DATABASE 문만 사용했기 때문에 MySQL의 기본 설정에 있는 데이터정렬방식
이 선택되어 생성된 것입니다.

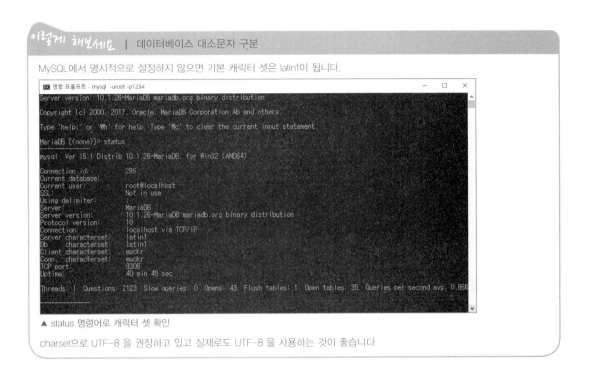

이렇게 해보세요 | 데이터베이스 대소문자 구분

MySQL에서 명시적으로 설정하지 않으면 기본 캐릭터 셋은 latin1이 됩니다.

▲ status 명령어로 캐릭터 셋 확인

charset으로 UTF-8 을 권장하고 있고 실제로도 UTF-8 을 사용하는 것이 좋습니다

알아두세요

대표적인 캐릭터 셋(CHARACTER SET)
❶ utf8 : UTF-8 유니코드를 지원하는 문자셋 (1~3바이트)
❷ euckr : 한글을 지원하는 문자셋 (1~2바이트)

대표적인 콜레이트(COLLATE)
❶ utf8_bin
❷ utf8_general_ci
❸ euckr_bin
❹ euckr_korean_ci

이제 아래의 예제를 통해서 데이터베이스 'mydb'의 데이터정렬방식을 바꾸어 보도록 하겠습니다.

```
ALTER DATABASE mydb COLLATE=utf8_general_ci;
```

데이터베이스

새 데이터베이스 만들기

데이터베이스	데이터정렬방식	실행
gnuwiz	utf8_general_ci	사용권한 검사
information_schema	utf8_general_ci	사용권한 검사
mydb	utf8_general_ci	사용권한 검사
mysql	latin1_swedish_ci	사용권한 검사
performance_schema	utf8_general_ci	사용권한 검사
phpmyadmin	utf8_bin	사용권한 검사
test	latin1_swedish_ci	사용권한 검사
전체 쿼리수: 7	latin1_swedish_ci	

▲ 변경된 데이터베이스 'mydb' 데이터정렬방식

마찬가지로 이미 기존에 만들어진 데이터베이스라면 ALTER DATABASE 명령어로 캐릭터 셋과 데이터정렬방식을 변경할 수 있습니다.

```
ALTER DATABASE mydb CHARACTER SET=utf8 COLLATE=utf8_general_ci;
```

알아두세요

이모지(Emoji) 저장

▲ 감정 표현을 글자 대신 그림으로 표기하는 이미지 '문자' 혹은 '아이콘' 이다.

유니코드 체계를 이용해 만든 그림 문자로 일본어에서 그림을 뜻하는 한자와 문자를 뜻하는 한자 文字를 합쳐 만든 단어로 본래 발음은 '에모지' 입니다. 1999년 일본 통신사 NTT 토코모의 개발자 구리타 시게타카가 내수용으로 개발했고 일본 휴대폰 전용 문자이기 때문에 외국 휴대폰이나 웹에서는 보이지 않았으나 애플과 구글 등이 이모지를 지원하기 시작하면서 전 세계적으로 사용이 확산이 되었습니다.

각종 SNS에서 활발하게 사용되며 2015년에만 전 세계에서 60억 건의 이모지가 쓰일 정도로 대중화 되었습니다.

Emoji는 기존 utf-8로는 표현을 못하므로 MySQL에서 이모지를 저장하려면 4바이트의 가변 길이를 갖는 utf8mb4 캐릭터 셋과 콜레이션은 utf8mb4_general_ci를 사용해야 합니다. (MySQL 5.5.3 이상 필요)

```
ALTER DATABASE mydb CHARACTER SET = utf8mb4 COLLATE = utf8mb4_general_ci;
```

02-4 ALTER TABLE

ALTER TABLE 문은 테이블에 구조를 변경할 수 있게 해줍니다. 컬럼을 추가/삭제, 인덱스를 추가/삭제, 기존 컬럼 타입을 변경하거나 테이블 혹은 컬럼 자체의 이름을 변경할 수 있습니다. ALTER TABLE 문에 함께 사용할 수 있는 문법은 여러 가지가 있지만, 주로 사용되는 몇 가지를 예제로 살펴보겠습니다.

(1) ADD

ALTER TABLE 문과 ADD 문을 함께 사용하면, 테이블에 컬럼을 추가할 수 있습니다. 문법은 다음과 같습니다.

```
ALTER TABLE [테이블 이름] ADD [컬럼이름 컬럼타입]
```

다음 예제는 'member' 테이블에 타입이 INT인 mb_tel 컬럼을 추가하는 예제입니다.

```
ALTER TABLE member ADD mb_tel INT;
```

▲ 'member' 테이블에 'mb_tel' 컬럼 추가 확인

(2) DROP

ALTER TABLE 문과 DROP 문을 함께 사용하면, 테이블에 있는 컬럼을 삭제할 수 있습니다.

```
ALTER TABLE [테이블 이름] DROP [컬럼이름]
```

다음 예제는 'member' 테이블에서 조금 전 추가한 mb_tel 컬럼을 삭제하는 예제입니다.

```
ALTER TABLE member DROP mb_tel;
```

▲ 'member' 테이블에 mb_tel 컬럼 삭제 확인

(3) MODIFY COLUMN

ALTER TABLE 문과 MODIFY COLUMN 문을 함께 사용하면, 테이블의 컬럼 타입을 변경할 수 있습니다.

```
ALTER TABLE [테이블 이름] MODIFY COLUMN [컬럼이름 컬럼타입]
```

다음 예제는 'member' 테이블의 mb_email 컬럼 타입을 VARCHAR(255)에서 DATE로 변경하는 예제입니다.

```
ALTER TABLE member MODIFY COLUMN mb_email DATE;
```

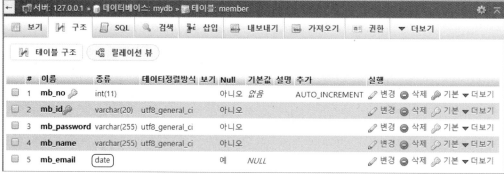

▲ 'member' 테이블에 mb_email 컬럼 타입 변경 확인

'mb_email' 컬럼 타입을 DATE 타입으로 바꾸었다면 이번에는 ALTER TABLE을 조금 더 응용하여 다시 'mb_email' 컬럼의 타입을 VARCHAR(255)로 바꾸고 NULL에는 필수입력, 기본 값은 없음으로 수정하겠습니다. 예제는 다음과 같습니다.

```
ALTER TABLE member MODIFY mb_email VARCHAR(255) NOT NULL DEFAULT '' ;
```

실행하게 되면 마찬가지로 컬럼의 타입이 정상적으로 변경됩니다. 그런데 위의 문법과 조금 차이가 있다는 것을 느끼셨습니까? MODIFY에서 COLUMN은 옵션이며 생략이 가능합니다. 옵션을 넣지 않더라도 같은 동작을 하게 됩니다.

02-5 RENAME TABLE

RENAME TABLE 문을 사용하여 테이블의 이름을 변경할 수 있습니다.

```
RENAME TABLE [기존 테이블 이름] TO [변경할 테이블 이름]
```

다음 예제는 'member' 테이블의 이름을 'member2'로 테이블 이름을 변경하는 예제입니다.

```
RENAME TABLE member TO member2;
```

▲ 'member' 테이블의 이름이 'member2'로 변경 확인

예제와 같이 RENAME TABLE 문을 실행하면 위의 그림과 같이 정상적으로 테이블명이 변경된 것을 확인할 수 있습니다. 만약 테이블의 이름이 변경되지 않는다면 브라우저에서 phpMyAdmin을 새로고침(F5) 하거나 phpMyAdmin을 종료 한 후 다시 재접속 하면 정상적으로 적용된 화면을 볼 수 있을 겁니다.

그리고 RENAME TABLE 문은 두 데이터베이스가 같은 파일 시스템에 있다면 A라는 데이터베이스에서 B라는 데이터베이스 쪽으로 테이블을 옮기려 할 때 RENAME TABLE을 사용할 수도 있습니다.

```
RENAME TABLE [데이터베이스 이름].[테이블 이름] TO
[옮길 데이터베이스 이름].[생성할 테이블 이름];
```

다음 예제는 데이터베이스 'mydb'에 생성 된 'member' 테이블을 데이터베이스 'test'에 테이블 이름을 'member2'로 생성하여 옮기는 예제입니다.

데이터베이스 'test'는 초기 MySQL 설치 시 기본으로 생성되는 데이터베이스이므로 혹시 해당 데이터베이스가 없다면 'test'라는 데이터베이스를 생성하고 실행 합니다.

```
RENAME TABLE mydb.member TO test.member2;
```

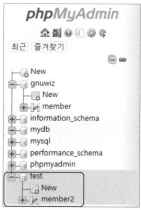

▲ 'mydb'에 'member' 테이블을 데이터베이스 'test'의 'member2'로 변경 확인

예제와 같이 RENAME TABLE 문을 실행하면 위의 그림과 같이 정상적으로 테이블이 이동된 것을 확인할 수 있습니다. 물론 기존의 'mydb'의 데이터베이스에는 더 이상 해당 테이블이 존재하지 않습니다.

알아두세요

인덱스(index)란?

인덱스(index)는 테이블에서 원하는 데이터를 백과사전의 색인처럼 검색 속도를 높이기 위해 사용합니다. 이러한 인덱스는 자주 사용되는 테이블의 특정 컬럼만으로 만들어진 보조 테이블입니다.

MySQL은 데이터를 검색할 때 첫 번째 컬럼부터 차례대로 테이블 전체를 검색하는데 테이블에 저장되어있는 데이터가 많으면 많을수록 데이터를 검색하는 시간도 늘어나게 됩니다.

하지만 인덱스를 사용하면 테이블 전체를 읽지 않아도 되므로, 검색과 질의에 대한 처리가 빠르게 이루어집니다. 인덱스는 사용자가 직접 접근할 수는 없으며, 검색과 질의에 대한 처리에서만 사용됩니다.

자주 사용되는 검색의 시간을 절감할 수 있도록 적절한 인덱스를 생성하면, 대규모의 데이터를 관리할 때 최적화를 꾀할 수 있습니다.

예를 들어 인덱스 설정 시 WHERE절 처리나 ORDER BY 처리에서 보다 빠른 처리 속도를 확인할 수 있습니다. 참고로 인덱스를 생성하면 SELECT 문의 시간이 줄어들지만, INSERT, UPDATE 문의 시간은 색인을 생성하는 과정 때문에 늘어날 수 있습니다.

대부분 인덱스의 경우 유일 값을 가지는 키에 대해서 선언하며 가장 효율적인 자료형인 정수형 컬럼에 인덱스를 설정하는 경우가 많습니다.

02-6 인덱스 생성

(1) CREATE 문

인덱스 생성의 경우에는 테이블을 최초로 생성할 때부터 인덱스를 사용하는 경우도 있고, 테이블 생성 후에 인덱스를 생성하는 경우도 있습니다. 우리가 'member' 테이블을 생성했던 SQL문을 다시 살펴보겠습니다.

```
CREATE TABLE member (
        mb_no INT(11) NOT NULL AUTO_INCREMENT,
        mb_id VARCHAR(20) NOT NULL DEFAULT '',
        mb_password VARCHAR(255) NOT NULL DEFAULT '',
        mb_name VARCHAR(255) NOT NULL DEFAULT '',
        mb_email VARCHAR(255) NOT NULL DEFAULT '',
        PRIMARY KEY (mb_no),
        UNIQUE INDEX mb_id (mb_id)
);
```

위 SQL문에 표시된 부분이 방금 설명한 테이블을 생성할 때 인덱스를 같이 생성한 부분입니다. 이렇게 테이블을 생성할 때 인덱스를 생성할 수 있지만 우리는 이미 생성된 테이블에 인덱스를 생성하는 예제를 하기 전 몇 개의 컬럼을 추가하도록 하겠습니다.

다음 예제는 'member' 테이블에 'mb_1', 'mb_2', 'mb_3', 'mb_4', 'mb_5' 이라는 다섯 개의 컬럼을 추가하는 예제입니다.

```
ALTER TABLE member
        ADD mb_1 INT,
        ADD mb_2 INT,
        ADD mb_3 INT,
        ADD mb_4 INT,
        ADD mb_5 INT
;
```

▲ 컬럼 추가 확인

CREATE INDEX 문을 사용하여 인덱스를 생성할 수 있습니다.

```
CREATE INDEX [인덱스 이름]
ON [테이블 이름] ([컬럼이름])
```

만약 인덱스를 여러 개 생성할 경우에는 다음과 같이 콤마(,) 구분으로 추가하여 사용할 수 있습니다.

```
CREATE INDEX [인덱스 이름]
ON [테이블 이름] ([컬럼이름1], [컬럼이름2], [컬럼이름3] ...)
```

다음 예제는 'member' 테이블의 'mb_1' 컬럼에 'mb1_Idx'라는 이름의 인덱스를 설정하는 예제입니다.

```
CREATE INDEX mb1_idx On member (mb_1);
```

예제의 SQL문을 정상적으로 실행 하였다면, 다음과 같은 문법을 통해 확인할 수 있습니다.

```
SHOW INDEX FROM [테이블이름]
```

이렇게 해보세요 | SHOW INDEX FROM [테이블이름]

위와 같은 문법을 사용하면 해당 테이블에 생성된 모든 인덱스의 정보를 보여줍니다. 이때 반환되는 인덱스 정보의 컬럼 값은 다음과 같습니다.

Table	Non_unique	Key_name	Seq_in_index	Column_name	Collation	Cardinality	Sub_part	Packed	Null	Index_type	Comment	Index_comment
member	0	PRIMARY	1	mb_no	A	0	NULL	NULL		BTREE		
member	0	mb_id	1	mb_id	A	0	NULL	NULL		BTREE		
member	1	mb1_idx	1	mb_1	A	0	NULL	NULL	YES	BTREE		

▲ SHOW INDEX FROM [테이블이름] 문법 실행 화면

❶ Table : 테이블의 이름을 표시함.
❷ Non_unique : 인덱스가 중복된 값을 저장할 수 있으면 1, 저장할 수 없으면 0을 표시함.
❸ Key_name : 인덱스의 이름을 표시하며, 인덱스가 해당 테이블의 기본키 라면 PRIMARY로 표시함.
❹ Seq_in_index : 인덱스에서의 해당 필드의 순서를 표시함.
❺ Column_name : 해당 필드의 이름을 표시함.
❻ Collation : 인덱스에서 해당 필드가 정렬되는 방법을 표시함.
❼ Cardinality : 인덱스에 저장된 유일한 값들의 수를 표시함.
❽ Sub_part : 인덱스 접두어를 표시함.
❾ Packed : 키가 압축되는(packed) 방법을 표시함.
❿ Null : 해당 필드가 NULL을 저장할 수 있으면 YES를 표시하고, 저장할 수 없으면 ''를 표시함.
⓫ Index_type : 사용되는 인덱스를 표시함.
⓬ Comment : 해당 필드를 설명하는 것이 아닌 인덱스에 관한 기타 정보를 표시함.
⓭ Index_comment : 인덱스에 관한 모든 기타 정보를 표시함.

마찬가지로 생성한 인덱스는 phpMyAdmin의 테이블 구조 화면에서 확인이 가능합니다.

▲ 인덱스 생성 확인

CREATE INDEX 문법으로 인덱스 타입을 PRIMARY KEY, UNIQUE, FULLTEXT, SPATIAL 등 여러 가지 타입으로 지정하여 생성할 수도 있습니다. 인덱스 타입을 추가하여 생성하는 방법도 CREATE INDEX 문법과 비슷합니다. 우리는 자주 사용되는 UNIQUE INDEX의 생성 방법만 살펴 보고 넘어가도록 하겠습니다.

```
CREATE UNIQUE INDEX [인덱스 이름] ON [테이블 이름] ([필드이름])
```

마찬가지로 콤마(,) 구분으로 여러 컬럼에 인덱스를 설정할 수도 있습니다.

다음 예제는 'member' 테이블의 'mb_2' 컬럼에 'mb2_idx'라는 이름의 UNIQUE 인덱스를 설정하는 예제입니다.

```
CREATE UNIQUE INDEX mb2_idx On member (mb_2);
```

UNIQUE 인덱스가 제대로 설정 되었는지 확인하는 방법은 위에서 실행 했던 인덱스를 살펴보는 SQL문이나 phpMyAdmin에서 살펴보면 되겠습니다.

알아두세요

인덱스의 종류

• PRIMARY KEY : PRIMARY KEY는 첫 번째 키, 즉 중복이 될 수 없으며 ROW(행)와 1:1 매칭이 되는 키 입니다. 주로 정수형 필드와 AUTO_INCREMENT 를 함께 사용하여 순차적으로 증가한 값을 사용하게 됩니다. 중요한 것은 회원 ID나 정수형이 아닌 필드를 PRIMARY KEY로 이용하는 것은 매우 비효율적인 방식입니다. 이 키는 ROW의 고유성을 유지시키기 위해 사용이 됩니다.

• INDEX : 일반적인 인덱스 입니다. 중복이 가능하고 검색을 빠르게 진행하기 위해 사용되는 인덱스 입니다. LIKE검색시 LIKE앞 부분에와일드카드 %,? 가 입력될 시는 INDEX를 사용할 수 없습니다.

• UNIQUE : PRIMARY KEY와 동일하게 중복이 안 되는 키 입니다. 회원 ID, 전화번호 등 고유한 정보를 인덱싱 할 때 사용됩니다.

• FULLTEXT : FULLTEXT 텍스트 필드에 LIKE '%검색문자열%'과 비슷한 형태의 검색결과를 얻을 수 있고 텍스트에 최적화된 인덱싱 방식입니다. 현재 MySQL에서는 4.1이상 UTF-8형태의 필드에서 검색이 가능합니다.

• FOREIGN KEY : 데이터의 참조 무결성을 유지시키기 위해 사용됩니다. 자세한 내용은 MySQL FOREIGN KEY를 참조하세요.

테이블 엔진별 사용가능한 인덱스 타입	
DB 엔진	인덱스 타입
MySAM	BTREE, RTREE
InnoDB	BTREE
MEMORY, HEAP	HASH, BTREE
NOB	HASH, BTREE

▲ 데이터베이스 테이블 엔진별 사용가능한 인덱스 타입

인덱스를 생성할 때 인덱스에 포함되는 컬럼의 정렬 방식을 설정할 수 있습니다.

DESC 키워드를 사용하면 내림차순으로 정렬되며, ASC 키워드를 사용하면 오름차순으로 정렬됩니다. DESC와 ASC는 나중에 배우게 될 SELECT 문에서 자주 사용되므로 숙지하는 것이 좋습니다.

다음은 인덱스를 DESC 정렬방식과, ASC 정렬방식으로 설정하는 문법입니다.

```
❶ CREATE INDEX [인덱스 이름] ON [테이블 이름] ([컬럼이름] DESC)
❷ CREATE INDEX [인덱스 이름] ON [테이블 이름] ([컬럼이름] ASC)
```

다음 예제는 'member' 테이블의 'mb_3' 컬럼에 'mb3_idx'라는 이름의 인덱스를 설정하고 'mb_3'컬럼의 값들을 내림차순으로 정렬하는 예제입니다.

```
CREATE INDEX mb3_idx On member (mb_3 DESC);
```

(2) ALTER 문

ALTER 문을 사용하여 테이블에 인덱스를 추가할 수 있습니다.

MySQL에서 기본 인덱스를 추가하는 문법은 다음과 같습니다.

```
ALTER TABLE [테이블 이름] ADD INDEX [인덱스 이름] (컬럼이름)
```

다음 예제는 'member' 테이블의 'mb_4' 컬럼에 'mb4_Idx'라는 이름의 기본 인덱스를 추가하는 예제입니다.

```
ALTER TABLE member ADD INDEX mb4_idx (mb_4);
```

CREATE INDEX 문과 마찬가지로 ALTER TABLE 문에 추가될 인덱스의 타입을 옵션으로 지정할 수 있습니다. 문법은 다음과 같습니다.

```
ALTER TABLE [테이블 이름] ADD [인덱스 타입] [인덱스 이름] (컬럼이름)
```

다음 예제는 'member' 테이블의 'mb_5' 컬럼에 'mb5_idx'라는 이름의 UNIQUE 인덱스를 추가하는 예제입니다.

```
ALTER TABLE member ADD UNIQUE mb5_idx (mb_5);
```

마찬가지로 다른 타입의 인덱스를 위와 같은 문법으로 추가가 가능합니다.

아직은 실제로 데이터베이스를 운용하면서 인덱스를 직접 생성, 추가를 하지는 않겠지만, 이렇게 CREATE INDEX와 ALTER TABLE 문을 이용하여 인덱스를 생성하거나 추가하는 방법이 있다는 것을 이해하고 넘어가야 할 것입니다.

이렇게 해보세요 | phpMyAdmin에서의 인덱스 추가

phpMyAdmin에서는 테이블의 구조 메뉴에서 간단한 클릭만으로 인덱스를 생성할 수 있습니다.

❶
그림의 1번 고유 값 버튼은 UNIQUE 인덱스를 생성하는 부분
그림의 2번 인덱스 버튼은 기본 인덱스를 생성하는 부분

▲ 인덱스 추가 방법 ❶

❷

▲ 인덱스 추가 방법 ❷

02-7 인덱스 삭제

인덱스를 삭제하는 방법에는 DROP문과 ALTER문을 이용하여 인덱스를 삭제할 수 있습니다. 물론 두 가지 인덱스 삭제방법은 차이가 없지만 각 문법을 어떻게 사용하는지 살펴보겠습니다.

(1) DROP 문

DROP 문을 사용하면 해당 테이블에서 명시된 인덱스를 삭제할 수 있습니다.

```
DROP INDEX [인덱스 이름] ON [테이블 이름]
```

다음 예제는 'member' 테이블의 'mb1_idx'라는 이름의 인덱스를 삭제하는 예제입니다.

```
DROP INDEX mb1_idx ON member;
```

인덱스를 삭제하면 아래의 그림과 같이 인덱스가 삭제된 것을 확인할 수 있습니다.

▲ 인덱스 삭제 전 화면　　　　　　　　　　　▲ 인덱스 삭제 후 화면

> **알아두세요**
>
> **phpMyAdmin에서의 인덱스 추가**
>
> DROP INDEX 문은 테이블 이름에서 인덱스 이름으로 명시된 인덱스를 삭제합니다. 이 SQL문은 인덱스를 삭제하기 위해서 ALTER TABLE 문으로 매핑 되어 명시된 이름의 인덱스를 삭제해 줍니다.

(2) ALTER 문

DROP INDEX 문은 ALTER TABLE 문으로 매핑 되어 인덱스를 삭제한다면 ALTER 문은 직접 명시된 이름의 인덱스를 삭제하는 문법입니다.

ALTER 문을 사용하면 해당 테이블에서 명시된 인덱스를 삭제할 수 있습니다.

```
ALTER TABLE [테이블 이름] DROP INDEX [인덱스 이름]
```

다음 예제는 'member' 테이블의 'mb2_idx'라는 이름의 인덱스를 삭제하는 예제입니다.

```
ALTER TABLE member DROP INDEX mb2_idx;
```

결국 DROP INDEX 문을 사용하거나 ALTER 문을 사용하여 명시된 인덱스를 삭제하면 같은 결과를 가져옵니다. 그렇기 때문에 여러분은 한 가지의 사용방법만 습득하더라도 인덱스를 쉽게 삭제할 수 있습니다.

03 _ 데이터 조작문

데이터조작 언어(Data Manipulation Language: DML)는 데이터에 접근 및 조작 하는 언어로 튜플의 검색, 삽입, 삭제 수정과 같은 명령문을 뜻합니다. 주로 사용되는 데이터 조작 문에는 어떤 것들이 있는지 살펴보겠습니다.

03-1 INSERT INTO

MySQL에서는 INSERT INTO 문을 사용하여 존재하는 테이블에 새로운 레코드를 추가할 수 있습니다.

INSERT INTO 문과 함께 VALUES 절을 사용하여 해당 테이블에 새로운 레코드를 추가할 수 있습니다. 문법은 다음과 같습니다.

```
❶ INSERT INTO [테이블 이름](컬럼이름1, 컬럼이름2, 컬럼이름3, ...)
   VALUES (데이터값1, 데이터값2, 데이터값3, ...)
❷ INSERT INTO [테이블 이름] VALUES (데이터값1, 데이터값2, 데이터값3, ...)
```

두 번째 문법처럼 컬럼의 이름을 생략할 수 있으며, 이 경우에는 데이터베이스의 스키마와 같은 순서대로 컬럼의 값이 자동으로 대입됩니다.

각 레코드에 대한 값 리스트는 괄호로 묶여야 합니다. 다음 SQL문은 리스트의 값들의 수가 컬럼이름의 수와 맞지 않으므로 정상적으로 레코드가 추가되지 않습니다.

```
INSERT INTO member (mb_id, mb_password, mb_name, mb_email)
VALUES(1,2,3,4,5,6,7,8,9);
```

다음 예제는 'member' 테이블에 새로운 레코드를 추가하는 예제입니다.

```
INSERT INTO member (mb_id, mb_password, mb_name, mb_email)
VALUES('member01', '1234', '정동진', 'member01@email.com');
INSERT INTO member (mb_id, mb_password, mb_name, mb_email)
VALUES('member02', '1234', '윤성훈', 'member02@email.com');
INSERT INTO member (mb_id, mb_password, mb_name, mb_email)
VALUES('member03', '1234', '박성진', 'member03@email.com');
INSERT INTO member (mb_id, mb_password, mb_name, mb_email)
VALUES('member04', '1234', '홍길동', 'member04@email.com');
INSERT INTO member (mb_id, mb_password, mb_name, mb_email)
VALUES('member05', '1234', '임꺽정', 'member05@email.com');
```

앞의 문법을 보면 'member' 테이블 구조에 있는 컬럼이름의 수와 값이 맞지 않지만 정상적으로 레코드가 추가됩니다. 이유는 레코드를 추가할 때 생략할 수 있는 컬럼이 있기 때문인데, 생략할 수 있는 컬럼은 다음과 같습니다.

❶ NULL을 저장할 수 있도록 설정된 컬럼

❷ DEFAULT 제약 조건이 설정된 컬럼

❸ AUTO_INCREMENT 키워드가 설정된 컬럼

'member' 테이블의 구조에서 'mb_no' 컬럼의 경우 AUTO_INCREMENT 키워드가 설정되어 있기 때문에 해당 컬럼은 생략하여 INSERT가 가능 한 것입니다.

> **알아두세요**
>
> 데이터의 값이 문자열이면 반드시 따옴표(")를 사용해야 합니다. 숫자의 경우 따옴표(")를 사용하지 않더라도 값은 입력되지만 따옴표(")를 사용하더라도 숫자의 값은 동일하게 입력됩니다. 책에서는 숫자의 경우에도 따옴표(")를 사용하여 예제를 실행합니다.

비슷하게 테이블에 새로운 레코드를 추가할 수 있는 문법으로는 LOAD DATA 문이 있는데 외부 텍스트 파일을 이용하여 테이블에 새로운 자료를 추가할 경우에 사용됩니다. 보통은 INSERT INTO 문이 자주 사용되기 때문에 LOAD DATA 문이 있다는 정도만 알고 넘어가도록 하겠습니다.

03-2 UPDATE

MySQL에서는 UPDATE 문을 사용하여 레코드의 내용을 수정할 수 있습니다. UPDATE 문은 테이블에 ROW(행)에 있는 컬럼을 새로운 값으로 업데이트 합니다. SET 절은 수정된 컬럼과 주어진 값을 보여줍니다. WHERE 절은 업데이트할 ROW(행)를 확인하는 조건을 합니다. WHERE 절이 없다면, 모든 ROW(행)는 업데이트 됩니다. ORDER BY 절이 지정되어 있다면, 로우는 지정된 순서대로 업데이트 됩니다. LIMIT 절은 업데이트될 수 있는 ROW(행)의 수에 제한을 둘 수 있습니다.

UPDATE 문과 함께 WHERE 절을 사용하여 해당 레코드의 내용을 수정하는 문법은 다음과 같습니다.

```
UPDATE [테이블 이름]
SET [컬럼이름1] = [데이터값1], [컬럼이름2] = [데이터값2], ...
WHERE [컬럼이름] = [데이터값]
```

UPDATE 문은 해당 테이블에서 WHERE 절의 조건을 만족하는 레코드의 값만을 수정합니다.

다음 예제는 'member' 테이블에서 'mb_name' 컬럼의 값이 '홍길동'인 레코드의 'mb_password' 컬럼의 값을 '0000'으로 업데이트하는 예제입니다.

```
UPDATE member
SET mb_password = ' 0000 '
WHERE mb_name = '홍길동';
```

만약 다음과 같이 WHERE 절이 없다면 테이블에 존재하는 모든 레코드의 'mb_password' 컬럼의 값은 '0000'으로 업데이트 됩니다.

```
UPDATE member
SET mb_password = ' 0000 ';
```

UPDATE 문은 UPDATE를 실행할 레코드의 유효범위를 한정하기 위해서 LIMIT 절을 사용할 수 있습니다.

다음 예제는 'mb_name' 컬럼의 값이 '홍길동'인 레코드 중 'mb_no' 컬럼을 내림차순으로 정렬하여 1개의 레코드만 업데이트하는 예제입니다.

```
UPDATE member
SET mb_password = ' 0000 '
WHERE mb_name = '홍길동 '
ORDER BY mb_no DESC
LIMIT 1;
```

03-3 DELETE

MySQL에서는 DELETE 문을 사용하여 테이블의 레코드를 삭제할 수 있습니다.

```
DELETE FROM [테이블 이름] WHERE [컬럼이름] = [데이터값]
```

DELETE 문은 DELETE가 조건을 만족하는 각 테이블의 레코드들을 삭제 합니다. 이 경우 ORDER BY와 LIMIT는 사용할 수 없습니다.

다음 예제는 'member' 테이블에서 'mb_name' 컬럼의 값이 '홍길동'인 모든 레코드를 삭제하는 예제입니다.

```
DELETE FROM member WHERE mb_name = ' 홍길동 ';
```

Chapter 11 · MySQL 문법   373

WHERE 절이 없는 DELETE 문은 모든 레코드들을 삭제 하고, 이를 좀 더 빨리 하기 위해서 삭제되는 레코드의 수를 알 필요가 없을 경우 TUNCATE TABLE 문을 사용하면 됩니다.

다음 예제는 WHERE 절이 없는 DELETE 문의 예제입니다.

```
DELETE FROM [테이블 이름]
```

위의 예제는 WHERE 절이 없기 때문에 해당 테이블의 모든 레코드들이 삭제됩니다.

알아두세요

> WHERE 절이 없는 DELETE 문을 사용하여 테이블에 저장된 모든 데이터가 삭제되더라도 테이블의 구조와 AUTO_
> INCREMENT의 자동증가 값은 여전히 남아있게 됩니다.
> 만약 해당 테이블까지 삭제하고 싶을 경우에는 DROP TABLE 문을 사용해야 합니다.

03-4 SELECT

MySQL에서는 SELECT 문으로 하나 이상의 테이블에서 선택된 레코드들을 가져올 수 있습니다.

```
SELECT [컬럼이름] FROM [테이블 이름] [WHERE 조건]
```

FROM 절은 레코드를 선택할 테이블의 이름을 명시합니다. 명시한 해당 테이블에서 선택하고 싶은 컬럼의 이름을 SELECT 키워드 바로 뒤에 명시하면 됩니다. 이때 WHERE 절은 레코드를 선택하기 위한 하나의 혹은 여러 개의 조건을 가리킵니다.

다음 예제는 'member' 테이블에서 'mb_name' 컬럼의 값이 '홍길동'인 모든 레코드의 'mb_id', 'mb_name', 'mb_email' 컬럼을 가져오는 예제입니다.

```
SELECT mb_id, mb_name, mb_email FROM member WHERE mb_name = ' 홍길동 '
```

위의 예제를 실행하면 'mb_name' 컬럼의 값이 '홍길동'인 모든 레코드의 'mb_id', 'mb_name', 'mb_email'의 컬럼들이 가져와집니다.

만약 컬럼이 20개, 혹은 50개가 있다면 일일이 수동으로 콤마(,)로 구분지어 20개, 50개씩 추가시켜 가져오는 것은 비효율적입니다.

그런 경우에는 SELECT 문과 함께 별표(*) 기호를 사용하면, 해당 테이블의 모든 컬럼을 선택할 수 있습니다.

```
SELECT * FROM [테이블 이름}
```

이 방식은 해당 테이블의 '모든 필드'를 선택해야 할 경우에 유용하게 사용할 수 있습니다. 마찬가지로 WHERE 절을 추가하여 원하는 조건에 맞는 레코드만 가져올 수 있습니다.

이러한 WHERE 절은 테이블의 크기가 매우 크거나, 특정 조건에 맞는 레코드만을 선택하고 싶을 때 유용하게 사용됩니다.

다음 예제는 'mb_name' 컬럼의 값이 '홍길동'인 레코드만을 선택하는 예제입니다.

```
SELECT * FROM member WHERE mb_name = '홍길동';
```

SELECT 문의 WHERE 절에서 MySQL이 제공하는 어떤 함수나 연산자를 사용해도 됩니다.

아직 MySQL의 연산자에 대해서 배우지 않았지만 간단한 예제로 하나만 다루어 보도록 하겠습니다.

다음 예제는 WHERE 절에 'mb_name' 컬럼의 값이 '홍길동'과 '임꺽정'인 레코드를 OR 연산자를 이용하여 가져오는 예제입니다.

```
SELECT * FROM member WHERE mb_name = '홍길동' OR mb_name = ' 임꺽정 ';
```

알아두세요

SELECT, UPDATE, DELETE문에 들어가는 WHERE 절에는 여러 개의 다른 컬럼을 조건으로 사용할 수도 있습니다.

MySQL에서는 레코드의 중복되는 값을 제거하는 DISTINCT 키워드가 있습니다.

만약 같은 컬럼에 중복되는 값을 가지는 레코드가 있다면, DISTINCT 키워드를 사용하여 그 값이 한 번만 선택되도록할 수 있습니다.

다음 예제는 'member' 테이블에서 DISTINCT 키워드를 'mb_name' 컬럼에 설정하여 해당 컬럼의 중복된 값이 한 번만 선택되도록 레코드를 가져오는 예제입니다.

```
SELECT DISTINCT mb_name FROM member;
```

이때 DISTINCT 키워드를 사용했기 때문에 'mb_name' 컬럼의 중복된 값은 단 하나의 레코드만 선택됩니다.

MySQL에서는 SELECT 문으로 선택한 결과를 ORDER BY 절을 사용하여 정렬할 수 있습니다. ORDER BY 절의 기본 설정은 오름차순으로 선택되며, ASC 키워드를 사용하여 직접 오름차순 또는 DESC 키워드를 사용하여 내림차순으로 정렬할 수도 있습니다.

다음 예제는 'member' 테이블의 모든 레코드를 'mb_name' 컬럼을 오름차순으로 정렬하여 레코드를 가져오는 예제입니다.

```
SELECT * FROM member ORDER BY mb_name;
```

앞서 설명하였듯이 오름차순은 ORDER BY 절에서 기본으로 설정되기 때문에 따로 ASC 키워드를 넣지 않았습니다. ORDER BY 절의 마지막에 ASC 키워드를 넣더라도 위와 같은 결과를 가져옵니다. 마찬가지로 내림차순의 정렬 결과를 가져올 경우에는 ORDER BY 절의 마지막에 DESC 키워드를 넣으면 됩니다.

MySQL에서는 테이블과 컬럼에 임시로 별칭(alias)을 부여하고, 해당 별칭을 SELECT 문에서 사용할 수 있습니다.

이러한 별칭(alias)은 복잡한 테이블 이름이나 컬럼의 이름을 좀 더 읽기 쉽도록 만들어 주는 역할을 합니다. 쉽게 설명하면 별칭이란 테이블 이름이나 컬럼 이름을 자신이 원하는 이름으로 붙여줍니다.

```
❶ SELECT [컬럼이름] AS [별칭] FROM [테이블 이름]
❷ SELECT [컬럼이름] FROM [테이블 이름] AS [별칭]
```

❶ 문법은 해당 컬럼에 새로운 별칭을 부여하는 문법입니다.
❷ 문법은 해당 테이블에 새로운 별칭을 부여하는 문법입니다.

다음 예제는 'member' 테이블의 'mb_id' 컬럼에 'id'라는 이름으로 새로운 별칭을 부여하는 예제입니다.

```
SELECT mb_id AS id FROM member;
```

다음 예제는 'member' 테이블에 'user'라는 이름으로 새로운 별칭을 부여하는 예제입니다.

```
SELECT mb_id FROM member AS user;
```

03-5 REPLACE

MySQL에서는 특정 데이터의 값을 바꾸려고 할 때, 데이터가 이미 있다면 보통은 위에서 배운 UPDATE 문을 사용하고 없다면 INSERT 문을 사용합니다.

그런데 REPLACE 키워드의 경우는 위의 경우를 조금 더 사용자의 입장에서 편하게 해주기 위해 일단 데이터를 DELETE 하고 그 다음에 INSERT 를 해주는 역할을 합니다.

그래서 REPLACE 키워드의 사용법은 INSERT와 똑같습니다.

```
REPLACE([변경할 컬럼명], [데이터값], [변경할 데이터값])
```

REPLACE 키워드는 당장 사용하기에는 편하겠지만, 나중에 테이블에 레코드가 엄청나게 많아진 상태에서 남용하게 되면 속도가 느려지는 경우가 발생합니다.

당연한 이야기겠지만 하나의 레코드가 없어지고 다시 넣고 하는 과정 중에 인덱스도 갱신되어야 하는데 인덱스 값 하고는 전혀 관계없는 다른 컬럼들의 데이터 몇 개를 업데이트 하는데 REPLACE 키워드를 사용하게 되면 쓸데없는 비용이 낭비됩니다.

다음 예제는 'member' 테이블에서 'mb_name' 컬럼의 값이 '홍길동'인 레코드의 'mb_id' 컬럼의 값이 'member04'인 데이터 값을 'user04'로 변경하는 예제입니다.

```
REPLACE(mb_id, 'member04', 'user04') WHERE mb_name = '홍길동';
```

다음 예제는 'member' 테이블에서 'mb_name' 컬럼의 값이 '홍길동'인 모든 레코드의 'mb_name' 데이터 값을 '옥동자'로 변경하는 예제입니다.

```
REPLACE(mb_name, '홍길동', '옥동자');
```

UPDATE 문과 마찬가지로 WHERE 절이 없다면 해당 조건의 데이터 값이 같은 모든 레코드들의 데이터 값이 변경됩니다.

03-6 TRUNCATE

MySQL에서는 TRUNCATE 키워드를 사용하여 테이블을 완전히 비울 수 있습니다. 테이블의 모든 레코드를 삭제하는 DELETE 문과 비슷하지만 약간의 차이가 있습니다.

```
TRUNCATE [테이블 이름]
```

TRUNCATE 키워드는 레코드 단위가 아닌 테이블을 DROP 한 후 재 생성하는 과정을 거치며, 테이블의 전체 레코드 제거 시 DELETE 문 보다 빠르다는 장점이 있습니다.

TRUNCATE 키워드를 사용하면 테이블이 재생성 되므로 자동 증가 값(AUTO_INCREMENT)이 설정된 컬럼이 존재 시 DELETE 문과는 다르게 테이블 생성시의 초기 값 부터 생성 됩니다.

다음 예제는 'member' 테이블을 모두 비우는 예제입니다.

```
TRUNCATE member;
```

알아두세요

테이블의 레코드를 모두 삭제할 경우에는 DELETE 문보다 TRUNCATE를 사용하는 것이 효과적입니다.

03-7 JOIN

조인(JOIN)은 관계형 데이터베이스(Relational Database, RDB)의 꽃이라고 불립니다. 조인을 명확하게 이해하기 위해서는 관계형 데이터베이스에 대한 이해가 필요합니다.

JOIN 문은 관계형 데이터베이스를 사실상 표준으로 만드는데 결정적인 역할을 하였습니다.

보통 SELECT 문과 자주 사용되며, 결합 구문이라고도 불립니다.

JOIN 문은 데이터베이스 내의 여러 테이블에서 가져온 레코드를 조건에 맞게 조합하여 가상의 테이블처럼 만들어서 결과를 보여주는 것으로, 테이블을 조합하여 하나의 열로 표현하는 것입니다.

알아두세요

JOIN 문을 작성하는 순서

❶ SELECT 절에서 검색하고자 하는 열 이름들을 명시 한다.(테이블이름, 컬럼이름)
❷ FROM 절에서 SELECT 절에 지정된 열 이름들의 소속 테이블 이름을 명시 한다.
❸ FROM 절에 지정된 테이블 이름이 두 개 이상이면, JOIN을 위해서 WHERE 절에 JOIN 조건 절을 명시해야 한다.

JOIN 문을 사용하기 위해서는 두 개 이상의 테이블을 연결하기 위한 공통의 값, 즉 외래키(Foreign key)가 적어도 하나 이상 있어야 합니다.

알아두세요

외래키 종류

❶ RESTRICT : 개체를 변경/삭제할 때 다른 개체가 변경/삭제할 개체를 참조하고 있을 경우 변경/삭제가 취소됩니다.(제한)
❷ CASCADE : 개체를 변경/삭제할 때 다른 개체가 변경/삭제할 개체를 참조하고 있을 경우 함께 변경/삭제됩니다.
❸ NO ACTION : 개체를 변경/삭제할 때 다른 개체가 변경/삭제할 개체를 참조하고 있을 경우 변경/삭제할 개체만 변경/삭제되고 참조하고 있는 개체는 변동이 없습니다.
❹ SET NULL : 개체를 변경/삭제할 때 다른 개체가 변경/삭제할 개체를 참조하고 있을 경우 참조하고 있는 값은 NULL로 세팅됩니다.

JOIN 문에서는 두 개 이상의 테이블을 사용하기 때문에 컬럼이름이 중복될 가능성이 있습니다. 이를 해결하기 위해서 컬럼이름 앞에 테이블 이름을 접두사로 사용합니다. 그리고 테이블 이름과 컬럼 이름은 반드시 점(.)으로 구분해야 합니다. 예를 들면 professor와 student 테이블에 id라는 컬럼이름을 동시에 사용한다고 한다면, 이 경우 JOIN 문에서는 professor.id와 student.id를 사용함으로써 서로를 구분합니다.

JOIN 문에서 테이블 이름을 AS 문을 이용하여 다른 이름으로 변경(별칭)하여 사용할 수 있습니다. FROM 절에서 테이블 이름에 별칭을 지정한 후, JOIN의 조건절(WHERE)에서 지정된 별칭을 사용하면 효율적입니다.

JOIN에 대한 설명은 여기까지 하고, 여러 JOIN의 종류와 사용하는 예에 대해서 살펴보겠습니다.

❶ INNER JOIN

❷ OUTER JOIN(LEFT OUTER, RIGHT OUTER)

❸ CROSS JOIN

❹ SELF JOIN

우선 JOIN을 실습하기 전에 데이터베이스 'mydb'에 JOIN을 할 두개의 테이블을 생성하겠습니다.

01 테이블 생성 및 입력하는 쿼리문을 작성하도록 하겠습니다.

```
CREATE TABLE movie_director (
        id INT(11) NOT NULL AUTO_INCREMENT,
        name VARCHAR(255) NOT NULL,
        birthday DATE NOT NULL,
        PRIMARY KEY (id)
);

INSERT INTO movie_director (id, name, birthday) VALUES (1, '박찬욱', '1963-08-23');
INSERT INTO movie_director (id, name, birthday) VALUES (2, '류승완', '1973-12-15');
INSERT INTO movie_director (id, name, birthday) VALUES (3, '윤제균', '1969-05-14');
INSERT INTO movie_director (id, name, birthday) VALUES (4, '최동훈', '1971-02-24');
INSERT INTO movie_director (id, name, birthday) VALUES (5, '봉준호', '1969-09-14');
INSERT INTO movie_director (id, name, birthday) VALUES (6, '김한민', '1969-09-26');
INSERT INTO movie_director (id, name, birthday) VALUES (7, '스티븐 스필버그', '1946-12-18');
INSERT INTO movie_director (id, name, birthday) VALUES (8, '크리스토퍼 놀란', '1970-07-30');


CREATE TABLE movie_list (
        id INT(11) NOT NULL AUTO_INCREMENT,
        title VARCHAR(255) NOT NULL,
        opening_day DATE NOT NULL,
        director_id VARCHAR(255) NULL DEFAULT NULL,
        PRIMARY KEY (id)
);

INSERT INTO movie_list (id, title, opening_day, director_id) VALUES (1, '공동경비구역 JSA', '2000-09-09', 1);
INSERT INTO movie_list (id, title, opening_day, director_id) VALUES (2, '아가씨', '2016-06-01', 1);
INSERT INTO movie_list (id, title, opening_day, director_id) VALUES (3, '친절한 금자씨', '2005-07-29', 1);
INSERT INTO movie_list (id, title, opening_day, director_id) VALUES (4, '베테랑', '2015-08-05', 2);
INSERT INTO movie_list (id, title, opening_day, director_id) VALUES (5, '부당거래', '2010-10-28', 2);
INSERT INTO movie_list (id, title, opening_day, director_id) VALUES (6, '국제시장', '2014-12-17', 3);
INSERT INTO movie_list (id, title, opening_day, director_id) VALUES (7, '해운대', '2009-07-22', 3);
INSERT INTO movie_list (id, title, opening_day, director_id) VALUES (8, '암살', '2015-07-22', 4);
```

```
INSERT INTO movie_list (id, title, opening_day, director_id) VALUES (9, '타짜', '2006-09-28', 4);
INSERT INTO movie_list (id, title, opening_day, director_id) VALUES (10, '괴물', '2006-07-27', 5);
INSERT INTO movie_list (id, title, opening_day, director_id) VALUES (11, '살인의추억', '2003-04-25', 5);
INSERT INTO movie_list (id, title, opening_day, director_id) VALUES (12, '명량', '2014-07-30', 6);
INSERT INTO movie_list (id, title, opening_day) VALUES (13, '7번방의 선물', '2013-01-23');
INSERT INTO movie_list (id, title, opening_day) VALUES (14, '광해', '2012-09-13');
```

▲ 'movie_director', 'movie_list' 테이블 생성 확인

id	name	birthday
1	박찬욱	1963-08-23
2	류승완	1973-12-15
3	윤제균	1973-12-15
4	최동훈	1971-02-24
5	봉준호	1969-09-14
6	김한민	1969-09-26
7	스티븐 스필버그	1946-12-18
8	크리스토퍼 놀란	1970-07-30

▲ 'movie_director' 테이블

id	title	opening_day	director_id
1	공동경비구역 JSA	2000-09-09	1
2	아가씨	2016-06-01	1
3	친절한 금자씨	2005-07-29	1
4	베테랑	2015-08-05	2
5	부당거래	2010-10-28	2
6	국제시장	2014-12-17	3
7	해운대	2009-07-22	3
8	암살	2015-07-22	4
9	타짜	2006-09-28	4
10	괴물	2006-07-27	5
11	살인의 추억	2003-04-25	5
12	명량	2014-07-30	6
13	7번방의 선물	2013-01-23	NULL
14	광해	2012-09-13	NULL

▲ 'movie_list' 테이블

(1) INNER JOIN

INNER JOIN은 우리가 생각하는 일반적인 용도에 사용합니다. ON 절과 함께 사용되며, ON 절의 조건을 만족하는 데이터만을 가져옵니다.

```
❶ SELECT [컬럼이름]
FROM [첫 번째 테이블 이름]
INNER JOIN [두번째 테이블 이름]
ON [조건 절]
[WHERE 조건]

❶ SELECT [컬럼이름]
FROM [첫 번째 테이블 이름]
JOIN [두번째 테이블 이름]
ON [조건 절]
[WHERE 조건]
```

INNER JOIN은 MySQL에서는 간략히 JOIN으로 나타냅니다. 일반적으로 사용하는 JOIN 이 INNER JOIN입니다. JOIN에서는 ON 대신 WHERE를 쓸 수 있고, ON 뒤에 WHERE 절을 추가할 수도 있습니다. 내림차순의 정렬 결과를 가져올 경우에는 ORDER BY 절의 마지막에 DESC 키워드를 넣으면 됩니다.

핵심은 JOIN 뒤에 ON 인데, 두 테이블이 결합하는 조건을 나타냅니다. 두 테이블 모두 영화감독의 고유번호인 id를 가지고 있으며, 서로 모두 포함하는 레코드를 합쳐서 표현합니다.

다음 예제는 'movie_director' 테이블의 'id' 컬럼과 'movie_list' 테이블의 'director_id' 컬럼이 서로 일치하는 레코드만을 INNER JOIN으로 가져오는 예제입니다.

```
❶ SELECT *
FROM movie_director
INNER JOIN movie_list
ON movie_director.id = movie_list.director_id;

❶ SELECT *
FROM movie_director
JOIN movie_list
ON movie_director.id = movie_list.director_id;
```

표준 SQL과는 달리 MySQL에서는 JOIN, INNER JOIN, CROSS JOIN이 모두 같은 의미로 사용되며, MySQL에서는 위의 두 쿼리가 모두 같은 실행 결과를 나타냅니다.

id	name	birth_day	id	title	opening_day	director_id
1	박찬욱	1963-08-23	1	공동경비구역 JSA	2000-09-09	1
1	박찬욱	1963-08-23	2	아가씨	2016-06-01	1
1	박찬욱	1963-08-23	3	친절한 금자씨	2005-07-29	1
2	류승완	1973-12-15	4	베테랑	2015-08-05	2
2	류승완	1973-12-15	5	부당거래	2010-10-28	2
3	윤제균	1969-05-14	6	국제시장	2014-12-17	3
3	윤제균	1969-05-14	7	해운대	2009-07-22	3
4	최동훈	1971-02-24	8	암살	2015-07-22	4
4	최동훈	1971-02-24	9	타짜	2006-09-28	4
5	봉준호	1969-09-14	10	괴물	2006-07-27	5
5	봉준호	1969-09-14	11	살인의추억	2003-04-25	5
6	김한민	1963-09-26	12	명량	2014-07-30	6

▲ INNER JOIN 실행 결과 화면

예제를 실행하면 위의 그림과 같이 JOIN의 결과는 하나의 테이블 형태로 나타납니다.

INNER JOIN의 경우에는 앞서 살펴본 표준 SQL 방식과는 별도로 MySQL에서만 사용할 수 있는 방식이 따로 존재합니다.

다음 예제는 앞서 살펴본 INNER JOIN 예제와 같은 실행 결과를 보여줍니다.

```
SELECT *
FROM movie_director, movie_list
WHERE movie_director.id = movie_list.director_id;
```

위의 예제와 같이 테이블의 이름이 복잡하거나 길 경우에는 별칭(alias)을 사용하여 SQL 구문을 간략하게 사용할 수 있습니다.

다음 예제는 위의 예제를 별칭(alias)을 사용하여 간략하게 사용하는 예제입니다.

```
SELECT *
FROM movie_director AS a, movie_list AS b
WHERE a.id = b.director_id;
```

다음 예제는 ON과 WHERE 절을 모두 사용하여 'movie_director' 테이블의 'name' 컬럼의 값이 '박찬욱'인 레코드의 'opening_day' 컬럼을 기준하여 오름차순으로 가져오는 예제입니다.

```
SELECT *
FROM movie_director
JOIN movie_list
ON movie_director.id = movie_list.director_id
WHERE movie_director.name = '박찬욱'
ORDER BY movie_list.opening_day asc;
```

id	name	birthday	id	title	opening_day ▲ 1	director_id
1	박찬욱	1963-08-23	1	공동경비구역 JSA	2000-09-09	1
1	박찬욱	1963-08-23	3	친절한 금자씨	2005-07-29	1
1	박찬욱	1963-08-23	2	아가씨	2016-06-01	1

▲ 예제 실행 결과 화면

INNER JOIN은 테이블간의 교집합이라고 하기엔 조금 애매하지만 일단 교집합 이라고 이해하는 것이 쉬울 것입니다. INNER JOIN의 결과를 벤 다이어그램(Venn Diagram)으로 나타내면 다음과 같습니다.

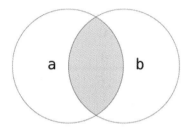

▲ INNER JOIN 벤 다이어그램

> **알아두세요**
>
> JOIN에서는 컬럼이름 앞에 위의 형식과 같이 테이블이름으로 별칭을 붙이게 됩니다. 이유는 여러 개의 테이블을 사용하기 때문에, 컬럼이름 같은 부분은 테이블이름으로 별칭 구분하기 위해서입니다. 조건 절 역시 테이블이름으로 별칭을 사용합니다.

(2) OUTER JOIN(LEFT OUTER, RIGHT OUTER)

지금까지 살펴본 내부 조인(INNER JOIN)은 조인 대상 테이블에서 공통인 컬럼 값을 기반으로 결과 집합을 생성합니다. 그러나 때때로 조인 대상 테이블에서 특정 테이블의 데이터가 모두 필요한 상황이 있습니다. 이런 요구사항이 발생했을 때, 외부 조인을 활용하여 효과적으로 결과 집합을 생성할 수 있습니다.

> **알아두세요**
>
> 외부 조인은 RDBMS 제조사 별로 표기법이 다릅니다. 이 책에서는 ANSI SQL 문법을 기준으로 표기하겠습니다.

❶ LEFT OUTER JOIN(왼쪽 외부 조인)

LEFT JOIN은 첫 번째 테이블을 기준으로, 두 번째 테이블을 조합하는 JOIN 입니다.

왼쪽 외부 조인은 우측 테이블(예 movie_list)에 조인할 컬럼의 값이 없는 경우 사용합니다. 즉, 좌측 테이블의 모든 데이터를 포함하는 결과 집합을 생성합니다. 하지만 JOIN을 한 해당 레코드의 두 번째 테이블의 컬럼의 값은 모두 NULL로 표시됩니다.

```
❶ SELECT [컬럼이름]
FROM [첫 번째 테이블 이름]
LEFT OUTER JOIN [두번째 테이블 이름]
ON [조건 절]
[WHERE 조건]

❷ SELECT [컬럼이름]
FROM [첫 번째 테이블 이름]
LEFT JOIN [두번째 테이블 이름]
ON [조건 절]
[WHERE 조건]
```

위의 문법 ❷와 같이 LEFT OUTER 대신 LEFT만 입력해도 같은 기능을 수행하고, ON 절에서는 WHERE 절에서 사용할 수 있는 모든 조건을 사용할 수 있습니다.

다음 예제는 'movie_director' 테이블의 'id' 컬럼을 기준으로 'movie_list' 테이블의 'director_id' 컬럼과 일치하는 레코드만을 LEFT JOIN으로 가져온 후, 그 중에서 감독 생일 컬럼인 'birthday' 컬럼의 값이 '1970년 01월 01일' 이전인 레코드만을 가져오는 예제입니다.

```
SELECT *
FROM movie_director
LEFT JOIN movie_list
ON movie_director.id = movie_list.director_id
WHERE birthday < '1970-01-01';
```

id	name	birthday	id	title	opening_day	director_id
1	박찬욱	1963-08-23	1	공동경비구역 JSA	2000-09-09	1
1	박찬욱	1963-08-23	2	아가씨	2016-06-01	1
1	박찬욱	1963-08-23	3	친절한 금자씨	2005-07-29	1
3	윤제균	1969-05-14	6	국제시장	2014-12-17	3
3	윤제균	1969-05-14	7	해운대	2009-07-22	3
5	봉준호	1969-09-14	10	괴물	2006-07-27	5
5	봉준호	1969-09-14	11	살인의추억	2003-04-25	5
6	김한민	1969-09-26	12	명량	2014-07-30	6
7	스티븐 스필버그	1946-12-18	NULL	NULL	NULL	NULL

▲ LEFT OUTER JOIN 실행 결과 화면

앞의 예제에서 'id' 컬럼과 'director_id' 컬럼의 값이 일치하면, INNER JOIN과 같이 두 테이블의 모든 컬럼을 그대로 가져옵니다. 하지만 두 개의 조건 값이 일치하지 않는 경우에는 앞 그림의 결과 화면 같이 'movie_list' 테이블의 모든 컬럼을 NULL로 표시하게 됩니다.

다음 예제는 위의 예제를 별칭(alias)을 사용하고, 가져올 컬럼을 직접 선택해서 사용하는 예제입니다.

```
SELECT a.id, a.name, a.birthday, b.director_id, b.title, b.opening_day, b.director_id
FROM movie_director AS a
LEFT JOIN movie_list AS b
ON a.id = b.director_id;
```

결과는 이전 예제와 같지만 SELECT 절에 원하는 컬럼들을 [테이블 이름].[컬럼이름]으로 콤마(,) 구분으로 여러 개 추가하여 원하는 컬럼들만 가져올 수 있습니다.

왼쪽 외부 조인을 그림으로 표현하면 다음과 같습니다.

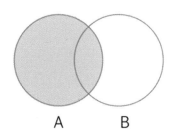

▲ LEFT OUTER JOIN

A LEFT JOIN B

▲ LEFT OUTER JOIN 벤 다이어그램

❷ RIGHT OUTER JOIN(오른쪽 외부 조인)

RIGHT JOIN은 LEFT JOIN과 반대로 두 번째 테이블을 기준으로, 첫 번째 테이블을 조합하는 JOIN입니다. 오른쪽 외부 조인은 좌측 테이블('movie_director')에 조인할 컬럼의 값이 없는 경우 사용합니다. 즉, 우측 테이블의 모든 데이터를 포함하는 결과 집합을 생성합니다. 하지만 JOIN을 한 해당 레코드의 첫 번째 테이블의 컬럼의 값은 모두 NULL로 표시됩니다.

```
❶ SELECT [컬럼이름]
FROM [첫 번째 테이블 이름]
RIGHT OUTER JOIN [두번째 테이블 이름]
ON [조건 절]
[WHERE 조건]

❷ SELECT [컬럼이름]
FROM [첫 번째 테이블 이름]
RIGHT JOIN [두번째 테이블 이름]
ON [조건 절]
[WHERE 조건]
```

위의 문법 ❷와 같이 RIGHT OUTER 대신 RIGHT만 입력해도 같은 기능을 수행하고, ON 절에서는 WHERE 절에서 사용할 수 있는 모든 조건을 사용할 수 있습니다.

다음 예제는 'movie_list' 테이블의 'director_id' 컬럼을 기준으로 'movie_director' 테이블의 'id' 컬럼과 일치하는 레코드만을 RIGHT JOIN으로 가져오는 예제입니다.

```
SELECT *
FROM movie_director AS a
RIGHT JOIN movie_list AS b
ON a.id = b.director_id;
```

id	name	birthday	id	title	opening_day	director_id
1	박찬욱	1963-08-23	1	공동경비구역 JSA	2000-09-09	1
1	박찬욱	1963-08-23	2	아가씨	2016-06-01	1
1	박찬욱	1963-08-23	3	친절한 금자씨	2005-07-29	1
2	류승완	1973-12-15	4	베테랑	2015-08-05	2
2	류승완	1973-12-15	5	부당거래	2010-10-28	2
3	윤제균	1969-05-14	6	국제시장	2014-12-17	3
3	윤제균	1969-05-14	7	해운대	2009-07-22	3
4	최동훈	1971-02-24	8	암살	2015-07-22	4
4	최동훈	1971-02-24	9	타짜	2006-09-28	4
5	봉준호	1969-09-14	10	괴물	2006-07-27	5
5	봉준호	1969-09-14	11	살인의추억	2003-04-25	5
6	김한민	1969-09-26	12	명량	2014-07-30	6
NULL	NULL	NULL	13	7번방의 선물	2013-01-23	NULL
NULL	NULL	NULL	14	광해	2012-09-13	NULL

▲ RIGHT OUTER JOIN 실행 결과 화면

위의 예제에서 'id' 컬럼과 'director_id' 컬럼의 값이 일치하면, INNER JOIN과 같이 두 테이블의 모든 컬럼을 그대로 가져옵니다. 하지만 두 개의 조건 값이 일치하지 않는 경우에는 위 그림의 결과 화면 같이 'movie_director' 테이블의 모든 컬럼을 NULL로 표시하게 됩니다.

오른쪽 외부 조인을 그림으로 표현하면 다음과 같습니다.

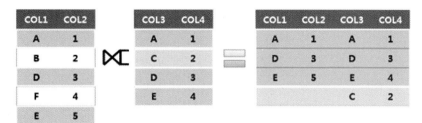

▲ RIGHT OUTER JOIN

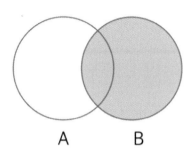

▲ RIGHT OUTER JOIN 벤 다이어그램

알아두세요

MySQL을 기반으로 하는 MariaDB는 FULL JOIN이 지원되지 않습니다. 만약 값을 모두 조인된 것을 가져오고 싶으면 UNION을 사용할 수 있습니다. FULL JOIN 대신 뒤에서 따로 UNION을 다루도록 하겠습니다.

(3) CROSS JOIN

CROSS JOIN은 카티션 조인, 카티션 프로덕트(CARTESIAN PRODUCT)라고도 불리며 결과 값이 한쪽 테이블의 모든 행들과 다른 쪽 테이블의 모든 행을 JOIN 합니다. 결과 집합은 두 테이블의 개수를 곱한 값만큼 생성되며, JOIN 되는 테이블에 공통되는 행이 없어도 되며 조건절인 ON 키워드가 사용되지 않는다는 특징이 있습니다.

```
SELECT [컬럼이름]
FROM [첫 번째 테이블 이름]
CROSS JOIN [두번째 테이블 이름];
[WHERE 조건]
```

다음 예제는 'movie_director' 테이블과 'movie_list' 테이블을 CROSS JOIN으로 가져오는 예제입니다.

```
SELECT *
FROM movie_director
CROSS JOIN movie_list;
```

id	name	birthday	id	title	opening_day	director_id
1	박찬욱	1963-08-23	1	공동경비구역 JSA	2000-09-09	1
2	류승완	1973-12-15	1	공동경비구역 JSA	2000-09-09	1
3	윤제균	1969-05-14	1	공동경비구역 JSA	2000-09-09	1
4	최동훈	1971-02-24	1	공동경비구역 JSA	2000-09-09	1
5	봉준호	1969-09-14	1	공동경비구역 JSA	2000-09-09	1
6	김한민	1969-09-26	1	공동경비구역 JSA	2000-09-09	1
7	스티븐 스필버그	1946-12-18	1	공동경비구역 JSA	2000-09-09	1
8	크리스토퍼 놀란	1970-07-30	1	공동경비구역 JSA	2000-09-09	1
1	박찬욱	1963-08-23	2	아가씨	2016-06-01	1
2	류승완	1973-12-15	2	아가씨	2016-06-01	1
3	윤제균	1969-05-14	2	아가씨	2016-06-01	1
4	최동훈	1971-02-24	2	아가씨	2016-06-01	1
5	봉준호	1969-09-14	2	아가씨	2016-06-01	1
6	김한민	1969-09-26	2	아가씨	2016-06-01	1
7	스티븐 스필버그	1946-12-18	2	아가씨	2016-06-01	1
8	크리스토퍼 놀란	1970-07-30	2	아가씨	2016-06-01	1
1	박찬욱	1963-08-23	3	친절한 금자씨	2005-07-29	1
2	류승완	1973-12-15	3	친절한 금자씨	2005-07-29	1
3	윤제균	1969-05-14	3	친절한 금자씨	2005-07-29	1
4	최동훈	1971-02-24	3	친절한 금자씨	2005-07-29	1
5	봉준호	1969-09-14	3	친절한 금자씨	2005-07-29	1
6	김한민	1969-09-26	3	친절한 금자씨	2005-07-29	1
7	스티븐 스필버그	1946-12-18	3	친절한 금자씨	2005-07-29	1
8	크리스토퍼 놀란	1970-07-30	3	친절한 금자씨	2005-07-29	1

▲ CROSS JOIN 실행 결과 화면

위의 예제의 실행 결과 화면을 살펴보면 ON을 입력하지 않은 JOIN과 같은 결과가 나오지만, CROSS JOIN의 개념은 두개의 테이블의 행을 모두 연결하는 것과 같습니다.

즉, CROSS JOIN은 첫 번째 테이블의 각 행과 두 번째 테이블의 각 행을 결합하는 행을 생성합니다. 그래서 CROSS JOIN으로 가져온 레코드는 집합에서 집합 곱의 형태와 같습니다.

> **CROSS JOIN – 수학으로 설명**
> A= {a, b, c, d} , B = {1, 2, 3} 일 때
> A CROSS JOIN B는
> (a,1), (a, 2), (a,3), (b,1), (b,2), (b,3), (c, 1), (c,2), (c,3), (d, 1), (d, 2), (d,3)
> 와 같이 결과가 나타난다. 결과의 계수는 n(A) * n(B) = 4 * 3 = 12 이다.

다음 예제는 별칭(alias)을 사용하고, 'movie_director' 테이블의 'name' 컬럼의 값이 '박찬욱'인 레코드만 CROSS JOIN으로 가져오는 예제입니다.

```
SELECT *
FROM movie_director AS a
CROSS JOIN movie_list AS b
WHERE a.name = '박찬욱';
```

id	name	birthday	id	title	opening_day	director_id
1	박찬욱	1963-08-23	1	공동경비구역 JSA	2000-09-09	1
1	박찬욱	1963-08-23	2	아가씨	2016-06-01	1
1	박찬욱	1963-08-23	3	친절한 금자씨	2005-07-29	1
1	박찬욱	1963-08-23	4	베테랑	2015-08-05	2
1	박찬욱	1963-08-23	5	부당거래	2010-10-28	2
1	박찬욱	1963-08-23	6	국제시장	2014-12-17	3
1	박찬욱	1963-08-23	7	해운대	2009-07-22	3
1	박찬욱	1963-08-23	8	암살	2015-07-22	4
1	박찬욱	1963-08-23	9	타짜	2006-09-28	4
1	박찬욱	1963-08-23	10	괴물	2006-07-27	5
1	박찬욱	1963-08-23	11	살인의추억	2003-04-25	5
1	박찬욱	1963-08-23	12	명량	2014-07-30	6
1	박찬욱	1963-08-23	13	7번방의 선물	2013-01-23	NULL
1	박찬욱	1963-08-23	14	광해	2012-09-13	NULL

▲ CROSS JOIN 예제 실행 결과 화면

WHERE 절에 'name' 컬럼의 값이 '박찬욱'인 레코드만 CROSS JOIN 하기 때문에 이전 예제와 같이 많은 양의 레코드를 가져오지는 않습니다.

실제로 CROSS JOIN은 너무 많은 레코드를 생성할 위험이 있기 때문에, 거의 사용하지 않는 JOIN 방식이지만 이렇게 사용하는 JOIN 방식도 있다는 정도만 습득하고 넘어가도록 하겠습니다.

(4) SELF JOIN

SELF JOIN은 하나의 테이블에 같은 데이터가 존재하는데 그 의미가 다르게 존재하는 경우. 즉, 같은 데이터이지만 다른 열에 있는 경우에는 두 테이블을 서로 SELF JOIN 문으로 확인가능 합니다.

설명이 어렵다면 아래의 조직도 그림을 보면서 생각해보겠습니다.

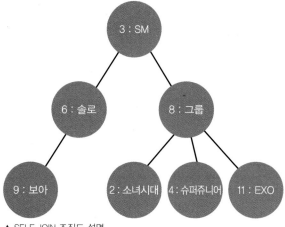

▲ SELF JOIN 조직도 설명

트리 구조로 설명하자면 그룹가수의 부모노드는 SM엔터테인먼트입니다. 보아의 부모노드는 솔로가
수가 되고, 소녀시대의 부모노드는 그룹가수가 됩니다

우선 SELF JOIN을 실습하기 전에 데이터베이스 'mydb'에 이 조직도를 테이블로 생성하겠습니다.

01 테이블 생성 및 입력하는 쿼리문을 작성하도록 하겠습니다.

```sql
CREATE TABLE sm_table (
        id INT PRIMARY KEY,
        name VARCHAR(255) NOT NULL,
        affiliation INT NOT NULL
);

INSERT INTO sm_table VALUES (3, 'SM', 3);
INSERT INTO sm_table VALUES (6, '솔로', 3);
INSERT INTO sm_table VALUES (8, '그룹', 3);
INSERT INTO sm_table VALUES (9, '보아', 6);
INSERT INTO sm_table VALUES (2, '소녀시대', 8);
INSERT INTO sm_table VALUES (4, '슈퍼주니어', 8);
INSERT INTO sm_table VALUES (11, 'EXO', 8);
```

▲ 'sm_table' 테이블 생성 확인

id	name	affiliation
2	소녀시대	8
3	SM	3
4	슈퍼쥬니어	8
6	솔로	3
8	그룹	3
9	보아	6
11	EXO	8

▲ 'sm_table' 테이블

SELF JOIN은 자기 자신과 조인을 하는 기법입니다. JOIN은 서로 다른 두 개의 테이블을 연결하기
도 하지만 하나의 테이블 내에서 JOIN을 해야만 자료를 얻을 수 있는 경우에 사용할 수 있습니다.
SELF JOIN의 문법은 다음과 같습니다.

```
SELECT [컬럼이름]
FROM [테이블 이름] AS [첫 번째 별칭]
JOIN [테이블 이름] AS [두번째 별칭]
ON [조건 절]
[WHERE 조건]
```

위의 문법과 같이 SELF JOIN은 반드시 같은 테이블에 대해서 두 개의 별칭(alias)을 사용하여 각각
의 별칭(alias)을 서로 다른 테이블처럼 사용해야 합니다.

그룹과 솔로는 파트너 관계이고, 그룹의 자식(child)은 소녀시대, 슈퍼주니어, EXO 입니다.
우리가 지금부터 예제로 하려는 것은 소속(affiliation) 아이디를 통해 소속이 어디인지 이름을 함께
나타내는 테이블입니다. 아래 그림과 같이 만드는 것이 목표입니다.

child	parent
소녀시대	그룹
SM	SM
슈퍼주니어	그룹
솔로	SM
그룹	SM
보아	솔로
EXO	그룹

▲ 'sm_table' 테이블을 이용한 SELF JOIN 예제 결과 확인

다음 예제는 위의 그림과 같이 'sm_table' 테이블을 SELF JOIN하여 하나는 'child'로 다른 하나는
'parent'로 레코드를 가져오는 위 그림 결과의 예제입니다.

```
SELECT c.name AS child, p.name AS parent
FROM sm_table AS p
JOIN sm_table AS c
ON c.affiliation = p.id;
```

위의 예제와 같이 같은 테이블의 같은 값을 가져왔지만, AS를 사용해서 p, c 두 개의 테이블인 것처
럼 사용하여 JOIN 했고, AS로 컬럼의 명칭을 다르게 가져와 사용할 수 있습니다.

다른 JOIN과 마찬가지로 WHERE 절을 추가하여 원하는 조건에 맞는 레코드만 가져올 수 있고,
ORDER BY 절을 사용하여 정렬할 수 있습니다.

03-8 UNION

앞에서 JOIN에 대해서 배워보았는데, 이렇게 JOIN을 잘 활용하면 많은 일을 할 수 있습니다. 그러나 상황에 따라서는 UNION을 함께 사용해야 할 경우가 있습니다. UNION은 여러 개의 SELECT 문의 결과를 하나의 테이블이나 결과 집합으로 표현할 때 사용합니다. 이때 각각의 SELECT 문으로 선택된 컬럼의 개수와 컬럼의 타입은 모두 같아야 하며, 컬럼의 순서 또한 같아야 사용가능 합니다. SELECT 문에 UNION을 적용하는 문법은 다음과 같습니다.

```
SELECT [컬럼이름] FROM [첫 번째 테이블 이름]
UNION
SELECT [컬럼이름] FROM [두번째 테이블 이름]
```

지금까지 JOIN을 배울 때 생성했던 테이블의 데이터는 다음과 같습니다. 마찬가지로 같은 테이블을 이용하여 UNION의 예제를 진행하겠습니다.

id	name	birthday
1	박찬욱	1963-08-23
2	류승완	1973-12-15
3	윤제균	1969-05-14
4	최동훈	1971-02-24
5	봉준호	1969-09-14
6	김한민	1969-09-26
7	스티븐 스필버그	1946-12-18
8	크리스토퍼 놀란	1970-07-30

▲ movie_director' 테이블 데이터

id	name	affiliation
2	소녀시대	8
3	SM	3
4	슈퍼주니어	8
6	솔로	3
8	그룹	3
9	보아	6
11	EXO	8

▲ 'sm_table' 테이블 데이터

다음 예제는 두 테이블에서 'name' 컬럼만 UNION을 이용하여 하나의 테이블로 출력하는 예제입니다.

```
SELECT name FROM movie_director
UNION
SELECT name FROM sm_table;
```

name
박찬욱
류승완
윤제균
최동훈
봉준호
김한민
스티븐 스필버그
크리스토퍼 놀란
소녀시대
SM
슈퍼주니어
솔로
그룹
보아
EXO

▲ UNION 실행 결과 화면

앞의 예제에서 두 SELECT 문의 결과가 하나로 합쳐져 출력됩니다. UNION은 몇 개라도 계속해서 연결하여 사용할 수 있습니다. 이때 두 SELECT 문의 결과에서 'name' 컬럼의 중복된 레코드가 있다면 해당 중복된 레코드는 한번만 가져옵니다.

만약 위의 예제와 같이 중복되는 레코드를 한번만 가져오지 않고, 중복되는 레코드까지 모두 가져오고 싶다면, ALL 키워드를 사용해야 합니다.

```
SELECT [컬럼이름] FROM [첫 번째 테이블 이름]
UNION ALL
SELECT [컬럼이름] FROM [두번째 테이블 이름]
```

다음 예제는 두 테이블에서 'name' 컬럼만 UNION을 이용하여 하나의 테이블로 출력하는 예제입니다.

```
SELECT name FROM movie_director
UNION ALL
SELECT name FROM sm_table;
```

지금 예제에서 사용하는 'movie_director' 테이블과 'sm_table' 테이블에는 중복된 'name' 컬럼의 값이 없기 때문에, 이전의 예제와 결과는 같지만 위와 같이 ALL 키워드로 SQL문을 실행하면 중복된 레코드를 가져올 수 있다는 것을 숙지하고 넘어가도록 해야 합니다.

알아두세요

유니온의 규칙

❶ 하나의 ORDER BY만 사용할 수 있다.
❷ 각 SELECT의 열수, 표현식과 같아야 한다.
❸ SELECT 문들 끼리 순서는 상관없다.
❹ 유니온을 한 결과가 중복되면 하나만 나온다. (DEFAULT)
❺ 열의 타입은 같거나 반환 가능한 형태여야 한다.
❻ 중복 값을 나타내고 싶다면 UNION ALL

03-9 SUB QUERY

서브쿼리(SUB QUERY)란 다른 쿼리 내부에 포함되어 있는 SELECT 문을 의미합니다. JOIN으로 할 수 있는 기능과 유사한 기능을 제공합니다. 서브쿼리를 포함하고 있는 쿼리를 외부쿼리(OUTER QUERY)라고 부르며, 서브쿼리는 내부쿼리(INNER QUERY)라고도 부릅니다. 서브쿼리는 사용할 때에는 반드시 괄호()로 감싸서 사용해야만 합니다.

MySQL에서 서브쿼리를 포함할 수 있는 외부쿼리는 SELECT, INSERT, UPDATE, DELETE, SET, DO 문이 있습니다. 이러한 서브쿼리는 또 다시 다른 서브쿼리 안에 포함될 수 있습니다. 특히 SQL문 결과를 INSERT 또는 UPDATE 할 필요가 있을 때는 JOIN으로는 처리할 수 없기 때문에, 이럴 경우에는 SUB QUERY가 유용하게 사용됩니다.

다음 예제는 감독이 '박찬욱'인 영화 정보만을 가져오는 예제입니다.

❶ SELECT title, opening_day FROM movie_list
❷ WHERE director_id = (SELECT id
                FROM movie_director
                WHERE name = '박찬욱');

title	opening_day
공동경비구역 JSA	2000-09-09
아가씨	2016-06-01
친절한 금자씨	2005-07-29

▲ SUB QUERY 예제 실행 결과 화면

위의 예제에서 ❶번의 SELECT 문은 외부쿼리이며, ❷번의 SELECT 문은 서브쿼리입니다.

실행순서는 ❷번의 서브쿼리가 먼저 실행되어 'movie_director' 테이블의 'name' 컬럼의 값이 '박찬욱'인 레코드의 'name' 컬럼을 모두 가져옵니다.

그리고 ❶번의 외부쿼리가 실행되어 'movie_list' 테이블에서 서브쿼리에 의해 앞에서 가져와진 결과 집합에 포함된 'name' 컬럼과 일치하는 레코드만을 다시 가져옵니다.

쉽게 설명한다면, ❷번의 괄호()의 내부쿼리가 먼저 실행되고 그 결과 집합을 가지고 있다가 ❶번의 WHERE 절의 조건에 다시 그 결과를 넣어서 다시 레코드를 가져온다고 생각하면 됩니다. 결국 2번의 쿼리가 실행이 되는 것 이지만, 이것을 한 번의 쿼리로 사용하는 것이 SUB QUERY입니다.

다음 예제는 영화 제목에 '씨'라는 글자가 들어있는 영화의 감독의 정보를 가져오는 예제입니다. '씨'라는 글자가 들어간 영화 제목에는 '아가씨', '친절한 금자씨'가 있습니다.

SELECT * FROM movie_director
WHERE id = (SELECT director_id
            FROM movie_list
            WHERE title LIKE '%씨%');

위의 예제에서 쿼리의 실행 순서가 이해되시나요? 'WHERE id=' 부분의 괄호()의 내부쿼리가 먼저 실행되고 그 결과를 가지고 있다가 'WHERE id=' 부분에서 그 결과를 가지고 한 번 더 쿼리를 실행합니다.

하지만 위의 쿼리를 실행하면 오류가 발생하면서 쿼리가 정상적으로 실행되지 않습니다.

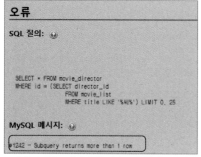

▲ SUB QUERY 예제 실행 결과 오류 화면

서브쿼리 부분의 결과가 한 개의 행 보다 많다면 오류가 발생하게 되어있습니다.

여러 값을 비교하고 싶다면 다음과 같이 첫 번째 WHERE 절 뒤에 IN 키워드가 추가하여 쿼리를 사용하면 됩니다.

```
SELECT * FROM movie_director
WHERE id IN (SELECT director_id
             FROM movie_list
             WHERE title LIKE '%씨%');
```

	id	name	birthday
☐ 🖉 수정 ⊟፥ 복사 ⊝ 삭제	1	박찬욱	1963-08-23

▲ SUB QUERY 예제 실행 결과 화면

지금 부터 서브 쿼리의 유용성에 대해 말해보겠습니다. 사실, JOIN이 SUB QUERY에 비해 속도 면에서는 더 좋은 것은 분명합니다. 그러나 JOIN은 그 결과를 SELECT 하는 것만 가능하다는 단점이 있습니다. 하지만 SUB QUERY는 SELECT, INSERT, UPDATE, DELETE 모두 가능합니다.

이렇게 해보세요 | 유니온의 규칙

쿼리가 복잡한 경우에는 JOIN이나 UNION을 사용하는 것보다 SUB QUERY를 사용하는 것이 가독성 측면에서 좋을 수 있습니다.

다음 예제는 영화 제목에 '씨'라는 글자가 들어있는 영화의 감독을 삭제하는 예제입니다. '씨'라는 글자가 들어간 영화 '아가씨', '친절한 금자씨'의 감독은 '박찬욱' 감독입니다.

```
DELETE FROM movie_director
WHERE id IN (SELECT director_id
             FROM movie_list
             WHERE title LIKE '%씨%');
```

id	name	birthday
2	류승완	1973-12-15
3	윤제균	1969-05-14
4	최동훈	1971-02-24
5	봉준호	1969-09-14
6	김한민	1969-09-26
7	스티븐 스필버그	1946-12-18
8	크리스토퍼 놀란	1970-07-30

▲ SUB QUERY로 DELETE 예제 실행 결과 화면

예제 쿼리를 실행하면 위와 같이 'movie_director' 테이블의 'name' 컬럼의 값이 '박찬욱'인 레코드가 정상적으로 삭제된 것을 확인할 수 있습니다. 마찬가지로 INSERT, UPDATE, DELETE 문을 같이 활용하면 다양한 활용이 가능 하겠습니다.

04 _ 데이터 제어문

데이터제어 언어(Data Control Language: DCL)는 데이터를 제어하는 언어로 데이터의 보안, 무결성, 회복, 병행 수행제어 등을 정의하는데 사용되는 언어 입니다. 주로 데이터베이스에 접근하고 객체들을 사용할 수 있도록 권한을 주고 회수하는 명령문을 사용하는데 데이터 제어 문에는 어떤 것들이 있는지 살펴보겠습니다.

데이터베이스의 사용자 세 가지 부류

❶ 일반 사용자 : 비절차적 DML(질의어)를 통한 데이터베이스 접근이 가능함.
❷ 응용 프로그래머 : 프로그래밍 언어에 DML을 삽입하여 데이터베이스에 접근.
❸ 데이터베이스 관리자(DBA) : DDL과 DCL을 통해 데이터베이스를 정의하고 제어하는 사람을 말합니다.

04-1 CREATE USER

MySQL에서는 CREATE USER 문을 사용하여 MySQL에 새로운 계정을 생성할 수 있습니다.

이 문법을 사용하기 위해서는 MySQL의 글로벌 CREATE USER 권한, INSERT 권한을 가진 계정이 있어야하는데, 보통은 최고관리자(root) 계정으로 사용합니다. 문법은 다음과 같습니다.

```
❶ CREATE USER [계정이름]@[localhost] IDENTIFIED BY '[비밀번호]'
❷ CREATE USER [계정이름]@[%] IDENTIFIED BY '[비밀번호]'
❸ CREATE USER [계정이름]@[111.111.111.111] IDENTIFIED BY '[비밀번호]'
```

첫 번째 문법은 '로컬 환경'에서만 접속이 가능하도록 계정을 추가하는 방법입니다.

두 번째 문법처럼 '로컬 환경' 부분에 '%'를 입력하면 외부접근이 가능한 계정을 생성하고,

세 번째 문법처럼 '로컬 환경' 부분에 'IP주소'를 입력하면 해당 IP 주소에서만 접근이 가능합니다.

그리고 위의 문법과 같이 identified by '비밀번호'를 입력하면 패스워드를 설정할 수 있습니다.

사용자 계정 생성, 삭제

사용자 계정은 MySQL의 데이터베이스명 'mysql'의 'user' 테이블에 저장됩니다. 그렇기 때문에 사용자 계정을 생성, 삭제하기 위해서는 MySQL의 'mysql' 데이터베이스가 선택되어 있어야 합니다.

다음 예제는 데이터베이스에 로컬 환경에서 접근 가능한 'my'라는 계정을 생성하고 패스워드를 '1234'로 생성하는 예제입니다.

```
❶ CREATE USER my@localhost IDENTIFIED BY '1234';
❷ INSERT INTO user(host, user, authentication_string) VALUES ('localhost', 'my', password('1234'));
```

- INSERT INTO 문으로 사용자 계정을 추가하는 경우에는 MySQL의 버전에 따라 문법이 조금은 차이가 있을 수 있습니다. 예제 ❷번은 MySQL 5.7 버전부터 사용 가능합니다.

CREATE USER 문과 INSERT INTO 문을 사용해서 다음과 같이 사용자 계정을 추가할 수 있습니다. ❶, ❷번의 예제의 결과는 같습니다.

알아두세요

따옴표 사용

```
❶ CREATE USER my@localhost IDENTIFIED BY '1234';
❷ CREATE USER 'my'@'localhost' IDENTIFIED BY '1234';
```

위의 ❶ ❷의 차이는 '사용자 계정@호스트' 부분에 작은따옴표(')가 있는지 없는지의 차이인데 사용해도 되고 사용하지 않더라도 정상적으로 실행됩니다.
보통은 따옴표로 열어주고 닫으면서 오타가 발생하거나 가독성이 좋지 않으므로 ❶의 방식으로 사용합니다. 책에서는 따옴표를 사용하지 않겠습니다.

	사용자명	호스트명	암호	전체적 권한	ⓘ	User group	허용	실행	
☐	누구나	%	아니오	USAGE			아니오	🐾 권한 수정	🖥 내보내기
☐	누구나	localhost	아니오	USAGE			아니오	🐾 권한 수정	🖥 내보내기
☐	my	localhost	예	USAGE			아니오	🐾 권한 수정	🖥 내보내기
☐	pma	localhost	아니오	USAGE			아니오	🐾 권한 수정	🖥 내보내기
☐	root	127.0.0.1	아니오	ALL PRIVILEGES			예	🐾 권한 수정	🖥 내보내기
☐	root	::1	아니오	ALL PRIVILEGES			예	🐾 권한 수정	🖥 내보내기
☐	root	localhost	예	ALL PRIVILEGES			예	🐾 권한 수정	🖥 내보내기

▲ 사용자 계정 'my' 추가 결과 화면

알아두세요

사용자 계정을 생성할 때 'localhost'와 'password'에서 ' ' 부분은 꼭 넣어주는 것이 좋습니다. %는 외부에서 접근을 허용한다는 뜻이고, 특정 IP 나 DNS에 등록된 명칭으로 지정하면, 그곳에서만 접근이 가능합니다.

04-2 DROP USER

MySQL에서는 DROP USER 문을 사용하여 MySQL에 존재하는 계정을 삭제할 수 있습니다.

이 문법을 사용하기 위해서는 MySQL의 글로벌 CREATE USER 권한, DELETE 권한을 가진 계정이 있어야하는데, 보통은 최고관리자(root) 계정으로 사용합니다. 문법은 다음과 같습니다.

```
❶ DROP USER [계정이름]@[호스트]
❷ DELETE FROM user WHERE User = '[계정이름]'
```

CREATE USER 문 INSERT INTO 문과 마찬가지로 DROP USER 문 DELETE 문으로 사용자 계정을 삭제 가능합니다. ❶, ❷번의 예제의 결과는 같습니다.

주의할 점은 ❷번의 경우에는 데이터베이스명이 mysql인 'user' 테이블에서'my'라는 문자열을 찾아서 삭제하기 때문에 반드시 따옴표가 필요 합니다.

04-3 GRANT

MySQL 서버에 접속해서 모든 사용자가 INSERT, UPDATE, DELETE의 권한이 있다면, 데이터베이스의 보안이나 관리에 문제가 생기게 됩니다.

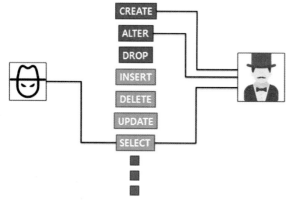

▲ 사용자 계정과 권한

GRANT 문을 사용해서 시스템 관리자가 MySQL 사용자 계정을 생성하고 계정으로부터 권한을 부여할 수 있습니다. GRANT를 사용하려면, 반드시 GRANT OPTION 권한을 가지고 있는 계정이 필요 하며, 또한 스스로 권한을 부여할 수 있어야 합니다. 뒤에서 설명 할 REVOKE 문과 관련이 있으며, GRANT 문은 관리자가 계정권한을 추가할 수 있도록 합니다.

GRANT 문으로 사용자 계정을 생성함과 동시에 권한을 부여할 수 있습니다. 문법은 다음과 같습니다.

```
GRANT [권한]
ON [데이터베이스 이름].[테이블 이름]
TO [계정이름]@[호스트]
IDENTIFIED BY '[비밀번호]'
[WITH GRANT OPTION]
```

알아두세요

WITH GRANT OPTION

WITH GRANT OPTION을 사용하면 연대 권한이 주어집니다. 즉, A1이라는 계정에게 해당권한을 주면 A1계정만 그 권한이 부여되는 것이 아니라 A1계정이 생성한 다른 계정들도 모두 해당권한을 받게 됩니다.

다음 예제는 사용자 계정 'my'을 생성함과 동시에 데이터베이스 'mydb'에서 사용하는 모든 테이블을 사용할 수 있는 권한을 부여하는 예제입니다.

```
GRANT ALL PRIVILEGES
      ON mydb.*
      TO my@localhost
      IDENTIFIED BY '1234';
```

알아두세요

모든 권한을 부여할 경우

예제에서는 모든 권한을 부여할 경우에는 'ALL PRIVILEGES'과 같이 권한 부분에 입력하고 있습니다. 하지만 'ALL' 만 입력하더라도 정상적으로 실행이 됩니다. 즉 'PRIVILEGES'는 생략이 가능하지만 가능하면 표준방식인 'PRIVILEGES' 를 입력하여 사용하도록 합니다.

이미 존재하는 사용자 계정에 데이터베이스 접근 권한을 부여하는 문법은 다음과 같습니다.

```
❶ GRANT [권한] ON *.* TO [계정이름]@[호스트]
❷ GRANT [권한] ON [데이터베이스 이름].* TO [계정이름]@[호스트]
```

위의 문법 ❶과 같이 '*.*' 을 사용하면 모든 데이터베이스에 접근이 가능하고, ❷와 같이 특정 데이터베이스에만 접근 가능하도록 사용할 수 있습니다.

몇 가지 예제로 GRANT 권한 부분을 조금 더 살펴보겠습니다.

```
❶ GRANT SELECT, INSERT ON mydb.* TO my@localhost;
❷ GRANT ALL PRIVILEGES ON mydb.* TO my@localhost;
❸ GRANT SELECT ON *.* TO my@localhost;
```

❶ 사용자 계정 'my'는 'mydb' 데이터베이스의 모든 테이블에 대해서 SELECT, INSERT 권한을 가집니다.

❷ 사용자 계정 'my'에 데이터베이스의 모든 테이블에 대해 모든 권한을 줍니다.

❸ 사용자 계정 'my'는 모든 데이터베이스의 모든 테이블에 대해 SELECT 권한을 가집니다.

예제의 SQL문을 정상적으로 실행 하였다면, 다음과 같은 문법을 통해 사용자 계정의 권한을 확인할 수 있습니다.

```
SHOW GRANTS FOR [계정이름]@[호스트]
```

다음 예제는 사용자 계정 'my'의 권한을 확인하는 예제입니다.

```
SHOW GRANTS FOR my@localhost;
```

Grants for my@localhost
GRANT USAGE ON *.* TO 'my'@'localhost' IDENTIFIED ...
GRANT ALL PRIVILEGES ON `mydb`.* TO 'my'@'localhos...

▲ 사용자 계정 'my' 권한 확인 화면

알아두세요

사용자의 권한을 추가, 삭제 등 [계정이름]@[호스트] 형식은 생성된 사용자 계정과 동일하게 사용해야합니다.
만약 CREATE USER my@localhost IDENTIFIED BY '1234';와 같이 생성했다면 설정된 호스트로 동일하게 사용해야 합니다.

올바른 사용 – SHOW GRANTS FOR my@localhost;
올바르지 않은 사용 – SHOW GRANTS FOR my@%;

MySQL에서는 수십 가지의 세부 권한들이 있습니다. 모든 권한을 설명하기에는 그 종류가 많기 때문에 아래의 표로 자주 사용되는 권한에 대해 간략하게 살펴보고 넘어가도록 하겠습니다.

권한 종류	내용	비고
ALTER, CREATE, DROP	테이블생성, 변경, 삭제권한	일반계정, 관리자 모두 사용
SELECT, INSERT, UPDATE, DELETE	테이블내의 레코드 조작권한	상동
RELOAD	권한부여된 내용을 리로드 수행	관리자에게만 허용
SHUTDOWN	서버종료작업 실행	서버종료작업 실행
ALL	위의 모든 권한을 제공	관리자 동급권한
USAGE	권한없이 계정만 생성	

▲ 권한 종류

예 GRANT ALTER, SELECT, INSERT, UPDATE, DELETE ON~

04-4 REVOKE

GRANT 문을 사용해서 시스템 관리자가 MySQL 사용자 계정을 생성하고 계정으로부터 권한을 부여했다면, REVOKE 문은 시스템 관리자가 MySQL 계정으로부터 권한을 취소할 수 있게 합니다. REVOKE 문을 사용하려면, GRANT OPTION 권한을 가지고 있어야 하며, 취소권한이 있어야 합니다. 즉, GRANT 문의 반대가 REVOKE 문입니다.

REVOKE 문으로 사용자 계정의 권한을 취소할 수 있습니다. 문법은 다음과 같습니다.

```
REVOKE [권한]
ON [데이터베이스 이름].[TABLE]
FROM [계정이름]@[호스트]
[WITH GRANT OPTION]
```

GRANT 문과 차이점이 있다면 [계정이름]@[호스트]를 연결하는 부분이 'TO'가 아닌 'FROM'으로 변경되었습니다. 나머지 사용방법은 크게 차이가 없습니다.

알아두세요

WITH GRANT OPTION

REVOKE 문에 WITH GRANT OPTION을 사용하면 권한을 부여했던 사용자 계정의 권한이 회수되어도 해당 계정이 생성한 다른 계정의 권한은 사라지지 않습니다. 즉, A1이라는 계정이 B1, B2라는 계정을 생성 했다면, A1계정의 권한을 회수하더라도 B1, B2 계정의 권한은 사라지지 않습니다.

사용자 계정에 데이터베이스 접근 권한을 회수하는 문법은 다음과 같습니다.

```
❶ REVOKE [권한] ON *.* FROM [계정이름]@[호스트]
❷ REVOKE [권한] ON [데이터베이스 이름].* FROM [계정이름]@[호스트]
```

위의 문법 ❶과 같이 '*.*'을 사용하면 모든 데이터베이스에 접근 권한이 회수되고, ❷와 같이 특정 데이터베이스에만 접근 권한을 회수하도록 사용할 수 있습니다.

다음 예제는 사용자 계정 'my'를 데이터베이스 'mydb'에서 사용하는 모든 테이블을 사용할 수 있는 권한을 회수하는 예제입니다.

```
REVOKE ALL PRIVILEGES
        ON mydb.*
        FROM my@localhost;
```

앞 의 예제의 실행 전, 실행 후 결과는 다음과 같습니다.

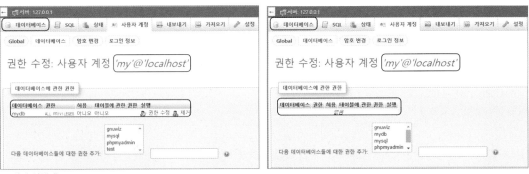

▲ 예제 실행 후

몇 가지 예제로 REVOKE 권한 부분을 조금 더 살펴보겠습니다.

```
❶ REVOKE SELECT, INSERT ON mydb.* FROM my@localhost;
❷ REVOKE ALL PRIVILEGES ON mydb.* FROM my@localhost;
❸ REVOKE SELECT ON *.* FROM my@localhost;
```

❶ 사용자 계정 'my'는 'mydb' 데이터베이스의 모든 테이블에 대해서 SELECT, INSERT 권한을 회수합니다.

❷ 사용자 계정 'my'에 데이터베이스의 모든 테이블에 대해 모든 권한을 회수합니다.

❸ 사용자 계정 'my'는 모든 데이터베이스의 모든 테이블에 대해 SELECT 권한을 회수합니다.

04-5 RENAME USER

RENAME USER 문을 사용해서 시스템 관리자가 MySQL 사용자 계정의 이름을 변경할 수 있습니다. RENAME USER를 사용하려면, 반드시 CREATE USER 권한 또는 MySQL 데이터베이스용 UPDATE 권한을 가지고 있는 계정이 필요 하며, 임의의 오래된 계정이 존재하지 않거나 임의의 새로운 계정이 존재하면 에러가 발생합니다.

RENAME USER 문으로 사용자 계정의 이름을 변경할 수 있습니다. 문법은 다음과 같습니다.

```
RENAME USER [기존 계정이름]@[호스트] TO [변경할 계정이름]@[호스트]
```

다음 예제는 사용자 계정 'my'의 계정이름을 'my_user'로 변경하는 예제입니다.

```
RENAME USER my@localhost TO my_user@localhost;
```

위의 예제의 실행 전, 실행 후 결과는 다음과 같습니다.

	사용자명	호스트명	암호	전체적 권한 ⓘ	User group	허용	실행
☐	누구나	%	아니오 ⓘ	USAGE		아니오	🔧 권한 수정 🖥 내보내기
☐	누구나	localhost	아니오	USAGE		아니오	🔧 권한 수정 🖥 내보내기
☐	my	localhost	예	USAGE		아니오	🔧 권한 수정 🖥 내보내기
☐	pma	localhost	아니오	USAGE		아니오	🔧 권한 수정 🖥 내보내기
☐	root	127.0.0.1	아니오	ALL PRIVILEGES		예	🔧 권한 수정 🖥 내보내기
☐	root	::1	아니오	ALL PRIVILEGES		예	🔧 권한 수정 🖥 내보내기
☐	root	localhost	예	ALL PRIVILEGES		예	🔧 권한 수정 🖥 내보내기

▲ 예제 실행 전 'my' 계정

	사용자명	호스트명	암호	전체적 권한 ⓘ	User group	허용	실행
☐	누구나	%	아니오 ⓘ	USAGE		아니오	🔧 권한 수정 🖥 내보내기
☐	누구나	localhost	아니오	USAGE		아니오	🔧 권한 수정 🖥 내보내기
☐	my_user	localhost	예	USAGE		아니오	🔧 권한 수정 🖥 내보내기
☐	pma	localhost	아니오	USAGE		아니오	🔧 권한 수정 🖥 내보내기
☐	root	127.0.0.1	아니오	ALL PRIVILEGES		예	🔧 권한 수정 🖥 내보내기
☐	root	::1	아니오	ALL PRIVILEGES		예	🔧 권한 수정 🖥 내보내기
☐	root	localhost	예	ALL PRIVILEGES		예	🔧 권한 수정 🖥 내보내기

▲ 예제 실행 후 'my_user'로 변경

RENAME USER 문으로 이미 존재하는 사용자 계정의 이름을 변경하더라도 기존 계정의 권한은 그대로 유지됩니다.

04-6 SET PASSWORD

SET PASSWORD 문은 현재 MySQL에 있는 사용자 계정의 비밀번호를 지정합니다. 문법은 다음과 같습니다.

```
SET PASSWORD FOR [계정이름]@[호스트] = PASSWORD('[변경할 비밀번호]')
```

FOR절은 생략이 가능하며 FOR가 없는 절에서, SET PASSWORD 문은 현재 사용자의 비밀번호를 변경합니다. 익명이 아닌 계정을 사용하는 서버에 접속된 클라이언트는 그 계정의 비밀번호를 변경할 수 있습니다.

FOR 절에서 SET PASSWORD 문은 현재 서버 호스트에서 특정한 계정의 비밀번호를 변경합니다. MySQL 데이터베이스용 UPDATE 권한을 가지고 있는 계정이 필요합니다.

다음 예제는 사용자 계정 'my'의 계정 비밀번호를 '1111'로 변경하는 예제입니다.

```
SET PASSWORD FOR my@localhost = PASSWORD('1111');
```

위의 SET PASSWORD 문을 UPDATE 문으로 사용하면 다음과 같이 사용가능합니다.

```
UPDATE mysql.user
SET Password = PASSWORD('1111')
WHERE User='my_user' AND Host='localhost';
```

알아두세요

MySQL의 사용자 계정 정보는 데이터베이스 'mysql'에 저장됩니다.
그렇기 때문에 UPDATE 문을 사용할 경우에는 해당 데이터베이스를 직접 입력하거나 해당 데이터베이스 사용을 선택 후 알맞은 조건을 입력하여 사용해야 합니다.

05 _ MySQL 주석

PHP와 마찬가지로 MySQL에서도 주석을 사용할 수 있습니다.

MySQL의 서버는 주석을 무시하므로, 실제 SQL문의 실행 결과에는 아무런 영향을 주지 않습니다.

MySQL에서 주석을 작성하는 방법은 다음과 같습니다.

❶ # 한 줄 주석
❷ ─ 한 줄 주석
❸ /* 두 줄
   이상의
   주석 */

위의 ❷번의 방법의 경우 두 개 이상의 하이픈(−) 뒤에는 반드시 한 칸의 공백이 존재해야만 주석으로 정상 인식됩니다. 만약 공백이 존재하지 않는다면 SQL문으로 인식하여 서버에서 실행되게 됩니다. 물론 실행을 하면 정상적인 문법이 아니기 때문에 에러가 발생합니다.

이번 장에서 여러 가지 문법에 대해 배웠습니다. 이제 여러분은 실무에서 사용할 수 있는 다양한 문법을 사용하여 쿼리를 작성할 수 있는 베이스를 갖췄습니다. 이번 장에서 배운 JOIN, SUB QUERY 등을 잘 적용하면 원하는 결과를 얻어 낼 수 있는 쿼리를 직접 작성할 수 있을 것입니다.

SQL

SQL은 Structured Query Language의 약자입니다. 구조화 질의어라 부르며 RDBMS의 데이터를 관리하기 위해 설계된 특수 목적의 프로그래밍 언어입니다.

질의문

용도	질의문
데이터베이스 생성	CREATE DATABASE DB_NAME
데이터베이스 삭제	DROP DATABASE DB_NAME
테이블 생성	CREATE TABLE TABLE_NAME
테이블 삭제	DROP TABLE TABLE_NAME
테이블구조 변경 명령	ALTER TABLE [TABLE_NAME]...
데이터 입력	INSERT INTO TABLE_NAME (COL_NAME, ...) VALUES (VALUES, ...)
데이터 전체 조회	SELECT * FROM TABLE_NAME
조건에 맞는 데이터 조회	SELECT * FROM TABLE_NAME WHERE [조건]
데이터 변경	UPDATE TABLE_NAME SET COL_NAME=VALUES...
데이터 삭제	DELETE FROM TABLE_NAME WHERE ...

SQL 구문의 세 가지 종류

❶ 데이터정의 언어(Data definition Language: DDL)는 데이터의 저장구조를 정의하는 언어로 스키마의 정의 수정, 삭제하는 명령문과 인덱스의 생성 및 삭제 명령문을 뜻합니다.

❷ 데이터조작 언어(Data Manipulation Language: DML)는 데이터에 접근 및 조작 하는 언어로 튜플의 검색, 삽입, 삭제 수정과 같은 명령문을 뜻합니다.

❸ 데이터제어 언어(Data Control Language: DCL)는 데이터를 제어하는 언어로 데이터의 보안, 무결성, 회복, 병행 수행제어 등을 정의하는데 사용되는 언어 입니다.

1 데이터베이스에 저장된 데이터들을 다루기 위한 명령문들 중 기본적인 네 가지는 ❶____, ❷____, ❸____, ❹____가 있습니다.

2 다음 중 데이터조작 언어에 해당하지 않는 것은 무엇일까요?

❶ ALTER　　　❷ INSERT　　　❸ UPDATE　　　❹ DELETE　　　❺ SELECT

3 'GNUWIZ' 라는 이름의 데이터베이스 생성을 위한 질의문을 작성하세요.

4 다음은 어떤 인덱스에 대한 설명입니까?

첫 번째 키, 즉 중복이 될 수 없으며 ROW(행)와 1:1 매칭이 되는 키 입니다. 주로 정수형 필드와 AUTO_INCREMENT 를 함께 사용하여 순차적으로 증가한 값을 사용하게 됩니다. 중요한 것은 회원 ID나 정수형이 아닌 필드를 이 키로 이용하는 것은 매우 비효율적인 방식입니다. 이 키는 ROW의 고유성을 유지시키기 위해 사용이 됩니다.

❶ INDEX　　　❷ UNIQUE　　　❸ PRIMARY KEY　❹ FULLTEXT　　❺ FOREIGN KEY

5 이 키워드를 사용하면 SELETE 문을 사용 시 검색된 컬럼의 정렬 방식을 설정할 수 있습니다. 검색결과를 내림차순으로 정렬하는 이 키워드는 무엇일까요?

MySQL 타입

MySQL에서는 여러 가지의 분류로 데이터 타입을 지원합니다. 숫자 타입, 문자 타입, 대용량 타입, 날짜 및 시간 타입등 여러 가지가 있습니다. 이번 장에서는 이러한 데이터 타입의 개요를 설명한 다음 각각의 분류에 속한 타입 들의 속성에 대한 보다 자세한 설명을 한 다음 다양한 예제로 함께 실습 해 보도록 하겠습니다.

데이터 타입이란 프로그램에서는 자료형과 같은 개념으로서 프로그램에서는 데이터 자료의 흐름 즉, 처리를 중요하게 다룬다면 데이터베이스에서는 주로 데이터의 상태가 더 중요하다고 할 수 있습니다.

MySQL에서 데이터베이스에 테이블을 생성하여 데이터를 입력할 때, 지금 입력될 데이터가 숫자인지, 문자인지, 날짜와 시간인지 등 테이블에 정의된 컬럼별로 저장할 수 있는 데이터 타입에 알맞게 넣어주는 것이 좋습니다.

그렇다면 데이터를 입력하기 이전에 테이블을 정의할 때부터 컬럼의 데이터 타입을 명시하여 생성해야합니다. MySQL에서 제공하는 데이터베이스의 데이터 타입의 종류는 많으나 우리는 우선 중요하고 또 실무에서 자주 사용하는 데이터 타입들 위주로 예제와 실습을 하겠습니다.

01 _ 숫자 타입

- -

MySQL에서는 정수, 고정 소수점, 부동 소수점, 비트 값을 위한 타입이 있습니다. 모든 숫자 타입은 양수만을 저장하기 위해 타입 뒤에 UNSIGNED 지시자를 사용할 수 있습니다.

• 부동 소수점은 정확성보다 성능을 우선시 합니다.
• 고정 소수점은 성능은 느리더라도 정확성을 우선시 합니다.(10진수의 정확성)

01-1 정수 타입(Integer Types)

MySQL은 SQL 표준 정수 타입의 INTEGER(INT)와 SMALLINT를 제공합니다.

그리고 표준 정수 타입의 범위를 더욱 세세하게 다룰 수 있도록 요구사항에 따라 크기가 다른 다양한 종류의 INT 타입 TINYINT, MEDIUMINT, BIGINT를 제공하고 있습니다. 또한, 각 정수 타입에 따라서 요구되는 저장 공간과 표현할 수 있는 최대값, 최소값이 달라집니다.

MySQL 정수 타입에 따른 표현할 수 있는 최대값, 최소값과 요구되는 저장 공간의 크기를 다음 페이지 표를 통해 살펴보겠습니다.

타입	저장바이트	최대값		최소값	
		SIGNED	UNSIGNED	SIGNED	UNSIGNED
TINYINT	1 byte	−128	0	127	255
SMALLINT	2 byte	−32768	0	32768	65535
MEDIUMINT	3 byte	−8388608	0	8388608	16777215
INT	4 byte	−2147483648	0	2147483648	4294967295
BIGINT	5 byte	−9223372036854775808	0	9223372036854775808	18446744073709551615

▲ 정수 타입

타입에 대한 베이스 키워드에 따라 나오는 괄호에 있는 정수의 출력 폭을 지정하기 위한 옵션을 MySQL은 추가로 지원합니다. (**예** INT(4)).

출력 폭은 컬럼에 저장될 수 있는 값의 범위를 한정하거나, 컬럼에 지정된 폭을 초과하는 값을 한정하지는 않습니다.

모든 정수 타입은 옵션(비 표준) 속성인 UNSIGNED을 가집니다. 여러분이 컬럼 안에는 음수가 아닌 양수 값만을 허용하고자 하고 그러한 컬럼에 대해서는 보다 큰 상위 숫자 범위를 사용하고자 할 경우에 부호화 되지 않은 값(unsigned value)을 사용할 수 있습니다. 예를 들면, 만일 INT 컬럼이 UNSIGNED라면, 이 컬럼의 범위는 동일한 크기를 갖지만 −2147483648과 2147483647에서 0과 4294967295로 변경됩니다.

부동 소수점 및 고정 소수점 타입 역시 UNSIGNED가 될 수 있고, 정수 타입과 함께 사용되기 때문에, 이 속성은 음수 값을 컬럼에 저장할 수 없도록 합니다. 하지만, 정수 타입과는 달리, 컬럼의 상위 범위(upper range)는 동일한 범위를 갖습니다.

다음 예제는 ALTER TABLE 문을 사용하여 'member' 테이블에 위의 표에 있는 다섯 가지 정수타입의 컬럼을 추가하는 예제입니다.

```
ALTER TABLE member
ADD mb_tinyint TINYINT,
ADD mb_smallint SMALLINT,
ADD mb_mediumint MEDIUMINT,
ADD mb_int INT,
ADD mb_bigint BIGINT;
```

▲ 'member' 테이블에 예제 컬럼 추가 확인

예제와 같이 다섯 가지 정수타입의 컬럼을 추가하면 출력 폭을 설정하지 않았더라도 자동으로 길이가 설정되어 컬럼이 추가됩니다. 물론 타입의 출력 폭을 직접 넣을 수 있습니다. 만약 설정 할 출력폭의 타입이 기본으로 가지고 있는 범위를 초과한다면 SQL문이 정상적으로 실행되지 않습니다.

알아두세요

정수타입의 출력폭 설정

테이블에 컬럼을 추가 시 정수타입의 출력 폭을 다음과 같이 입력하는 것이 좋습니다.

```
ALTER TABLE member
ADD mb_tinyint TINYINT(4),
ADD mb_smallint SMALLINT(6),
ADD mb_mediumint MEDIUMINT(9),
ADD mb_int INT(11),
ADD mb_bigint BIGINT(20);
```

01-2 고정 소수점 타입(Fixed-Point Types – DECIMAL, NUMBERIC)

MySQL에서 고정 소수점 타입인 DECIMAL 및 NUMERIC 데이터 타입은 정확한 숫자 값을 저장하기 위해 사용됩니다. 이러한 타입들은 정확한 정밀도를 유지해야 하는 경우, 예를 들면 통화 데이터와 같은 것을 저장하는데 사용됩니다.

알아두세요

NUMERIC, DECIMAL

MySQL의 경우, NUMERIC은 DECIMAL 형태로 구현됩니다. 대부분의 경우 DECIMAL 대신 NUMERIC을 사용해도 똑같이 동작합니다.

DECIMAL 또는 NUMERIC 컬럼을 선언할 때에는, 정밀도 및 스케일 (scale)를 지정할 수 있습니다. 다음 예제는 ALTER TABLE 문을 사용하여 'member' 테이블에 'mb_decimal' 컬럼을 고정 소수점 타입으로 추가하는 예제입니다.

```
ALTER TABLE member
ADD mb_decimal DECIMAL(5,2);
```

▲ 'member' 테이블에 'mb_decimal' 컬럼 추가 확인

위의 예제의 경우, 5는 정밀도이며 2는 스케일을 나타냅니다. 정밀도(precision)는 의미를 갖는 자릿수를 나타내며, 스케일(scale)은 소수점 다음에 나오는 자릿수를 나타냅니다. 만일 스케일이 0 이면, DECIMAL과 NUMERIC 값은 소수점 또는 분수 부분을 갖지 않습니다.

표준 SQL은 'mb_decimal' 컬럼이 모든 값을 저장할 때 5 자리와 소수 자리를 2개 사용하도록 합니다. 따라서 이와 같은 경우, 값의 범위는 'mb_decimal' 컬럼에 저장되는 값의 범위는 −999.99에서 999.99까지가 됩니다.

01-3 부동 소수점 타입(Floating-Point Types − FLOAT, DOUBLE)

MySQL에서 부동 소수점 데이터 타입의 경우, MySQL은 단일−정밀도(single−precision) 값에 대해서는 4 바이트를 사용하고 이중−정밀도(double−precision) 값에 대해서는 8 바이트를 사용합니다.

FLOAT 및 DOUBLE 데이터 타입은 대략의 숫자 데이터 값을 표시하기 위해 사용되며, FLOAT의 경우, 표준 SQL은 괄호 안에 있는 키워드 FLOAT 다음에 비트 단위로 정밀도를 표시할 수 있는 옵션을 허용합니다.

```
FLOAT(P)
```

P가 0에서 23까지의 정밀도 값을 가질 때는 4 바이트 단일 정밀도인 FLOAT 컬럼을 나타내며, 24에서 53까지의 정밀도 값을 가질 때는 8 바이트 이중 정밀도 DOUBLE 컬럼을 나타냅니다. 즉, 위 문법과 같이 사용하면 FLOAT와 DOUBLE중 정밀도 값으로 타입이 자동 선택되어 사용됩니다.

또한, MySQL은 FLOAT과 DOUBLE을 고정 소수점 타입과 같이 사용할 수 있는 비표준 문법도 지원합니다.

```
FLOAT(M, D)
```

M은 0에서 23까지의 정밀도 값을 나타내며, D는 소수점 자리수를 나타냅니다. 마찬가지로 FLOAT은 4 바이트 크기를 가집니다.

```
DOUBLE(M, D)
```

M은 24에서 53까지의 정밀도 값을 나타내며, D는 소수점 자리수를 나타냅니다. 마찬가지로 DOUBLE은 8 바이트 크기를 가집니다. 즉, DOUBLE이 FLOAT보다 긴 수를 저장할 수 있습니다.

다음 예제는 ALTER TABLE 문을 사용하여 'member' 테이블에 'mb_float' 컬럼과 'mb_double' 컬럼을 부동 소수점 타입으로 추가하는 예제입니다.

```
ALTER TABLE member
ADD mb_float FLOAT(7,2),
ADD mb_double DOUBLE(24,2);
```

▲ 'member' 테이블에 'mb_float', 'mb_double' 컬럼 추가 확인

앞의 예제의 경우, 'mb_float' 컬럼은 −99999.99부터 99999.99까지의 실수를 저장할 수 있습니다. 7은 정밀도이며 2는 스케일을 나타내며, 마찬가지로 'mb_double' 컬럼은 −100000000000000000000.00부터 100000000000000000000.00까지의 실수를 저장할 수 있으며, 24는 정밀도를 2는 스케일을 나타냅니다.

만약 'mb_float' 컬럼의 값을 99999.009를 입력한다면, 실수의 총 자릿수가 명시한 7자리를 초과하게 되므로 이 값은 컬럼의 옵션에 맞게 7자리로 자동으로 변환되어 99999.01로 반올림되어 저장됩니다.

01-4 비트 값 타입(Bit-Value Type)

MySQL에서 비트 값 타입은 비트 컬럼에 값을 저장하는데 사용됩니다. 즉, 0과 1로 구성되는 바이너리(binary) 값을 저장할 수 있습니다.

```
BIT(M)
```

M은 1에서 64까지 범위를 가질 수 있으며, 명시한 M 비트의 값을 저장할 수 있게 됩니다. 만약 명시한 M 비트보다 짧은 길이의 비트 값을 입력하면, 입력한 값의 왼쪽에는 0 이 채워집니다. M을 생략시 기본 값은 1 이 됩니다. 예를 들면, b'101'을 BIT(6) 컬럼에 할당하는 것은, b'000101'과 동일한 효과를 나타냅니다.

```
ALTER TABLE member
ADD mb_bit BIT(6);
```

비트 값을 지정하기 위해서는, b'value' 수식을 사용할 수 있습니다. value는 0과 1을 사용해서 작성된 바이너리 값입니다.
다음 예제는 'member' 테이블의 'mb_name'의 값이 '홍길동'인 'mb_bit' 컬럼에 비트 값 b'101'을 UPDATE 하는 예제입니다.

```
UPDATE member SET mb_bit = b'101' WHERE mb_name = '홍길동';
```

위의 예제를 실행하면 'mb_name'의 값이 '홍길동'인 'mb_bit' 컬럼의 값이 '0000101'로 7자리가 채워지게 됩니다.

02 _ 문자열 타입

- -

MySQL에서는 다양한 형태의 문자열 타입이 있습니다. MySQL의 문자열 타입은 주로 텍스트를 저장하는데 사용되지만, 임의의 데이터를 담을 수 있는 범용으로 사용가능한 타입입니다. 예를 들어 문자열 외에도 이미지, 동영상 등의 바이너리 파일을 보관할 수 있습니다. 이 타입들은 최대 길이가 변하는 값들을 담을 수 있고 대 소문자를 구별해서 처리하는 지에 따라 선택할 수 있습니다.

02-1 CHAR와 VARCHAR

MySQL의 문자열에는 두 가지 타입이 존재합니다. CHAR는 고정형이고, VARCHAR는 가변형입니다. CHAR와 VARCHAR는 모두 텍스트 문자열을 허용하고, 컬럼의 크기를 제한합니다. 두 타입의 차이점은 CHAR 컬럼의 모든 문자열은 크기가 정해진다는 것입니다. 즉 설정한 크기보다 더 작은 문자열을 입력하면 자동으로 공백으로 채워집니다. VARCHAR의 경우, 자동으로 공백을 채우지 않으며, 입력한 텍스트 크기에 맞게 가변적으로 크기를 가집니다. 문자열 값의 길이가 항상 고정적 이라면 CHAR 타입을 사용하고 가변적이라면 VARCHAR 타입을 사용하는 것이 일반적입니다.

> **이렇게 해보세요** | CHAR와 VARCHAR
>
> 데이터가 많아지면 CHAR 타입과 VARCHAR 타입의 속도 차이가 발생합니다.
> 100만 건이 넘는 데이터를 검색했을 때 CHAR를 사용했을 경우에는 0.54초가 걸렸으며 VARCHAR를 사용했을 경우에는 0.64초가 걸렸습니다. 물론 이정도의 0.1초 정도의 차이는 크게 체감할 수는 없겠지만, 데이터가 지속적으로 많이 쌓이게 된다면 데이터의 상황에 따라 CHAR와 VARCHAR를 번갈아가며 선택하는 것도 좋습니다.

타입	최대 길이 저장 바이트	범위	비고
CHAR(M)	255 byte	~255	고정형, 남은 공간 공백 채움
VARCHAR(M)	65,532 byte	~255	가변형, 길이 기록을 위해 1 byte 추가

▲ 정수 타입

```
CHAR(M)
VARCHAR(M)
```

M은 저장할 수 있는 문자열의 최대 길이를 나타냅니다. 이때 CHAR와 VARCHAR는 0부터 255까지 설정할 수 있습니다.

위에서 설명한 것과 같이 CHAR는 설정한 크기보다 작은 길이의 문자열을 입력하면 자동으로 나머지 공간이 공백으로 채워져 설정한 M과 같은 길이로 저장됩니다. VARCHAR는 실제 입력된 문자열의 길이만큼 가변적으로 저장됩니다.

예제를 통해서 CHAR와 VARCHAR가 어떻게 저장이 되는지 살펴보겠습니다.

다음 예제는 'member' 테이블에 CHAR 타입의 'mb_char' 컬럼과 VARCHAR 타입의 'mb_varchar' 컬럼을 생성하고, 'mb_name' 컬럼의 값이 '홍길동'인 'mb_char', 'mb_varchar' 컬럼에 'hong' 이라는 값을 UPDATE 하는 예제입니다.

```
ALTER TABLE member
        ADD mb_char CHAR(10),
        ADD mb_varchar VARCHAR(10);
UPDATE member
SET mb_char = 'hong',
mb_varchar = 'hong'
WHERE mb_name = '홍길동';
```

알아두세요

최대 길이 설정
만약 컬럼 생성 시 최대 길이 값이 255 보다 길게 정의된 VARCHAR 컬럼은 주어진 길이를 가질 수 있는 가장 작은 TEXT 타입으로 변환 됩니다. 예를 들면, VARCHAR(500)은 TEXT으로 변환 되고, VARCHAR(200000)는 MEDIUMTEXT로 자동 변환 됩니다.

	mb_no	mb_id	mb_password	mb_name	mb_email	mb_char	mb_varchar
수정 복사 삭제	1	member01	1234	정동진	member01@email.com	NULL	NULL
수정 복사 삭제	2	member02	1234	윤성훈	member02@email.com	NULL	NULL
수정 복사 삭제	3	member03	1234	박성진	member03@email.com	NULL	NULL
수정 복사 삭제	4	member04	1234	홍길동	member04@email.com	hong	hong
수정 복사 삭제	5	member05	1234	임꺽정	member05@email.com	NULL	NULL

▲ 예제 실행 후 'member' 테이블 확인

위의 예제 실행 후 길이를 (10)으로 지정한 'mb_char' 컬럼과 'mb_varchar' 컬럼에 각각 'hong' 이라는 값이 저장되었습니다. 눈으로는 똑같은 상태로 보이겠지만 아래의 표로 설명 해보겠습니다.

	1	2	3	4	5	6	7	8	10
CHAR	H	O	G	공백	공백	공백	공백	공백	공백
VARCHAR	H	O	G	길이					

▲ 예제 실행 후 CHAR, VARCHAR 타입 비교

두 타입의 차이는 고정형과 가변형에 있습니다. CHAR 타입은 'hong' 이라는 4글자를 저장하더라도 선언된 10byte에 공백을 추가하여 저장합니다. 하지만 VARCHAR 타입은 마찬가지로 'hong' 이라는 4글자를 저장하면 저장된 문자 + 길이 기록용 1byte 가 저장되기 때문에 5byte 크기로 저장 됩니다.

때문에 입력한 데이터에 맞게 길이를 넣어주는 VARCHAR 타입이 지정된 크기로 저장되는 CHAR 타입보다 저장 용량 면에서는 유리합니다. 하지만 저장된 길이마다 각각 크기가 다르기 때문에 데이터를 검색 하는 면에서는 항상 일정한 길이로 저장하는 CHAR 타입이 유리하다고 할 수 있습니다.

> **알아두세요**
>
> 회원 정보를 예로 들자면, 검색을 많이 하고 사용성이 많은 아이디의 경우 CHAR 타입이 좋고, 이메일과 같이 길이가 유동적이며 검색을 많이 하지 않는 컬럼의 경우 VARCHAR 타입으로 저장하는 것이 좋습니다.

02-2 BINARY와 VARBINARY

MySQL의 BINARY와 VARBINARY는 각각 앞에서 배운 CHAR와 VARCHAR과 거의 비슷하며, 최대 허용 길이 또한 동일합니다. 다만 BINARY와 VARBINARY는 문자 집합이 아닌 바이너리 (binary) 데이터를 저장할 때 사용된다는 점이 차이가 있습니다. 바이너리 데이터 타입들은 문자 셋을 가지지 않으며, 정렬 및 비교를 숫자 값을 기반으로 실행합니다.

> **알아두세요**
>
> 바이너리 데이터 타입
> BINARY 데이터 타입은 관련된 문자 세트가 없는 문자의 전체 바이트를 저장하는데 사용됩니다. 예를 들면 GIF 이미지를 저장하는데 사용할 수 있습니다.

타입	최대 길이 저장 바이트	범위	비고
BINARY(M)	255 byte	~255	CHAR이지만 바이너리 데이터를 가짐
VARBINARY(M)	65,532 byte	~255	VARCHAR이지만 바이너리 데이터를 가짐

▲ BINARY, VARBINARY 타입

```
BINARY(M)
VARBINARY(M)
```

CHAR와 VARCHAR와 마찬가지로 M은 저장할 수 있는 문자열의 최대 길이를 나타내고 최대 길이는 0부터 255까지 설정할 수 있습니다.

02-3 BLOB과 TEXT

BLOB과 TEXT 두 타입 모두 큰 데이터를 저장할 때 쓰이는 타입 입니다. 예를 들면 게시판의 글 내용과 같이 큰 데이터를 저장할 때 주로 사용되는 타입 입니다.

BLOB은 (Binary Large Object)를 의미하며, 다양한 크기의 바이너리 데이터를 저장할 수 있는 타입입니다. 저장할 수 있는 데이터의 최대 크기에 따라 TINYBLOB, BLOB, MEDIUMBLOB, LONGBLOB로 구분됩니다.

타입	최대 길이 저장 바이트	비고
TINYBLOB	255 byte	바이너리 데이터로 취급
BLOB	65,532 byte	바이너리 데이터로 취급
MEDIUMBLOB	16,777,215 byte	바이너리 데이터로 취급
LONGBLOB	4,294,967,295 byte	바이너리 데이터로 취급

▲ BINARY, VARBINARY 타입

TEXT는 VARCHAR와 비슷하지만, VARCHAR와는 달리 기본 값을 가질 수 없습니다. 또한, TEXT는 BLOB과도 비슷하지만, BLOB과는 다르게 문자열의 대소문자를 구분합니다. 저장할 수 있는 데이터의 최대 크기에 따라 TINYTEXT, TEXT, MEDIUMTEXT, LONGTEXT로 구분됩니다.

타입	최대 길이 저장 바이트	비고
TINYTEXT	255 byte	문자열로 취급
TEXT	65,532 byte	문자열로 취급
MEDIUMTEXT	16,777,215 byte	문자열로 취급
LONGTEXT	4,294,967,295 byte	문자열로 취급

▲ BINARY, VARBINARY 타입

쉽게 설명하자면 TEXT형은 문자 저장에 BLOB형은 바이너리 데이터 저장에 쓰입니다. 바이너리 데이터는 이미지를 데이터베이스에 저장한다거나, 파일을 데이터베이스에 저장하는 경우에 사용되는데 보통은 파일을 서버에 저장하고 데이터베이스에는 파일의 경로만 VARCHAR 타입으로 저장 하는 것이 보통입니다.

알아두세요

이미지 저장

실제 데이터베이스에 바이너리 데이터로 이미지를 저장할 수는 있으나 그렇게 사용하는 방식은 잘못된 방식이라고 할 수 있습니다. 이미지 저장 시 이미지 파일이 바이너리 데이터로 변경되어 저장되는데 이런 바이너리 데이터를 데이터베이스에서 검색한다거나 하기는 힘들기 때문입니다.

다음 예제는 ALTER TABLE 문을 사용하여 'member' 테이블에 4가지 BLOB 타입의 컬럼을 추가하는 예제입니다.

```
ALTER TABLE member
ADD mb_tinyblob TINYBLOB,
ADD mb_blob BLOB,
ADD mb_mediumblob MEDIUMBLOB,
ADD mb_longblob LONGBLOB;
```

BLOB 타입의 4가지 컬럼을 추가하는 예제 실행 결과는 아래 그림과 같습니다.

▲ 예제 실행 후 'member' 테이블 확인

다음 예제는 ALTER TABLE 문을 사용하여 'member' 테이블에 4가지 TEXT 타입의 컬럼을 추가하는 예제입니다.

```
ALTER TABLE member
ADD mb_tinytext TINYTEXT,
ADD mb_TEXT TEXT,
ADD mb_mediumtext MEDIUMTEXT,
ADD mb_longtext LONGTEXT;
```

TEXT 타입의 4가지 컬럼을 추가하는 예제 실행 결과는 다음 그림과 같습니다.

▲ 예제 실행 후 'member' 테이블 확인

02-4 ENUM

ENUM은 열거형 데이터를 저장하는데 사용됩니다. 최대 65,535개의 데이터 값을 설정할 수 있으며, 이렇게 설정된 ENUM 데이터는 문자열을 내부적으로 정수로 변환하여 인식합니다. 인덱스를 사용하며, 인덱스는 1부터 시작됩니다. 그리고 설정 데이터 값 리스트 중 단 하나의 데이터 값만 선택하여 저장할 수 있는 것이 특징입니다.

```
ENUM('데이터 값1', '데이터 값2', ...)
```

알아두세요

ENUM 타입을 사용하면 가독성을 높일 수 있으며, 특정 숫자에 문자열로 의미를 부여할 수 있습니다. 만약 설정 목록 중 존재하지 않는 값을 저장 시 에러는 발생하지 않지만 공백으로 저장됩니다

타입	비고
ENUM	최대 65535개, 저장된 문자열 목록 중에 오직 한 가지만 얻을 수 있음

▲ ENUM 타입

다음 예제는 ALTER TABLE 문을 사용하여 'member' 테이블에 '남자, 여자' 두 개의 값 중 하나를 가질 수 있는 ENUM 형인 'mb_enum' 컬럼을 추가하는 예제입니다.

```
ALTER TABLE member
ADD mb_enum ENUM('남자', '여자');
```

▲ 예제 실행 후 'member' 테이블 확인

위의 예제 실행 후 'mb_enum' 컬럼을 살펴보면 설정 값에 '남자', '여자'의 두 개의 값이 설정 된 것이 확인 가능합니다. 실제로 추가된 설정 값들의 인덱스 값을 가져오면 아래의 표의 형태로 인덱스 값이 설정 됩니다.

데이터 값	인덱스
''	0
'남자'	1
'여자'	2

▲ 예제 실행 후 인덱스 값 확인

인덱스가 1인 값은 '남자', 2인 값은 '여자'가 됩니다. 컬럼에 설정된 데이터 값이 한글로 보이지만 실제로는 내부적으로 정수인 인덱스 번호로 변환됩니다. 설정된 리스트의 값들은 내부적으로 0부터 시작하여 1씩 증가하며 인덱스 번호를 가지게 됩니다. 그리고 항상 0은 빈 문자열(' ') 에러 값의 인덱스로 지정됩니다.

만약 다음과 같은 0부터 시작하는 ENUM 타입을 생성한다고 예를 들어보겠습니다.

```
ENUM('0', '1', '2')
```

이렇게 생성된 ENUM 타입은 아래에 있는 컬럼은 스트링 값 '0', '1', '2'를 가지는 설정 값 리스트를 가지고 있지만, 숫자 인덱스 값이 1, 2, 3의 순서로 지정됩니다.

데이터 값	인덱스
''	0
'0'	1
'1'	2
'2'	3

▲ ENUM('0', '1', '2') 설정 시 인덱스

다음 예제는 'member' 테이블에 'mb_name' 컬럼의 값이 '홍길동'인 'mb_enum' 컬럼에 '남자'라는 값을 UPDATE 하는 예제입니다.

```
UPDATE member
SET mb_enum = '남자'
WHERE mb_name = '홍길동'
;
```

	mb_no	mb_id	mb_password	mb_name	mb_email	mb_enum
⬜ 🖊 수정 ⚡ 복사 ⊖ 삭제	1	member01	1234	정동진	member01@email.com	*NULL*
⬜ 🖊 수정 ⚡ 복사 ⊖ 삭제	2	member02	1234	윤성훈	member02@email.com	*NULL*
⬜ 🖊 수정 ⚡ 복사 ⊖ 삭제	3	member03	1234	박성진	member03@email.com	*NULL*
⬜ 🖊 수정 ⚡ 복사 ⊖ 삭제	4	member04	1234	홍길동	member04@email.com	남자
⬜ 🖊 수정 ⚡ 복사 ⊖ 삭제	5	member05	1234	임꺽정	member05@email.com	*NULL*

▲ 예제 실행 후 'mb_enum' 컬럼 확인

다음 예제는 'member' 테이블에 'mb_name' 컬럼의 값이 '홍길동'인 'mb_enum' 컬럼에 설정된 데이터 리스트 값에 없는 '어린이'라는 값을 UPDATE 하는 예제입니다.

```
UPDATE member
SET mb_enum = '어린이'
WHERE mb_name = '홍길동';
```

위의 예제를 실행하면 설정된 데이터 리스트 값에 없는 '어린이'라는 값은 데이터에 저장되지 않습니다. 에러가 발생하지는 않지만 대신 공백으로 저장됩니다.

그리고 이러한 인덱스를 사용해서 저장과 검색을 할 수도 있습니다. 다음 예제는 'member' 테이블의 'mb_name' 컬럼의 값이 '홍길동'인 'mb_enum' 컬럼에 인덱스 값을 사용해서 UPDATE 하는 예제입니다.

```
UPDATE member
SET mb_enum = '2'
WHERE mb_name = '홍길동';
```

위의 예제를 실행하면 인덱스 값 2를 UPDATE 하였습니다. 어떤 값이 들어갈지 예상되시나요? 인덱스 값 2를 UPDATE 하면 '남자', '여자' 중 2의 인덱스 값을 가지는 '여자' 가 UPDATE 되게 됩니다.

다음 예제는 SELECT 문을 사용해서 입력된 'mb_enum' 컬럼의 데이터를 인덱스 값으로 가져오는 예제입니다.

```
SELECT mb_name, mb_enum+0
FROM member;
```

위의 예제와 같이 인덱스 값으로 검색하여 검색 결과가 인덱스 값으로 나타난 것을 확인할 수 있습니다.

예제에서 살펴본 대로, ENUM 타입은 설정된 데이터 리스트 값 중 단 하나만 선택하여 저장이 가능하고, 만약 설정된 리스트에 존재하지 않는다면 공백으로 저장된다는 것에 유의하면 되겠습니다. '남자', '여자'와 같이 중복될 수 없는 값들을 저장할 경우에 사용하는 것이 좋고, HTML의 input 타입 중 'radio'와 'selectbox'와 같이 하나의 값만 선택이 가능한 타입에 적합합니다.

알아두세요

바이너리 데이터 타입

ENUM 타입을 사용하면 가독성을 높일 수 있으며, 특정 숫자에 문자열로 의미를 부여할 수 있습니다. 만약 설정 목록 중 존재하지 않는 값을 저장 시 에러는 발생하지 않지만 공백으로 저장됩니다.

02-5 SET

SET은 열거형 데이터를 저장하는데 사용됩니다. 최대 64개의 데이터 값을 설정할 수 있으며, 이렇게 설정된 SET 데이터는 문자열을 내부적으로 바이너리 데이터로 변환하여 인식합니다. ENUM과 비슷하지만 다른 부분은 설정 데이터 값 리스트 중 여러 개의 데이터 값을 선택하여 저장할 수 있는 것이 특징입니다.

```
SET('데이터 값1','데이터 값2', ...)
```

알아두세요

SET 타입을 사용할 경우에는 데이터 값 리스트를 설정할 경우와 INSERT, UPDATE 등 모든 문법에서 값을 구분하는 콤마(,) 사이에는 공백이 있어서는 안 됩니다.

알아두세요

ENUM 타입이 HTML의 input 타입 중 'radio'와 'selectbox'와 비슷하다면, SET 타입은 HTML의 input 타입 중 'checkbox'와 같이 여러 개의 값을 선택이 가능한 타입에 적합 합니다.

타입	비고
SET	최대 64개, 저장된 문자열 목록 중에 0, 1개 이상을 얻을 수 있음

▲ SET 타입

다음 예제는 ALTER TABLE 문을 사용하여 'member' 테이블에 '짜장면, 짬뽕, 볶음밥' 세 개의 값 중 여러 개를 가질 수 있는 SET 형인 'mb_set' 컬럼을 추가하는 예제입니다.

```
ALTER TABLE member
ADD mb_set SET('짜장면','짬뽕','볶음밥')
;
```

알아두세요

여러 개의 값을 저장할 경우에는 예제처럼 쉼표(')와 콤마(,)를 사용하여 값 사이를 구분해줘야 하며, 콤마(,) 사이에는 공백이 있어서는 안 됩니다.

#	이름	종류	데이터정렬방식	보기	Null	기본값	설명	추가	실행
1	mb_no	int(11)			아니오	없음		AUTO_INCREMENT	변경 ⊘ 삭제 ▼더보기
2	mb_id	varchar(20)	utf8_general_ci		아니오				변경 ⊘ 삭제 ▼더보기
3	mb_password	varchar(255)	utf8_general_ci		아니오				변경 ⊘ 삭제 ▼더보기
4	mb_name	varchar(255)	utf8_general_ci		아니오				변경 ⊘ 삭제 ▼더보기
5	mb_email	varchar(255)	utf8_general_ci		아니오				변경 ⊘ 삭제 ▼더보기
6	mb_set	set('짜장면','짬뽕','볶음밥')	utf8_general_ci		예	NULL			변경 ⊘ 삭제 ▼더보기

▲ 예제 실행 후 'member' 테이블 확인

위의 예제 실행 후 'mb_set' 컬럼을 살펴보면 설정 값에 '짜장면', '짬뽕', '볶음밥' 세 개의 값이 설정된 것이 확인 가능합니다. ENUM은 1씩 증가하였지만 SET 타입은 비트 단위로 증가합니다. 실제로 추가된 설정 값들의 비트 값과 바이너리 값을 가져오면 아래의 표의 형태로 비트 값과 바이너리 값이 증가되며 설정 됩니다.

데이터 값	비트 값	바이너리 값
'짜장면'	1	0001
'짬뽕'	2	0010
'볶음밥'	4	0100

▲ 예제 실행 후 비트 값, 바이너리 값 확인

위의 표와 같이 설정된 리스트 값은 내부적으로 1,2,4,8,16....과 같이 증가하며 비트 값과 바이너리 값을 가집니다.

다음 예제는 'member' 테이블에 'mb_name' 컬럼의 값이 '홍길동'인 'mb_set' 컬럼에 '짜장면'과 '짬뽕'이라는 두 개의 값을, 그리고 'mb_name' 컬럼의 값이 '임꺽정'인 'mb_set' 컬럼에 '짜장면', '짬뽕', '볶음밥'이라는 세 개의 값을 UPDATE 하는 예제입니다.

```
UPDATE member
SET mb_set = '짜장면,짬뽕'
WHERE mb_name = '홍길동';

UPDATE member
SET mb_set = '짜장면,짬뽕,볶음밥'
WHERE mb_name = '임꺽정';
```

	mb_no	mb_id	mb_password	mb_name	mb_email	mb_set
수정 복사 삭제	1	member01	1234	정동진	member01@email.com	NULL
수정 복사 삭제	2	member02	1234	윤성훈	member02@email.com	NULL
수정 복사 삭제	3	member03	1234	박성진	member03@email.com	NULL
수정 복사 삭제	4	member04	1234	홍길동	member04@email.com	짜장면,짬뽕
수정 복사 삭제	5	member05	1234	임꺽정	member05@email.com	짜장면,짬뽕,볶음밥

▲ 예제 실행 후 'mb_set' 컬럼 확인

위의 예제를 실행하여 데이터를 입력하면 이들은 각각

'짜장면'   => 1
'짜장면,짬뽕'   => 1 + 2 = 3
'짜장면,짬뽕,볶음밥'   => 1 + 2 + 4 = 7

이렇게 내부적인 비트단위로 저장되고 연산되어집니다. 출력은 비트단위의 숫자가 아닌 원래 저장한 형태의 문자열로 보이지만 실제로는 비트단위로 내부에서 변환되는 것입니다.

다음 예제는 'member' 테이블에 'mb_name' 컬럼의 값이 '홍길동'인 'mb_set' 컬럼에 설정된 데이터 리스트 값에 없는 '우동'이라는 값을 UPDATE 하는 예제입니다.

```
UPDATE member
SET mb_set = '우동'
WHERE mb_name = '홍길동';
```

위의 예제를 실행하면 설정된 데이터 리스트 값에 없는 '우동'이라는 값은 데이터에 저장되지 않습니다. 에러가 발생하지는 않지만 대신 공백으로 저장됩니다.

다음 예제는 'member' 테이블에 'mb_name' 컬럼의 값이 '홍길동'인 'mb_set' 컬럼에 설정된 '짜장면'과 '짬뽕'의 데이터 값과 값이 없는 '우동'이라는 값을 UPDATE 하는 예제입니다.

```
UPDATE member
SET mb_set = '짜장면,짬뽕, 우동'
WHERE mb_name = '홍길동';
```

위의 예제를 실행하면 설정된 데이터 리스트 값에 없는 '우동'이라는 값은 데이터에 저장되지 않지만, '짜장면'과 '짬뽕'의 값은 저장됩니다.
그리고 이러한 비트단위를 사용해서 저장과 검색을 할 수도 있습니다.
다음 예제는 'member' 테이블의 'mb_name' 컬럼의 값이 '홍길동'인 'mb_set' 컬럼에 비트 값을 사용해서 UPDATE 하는 예제입니다.

```
UPDATE member
SET mb_set = '3'
WHERE mb_name = '홍길동';
```

위의 예제를 실행하면 비트 값 3을 UPDATE 하였습니다. 어떤 값이 들어갈지 예상되시나요? 비트 값 3을 UPDATE 하면 ('짜장면, 짬뽕' => 1 + 2 = 3), 즉 '짜장면, 짬뽕'이 UPDATE 되게 됩니다.
다음 예제는 SELECT 문을 사용해서 입력된 'mb_set' 컬럼의 데이터를 10진수로 가져오는 예제입니다.

```
SELECT mb_name, mb_set+0
FROM member;
```

mb_name	mb_set+0
정동진	NULL
윤성훈	NULL
박성진	NULL
홍길동	3
임꺽정	7

▲ 예제 실행 화면

위의 그림과 같이 비트 값으로 검색하여 검색 결과가 비트 단위로 나타난 것을 확인할 수 있습니다.
이와 같이 SET 타입을 사용하면 여러 가지 형태로 SQL문을 만들 수 있다는 것이 장점중의 하나입니다.

03 _ 날짜와 시간 타입

MySQL에서는 다양한 형태의 날짜와 시간에 관한 타입이 있습니다. 날짜 및 시간 타입은 DATE, DATETIME, TIMESTAMP, TIME 그리고 YEAR가 있습니다. 각각의 타입에 대해서 살펴보겠습니다.

타입	사용	저장바이트	출력방식
DATE	날짜	3 byte	CCYY-MM-DD
TIME	시간	3 byte	hh:mm:ss
DATETIME	날짜와 시간	8 byte	CCYY-MM-DD hh:mm:ss
TIMESTAMP	타임스탬프	4 byte	1970-01-01 00:0:00 이후부터 초를 숫자로 정하는 자료형
YEAR	연도	1 byte	CCYY 또는 YY

▲ 날짜형 타입

03-1 DATE, DATETIME, TIMESTAMP

DATETIME, DATE, 그리고 TIMESTAMP 타입들은 서로 관련이 있습니다. 이러한 타입들의 특성과, 서로가 얼마나 유사한지, 그리고 다른 점은 어떤 것이 있는지에 대해서 살펴보겠습니다.

DATE 타입은 날짜 값만을 필요로 할 때 사용되며, 시간을 저장하는 부분이 없습니다. DATE 타입에 저장되는 값은 'YYYY-MM-DD'와 같은 형태로 저장, 출력됩니다. 날짜의 지원 범위는 '1000-01-01'에서 '9999-12-31'까지 입니다.

DATETIME 타입은 날짜와 시간 정보를 모두 필요로 할 때 사용되며, DATETIME 타입에 저장되는 값은 'YYYY-MM-DD HH:MM:SS'와 같은 형태로 저장, 출력됩니다. 날짜와 시간의 지원 범위는 '1000-01-01 00:00:00'에서 '9999-12-31 23:59:59'까지 입니다.

TIMESTAMP 타입은 다양한 특성을 가지고 있는데, 날짜와 시간을 나타내는 타임스탬프를 저장할 수 있는 타입 입니다. TIMESTAMP 타입의 컬럼은 사용자가 직접 입력을 하지 않으면, 데이터가 마지막으로 입력되거나 변경된 시간이 저장됩니다. 따라서 데이터의 최종 변경 시각을 저장하고 확인하는 데 유용하게 사용됩니다. TIMESTAMP 타입의 지원 범위는 '1970-01-01 00:00:01' UTC부터 '2038-01-19 03:14:07' UTC까지입니다.

DATETIME과 TIMESTAMP의 차이점

두 데이터 타입의 차이는 시간대 정보를 가지고 있느냐 있지 않느냐의 차이입니다. 즉, DATETIME은 입력되는 날짜와 시간을 그대로 입력받습니다. 하지만, TIMESTAMP는 time_zone이라는 시스템 변수로 저장된 값을 기본으로 하여 날짜와 시간정보를 입력받게 됩니다. 정확히 이야기 하면 time_zone 시스템 변수에 입력된 시간대 정보를 기반으로 데이터를 입력받아 그 정보를 UTC로 변환하여 저장합니다. 즉, 저장되는 데이터 정보는 무조건 UTC 기반이 됩니다. 그리고 입력받은 데이터를 출력할 때에는 time_zone에 입력된 값을 기반으로 변환하여 처리됩니다.

앞의 세 가지 타입은 만약 입력받은 데이터가 유효한 날짜와 시간이 아니면, 세 타입 모두 각각의 포 멧 형식으로 0을 저장합니다. 예를 들어 DATE 타입에 유효한 날짜가 아니라면 '0000-00-00'과 같 이 해당 타입의 형식대로 0을 저장합니다.

날짜 부분 구분에 문자(-)를 포함하는 형태로 지정된 값에 대해서는, 10 보다 작은 월 (month) 또는 날짜 값에 대해서는 꼭 두 자리를 지정할 필요는 없습니다. '2018-1-1'은 '2018-01-01'과 동일하게 저장됩니다. 비슷하게, 시간 부분 구분에 문자(:)를 포함하는 형태로 지정된 값에 대해서는, 10 보다 작은 시(hour), 분(minute), 또는 초(second)에 대해서 두 자리를 지정할 필요가 없습니다. '2018-01-01 1:2:3'은 '2018-01-01 01:02:03'과 동일하게 저장됩니다.

다음 예제는 ALTER TABLE 문을 사용하여 'member' 테이블에 DATE, DATETIME, TIMESTAMP 타 입으로 'mb_date', 'mb_datetime', 'mb_timestamp' 컬럼을 추가하는 예제입니다.

```
ALTER TABLE member
ADD mb_date DATE,
ADD mb_datetime DATETIME,
ADD mb_timestamp TIMESTAMP
;
```

▲ 'member' 테이블에 예제 컬럼 추가 확인

다음 예제는 'member' 테이블의 'mb_name' 컬럼의 값이 '홍길동'인 'mb_date' 컬럼과 'mb_datetime' 컬럼에 각각 날짜 '2018-01-01', 날짜와 시간 '2018-01-01 01:01:01' 을 UPDATE 하는 예제입니다.

```
UPDATE member
SET mb_date = '2018-01-01',
mb_datetime = '2018-01-01 01:01:01'
WHERE mb_name = '홍길동';
```

위의 예제를 실행하면 아래의 그림과 같이 결과를 확인할 수 있습니다.

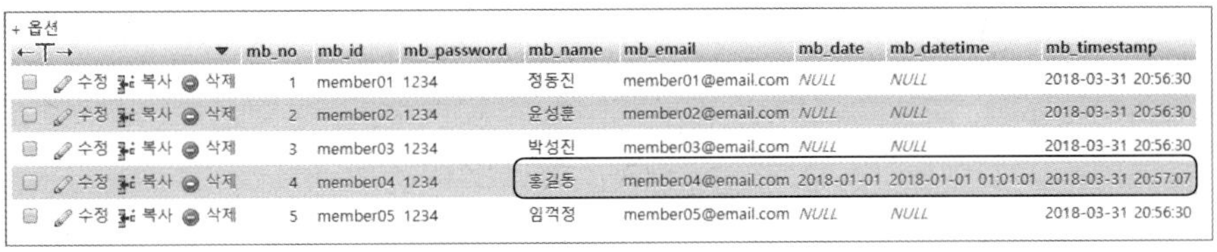
+ 옵션

←T→	mb_no	mb_id	mb_password	mb_name	mb_email	mb_date	mb_datetime	mb_timestamp
수정 복사 삭제	1	member01	1234	정동진	member01@email.com	NULL	NULL	2018-03-31 20:56:30
수정 복사 삭제	2	member02	1234	윤성훈	member02@email.com	NULL	NULL	2018-03-31 20:56:30
수정 복사 삭제	3	member03	1234	박성진	member03@email.com	NULL	NULL	2018-03-31 20:56:30
수정 복사 삭제	4	member04	1234	홍길동	member04@email.com	2018-01-01	2018-01-01 01:01:01	2018-03-31 20:57:07
수정 복사 삭제	5	member05	1234	임꺽정	member05@email.com	NULL	NULL	2018-03-31 20:56:30

▲ 예제 실행 화면

예제 결과 화면을 보면 'mb_name' 컬럼의 값이 '홍길동'인 데이터의 'mb_date' 컬럼에는 '2018-01-01', 'mb_datetime' 컬럼에는 '2018-01-01 01:01:01'과 같이 UPDATE 되었습니다. 여기에서 'mb_timestamp' 컬럼의 값을 보면 현재 UPDATE 를 실행한 시간이 자동으로 저장이 된 것을 확인할 수 있습니다. 예제와 같이 'mb_timestame' 컬럼의 값을 따로 지정하여 입력하지 않으면, 데이터가 마지막으로 입력되거나 변경된 시간이 저장됩니다. 따라서 예제의 결과 화면과 같이 데이터의 최종 변경 시각을 저장하고 확인하는 데 유용하게 사용할 수 있습니다.

03-2 TIME

TIME은 시간을 저장할 수 있는 타입 입니다. TIME 타입의 저장되는 값은 'HH:MM:SS'와 같은 형태로 저장, 출력됩니다. 큰 시간 값의 경우에는 'HHH:MM:SS'와 같은 형태로도 사용가능합니다. 이때 시간의 지원 범위는 '-838:59:59'에서 '838:59:59'까지 범위를 가질 수 있습니다. 범위를 초과한 시간은 '-838:59:59' 이나 '838:59:59'로 MySQL에서 자동 변환하여 저장됩니다. 또한, 유효하지 않은 시간은 '00:00:00'로 저장됩니다.

시간 부분의 구분 문자(:)를 포함하는 형태로 지정된 TIME 값의 경우, 10 보다 작은 시간, 분, 또는 초를 나타내는 값에 대해서는 두 자리를 지정할 필요가 없습니다. '2:7:9'은 '02:07:09'와 동일하게 저장됩니다.

다음 예제는 ALTER TABLE 문을 사용하여 'member' 테이블에 TIME 타입의 'mb_time' 컬럼을 추가하는 예제입니다.

```
ALTER TABLE member
ADD mb_time TIME;
```

▲ 'member' 테이블에 예제 컬럼 추가 확인

다음 예제는 'member' 테이블의 'mb_name' 컬럼의 값이 '홍길동'인 'mb_time' 컬럼에 시간 '02:07:09'를 UPDATE 하는 예제입니다.

```
UPDATE member
SET mb_time = '02:07:09'
WHERE mb_name = '홍길동';
```

위의 예제를 실행하면 'HH:MM:SS'와 같은 형태로 저장 된 것을 아래의 그림과 같이 결과를 확인할 수 있습니다.

▲ 예제 실행 화면

실제로 TIME 타입은 자주 사용되지는 않습니다. DATE 타입과 TIME 타입을 각각 사용하여 데이터의 자료를 저장할 수도 있지만, 보통은 DATETIME 타입에 날짜와 시간을 모두 입력하여 사용하는 것이 좋습니다.

03-3 YEAR

YEAR 타입은 연도를 나타내기 위해서 사용되는 타입 입니다. MySQL은 YEAR 값을 'YYYY' 형태로 추출해서 표시합니다. 연도의 범위는 1901년부터 2155년까지입니다. 기본은 'YYYY'와 같은 형태로 네 자리로 사용하며, 지정 너비에 따라서 두 자리, 네 자리를 사용할 수 있습니다. 이렇게 저장되는 결과는 형태에 따라 조금씩 차이가 있습니다.

❶ 4자리 숫자로 저장, 저장 범위는 1901년에서 2155년까지가 됩니다.

❷ 4자리 문자열로 저장, 저장 범위는 1901년에서 2155년까지가 됩니다.

❸ 1자리 또는 2자리 숫자로 저장, 1에서 69까지는 2001년에서 2069년까지가 되고, 70에서 99까지는 1970년에서 1999년까지가 됩니다.

❹ 1자리 또는 2자리 문자열로 저장, '0'에서 '69'까지는 2000년에서 2069년까지가 되고, '70'에서 '99'까지는 1970년에서 1999년까지가 됩니다.

❺ 숫자 0을 저장, 2000년이 아닌 0000년으로 저장되며, 2000년은 반드시 문자열 '0' 또는 '00'으로 입력해야 합니다.

다른 타입과 마찬가지로 유효하지 않은 연도 값은 '0000'으로 변환 되어 저장됩니다.

다음 예제는 ALTER TABLE 문을 사용하여 'member' 테이블에 YEAR 타입의 'mb_year' 컬럼을 추가하는 예제입니다.

```
ALTER TABLE member
ADD mb_year YEAR;
```

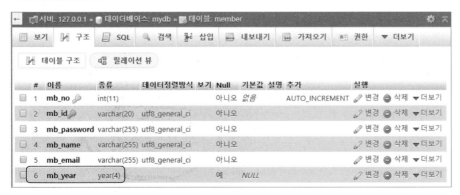

▲ 'member' 테이블에 예제 컬럼 추가 확인

다음 예제는 'member' 테이블의 'mb_name' 컬럼의 값이 '홍길동'인 'mb_year' 컬럼에 4자리 문자열 '2018' 을 UPDATE 하는 예제입니다.

```
UPDATE member
SET mb_year = '2018'
WHERE mb_name = '홍길동';
```

위의 예제를 실행하면 'YYYY'와 같은 형태로 저장 된 것을, 아래의 그림과 같이 결과를 확인할 수 있습니다.

	mb_no	mb_id	mb_password	mb_name	mb_email	mb_year
수정 복사 삭제	1	member01	1234	정동진	member01@email.com	NULL
수정 복사 삭제	2	member02	1234	윤성훈	member02@email.com	NULL
수정 복사 삭제	3	member03	1234	박성진	member03@email.com	NULL
수정 복사 삭제	4	member04	1234	홍길동	member04@email.com	2018
수정 복사 삭제	5	member05	1234	임꺽정	member05@email.com	NULL

▲ 예제 실행 화면

이어서 위에 설명한 여러 가지의 형태로 YEAR 타입의 연도 값을 저장해보도록 하겠습니다.

다음 예제는 'member' 테이블의 'mb_name' 컬럼의 값이 '홍길동'인 'mb_year' 컬럼에 1자리 문자열 '0' 을 UPDATE 하는 예제입니다.

```
UPDATE member
SET mb_year = '0'
WHERE mb_name = '홍길동';
```

위의 예제의 실행 결과는 문자열 '0'을 입력하였기 때문에 '2000' 연도로 자동 변환되어 저장된 것을 확인할 수 있습니다.

mb_no	mb_id	mb_password	mb_name	mb_email	mb_year
1	member01	1234	정동진	member01@email.com	NULL
2	member02	1234	윤성훈	member02@email.com	NULL
3	member03	1234	박성진	member03@email.com	NULL
4	member04	1234	홍길동	member04@email.com	2000
5	member05	1234	임꺽정	member05@email.com	NULL

▲ 예제 실행 화면

다음 예제는 'member' 테이블의 'mb_name' 컬럼의 값이 '홍길동'인 'mb_year' 컬럼에 2자리 숫자로 '88' 을 UPDATE 하는 예제입니다.

```
UPDATE member
SET mb_year = 88
WHERE mb_name = '홍길동';
```

위의 예제의 실행 결과는 숫자로 '88'을 입력하였기 때문에 '1988' 연도로 자동 변환되어 저장된 것을 확인할 수 있습니다.

	mb_no	mb_id	mb_password	mb_name	mb_email	mb_year
☐ ✎ 수정 ╪╪ 복사 ⊖ 삭제	1	member01	1234	정동진	member01@email.com	NULL
☐ ✎ 수정 ╪╪ 복사 ⊖ 삭제	2	member02	1234	윤성훈	member02@email.com	NULL
☐ ✎ 수정 ╪╪ 복사 ⊖ 삭제	3	member03	1234	박성진	member03@email.com	NULL
☐ ✎ 수정 ╪╪ 복사 ⊖ 삭제	4	member04	1234	홍길동	member04@email.com	1988
☐ ✎ 수정 ╪╪ 복사 ⊖ 삭제	5	member05	1234	임꺽정	member05@email.com	NULL

▲ 예제 실행 화면

YEAR 타입을 사용할 때에는 다른 1자리 2자리수의 형태로 사용하는 것 보다는 직관적인 'YYYY'와 같은 4자리 형태로 사용하는 것이 정확한 데이터를 입력하는데 도움이 되겠습니다.

데이터 타입(data type)

데이터 타입이란 프로그램에서는 즉 자료형과 같은 개념으로서 프로그램에서는 데이터 자료의 흐름 즉, 처리를 중요하게 다룬다면 데이터베이스에서는 주로 데이터의 상태가 더 중요하다고 할 수 있습니다.

MySQL에서 테이블을 정의할 때는 필드별로 저장할 수 있는 타입까지 명시해야 합니다.
MySQL에서 제공하는 기본 타입은 다음과 같습니다.
❶ 숫자 타입
❷ 문자열 타입
❸ 날짜와 시간 타입

숫자 타입
❶ 정수 타입(integer types)
❷ 고정 소수점 타입(fixed-point types)
❸ 부동 소수점 타입(floating-point types)
❹ 비트값 타입(bit-value type)

문자열 타입
❶ CHAR와 VARCHAR
❷ BINARY와 VARBINARY
❸ BLOB과 TEXT
❹ ENUM
❺ SET

날짜와 시간 타입
❶ DATE, DATETIME, TIMESTAMP
❷ TIME
❸ YEAR

1 MySQL에서는 정수, 고정 소수점, 부동 소수점, 비트 값을 위한 타입이 있습니다. 모든 _____은 양수만을 저장하기 위해 타입 뒤에 UNSIGNED 지시자를 사용할 수 있습니다.

2 MySQL의 _____은 주로 텍스트를 저장하는데 사용되지만, 임의의 데이터를 담을 수 있는 범용으로 사용가능한 타입입니다.

3 다음은 문자열 타입 중 어떤 타입에 대한 설명입니까?

> 이 타입은 열거형 데이터를 저장하는데 사용됩니다. 최대 64개의 데이터 값을 설정할 수 있으며, 이렇게 설정된 SET 데이터는 문자열을 내부적으로 바이너리 데이터로 변환하여 인식합니다. ENUM과 비슷하지만 다른 부분은 설정 데이터 값 리스트 중 여러 개의 데이터 값을 선택하여 저장할 수 있는 것이 특징입니다.

❶ CHAR   ❷ VARCHAR   ❸ TEXT   ❹ ENUM   ❺ SET

4 다음은 날짜와 시간 타입 중 어떤 타입에 대한 설명입니까?

> 이 타입은 시간을 저장할 수 있는 타입 입니다. 이 타입의 저장되는 값은 'HH:MM:SS' 와 같은 형태로 저장, 출력됩니다. 큰 시간 값의 경우에는 'HHH:MM:SS' 와 같은 형태로도 사용가능합니다.

❶ DATE   ❷ TIME   ❸ DATETIME   ❹YEAR   ❺ TIMESTAMP

Answer

1 숫자 타입
2 문자열 타입
3 ❺번 SET
4 ❷번 TIME

MySQL 연산자와 함수

MySQL에서는 다른 프로그래밍 언어에서도 사용하는 기본적인 연산자와 함수를 다양하게 제공합니다. 이러한 연산자와 함수를 사용하여 데이터를 계산하거나 추출, 처리할 수 있습니다. 이번 장에서는 이러한 연산자와 함수의 개요를 설명하고, 각각의 연산자와 함수에 대한 보다 자세한 설명을 한 다음 예제로 함께 실습해 보도록 하겠습니다.

01 _ 연산자(operator)

MySQL에서는 다른 RDBMS와 마찬가지로 일반적으로 많이 사용되어지는 기본적인 연산자를 모두 제공합니다. 연산자에 따라 우선순위가 존재하는데 이런 연산자의 우선순위에 따라 SQL의 결과가 달라질 수 있으므로 우선순위에 대해서 습득하고 있는 것이 좋습니다.

우선순위	연산자
1	INTERVAL
2	BINARY, COLLATE
3	!
4	− (단항 연산자), ~ (비트 연산자)
5	^
6	*, /, DIV, %, MOD
7	− (이항 연산자), +
8	《, 》
9	&
10		
11	= (관계 연산자), <=>, >=, >, <=, <, <>, !=, IS, LIKE, REGEXP, IN
12	BETWEEN, CASE, WHEN, THEN, ELSE
13	NOT
14	AND, &&
15	XOR
16	OR, ||
17	= (대입 연산자), :=

▲ 연산자 우선순위

위의 표와 같이 우선순위 단계들은 다음 목록에 높은 수준부터 낮은 수준으로 나열됩니다. 만약 우선순위가 같다면 연산자를 나열한 좌측부터 순서대로 동작하며, 가장 높은 수준의 우선순위에 있는 연산자들은 이보다 낮은 수준의 우선순위에 있는 연산자들보다 먼저 처리됩니다.

알아두세요

위 표의 우선순위 11과 17의 =연산자의 경우 동일한 기호임에도 어떻게 사용하느냐에 따라서 우선순위가 틀려질 수 있습니다.

만약 위의 연산자에 대한 순서를 사용자가 강제로 지정하기 위해서는 그룹연산자를 사용하여 해당 연산 구간을 묶어서 사용할 수 있습니다. 다음은 연산자를 동시에 사용하는 예제입니다.

```
❶ SELECT 1+2*3;
❷ SELECT (1+2)*3;
```

❶ 곱셈의 대한 연산이 더 우선순위이기 때문에 2 * 3 이후 +1을 연산합니다. 따라서 결과는 7이 됩니다.
❷ 연산자의 우선순위를 무시하기 위해 (그룹연산자)로 1+2를 묶어 주었습니다. 따라서 1+2를 우선적으로 계산하고 이후 * 3을 연산합니다. 따라서 결과는 9가 됩니다.

예제와 같이 표현식의 일부를 그룹으로 만들고자 할 때는 괄호(그룹연산자)를 사용할 수 있습니다. 이것은 표현식의 항목이 처리되는 순서를 결정하는 기본 연산자의 우선순위보다 먼저 처리됩니다. 괄호(그룹연산자)를 사용하면 시각적으로도 표현식을 조금 더 잘 읽을 수 있는 효과도 생깁니다.

01-1 산술 연산자(arithmetic operator)

MySQL의 산술 연산자는 우리가 흔히 사용하는 사칙연산을 다루는 가장 기본적이면서도 많이 사용하는 연산자입니다. 사칙 연산은 우리가 알고 있는 덧셈, 뺄셈, 곱셈, 나눗셈에 한 가지 더 있다면 나눗셈의 나머지를 구하는 것 입니다. 연산자는 기호로 표기하므로 아래 표로 정리해 보겠습니다.

연산자	연산
+	왼쪽 피연산자에 오른쪽 피연산자를 더함
–	왼쪽 피연산자에 오른쪽 피연산자를 뺌
*	왼쪽 피연산자에 오른쪽 피연산자를 곱함
/	왼쪽 피연산자를 오른쪽 피연산자로 나눔
DIV	왼쪽 피연산자를 오른쪽 피연산자로 나누고 소수를 버림
%, MOD	왼쪽 피연산자를 오른쪽 피연산자로 나누고 그 나머지를 반환

▲ 산술 연산자

> **알아두세요**
>
> –, +, 그리고 *의 경우, 양쪽의 인수가 모두 정수일 경우에는 BIGINT (64–bit) 정밀도로 계산되며, 계산된 결과가 BIGINT 계산의 64 비트의 범위를 벗어나면 그 값은 0으로 나타납니다.

다음 예제는 표13-2에 있는 각각의 연산자를 MySQL에서는 어떻게 사용하는지에 대해 살펴보겠습니다.

- + 덧셈:

```
SELECT 2+7;
```

- − 뺄셈:

```
SELECT 8-5;
```

- − 음수 부호, 이 연산자는 인수의 부호를 변경 시킵니다.

```
SELECT - 3;
```

- * 곱셈:

```
SELECT 2*3;
```

- / 나눗셈: 만약 0으로 나눗셈을 하면 결과는 NULL 값이 나옵니다.

```
SELECT 3/5;
```

- DIV: DIV를 사용하여 나눗셈을 하면 소수가 버려진 값이 나옵니다.

```
SELECT 7 DIV 2;
```

- %, MOD 나머지:

```
SELECT 5 % 2;
SELECT 5 MOD 2;
```

01-2 대입 연산자(assignment operator)

MySQL의 대입 연산자는 변수에 값을 대입할 때 사용하는 연산자입니다. 아래 표로 정리해 보겠습니다.

연산자	연산
=	왼쪽 피연산자에 오른쪽 피연산자를 대입함.(SET, UPDATE 문의 SET 절에서만 대입 연산자로 사용됨)
:=	왼쪽 피연산자에 오른쪽 피연산자를 대입함

▲ 대입 연산자

MySQL에서 '=' 연산자는 두 가지 의미로 해석할 수 있습니다.

첫째, SET, UPDATE 문의 SET 절에서 사용하면 왼쪽 피연산자에 오른쪽 피연산자를 대입하는 대입 연산자로 해석됩니다.

둘째, SET, UPDATE 문의 SET 절 이외에 사용하면, 왼쪽 피연산자와 오른쪽 피연산자를 비교하는 비교 연산자로 해석됩니다.

이와 같이 '=' 연산자는 사용하는 상황에 따라서 다르게 해석되기 때문에 정확한 사용방법을 모른다면 원하는 연산을 할 수 없습니다. 그렇기 때문에 MySQL에서는 무조건 대입 연산자로만 해석되는 두 번째 대입 연산자(:=)를 별도로 제공하고 있습니다. 두 번째 대입 연산자(:=)는 첫 번째 대입 연산자(=)와 다르게 절대 비교 연산자로 해석되지 않기 때문에 용도에 따라 두 번째 대입 연산자(:=)를 사용하는 것도 정확한 연산을 위한 방법 중 하나가 되겠습니다.

다음 예제는 SET, UPDATE 문의 SET 절에서 사용되는 대입 연산자의 예제입니다.

```
UPDATE member
SET mb_name = '옥동자'
WHERE mb_name = '홍길동';
```

위 예제에서의 대입 연산자는 SET 절에 있는 'mb_name' 컬럼에 '옥동자'라는 값을 대입해서 '옥동자'라는 값을 UPDATE 하는 대입 연산자로 사용되고 있습니다.

다음 예제는 SET, UPDATE 문이 아닌 SELECT 문에서 사용되는 대입 연산자의 예제입니다.

```
SELECT member
WHERE mb_name = '임꺽정';
```

위 예제에서의 대입 연산자는 'mb_name' 컬럼의 값이 '임꺽정'인 레코드를 가져오기 위해 비교 연산자로 사용되고 있습니다.

이와 같이 상황에 따라서 다르게 해석되어 사용되기 때문에 SET, UPDATE 문의 SET 절에서 해석되는 대입 연산자와 다른 문법에서 사용되는 대입 연산자의 차이를 알고 있어야 정확하게 원하는 SQL질의를 실행할 수 있습니다.

01-3 비교 연산자(comparison operator)

MySQL의 비교 연산자는 양쪽의 값을 비교할 때 사용하는 연산자입니다. 아래 표로 정리해 보겠습니다.

연산자	연산
=	왼쪽 피연산자와 오른쪽 피연산자가 같으면 참을 반환
!=, <>	왼쪽 피연산자와 오른쪽 피연산자가 같지 않으면 참을 반환
<	왼쪽 피연산자가 오른쪽 피연산자보다 작으면 참을 반환
<=	왼쪽 피연산자가 오른쪽 피연산자보다 작거나 같으면 참을 반환
>	왼쪽 피연산자가 오른쪽 피연산자보다 크면 참을 반환
>=	왼쪽 피연산자가 오른쪽 피연산자보다 크거나 같으면 참을 반환
<=>	양쪽의 피연산자가 모두 NULL이면 참을 반환, 하나의 피연산자만 NULL이면 거짓을 반환
IS	왼쪽 피연산자와 오른쪽 피연산자가 같으면 참을 반환 (오른쪽 피연산자가 Boolean 값인 true, false, unknow 값일 때 사용)
IS NOT	왼쪽 피연산자와 오른쪽 피연산자가 같지 않으면 참을 반환 (오른쪽 피연산자가 Boolean 값인 true, false, unknow 값일 때 사용)
IS NULL	피연산자의 값이 NULL이면 참을 반환
IS NOT NULL	피연산자의 값이 NULL이 아니면 참을 반환
BETWEEN min AND max	피연산자의 값이 min 값보다 크거나 같고, max 값보다 작거나 같으면 참을 반환
NOT BETWEEN min AND max	피연산자의 값이 min 값보다 작거나 max 크면 참을 반환
IN()	피연산자의 값이 인수로 전달받은 리스트에 존재하면 참을 반환
NOT IN()	피연산자의 값이 인수로 전달받은 리스트에 존재하지 않으면 참을 반환

▲ 비교 연산자

비교 연산자의 결과는 1(true), 0(false), NULL값 또는 연산에 대한 결과를 반환 합니다.

알아두세요

양쪽 피연산자의 값이 같은 경우 1(true)을 반환하며, 값이 같지 않다면 0(false)을 반환합니다. 단 하나의 값이라도 NULL이 포함되어지면 결과는 NULL을 반환합니다.

위의 표에 있는 다양한 비교 연산자를 예제를 통해서 살펴보도록 하겠습니다.

• = 비교 연산자 : 값1 = 값2

양쪽 피연산자의 같이 값을 경우 1 틀릴 경우 0을 반환 합니다. 단 하나의 값이라도 NULL이 포함되어지면 결과는 NULL을 반환하게 됩니다.

```
❶ SELECT 1 = 0;
❷ SELECT '0' = 0;
❸ SELECT NULL = 0;
```

❶ 1은 0과 같지 않기 때문에 0(false)을 반환합니다.

❷ '0'은 0과 같기 때문에 1(true)을 반환합니다.

❸ NULL이 포함되었음으로 NULL을 반환합니다.

알아두세요

이러한 비교 연산은 숫자 및 문자열에서 실행됩니다. 문자열은 ❷ 예제와 같이 MySQL의 내부에서 자동으로 숫자로 변환되며
필요할 경우에는 숫자를 문자열로 변환 시킬 수도 있습니다.

• !=, 〈〉 비교 연산자: 값1 != 값2, 또는 값1 〈〉 값2

비교 연산자(=)와 반대입니다. 일치하지 않을 경우 1을 반환합니다.

```
❶ SELECT '.01' 〈〉 '0.01';
❷ SELECT .01 〈〉 '0.01';
❸ SELECT 'gnuwiz' 〈〉 'gnuwiz';
```

❶ '.01'은 '0.01'과 같음으로 0을 반환할 것 같지만 양쪽 피연산자의 값을 작은따옴표(')로 묶어 문자
형 만들었습니다. 따라서 문자 그대로 비교하여 양쪽 값이 같지 않기 때문에 값은 1을 반환합니다.

❷ .01은 '0.01'과 같음으로 0을 반환 합니다. 숫자의 경우 작은따옴표(')로 묶지 않으면 앞의 값이 생
략된 경우 0을 추가합니다.

❸ 'gnuwiz'와 'gnuwiz'는 양쪽 값이 같지 않기 때문에 1을 반환합니다.

• 〈 비교 연산자 : 값1 〈 값2

값1이 값2보다 작을 경우 1을 반환합니다.

```
SELECT 2 〈 1;
```

왼쪽 피연산자 2는 오른쪽 피연산자 1보다 작음으로 1을 반환합니다.

• 〈= 비교 연산자 : 값1 〈= 값2

값1이 값2보다 작거나 같을 경우 1을 반환합니다. 비교 연산자 〈=의 문자 '〈', '='의 순서를 바꾸면
사용되지 않습니다.

```
SELECT 1 〈= 1;
```

왼쪽 피연산자의 1이 오른쪽 피연산자 1보다 작거나 같을 경우에 참이 됩니다. 1과 1은 같기 때문에 1을 반환합니다.

- \> 비교 연산자 : 값1 \> 값2
값1이 값2보다 클 경우 1을 반환합니다.

```
SELECT 2 > 1;
```

왼쪽 피연산자 2가 오른쪽 피연산자 1보다 크기 때문에 1을 반환합니다.

- \>= 비교 연산자 : 값1 \>= 값2
값1이 값2보다 크거나 같은 경우 1을 반환합니다. 비교 연산자 \>=의 문자 '\>', '='의 순서를 바꾸면 사용되지 않습니다.

```
SELECT 1 >= 1;
```

왼쪽 피연산자의 1이 오른쪽 피연산자 1보다 크거나 같을 경우에 참이 됩니다. 1과 1은 같기 때문에 1을 반환합니다.

- \<=\> 비교 연산자 : 값1 \<=\> 값2
\<=\>는 같은 값을 비교하는 비교 연산자(=)와 내용은 근본적으로 동일합니다. 하지만 차이점은 NULL 값도 하나의 값으로 취급하여 비교한다는 것이 다릅니다.

```
❶ SELECT 1 <=> 1, NULL <=> NULL, 1 <=> NULL;
❷ SELECT 1 = 1, NULL = NULL, 1 = NULL;
```

❶ 1, 1, 0. NULL 값도 하나의 값으로 취급하기 때문에 NULL을 반환하지 않습니다.

❷ 1, NULL, NULL. 하나라도 비교 대상에 NULL이 포함되면 연산불가로 판정하고 NULL 값을 반환합니다.

- IS 비교 연산자 : IS 불리언(boolean) 값
불리언 값에 대응해서 값을 비교 합니다. 여기에서 불리언 값은 TRUE, FALSE, UNKNOWN이 될 수 있습니다.

```
SELECT 1 IS TRUE, 0 IS FALSE, NULL IS UNKNOWN;
```

1, 0, NULL은 각각 TRUE, FALSE, UNKNOWN과 대응됨으로 전부 1을 반환합니다.

- IS NOT 비교 연산자 : IS NOT 불리언(boolean) 값

불리언 값에 대응해서 값을 비교 합니다. 여기에서 불리언 값은 TRUE, FALSE, UNKNOWN이 될 수 있습니다. IS NOT boolean_value 신택스(syntax)는 MySQL 5.0.2에서 추가 되었습니다.

```
SELECT 1 IS NOT UNKNOWN, 0 IS NOT UNKNOWN, NULL IS NOT UNKNOWN;
```

1과 0은 각각 TRUE, FALSE에 대응함으로 참이 됩니다. NULL은 UNKNOWN인데 NOT을 붙여 부정했기 때문에 거짓이 됩니다. 따라서 결과는 1, 1, 0을 반환합니다.

- IS NULL 비교 연산자 : IS NULL

값이 NULL인가를 비교하여 결과 값을 반환합니다. NULL인 경우 1, NULL이 아닌 경우 0을 반환 합니다.

```
SELECT 1 IS NULL, '' IS NULL, NULL IS NULL;
```

NULL(공백은 NULL이 아님)은 NULL로 명시할 경우에만 존재함으로 0, 0, 1을 반환합니다.

- IS NOT NULL 비교 연산자 : IS NULL NOT

값이 NULL인가를 비교하여 결과 값을 반환합니다. NOT이 붙으면 부정의 의미가 되어 NULL이 아닌 경우 1, NULL인 경우 1을 반환합니다.

```
SELECT 1 IS NULL, '' IS NULL, NULL IS NULL;
```

NULL(공백은 NULL이 아님)인 경우에만 0을 반환하기 때문에 1, 1, 0을 반환합니다.

- BETWEEN min AND max 비교 연산자 : expr BETWEEN min AND max

해당 비교 연산자는 AND 좌우의 값을 포함한 범위 사이에 값이 있는지를 체크합니다. 이를 수식으로 표현하면 "expr >= ... AND expr <= ..."와 동일한 결과를 나타냅니다.

```
❶ SELECT 2 BETWEEN 1 AND 3, 2 BETWEEN 3 and 1;
❷ SELECT 1 BETWEEN 2 AND 3;
❸ SELECT 'b' BETWEEN 'a' AND 'c';
❹ SELECT 2 BETWEEN 2 AND '3';
❺ SELECT 2 BETWEEN 2 AND 'x-3';
```

❶ BETWEEN은 반드시 범위 값 중, 작은 값이 왼쪽, 큰 값이 오른쪽에 있어야 합니다. 따라서 2는 1~3범위 사이에 있음으로 2 BETWEEN 1 AND 3은 1을 반환하고, 2 BETWEEN 3 AND 1은 비교대상 중 오른쪽 값이 더 작음으로 0을 반환합니다.

❷ 1은 2~3 범위 사이에 없기 때문에 0을 반환합니다.

❸ 'b'는 a~c 범위 사이에 있기 때문에 1이 반환됩니다. BETWEEN은 숫자뿐만 아니라 문자도 비교 가능한 것을 알 수 있습니다.

❹ 범위 중 3을 작은따옴표(')로 묶어 문자열로 치환하였으나, 숫자만이 존재 할 경우 MySQL에서는 내부적으로 숫자로 취급합니다. 따라서 2는 2~3 범위 사이에 있기 때문에 1을 반환합니다.

❺ 숫자와 문자열의 범위를 주었습니다. 이 경우 정상적으로 값을 비교할 수 없기 때문에 0을 반환합니다. ❺예제는 비교연산을 위해서는 동일한 형태의 데이터 타입끼리 비교를 해야 정상적인 결과가 나타남을 알 수 있습니다.

• NOT BETWEEN min AND max 비교 연산자 : expr NOT BETWEEN min AND max

해당 비교 연산자는 NOT (expr BETWEEN min AND max)과 동일합니다.

```
❶ SELECT 2 NOT BETWEEN 1 AND 3, 2 NOT BETWEEN 3 and 1;
❷ SELECT 1 NOT BETWEEN 2 AND 3;
❸ SELECT 'b' NOT BETWEEN 'a' AND 'c';
❹ SELECT 2 NOT BETWEEN 2 AND '3';
```

❶ NOT BETWEEN은 반드시 범위 값 중, 작은 값이 왼쪽, 큰 값이 오른쪽에 있어야 합니다. 따라서 2는 1~3 범위 사이에 있지만 NOT을 붙여 부정했기 때문에 2 NOT BETWEEN 1 AND 3은 0을 반환하고, 2 NOT BETWEEN 3 AND 1은 비교대상 중 오른쪽 값이 더 작지만 NOT을 붙여 부정했기 때문에 0을 반환합니다.

❷ 1은 2~3 범위 사이에 없지만 NOT을 붙여 부정했기 때문에 1을 반환합니다.

❸ 'b'는 a~c 범위 사이에 있지만 NOT을 붙여 부정했기 때문에 0을 반환합니다. NOT BETWEEN은 숫자뿐만 아니라 문자도 비교 가능한 것을 알 수 있습니다.

❹ 범위 중 3을 작은따옴표(')로 묶어 문자열로 치환하였으나, 숫자만이 존재 할 경우 MySQL에서는 내부적으로 숫자로 취급합니다. 따라서 2는 2~3 범위 사이에 있지만 NOT을 붙여 부정했기 때문에 0을 반환합니다.

• IN() 비교 연산자 : expr IN (값1, 값2...)

IN 구문은 expr 이 IN 리스트에 있는 값들 중의 하나와 같게 되면 1을, 그렇지 않으면 0을 반환합니다. 만약 모든 값이 상수라면, 그 값들은 expr의 타입에 따라서 값이 계산된 후에 정렬이 됩니다.

```
❶ SELECT 2 IN (1,3,5,7);
❷ SELECT 'gnuwiz' IN ('gnuwiz', 'php', 'mysql');
```

❶ 1, 3, 5, 7 중 IN 리스트에는 2가 존재하지 않기 때문에 0을 반환합니다.

❷ 'gnuwiz'는 IN 리스트에 존재하기 때문에 1을 반환합니다.

• NOT IN() 비교 연산자 : expr NOT IN (값1,값2...)

NOT IN 구문은 expr 이 IN 리스트에 있는 값들 중의 하나와 같게 되면 0을, 그렇지 않으면 1을 반환합니다. 만약 모든 값이 상수라면, 그 값들은 expr의 타입에 따라서 값이 계산된 후에 정렬이 됩니다.

```
❶ SELECT 2 NOT IN (1,3,5,7);
❷ SELECT 'gnuwiz' NOT IN ('gnuwiz','php','mysql');
```

❶ 1, 3, 5, 7 중 IN 리스트에는 2가 존재하지 않지만 NOT을 붙여 부정했기 때문에 1을 반환합니다.

❷ 'gnuwiz'는 IN 리스트에 존재하지만 NOT을 붙여 부정했기 때문에 0을 반환합니다.

위에서 살펴본 비교 연산자 이외에도 ISNULL, INTERVAL, LEAST 등이 있지만 위의 비교 연산자만 잘 활용하더라도 충분한 비교가 가능하기 때문에, 나머지 비교 연산자는 생략하고 넘어가도록 하겠습니다.

01-4 논리 연산자(logical operator)

MySQL의 논리 연산자는 논리식을 판단할 때 사용하는 연산자입니다. 아래 표로 정리해 보겠습니다.

연산자	연산
AND	논리식이 모두 참이면 참을 반환
&&	논리식이 모두 참이면 참을 반환
OR	논리식 중에서 하나라도 참이면 참을 반환
||	논리식 중에서 하나라도 참이면 참을 반환
XOR	논리식이 서로 다르면 참을 반환
NOT	논리식의 결과가 참이면 거짓, 거짓이면 참을 반환
!	논리식의 결과가 참이면 거짓, 거짓이면 참을 반환

▲ 논리 연산자

알아두세요

영문 연산자와 특수문자 연산자

AND와 &&, OR와 ||, NOT과 ! 논리 연산자는 서로 같은 역할을 합니다. 조금 더 쉽게 이해하자면 영문인 AND, OR, NOT과 &&, ||, !와 같이 특수문자 형태로 입력할 수 있는 두 가지 형태가 있습니다. 결국 두 가지 모두 같은 역할을 합니다.

논리 연산자의 결과는 1(true), 0(false), NULL값 또는 논리식에 대한 결과를 반환합니다.

위의 표에 있는 다양한 논리 연산자를 예제를 통해서 살펴보도록 하겠습니다.

• AND, && 논리 연산자 : 값1 AND 값2, 또는 값1 && 값2

AND, && 논리 연산자는 모든 피연산자의 값이 0이 아니고 NULL도 아니라면 1을, 한 개 또는 그 이상의 피연산자가 0이라면 0을, 그렇지 않을 경우에는 NULL을 반환합니다.

```
❶ SELECT 1 AND 1;
❷ SELECT 1 AND 0;
❸ SELECT 1 AND NULL;
❹ SELECT 0 AND NULL;
❺ SELECT NULL AND 0;
```

❶ 모든 피연산자가 1이기 때문에 1을 반환합니다.

❷ 왼쪽 피연산자가 1이고, 오른쪽 피연산자가 0이기 때문에 0을 반환합니다.

❸ 왼쪽 피연산자가 1이고, 오른쪽 피연산자가 NULL이기 때문에 NULL을 반환합니다.

❹ 왼쪽 피연산자가 0이고, 오른쪽 피연산자가 NULL이기 때문에 0을 반환합니다.

❺ 왼쪽 피연산자가 NULL이고, 오른쪽 피연산자가 0이기 때문에 0을 반환합니다.

알아두세요

AND 연산
- - - - - - - - - - - - - - - - -
AND 연산은 논리곱이라고도 하며 곱하기처럼 동작합니다.
이 연산에서는 모든 입력 값이 1일 때만 1일 반환합니다.

• OR, || 논리 연산자 : 값1 OR 값2, 또는 값1 || 값2

OR, || 논리 연산자는 양쪽의 피연산자가 NULL이 아니라면, 그 결과는, 양쪽의 피연산자가 0이 아니면 1을, 그렇지 않으면 0을 반환합니다. NULL 피연산자를 사용하면, 다른 피연산자가 0이 아니면 1을, 그렇지 않으면 NULL을 반환합니다. 만약 양쪽의 피연산자가 모두 NULL 이라면, 그 결과는 NULL 이 됩니다.

```
❶ SELECT 1 || 1;
❷ SELECT 1 || 0;
❸ SELECT 0 || 0;
❹ SELECT 1 || NULL;
❺ SELECT NULL || NULL;
```

❶ 모든 피연산자가 1이기 때문에 양쪽 모두 참이 되므로 1을 반환합니다.

❷ 왼쪽 피연산자가 1이고, 오른쪽 피연산자가 0이지만 한쪽이 참이 되므로 1을 반환합니다.

❸ 모든 피연산자가 0이기 때문에 양쪽 모두 거짓이 되므로 0을 반환합니다.

❹ 왼쪽 피연산자가 1이고, 오른쪽 피연산자가 NULL이지만 한쪽이 참이 되므로 1을 반환합니다.

❺ 모든 피연산자가 NULL이기 때문에 NULL을 반환합니다.

• XOR 논리 연산자 : 값1 XOR 값2

XOR 논리 연산자는 양쪽 값이 서로 다른 경우 1을 반환하고, 양쪽 값이 서로 같은 경우 0을 반환합니다. NULL이면 NULL을 반환합니다.

```
❶ SELECT 1 XOR 1;
❷ SELECT 1 XOR 0;
❸ SELECT 1 XOR NULL;
```

❶ 모든 피연산자가 1이기 때문에 양쪽 값이 서로 같다면 거짓이므로 0을 반환합니다.

❷ 왼쪽 피연산자가 1이고, 오른쪽 피연산자가 0이기 때문에 양쪽 값이 서로 다르다면 참이므로 1을 반환합니다.

❸ 오른쪽 피연산자가 NULL이기 때문에 NULL을 반환합니다.

• NOT, ! 논리 연산자 : NOT 값, 또는 ! 값

NOT과 !가 붙으면 부정의 의미가 되어 피연산자가 0이면 1을, 피연산자가 0이 아니면 0을 계산하며, NOT NULL일 경우에는 NULL을 반환합니다.

```
❶ SELECT NOT 1;
❷ SELECT NOT 0;
❸ SELECT NOT NULL;
❹ SELECT ! (1+1);
❺ SELECT ! 1+1;
```

❶ 피연산자가 1이고, NOT은 부정의 의미이므로 0이 반환됩니다.

❷ 피연산자가 0이고, NOT은 부정의 의미이므로 1이 반환됩니다.

❸ NOT NULL인 경우이므로 NULL이 반환됩니다.

❹ 피연산자가 (1+1)이고, !는 부정의 의미이므로 0이 반환됩니다.

❺ 피연산자가 1+1이고, !는 부정의 의미이므로 1이 반환됩니다. 그 이유는 이 수식이 (!1)+1과 같은 방식으로 처리되기 때문입니다.

위에서 살펴본 논리 연산자로 예제와 같은 여러 가지 논리식을 계산할 수 있습니다. 실제로 데이터베이스에서 직접적으로 논리식을 계산하는 경우는 많지 않겠지만 위의 방법과 같이 다양한 연산자를 이용해서 사용이 가능하다는 정도는 이해하고 넘어가도록 합니다.

01-5 비트 연산자(bitwise operator)

MySQL의 비트 연산자는 논리 연산자와 비슷하지만, 비트(bit) 단위로 산술식을 사용할 때 사용하는 연산자입니다. 비트 단위로 전체 비트를 왼쪽과 오른쪽으로 이동시킬 경우에도 사용됩니다. 아래 표로 정리해 보겠습니다.

연산자	연산
&	대응되는 비트가 모두 1이면 1을 반환(AND 연산)
|	대응되는 비트 중에서 하나라도 1이면 1을 반환(OR 연산)
^	대응되는 비트가 서로 다르면 1을 반환(XOR 연산)
~	비트를 1이면 0으로, 0이면 1로 반전(NOT 연산)
<<	지정한 수만큼 비트를 전부 왼쪽으로 이동(left shift 연산)
>>	부호를 유지하면서 지정한 수만큼 비트를 오른쪽이로 이동(right shift 연산)

▲ 비트 연산자

알아두세요

<u>XOR 연산</u>

MySQL은 비트 연산용으로 BIGINT (64-bit) 산술식을 사용 합니다 따라서 이러한 연산자들은 최대 64 비트의 크기를 갖게 됩니다. 모든 비트 연산자의 기준은 이진수의 비트 단위로 연산됩니다.

• & 비트 연산자 : 값1 & 값2

```
SELECT 30 & 15;
```

결과 값은 부호가 없는 64비트 정수 14가 됩니다.

- | 비트 연산자 : 값1 | 값2

```
SELECT 30 | 15;
```

결과 값은 부호가 없는 64비트 정수 31이 됩니다.

- ^ 비트 연산자 : 값1 ^ 값2

```
❶ SELECT 1 ^ 1;
❷ SELECT 1 ^ 0;
❸ SELECT 11 ^ 2;
```

❶ 결과 값은 부호가 없는 64비트 정수 0이 됩니다.

❷ 결과 값은 부호가 없는 64비트 정수 1이 됩니다.

❸ 결과 값은 부호가 없는 64비트 정수 9가 됩니다.

- ~ 비트 연산자 : 값1 & ~값2

모든 비트를 전도 (Invert) 시킵니다.

```
SELECT 5 & ~1;
```

결과 값은 부호가 없는 64 비트 정수 4가 됩니다.

- >> 비트 연산자 : 값1 >> 값2

```
SELECT 4 >> 2;
```

결과 값은 부호가 없는 64 비트 정수 1이 됩니다.

- << 비트 연산자 : 값1 << 값2

```
SELECT 1 << 2;
```

결과 값은 부호가 없는 64 비트 정수 4가 됩니다.

위에서 살펴본 비트 연산자로 예제와 같은 여러 가지 산술식을 계산할 수 있습니다. 비트 연산자는 비트 단위로 연산하기 때문에 이진수를 알아야 사용이 가능한 비트 단위의 연산을 하는 경우는 극히 드물겠지만 위의 방법과 같이 다양한 연산자를 이용해서 사용이 가능하다는 정도는 이해하고 넘어가도록 합니다.

02 _ MySQL 내장함수

MySQL에서는 다른 RDBMS와 마찬가지로 다양한 내장함수(Built-In Function)를 제공합니다. 내장함수란, 상수 또는 속성 이름을 입력 값으로 받아 단일 값을 반환하는 함수입니다. 크게 수학 관련 함수, 문자 관련 함수, 날짜 관련 함수로 나누어집니다.

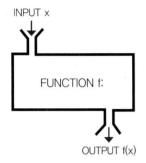

▲ 함수의 동작

02-1 수학 관련 함수

MySQL에서는 다양한 수학 관련 함수를 제공합니다. 이러한 수학 관련 함수를 사용해서 우리가 일반적으로 사용하는 다양한 수학 연산을 할 수 있습니다. 수학 관련 함수들을 예제를 통해서 살펴보도록 하겠습니다.

(1) ABS(X)

ABS() 함수는 X의 절대 값을 반환하는 함수입니다.

```
❶ SELECT ABS(5);
❷ SELECT ABS(-27);
```

❶ 결과 값은 절대 값 5가 됩니다.
❷ 결과 값은 절대 값 27이 됩니다.

(2) ACOS(X)

ACOS() 함수는 X의 아크 코사인(arc cosine) 값을 반환합니다. 즉, 코사인이 X인 값을 반환합니다. 만약 X 가 -1에서 1 사이의 범위에 있지 않으면, NULL을 반환하고, 주어진 값이 문자열이라면 0이 반환됩니다.

```
❶ SELECT ACOS(1);
❷ SELECT ACOS(2);
❸ SELECT ACOS('gnuwiz');
```

❶ 결과 값은 아크 코사인 값 1.5707963267948966이 됩니다.

❷ 주어진 값이 −1에서 1사이의 범위가 아니기 때문에 NULL을 반환합니다.

❸ 주어진 값이 문자열이기 때문에 0을 반환합니다.

(3) ATAN(X)

ATAN() 함수는 X의 아크 탄젠트(arc tangent) 값을 반환하는 함수입니다.

```
❶ SELECT ATAN(1);
❷ SELECT ATAN(-1);
```

❶ 결과 값은 아크 탄젠트 값 0.7853981633974483이 됩니다.

❷ 결과 값은 아크 탄젠트 값 −0.7853981633974483이 됩니다.

(4) ATAN(Y,X), ATAN2(Y,X)

함수에 두 개의 인수를 입력받아 두 변수 X와 Y의 아크 탄젠트 값을 반환합니다. 이것은 Y / X의 아크 탄젠트 값을 계산하는 방식과 유사하지만, 두 인수의 부호는 결과에 대한 쿼드런트(quadrant)를 알아내기 위해 사용된다는 점이 다릅니다.

```
❶ SELECT ATAN(-2,2);
❷ SELECT ATAN2(PI(),0);
```

❶ 결과 값은 아크 탄젠트 값 −0.7853981633974483이 됩니다.

❷ 결과 값은 아크 탄젠트 값 1.5707963267948966이 됩니다.

(5) CEILING(X), CEIL(X)

CEILING() 함수와 CEIL() 함수는 똑같은 함수입니다. X 보다는 작지 않은 가장 작은 정수 값을 반환합니다.

```
❶ SELECT CEIL(10.95);
❷ SELECT CEIL(11.01);
❸ SELECT CEIL(11);
```

❶ 주어진 값 10.95보다 작지 않은 정수는 11이므로 결과 값은 정수 11이 됩니다.

❷ 주어진 값 11.01보다 작지 않은 정수는 12이므로 결과 값은 정수 12가 됩니다.

❸ 주어진 값 11보다 작지 않은 정수는 11이므로 결과 값은 정수 11이 됩니다.

(6) COS(X)

COS() 함수는 X의 코사인 값을 반환합니다. 여기에서 X는 라디안(radian)단위로 주어집니다.

```
SELECT COS(PI());
```

결과 값은 −1이 됩니다.

(7) COT(X)

COT() 함수는 X의 코탄젠트 값을 반환합니다.

```
SELECT COT(1);
```

결과 값은 0.6420926159343306이 됩니다.

(8) CRC32(expr);

CRC32() 함수는 싸이클릭 리던던시 체크 값 (cyclic redundancy check value)을 계산한 다음에 32-비트 부호화되지 않은 값을 반환합니다. 인수가 NULL이면 NULL을 반환하고, 인수는 문자열 값이 되어야 합니다.

```
SELECT CRC32('MySQL');
```

결과 값은 3259397556이 됩니다.

(9) DEGREES(X)

DEGREES() 함수는 인수 X를 반환하는데, 라디안에서 차수 (degree)로 변경된 값이 나옵니다.

```
SELECT DEGREES(PI());
```

결과 값은 180이 됩니다.

(10) EXP(X)

EXP() 함수는 X의 제곱에 대한 e (자연 로그 근) 값을 반환합니다.

```
SELECT EXP(1);
```

결과 값은 2.718281828459045가 됩니다.

(11) FLOOR(X)

FLOOR() 함수는 X 보다 크지 않은 정수 중에 가장 큰 값을 반환합니다.

```
❶ SELECT FLOOR(10.95);
❷ SELECT FLOOR(11.01);
❸ SELECT FLOOR(11);
```

❶ 주어진 값 10.95보다 크지 않은 정수는 10이므로 결과 값은 정수 10이 됩니다.

❷ 주어진 값 11.01보다 크지 않은 정수는 11이므로 결과 값은 정수 11이 됩니다.

❸ 주어진 값 11보다 크지 않은 정수는 11이므로 결과 값은 정수 11이 됩니다.

(12) LN(X)

LN() 함수는 X의 자연 로그를 반환합니다.

```
SELECT LN(2);
```

결과 값은 0.69314718055995가 됩니다.

(13) LOG(X), LOG(B,X)

LOG() 함수는 만약 하나의 인수를 사용해서 호출이 되면, 이 함수는 X의 자연 로그를 반환합니다.

```
❶ SELECT LOG(3);
❷ SELECT LOG(10,1000);
```

❶ 결과 값은 1.0986122886681098이 됩니다.

❷ 결과 값은 2.9999999999999996가 됩니다.

(14) LOG2(X)

LOG2() 함수는 X의 베이스-e 로그를 반환합니다.

```
SELECT LOG2(65536);
```

결과 값은 16이 됩니다.

(15) LOG10(X)

LOG10() 함수는 X의 베이스-10 로그, 즉 상용로그를 반환합니다.

```
SELECT LOG10(100);
```

결과 값은 2가 됩니다.

(16) MOD(N,M)

MOD() 함수는 N % M, N MOD M과 같습니다. N을 M으로 나눈 나머지를 반환합니다.

```
❶ SELECT MOD(3, 2);
❷ SELECT 3 % 2;
❸ SELECT 3 MOD 2;
```

❶ ❷ ❸은 모두 같은 수식으로 계산되므로 결과 값은 1이 됩니다.

(17) PI()

PI() 함수는 원주율 값을 반환합니다. 기본적으로 7자리의 값을 반환하지만 MySQL에서는 두 배정도의 값까지 반환할 수 있습니다.

```
❶ SELECT PI();
❷ SELECT PI()+0.000000000000000000;
```

❶ 결과 값은 3.141593이 됩니다.

❷ 결과 값은 3.141592653589793000이 됩니다.

(18) POW(X,Y), POWER(X,Y)

POW() 함수와 POWER() 함수는 똑같은 함수입니다. Y 제곱이 된 X 값을 반환합니다.

```
❶ SELECT POW(2,2);
❷ SELECT POW(2,-2);
```

❶ 결과 값은 4가 됩니다.

❷ 결과 값은 0.25가 됩니다.

(19) RADIANS(X)

RADIANS() 함수는 각도를 라디안으로 변경한 인수 X를 반환합니다. (π 라디안은 180도와 동일)

```
SELECT RADIANS(90);
```

결과 값은 1.5707963267949가 됩니다.

(20) RAND(), RAND(N)

RAND() 함수는 0과 1 사이의 무작위 부동 소수점 값 v를 반환합니다. (즉, 0 <= v <= 1.0 사이의 범위). 만약 정수의 인수 N이 지정 되었다면, 이것은 시드 값(seed value)으로 사용되며, 반복 시퀀스(sequence)를 만들어 냅니다.

```
❶ SELECT RAND();
❷ SELECT RAND(27);
```

❶ 결과 값은 0 ~ 1까지의 무작위 부동 소수점 값이 반환됩니다.

❷ 결과 값은 0.9101643784997653이 됩니다.

(21) ROUND(X), ROUND(X,D)

ROUND() 함수는 반올림 값을 반환합니다. 만약 두 개의 인수를 입력받아 사용하면 D자리 까지 반올림한 값을 반환합니다.

```
❶ SELECT ROUND(1.18);
❷ SELECT ROUND(1.18, 1);
```

❶ 1.18을 반올림하면 1이 되므로 결과 값은 1이 됩니다.

❷ 1.18을 반올림 하였지만, 소수점 1자리까지 반올림되므로 결과 값은 1.2가 됩니다.

(22) SIGN(X)

SIGN() 함수는 인수의 부호를 -1, 0, 또는 1로 반환합니다. 여기에서 반환 되는 숫자는 각각 음수, 0, 양수를 나타냅니다.

```
❶ SELECT SIGN(-57);
❷ SELECT SIGN(0);
❸ SELECT SIGN(57);
```

❶ -57은 음수이기 때문에 결과 값은 -1이 됩니다.

❷ 결과 값은 0이 됩니다.

❸ 57은 양수이기 때문에 결과 값은 1이 됩니다.

(23) SIN(X)

SIN() 함수는 라디안으로 주어진 X의 싸인(sin) 값을 반환합니다.

```
SELECT SIN(PI());
```

결과 값은 1.2246063538224e-16이 됩니다.

(24) SQRT(X)

SQRT() 함수는 음수가 아닌 X의 제곱 루트(square root) 값을 반환합니다.

```
SELECT SQRT(4);
```

결과 값은 2가 됩니다.

(25) TAN(X)

TAN() 함수는 라디안으로 주어진 X의 탄젠트 값을 반환합니다.

```
SELECT TAN(PI());
```

결과 값은 $-1.2246063538224e-16$이 됩니다.

(26) TRUNCATE(X,D)

TRUNCATE() 함수는 숫자 X를 D 자릿수 뒤의 숫자를 없앤 후 반환합니다. 만약 D가 0 이면, 반환되는 숫자는 소수점 또는 소수 부분이 없게 됩니다. D는 음수로 표시할 수도 있는데, 이렇게 표시하면 숫자 X의 D 자리로부터 왼쪽 부분이 0으로 표시가 됩니다.

```
❶ SELECT TRUNCATE(1.550,1);
❷ SELECT TRUNCATE(1.999,1);
❸ SELECT TRUNCATE(1.999,0);
❹ SELECT TRUNCATE(-1.999,1);
❺ SELECT TRUNCATE(122,-2);
❻ SELECT TRUNCATE(5.28*100,0);
```

❶ 결과 값은 1.5가 됩니다.

❷ 결과 값은 1.9가 됩니다.

❸ 결과 값은 1이 됩니다.

❹ 결과 값은 -1.9가 됩니다.

❺ 결과 값은 100이 됩니다.

❻ 결과 값은 528이 됩니다.

02-2 문자 관련 함수

MySQL에서는 다양한 문자 관련 함수를 제공합니다. 이러한 문자 관련 함수를 사용해서 문자열의 길이를 가져오거나, 문자의 위치를 검색, 그리고 문자열을 가공할 수 있습니다. 문자 관련 함수들을 예제를 통해서 살펴보도록 하겠습니다.

(1) ASCII(str)

ASCII() 함수는 문자열 str의 맨 왼쪽 문자의 숫자 값을 반환합니다. str이 빈 문자열(empty string) 일 경우에는 0 을 반환하며, NULL일 경우에는 NULL 을 반환합니다. ASCII() 함수는 0에서 255 사이의 숫자 값을 갖는 문자에 대해서 연산을 합니다.

```
SELECT ASCII('ABC');
```

결과 값은 65가 됩니다.

(2) BIN(N)

BIN() 함수는 N의 바이너리 값에 대한 문자열 표현식을 반환하는데, 여기에서 N은(BIGINT) 숫자입 니다. N이 NULL일 경우에는 NULL을 반환합니다.

```
SELECT BIN(2);
```

결과 값은 10이 됩니다.

(3) BIT_LENGTH(str)

BIT_LENGTH() 함수는 문자열 str의 길이를 비트 단위로 반환합니다.

```
SELECT BIT_LENGTH('gnuwiz');
```

결과 값은 48이 됩니다.

(4) CHAR(N,... [USING charset_name])

CHAR() 함수는 각각의 인수 N 을 정수 형태로 해석을 하고 이러한 정수의 코드 값에 의해 주어지는 문자로 구성된 문자열을 반환합니다. NULL 값은 무시됩니다.

```
❶ SELECT CHAR(77,121,83,81,76);
❷ SELECT CHAR('77', '121', '83', '81', '76');
```

❶ ❷의 결과 값은 문자열 MySQL이 됩니다.

(5) CHAR_LENGTH(str)

CHAR_LENGTH() 함수는 문자열 str의 길이를 반환합니다. 다중 바이트 문자는 단일 문자로 계산 됩니다. 즉, 5개의 2 바이트 문자를 갖는 문자열에 대해서, LENGTH() 함수는 10을 반환 하지만, CHAR_LENGTH() 함수는 5를 반환합니다.

```
SELECT CHAR_LENGTH('gnuwiz');
```

결과 값은 6이 됩니다.

(6) CHARACTER_LENGTH(str)

CHARACTER_LENGTH() 함수는 CHAR_LENGTH() 함수와 동일합니다.

(7) CONCAT(str1,str2,...)

CONCAT() 함수는 인수를 연결한 결과로 나오는 문자열을 반환합니다. 한 개 또는 그 이상의 인수를 가질 수 있습니다.

```
❶ SELECT CONCAT('gnu', 'wiz');
❷ SELECT CONCAT('g', 'n', 'u', 'w', 'i', 'z');
```

❶ ❷의 결과 값은 문자열 gnuwiz가 됩니다.

(8) CONCAT_WS(separator,str1,str2,...)

CONCAT_WS() 함수는 구분자를 사용해서 인수를 연결한 결과로 나오는 문자열을 반환합니다. CONCAT() 함수의 특수 형태입니다. 첫 번째 인수는 나머지 인수들에 대한 구분자(separator)가 되며, 구분자는 연결되는 인수 사이에 추가됩니다. 구분자는 문자열이 될 수 있으며, 만약 구분자가 NULL 이면, 그 결과는 NULL이 됩니다.

```
SELECT CONCAT_WS(',', 'a', 'b', 'c');
```

결과 값은 문자열 a,b,c가 됩니다.

(9) CONV(N, from_base, to_base)

CONV() 함수는 서로 다른 문자 베이스(base)간의 숫자를 변환합니다. from_base에서 to_base로 변환된 숫자 N의 문자열 표현식을 반환합니다. 인수 중의 하나가 NULL이면 NULL을 반환하며, 인수 N은 정수로 해석되지만, 정수 또는 문자열로 지정될 수도 있습니다.

```
SELECT CONV('a',16,2);
```

결과 값은 1010이 됩니다.

(10) ELT(N,str1,str2,str3,...)

ELT() 함수는 만약N = 1이면, str1을, N = 2이면, str2 을 반환하는 방식입니다. N 이 1 보다 작거나 또는 인수의 숫자보다 많을 경우에는 NULL을 반환합니다. ELT() 함수는 FIELD() 함수의 보수입니다.

```
❶ SELECT ELT(1, 'MySQL', 'ASP', 'JSP', 'PHP');
❷ SELECT ELT(4, 'MySQL', 'ASP', 'JSP', 'PHP');
```

❶ 결과 값은 문자열 MySQL이 됩니다.

❷ 결과 값은 문자열 PHP가 됩니다.

(11) EXPORT_SET(bits,on,off[,separator[,number_of_bits]])

EXPORT_SET() 함수는 bits에 있는 모든 비트 셋(bit set)에 대해서 on 을, 그리고 모든 리셋 비트에 대해서는 off 문자열을 반환합니다. bits에 있는 비트는 오른쪽에서 왼쪽으로 검사되며(낮은 순서에서 높은 순서 비트로) 문자열은 왼쪽에서 오른쪽으로 결과에 추가되는데, 이때 입력한 구분자로 구분이 됩니다. (구분자의 기본 값은 콤마) 검사가 되는 비트의 숫자는 number_of_bits로 주어지며 기본 값은 64입니다.

```
SELECT EXPORT_SET(5,'Y','N',',',4);
```

결과 값은 Y,N,Y,N이 됩니다.

(12) FIELD(str,str1,str2,str3,...)

FIELD() 함수는 str1, str2, str3, … 리스트에 있는 str의 인덱스를 반환합니다. str을 찾을 수 없는 경우에는 0 을 반환하며, 만약 FIELD() 함수에 대한 모든 인수가 문자열이라면, 모든 인수는 문자열로 비교됩니다. 만약 모든 인수가 숫자일 경우에는 숫자로 비교가 되고, 그렇지 않은 경우라면, 인수들은 두 번 비교가 됩니다. 만약 str이 NULL이라면, 반환 값은 0 이 되는데, 그 이유는 NULL은 어떤 값과도 등식 비교가 되지 않기 때문입니다. FIELD() 함수는 ELT() 함수의 보수입니다.

```
❶ SELECT FIELD('MySQL', 'MySQL', 'ASP', 'JSP', 'PHP');
❷ SELECT FIELD('PHP', 'MySQL', 'ASP', 'JSP', 'PHP');
```

❶ 결과 값은 1이 됩니다.

❷ 결과 값은 4가 됩니다.

(13) FIND_IN_SET(str,strlist)

FIND_IN_SET() 함수는 만약 문자열 str 이 N의 서브 스트링으로 구성된 문자열 리스트 strlist에 있는 것이라면, 1의 범위에 있는 값을 N에 반환합니다. 하나의 문자열 리스트는 콤마 문자로 구분된 서브 스트링들로 구성된 문자열입니다. 만약 str이 문자열 리스트에 없거나 또는 문자열 리스트가 빈 문자열이라면, 0을 반환합니다. 인수 중의 하나가 NULL이라면, NULL을 반환하며, 만약 첫 번째 인수가 콤마 문자를 가지고 있다면, 이 함수는 제대로 동작을 하지 않습니다.

```
SELECT FIND_IN_SET('b','a,b,c,d');
```

결과 값은 2가 됩니다.

(14) FORMAT(X,D)

FORMAT() 함수는 숫자 X의 포맷을 '#,###,###.##' 형태로 만들고, D의 소수점 뒷자리를 삭제 하고, 그 결과를 반환합니다.

```
SELECT FORMAT(12332.123456, 4);
```

결과 값은 12,332.1235가 됩니다.

(15) HEX(N or S)

HEX() 함수는 N 또는 S가 숫자라면, N에 대한 16진수 값에 해당하는 문자열을 반환하며, CONV(N, 10, 16) 함수와 동일합니다. N 또는 S가 문자열이라면, N 또는 S에 대한 16진수 문자열을 반환하는데, N 또는 S에 있는 각각의 문자는 2개의 16진수 숫자로 변환됩니다.

```
❶ SELECT HEX(255);
❷ SELECT HEX('abc');
```

❶ 결과 값은 N 또는 S가 숫자이기 때문에 255에 대한 16진수 값에 해당되는 문자열 FF가 됩니다.
❷ 결과 값은 N 또는 S가 문자열이기 때문에 문자열 'abc'에 대한 16진수 616263이 됩니다.

(16) INSERT(str, pos, len, newstr)

INSERT() 함수는 문자열 str을 pos 위치에서 시작하는 문자열을 len 문자 길이만큼 잘라낸 후 newstr로 변경 시켜서 str문자열을 반환합니다. 만약 pos가 문자열의 길이 안에 있지 않다면, 원래의 문자열을 반환합니다. len의 범위가 문자열의 나머지 길이 범위 내에 있지 않다면, pos 위치 이후의 나머지 문자열을 대체 시킵니다. 만약 어떤 인수가 NULL 이면, NULL을 반환합니다.

```
❶ SELECT INSERT('gnuwiz', 4, 3, 'php');
❷ SELECT INSERT('gnuwiz', 2, 3, 'php');
```

❶ 결과 값은 문자열 'gnuwiz'의 4번째 위치에서 시작하는 'w'부터 3글자 길이만큼 잘라낸 후 'php' 문자열로 변경되기 때문에 'gnuphp'가 됩니다.
❷ 결과 값은 문자열 'gnuwiz'의 2번째 위치에서 시작하는 'n'부터 3글자 길이만큼 잘라낸 후 'php' 문자열로 변경되기 때문에 'gphpiz'가 됩니다.

(17) LCASE(str)

LCASE() 함수는 LOWER() 함수와 동일합니다.

(18) LEFT(str, len)

LEFT() 함수는 문자열 str에서 가장 왼쪽으로부터 len에 지정된 개수의 문자를 반환합니다.

```
SELECT LEFT('gnuwiz', 3);
```

결과 값은 문자열 'gnuwiz'의 3번째 문자 'u'까지 반환하기 때문에 'gnu'가 됩니다.

(19) LENGTH(str)

LENGTH() 함수는 문자열 str의 길이를 바이트 단위로 반환합니다. 다중 바이트 문자는 다중 바이트로 계산되며. 이것은 2 바이트 문자가 5개 있는 문자열의 경우, LENGTH()은 10을 반환하는 반면, CHAR_LENGTH() 함수는 5를 반환합니다.

```
SELECT LENGTH('mysql');
```

결과 값은 5가 됩니다.

(20) LOAD_FILE(file_name)

LOAD_FILE() 함수는 파일을 읽은 다음 파일의 내용을 문자열로 반환합니다. 이 함수를 사용하기 위해서는, 파일은 반드시 서버 호스트에 있어야합니다. 그리고 파일에 대한 전체 경로를 지정해야 하며, FILE권한을 가지고 있어야합니다. 만약 경로에 파일이 존재하지 않거나 파일을 읽을 수가 없다면 LOAD_FILE() 함수는 NULL을 반환합니다. 다음과 같은 문법으로 사용가능 합니다.

```
UPDATE tblname SET field_name = LOAD_FILE('tmp/folder') WHERE id=1
```

(21) LOCATE(substr, str), LOCATE(substr, str, pos)

LOCATE() 함수는 문자열 str에서 substr이 처음 나타나는 지점의 위치를 반환합니다. 두 번째 문법은 str에서 pos 위치부터 시작해서 substr이 나타나는 지점의 위치를 반환합니다.

```
❶ SELECT LOCATE('my', 'mysql');
❷ SELECT LOCATE('sql', 'mysql', 2);
```

❶ 결과 값은 1이 됩니다.

❷ 결과 값은 3이 됩니다.

(22) LOWER(str)

LOWER() 함수는 현재 문자 집합 매핑에 따라 소문자로 변경하여 모든 문자와 문자열 str을 반환합니다.

```
SELECT LOWER('GNUWIZ');
```

결과 값은 'GNUWIZ' 문자열을 소문자로 변경하여 'gnuwiz'가 됩니다.

(23) LPAD(str, len, padstr)

LPAD() 함수는 왼쪽에 문자열 padstr을 넣어서 문자의 길이를 len 만큼 되도록 한 문자열 str을 반환합니다. 만약 str이 len 보다 길면 반환 값은 len의 길이만큼 줄어 들어 반환됩니다.

```
SELECT LPAD('hi',4,'^^');
```

결과 값은 문자열 '^^hi'가 됩니다.

(24) LTRIM(str)

LTRIM() 함수는 문자열 앞에 있는 공백(스페이스)을 없앤 문자열 str를 반환합니다.

```
SELECT LTRIM('  MySQL');
```

결과 값은 문자열 앞에 있는 공백이 모두 제거된 문자열 'MySQL'이 됩니다.

(25) MAKE_SET(bits, str1, str2,...)

MAKE_SET() 함수는 첫 번째 bits 셋에 대응되는 비트를 가지고 있는 문자열로 구성된 셋 값 (콤마 문자로 구분된 서브 스트링을 가지고 있는 문자열)을 반환합니다. str1은 비트 0에 대응되고, str2은 1에 대응되며, 계속 이런 식으로 증가하며 대응됩니다. str1, str2, …에 있는 NULL 값은 결과에 따라 나오지 않습니다.

```
❶ SELECT MAKE_SET(1,'a','b','c');
❷ SELECT MAKE_SET(1 ¦ 4,'hello','mysql','world');
```

❶ 결과 값은 문자열 'a'가 됩니다.
❷ 결과 값은 문자열 'hello,world'가 됩니다.

(26) MID(str, pos, len)

MID() 함수는 SUBSTRING() 함수와 동일합니다.

(27) OCT(N)

OCT() 함수는 N의 8진수 값에 해당하는 문자열 표현식을 반환합니다. OCT() 함수는 CONV(N,10,8)
과 동일합니다. 만약 N 이 NULL이면, NULL을 반환합니다.

```
SELECT OCT(27);
```

결과 값은 33이 됩니다.

(28) OCTET_LENGTH(str)

OCTET_LENGTH() 함수는 LENGTH() 함수와 동일합니다.

(29) ORD(str)

ORD() 함수는 다중 바이트 문자열의 가장 왼쪽 문자의 코드 값을 반환합니다. 만약 가장 왼쪽의 문
자가 다중 바이트 문자가 아니라면, ORD() 함수는 ASCII() 함수와 같은 값은 반환합니다.

```
SELECT ORD('2');
```

결과 값은 50이 됩니다.

(30) POSITION(substr IN str)

POSITION() 함수는 LOCATE() 함수와 동일합니다.

(31) QUOTE(str)

QUOTE() 함수는 SQL문에서 이스케이프(escape)된 데이터 값으로 사용할 수 있는 결과를 만들
기 위해 문자열에 인용 부호를 줍니다. 만약 str이 NULL이면, 리턴 값은 인용 부호가 없는 단어
"NULL" 이 반환됩니다. 예를 들어 INSERT할 데이터 안에 작은따옴표가 들어있을 경우 QUOTE()
함수로 묶어 주면 정상적으로 추가할 수 있습니다.

```
SELECT QUOTE('Don\'t!');
```

결과 값은 "Don₩t!"가 됩니다.

(32) REPEAT(str, count)

REPEAT() 함수는 count에 지정 횟수만큼 반복된 문자열 str으로 구성된 문자열을 반환합니다. 만
약 count 가 1 보다 작을 경우에는 빈 문자열을 반환하며 str 또는 count 가 NULL이라면, NULL을
반환합니다.

```
SELECT REPEAT('MySQL', 3);
```

결과 값은 문자열 'MySQLMySQLMySQL'가 됩니다.

(33) REPLACE(str, from_str, to_str)

REPLACE() 문자열은 문자열 from_str이 나온 부분을 모두 문자열 to_str로 대체해서 문자열 str을 반환합니다. REPLACE() 함수는 from_str에 대한 검색을 할 때 문자 크기를 구분해서 매칭을 실행합니다. 이 함수는 다중 바이트에서도 동작이 가능합니다.

```
SELECT REPLACE('www.gnuwiz.com', 'www.', 'http://');
```

결과 값은 문자열 'www.'이 'http://'로 변경되기 때문에 문자열 'http://gnuwiz.com'이 됩니다.

(34) REVERSE(str)

REVERSE() 함수는 문자의 순서를 역순으로 재배치하여 문자열 str을 반환합니다.

```
SELECT REVERSE('abcdef');
```

결과 값은 문자열 'abcdef'가 역순으로 되기 때문에 문자열 'fedcba'가 됩니다.

(35) RIGHT(str, len)

RIGHT() 함수는 문자열 str의 오른쪽으로부터 문자의 길이를 len 만큼 반환합니다.

```
SELECT RIGHT('MySQL', 3);
```

결과 값은 문자열 'MySQL'의 오른쪽에서 3번째 길이까지인 문자열 'SQL'이 됩니다.

(36) RPAD(str, len, padstr)

RPAD() 함수는 문자열 padstr를 오른쪽에 넣어서 len 문자 길이만큼 문자열 str을 만들어서 반환합니다. 만약 str이 len 보다 길다 면, 반환 값은 len의 길이만큼 줄어들어 반환됩니다.

```
SELECT RPAD('MySQL',7,'^^');
```

결과 값은 문자열 'MySQL^^'이 됩니다.

(37) RTRIM(str)

RTRIM() 함수는 문자열 str에서 뒤에 붙어 있는 공백(스페이스) 문자를 없앤 문자열을 반환합니다.

```
SELECT RTRIM('MySQL    ');
```

결과 값은 문자열 뒤에 있는 공백이 모두 제거된 문자열 'MySQL'이 됩니다.

(38) SOUNDEX(str)

SOUNDEX() 함수는 str의 사운덱스(soundex) 문자열을 반환합니다. 거의 같은 소리가 나는 두 개의 문자열은 고유의 사운덱스 문자열을 가져야 합니다. 표준 사운덱스 문자열은 4 문자 길이가 되지만, SOUNDEX() 함수는 임의의 긴 문자열을 반환합니다. str에 있는 문자 중에 알파벳이 아닌 것들은 모두 무시가 되며, A~Z 범위를 벗어나는 모든 국제 문자들은 모두 모음으로 취급됩니다.

```
SELECT SOUNDEX('MySQL')
```

결과 값은 사운덱스 문자열 'M240'이 됩니다.

(39) SPACE(N)

SPACE() 함수는 N의 숫자만큼 공백(스페이스) 문자로 구성된 문자열을 반환합니다.

```
SELECT SPACE(6);
```

결과 값은 공백이 6개가 되므로 '   '이 됩니다.

(40) SUBSTRING(str, pos), SUBSTRING(str FROM pos), SUBSTRING(str, pos, len), SUBSTRING(str FROM pos FOR len)

SUBSTRING() 함수는 len의 문자 길이가 없는 형태를 사용 시 pos 위치에서 시작을 하는 문자열을 문자열 str에서 반환합니다. len 문자 길이를 가지고 있는 형태는 pos 위치에서 시작해서 문자열 len의 문자 길이만큼 문자를 반환합니다. FROM을 사용하는 형태는 표준 SQL 구문입니다. pos의 값으로 음수를 사용하는 것도 가능하며, 음수를 사용할 경우에는, 문자열의 시작점이 문자열의 처음이 아닌 끝에서부터 pos의 문자 위치가 됩니다. 음수 값은 이 함수의 어떤 형태에서도 사용이 가능합니다.

```
❶ SELECT SUBSTRING('MySQL_Database',5);
❷ SELECT SUBSTRING('MySQL_Database' FROM 4);
❸ SELECT SUBSTRING('MySQL_Database',5,6);
❹ SELECT SUBSTRING('MySQL_Database', -3);
❺ SELECT SUBSTRING('MySQL_Database', -5, 3);
❻ SELECT SUBSTRING('MySQL_Database' FROM -4 FOR 2);
```

❶ 결과 값은 문자열 'L_Database'가 됩니다.

❷ 결과 값은 문자열 'QL_Database'가 됩니다.

❸ 결과 값은 문자열 'L_Data'가 됩니다.

❹ 결과 값은 문자열 'ase'가 됩니다.

❺ 결과 값은 문자열 'aba'가 됩니다.

❻ 결과 값은 문자열 'ba'가 됩니다.

(41) SUBSTRING_INDEX(str, delim, count)

SUBSTRING_INDEX() 함수는 문자열 str을 구분자 delim으로 분리하여 count번째 위치만큼 반환합니다. count가 양수이면 문자열의 왼쪽부터 계산이 되고, 음수이면 오른쪽부터 계산됩니다.

```
❶ SELECT SUBSTRING_INDEX('www.gnuwiz.com', '.', 2);
❷ SELECT SUBSTRING_INDEX('www.gnuwiz.com', '.', -2);
```

❶ 결과 값은 count가 양수로 왼쪽부터 계산되기 때문에 문자열 'www.gnuwiz'가 됩니다.

❷ 결과 값은 count가 음수로 오른쪽부터 계산되기 때문에 문자열 'gnuwiz.com'가 됩니다.

(42) TRIM([{BOTH | LEADING | TRAILING} [remstr] FROM] str), TRIM([remstr FROM] str)

TRIM() 함수는 문자열 str에서 양쪽으로 모든 remstr 문자열을 제거합니다. remstr이 지정되지 않으면 공백을 제거합니다. BOTH는 양쪽, LEADING은 문자열 왼쪽, TRAILING은 문자열 오른쪽의 모든 remstr 문자열을 제거합니다.

```
❶ SELECT TRIM('  MySQL  ');
❷ SELECT TRIM(LEADING 'x' FROM 'xxxMySQLxxx');
❸ SELECT TRIM(BOTH 'x' FROM 'xxxMySQLxxx');
❹ SELECT TRIM(TRAILING 'xyz' FROM 'MySQLxyz');
```

❶ 결과 값은 공백을 제거하기 때문에 문자열 'MySQL'이 됩니다.

❷ 결과 값은 왼쪽의 문자 'x'를 제거하기 때문에 문자열 'MySQLxxx'이 됩니다.

❸ 결과 값은 양쪽의 문자 'x'를 제거하기 때문에 문자열 'MySQL'이 됩니다.

❹ 결과 값은 오른쪽의 문자 'xyz'를 제거하기 때문에 문자열 'MySQL'이 됩니다.

(43) UCASE(str)

UCASE() 함수는 UPPER() 함수와 동일합니다.

(44) UNHEX(str)

UNHEX() 함수는 HEX(str)와는 반대 연산을 실행합니다. 즉, 이 함수는 인수에 있는 각각의 16진수를 숫자로 해석을 하고 그 숫자에 대응하는 문자로 변환을 시킵니다. 그 결과로 나오는 문자들은 바이너리 문자열로 반환됩니다.

```
SELECT UNHEX('4D7953514C');
```

결과 값은 문자열 'MySQL'이 됩니다.

(45) UPPER(str)

UPPER() 함수는 현재 문자 집합 매핑에 따라 대문자로 변경하여 모든 문자와 문자열 str을 반환합니다.

```
SELECT UPPER('gnuwiz');
```

결과 값은 'gnuwiz' 문자열을 대문자로 변경하여 'GNUWIZ'가 됩니다.

MySQL에서는 사용할 수 있는 다양한 문자 관련 함수를 예제를 통해서 살펴보았습니다. 이러한 문자 관련 함수를 사용해서 문자열 데이터를 가공하여 처리할 수 있습니다. 위에서 살펴본 문자 관련 함수들은 모두 함께 사용하는 PHP에서도 처리가 가능하기 때문에 특정 함수 몇 개를 제외하고는 실제로 사용되는 함수는 그리 많지 않습니다. 하지만 다양한 종류의 문자 관련 함수가 있다는 것을 간단한 예제를 통해 습득하고 그 함수의 동작을 이해하고 넘어가는 것이 중요합니다.

02-3 날짜 관련 함수

MySQL에서는 다양한 날짜 관련 함수를 제공합니다. 이러한 날짜 관련 함수를 사용해서 우리가 일반적으로 사용하는 다양한 날짜 계산을 할 수 있습니다. 날짜 관련 함수들을 예제를 통해서 살펴보도록 하겠습니다.

(1) ADDDATE(date, INTERVAL expr unit), ADDDATE(expr, days)

ADDDATE() 함수는 두 번째 인수에 INTERVAL 폼을 사용해서 호출을 하게 되면, ADDDATE() 함수는 DATE_ADD() 함수와 동일한 값을 반환합니다. 만약 두 번째 인수를 days 폼으로 호출하면, MySQL은 이 값을 expr에 추가되어야 하는 날짜 일수로 처리를 합니다. 이 함수와 관련을 갖는 SUBDATE() 함수는 DATE_SUB() 함수와 동일합니다. INTERVAL unit 인수에 대한 정보는 뒤에서 설명할 DATE_ADD() 함수 설명 시 추가된 표를 참조하면 되겠습니다.

```
❶ SELECT ADDDATE('2018-01-01', INTERVAL 31 DAY);
❷ SELECT ADDDATE('2018-01-01', 31);
```

❶ 결과 값은 두 번째 인수를 INTERVAL 폼으로 호출하였기 때문에 현재 입력한 날짜 '2018-01-01'에 31일이 더해져 '2018-02-01'이 됩니다.

❷ 결과 값은 두 번째 인수를 days 폼으로 호출하였기 때문에 현재 입력한 날짜 '2018-01-01'에 31일이 더해져 '2018-02-01'이 됩니다.

(2) ADDTIME(expr1, expr2)

ADDTIME() 함수는 expr1에 expr2를 더한 다음에 그 결과를 반환합니다. expr1는 TIME 또는 DATETIME 수식이며, expr2는 TIME 수식입니다.

```
❶ SELECT ADDTIME('2018-12-31 23:59:59.999999', '11:1:1.000002');
❷ SELECT ADDTIME('01:00:00.999999', '02:00:00.999998');
```

❶ 결과 값은 DATETIME 형식의 '2018-12-31 23:59:59.999999'에 TIME 형식의 '11:1:1.000002' 가 더해졌기 때문에 '2019-01-02 01:01:01.000001'이 됩니다.

❷ 결과 값은 TIME 형식의 '01:00:00.999999'에 TIME 형식의 '02:00:00.999998'이 더해졌기 때문에 '03:00:01.999997'이 됩니다.

(3) CONVERT_TZ(dt, from_tz, to_tz)

CONVERT_TZ() 함수는 DATETIME 값 dt를 from_tz 시간대에서 to_tz 시간대로 변환하고, 결과 값을 반환합니다. 이 함수는 인자가 유효하지 않으면 NULL 값을 반환하고, from_tz에서 UTC으로 변환될 때 입력 값이 TIMESTAMP 형의 범위를 벗어나면 변환은 일어나지 않습니다.

```
SELECT CONVERT_TZ('2018-01-01 12:00:00','GMT','MET')
```

(4) CURDATE()

CURDATE() 함수는 문자열이나 숫자로 사용되었는지 문맥에 따라서 현재의 날짜를 'YYYY-MM-DD' 또는 YYYYMMDD 포맷 형태의 값으로 반환합니다.

```
❶ SELECT CURDATE();
❷ SELECT CURDATE() + 0;
```

❶ 결과 값은 'YYYY-MM-DD' 형태의 현재 날짜가 됩니다.

❷ 결과 값은 'YYYYMMDD' 형태의 현재 날짜가 됩니다.

(5) CURRENT_DATE, CURRENT_DATE()

CURRENT_DATE 및 CURRENT_DATE() 함수는 CURDATE() 함수와 동일합니다.

(6) CURTIME()

CURTIME() 함수는 문자열 또는 숫자로 사용되는 것에 따라서, 현재 시간을 'HH:MM:SS' 또는 'HHMMSS' 포맷 형태로 반환합니다.

```
❶ SELECT CURTIME();
❷ SELECT CURTIME() + 0;
```

❶ 결과 값은 'HH:MM:SS' 형태의 현재 시간이 됩니다.

❷ 결과 값은 'HHMMSS' 형태의 현재 시간이 됩니다.

(7) CURRENT_TIME, CURRENT_TIME()

CURRENT_TIME 및 CURRENT_TIME() 함수는 CURTIME() 함수와 동일합니다.

(8) CURRENT_TIMESTAMP, CURRENT_TIMESTAMP()

CURRENT_TIMESTAMP 및 CURRENT_TIMESTAMP() 함수는 NOW() 함수와 동일합니다.

(9) DATE(expr)

날짜 또는 DATETIME 수식 expr에서 날짜 부분을 추출합니다.

```
SELECT DATE('2018-01-01 01:02:03');
```

결과 값은 시, 분, 초를 제외한 날짜 '2018-01-01'이 됩니다.

(10) DATEDIFF(expr1, expr2)

DATEDIFF() 함수는 시작 날짜 expr1와 마지막 날짜 expr2 사이의 일수를 반환합니다. expr1 및 expr2는 DATE 또는 DATE-and-TIME 형태가 될 수 있습니다. 이 함수에서는 오직 날짜 값만이 계산에서 사용됩니다.

```
❶ SELECT DATEDIFF('2018-12-31 23:59:59','2017-12-30');
❷ SELECT DATEDIFF('2018-01-08 23:59:59','1988-01-08');
```

❶ 결과 값은 366이 됩니다.

❷ 결과 값은 10958이 됩니다.

(11) DATE_ADD(date, INTERVAL expr type) , DATE_SUB(date, INTERVAL expr type)

DATE_ADD() 함수와 DATE_SUB() 함수는 날짜 계산을 수행합니다. date는 시작 날짜를 지정하는 DATETIME 또는 DATE 값 입니다. expr는 시작 날짜로부터 더하거나 뺀 간격 값을 지정하는 표현이며, expr는 문자열입니다. 이것은 마이너스('-')로 시작될 수도 있으며, type은 어떻게 해석할지를 지정하는 키워드입니다. INTERVAL 키워드와 type 지정자는 대소문자를 구분하지 않습니다.

다음 표는 type와 expr 인수가 어떤 관계인지 나타내는 표입니다.

tyep 값	기대되는 expr 형식	tyep 값	기대되는 expr 형식
MICROSECOND	MICROSECONDS	MINUTE_MICROSECOND	'MINUTES,MICROSECONDS'
SECOND	SECONDS	MINUTE_SECOND	'MINUTES:SECONDS'
MINUTE	MINUTES	HOUR_MICROSECOND	'HOURS,MICROSECONDS'
HOUR	HOURS	HOUR_SECOND	'HOURS:MINUTES:SECONDS'
DAY	DAYS	HOUR_MINUTE	'HOURS:MINUTES'
WEEK	WEEKS	DAY_MICROSECOND	'DAYS,MICROSECONDS'
MONTH	MONTHS	DAY_SECOND	'DAYS HOURS:MINUTES:SECONDS'
QUARTER	QUARTERS	DAY_MINUTE	'DAYS HOURS:MINUTES'
YEAR	YEARS	DAY_HOUR	'DAYS HOURS'
SECOND_MICROSECOND	'SECONDS,MICROSECONDS'	YEAR_MONTH	'YEARS-MONTHS'

▲ type와 expr 인수의 관계

MySQL에서는 expr 포맷 안에서 모든 구문 구분자를 사용하는 것을 허용합니다. 위의 표 type와 expr 인수의 관계에 나와 있는 것들은 제안 형식입니다. 만약 date 인수가 DATE 값이고 여러분이 사용하는 계산식이 YEAR, MONTH만을 포함하고 있으며, 그리고 DAY 부분 (즉, 타임 부분이 없음)만을 사용한다면, 그 결과는 DATE 값이 됩니다. 그렇지 않을 경우에는, 그 결과는 DATETIME 값이 됩니다. 날짜 계산식은 아래의 예제와 같이 INTERVAL을 + 또는 - 연산자와 함께 사용할 수도 있습니다.

```
❶ SELECT '2018-12-31 23:59:59' + INTERVAL 1 SECOND;
❷ SELECT INTERVAL 1 DAY + '2018-12-31';
❸ SELECT '2018-01-01' - INTERVAL 1 SECOND;
❹ SELECT DATE_ADD('2018-12-31 23:59:59', INTERVAL 1 SECOND);
❺ SELECT DATE_ADD('2018-12-31 23:59:59', INTERVAL 1 DAY);
❻ SELECT DATE_ADD('2018-12-31 23:59:59', INTERVAL '1:1' MINUTE_SECOND);
❼ SELECT DATE_SUB('2018-01-01 00:00:00', INTERVAL '1 1:1:1' DAY_SECOND);
❽ SELECT DATE_ADD('2018-01-01 00:00:00', INTERVAL '-1 10' DAY_HOUR);
❾ SELECT DATE_SUB('2018-01-02', INTERVAL 31 DAY);
❿ SELECT DATE_ADD('2018-12-31 23:59:59.000002', INTERVAL '1.999999' SECOND_MICROSECOND);
```

❶ 결과 값은 '2019-01-01 00:00:00'이 됩니다.

❷ 결과 값은 '2019-01-01'이 됩니다.

❸ 결과 값은 '2017-12-31 23:59:59'이 됩니다.

❹ 결과 값은 '2019-01-01 00:00:00'이 됩니다.

❺ 결과 값은 '2019-01-01 23:59:59'이 됩니다.

❻ 결과 값은 '2019-01-01 00:01:00'이 됩니다.

❼ 결과 값은 '2017-12-30 22:58:59'이 됩니다.

❽ 결과 값은 '2017-12-30 14:00:00'이 됩니다.

❾ 결과 값은 '2017-12-02'가 됩니다.

❿ 결과 값은 '2019-01-01 00:00:01.000001'이 됩니다.

지정한 간격(interval) 값이 너무 짧다면(type 키워드로부터 기대되는 모든 간격 부분이 포함되어 있지 않다면), MySQL에서는 간격 값의 왼쪽 부분을 남겼다고 가정합니다. 예를 들어, type DAY_SECOND를 지정했다면, expr 값은 일, 시, 분, 초 부분이 됩니다. '1:10'과 같은 값을 지정했다면, MySQL은 일, 시 부분이 없는 분, 초 값이라고 가정합니다. 다르게 말하면, '1:10' DAY_SECOND는 '1:10' MINUTE_SECOND과 동일한 값으로 해석되며, 이것은 MySQL이 TIME 값을 시각보다 시간 으로 해석하는 것과 같다고 할 수 있습니다.

TIME 부분을 포함하는 어떤 값에서 date를 더하거나 뺀다면, 결과는 자동으로 DATETIME 값으로 변환됩니다.

```
❶ SELECT DATE_ADD('2018-01-01', INTERVAL 1 DAY);
❷ SELECT DATE_ADD('2018-01-01', INTERVAL 1 HOUR);
```

❶ 결과 값은 '2018-01-02'가 됩니다.

❷ 결과 값은 '2018-01-01 01:00:00'이 됩니다.

만약 비정상적인 날짜를 입력하면 결과는 NULL이 됩니다. MONTH, YEAR_MONTH, 또는 YEAR 를 더해서 새로운 달의 일수보다 더 큰 날짜가 된다면, 날짜는 새로운 달의 마지막 날로 자동 보정됩 니다.

```
SELECT DATE_ADD('2018-01-30', INTERVAL 1 MONTH);
```

결과 값은 '2018-02-28'이 됩니다.

(12) DATE_FORMAT(date, format)

DATE_FORMAT() 함수는 format 문자열에 따라서 date 값을 포맷합니다. 아래에 나와 있는 지정 자들은 format 문자열 안에서 사용할 수 있으며, '%' 문자는 지정자 문자를 포맷하기 전에 필요한 것 입니다.

DATE_FORMAT() 함수에 지정자별 인수로 전달할 수 있는 날짜와 시간 표현의 형식은 다음과 같습 니다.

지정자	설명	예시
%a	요일을 세 개의 문자로 표현	Sun부터 Sat
%b	월의 축약형을 세 개의 문자로 표현	Jan부터 Dec
%c	월을 숫자로 표현	0부터 12
%D	날짜 뒤에 영어 서수를 붙임	0th, 1st, 2nd, 3rd, ...
%d	날짜를 두 자리 숫자로 표현	00부터 31
%e	날짜를 숫자로 표현	0부터 31
%f	마이크로초를 여섯 자리 숫자로 표현	000000에서 999999
%H	24시간 형식 시간을 두 자리 숫자로 표현	00부터 23
%h	12시간 형식 시간을 두 자리 숫자로 표현	01부터 12
%I	12시간 형식 시간을 두 자리 숫자로 표현	01부터 12
%i	분을 두 자리 숫자로 표현	00부터 59
%j	일 년 중 몇 번째 날인지를 세 자리 숫자로 표현	001부터 366
%k	24시간 형식으로 시간을 표현	0부터 23
%l	12시간 형식으로 시간을 표현	1부터 12
%M	월을 완전한 문자열로 표현	January부터 December
%m	월을 두 자리 숫자로 표현	00부터 12
%p	오전과 오후의 대문자를 표현	AM 또는 PM
%r	hh:mm:ss AM/PM 형식으로 시간을 표현(12시간 형식)	00:00:01 AM
%S	초를 두 자리 숫자로 표현	00부터 59
%s	초를 두 자리 숫자로 표현	00부터 59
%T	hh:mm:ss 형식으로 시간을 표현(24시간 형식)	23:01:01
%U	일 년 중 몇 번째 주인지를 숫자로 표현(한 주는 일요일부터 시작)	00부터 53
%u	일 년 중 몇 번째 주인지를 숫자로 표현(한 주는 월요일부터 시작)	00부터 53
%V	일 년 중 몇 번째 주인지를 숫자로 표현(한 주는 일요일부터 시작하고, %X 형식을 사용)	00부터 53
%v	일 년 중 몇 번째 주인지를 숫자로 표현(한 주는 월요일부터 시작하고, %x 형식을 사용)	00부터 53
%W	요일을 완전한 문자열로 표현	Sunday부터 Saturday
%w	요일을 숫자로 표현	0(일요일)부터 6(토요일)
%X	연도를 완전한 네 자리 숫자로 표현(한 주는 일요일부터 시작하고, %V 형식을 사용)	1999나 2017
%x	연도를 완전한 네 자리 숫자로 표현(한 주는 월요일부터 시작하고, %v 형식을 사용)	1999나 2017
%Y	연도를 완전한 네 자리 숫자로 표현	1999나 2017
%y	연도를 두 자리 숫자로 표현	99나 03
%%	'%' 문자	%

▲ DATE_FORMAT() 지정자별 설명

```
❶ SELECT DATE_FORMAT('2018-01-01 22:23:00', '%W %M %Y');
❷ SELECT DATE_FORMAT('2018-01-01 22:23:00', '%H:%i:%s');
❸ SELECT DATE_FORMAT('2018-01-01 22:23:00', '%D %y %a %d %m %b %j');
❹ SELECT DATE_FORMAT('2018-01-01 22:23:00', '%H %k %I %r %T %S %w');
❺ SELECT DATE_FORMAT('2018-12-31', '%X %V');
```

❶ 결과 값은 'Monday January 2018'이 됩니다.

❷ 결과 값은 '22:23:00'이 됩니다.

❸ 결과 값은 '1st 18 Mon 01 01 Jan 001'이 됩니다.

❹ 결과 값은 '22 22 10 10:23:00 PM 22:23:00 00 1'이 됩니다.

❺ 결과 값은 '2018 52'이 됩니다.

(13) DAY(date)

DAY() 함수는 DAYOFMONTH() 함수와 동일합니다.

(14) DAYNAME(date)

DAYNAME() 함수는 date에 대한 주간 요일 이름을 반환합니다.

```
SELECT DAYNAME('2018-01-01');
```

결과 값은 'Monday'가 됩니다.

(15) DAYOFMONTH(date)

DAYOFMONTH() 함수는 0에서 31 사이의 당월 날짜를 반환합니다.

```
SELECT DAYOFMONTH('2018-12-31');
```

결과 값은 '31'이 됩니다.

(16) DAYOFWEEK(date)

DAYOFWEEK() 함수는 date에 대한 주간 요일 인덱스(index)를 반환합니다.

(1 = 일요일, 2 = 월요일, …, 7 = 토요일) 이러한 인덱스들은 ODBC 표준을 따릅니다.

```
SELECT DAYOFWEEK('2018-01-01');
```

결과 값은 월요일의 인덱스 '2'가 됩니다.

(17) DAYOFYEAR(date)

DAYOFYEAR() 함수는 1에서 366 사이의 date에 해당하는 일수를 반환합니다.

```
SELECT DAYOFYEAR('2018-12-31');
```

결과 값은 '365'가 됩니다.

(18) EXTRACT(type FROM date)

EXTRACT() 함수는 DATE_ADD() 함수나 DATE_SUB() 함수와 같은 종류의 간격 지정자를 사용하지만, 날짜를 계산하는 것이 아니라 날짜로부터 부분을 추출하는 기능을 수행합니다.

```
❶ SELECT EXTRACT(YEAR FROM '2018-01-01');
❷ SELECT EXTRACT(YEAR_MONTH FROM '2018-01-01 01:02:03');
❸ SELECT EXTRACT(DAY_MINUTE FROM '2018-01-01 01:02:03');
❹ SELECT EXTRACT(MICROSECOND FROM '2018-01-01 10:30:00.00123');
```

❶ 결과 값은 '2018'이 됩니다.

❷ 결과 값은 '201801'이 됩니다.

❸ 결과 값은 '10102'가 됩니다.

❹ 결과 값은 '123'이 됩니다.

(19) FROM_DAYS(N)

FROM_DAYS() 함수는 주어진 일수 N에 대해서 DATE 값을 반환합니다. 그레고리안(gregorian) 달력의 출현(1582년) 이전의 값을 사용할 수 있도록 계획되지는 않았기 때문에 달력이 바뀌었을 때 손실된 날짜를 고려하지 않은 값을 반환합니다.

```
SELECT FROM_DAYS(737060);
```

결과 값은 '2018-01-01'이 됩니다.

(20) FROM_UNIXTIME(unix_timestamp) , FROM_UNIXTIME(unix_timestamp,format)

unix_timestamp 인수에 대한 표현식을 이 함수가 사용된 문장이 문자열인지 숫자인지에 따라서 'YYYY-MM-DD HH:MM:SS' 또는 'YYYYMMDDHHMMSS' 포맷으로 반환됩니다. unix_timestamp는 UNIX_TIMESTAMP() 함수가 만들어 내는 것과 같은 내부 타임스탬프 값 입니다.

```
❶ SELECT FROM_UNIXTIME(1514766580);
❷ SELECT FROM_UNIXTIME(1514766580) + 0;
```

❶ 결과 값은 '2018-01-01 09:29:40'이 됩니다.

❷ 결과 값은 '20180101092940'이 됩니다.

format 이 주어진다면 결과는 format 문자열에 따라 형식화됩니다. format은 DATE_FORMAT() 함수에 쓰이는 지정자를 똑같이 사용합니다.

```
SELECT FROM_UNIXTIME(UNIX_TIMESTAMP(), '%Y %D %M %h:%i:%s %x');
```

결과 값은 현재 날짜를 기준으로 '%Y %D %M %h:%i:%s %x' 형태가 됩니다.

(21) GET_FORMAT(DATE|TIME|DATETIME, 'EUR'|'USA'|'JIS'|'ISO'|'INTERNAL')

GET_FORMAT() 함수는 형식 문자열을 반환합니다. 이 함수는 DATE_FORMAT() 함수 및 STR_TO_DATE() 함수를 결합하는데 있어서 매우 유용합니다. 첫 번째 인수로는 3가지 가능한 값이 있고, 두 번째 인수로는 5가지 가능한 값이 있어서 결과적으로 15가지 형식 문자열이 가능합니다.

GET_FORMAT() 함수에 인수로 전달할 수 있는 형식은 다음과 같습니다.

하수호출	결과
GET_FORMAT(DATE,'USA')	'%m.%d.%Y'
GET_FORMAT(DATE,'JIS')	'%Y-%m-%d'
GET_FORMAT(DATE,'ISO')	'%Y-%m-%d'
GET_FORMAT(DATE,'EUR')	'%d.%m.%Y'
GET_FORMAT(DATE,'INTERNAL')	'%Y%m%d'
GET_FORMAT(DATETIME,'USA')	'%Y-%m-%d-%H.%i.%s'
GET_FORMAT(DATETIME,'JIS')	'%Y-%m-%d %H:%i:%s'
GET_FORMAT(DATETIME,'ISO')	'%Y-%m-%d %H:%i:%s'
GET_FORMAT(DATETIME,'EUR')	'%Y-%m-%d-%H.%i.%s'
GET_FORMAT(DATETIME,'INTERNAL')	'%Y%m%d%H%i%s'
GET_FORMAT(TIME,'USA')	'%h:%i:%s %p'
GET_FORMAT(TIME,'JIS')	'%H:%i:%s'
GET_FORMAT(TIME,'ISO')	'%H:%i:%s'
GET_FORMAT(TIME,'EUR')	'%H.%i.%S'
GET_FORMAT(TIME,'INTERNAL')	'%H%i%s'

▲ GET_FORMAT() 형식

TIMESTAMP 또한 GET_FORMAT() 함수의 첫 번째 인수로 사용이 가능한데, 이와 같은 경우, 함수는 DATETIME 함수와 같은 값을 반환합니다.

```
❶ SELECT DATE_FORMAT('2018-01-01',GET_FORMAT(DATE,'EUR'));
❷ SELECT STR_TO_DATE('01.01.2018',GET_FORMAT(DATE,'USA'));
```

❶ 결과 값은 '01.01.2018'이 됩니다.

❷ 결과 값은 '2018-01-01'이 됩니다.

(22) HOUR(time)

HOUR() 함수는 time에 대해서 시간(hour)을 반환합니다. 일별 시간에 대해서는 0에서 23 사이의 값을 가집니다. 하지만, TIME 값의 실제 범위는 이것보다 훨씬 크기 때문에, HOUR는 23 보다 큰 값을 반환할 수도 있습니다.

```
❶ SELECT HOUR('20:05:03');
❷ SELECT HOUR('272:59:59');
```

❶ 결과 값은 '20'이 됩니다.

❷ 결과 값은 '272'가 됩니다.

(23) LAST_DAY(date)

LAST_DAY() 함수는 DATE 또는 DATETIME 값을 가져와서 그 달의 가장 마지막 날짜에 해당하는 값을 반환합니다. 만약 인수가 올바르지 않으면 NULL을 반환합니다.

```
❶ SELECT LAST_DAY('2018-01-01');
❷ SELECT LAST_DAY('2018-01-01 01:01:01');
❸ SELECT LAST_DAY('2003-03-32');
```

❶ 결과 값은 '2018-01-31'이 됩니다.

❷ 결과 값은 '2018-01-31'이 됩니다.

❸ 결과 값은 'NULL'이 됩니다.

(24) LOCALTIME, LOCALTIME()

LOCALTIME 및 LOCALTIME() 함수는 NOW() 함수와 동일합니다.

(25) LOCALTIMESTAMP, LOCALTIMESTAMP()

LOCALTIMESTAMP 및 LOCALTIMESTAMP() 함수는 NOW() 함수와 동일합니다.

(26) MAKEDATE(year, dayofyear)

MAKEDATE() 함수는 주어진 연도 및 연도별 날짜 값을 가지고서, 해당하는 날짜를 반환합니다. dayofyear 인수는 0 보다 커야 하며, 그렇지 않을 경우에는 NULL을 반환합니다.

```
❶ SELECT MAKEDATE(2018,31), MAKEDATE(2018,32);
❷ SELECT MAKEDATE(2018,365), MAKEDATE(2020,365);
❸ SELECT MAKEDATE(2018,0);
```

❶ 결과 값은 '2018-01-31', '2018-02-01'이 됩니다.

❷ 결과 값은 '2018-12-31', '2020-12-30'이 됩니다.

❸ 결과 값은 'NULL'이 됩니다.

(27) MAKETIME(hour, minute, second)

MAKETIME() 함수는 hour, minute, second 인수를 가지고 계산된 시간 값을 반환합니다.

```
SELECT MAKETIME(12,15,30);
```

결과 값은 '12:15:30'이 됩니다.

(28) MICROSECOND(expr)

MICROSECOND() 함수는 TIME 또는 DATETIME 수식 expr에서 마이크로세컨드 값을 반환하는데, 그 범위는0에서 999999 사이가 됩니다.

```
❶ SELECT MICROSECOND('12:00:00.123456');
❷ SELECT MICROSECOND('2018-12-31 23:59:59.000010');
```

결과 값은 '123456'이 됩니다.

결과 값은 '10'이 됩니다.

(29) MINUTE(time)

MINUTE() 함수는 time에서 분에 해당하는 값을 반환하는데, 그 범위는 0에서 59 사이가 됩니다.

```
SELECT MINUTE('2018-01-01 10:05:03');
```

결과 값은 '5'가 됩니다.

(30) MONTH(date)

MONTH() 함수는 date에서 월에 해당하는 값을 반환하는데, 그 범위는 0에서 12 사이가 됩니다.

```
SELECT MONTH('2018-07-07');
```

결과 값은 '7'이 됩니다.

(31) MONTHNAME(date)

MONTHNAME() 함수는 date에 해당하는 월을 전체 이름으로 표시합니다.

```
SELECT MONTHNAME('2017-01-01');
```

결과 값은 'January'가 됩니다.

(32) NOW()

NOW() 함수는 사용되는 문장에 따라서 그 형태를 'YYYY-MM-DD HH:MM:SS' 또는 'YYYYMMDDHHMMSS'로 해서 현재의 날짜 및 시간을 반환합니다.

```
❶ SELECT NOW();
❷ SELECT NOW() + 0;
```

❶ 결과 값은 'YYYY-MM-DD HH:MM:SS' 형태의 현재 날짜와 시간이 됩니다.

❷ 결과 값은 'YYYYMMDDHHMMSS' 형태의 현재 날짜와 시간이 됩니다.(사용하는 tool마다 결과 값은 천 단위 마다 ','로 표시 될 수도 있습니다.)

(33) PERIOD_ADD(P, N)

PERIOD_ADD() 함수는 기간 P에 N 월을 'YYMM' 또는 'YYYYMM' 형식으로 더해서 'YYYYMM' 형태로 결과를 반환합니다. 기간 P 가 DATE 값이 아니라는 것에 주의해서 사용해야합니다.

```
SELECT PERIOD_ADD(1801,2);
```

결과 값은 '201803'이 됩니다.

(34) PERIOD_DIFF(P1, P2)

PERIOD_DIFF() 함수는 기간 P1과 P2 사이의 개월 수를 반환합니다. P1과 P2는 'YYMM' 또는 'YYYYMM' 형식이어야 하며, 기간 P1과 P2 가 DATE 값이 아니라는 것에 주의해서 사용해야합니다.

```
SELECT PERIOD_DIFF(1801,201707);
```

결과 값은 '6'이 됩니다.

(35) QUARTER(date)

QUARTER() 함수는 date에 해당하는 분기를 반환하는데, 범위는 1에서 4 사이가 됩니다.

```
SELECT QUARTER('18-06-01');
```

결과 값은 '2'가 됩니다.

(36) SECOND(time)

SECOND() 함수는 time에서 초 부분을 반환하는데, 범위는 0에서 59 사이가 됩니다.

```
SELECT SECOND('10:05:03');
```

결과 값은 '3'이 됩니다.

(37) SEC_TO_TIME(seconds)

SEC_TO_TIME() 함수는 seconds 인수를 반환하는데, 이 함수가 사용되는 문장에 따라서 'HH:MM:SS' 또는 'HHMMSS' 포맷의 값으로 시간, 분, 초로 변환을 시킵니다.

```
❶ SELECT SEC_TO_TIME(2378);
❷ SELECT SEC_TO_TIME(2378) + 0;
```

❶ 결과 값은 '00:39:38'이 됩니다.
❷ 결과 값은 '3938'이 됩니다.

(38) STR_TO_DATE(str, format)

STR_TO_DATE() 함수는 DATE_FORMAT() 함수의 반대 기능입니다. 문자열 str과 형식 문자열 format을 입력받습니다. STR_TO_DATE() 함수는, 형식 문자열이 날짜 및 시간 부분을 모두 가지고 있는 경우에는 DATETIME 값을, 또는 문자열이 날짜 또는 시간 부분만을 가지고 있는 경우에는 DATE 또는 TIME 값을 반환합니다.

str에 포함된 DATE, TIME 또는 DATETIME 값은 format에 의해 지정된 형식으로 주어져야 하며, format에 사용할 수 있는 지정자에 대해서는 DATE_FORMAT() 함수의 설명에서 참조할 수 있습니다. 다른 모든 문자는 해석되지 않고 그대로 반영되며, 만약 str이 유효하지 않은 값을 포함한다면 NULL이 반환됩니다.

```
❶ SELECT STR_TO_DATE('03.10.2018 11.11', '%d.%m.%Y %H.%i');
❷ SELECT STR_TO_DATE('2018-15-10 00:00:00', '%Y-%m-%d %H:%i:%s');
```

❶ 결과 값은 '2018-10-03 11:11:00'이 됩니다.

❷ 결과 값은 'NULL'이 됩니다.

어떤 달의 일수보다 큰 일수를 가진 날짜는 1-31 범위 안에서 허용되며, 또한 '0'이나 '0'값을 가진 날짜도 허용됩니다.

```
❶ SELECT STR_TO_DATE('00/00/0000', '%m/%d/%Y');
❷ SELECT STR_TO_DATE('02/31/2018', '%m/%d/%Y');
```

❶ 결과 값은 '0000-00-00'이 됩니다.

❷ 결과 값은 '2018-02-31'이 됩니다.

(39) SUBDATE(date,I NTERVAL expr unit), SUBDATE(expr, days)

SUBDATE() 함수는 두 번째 인수에 대해서 INTERVAL 형식을 포함하여 사용되었을 때 SUBDATE() 함수는 DATE_SUB() 함수와 동일한 값을 반환하게 됩니다.

```
❶ SELECT DATE_SUB('2018-01-01', INTERVAL 31 DAY);
❷ SELECT SUBDATE('2018-01-01', INTERVAL 31 DAY);
```

❶ 결과 값은 '2017-12-01'이 됩니다.

❷ 결과 값은 '2017-12-01'이 됩니다.

두 번째 형태는 days에 대해서 정수 값을 사용할 수 있도록 하고 있습니다. 이와 같은 경우, expr는 DATE 또는 DATETIME 형식이고 days는 expr에서 뺄 일수가 됩니다.

```
SELECT SUBDATE('2018-01-01 12:00:00', 31);
```

결과 값은 '2017-12-01 12:00:00'이 됩니다.

(40) SUBTIME(expr1, expr2)

SUBTIME() 함수는 expr1 - expr2 수식의 결과 값을 반환하며, 그 형식은 expr1을 따릅니다. expr1은 DATE 또는 DATETIME 수식을 사용할 수 있으며, expr2는 시간 수식이 됩니다.

```
❶ SELECT SUBTIME('2018-12-31 23:59:59.999999','1 1:1:1.000002');
❷ SELECT SUBTIME('01:00:00.999999', '02:00:00.999998');
```

❶ 결과 값은 '2018-12-30 22:58:58.999997'이 됩니다.

❷ 결과 값은 '-00:59:59.999999'이 됩니다.

(41) SYSDATE()

SYSDATE() 함수는 NOW() 함수와 동일합니다.

(42) TIME(expr)

TIME() 함수는 DATA 또는 DATETIME 수식 expr에서 시간 부분을 추출하고 그 값을 문자열로 반환합니다.

```
❶ SELECT TIME('2018-12-31 01:02:03');
❷ SELECT TIME('2018-12-31 01:02:03.000123');
```

❶ 결과 값은 '01:02:03'이 됩니다.

❷ 결과 값은 '01:02:03.000123'이 됩니다.

(43) TIMEDIFF(expr1, expr2)

TIMEDIFF() 함수는 expr1 - expr2 수식의 결과를 시간 값으로 반환합니다. expr1 및 expr2는 TIME 또는 DATETIME 수식이 될 수 있지만, 양쪽 모두 동일한 타입 이어야 합니다.

```
❶ SELECT TIMEDIFF('2018:01:01 00:00:00', '2018:01:01 00:00:00.000001');
❷ SELECT TIMEDIFF('2018-12-31 23:59:59.000001', '2018-12-30 01:01:01.000002');
```

❶ 결과 값은 '-00:00:00.000001'이 됩니다.

❷ 결과 값은 '46:58:57.999999'가 됩니다.

(44) TIMESTAMP(expr), TIMESTAMP(expr1, expr2)

TIMESTAMP() 함수는 단일 인수를 사용하게 되면, 이 함수는 DATE 또는 DATETIME 수식 expr를 DATETIME 값으로 반환합니다. 두 개의 인수를 사용하게 되면, 이 함수는 TIME 수식 expr2를 DATE 또는 DATETIME 수식 expr1에 추가를 하게 되고 그 결과를 DATETIME 값 형태로 반환합니다.

```
❶ SELECT TIMESTAMP('2018-12-31');
❷ SELECT TIMESTAMP('2018-12-31 12:00:00','12:00:00');
```

❶ 결과 값은 '2018-12-31 00:00:00'이 됩니다.

❷ 결과 값은 '2019-01-01 00:00:00'이 됩니다.

(45) TIMESTAMPADD(unit, interval, datetime_expr)

TIMESTAMPADD() 함수는 정수 수식 interval을 DATE 또는 DATETIME 수식 datetime_expr에 추가를 합니다. interval에 대한 유닛은 unit 인수에 의해 주어지는데, 이 인수는 다음의 값 중에 하나가 되어야 합니다.(FRAC_SECOND, SECOND, MINUTE, HOUR, DAY, WEEK, MONTH, QUARTER, or YEAR.) unit 값은 위에 나와 있는 키워드중의 하나를 지정하거나, SQL_TSI_의 접두어를 사용할 수 있습니다. 예를 들면, DAY 및 SQL_TSI_DAY 둘 다 모두 허용됩니다.

```
❶ SELECT TIMESTAMPADD(MINUTE,1,'2018-01-01');
❷ SELECT TIMESTAMPADD(WEEK,1,'2018-01-01');
```

❶ 결과 값은 '2018-01-01 00:01:00'이 됩니다.

❷ 결과 값은 '2018-01-08'이 됩니다.

(46) TIMESTAMPDIFF(unit, datetime_expr1, datetime_expr2)

TIMESTAMPDIFF() 함수는 DATE 또는 DATETIME 수식 datetime_expr1 및 datetime_expr2간의 정수 차이를 반환합니다. 그 결과에 대한 유닛은 unit 인수에 의해 주어지며, unit에 대한 유효 값은 TIMESTAMPADD() 함수에서 설명된 리스트 값과 같습니다.

```
❶ SELECT TIMESTAMPDIFF(MONTH,'2018-01-01','2018-05-01');
❷ SELECT TIMESTAMPDIFF(YEAR,'2018-05-01','2017-01-01');
```

❶ 결과 값은 '4'가 됩니다.

❷ 결과 값은 '-1'이 됩니다.

(47) TIME_FORMAT(time, format)

TIME_FORMAT() 함수는 DATE_FORMAT() 함수와 비슷하게 사용되지만, format 문자열은 시간, 분, 그리고 초에만 해당하는 지정자를 가질 수도 있습니다. 다른 지정자들을 사용하면 NULL 값 또는 0이 나오게 됩니다. 만약 time 값이 23 보다 큰 시간 부분을 가진다면, %H 및 %k 시간 지정자는 0에서 23 보다 큰 값을 만들게 되며, 다른 시간 지정자들은 시간 값 모듈로 12를 만듭니다.

```
SELECT TIME_FORMAT('100:00:00', '%H %k %h %I %l');
```

결과 값은 '100 100 04 04 4'가 됩니다.

(48) TIME_TO_SEC(time)

TIME_TO_SEC() 함수는 time 인수를 초로 변환해서 반환합니다.

```
❶ SELECT TIME_TO_SEC('22:23:00');
❷ SELECT TIME_TO_SEC('00:39:38');
```

❶ 결과 값은 '80580'이 됩니다.

❷ 결과 값은 '2378'이 됩니다.

(49) TO_DAYS(date)

TO_DAYS() 함수는 주어진 날짜 date에 대해서, 연도 0에서부터 계산된 날짜 숫자를 반환합니다.

```
❶ SELECT TO_DAYS(180501);
❷ SELECT TO_DAYS('2018-05-01');
```

❶ 결과 값은 '737180'이 됩니다.

❷ 결과 값은 '737180'이 됩니다.

(50) UNIX_TIMESTAMP(), UNIX_TIMESTAMP(date)

UNIX_TIMESTAMP() 함수는 인수 없이 호출이 된다면, 부호가 없는 정수의 유닉스 시간('1970-01-01 00:00:00' GMT부터 계산된 초)을 반환합니다. UNIX_TIMESTAMP() 함수가 date 인수와 함께 호출된다면, '1970-01-01 00:00:00' GMT부터 계산된 초 값을 반환합니다. date는 DATE 문자열, DATETIME 문자열, TIMESTAMP 문자열, 'YYMMDD' 또는 'YYYYMMDD' 형식의 숫자를 허용합니다.

```
❶ SELECT UNIX_TIMESTAMP();
❷ SELECT UNIX_TIMESTAMP('2018-01-01 22:23:00');
```

❶ 결과 값은 '1510645695'가 됩니다.

❷ 결과 값은 '1514812980'이 됩니다.

(51) UTC_DATE, UTC_DATE()

UTC_DATE() 함수는 함수가 사용된 문장에 따라서, 현재의 UTC 날짜를 'YYYY-MM-DD' 또는 'YYYYMMDD' 포맷으로 반환합니다.

```
SELECT UTC_DATE(), UTC_DATE() + 0;
```

결과 값은 'YYYY-MM-DD' 형태의 현재 날짜와 'YYYYMMDD' 형태의 현재 날짜가 됩니다.

(52) UTC_TIME, UTC_TIME()

UTC_TIME() 함수는 함수가 사용된 문장에 따라서, 현재의 UTC 시간을 'HH:MM:SS' 또는 'HHMMSS' 포맷으로 반환합니다.

```
SELECT UTC_TIME(), UTC_TIME() + 0;
```

결과 값은 'HH:MM:SS' 형태의 현재 시간과 'HHMMSS' 형태의 현재 시간이 됩니다.

(53) UTC_TIMESTAMP, UTC_TIMESTAMP()

UTC_TIMESTAMP() 함수는 함수가 사용된 문장에 따라서, 현재의 UTC 날짜를 'YYYY-MM-DD HH:MM:SS' 또는 'YYYYMMDDHHMMSS' 형태로 반환합니다.

```
SELECT UTC_TIMESTAMP(), UTC_TIMESTAMP() + 0;
```

결과 값은 'YYYY-MM-DD HH:MM:SS' 형태의 현재 날짜와 시간과 'YYYYMMDDHHMMSS' 형태의 현재 날짜와 시간이 됩니다.

(54) WEEK(date[,mode])

WEEK() 함수는 date에 해당하는 주간 숫자를 반환합니다. WEEK() 함수에 두 개의 인수를 사용하면 해당 주가 일요일 또는 월요일에 시작을 하는지를 지정할 수 있으며 또한 반환되는 값이 0에서 53 사이 또는 1에서 53 사이에 있는지를 지정할 수가 있게 됩니다. 만약 mode 인자가 생략되면 시스템 기본 값이 사용됩니다.

mode 인수는 아래의 표와 같이 동작합니다.

모드	한 주의 시작요일	범위	Week 1 is the first week...
0	Sunday	0–53	with a Sunday in this year
1	Monday	0–53	with more than 3 days this year
2	Sunday	1–53	with a Sunday in this year
3	Monday	1–53	with more than 3 days this year
4	Sunday	0–53	with more than 3 days this year
5	Monday	0–53	with a Monday in this year
6	Sunday	1–53	with more than 3 days this year
7	Monday	1–53	with a Monday in this year

▲ mode 인수의 동작

```
❶ SELECT WEEK('2018-02-20');
❷ SELECT WEEK('2018-02-20',0);
❸ SELECT WEEK('2018-02-20',1);
❹ SELECT WEEK('2018-02-20',2);
```

❶ 결과 값은 '7'이 됩니다.

❷ 결과 값은 '7'이 됩니다.

❸ 결과 값은 '8'이 됩니다.

❹ 결과 값은 '7'이 됩니다.

이전 연도의 마지막 주에서 날짜가 맞아떨어지면, mode 인자를 2, 3, 6, 7으로 선택하지 않는 한 MySQL은 0을 반환됩니다.

```
SELECT YEAR('2000-01-01'), WEEK('2000-01-01',0);
```

결과 값은 '2000, 0'이 됩니다.

(55) WEEKDAY(date)

WEEKDAY() 함수는 date에 해당하는 주간 요일의 인덱스를 반환합니다. (0 = 월요일, 1 = 화요일, … 6 = 일요일)

```
❶ SELECT WEEKDAY('2018-01-01 22:23:00');
❷ SELECT WEEKDAY('2018-12-31');
```

❶ 결과 값은 '0'이 됩니다.

❷ 결과 값은 '0'이 됩니다.

(56) WEEKOFYEAR(date)

WEEKOFYEAR() 함수는 1에서 53 사이의 달력 주간 숫자를 반환합니다.

```
SELECT WEEKOFYEAR('2018-05-01');
```

결과 값은 '18'이 됩니다.

(57) YEAR(date)

YEAR() 함수는 1000에서 9999 사이의 date에 해당하는 연도를 반환하거나, 또는 "제로" 날짜일 경우에는 0을 반환합니다.

```
SELECT YEAR('18-01-01');
```

결과 값은 '2018'이 됩니다.

(58) YEARWEEK(date), YEARWEEK(date,start)

YEARWEEK() 함수는 해당되는 연도 및 주를 반환합니다. start 인수는 WEEK() 함수에서 사용되는 것과 동일하게 동작하며, 결과 안의 연도는 첫 주와 마지막 주에 한하여 date 인수의 연도와 다를 수 있습니다.

```
SELECT YEARWEEK('2018-01-01');
```

결과 값은 '201753'이 됩니다.

MySQL에서는 사용할 수 있는 다양한 날짜 관련 함수를 예제를 통해서 살펴보았습니다. 이러한 날짜 관련 함수를 사용해서 날짜 데이터를 가공하여 처리할 수 있습니다. 위에서 살펴본 날짜 관련 함수들은 문자열 함수와 마찬가지로 함께 사용하는 PHP에서도 처리가 가능하기 때문에 특정 함수 몇 개를 제외하고는 실제로 사용되는 함수는 그리 많지 않습니다. 하지만 다양한 종류의 문자 관련 함수가 있다는 것을 간단한 예제를 통해 습득하고 그 함수의 동작을 이해하고 넘어가는 것이 중요합니다.

02-4 그룹 함수

MySQL에서는 하나의 값이 아닌 값들의 집합에 대해서 동작하는 다양한 그룹 함수를 제공합니다. 이러한 그룹 함수를 사용해서 우리가 일반적으로 사용하는 합계나 평균값 등 다양한 계산을 할 수 있습니다. 그룹 함수들을 예제를 통해서 살펴보도록 하겠습니다.

이렇게 해보세요 | days

대부분의 그룹 함수는 NULL 값을 제외하고 동작한 결과를 반환합니다.

우선 그룹 함수 예제를 실습하기 전에 데이터베이스 'mydb'에 학생 테이블 'student' 테이블을 생성하겠습니다.

01 테이블 생성 및 입력하는 쿼리문을 작성하도록 하겠습니다.

소스 코드 : http://localhost/myapp/ch13/student_table_insert.sql

```sql
CREATE TABLE student (
      idx INT(11) NOT NULL AUTO_INCREMENT,
      name VARCHAR(20) NOT NULL,
      department VARCHAR(20) NOT NULL,
      gender VARCHAR(2) NULL DEFAULT NULL,
      subjects VARCHAR(20) NULL DEFAULT NULL,
      grade INT(11) NULL DEFAULT NULL,
      PRIMARY KEY (idx)
);

INSERT INTO student (idx, name, department, gender, subjects, grade) VALUES
      (1, '정동진', '컴퓨터공학과', 'M', 'MySQL', 90),
      (2, '윤성훈', '컴퓨터공학과', 'M', 'MySQL', 85),
      (3, '박성진', '컴퓨터공학과', 'M', 'MySQL', 75),
      (4, '홍길동', '컴퓨터공학과', 'F', 'MySQL', 65),
      (5, '임꺽정', '컴퓨터공학과', 'F', 'MySQL', 65),
      (6, '정동진', '컴퓨터공학과', 'M', 'PHP', 55),
      (7, '윤성훈', '컴퓨터공학과', 'M', 'PHP', 70),
      (8, '박성진', '컴퓨터공학과', 'M', 'PHP', 75),
      (9, '홍길동', '컴퓨터공학과', 'F', 'PHP', 85),
      (10, '임꺽정', '컴퓨터공학과', 'F', 'PHP', 65);
```

idx	name	department	gender	subjects	grade
1	정동진	컴퓨터공학과	M	MySQL	90
2	윤성훈	컴퓨터공학과	M	MySQL	85
3	박성진	컴퓨터공학과	M	MySQL	75
4	홍길동	컴퓨터공학과	F	MySQL	65
5	임꺽정	컴퓨터공학과	F	MySQL	65
6	정동진	컴퓨터공학과	M	PHP	55
7	윤성훈	컴퓨터공학과	M	PHP	70
8	박성진	컴퓨터공학과	M	PHP	75
9	홍길동	컴퓨터공학과	F	PHP	85
10	임꺽정	컴퓨터공학과	F	PHP	65

▲ 'student' 테이블 데이터

(1) SUM([DISTINCT] expr)

expr의 합을 반환합니다. 반환되는 셋에 열이 없다면, SUM() 함수는 NULL 을 반환합니다. DISTINCT 키워드는 expr의 명확한 값만을 합하기 위해서 사용할 수 있습니다. 만약 검색되는 열이 존재하지 않을 경우에는 NULL 을 반환합니다.

다음 예제는 'student' 테이블에서 이름이 '홍길동'인 학생의 성적 합계를 조회하는 예제입니다.

```
SELECT name, SUM(grade)
FROM student
WHERE name = '홍길동';
```

name	SUM(grade)
홍길동	150

▲ 예제 실행 결과 화면

(2) MIN([DISTINCT] expr), MAX([DISTINCT] expr)

MIN() 함수와 MAX() 함수는 expr의 최소값 및 최대값을 반환합니다. 이 함수들은 문자열 인수를 가질 수 있으며, 문자열 인수를 가지는 경우, 이들 함수는 최소 및 최대 문자열 값을 반환합니다. DISTINCT 키워드는 expr의 명확한 최소 및 최대값을 알기 위해 사용될 수 있으나, DISTINCT를 생략한 것과 같은 결과를 반환합니다. MIN() 함수와 MAX() 함수는 검색되는 열이 없으면 NULL 을 반환합니다.

다음 예제는 'student' 테이블에서 과목이 'MySQL'인 점수 중 가장 낮은 점수를 조회하는 예제입니다.

```
SELECT MIN(grade) AS '최소점수'
FROM student
WHERE subjects = 'MySQL';
```

최소점수
65

▲ 예제 실행 결과 화면

다음 예제는 'student' 테이블에서 과목이 'MySQL'인 점수 중 가장 높은 점수를 조회하는 예제입니다.

```
SELECT MAX(grade) AS '최대점수'
FROM student
WHERE subjects = 'MySQL';
```

최대점수
90

▲ 예제 실행 결과 화면

다음 예제는 'student' 테이블에서 과목이 'MySQL'인 학생들 중 가장 높은 점수, 가장 낮은 점수, 그 차이점수를 조회하는 예제입니다.

```
SELECT MAX(grade) AS '최대점수' ,
MIN(grade) AS '최소점수',
MAX(grade) - MIN(grade) AS '차이점수'
FROM student
WHERE subjects = 'MySQL';
```

최대점수	최소점수	차이점수
90	65	25

▲ 예제 실행 결과 화면

(3) AVG([DISTINCT] expr)

expr의 평균값을 반환합니다. DISTINCT 옵션은 expr의 평균 명시값(distict value)를 리턴하기 위해 사용되며, AVG() 함수는 매칭 되는 열이 없으면 NULL 을 반환합니다.

다음 예제는 'student' 테이블에서 이름이 '홍길동'인 학생의 성적 평균을 조회하는 예제입니다.

```
SELECT name, AVG(grade) FROM student WHERE name = '홍길동';
```

name	AVG(grade)
홍길동	75.0000

▲ 예제 실행 결과 화면

다음 예제는 'student' 테이블에서 과목이 'MySQL'인 학생들의 성적 평균을 조회하는 예제입니다.

```
SELECT AVG(grade) AS '평균'
FROM student
WHERE subjects = 'MySQL';
```

평균
76.0000

▲ 예제 실행 결과 화면

(4) COUNT(expr)

SELECT문에 의해 선택된 컬럼에서 특정 조건을 만족하는 레코드의 숫자를 카운트한 값을 반환합니다. 결과 값은 BIGINT 값이 되며, 검색되는 열이 없으면, COUNT() 함수는 0 을 반환합니다. 이때 중복된 값을 제외하려면, 컬럼 이름 앞에 DISTINCT 키워드를 사용하면 중복된 값을 제외하여 사용할 수 있습니다.

다음 예제는 'student' 테이블의 총 레코드 개수를 구하는 예제입니다.

SELECT COUNT(*) AS '총개수'

```
FROM student;
```

총개수
10

▲ 예제 실행 결과 화면

다음 예제는 'student' 테이블의 과목이 'MySQL'인 총 레코드 개수를 구하는 예제입니다.

```
SELECT COUNT(*) AS '총개수'
FROM student
WHERE subjects = 'MySQL';
```

총개수
5

▲ 예제 실행 결과 화면

(5) GROUP BY 절

GROUP BY 절은 선택된 레코드의 집합을 컬럼의 값이나 표현식에 의해 그룹화한 결과 집합을 반환합니다. 즉, GROUP BY 절은 하나의 그룹을 하나의 레코드로 반환하므로, 결과 집합의 크기를 줄여주는 역할을 합니다. 이러한 GROUP BY 절은 SELECT 문에서만 사용할 수 있으며, 앞서 살펴 본그룹 함수들을 사용할 때도 자주 사용됩니다. 문법은 다음과 같습니다.

```
SELECT [컬럼 이름], [그룹함수(컬럼 이름)]
FROM [테이블이름]
[WHERE 조건]
GROUP BY [컬럼 이름]
;
```

다음 예제는 'student' 테이블에서 학생의 이름별 성적 평균을 조회하는 예제입니다.

```
SELECT distinct name AS '이름', AVG(grade)
FROM student
GROUP BY name ;
```

이름	AVG(grade)
박성진	75.0000
윤성훈	77.5000
임꺽정	65.0000
정동진	72.5000
홍길동	75.0000

▲ 예제 실행 결과 화면

다음 예제는 'student' 테이블에서 과목별 성적 평균을 조회하는 예제입니다.

```
SELECT distinct subjects AS '과목', AVG(grade)
FROM student
GROUP BY subjects;
```

과목	AVG(grade)
MySQL	76.0000
PHP	70.0000

▲ 예제 실행 결과 화면

(6) HAVING 절

HAVING 절은 SELECT 문의 WHERE 절처럼 GROUP BY 절에 의해 반환되는 결과 집합의 조건을 설정할 수 있게 해줍니다. 문법은 다음과 같습니다.

알아두세요

HAVING 절은 GROUP BY 절에 포함됩니다. GROUP BY ... HAVING ...과 같은 방식으로 사용됩니다. 즉, HAVING 만으로는 사용되지 않습니다.
쉽게 생각하면 GROUP BY 절에서 사용하는 WHERE 절이라고 생각하면 되겠습니다.

```
SELECT [컬럼 이름], [그룹함수(컬럼 이름)]
FROM [테이블이름]
[WHERE 조건]
GROUP BY [컬럼 이름]
HAVING [조건];
```

다음 예제는 'student' 테이블에서 학생 테이블의 평균 성적보다 학생 별 평균 성적이 높은 경우 출력하는 예제입니다.

```
SELECT distinct name AS '이름', AVG(grade)
FROM student
GROUP BY name
HAVING AVG(grade) > (SELECT AVG(grade) FROM student);
```

이름	AVG(grade)
박성진	75.0000
윤성훈	77.5000
홍길동	75.0000

▲ 예제 실행 결과 화면

다음 예제는 'student' 테이블에서 평균 성적이 70점 이상인 학생을 출력하는 예제입니다.

```
SELECT distinct name AS '이름', AVG(grade)
FROM student
GROUP BY name
HAVING AVG(grade) > 70;
```

이름	AVG(grade)
박성진	75.0000
윤성훈	77.5000
정동진	72.5000
홍길동	75.0000

▲ 예제 실행 결과 화면

위에서 살펴본 그룹 함수들 외에도 MySQL에서는 더 많은 함수들이 존재합니다. 대부분의 그룹 함수들은 GROUP BY 절과 HAVING 절을 함께 사용하여 날짜별, 사람별, 여러 가지 조건을 그룹으로 묶어서 집계, 통계를 구할 때 사용됩니다. 이처럼 GROUP BY 절과 HAVING 절을 사용하는데 숙달 된다면 더욱 다양한 SQL문을 구성할 수 있을 것입니다.

이번 Part에서는 MySQL의 기초 문법부터 데이터의 입력, 저장, 삭제, 검색, 함수 등을 배우며 여러 분들이 MySQL이 무엇인지, 왜 사용하는지, 어떻게 사용하는지를 배웠습니다. MySQL에서 제공하 는 함수들은 워낙 쉽고 편리해서 앞으로는 예제와 실습을 통해 배워본 다양한 SQL문을 기반으로 여 러분이 원하는 SQL문을 만들어 사용할 수 있을 것입니다.

여러분이 배운 MySQL 이러한 데이터베이스를 관리하는 것에는 무거운 책임이 뒤따릅니다. 데이터 베이스의 구조와 설계를 마구잡이로 하게 된다면 데이터베이스의 속도가 느려지거나 다양한 에러가 발생할 수도 있습니다. 따라서 데이터베이스의 구조와 설계를 할 경우에는 테이블과의 관계 등을 고 려해서 최적화된 데이터베이스 구조를 만들어야 합니다. 물론 처음부터 완벽하게 할 수는 없겠지만 앞으로 다양한 경험을 익히며 배워간다면 언젠간 자신도 MySQL의 숙련자가 되어 다양한 프로젝트 를 진행해 볼 수도 있을 것입니다.

연산자(operator)

MySQL에서는 대부분의 프로그래밍 언어에서 지원하는 기본적인 연산자를 모두 제공합니다. 이러한 연산자를 사용하여 데이터를 비교하거나 계산하여 추출하고 처리할 수 있습니다. MySQL에서 사용하는 연산자의 종류는 다음과 같습니다.

❶ 산술 연산자   ❷ 대입 연산자   ❸ 비교 연산자   ❹ 논리 연산자   ❺ 비트 연산자

연산자의 우선순위(operator precedence)

연산자의 우선순위는 수식 내에 여러 연산자가 함께 등장할 때, 어느 연산자가 먼저 처리될 것인가를 결정합니다. 연산자에 따라 우선순위가 존재하는데 이러한 연산자의 우선순위에 따라 SQL의 결과가 달라질 수 있음으로 우선순위에 대해서 인지를 하고 있어야합니다.

우선순위	연산자
1	INTERVAL
2	BINARY, COLLATE
3	!
4	– (단항 연산자), ~ (비트 연산자)
5	^
6	*, /, DIV, %, MOD
7	– (이항 연산자), +
8	《, 》
9	&
10	|
11	= (관계 연산자), 〈=〉, 〉=, 〉, 〈=, 〈 〈〉, !=, IS, LIKE, REGEXP, IN
12	BETWEEN, CASE, WHEN, THEN, ELSE
13	NOT
14	AND, &&
15	XOR
16	OR, ||
17	= (대입 연산자), :=

내장 함수(Built-In Function)

MySQL에서는 사용자의 편의를 위해 다양한 기능의 내장 함수를 미리 정의하여 제공하고 있습니다. MySQL에서 미리 정의하여 제공해 주는 대표적인 내장 함수의 종류는 다음과 같습니다.

❶ 수학 관련 함수

❷ 문자 관련 함수

❸ 날짜와 시간 관련 함수

❹ 그룹 함수

1 식(expression)은 프로그램에서 컴퓨터가 수행해야 할 기본적인 작업 명령을 설정하는데 사용되며 _____는 식을 구성하는 기본 단위로 사용된다.

2 _____는 사칙연산을 다루는 가장 기본적이면서도 많이 사용하는 연산자입니다. _____는 모두 두 개의 피연산자를 가지는 이항 연산자입니다.

3 왼쪽 피연산자가 오른쪽 피연산자보다 작으면 참을 반환하는 비교 연산자의 연산자는 무엇일까요?
❶ =   ❷ 〉   ❸ 〈   ❹ 〈=   ❺ =〉

4 연산자에 대한 순서를 사용자가 강제로 지정하기 위해서는 _____를 사용하여 해당 연산 구간을 묶어서 사용할 수 있습니다. 아래의 SQL문과 같이 1+2를 묶는데 사용된 이 연산자는 무엇일까요?

Chapter
14

PHP와 MySQL 연동

앞부분에서 데이터베이스를 다루기 위한 기본적인 명령들에 대해서 알아보았습니다. 이번 장에서는 PHP와 MySQL을 실전에서 사용하기 위해 PHP를 사용하여 웹 서버와 연결을 하고, MySQL 데이터베이스에 접속하여 PHP에서 MySQL을 사용하는 방법과 예제를 함께 실습해보도록 하겠습니다.

01 _ 웹 서버 연결

PHP에서 MySQL 데이터베이스 연결방식에 사용되는 API는 세 종류 있습니다.

❶ MySQL API : 가장 오래 전 부터 사용되었고 mysql_로 시작하는 함수들로 구성되어 있습니다. PHP 5.5.0 버전부터는 사용을 권장하지 않으며, 우리가 사용하는 PHP 7 버전부터는 삭제되어 사용이 불가능합니다.
❷ MySQLi(mysql improved) API (PHP 5, PHP 7) : mysql 함수를 개선한 것으로 PHP 5 버전부터 사용이 가능하며 prepared statement를 사용할 수 있습니다.
❸ PDO(PHP Data Object) API (PHP 5 >= 5.1.0, PHP 7) : PDO 방식은 PHP 를 사용하여 서로 다른 종류의 데이터베이스에 접근하는 공통 API 를 제공하는 것을 목표로 만들어 졌습니다. 객체 기반의 API 이고, prepared statement를 제공합니다.

이렇게 PHP에서 MySQL을 사용하는 방법으로는 몇 가지가 방식이 있지만 가장 권장하여 사용되는 방식은 MySQLi 확장을 이용하는 방식입니다.

01-1 MySQL 확장 API와 MySQLi 확장 API의 차이

PHP가 웹 프로그래밍 언어로서 큰 인기를 얻고 있을 1990년대 무렵부터 MySQL 확장 API가 사용되었습니다. MySQL 버전이 업데이트되거나 PHP 버전이 업데이트될 때마다 MySQL 확장 API도 발전을 거듭하면서 PHP에서 MySQL 데이터베이스를 이용할 때 필수로 사용되어 왔습니다. 또한 PHP 5.0이 발표되기 전까지 MySQL은 PHP와의 연동성에서 좋은 성능을 보여주었습니다.

하지만, 개발상의 어려움이 찾아오면서 MySQL 확장의 추가적인 개발은 더 이상 힘들어지게 됩니다. 아무래도 MySQL의 구조가 매우 복잡했었기 때문에 버전을 업데이트 할 때마다 큰 어려움을 겪은 것 같습니다. 이와 같은 문제를 해결하기 위하여 PHP 5에 대응할 수 있고 MySQL 4.1을 완벽하게 지원할 수 있는 새로운 MySQL 확장이 API가 개발되었습니다. 그것이 바로 MySQLi입니다.

MySQLi의 i는 향상된(improved), 연결(interface), 독창적인(ingenious), 비호환적인(incompatible), 미완성인(incomplete)을 의미합니다. PHP MySQL의 새로운 확장, MySQLi의 주요한 특징은 다음과 같습니다.

❶ MySQL 확장의 소스코드는 다소 복잡하고 조잡했지만 MySQLi 확장은 이 문제를 해결하였다.

❷ MySQL 클라이언트 라이브러리와의 호환성이 높아졌다.

❸ MySQL 확장과의 호환성은 완벽하지 않지만, 약간의 수정만 하면 MySQL 기반 소스코드를 MySQLi 기반 소스코드로 이식할 수 있다.

❹ MySQL 확장보다 최대 40% 빠른 속도를 지원한다.

❺ MySQL 확장보다 패스워드 생성 등의 보안 기능이 강화되었다.

알아두세요

MySQL 4.1 이상의 버전을 사용하기 위해서는 MySQLi 확장 API를 이용하는 것이 좋습니다. 기존의 MySQL 확장 API에서는 MySQL 4.1 이상을 완벽하게 지원하지 않기 때문인데. MySQLi 확장 API는 PHP 5에서부터 지원하는 확장입니다. 만약 PHP 4 이하 버전을 사용하고 있다면 MySQLi 확장을 API를 이용할 수 없습니다.

01-2 MySQL 확장 API 사용 방법

MySQLi 확장 API의 사용 방법은 My SQL 확장 API의 사용 방법과 상당히 비슷합니다. 한 가지 차이점을 들어보자면, MySQLi 확장 API에서는 객체 지향적인 인터페이스를 사용할 수 있다는 점입니다. MySQL 확장 API는 단독 함수들만을 제공했었지만, MySQLi 확장 API는 객체 지향적인 클래스를 기본적으로 제공합니다.

아래의 예제는 MySQLi 확장 API 함수를 사용하여 MySQL 데이터베이스에 연결한 후 쿼리문을 서버에 전송하는 예제입니다. MySQLi 확장 API에서도 단독 함수를 사용하여 데이터베이스에 연결하는 것은 가능합니다. MySQL 확장 API 함수에 i만 붙여주면 됩니다.

알아두세요

책에서는 PHP 7 버전에 맞는 MySQLi 방식으로 사용하는 방법을 알아보겠습니다. MySQLi에서는 prepared statement 를 사용할 수 있게 되어서, 입력 값에 대한 복잡한 제거나, 치환 작업 없이 SQL 인젝션 공격에 대한 방어를할 수 있습니다. MySQLi는 객체지향 스타일(객체 메소드 호출 형태)의 API와 절차지향 스타일(함수 호출 형태)의 API, 두 가지 형태를 제공합니다.

01 MySQLi 확장 API 함수를 이용한 데이터베이스 연결방법 (절차 지향 스타일)

소스 코드 : http://localhost/myapp/ch14/mysqli_procedural.php

```php
01 : <?php
02 : $mysql_host = "localhost";
03 : $mysql_user = "root";
04 : $mysql_password = "1234";
05 : $mysql_db = "mydb";
06 :                                          ⬇ MySQL 데이터베이스 연결
07 : $conn = mysqli_connect($mysql_host, $mysql_user, $mysql_password, $mysql_db);
08 :
09 : if (!$conn) {   ⬅ 연결 오류 발생 시 스크립트 종료
10 :     die("연결 실패: " . mysqli_connect_error());
11 : }
12 : echo "연결 성공";
13 : ?>
```

MySQL 데이터베이스 연결에 사용되는 mysqli_connect() 함수의 인자는 다음과 같습니다.

• $mysql_host : 데이터베이스 서버의 IP 또는 도메인 주소
• $mysql_user : 데이터베이스 사용자 아이디
• $mysql_password : 데이터베이스 사용자 비밀번호
• $mysql_db : 연결할 데이터베이스명

만약 "연결할 데이터베이스명" 부분에 인자 값을 넣지 않는다면 전체 데이터베이스에 접속하게 됩니다. 예제에서는 바로 "mydb"라는 데이터베이스로 접속을 한다는 것을 의미합니다.

알아두세요

기본 포트

기본 포트는 3306으로 사용되며 서버 설정에서 기본 포트를 다른 것으로 변경하였다면, mysqli_connect() 함수의 다섯 번 째 인자에 변경한 포트를 입력하면 됩니다.

클래스가 아닌 함수를 사용할 때에는 데이터베이스 연결 리소스가 저장되어 있는 $conn 변수를 함수에 전달해야 하는 불편함이 있습니다. 그리고 쿼리문의 결과(result)를 별개의 변수에 따로 저장해야 하는 불편함도 있습니다. 이 문제는 클래스 객체를 사용함으로써 해결할 수 있는데, MySQLi 확장 API는 객체 지향적인 클래스를 제공합니다. MySQLi 확장 API의 가장 큰 장점이 바로 객체 지향 인터페이스를 제공한다는 점입니다.

PHP 4 버전까지는 상당히 부실하였던 객체 지향적인 요소가 PHP 5에 많이 추가되었는데, PHP가 자바(Java)와 같은 객체 지향적인 프로그래밍 언어를 지향하는 데에는 객체 지향 인터페이스는 속도가 빠르고 캡슐화할 수 있다는 장점을 가지고 있기 때문입니다. MySQLi 확장 API도 PHP의 개발 흐름에 맞추어 객체 지향적인 속성을 기본으로 합니다.

아래의 예제는 MySQLi 확장 API의 객체 지향 인터페이스를 사용하는 예제입니다.

01 MySQLi 확장 API를 이용한 데이터베이스 연결방법 (객체 지향 스타일)

소스 코드 : http://localhost/myapp/ch14/mysqli_object_oriented.php

```
01 : <?php
02 : $mysql_host = "localhost";
03 : $mysql_user = "root";
04 : $mysql_password = "1234";
05 : $mysql_db = "mydb";
06 :
07 : $conn = new mysqli($mysql_host, $mysql_user, $mysql_password, $mysql_db);   ← MySQL 데이터베이스 연결
08 :
09 : if ($conn->connect_error) {   ← 연결 오류 발생 시 스크립트 종료
10 :     die("연결 실패: " . $conn->connect_error);
11 : }
12 : echo "연결 성공";
13 : ?>
```

예제와 같이 객체 지향 인터페이스를 사용하면 데이터베이스 연결 리소스를 함수에 전달할 필요 없이, 해당 객체가 하나의 데이터베이스 연결 객체로서 작동합니다. 개발자는 이 객체만 따로 저장해 두면 스크립트의 어디에서든지 이 객체를 불러와 데이터베이스 연결 리소스로서 사용할 수 있는 것입니다. 객체 지향 인터페이스를 사용함으로써 한 개의 스크립트에서 여러 MySQL 데이터베이스에 연결하는 것이 굉장히 편리해졌습니다.

알아두세요

책에서의 MySQL 방식

MySQL에서 객체 지향 방식을 사용할 수 있게 된지 아직 오래되지 않았기 때문에 현재까지는 MySQL의 절차 지향 방식이 많이 사용되고 있습니다.
절차 지향 방식을 사용할 수 있다면 객체 지향 방식으로도 금방 습득하여 쉽게 사용할 수 있기 때문에 현재 많이 사용되고 있는 방식인 절차 지향 방식으로 예제를 진행 하도록하겠습니다 .

02 _ 실전 PHP와 MySQL

실제 웹 프로그래밍에서 많이 사용하는 것이 데이터베이스에 있는 데이터를 조회, 입력, 수정, 삭제하는 것입니다. 따라서 이번 장에서 나오는 예제들은 실전에서 사용되는 방법이기 때문에 많은 반복 실습을 통하여 습득할 수 있도록 해야 합니다.

우리는 앞에서 MySQL 문법에 대해서 예제를 실습할 때 생성해서 사용했던 데이터베이스 "mydb"에 영화감독 정보가 들어있는 "movie_director" 테이블을 만들었습니다. "mydb" 데이터베이스와 "movie_director" 테이블을 사용해서 여러 가지 예제를 실습 하도록 하겠습니다.

02-1 레코드 선택

01 다음 예제는 데이터베이스 "mydb"에 있는 "movie_director" 테이블에 저장된 레코드를 가져오는 PHP 예제입니다.

소스 코드 : http://localhost/myapp/ch14/select_table.php

```php
01 : <?php
02 : $mysql_host = "localhost";
03 : $mysql_user = "root";
04 : $mysql_password = "1234";
05 : $mysql_db = "mydb";
06 :
07 : $conn = mysqli_connect($mysql_host, $mysql_user, $mysql_password, $mysql_db);   ← MySQL 데이터베이스 연결
08 :
09 : if (!$conn) {   ← 연결 오류 발생 시 스크립트 종료
10 :     die("연결 실패: " . mysqli_connect_error());
11 : }
12 :
13 : $sql = " SELECT * FROM movie_director ";
14 : $result = mysqli_query($conn, $sql);
15 :
16 : if (mysqli_num_rows($result) > 0) {
17 :     while($row = mysqli_fetch_array($result)) {   ← 검색 항목을 반복문을 이용하여 순서대로 출력
18 :         echo "id: " . $row['id']. " - name: " . $row['name']. " - birthday: " . $row['birthday']. "<br/>";
19 :     }
20 : } else {
21 :     echo "저장된 데이터가 없습니다.";
22 : }
23 :
24 : mysqli_close($conn);   ← 데이터베이스 접속 종료
25 : ?>
```

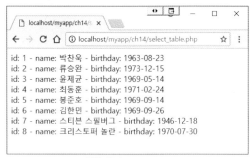

id: 1 - name: 박찬욱 - birthday: 1963-08-23
id: 2 - name: 류승완 - birthday: 1973-12-15
id: 3 - name: 윤제균 - birthday: 1969-05-14
id: 4 - name: 최동훈 - birthday: 1971-02-24
id: 5 - name: 봉준호 - birthday: 1969-09-14
id: 6 - name: 김한민 - birthday: 1969-09-26
id: 7 - name: 스티븐 스필버그 - birthday: 1946-12-18
id: 8 - name: 크리스토퍼 놀란 - birthday: 1970-07-30

▲ select_table.php 실행 화면

01~05 : 데이터베이스 연결을 위한 설정 값들을 각 변수에 할당합니다.

07~11 : ysqli_connect() 함수를 사용하여 데이터베이스에 연결하고 만약 에러가 발생한다면 "연결 실패: 에러코드"를 출력하고 페이지가 중단됩니다.

13 : $sql 변수에 실행할 쿼리문을 넣습니다.

14 : mysqli_query() 함수를 실행하여 결과 값을 반환받아 해당 $result 변수에 데이터를 반환합니다.

16~2 : 검색된 레코드의 개수가 0개보다 크다면 레코드의 개수만큼 반복하여 데이터를 출력합니다. 각 데이터는 $row['id'], $row['name'], $row['birthday'] 가 됩니다.

24 : 데이터베이스와 접속을 종료합니다.

데이터베이스에서 레코드를 가져올 때에는 위 예제와 같이 PHP에서 MySQL을 사용하기 위해 여러 가지 MySQL 관련 함수를 사용해서 레코드를 가져와야만 합니다. 예제에서 사용한 MySQL 함수를 하나씩 살펴보겠습니다.

우선 데이터베이스에 쿼리문을 전송하기 위해서는 mysqli_query() 함수를 사용해야 합니다.

```
mysqli_query(연결된 데이터베이스, 쿼리문을 담고 있는 변수);
```

mysqli_query() 함수는 위처럼 두 가지 인자 값을 필요로 하는데 성공적으로 연결된 데이터베이스와 쿼리문을 담고 있는 문자열 변수가 필요합니다.

mysqli_query() 함수는 결과 값을 반환받아 예제에 있는 해당 $result 변수에 데이터를 반환합니다. 하지만 insert와 같은 쿼리문은 실제 데이터를 반환하는 것이 아니라 쿼리문이 성공적으로 수행되었는지 참과 거짓여부만 반환합니다. 만약 쿼리문의 실행 결과가 참이 아니라 거짓이라면 에러 코드가 출력됩니다.

```
$result = mysqli_query($conn, $sql);
```

위와 같이 사용하면 $result 변수를 통해 쿼리의 결과를 얻어 낼 수 있습니다.

이때 $result로 부터 결과를 가져오는데 다음 세 가지 함수를 사용할 수 있습니다.

mysqli_num_row() 함수는 레코드의 총 개수를 숫자로 반환하여 줍니다. 예제와 같이 쿼리를 통해 가져온 데이터가 $result 라면 다음과 같이 사용할 수 있습니다.

```
mysqli_num_rows($result);
```

위와 같이 실행한 쿼리문에서 반환된 레코드의 개수, 총 몇 개의 행을 가졌는지 그 개수를 반환하는 함수입니다. 예제에서는 레코드의 개수가 0개 이상이라면 데이터를 출력하고 만약 레코드의 개수가 없다면 "저장된 데이터가 없습니다."라는 문자열을 출력합니다.

mysqli_fetch_array() 함수는 변수명과 같이 한 번에 하나의 레코드를 테이블에서 얻어내며 배열형태로 해당 변수에 저장합니다.

```
$row = mysqli_fetch_array($result);
```

웹 서버에서 실행될 때마다 쿼리의 결과중 하나의 데이터 레코드를 해당 변수 $row에 저장합니다. for, while, foreach 등의 반복문을 사용하여 반복 호출함으로써 모든 쿼리 결과에 차례로 접근할 수 있습니다. 이때 반복문이 실행될 때마다 $row는 하나의 레코드가 배열로 생성됩니다. $row 배열에는 $row['컬럼이름']과 같이 사용하여 원하는 컬럼의 데이터를 가져 올 수 있습니다.

mysqli_close() 함수는 데이터베이스와 연결을 해제할 때 사용합니다. 데이터베이스와 통신이 완료되었다면 여러분이 직접 데이터베이스 연결을 해제시켜야 합니다.

```
mysqli_close(데이터베이스와 연결된 변수);
```

02-2 레코드 추가

01 다음 예제는 데이터베이스 "mydb"에 있는 "movie_director" 테이블에 레코드를 추가하는 PHP 예제입니다.

소스 코드 : http://localhost/myapp/ch14/insert_table.php

```
01 : <?php
02 : $mysql_host = "localhost";
03 : $mysql_user = "root";
04 : $mysql_password = "1234";
05 : $mysql_db = "mydb";
06 :
07 : $conn = mysqli_connect($mysql_host, $mysql_user, $mysql_password, $mysql_db);   ← MySQL 데이터베이스 연결
```

```
08 :
09 : if (!$conn) {   ◀ 연결 오류 발생 시 스크립트 종료
10 :     die("연결 실패: " . mysqli_connect_error());
11 : }
12 :   ⬇ 데이터 레코드 추가 쿼리
13 : $sql = " INSERT INTO movie_director (id, name, birthday) VALUES (9, '제임스 카메론', '1954-08-16'); ";
14 :
15 : if (mysqli_query($conn, $sql)) {
16 :     echo "새 레코드가 성공적으로 생성되었습니다.";
17 : } else {
18 :     echo "생성 실패: " . mysqli_error($conn);
19 : }
20 :
21 : mysqli_close($conn);   ◀ 데이터베이스 접속 종료
22 : ?>
```

▲ insert_table.php 실행 화면

01~05 : 데이터베이스 연결을 위한 설정 값들을 각 변수에 할당합니다.

07~11 : mysqli_connect() 함수를 사용하여 데이터베이스에 연결하고 만약 에러가 발생한다면 "연결 실패: 에러코드"를 출력하고 페이지가 중단됩니다.

13 : $sql 변수에 실행할 쿼리문을 넣습니다.

15~19 : 쿼리문이 성공적으로 수행 되었는지 참과 거짓여부를 반환합니다. 성공적으로 실행 되었다면 "새 레코드가 성공적으로 생성 되었습니다."라는 문자열이 출력되고, 만약 쿼리문의 문법 오류나 기타 에러가 발생 시 에러코드를 출력합니다.

21 : 데이터베이스와 접속을 종료합니다.

성공적으로 레코드가 추가 되었다면 조금 전 예제 select_table.php 파일을 실행하면 다음과 같이 새로운 레코드가 추가 된 것을 확인할 수 있습니다.

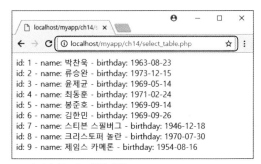

▲ select_table.php 결과 화면

02-3 레코드 수정

01 다음 예제는 데이터베이스 "mydb"에 있는 "movie_director" 테이블에 특정 레코드를 수정하는 PHP 예제입니다.

소스 코드 : http://localhost/myapp/ch14/update_table.php

```php
01 : <?php
02 : $mysql_host = "localhost";
03 : $mysql_user = "root";
04 : $mysql_password = "1234";
05 : $mysql_db = "mydb";
06 :
07 : $conn = mysqli_connect($mysql_host, $mysql_user, $mysql_password, $mysql_db);   ◀ MySQL 데이터베이스 연결
08 :
09 : if (!$conn) {   ◀ 연결 오류 발생 시 스크립트 종료
10 :     die("연결 실패: " . mysqli_connect_error());
11 : }
12 :
13 : $sql = " UPDATE movie_director SET name='홍길동' WHERE id=9 ";   ◀ 데이터 레코드 수정 쿼리
14 :
15 : if (mysqli_query($conn, $sql)) {
16 :     echo "레코드가 성공적으로 업데이트 되었습니다.";
17 : } else {
18 :     echo "업데이트 실패: " . mysqli_error($conn);
19 : }
20 :
21 : mysqli_close($conn);   ◀ 데이터베이스 접속 종료
22 : ?>
```

레코드가 성공적으로 업데이트 되었습니다.

▲ update_table.php 실행 화면

01~05 : 데이터베이스 연결을 위한 설정 값들을 각 변수에 할당합니다.

07~11 : mysqli_connect() 함수를 사용하여 데이터베이스에 연결하고 만약 에러가 발생한다면 "연결 실패: 에러코드"를 출력하고 페이지가 중단됩니다.

13 : $sql 변수에 실행할 쿼리문을 넣습니다.

15~19 : 쿼리문이 성공적으로 수행 되었는지 참과 거짓여부를 반환합니다. 성공적으로 실행 되었다면 "레코드가 성공적으로 업데이트 되었습니다."라는 문자열이 출력되고, 만약 쿼리문의 문법 오류나 기타 에러 발생 시 에러코드를 출력합니다.

21 : 데이터베이스와 접속을 종료합니다

성공적으로 레코드가 수정 되었다면 조금 전 예제 select_table.php 파일을 실행하면 다음과 같이 쿼리문에 지정한 레코드가 수정 된 것을 확인할 수 있습니다.

▲ select_table.php 실행 화면

02-4 레코드 삭제

01 다음 예제는 데이터베이스 "mydb"에 있는 "movie_director" 테이블에 특정 레코드를 삭제하는 PHP 예제입니다.

소스 코드 : http://localhost/myapp/ch14/delete_table.php

```php
01 : <?php
02 : $mysql_host = "localhost";
03 : $mysql_user = "root";
04 : $mysql_password = "1234";
05 : $mysql_db = "mydb";
06 :
07 : $conn = mysqli_connect($mysql_host, $mysql_user, $mysql_password, $mysql_db);   ◀ MySQL 데이터베이스 연결
08 :
09 : if (!$conn) {   ◀ 연결 오류 발생 시 스크립트 종료
10 :     die("연결 실패: " . mysqli_connect_error());
11 : }
12 :
13 : $sql = " DELETE FROM movie_director WHERE name='홍길동' ";   ◀ 데이터 레코드 삭제 쿼리
14 :
15 : if (mysqli_query($conn, $sql)) {
16 :     echo "레코드가 성공적으로 삭제 되었습니다.";
17 : } else {
18 :     echo "삭제 실패: " . mysqli_error($conn);
19 : }
20 :
21 : mysqli_close($conn);   ◀ 데이터베이스 접속 종료
22 : ?>
```

▲ delete_table.php 실행 화면

01~05 : 데이터베이스 연결을 위한 설정 값들을 각 변수에 할당합니다.

07~11 : mysqli_connect() 함수를 사용하여 데이터베이스에 연결하고 만약 에러가 발생한다면 "연결 실패: 에러코드"를 출력하고 페이지가 중단됩니다.

13 : $sql 변수에 실행할 쿼리문을 넣습니다.

15~19 : 쿼리문이 성공적으로 수행 되었는지 참과 거짓여부를 반환합니다. 성공적으로 실행 되었다면 "레코드가 성공적으로 삭제되었습니다."라는 문자열이 출력되고, 만약 쿼리문의 문법 오류나 기타 에러가 발생 시 에러 코드를 출력합니다.

21 : 데이터베이스와 접속을 종료합니다.

성공적으로 레코드가 삭제되었다면 조금 전 예제 select_table.php 파일을 실행하면 다음과 같이 쿼리문에 지정한 name 컬럼의 값이 "홍길동"인 레코드가 삭제 된 것을 확인할 수 있습니다.

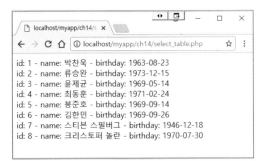

▲ select_table.php 실행 화면

알아두세요

UPDATE, DELETE 문

UPDATE, DELETE 문의 경우 WHERE 절을 생략하면 조건에 일치하는 모든 레코드가 수정 또는 삭제됩니다. 따라서 항상 WHERE 절에 조건을 추가하여 사용하는 것이 바람직합니다.

이제 여러분은 실무에서 자주 사용할 수 있는 레코드 선택, 추가, 수정, 삭제에 대해서 배웠습니다. 레코드를 검색하는 SELECT 문은 여러 가지의 MySQL 관련 함수들이 사용되지만 이외의 추가, 수정, 삭제에 대해서는 대부분의 소스는 동일합니다.

단순하게 생각하면 실행하는 쿼리문만 다를 뿐이지 사용하는 방법은 같기 때문에 위의 예제들을 응용하면 다양한 쿼리를 구성할 수 있습니다.

03 _ 데이터베이스 생성

ch15장부터 ch16장까지는 실전에서 사용하는 예제를 프로젝트 형식으로 이어서 진행하기 때문에 뒤에서 사용할 데이터베이스를 미리 생성 하도록 하겠습니다.

01 데이터베이스 생성은 앞서 phpMyAdmin에서도 간단하게 생성할 수 있지만, PHP로 MySQL에 연결하여 데이터베이스를 생성해보도록 하겠습니다.

소스 코드 : http://localhost/myapp/ch14/create_database.php

```php
01 : <?php
02 : $mysql_host = "localhost";
03 : $mysql_user = "root";
04 : $mysql_password = "1234";
05 :
06 : $conn = mysqli_connect($mysql_host, $mysql_user, $mysql_password);  ◀ MySQL 데이터베이스 연결
07 :
08 : if (!$conn) {  ◀ 연결 오류 발생 시 스크립트 종료
09 :     die("연결 실패: " . mysqli_connect_error());
10 : }
11 :
12 : $sql = "CREATE DATABASE project";  ◀ 데이터베이스 생성 쿼리
13 :
14 : if (mysqli_query($conn, $sql)) {
15 :     echo "데이터베이스 생성 완료";
16 : } else {
17 :     echo "데이터베이스를 생성하는 중 오류가 발생했습니다: " . mysqli_error($conn);
18 : }
19 :
20 : mysqli_close($conn);  ◀ 데이터베이스 접속 종료
21 : ?>
```

작성한 create_database.php 파일을 실행하면 데이터베이스가 생성되는데 phpMyAdmin에 접속하여 "project"라는 데이터베이스가 생성 되었는지 확인할 수 있습니다.

▲ phpMyAdmin에서 새로 생성된 데이터베이스 "project" 확인 화면

이렇게 해보세요 | 만약 에러가 발생했다면?

❶ Warning: mysqli_connect(): (HY000/1045): Access denied for user 'root'@'localhost' (using password: YES) in C:₩xampp₩gnuwiz₩myapp₩ch14₩create_database.php on line 7
연결 실패: Access denied for user 'root'@'localhost' (using password: YES)
–〉데이터베이스 접속 유저의 패스워드가 틀리기 때문에 발생하는 에러입니다.
❷ 데이터베이스를 생성하는 중 오류가 발생 하였습니다: Can't create database 'project'; database exists
–〉create_database.php 파일을 여러 번 실행하였다면 발생하는 에러입니다. 이미 "project"라는 데이터베이스가 존재한다는 에러입니다.

지금까지 PHP에서 MySQL 데이터베이스를 연동하는 방법 중 하나인 MySQLi 확장 API에 대하여 알아보았습니다. 아직도 몇몇 웹 프로그램에서는 MySQL 확장 API를 사용하고 있습니다. 물론 PHP 5 미만의 버전을 사용하고 있다면 어쩔 수 없지만, PHP 5 이상의 버전을 사용하고 있다면 MySQL 데이터베이스에 연결함에 있어서는 반드시 MySQLi 확장 API를 사용하는 것이 좋습니다. MySQLi 확장 API는 속도도 빠르고 보안성도 높기 때문입니다.

이번 장에서는 PHP로 MySQL 데이터베이스에 연결하여 데이터베이스를 조작하는 기본적인 방법에 대해서 살펴보았지만, 다음 장에서 부터는 새로 생성한 "project" 데이터베이스에 테이블을 생성하고 데이터를 저장하고 원하는 데이터의 목록을 만들고 가공하는 방법에 대하여 알아보도록 하겠습니다.

PHP와 MySQL 연결 방식

❶ MySQL API : 가장 오래 전 부터 사용되었고 mysql_로 시작하는 함수들로 구성되어 있습니다. PHP 5.5.0 버전 부터는 사용을 권장하지 않으며, 최근 사용하는 PHP 7 버전부터는 삭제되어 사용이 불가능합니다.

❷ MySQLi (mysql improved) API (PHP 5, PHP 7) : mysql 함수를 개선한 것으로 PHP 5 버전부터 사용이 가능하 며 prepared statement를 사용할 수 있습니다.

❸ PDO (PHP Data Object) API (PHP 5 >= 5.1.0, PHP 7) : PDO 방식은 PHP 를 사용하여 서로 다른 종류의 데 이터베이스에 접근하는 공통 API 를 제공하는 것을 목표로 만들어 졌습니다. 객체 기반의 API 이고, prepared statement를 제공합니다.

이렇게 PHP에서 MySQL을 사용하는 방법으로는 몇 가지가 방식이 있지만 가장 권장하여 사용되는 방식은 MySQLi 확장을 이용하는 방식입니다.

아래 소스는 PHP에서 MySQL 데이터베이스를 연결하기위해 MySQLi 확장 API 함수를 이용한 데이터베이스 연결 방법 내용입니다. 아래 소스를 참고로 하여 아래의 질문에 답하세요.

```php
<?php
$mysql_host = "localhost";
$mysql_user = "root";
$mysql_password = "1234";
$mysql_db = "mydb";
$conn = mysqli_connect($mysql_host, $mysql_user, $mysql_password, $mysql_db);
if (!$conn) {
        die("연결 실패: " . mysqli_connect_error());
}
echo "연결 성공";
?
```

1 위 소스는 MySQLi 확장 API를 이용한 데이터베이스 연결방법입니다. (절차 지향 스타일)과 (객체 지향 스타일) 중 어떠한 방식을 사용하였을까요?

2 위 소스 중 데이터베이스 명을 담는 변수명은 무엇일까요?

3 MySQL 데이터베이스 연결에 사용되는 mysqli_connect() 함수의 인자가 아닌 것은 무엇일까요?
   ❶ 데이터베이스 서버의 IP 또는 도메인 주소
   ❷ 데이터베이스 사용자 아이디
   ❸ 데이터베이스 사용자 비밀번호
   ❹ 연결할 데이터베이스명
   ❺ 데이터베이스 버전

4 다음 중 PHP에서 MySQL의 SQL문을 실행하는 함수는 무엇일까요?
   ❶ mysqli_connect()
   ❷ mysqli_connect_error()
   ❸ mysqli_query()
   ❹ mysqli_error()
   ❺ mysqli_close()

Answer

1 절차 지향 스타일 **2** $mysql_db **3** ❺번 데이터베이스 버전 **4** ❸번 mysqli_query()

PHP
Programming

PHP 실전 프로그램 익히기

Chapter

15

회원가입 및 로그인

이번 장에서는 회원가입 및 로그인 프로그램을 구현 하도록 하겠습니다. 이러한 회원가입 및 로그인을 구현하면, 회원 인증을 통해서 회원만의 특별한 기능을 제공할 수도 있습니다. 회원가입은 회원가입 검증, 메일인증 등의 기능 구현을 통해서 PHP의 기본 응용방법과 데이터베이스의 연동 그리고 세션의 의미를 명확히 하는데 더욱 친숙해지는 학습의 기회가 되었으면 합니다.

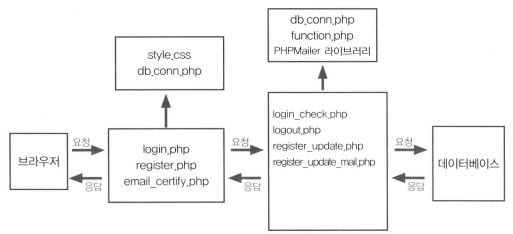

▲ 회원가입 및 로그인의 전체적인 구조

앞으로 전개될 회원가입 및 로그인, 쪽지프로그램은 PHP와 데이터베이스 MySQL을 연결하기 위한 dbconn.php 파일과 함수들을 모아 놓은 function.php 파일이 반드시 필요합니다.

PHP에서는 사용자가 보게 될 화면출력 부분 및 데이터베이스 연동을 모두할 수 있습니다. 사용자가 보게 될 화면은 PHP와 HTML을 사용하여 구성하며, 그 외 DB와 연결하는 작업은 dbconn.php 파일을 이용하여 DB와 연결 하도록 구성됩니다. 또한 프로그램에 필요한 함수들을 모아 놓은 라이브러리 파일, 데이터 처리를 위한 작업도 각각의 PHP 파일에서 구성되도록 하겠습니다.

지금부터 시작 할 회원가입 및 로그인은 조금 더 프로그램의 형태로 구조적으로 만드는 것 외에는 이미 앞에서 습득한 여러 가지 예제와 크게 다를 바가 없습니다. 하지만 HTML, Javascript가 함께 사용되므로 PHP공부와 함께 HTML, Javascript를 학습해 나가시길 권해 드립니다.

지금부터 회원가입 및 로그인을 구성하는 파일들을 살펴보도록 하겠습니다.

소수분류	파일명	기능	회원가입 및 로그인 기능
PHP	dbconn.php	데이터베이스 연결 페이지	• 로그인 폼에서 회원가입 또는 로그인을 할 수 있습니다. • 회원가입 폼으로 회원의 정보를 회원테이블에 저장합니다. • 회원 가입 시 회원가입 검증 기능이 있습니다. • 인증 메일을 전송하고 인증암호 검사 기능이 있습니다. • 회원가입 폼에서 메일 형식 확인 기능이 있습니다. • 회원정보 수정 시 회원의 아이디, 이름은 변경할 수 없도록 제한적인 기능이 있습니다.
	function.php	함수 라이브러리 페이지	
	login.php	로그인 페이지	
	login_check.php	로그인 처리 페이지	
	logout.php	로그아웃 처리 페이지	
	register.php	회원가입 페이지	
	register_update.php	회원가입 처리 페이지	
	register_update_mail.php	회원가입 인증 메일 전송 페이지	
	email_certify.php	메일인증 처리 페이지	
기타	style.css	스타일 시트 파일	
	PHPMailer (폴더)	메일 전송 라이브러리	

▲ 소스 목록 및 기능

01 _ 데이터베이스 설계

먼저 프로그래밍에 앞서 필요한 데이터베이스 테이블을 만들어 보도록 하겠습니다. 회원가입에 필요한 테이블은 회원들의 정보가 저장이 되는 회원테이블입니다.

01-1 회원테이블 만들기

컬럼명	데이터 타입	설명
mb_no	int(11) – auto_increment	회원의 유일성을 보장하는 회원번호를 저장하는 컬럼입니다. mb_no의 값은 유일한 값이므로 주키(primary key)와 자동증가(auto_increment)값으로 지정하였습니다.
mb_id	varchar(20)	회원의 ID를 저장하는 컬럼입니다. ID값은 유일한 값이므로 유니크 키(unique key)로 지정하였습니다.
mb_password	varchar(255)	회원의 비밀번호를 저장하는 컬럼입니다.
mb_name	varchar(255)	회원의 이름을 저장하는 컬럼입니다.
mb_email	varchar(255)	회원의 이메일을 저장하는 컬럼입니다.
mb_gender	varchar(255)	회원의 성별을 저장하는 컬럼입니다.
mb_job	varchar(255)	회원의 직업을 저장하는 컬럼입니다.
mb_language	varchar(255)	회원의 관심언어를 저장하는 컬럼입니다.
mb_ip	varchar(255)	회원의 아이피를 저장하는 컬럼입니다.
mb_email_certify	datetime	회원의 메일 인증 일시를 저장하는 컬럼입니다.
mb_email_certify2	varchar(255)	회원의 메일 인증 암호를 저장하는 컬럼입니다.
mb_datetime	datetime	회원의 가입일시를 저장하는 컬럼입니다.
mb_modify_datetime	datetme	회원의 회원정보 수정일시를 저장하는 컬럼입니다.

▲ 회원테이블

알아두세요

__primary key(기본 키)와 unique key(유니크 키)의 역할은?__

• primary key(기본 키) : 테이블에서 대표되는 key.즉 키에 해당하는 컬럼은 unique해야 되고(여기에서 unique는 unique key와는 다른 의미 입니다.) not null 이여야 됩니다.(null은 대표되는 key가 될수 없습니다.) 그래서 연관관계에 사용 될 수 있는 key입니다.
• unique key(유니크 키) : 테이블 컬럼에서 unique한 컬럼만 잡을 수 있는 index입니다. 해당 컬럼을 조회 조건으로 가장 빠르게 조회 할수 있게 index를 잡으며 무결성 체크에도 사용됩니다.

예로 회원번호와 아이디가 있을 경우 회원번호를 기본 키로 잡고 아이디를 유니크 인덱스로 설정하면 아이디의 중복등록도 방지되고, 아이디로 검색 또는 조회를 했을 경우 유니크 인덱스를 타기 때문에 빠르게 조회가 됩니다. primary key는 테이블에서 한 번 밖에 사용할 수가 없습니다.

앞의 테이블 명세표를 보고 다음과 같이 쿼리(query)를 작성하고 14장 마지막에서 만들어 놓은 "project"라는 데이터베이스에 "member" 테이블을 만듭니다.

다음 예제는 'member' 테이블을 생성하는 query문입니다.

```
CREATE TABLE member (
  mb_no int(11) NOT NULL AUTO_INCREMENT,
  mb_id varchar(20) NOT NULL DEFAULT '',
  mb_password varchar(255) NOT NULL DEFAULT '',
  mb_name varchar(255) NOT NULL DEFAULT '',
  mb_email varchar(255) NOT NULL DEFAULT '',
  mb_gender varchar(255) NOT NULL DEFAULT '',
  mb_job varchar(255) NOT NULL DEFAULT '',
  mb_language varchar(255) NOT NULL DEFAULT '',
  mb_ip varchar(255) NOT NULL DEFAULT '',
  mb_email_certify datetime NOT NULL DEFAULT '0000-00-00 00:00:00',
  mb_email_certify2 varchar(255) NOT NULL DEFAULT '',
  mb_datetime datetime NOT NULL DEFAULT '0000-00-00 00:00:00',
  mb_modify_datetime datetime NOT NULL DEFAULT '0000-00-00 00:00:00',
  PRIMARY KEY (mb_no),
  UNIQUE KEY mb_id (mb_id),
  KEY mb_datetime (mb_datetime)
);
```

▲ member 테이블 만들기

02 _ 설계 및 구현

회원가입 및 로그인 프로그램은 회원가입, ID중복 체크, 회원 인증 등의 기능들이 있습니다. 회원가입 및 로그인 프로그램을 2단계로 나누어서 첫 번째는 로그인 화면, 회원가입, 회원가입 검증, 회원가입 저장을 구현하고 두 번째는 회원 인증메일을 전송하고 인증암호 체크를 단계적으로 구현하겠습니다.

알아두세요

회원가입의 부가기능

회원가입 및 로그인은 다른 프로그램과 연동을 시키지 않는다면 큰 의미가 없는 프로그램입니다. 회원을 가입시키고 로그인을 하면 회원만의 특별한 기능을 제공하기 위해서 프로그램을 만들지만 책에서는 간단하게 회원가입과 로그인만 되도록 프로그램을 구현하겠습니다.

02-1 php.ini 설정 및 데이터베이스 연결, 라이브러리 파일, 스타일시트 만들기

조금 전 위에서 우리가 이번 장에서 만들어야 할 PHP 파일과 기타파일의 목록을 살펴보았습니다. 우선 제일 처음 필요한 것은 예제를 만들고 실행하기에 앞서 추가적으로 필요한 PHP 설정을 php.ini 파일에서 설정하고, 많은 페이지에서 공통으로 사용 되는 데이터베이스 연결 파일과 PHP 함수가 들어있는 라이브러리파일, 디자인 요소를 담당하는 스타일시트를 만드는 것입니다.

php.ini 설정 부분

보통 PHP는 변수를 선언과 동시에 사용을 합니다. 하지만 PHP 5.x이상부터 변수 선언에 대해 조금 더 엄격해 졌습니다. 굳이 변수 초기화를 하지 않고 바로 사용해도 상관이 없었던 때에 비해 지금은 변수 초기화 없이 사용을 하게 되면 Notice 에러가 발생하게 됩니다.

예제에 사용되는 PHP 코드에는 아무런 문제가 없지만 지금부터 설정해야할 부분은 이러한 PHP의 Notice 에러를 표시하지 않도록 하는 설정입니다.

우선 XAMPP 컨트롤 패널을 실행 시켜 Config 버튼을 눌러서 "PHP (php.ini)" 항목을 선택합니다.

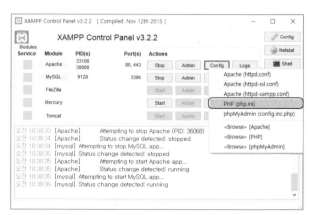

▲ XAMPP 컨트롤 패널을 실행시켜 Config →) PHP(php.ini) 실행

앞의 그림과 같이 php.ini 파일을 클릭하면 메모장으로 php.ini 파일이 열리는 것을 확인 할 수 있습니다.

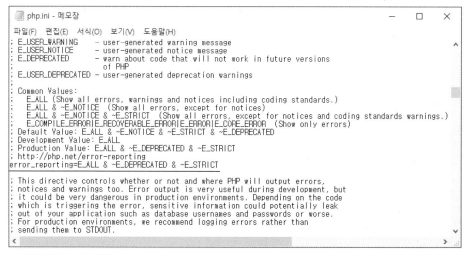

▲ 메모장으로 php.ini 실행

우리가 php.ini 파일에 추가해야할 부분은 "error_reporting" 설정 부분입니다.

아래와 같이 "error_reporting" 설정 부분을 찾아보겠습니다.

```
php.ini - 메모장                                               □    ×
파일(F)  편집(E)  서식(O)  보기(V)  도움말(H)
; E_USER_WARNING    - user-generated warning message
; E_USER_NOTICE     - user-generated notice message
; E_DEPRECATED      - warn about code that will not work in future versions
;                     of PHP
; E_USER_DEPRECATED - user-generated deprecation warnings
;
; Common Values:
;   E_ALL (Show all errors, warnings and notices including coding standards.)
;   E_ALL & ~E_NOTICE  (Show all errors, except for notices)
;   E_ALL & ~E_NOTICE & ~E_STRICT  (Show all errors, except for notices and coding standards warnings.)
;   E_COMPILE_ERROR|E_RECOVERABLE_ERROR|E_ERROR|E_CORE_ERROR  (Show only errors)
; Default Value: E_ALL & ~E_NOTICE & ~E_STRICT & ~E_DEPRECATED
; Development Value: E_ALL
; Production Value: E_ALL & ~E_DEPRECATED & ~E_STRICT
; http://php.net/error-reporting
error_reporting=E_ALL & ~E_DEPRECATED & ~E_STRICT

; This directive controls whether or not and where PHP will output errors,
; notices and warnings too. Error output is very useful during development, but
; it could be very dangerous in production environments. Depending on the code
; which is triggering the error, sensitive information could potentially leak
; out of your application such as database usernames and passwords or worse.
; For production environments, we recommend logging errors rather than
; sending them to STDOUT.
```

▲ 메모장으로 php.ini 실행

해당 "error_reporting" 설정의 제일 끝 부분에 "& ~E_NOTICE" 설정을 추가합니다. 추가된 부분은 다음과 같습니다.

▲ "error_reporting" 설정의 제일 끝 부분에 "& ~E_NOTICE" 설정 추가

알아두세요

"& ~E_NOTICE" 추가 시 사이사이 공백(스페이스)을 유의하여 작성하도록 합니다.그리고 항상 php.ini 설정파일을 수정 후에는 Apache를 재시작하여야 설정이 적용됩니다

알아두세요

Notice 에러
....

초기화되지 않은 변수를 사용했을 때 PHP Notice: Undefined index: 에러가 발생합니다. PHP 문법과 사용하는 방법에는 큰 문제가 없으니 php.ini 파일에서 "error_reporting" 설정에 "& ~E_NOTICE"를 추가해주면 에러가 출력되지 않게 할 수 있습니다.

(1) 데이터베이스 연결 파일 부분

데이터베이스 연결을 위한 페이지를 작성하고 저장합니다.

소스 코드 : http://localhost/myapp/ch15/dbconn.php

```php
01 : <?php
02 : $mysql_host = "localhost";
03 : $mysql_user = "root";
04 : $mysql_password = "1234";
05 : $mysql_db = "project";
06 :
07 : $conn = mysqli_connect($mysql_host, $mysql_user, $mysql_password, $mysql_db);   ◀ MySQL 데이터베이스 연결
08 :
09 : if (!$conn) {   ◀ 연결 오류 발생 시 스크립트 종료
10 :     die("연결 실패: " . mysqli_connect_error());
11 : }
```

```
12 :
13 : session_start();
14 : ?>
```

02~05 : 데이터베이스 연결을 위한 설정 값들을 각 변수에 할당합니다.

07~11 : mysqli_connect() 함수를 사용하여 데이터베이스에 연결하고 만약 에러가 발생한다면 "연결 실패: 에러코드"를
            출력하고 페이지가 중단됩니다.

13   : 데이터베이스가 정상으로 연결이 되었다면 세션을 시작합니다.

dbconn.php 파일을 인클루드하는 다른 파일에서는 세션을 유지할 수 있도록 dbconn.php 파일의
하단에는 세션을 공통으로 사용할 수 있도록 session_start();가 사용됩니다. 이와 같이 공통적으로
사용해야할 부분은 상단의 공통 파일에서 관리하는 것이 편리합니다.

(2) 라이브러리 연결 파일 부분

01 프로그램에 필요한 각종 PHP 생성 함수를 모아 놓은 라이브러리 페이지를 작성하고 저장합니다.

소스 코드 : http://localhost/myapp/ch15/function.php

```
01 : <?php
02 : include_once('./PHPMailer/PHPMailerAutoload.php');   ← 메일 전송을 위한 라이브러리

        네이버 메일 전송
        메일 -> 환경설정 -> POP3/IMAP 설정 -> POP3/SMTP & IMAP/SMTP 중에 IMAP/SMTP 사용

        메일 보내기
        mailer("보내는 사람 이름", "보내는 사람 메일주소", "받는 사람 메일주소", "제목", "내용");

03 :
04 : function mailer($fname, $fmail, $to, $subject, $content)
05 : {
06 :     $mail = new PHPMailer();
07 :
08 :     $mail->IsSMTP();
09 :
10 :     $mail->SMTPSecure = "ssl";
11 :     $mail->SMTPAuth = true;
12 :
13 :     $mail->Host = "smtp.naver.com";
14 :     $mail->Port = 465;
15 :     $mail->Username = "gnuwiz@naver.com";   ← 본인이 소유한 네이버메일 계정
16 :     $mail->Password = "1234";   ← 본인이 소유한 네이버메일 비밀번호
17 :
18 :     $mail->CharSet = 'UTF-8';
19 :     $mail->From = $fmail;
20 :     $mail->FromName = $fname;
```

```
21 :     $mail->Subject = $subject;
22 :     $mail->msgHTML($content);
23 :     $mail->addAddress($to);
24 :
25 :     return $mail->send();
26 : }
27 : ?>
```

02   : 메일 전송을 위한 라이브러리를 인클루드 합니다.
4~26 : mailer() 라는 함수는 기본 PHP 함수에는 존재하지 않는 함수이기 때문에 mailer() 라는 새로운 함수를 생성하여
          메일 전송을 필요로 하는 시점에 mailer() 함수를 실행하여 메일을 전송합니다.
15~16 : 네이버메일 계정, 네이버메일 비밀번호를 입력하는 부분입니다.

메일 전송을 위해서는 오픈소스인 "PHPMailer" 라이브러리와 네이버메일 서버를 사용하여 메일을
전송할 수 있습니다. 메일 전송을 위한 "PHPMailer" 라이브러리와 네이버메일 서버를 설정하는 방
법을 살펴보겠습니다.

02 PHP에서 메일 전송을 위한 오픈소스 라이브러리인 "PHPMailer" 라이브러리를 다운로드 합니다. 라이브러리는 저
자가 운영하는 "gnuwiz.com" 홈페이지의 [BOOK] 메뉴에서 다운로드 받을 수 있습니다. 해당 "PHPMailer" 라이브러리
를 다운로드 했다면 압축을 해제하고 아래 그림과 같이 C\xampp\gnuwiz\myapp\ch15 경로에 업로드 합니다.

▲ PHPMailer 라이브러리 위치

PHPMailer

대다수의 많은 PHP 웹 프로그래밍에 사용되는 메일 관련 라이브러리 이며 간단한 설정으로 메일 전송을 할 수 있도록 PHP로
만들어져있는 오픈소스 라이브러리입니다. PHPMailer 라이브러리는 수많은 기능이 포함 되어있지만 책에서는 간단한 메일 전
송을 위한 기초 설정만 진행하도록 하겠습니다.

03 앞으로 진행할 예제는 네이버 메일서버를 사용해서 메일을 전송하기 때문에 네이버에서 메일 서버를 설정해 야합니다. 설정 방법은 아주 간단하며 처음부터 메일서버를 설정하는 방법을 살펴보겠습니다. 우선 네이버에 로그 인하여 네이버메일에 접속하면 하단에 환경설정이라는 링크가 있습니다. 하단의 환경설정 링크를 클릭합니다.

▲ 네이버메일 환경설정 위치

04 "POP3/IMAP 설정"에서 아래 그림과 같이 동일하게 설정을 하고 [확인] 버튼을 클릭합니다.

▲ 네이버메일 환경설정 방법

05 조금 전 생성한 function.php 파일에서 네이버메일 계정, 네이버메일 비밀번호를 입력하는 부분을 수정합니다.

```
$mail->Username = "네이버메일 계정";
$mail->Password = "네이버메일 비밀번호";
```

알아두세요

여기서 주의할 점은 네이버메일 계정은 로그인 아이디가 아니라 메일 주소를 입력해야합니다. 저자의 경우 네이버 로그인 계정
은 "gnuwiz" 이지만 하단의 소스에는 이메일 주소인 "gnuwiz@naver.com" 이라고 입력합니다.

(3) 스타일시트 연결 파일 부분

페이지 전체에 적용할 디자인을 위한 스타일시트를 작성하고 저장합니다.

알아두세요

스타일시트의 확장자는 .css 파일로 저장합니다.

알아두세요

CSS

- **CSS란?** : CSS는 Cascading Style Sheets의 약자입니다.CSS는 HTML 요소들이 각종 미디어에서 어떻게 보이는가를 정의하
  는데 사용되는 스타일 시트 언어입니다. HTML4 부터는 이러한 모든 서식 설정을 HTML 문서로부터 따로 분리하는 것이 가
  능해졌습니다. 대부분의 웹 브라우저들은 모두 CSS를 지원하고 있습니다.
- **CSS를 사용하는 이유** : HTML만으로 웹 페이지를 제작할 경우 HTML 요소의 세부 스타일을 일일이 따로 지정해 주어야만
  합니다. 이 작업은 매우 많은 시간이 걸리며, 완성한 후에도 스타일의 변경 및 유지 보수가 매우 힘들어집니다. 이러한 문제
  점을 해소하기 위해 W3C(World Wide Web Consortium)에서 만든 스타일 시트 언어가 바로 CSS입니다.
  CSS는 웹 페이지의 스타일을 별도의 파일로 저장할 수 있게 해주므로 사이트의 전체 스타일을 손쉽게 제어할 수 있습니다.
  또한, 웹 사이트의 스타일을 일관성 있게 유지할 수 있게 해주며, 그에 따른 유지 보수 또한 쉬워집니다.

소스 코드 : http://localhost/myapp/ch15/style.css

```
01 : * {
02 :     padding:0;
03 :     margin:0;
04 : }
05 : body {
06 :     padding-top:20px;
07 :     font-family: 'NanumGothic','맑은 고딕',MalgunGothic,sans-serif,굴림,verdana,tahoma;
08 :     font-size:14px;
```

```
09 :    text-align:center;
10 :    color:#333;
11 :    background:#cee2f3;
12 : }
13 : table {
14 :    margin:20px auto;
15 :    border-collapse:collapse;
16 : }
17 : th,td{
18 :    padding:10px 20px;
19 :    min-height:40px;
20 :    font-size:14px;
21 :    border:1px solid #a0b5c7;
22 : }
23 : th{
24 :    width:120px;
25 :    color:#fff;
26 :    background:#0369bb;
27 : }
28 : td{
29 :    padding:10px 20px;
30 :    font-size:14px;
31 :    border:1px solid #a0b5c7;
32 :    background:#fff;
33 : }
34 : td.td_center {
35 :    text-align:center;
36 :    border:none;
37 :    background:none;
38 : }
39 : label {
40 :    line-height:40px;
41 :    vertical-align:top;
42 : }
43 : input,select {
44 :    padding:0 10px;
45 :    height:40px;
46 :    line-height:40px;
47 :    border:1px solid #a0b5c7;
48 :    background:#fff;
49 : }
50 : a {
51 :    display:inline-block;
52 :    padding:0 10px;
53 :    height:38px;
54 :    line-height:38px;
```

```
55 :     font-size:13px;
56 :     color:#0369bb;
57 :     text-decoration:none;
58 :     border:1px solid #a0b5c7;
59 :     background:#fff;
60 : }
```

알아두세요

우리는 해당 스타일시트에 사용되는 CSS언어를 배우지 않았기 때문에 스타일시트의 설명에 대해서는 생략하고 넘어가도록 하겠습니다.

우선 우리는 회원가입 및 로그인 프로그램의 구현에 앞서 많은 페이지에 사용되는 데이터베이스 연결 파일 dbconn.php과 함수를 모아 놓은 function.php 파일, PHPMailer 라이브러리 설치, 네이버 메일서버 설정 그리고 디자인 부분을 담당하는 스타일시트 style.css를 생성했습니다.

02-2 로그인 만들기

로그인 페이지는 아이디, 비밀번호를 입력하는 부분과 로그인 버튼, 회원가입 버튼이 필요합니다. 그리고 로그인 페이지에서 로그인이 완료되면 로그인 〈form〉이 사라지며 대신 로그인 중인 회원정보가 나타나는 페이지로 변경되도록 구현하겠습니다.

또한 로그인 시 메일인증을 받지 않은 회원의 경우 새로운 인증 번호로 인증메일이 재 발송되며 메일인증을 받은 회원의 경우 해당 로직은 실행하지 않고 바로 로그인이 됩니다.

지금부터 흐름을 잘 생각하면서 본격적으로 로그인을 구현하겠습니다.

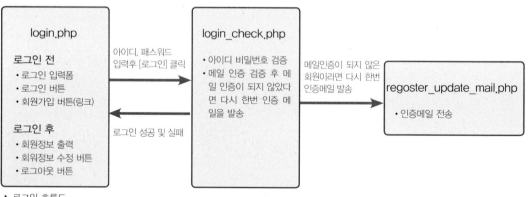

▲ 로그인 흐름도

우리가 생성할 로그인 페이지의 로그인 전 화면 구성은 다음과 같습니다.

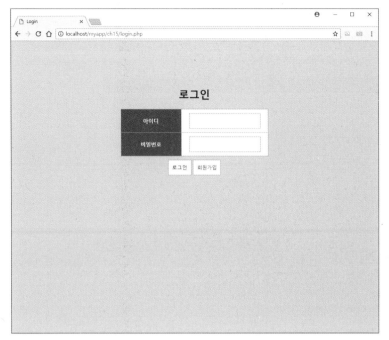

▲ 로그인 전 login.php 파일 화면

로그인 페이지의 로그인 후 화면 구성은 다음과 같습니다.

아이디	admin
이름	그누위즈
이메일	gnuwiz@naver.com
성별	남자
직업	학생
관심언어	HTML,CSS,PHP,MySQL
이메일인증일	2018-05-05 13:15:11
회원가입일	2018-05-05 13:15:01
회원정보 수정일	2018-05-05 15:59:31

로그인을 환영합니다.

회원정보수정 로그아웃

▲ 로그인 후 login.php 파일 화면

(1) 로그인 페이지 부분 만들기

로그인을 위한 페이지를 작성하고 저장합니다.

소스 코드 : http://localhost/myapp/ch15/login.php

```php
01 : <?php
02 : include("./dbconn.php");   ← DB연결을 위한 같은 경로의 dbconn.php를 인클루드합니다.
03 : ?>
04 :
05 : <html>
06 : <head>
07 :     <title>Login</title>
08 :     <link href="./style.css" rel="stylesheet" type="text/css">
09 : </head>
10 : <body>
11 :
12 : <?php if(!isset($_SESSION['ss_mb_id'])) { ?>   ← 로그인 세션이 있을 경우 로그인 화면
13 :
14 : <h1>로그인</h1>
15 :
16 :     <form action="./login_check.php" method="post">
17 :         <table>
18 :             <tr>
19 :                 <th>아이디</th>
20 :                 <td><input type="text" name="mb_id"></td>
21 :             </tr>
22 :             <tr>
23 :                 <th>비밀번호</th>
24 :                 <td><input type="password" name="mb_password"></td>
25 :             </tr>
26 :             <tr>
27 :                 <td colspan="2" class="td_center">
28 :                     <input type="submit" value="로그인">
29 :                     <a href="./register.php">회원가입</a>
30 :                 </td>
31 :             </tr>
32 :         </table>
33 :     </form>
34 :
35 : <?php } else { ?>   ← 로그인 세션이 없을 경우 로그인 완료 화면
36 :
37 : <h1>로그인을 환영합니다.</h1>
38 :
39 :     <?php
40 :     $mb_id = $_SESSION['ss_mb_id'];
41 :
42 :     $sql = " select * from member where mb_id = TRIM('$mb_id') ";
43 :     $result = mysqli_query($conn, $sql);
44 :     $mb = mysqli_fetch_assoc($result);
45 :
46 :     mysqli_close($conn);   ← 데이터베이스 접속 종료
```

```
47 :    ?>
48 :    <table>
49 :        <tr>
50 :            <th>아이디</th>
51 :            <td><?php echo $mb['mb_id'] ?></td>
52 :        </tr>
53 :        <tr>
54 :            <th>이름</th>
55 :            <td><?php echo $mb['mb_name'] ?></td>
56 :        </tr>
57 :        <tr>
58 :            <th>이메일</th>
59 :            <td><?php echo $mb['mb_email'] ?></td>
60 :        </tr>
61 :        <tr>
62 :            <th>성별</th>
63 :            <td><?php echo $mb['mb_gender'] ?></td>
64 :        </tr>
65 :        <tr>
66 :            <th>직업</th>
67 :            <td><?php echo $mb['mb_job'] ?></td>
68 :        </tr>
69 :        <tr>
70 :            <th>관심언어</th>
71 :            <td><?php echo $mb['mb_language'] ?></td>
72 :        </tr>
73 :        <tr>
74 :            <th>이메일인증일</th>
75 :            <td><?php echo $mb['mb_email_certify'] ?></td>
76 :        </tr>
77 :        <tr>
78 :            <th>회원가입일</th>
79 :            <td><?php echo $mb['mb_datetime'] ?></td>
80 :        </tr>
81 :        <tr>
82 :            <th>회원정보 수정일</th>
83 :            <td><?php echo $mb['mb_modify_datetime'] ?></td>
84 :        </tr>
85 :        <tr>
86 :            <td colspan="2" class="td_center">
87 :                <a href="./register.php?mode=modify">회원정보수정</a>
88 :                <a href="./logout.php">로그아웃</a>
89 :            </td>
90 :        </tr>
91 :    </table>
92 :
93 : <?php } ?>
94 :
95 : </body>
96 : </html>
```

02 : 데이터베이스 연결을 위한 같은 경로의 dbconn.php를 인클루드 합니다.

08 : 이 페이지에 관련된 스타일을 style.css에서 처리를 할 수 있도록 지정을 하였습니다.

12~34 : PHP의 isset() 함수로 'ss_mb_id' 라는 이름을 가진 세션이 있고 없음을 검사합니다. 만약 조건문 if를 사용하여 세션이 없다면 로그인 폼이 실행되며, 세션의 존재 여부에 따라서 login.php 파일의 화면이 로그인 폼인지, 회원정보 출력화면인지 나타나는 부분이 됩니다. 12~34부분은 세션이 없다면 코드가 실행되어 로그인 화면이 나타납니다.

이렇게 해보세요 | isset() 함수

PHP의 특징은 변수를 선언하지 않고도 바로 사용할 수 있습니다. isset() 함수는 해당 변수가 설정이 되어 있는지 아닌지를 체크할 수 있는 함수입니다. 변수가 있고 없음을 불리언(boolean)값으로 반환해주며 만약 변수가 존재하면 true 그렇지 않으면 false를 반환합니다.

16~33 : 로그인 〈form〉태그에서 아이디, 비밀번호를 입력하고 로그인 버튼을 클릭하면 action으로 지정된 login_check. php 파일로 아이디, 비밀번호가 〈POST〉 방식으로 전송되며 회원가입 버튼을 클릭하면 회원가입 페이지인 register.php 파일로 이동합니다.

37~91 : 위의 조건문에 반대가 되는 부분입니다. 'ss_mb_id' 라는 이름을 가진 세션이 있다면 실행되는 부분입니다.

40~44 : 로그인 세션을 $mb_id 변수에 대입합니다. 그리고 member 테이블에서 현재 로그인 중인 아이디의 정보를 데이터베이스에서 조회합니다.

46 : 데이터베이스 사용을 마쳤기 때문에 데이터베이스 접속을 종료합니다.

49~84 : 아이디, 이름, 이메일 등 로그인한 회원 정보를 가져와서 출력합니다.

87~88 : 회원정보수정 버튼을 클릭하면 register.php 파일에 〈GET〉 방식으로 modify(수정) 모드를 전송합니다. 로그아웃 버튼을 클릭하면 logout.php 파일로 이동되며 이후 logout.php 파일에서 로그아웃을 처리합니다.

(2) 로그인 체크 페이지 부분 만들기

로그인을 시도하는 아이디, 비밀번호를 체크하는 페이지를 작성하고 저장합니다.

소스 코드 : http://localhost/myapp/ch15/login_check.php

```php
01 : <?php
02 : include("./dbconn.php");   ← DB연결을 위한 같은 경로의 dbconn.php를 인클루드합니다.
03 :
04 : $mb_id       = trim($_POST['mb_id']);
05 : $mb_password = trim($_POST['mb_password']);
06 :
07 : if (!$mb_id || !$mb_password) {
08 :    echo "<script>alert('회원아이디나 비밀번호가 공백이면 안됩니다.');</script>";
09 :    echo "<script>location.replace('./login.php');</script>";
10 :    exit;
11 : }
12 :
13 : $sql = " SELECT * FROM member WHERE mb_id = '$mb_id' ";   ← 회원 테이블에서 해당 아이디가 존재하는지 체크
14 : $result = mysqli_query($conn, $sql);
15 : $mb = mysqli_fetch_assoc($result);
```

```
16 :   ⬇ 입력한 비밀번호를 MySQL password() 함수를 이용해 암호화해서 가져옴
17 : $sql = " SELECT PASSWORD('$mb_password') AS pass ";
18 : $result = mysqli_query($conn, $sql);
19 : $row = mysqli_fetch_assoc($result);
20 : $password = $row['pass'];
21 :   ⬇ 존재하는 아이디인지, 입력한 패스워드가 회원 테이블에 저장된 패스워드와 동일한지 체크
22 : if (!$mb['mb_id'] || !($password === $mb['mb_password'])) {
23 :     echo "<script>alert('가입된 회원아이디가 아니거나 비밀번호가 틀립니다.\\n비밀번호는 대소문자
        를 구분합니다.');</script>";
24 :     echo "<script>location.replace('./login.php');</script>";
25 :     exit;
26 : }
27 :
28 : if ($mb['mb_email_certify'] == '0000-00-00 00:00:00') {  ⬅ 메일 인증 확인
29 :     include_once('./function.php');  ⬅ 메일 전송을 위한 파일을 인클루드합니다.
30 :       ⬇ 어떠한 회원정보도 포함되지 않은 일회용 난수를 생성하여 인증에 사용
31 :     $mb_md5 = md5(pack('V*', rand(), rand(), rand(), rand()));
32 :       ⬇ 로그인을 시도하는 아이디가 메일 인증을 해야한다면 일회용 난수를 업데이트
33 :     $sql = " UPDATE member SET mb_email_certify2 = '$mb_md5' WHERE mb_id = '$mb_id' ";
34 :     $result = mysqli_query($conn, $sql);
35 :       ⬇ 메일 인증 주소
36 :     $certify_href = 'http://localhost/myapp/ch15/email_certify.php?&amp;mb_id='.$mb_id.'&amp;mb_md5='.$mb_md5;
37 :
38 :     $subject = '인증확인 메일입니다.';  ⬅ 메일 제목
39 :
40 :     ob_start();
41 :     include_once ('./register_update_mail.php');
42 :     $content = ob_get_contents();  ⬅ 메일 내용
43 :     ob_end_clean();
44 :
45 :     $mail_from = "gnuwiz@naver.com";  ⬅ 보내는 메일 주소
46 :     $mail_to = $mb['mb_email'];  ⬅ 받는 메일 주소
47 :
48 :     mailer('관리자', $mail_from, $mail_to, $subject, $content);  ⬅ 메일 전송
49 :
50 :     echo "<script>alert('".$mb['mb_email']." 메일로 인증메일을 전송하였습니다.\\n".$mb['mb_
        email']." 메일로 메일인증을 받으셔야 로그인 가능합니다.');</script>";
51 :     echo "<script>location.replace('./login.php');</script>";
52 :     exit;
53 : }
54 :
55 : $_SESSION['ss_mb_id'] = $mb_id;  ⬅ 아이디/비밀번호 확인 후 세션 생성
56 :
57 : mysqli_close($conn);  ⬅ 데이터베이스 접속 종료
58 :
59 : if(isset($_SESSION['ss_mb_id'])) {  ⬅ 세션이 있다면 로그인 확인 페이지로 이동
```

```
60 :     echo "<script>alert('로그인 되었습니다.');</script>";
61 :     echo "<script>location.replace('./login.php');</script>";
62 : }
63 : ?>
```

02   : 데이터베이스 연결을 위한 같은 경로의 dbconn.php를 인클루드 합니다.
04~05 : PHP의 trim() 함수를 사용해서 로그인 <form>에서 <POST>로 넘어온 아이디와 비밀번호의 공백을 제거합니다.
        trim() 함수는 문자열 의 맨 앞과, 맨 뒤 의 여백을 제거하는 역할을 합니다.
07~11 : 조건문 if를 사용하여 아이디 또는 비밀번호가 공백으로 넘어 왔다면 알림 창을 띄우고 login.php 페이지로 돌아
        갑니다.
13~15 : SELECT 문을 사용하여 member 테이블에 해당 로그인을 시도하는 아이디가 존재하는지 조회합니다. 조회한
        회원정보는 $mb 변수에 배열로 저장됩니다. $mb 변수는 뒤에서 다른 값을 비교할 때 사용됩니다.

알아두세요

$mb 변수의 값을 출력할 경우에는 앞에서 배웠던 배열을 출력하는 형식과 같습니다. $mb['mb_id']는 member 테이블의 해당
회원의 mb_id 컬럼의 값이 되며, $mb 배열의 키(Key)는 해당 member 테이블의 컬럼명이 됩니다. 즉, member 테이블의 mb_
id는 컬럼의 이름이고 컬럼의 값을 출력하기 위해서는 $mb['컬럼명']과도 같습니다. 이름을 출력하려면 $mb['mb_name'], 이메
일을 출력하려면 $mb['mb_email']과 같은 형식으로 사용가능합니다.

알아두세요

PHP에서는 변수를 배열로 선언하지 않더라도 변수에 대입되는 값이 배열이라면 자동으로 배열로 형 변환을 하게 되어 배열로
사용이 가능합니다.

17~20 : 로그인을 시도하는 비밀번호를 MySQL의 PASSWORD() 함수를 사용하여 암호화해서 가져옵니다.

알아두세요

MySQL의 PASSWORD() 함수
MySQL의 PASSWORD() 함수는 해시 값을 계산한 문자열을 반환하는 함수입니다.
주로 비밀번호를 처리할 때 많이 사용됩니다.

22~26 : 조건문 if를 사용하여 존재하는 아이디인지, 입력한 패스워드가 member 테이블의 mb_password 컬럼에 저장
        된 패스워드와 동일한지 체크합니다. 만약 아이디가 없거나, 패스워드가 다르다면 알림 창을 띄우고 login.php
        페이지로 돌아갑니다.

28~53 : 메일 인증을 받은 회원인지 검사를 합니다. member 테이블의 mb_email_certify 컬럼에는 메일 인증 처리 일시가 저장됩니다. 초기 회원가입을 하게 되면 mb_email_certify 컬럼에는 DATETIME 형식으로 "0000-00-00 00:00:00" 값이 저장되고 메일 인증이 완료되면 인증 처리 일시가 저장됩니다. if ($mb['mb_email_certify'] == '0000-00-00 00:00:00') 조건을 사용하여 mb_email_certify 컬럼에 값이 "0000-00-00 00:00:00" 이라면 메일 인증을 하지 않은 회원으로 분류되어 조건문 아래의 코드가 실행됩니다.

29 : 메일 전송을 위한 같은 경로의 function.php 파일을 인클루드 합니다.

31 : 메일 인증에 필요한 일회용 난수를 생성합니다.

33~34 : 로그인을 시도하는 아이디가 메일 인증을 해야 한다면 조금 전 생성한 일회용 난수를 mb_email_certify2 컬럼에 업데이트 합니다.

36 : 메일 인증을 위한 링크를 생성합니다. 일회용 난수는 매번 생성되어 변경되기 때문에 최근에 생성한 난수를 인증메일로 전송해야하기 때문입니다.

38 : 인증 메일의 제목입니다.

40~43 : PHP의 임시 버퍼 함수를 사용하여 register_update_mail.php 파일을 읽어 들여 $content 변수에 메일 내용을 저장합니다. 즉 간단하게 설명하자면 register_update_mail.php 파일의 내용을 $content 변수에 대입하는 것입니다. register_update_mail.php 파일은 회원가입 부분에서 생성을 하도록 하겠습니다.

알아두세요

PHP에서는 출력내용을 임시 버퍼에 저장했다가 사용할 수 있는 함수를 지원합니다.
ob_start() : 버퍼링 시작
ob_get_contents() : 버퍼에 저장된 내용 가져오기
ob_end_clean(); 버퍼링 비우기

45~46 : $mail_from 변수에는 이전 네이버 메일서버를 사용하는 계정의 메일 주소를 입력하고 $mail_to 변수에는 로그인을 시도하는 회원의 메일 주소를 대입합니다.

48 : function.php 파일에 있는 mailer() 함수를 실행시켜 메일을 전송합니다. mailer() 함수에는 "보내는 사람 이름", "보내는 사람 메일주소", "받는 사람 메일주소", "제목", "내용" 이 함수의 인자 값으로 전달되어 실행됩니다.

알아두세요

mailer() 함수는 프로그램에서 사용이 필요하여 우리가 임의로 생성한 함수입니다. 기본 PHP에서 mailer() 함수는 존재하지 않습니다.

50~52 : 메일 전송이 완료되면 알림 창을 띄우고 login.php 페이지로 돌아갑니다.

57 : 데이터베이스 사용을 마쳤기 때문에 데이터베이스 접속을 종료합니다.

59~62 : 메일 인증을 받은 회원이라면 28~53라인을 실행하지 않고 'ss_mb_id'란 이름을 가진 세션을 생성합니다. 해당 세션에는 현재 로그인 하는 아이디가 대입됩니다. 마지막 검증을 위해서 세션이 있는지 체크를 하고 세션이 있다면 알림 창을 띄우고 login.php 페이지로 돌아갑니다. 여기에서는 로그인 세션이 생성되었기 때문에 login.php 파일의 화면이 로그인 후 화면으로 나타납니다.

(3) 로그아웃 페이지 부분

로그아웃을 위한 세션해제 및 기타처리 페이지를 작성하고 저장합니다.

```
소스 코드 : http://localhost/myapp/ch15/logout.php

01 : <?php
02 : session_start();      ← 세션의 시작
03 : session_unset();      ← 모든 세션변수를 언레지스터 시켜줌
04 : session_destroy();    ← 세션해제함
05 :
06 : if(!isset($_SESSION['ss_mb_id'])) {   ← 세션이 삭제되었다면 로그인 페이지로 이동
07 :     echo "<script>alert('로그아웃 되었습니다.');</script>";
08 :     echo "<script>location.replace('./login.php');</script>";
09 :     exit;
10 : }
11 : ?>
```

02~04 : 세션을 시작하고 모든 세션 변수를 해지합니다.
06~10 : 'ss_mb_id'란 이름을 가진 세션이 존재하는지 체크를 하고 세션이 삭제되었다면 알림 창을 띄우고 login.php 페이지로 돌아갑니다.

로그아웃을 하는 과정에는 데이터베이스 접근을 해야 할 이유가 없기 때문에 logout.php 파일의 상단에는 데이터베이스를 연결하는 dbconn.php 파일을 인클루드 하지 않습니다. 하지만 세션은 사용해야하기 때문에 상단에는 session_start(); 를 사용하여 세션을 시작합니다

02-3 회원가입 만들기

회원가입 페이지에서는 회원가입과 아이디 중복체크, 회원정보 수정, 인증메일 전송을 구현하겠습니다.

register.php 페이지에서는 회원정보를 입력하고 register_update.php에서 데이터베이스에 저장되는 부분을 처리합니다. register_update.php에서 신규 회원이라면 인증메일을 전송하는 부분을 실행하며, 인증메일은 register_update_mail.php에서 메일내용을 작성하여 전송합니다. register_update_mail.php 파일은 앞서 login_check.php 파일에서 메일전송 시 사용되는 파일이 됩니다.

우리가 생성할 회원가입 페이지의 화면 구성은 다음과 같습니다.

▲ 회원가입 register.php 파일 화면

로그인 후 회원정보수정 페이지의 화면 구성은 다음과 같습니다.

▲ 로그인 후 회원정보수정 register.php 파일 화면

앞의 두 그림에서 알 수 있듯이 register.php 페이지는 회원가입 폼과 회원정보 수정 폼도 함께 사용됩니다. 로그인 후 회원정보수정 버튼을 클릭하면 register.php 페이지에서 회원정보 수정도 가능합니다. 그리고 하단에는 간단하게 Javascript로 아이디, 이름, 비밀번호, 이메일 검사를 실행합니다. 지금부터 흐름을 잘 생각하면서 본격적으로 회원가입을 구현하겠습니다.

알아두세요

회원 상태 체크

register.php 페이지를 사용 시 회원가입 상태인지 회원정보수정 상태인지 체크하기 위해서 $mode라는 변수를 임의로 생성하여 mode가 "insert" 이면 회원가입, "modify" 라면 회원정보수정 상태인지 구분합니다.

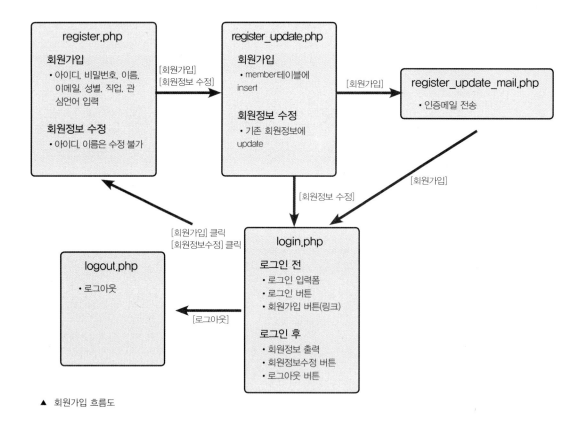

▲ 회원가입 흐름도

(1) 회원가입, 회원수정 부분

회원가입과 회원수정 폼을 위한 페이지를 작성하고 저장합니다.

소스 코드 : http://localhost/myapp/ch15/register.php

```php
01 : <?php
02 : include("./dbconn.php");     ← DB연결을 위한 같은 경로의 dbconn.php를 인클루드합니다.
03 :    ↓ 세션이 있고 회원수정 mode라면 회원 정보를 가져옴
04 : if(isset($_SESSION['ss_mb_id']) && $_GET['mode'] == 'modify') {
05 :     $mb_id = $_SESSION['ss_mb_id'];
06 :
07 :     $sql = " SELECT * FROM member WHERE mb_id = '$mb_id' ";   ← 회원 정보를 조회
08 :     $result = mysqli_query($conn, $sql);
09 :     $mb = mysqli_fetch_assoc($result);
10 :     mysqli_close($conn);     ← 데이터베이스 접속 종료
11 :
12 :     $mode = "modify";
13 :     $title = "회원수정";
14 :     $modify_mb_info = "readonly";
15 : } else {
16 :     $mode = "insert";
17 :     $title = "회원가입";
18 :     $modify_mb_info = '';
19 : }
20 : ?>
21 : <html>
22 : <head>
23 :     <title>Register</title>
24 :     <link href="./style.css" rel="stylesheet" type="text/css">
25 : </head>
26 : <body>
27 :
28 : <h1><?php echo $title ?></h1>
29 :
30 : <form action="./register_update.php" onsubmit="return fregisterform_submit(this);" method="post">
31 :     <input type="hidden" name="mode" value="<?php echo $mode ?>">
32 :
33 :     <table>
34 :         <tr>
35 :             <th>아이디</th>
36 :             <td><input type="text" name="mb_id" value="<?php echo $mb['mb_id'] ?>" <?php echo
                 $modify_mb_info ?>></td>
37 :         </tr>
38 :         <tr>
39 :             <th>비밀번호</th>
40 :             <td><input type="password" name="mb_password"></td>
41 :         </tr>
42 :         <tr>
43 :             <th>비밀번호 확인</th>
```

```
44 :              <td><input type="password" name="mb_password_re"></td>
45 :         </tr>
46 :         <tr>
47 :              <th>이름</th>
48 :              <td><input type="text" name="mb_name" value="<?php echo $mb['mb_name'] ?>" <?php
                  echo $modify_mb_info ?>></td>
49 :         </tr>
50 :         <tr>
51 :              <th>이메일</th>
52 :              <td><input type="text" name="mb_email" value="<?php echo $mb['mb_email'] ?>"></td>
53 :         </tr>
54 :         <tr>
55 :              <th>성별</th>
56 :              <td>
57 :                   <label><input type="radio" name="mb_gender" value="남자" <?php echo ($mb['mb_
                      gender'] == "남자") ? "checked" : "";?> >남자</label>
58 :                   <label><input type="radio" name="mb_gender" value="여자" <?php echo ($mb['mb_
                      gender'] == "여자") ? "checked" : "";?> >여자</label>
59 :              </td>
60 :         </tr>
61 :         <tr>
62 :              <th>직업</th>
63 :              <td>
64 :                   <select name="mb_job">
65 :                        <option value="">선택하세요</option>
66 :                        <option value="학생" <?php echo ($mb['mb_job'] == "학생") ? "selected"
                           : "";?> >학생</option>
67 :                        <option value="회사원" <?php echo ($mb['mb_job'] == "회사원") ?
                           "selected" : "";?> >회사원</option>
68 :                        <option value="공무원" <?php echo ($mb['mb_job'] == "공무원") ?
                           "selected" : "";?> >공무원</option>
69 :                        <option value="주부" <?php echo ($mb['mb_job'] == "주부") ? "selected"
                           : "";?> >주부</option>
70 :                        <option value="무직" <?php echo ($mb['mb_job'] == "무직") ? "selected"
                           : "";?> >무직</option>
71 :                   </select>
72 :              </td>
73 :         </tr>
74 :         <tr>
75 :              <th>관심언어</th>
76 :              <td>
77 :                   <label><input type="checkbox" name="mb_language[]" value="HTML" <?php echo
                      strpos($mb['mb_language'], 'HTML') !== false ? 'checked' : '' ?>>HTML</label>
78 :                   <label><input type="checkbox" name="mb_language[]" value="CSS" <?php echo
                      strpos($mb['mb_language'], 'CSS') !== false ? 'checked' : '' ?>>CSS</label>
79 :                   <label><input type="checkbox" name="mb_language[]" value="PHP" <?php echo
                      strpos($mb['mb_language'], 'PHP') !== false ? 'checked' : '' ?>>PHP</label>
```

```
80 :                        <label><input type="checkbox" name="mb_language[]" value="MySQL" <?php echo
                           strpos($mb['mb_language'], 'MySQL') !== false ? 'checked' : '' ?>>MySQL</label>
81 :                    </td>
82 :                </tr>
83 :                <tr>
84 :                    <td colspan="2" class="td_center"><input type="submit" value="<?php echo $title
                       ?>"> <a href="./login.php">취소</a></td>
85 :                </tr>
86 :    </table>
87 : </form>
88 :
89 : <script>
90 : function fregisterform_submit(f) {    ← submit 최종 폼체크
91 :
92 :     if (f.mb_id.value.length < 1) {    ← 회원아이디 검사
93 :         alert("아이디를 입력하십시오.");
94 :         f.mb_id.focus();
95 :         return false;
96 :     }
97 :
98 :     if (f.mb_name.value.length < 1) {    ← 이름 검사
99 :         alert("이름을 입력하십시오.");
100 :        f.mb_name.focus();
101 :        return false;
102 :    }
103 :
104 :    if (f.mb_password.value.length < 3) {
105 :        alert("비밀번호를 3글자 이상 입력하십시오.");
106 :        f.mb_password.focus();
107 :        return false;
108 :    }
109 :
110 :    if (f.mb_password.value != f.mb_password_re.value) {
111 :        alert("비밀번호가 같지 않습니다.");
112 :        f.mb_password_re.focus();
113 :        return false;
114 :    }
115 :
116 :    if (f.mb_password.value.length > 0) {
117 :        if (f.mb_password_re.value.length < 3) {
118 :            alert("비밀번호를 3글자 이상 입력하십시오.");
119 :            f.mb_password_re.focus();
120 :            return false;
121 :        }
122 :    }
123 :
124 :    if (f.mb_email.value.length < 1) {    ← 이메일 검사
```

```
125 :        alert("이메일을 입력하십시오.");
126 :        f.mb_email.focus();
127 :        return false;
128 :    }
129 :
130 :    if (f.mb_email.value.length > 0) {  ← 이메일 형식 검사
131 :        var regExp = /^[0-9a-zA-Z]([-_.]?[0-9a-zA-Z])*@[0-9a-zA-Z]([-_.]?[0-9a-zA-Z])*.[a-zA-Z]{2,3}$/i;
132 :        if (f.mb_email.value.match(regExp) == null) {
133 :            alert("이메일 주소가 형식에 맞지 않습니다.");
134 :            f.mb_email.focus();
135 :            return false;
136 :        }
137 :    }
138 :
139 :    return true;
140 :
141 : }
142 : </script>
143 :
144 : </body>
145 : </html>
```

02 : 데이터베이스 연결을 위한 같은 경로의 dbconn.php를 인클루드 합니다.

04~13 : 로그인 세션이 있고 회원수정 mode(modify) 라면 회원 정보를 가져오는 조건문입니다.

07~09 : $mb_id 변수에 'ss_mb_id' 라는 이름을 가진 세션의 값을 대입하고, SELECT 문을 사용하여 member 테이블에 해당 아이디의 정보를 조회합니다. 조회한 회원정보는 $mb 변수에 배열로 저장됩니다. $mb 변수는 뒤에서 회원수정 폼에 자동으로 입력되는데 사용됩니다.

10 : 데이터베이스 사용을 마쳤기 때문에 데이터베이스 접속을 종료합니다.

12~14 : $mode 변수에 'modify'라는 수정 상태 값을 넣습니다. $title 변수는 페이지의 상단 부분에 출력되는 텍스트가 되고 mode 상태에 따라서 텍스트가 다르게 출력됩니다.
$modify_mb_info 변수에는 〈html〉 속성 중 하나인 〈readonly〉 속성을 사용하기 위해 문자열 'readonly'를 넣습니다. 만약 회원수정 상태라면 아이디와 이름은 변경할 수 없도록 처리하기 위해 뒤에서 〈input〉 태그에서 해당 변수가 사용됩니다.

16~18 : 회원가입 상태라면 $mode 변수에 'insert'라는 입력 상태 값을 넣습니다. $title 변수는 페이지의 상단 부분에 출력되는 텍스트가 되고 mode 상태에 따라서 텍스트가 다르게 출력됩니다.
$modify_mb_info 변수가 위에서는 문자열 'readonly'를 넣었다면 회원가입 상태에서는 아이디와 이름을 입력해야 하기때문에 해당 변수를 빈 문자열을 넣어줍니다.

24 : 이 페이지에 관련된 스타일을 style.css에서 처리를 할 수 있도록 지정을 하였습니다.

28 : 위에서 mode에 따라서 페이지의 상단 부분에 '회원가입' 또는 '회원수정' 텍스트가 출력되는 부분입니다.

30~87 : 〈form〉 태그의 시작과 끝 부분입니다. 〈form〉 안에는 아이디, 비밀번호, 이름 등 회원정보를 입력하는 폼이 출력되는 부분입니다.

30 : 〈form〉 태그에서 회원정보를 입력하고 '회원가입' 또는 '회원수정' 버튼을 클릭하면 action으로 지정된 register_update.php 파일로 회원정보가 〈POST〉 방식으로 전송됩니다.
하지만 onsubmit 이벤트를 사용하여 fregisterform_submit() 이라는 Javascript 함수를 호출하도록 하였기 때문에 fregisterform_submit() 함수에서 여러 가지 검증을 거친 후 action에 지정된 경로로 회원정보가 전송됩니다.

31 : ⟨input⟩태그의 type을 hidden으로 설정하고 name 속성 값을 넣어줍니다. 데이터 값이 들어가는 value에는 $mode 변수의 값을 넣습니다. 이후 register_update.php 파일에서 해당 값을 통해서 회원가입 또는 회원수정을 구별하는데 사용됩니다.

34~53 : 각 항목별 ⟨input⟩ 태그와 value에는 값이 들어갑니다. 회원정보수정 상태라면 위에서 조회한 회원정보가 들어 있는 $mb 배열 변수의 값을 넣어주고, 그렇지 않다면 $mb 변수가 존재하지 않기 때문에 빈값이 들어갑니다. 비밀번의 경우 보안을 위해서 어떠한 상태라도 빈값으로 사용합니다.

57~58 : ⟨input⟩태그의 type을 radio로 설정하고 name 속성 값과 value의 값을 넣어줍니다. 만약 회원정보수정 상태라면 $mb['mb_gender']의 값이 남자, 여자의 값인지 삼항 연산자를 사용하여 각각에 해당되는 ⟨input⟩태그에 문자열 checked를 출력하여 checked 속성을 추가합니다. 만약 member 테이블의 'mb_gender' 컬럼에 값이 '남자'라고 저장되어 있다면 '남자'의 radio 속성에 체크가 됩니다.

64~71 : ⟨select⟩태그를 사용하여 직업을 선택하는 부분입니다. 회원정보수정 상태라면 $mb['mb_job']의 값을 체크하여 저장된 값과 일치하는 ⟨option⟩에 삼항 연산자를 사용하여 문자열 selected를 출력하여 자동선택이 되어있도록 합니다.

77~80 : checkbox를 사용하여 관심언어를 선택하는 부분입니다. ⟨input⟩태그의 type을 checkbox로 설정하고 name 속성 값과 value의 값을 넣어줍니다. 이때 name은 'mb_language[]'라는 배열이 됩니다. 만약 회원정보수정 상태라면 $mb['mb_language']의 값을 PHP의 strpos() 함수를 사용하여 같은 문자열이 있는지 체크하여 같은 문자열이 저장되어 있다면 문자열 checked를 출력하여 자동선택이 되어있도록 합니다.

84 : submit 버튼과 취소링크가 있는 위치입니다. submit 버튼은 mode 상태에 따라서 텍스트가 다르게 출력됩니다. submit버튼을 클릭하면 ⟨form⟩태그에 onsubmit 이벤트에 있는 fregisterform_submit() Javascript 함수로 이동됩니다. 취소링크를 클릭하면 login.php 파일로 돌아갑니다.

알아두세요

submit과 ⟨a⟩ 태그의 차이

⟨input⟩ 태그의 submit은 전송버튼이고 ⟨a⟩ 태그의 취소는 링크입니다. 페이지의 특성상 두 가지 모두 비슷한 버튼 형식으로 보이도록 style을 만들었기 때문에 같다고 느낄 수 있지만 ⟨a⟩ 태그는 버튼이 아닌 하이퍼링크를 걸어주는 태그입니다

89~142 : Javascript로 회원아이디, 이름, 비밀번호 등 여러 가지 검증을 하는 부분입니다. 전체 검증이 통과 되었다면 145의 return true;를 실행하여 ⟨form⟩ 태그의 action에 있는 register_update.php로 데이터를 전송합니다

알아두세요

이메일 검증을 위한 정규표현식 분석해보기

아래 정규식은 어떻게 동작할까요? 하나하나 알아보도록 하겠습니다. 먼저 위 검증에 사용된 정규표현식은 다음과 같습니다.

var regExp = /^[0-9a-zA-Z]([-_.]?[0-9a-zA-Z])*@[0-9a-zA-Z]([-_.]?[0-9a-zA-Z])*.[a-zA-Z]{2,3}$/i;

❶ / / 안에 있는 내용은 정규표현식 검증에 사용되는 패턴이 이 안에 위치합니다.
❷ / /i 정규표현식에 사용된 패턴이 대소문자를 구분하지 않도록 i를 사용합니다.
❸ ^ 표시는 처음 시작하는 부분부터 일치한다는 표시입니다.
❹ [0-9a-zA-Z] 하나의 문자가 []안에 위치한 규칙을 따른다는 것으로 숫자와 알파벳 소문지 대문자인 경우를 뜻 합니다.
❺ * 이 기호는 0또는 그 이상의 문자가 연속될 수 있음을 말합니다.
이 교재는 자바스크립트에 대해서는 학습하지 않기 때문에 이하 자세한 설명은 다른 교재들을 참고 하시기 바랍니다.

(2) 회원가입(INSERT), 회원수정(UPDATE) 부분

register.php 페이지에서 넘어온 데이터를 처리하기 위한 파일을 작성하고 저장합니다.

소스 코드 : http://localhost/myapp/ch15/register_update.php

```php
01 : <?php
02 : include("./dbconn.php");      ◀ DB연결을 위한 같은 경로의 dbconn.php를 인클루드합니다.
03 :
04 : $mode = $_POST['mode'];
05 :
06 : if($mode != 'insert' && $mode != 'modify') {    ◀ 아무런 모드가 없다면 중단
07 :     echo "<script>alert('mode 값이 제대로 넘어오지 않았습니다.');</script>";
08 :     echo "<script>location.replace('./register.php');</script>";
09 :     exit;
10 : }
11 :
12 : switch ($mode) {
13 :     case 'insert' :
14 :         $mb_id = trim($_POST['mb_id']);
15 :         $title = "회원가입";
16 :         break;
17 :     case 'modify' :
18 :         $mb_id = trim($_SESSION['ss_mb_id']);
19 :         $title = "회원수정";
20 :         break;
21 : }
22 :
23 : $mb_password          = trim($_POST['mb_password']);      ◀ 첫번째 입력 패스워드
24 : $mb_password_re       = trim($_POST['mb_password_re']);   ◀ 두번째 입력 패스워드
25 : $mb_name              = trim($_POST['mb_name']);          ◀ 이름
26 : $mb_email             = trim($_POST['mb_email']);         ◀ 이메일
27 : $mb_gender            = $_POST['mb_gender'];              ◀ 성별
28 : $mb_job               = $_POST['mb_job'];                 ◀ 직업
29 : $mb_ip                = $_SERVER['REMOTE_ADDR'];          ◀ 접속 아이피
30 : $mb_language          = implode(",", $_POST['mb_language']);  ◀ 관심언어 (,) 구분으로 저장
31 : $mb_datetime          = date('Y-m-d H:i:s', time());      ◀ 가입일
32 : $mb_modify_datetime   = date('Y-m-d H:i:s', time());      ◀ 수정일
33 :
34 : if (!$mb_id) {
35 :     echo "<script>alert('아이디가 넘어오지 않았습니다.');</script>";
36 :     echo "<script>location.replace('./register.php');</script>";
37 :     exit;
38 : }
39 :
40 : if (!$mb_password) {
41 :     echo "<script>alert('비밀번호가 넘어오지 않았습니다.');</script>";
42 :     echo "<script>location.replace('./register.php');</script>";
```

```
43 :    exit;
44 : }
45 :
46 : if ($mb_password != $mb_password_re) {
47 :    echo "<script>alert('비밀번호가 일치하지 않습니다.');</script>";
48 :    echo "<script>location.replace('./register.php');</script>";
49 :    exit;
50 : }
51 :
52 : if (!$mb_name) {
53 :    echo "<script>alert('이름이 넘어오지 않았습니다.');</script>";
54 :    echo "<script>location.replace('./register.php');</script>";
55 :    exit;
56 : }
57 :
58 : if (!$mb_email) {
59 :    echo "<script>alert('이메일이 넘어오지 않았습니다.');</script>";
60 :    echo "<script>location.replace('./register.php');</script>";
61 :    exit;
62 : }
63 :    ⬇ 입력한 비밀번호를 MySQL password() 함수를 이용해 암호화해서 가져옴
64 : $sql = " SELECT PASSWORD('$mb_password') AS pass ";
65 : $result = mysqli_query($conn, $sql);
66 : $row = mysqli_fetch_assoc($result);
67 : $mb_password = $row['pass'];
68 :
69 : if($mode == "insert") { ⬅ 신규 등록, 상태
70 :    ⬇ 회원가입을 시도하는 아이디가 사용중인 아이디인지 체크
71 :    $sql = " SELECT * FROM member WHERE mb_id = '$mb_id' ";
72 :    $result = mysqli_query($conn, $sql);
73 :
74 :    if (mysqli_num_rows($result) > 0) { ⬅ 만약 사용중인 아이디라면 알림창을 띄우고 회원가입 페이지로 이동
75 :        echo "<script>alert('이미 사용중인 회원아이디 입니다.');</script>";
76 :        echo "<script>location.replace('./register.php');</script>";
77 :        exit;
78 :    }
79 :
80 :    $sql = " INSERT INTO member
81 :                    SET mb_id = '$mb_id',
82 :                        mb_password = '$mb_password',
83 :                        mb_name = '$mb_name',
84 :                        mb_email = '$mb_email',
85 :                        mb_gender = '$mb_gender',
86 :                        mb_job = '$mb_job',
87 :                        mb_ip = '$mb_ip',
```

```
 88 :                          mb_language = '$mb_language',
 89 :                          mb_datetime = '$mb_datetime' ";
 90 :     $result = mysqli_query($conn, $sql);
 91 :
 92 : } else if ($mode == "modify") {  ←회원 수정 상태
 93 :
 94 :     $sql = " UPDATE member
 95 :                     SET mb_password = '$mb_password',
 96 :                         mb_email = '$mb_email',
 97 :                         mb_gender = '$mb_gender',
 98 :                         mb_job = '$mb_job',
 99 :                         mb_language = '$mb_language',
100 :                         mb_modify_datetime = '$mb_modify_datetime'
101 :             WHERE mb_id = '$mb_id' ";
102 :     $result = mysqli_query($conn, $sql);
103 : }
104 :
105 : if ($result) {
106 :
107 :     if($mode == "insert") {  ←신규 가입의 경우 무조건 메일 인증확인 메일 발송
108 :         include_once('./function.php');  ←메일 전송을 위한 파일을 인클루드합니다.
109 :         ↓어떠한 회원정보도 포함되지 않은 일회용 난수를 생성하여 인증에 사용
110 :         $mb_md5 = md5(pack('V*', rand(), rand(), rand(), rand()));
111 :         ↓회원가입을 시도하는 아이디에 메일 인증을 위한 일회용 난수를 업데이트
112 :         $sql = " UPDATE member SET mb_email_certify2 = '$mb_md5' WHERE mb_id = '$mb_id' ";
113 :         $result = mysqli_query($conn, $sql);
114 :         mysqli_close($conn);  ←데이터베이스 접속 종료
115 :
116 :         $certify_href = 'http://localhost/myapp/ch15/email_certify.php?&amp;mb_id='.$mb_
             id.'&amp;mb_md5='.$mb_md5;  ←메일 인증 주소
117 :
118 :         $subject = '인증확인 메일입니다.';  ←메일 제목
119 :
120 :         ob_start();
121 :         include_once ('./register_update_mail.php');
122 :         $content = ob_get_contents();  ←메일 내용
123 :         ob_end_clean();
124 :
125 :         $mail_from = "gnuwiz@naver.com";  ←보내는 이메일 주소
126 :         $mail_to = $mb_email;  ←받는 이메일 주소
127 :
128 :         mailer('관리자', $mail_from, $mail_to, $subject, $content);  ←메일 전송
129 :     }
130 :
131 :     echo "<script>alert('".$title."이 완료 되었습니다.\\n신규가입의 경우 메일인증을 받으셔야 로그
         인 가능합니다.');</script>";
```

```
132 :   echo "<script>location.replace('./login.php');</script>";
133 :   exit;
134 : } else {
135 :   echo "생성 실패: " . mysqli_error($conn);
136 :   mysqli_close($conn);   ← 데이터베이스 접속 종료
137 : }
138 : ?>
```

02 : 데이터베이스 연결을 위한 같은 경로의 dbconn.php를 인클루드 합니다.

04 : $mode 변수에 〈POST〉로 넘어온 mode 값을 대입합니다.

06~10 : $mode 변수에 값이 'insert' 또는 'modify' 가 아니라면 알림 창을 띄우고 register.php 페이지로 돌아갑니다.

12~21 : switch 문을 사용하여 $mode 상태가 회원가입(insert)이라면 $mb_id 변수에 〈POST〉로 넘어온 아이디 값을 넣습니다. 만약 회원정보수정(modify) 상태라면 $mb_id 변수에는 로그인 세션의 값을 넣습니다.

23~32 : 각각의 변수에 〈POST〉로 넘어온 값을 넣습니다.

$mb_gender, $mb_job 변수의 경우 직접 입력하는 것이 아닌 radio, select 태그로 선택하는 값이기 때문에 따로 trim() 함수를 사용해서 공백을 제거하지 않습니다.

$mb_ip 변수는 PHP에서 기본으로 제공하는 $_SERVER 환경변수 중 접속한 사용자 IP주소를 가지고 있는 'REMOTE_ADDR' 값을 넣습니다.

$mb_language 변수는 체크박스를 사용할 때 사용했던 배열을 콤마(,) 구분으로 연결하여 하나의 문자열로 넣습니다. 예를 들어 앞에서 선택한 관심언어가 PHP, MySQL을 선택했다면 $mb_language 변수에는 콤마구분으로 이어진 문자열 'PHP, MySQL'이 들어갑니다.

$mb_datetime, $mb_modify_datetime 변수에는 현재 시간이 들어갑니다.

34~62 : 아이디, 비밀번호, 이름, 이메일의 값이 있는지 체크하고 만약 하나의 값이라도 없다면 알림 창을 띄우고 register.php 페이지로 돌아갑니다.

64~67 : 입력한 비밀번호를 MySQL의 PASSWORD() 함수를 사용하여 암호화해서 가져옵니다.

69~90 : 회원가입(insert) 상태라면 실행되는 구간입니다.

71~78 : 회원가입을 시도하는 아이디가 사용 중인 아이디인지 SELECT 문으로 member 테이블에서 아이디 컬럼 mb_id의 값을 조회합니다. 검색 결과 $result를 mysqli_num_rows() 함수로 검색된 레코드(row)수를 가져옵니다. 만약 검색된 레코드수가 0보다 크다면 이미 사용 중인 아이디라 판단하여 알림 창을 띄우고 register.php 페이지로 돌아갑니다.

80~90 : $sql 변수에 회원가입 상태에서 실행할 INSERT 문을 넣고 SQL문을 실행합니다.

알아두세요

쿼리문의 컬럼마다 콤마(,)로 구분하며 마지막 컬럼에는 콤마를 넣지 않도록 주의해야합니다.

94~102 : $sql 변수에 회원정보수정 상태에서 실행할 UPDATE 문을 넣고 SQL문을 실행합니다. UPDATE 문의 마지막에는 WHERE 절을 추가하여 해당 회원의 정보만 변경되도록 합니다.

105~133 : SQL문이 정상으로 실행이 되었다면 실행되는 구간입니다.

108 : $mode가 'insert'라면 인증메일을 발송해야하므로 메일 전송을 위한 같은 경로의 function.php 파일을 인클루드 합니다.

110 : 메일 인증에 필요한 일회용 난수를 생성합니다.

112~114 : 회원가입을 시도하는 아이디에 메일 인증을 위해 조금 전 생성한 일회용 난수를 mb_email_certify2 컬럼에 업데이트 합니다. 그리고 데이터베이스 사용을 마쳤기 때문에 데이터베이스 접속을 종료합니다.

116 : 메일 인증을 위한 링크를 생성합니다. 일회용 난수는 매번 생성되어 변경되기 때문에 최근에 생성한 난수를 인증메일로 전송해야하기 때문입니다.

118 : 인증 메일의 제목입니다.

120~123 : PHP의 임시 버퍼 함수를 사용하여 register_update_mail.php 파일을 읽어 들여 $content 변수에 메일 내용을 저장합니다.

125~126 : $mail_from 변수에는 이전 네이버 메일서버를 사용하는 계정의 메일 주소를 넣고 $mail_to 변수에는 회원가입을 시도하는 메일 주소가 들어갑니다.

128 : function.php 파일에 있는 mailer() 함수를 실행시켜 메일을 전송합니다. mailer() 함수는 "보내는 사람 이름", "보내는 사람 메일주소", "받는 사람 메일주소", "제목", "내용" 이 함수의 인자 값으로 전달되어 실행됩니다.

131~132 : SQL문이 정상으로 실행이 되었다면 결과를 나타내는 알림 창을 띄우고 login.php 페이지로 돌아갑니다.

135~136 : SQL문이 정상으로 실행이 되지 않았다면 "생성 실패: 에러코드"를 출력하고 페이지가 중단됩니다. 그리고 데이터베이스 사용을 마쳤기 때문에 데이터베이스 접속을 종료합니다.

(3) 인증메일 발송 부분

회원가입 시 회원에게 인증메일을 발송하기 위한 파일을 작성하고 저장합니다.

인증메일은 다음과 같은 형식으로 발송됩니다.

▲ 인증메일 화면

소스 코드 : http://localhost/myapp/ch15/register_update_mail.php

```
01 : <!doctype html>
02 : <html lang="ko">
03 : <head>
04 : <meta charset="utf-8">
05 : <title>회원 인증 메일</title>
06 : </head>
```

```
07 :
08 : <body>
09 :
10 : <div style="margin:30px auto;width:600px;border:10px solid #f7f7f7">
11 :     <div style="border:1px solid #dedede">
12 :         <h1 style="padding:30px 30px 0;background:#f7f7f7;color:#555;font-size:1.4em">
13 :             회원 인증 메일입니다.
14 :         </h1>
15 :         <p style="margin:20px 0 0;padding:30px 30px 50px;min-height:200px;height:auto!important;height:
             200px;border-bottom:1px solid #eee">
16 :             아래의 주소를 클릭하면 인증이 완료됩니다.<br/>
17 :             <a href="<?php echo $certify_href ?>" target="_blank"><b><?php echo $certify_
             href?></b></a><br/><br/>
18 :
19 :             회원님의 성원에 보답하고자 더욱 더 열심히 하겠습니다.<br/>
20 :             감사합니다.
21 :         </p>
22 :         <a href="http://localhost/myapp/ch15/login.php" target="_blank " style="display:block;p
             adding:30px 0;background:#484848;color:#fff;text-decoration:none;text-align:center">로
             그인 바로가기</a>
23 :     </div>
24 : </div>
25 :
26 : </body>
27 : </html>
```

register_update.php

register_update.php

$certufy_href 변수 선언

include('register_update_mail.php');

register_update_mail.php

$certufy_href 변수 사용 가능

register_update.php

▲ 인클루드 된 파일에서의 변수 사용

register_update_mail.php 파일은 대부분 <HTML>로 구성되어있습니다. PHP가 사용되는 곳은 메일 인증 주소를 생성하는 $certify_href 변수가 유일합니다. register_update_mail.php 파일에서는 $certify_href 변수가 선언 되어있지 않지만 register_update.php 파일에서 인클루드해서 사용하므로 register_update_mail.php 파일에서는 $certify_href 변수가 사용이 가능합니다.

만약 주소창에 http://localhost/myapp/ch15/register_update_mail.php과 같이 직접 register_update.php 파일을 실행하게 된다면 $certify_href 변수는 존재하지 않기 때문에 빈 공백이 출력됩니다.

이제 회원가입 페이지, 회원정보 등록, 수정을 할 수 있는 페이지들을 만들었습니다. 아직은 로그인을 하더라도 메일인증 부분의 기능이 완성되지 않았기 때문에 정상으로 로그인은 불가능합니다. 하지만 phpMyAdmin을 실행해서 회원가입을 시도한 정보가 제대로 입력되었는지 확인할 수는 있습니다.

▲ 데이터베이스 'project'의 'member' 테이블 확인

02-4 메일인증 만들기

메일인증 기능은 단독으로 사용되는 것보다 다른 프로그램과 연동하여 사용하는 경우가 많습니다. 예를 들면 아이디 찾기, 비밀번호 찾기 등 다양한 곳에서 응용되어 사용될 수 있습니다. 우리가 만드는 예제는 회원만의 차별화된 내용을 제공하여 로그인 후에 제한된 기능들을 사용할 수 있게끔 구현하는 것은 아니지만, 인증 기능에서도 흐름을 항상 생각하면서 구현하기 바랍니다. 그리고 아무리 복잡한 프로그램도 확실한 기초가 바탕이 되지 않으면 가면 갈수록 힘들어 지므로 기초부터 확실하게 체크하기 바랍니다.

우리가 회원가입 및 로그인에 사용되는 인증메일 발송은 두 가지 상황에 사용됩니다.
❶ 회원가입 시 인증메일 발송
❷ 로그인시 메일인증을 하지 않은 회원이라면 다시 인증메일을 발송

회원가입 후 발송된 인증메일에 있는 링크를 클릭하면 자동으로 인증이 완료되고 만약 인증을 하지 않은 회원이 login.php 로그인 페이지에서 아이디와 비밀번호를 입력하면 login_check.php 파일에서는 데이터베이스에 저장되어 있는 메일인증을 거친 회원인지 체크를 합니다.
그리고 메일인증을 해야 하는 회원이 로그인을 시도한다면 해당 회원에게 새로운 인증암호로 인증메일을 다시 발송하며, 인증이 완료된 회원은 로그인이 완료되고 login.php 페이지로 이동합니다.
우리는 여기에서 인증메일에 있는 링크를 클릭하면 자동으로 인증이 완료되는 부분을 프로그래밍 해야 합니다.

지금부터 흐름을 잘 생각하면서 본격적으로 회원 메일인증 기능을 구현 하도록 하겠습니다.

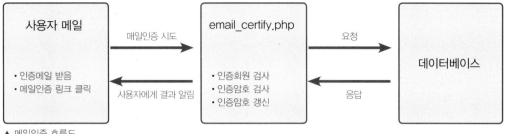

▲ 메일인증 흐름도

(1) 메일인증 처리 부분

회원가입 시 회원에게 발송한 인증메일의 인증확인을 위한 파일을 작성하고 저장합니다.

소스 코드 : http://localhost/myapp/ch15/email_certify.php

```php
01 : <?php
02 : include("./dbconn.php");        ← DB연결을 위한 같은 경로의 dbconn.php를 인클루드합니다.
03 :
04 : $mb_id            = trim($_GET['mb_id']);       ← 회원 아이디
05 : $mb_md5           = trim($_GET['mb_md5']);       ← 인증메일에서 넘어온 인증번호
06 : $mb_email_certify = date('Y-m-d H:i:s', time());       ← 인증일
07 :
08 : $sql = " SELECT mb_id, mb_email_certify2 FROM member WHERE mb_id = '$mb_id' ";
09 : $result = mysqli_query($conn, $sql);
10 : $mb = mysqli_fetch_assoc($result);
11 :
12 : if (!$mb['mb_id']) {
13 :     echo "<script>alert('존재하는 회원이 아닙니다.');</script>";
14 :     echo "<script>location.replace('./login.php');</script>";
15 :     exit;
16 : }
17 :        ↓ 인증 링크는 한번만 처리가 되게 한다.
18 : $sql = " UPDATE member set mb_email_certify2 = '' WHERE mb_id = '$mb_id' ";
19 : $result = mysqli_query($conn, $sql);
20 :
21 : if ($mb_md5)
22 : {
23 :     if ($mb_md5 == $mb['mb_email_certify2'])
24 :     {
25 :         $sql = " UPDATE member set mb_email_certify = '$mb_email_certify' WHERE mb_id = '$mb_id' ";
26 :         $result = mysqli_query($conn, $sql);
27 :         echo "<script>alert('메일인증 처리를 완료 하였습니다.\\n\\n지금부터 ".$mb_id." 아이디로
         로그인 가능합니다.');</script>";
```

```
28 :    }
29 :    else
30 :    {
31 :        echo "<script>alert('메일인증 요청 정보가 올바르지 않습니다.');</script>";
32 :    }
33 : }
34 :
35 : mysqli_close($conn);  ← 데이터베이스 접속 종료
36 : echo "<script>location.replace('./login.php');</script>";
37 : exit;
38 : ?>
```

02 : 데이터베이스 연결을 위한 같은 경로의 dbconn.php를 인클루드 합니다.

04~05 : PHP의 trim() 함수를 사용해서 인증메일 링크를 통해서 〈GET〉으로 넘어온 회원 아이디와 인증암호의 앞뒤 공백을 제거합니다.

06 : 추후 이메일 인증일시를 저장하기 위해 $mb_email_certify 변수에 현재 시간을 넣습니다.

08~16 : SELECT 문을 사용하여 member 테이블에 해당 메일인증을 시도하는 아이디가 존재하는지 조회합니다. 조회한 mb_id, mb_email_certify2 컬럼은 $mb 변수에 배열로 저장됩니다. 만약 아이디가 없다면 알림 창을 띄우고 login.php 페이지로 돌아갑니다.

18~19 : 인증 링크는 한번만 처리가 되게 합니다. 즉 해당 회원테이블의 'mb_email_certify2' 컬럼에는 난수로 생성된 고유 암호가 저장되어있습니다. 그렇기 때문에 존재하는 회원이라면 인증 절차를 실행하게 되는데 혹시라도 인증 암호가 다르게 들어오더라도 여러 번 실행 할 수 도 있기 때문에 무조건 실행이 된다면 'mb_email_certify2' 컬럼의 값을 비워버리는 것입니다.

22~33 : $mb_md5 변수 값은 〈GET〉으로 넘어온 $_GET['mb_md5']의 값이 들어있습니다. $mb_md5 변수에 값이 있다면 맞던 아니던 인증암호가 들어왔다는 것으로 판단하여 인증 절차를 실행합니다.

23~28 : $mb_md5 변수 값과 $mb['mb_email_certify2']의 값이 일치하는지 체크합니다. 조금 전 위에서 'mb_email_certify2' 컬럼의 값을 비워 버렸지만 PHP에서는 데이터를 조회하고 값을 받은 $mb 변수에 아직까지 값이 들어 있는 상태입니다. 만약 인증암호가 일치한다면 UPDATE문을 실행하여 'mb_email_certify' 컬럼의 값을 현재 시간으로 업데이트 하고 메일인증 처리 완료 알림 창을 띄웁니다.

30~32 : 위 조건의 반대의 경우입니다. 인증암호가 일치하지 않다면 알림 창을 띄웁니다. 이 경우에서는 다시 로그인을 시도하여 새로운 인증메일을 전송 받아야합니다. 그렇지 않으면 인증번호 'mb_email_certify2' 컬럼에 값이 비어 있기 때문에 인증을 받을 수 없습니다.

35~37 : 데이터베이스 사용을 마쳤기 때문에 데이터베이스 접속을 종료합니다. 그리고 login.php 페이지로 돌아갑니다.

03 _ 회원가입 및 로그인 페이지 실행

회원가입 및 로그인 페이지를 처음부터 실행해 보겠습니다.

(1) 회원가입 및 로그인 페이지 실행 부분

01 브라우저를 실행시켜 결과를 확인합니다. 주소는 http://localhost/myapp/ch15/login.php로 입력합니다.

▲ login.php 로그인 화면

02 회원가입을 위해서 회원가입 버튼을 클릭하여 http://localhost/myapp/ch15/register.php 주소로 이동합니다.

▲ 캡션

03 register.php 화면에서 아이디, 비밀번호 등 여러 정보를 입력하고 회원가입 버튼을 클릭하면 register_update. php 파일이 실행되고 신규 회원가입의 경우 register_update_mail.php 파일도 실행되어 '회원가입이 완료 되었습니다.'라는 알림 창이 나타나고 login.php 파일로 이동되어집니다.

▲ 회원가입이 완료된 경우의 알림 창

만약 이미 존재하는 회원아이디의 경우 중복 가입이 되지 않기 때문에 '이미 사용중인 회원아이디입니다.'라는 알림창이 나타나고 다시 회원가입 register.php 페이지로 이동됩니다.

▲ 중복된 회원아이디가 있는 경우의 알림 창

04 신규가입의 경우 회원가입 시 입력한 메일로 로그인을 하여 인증메일을 확인해야합니다. 메일 내용 중 아래의 링크를 클릭하면 email_certify.php 파일에서 인증암호를 검증하는 처리를 합니다.

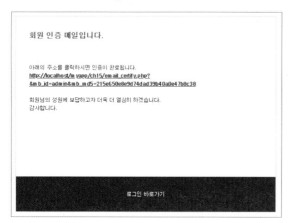

▲ 인증메일 화면

email_certify.php 파일이 실행되고 해당 파일에서 인증암호를 검증 후 인증암호가 일치한다면 '메일 인증 처리를 완료 하였습니다.'라는 알림 창이 나타나고 login.php 파일로 이동되어 집니다.

▲ 메일인증이 완료된 경우의 알림 창

만약 인증암호에 실패 했을 경우 '메일인증 요청 정보가 올바르지 않습니다.'라는 알림창이 나타나고 login.php 파일로 이동되어 집니다.

▲ 메일인증이 실패한 경우의 알림 창

05 메일인증까지 완료 되었다면 http://localhost/myapp/ch15/login.php에서 조금 전 가입한 아이디로 로그인을 진행합니다.

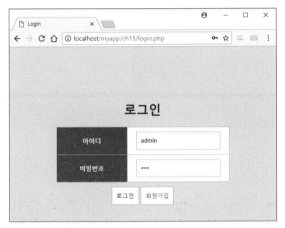
▲ login.php 로그인 화면

login.php 화면에서 입력한 아이디와 비밀번호는 로그인 버튼을 클릭하게 되면 login_check.php 파일에서 검증 작업을 거치게 됩니다.

메일인증이 되어있고 아이디, 비밀번호가 데이터베이스의 정보와 일치한다면 '로그인 되었습니다.'라는 알림 창이 나타나고 login.php 파일로 이동되어 집니다.

▲ 로그인이 완료된 경우의 알림 창

만약 가입한 회원이 아니거나 비밀번호가 틀리다면 '가입된 회원아이디가 아니거나 비밀번호가 틀립니다.'라는 알림 창이 나타나고 login.php 파일로 이동되어 집니다.

▲ 가입된 회원아이디가 아니거나 비밀번호가 틀린 경우의 알림 창

그리고 메일인증을 완료하지 않은 회원이 로그인을 시도하는 경우 다시 한 번 해당 회원의 메일주소에 인증메일을 보내고 알림 창을 띄웁니다.

▲ 메일인증이 완료되지 않은 경우의 알림 창

06 로그인이 완료되면 login.php 페이지의 화면이 회원정보가 나타나는 화면으로 바뀝니다.

▲ 로그인 완료 후 login.php 화면

07 login.php에서 회원정보수정 버튼을 클릭하면 register.php 페이지에 〈GET〉으로 mode=modify 상태를 전송합니다. 이때 주소창의 주소는 'http://localhost/myapp/ch15/register.php?mode=modify'가 됩니다.

회원수정 페이지는 이전에 회원가입을 했던 폼과 같은 폼을 사용하며 〈GET〉으로 넘어온 mode의 값에 따라서 회원가입인지, 수정 상태인지를 체크하게 됩니다.

회원수정 상태에서는 앞의 그림(로그인 완료 후 login.php 화면)과 같이 회원가입 시 입력한 정보가 저장되어 자동으로 입력되어 있거나, radio, select, checkbox 등에 저장된 값이 선택이 됩니다.

▲ 로그인 완료 후 login.php 화면

08 회원수정 버튼을 클릭하면 '회원수정이 완료 되었습니다.'
라는 알림 창이 나타나고 login.php 파일로 이동되어 집니다.
신규가입의 경우에만 메일인증을 하고, 기존 회원이 회원수정을
한 경우에는 메일인증을 하지 않아도 됩니다.

localhost 내용:

회원수정이 완료 되었습니다.
신규가입의 경우 메일인증을 받으셔야 로그인 가능합니다.

확인

▲ 회원수정 후 알림 창

09 로그아웃 버튼을 누르면 '로그아웃 되었습니다.'라는 알림
창을 띄우고 로그인 페이지로 이동합니다.

localhost 내용:

로그아웃 되었습니다.

확인

▲ logout.php 실행화면

이번 장에서는 회원가입 및 로그인을 만들기 위해 앞에서 배운 여러 가지를 한 번에 응용하여 웹 프로그래밍을 하였습니다. 직접 같이 예제를 실습해보니 우리가 일반적으로 자주 사용했던 회원가입, 로그인 기능이 이렇게 많은 페이지가 필요하고, 여러 가지 체크와 검증을 필요로 하는지 이제 조금은 느껴질 겁니다.

특히 이번 장은 일반적인 웹 프로그래밍에서 사용하는 PHP와 MySQL에 대한 가장 기본적이고 종합적인 모습을 보여주고 있는 중요한 챕터라고 할 수 있습니다. 이것을 출발로 뒤에서 조금 더 프로그래밍적인 요소가 포함되어있는 쪽지 프로그램의 경우 지금의 회원가입 및 로그인보다 난이도가 높아지기 때문에 이번 장에서 실습한 내용을 충분히 이해하고 다음 장을 실습해야 할 것입니다.

로그인과 Session의 관계

프로토콜(protocol) http의 특성상 연결을 계속 유지할 수가 없습니다. 그렇기 때문에 로그인이나 장바구니와 같은 기능들을 위해서 사용되는 것이 Session 입니다. 회원인증 프로그래밍에서 Session은 로그인의 정보를 계속 유지할 때 사용 됩니다.

```
dbconn.php 중에서
...
session_start(); // 세션의 시작
?>
```

dbconn.php 파일을 인클루드하는 다른 .php 파일에서 세션을 유지 할 수 있도록 dbconn.php 파일의 하단에 세션을 시작하는 session_start();가 사용됩니다.이와 같이 세션을 공통적으로 사용해야할 부분은 상단의 공통 파일에서 관리하는 것이 편리합니다. 그렇지 않다면 매번 생성하는 .php 파일의 상단에 session_start();를 선언하여 사용해야하는 불편함이 있습니다.

1 다음의 설명을 보고 세션을 생성하고 출력 시 필요한 소스를 빈 칸에 채우세요.

- "city" 라는 이름을 가진 session에 문자열 "부산" 을 저장합니다.
- "city" 라는 이름을 가진 session의 값을 출력합니다.

```php
<?php
session_start();
____ = "부산";
echo ____;
?>
```

2 다음은 로그인 시 입력한 패스워드를 MySQL의 PASSWORD() 함수를 사용하여 암호화 하는 SQL문 입니다. "1234"의 암호화 결과 값은 무엇일까요?

```
SELECT PASSWORD(1234);
```

❶ *89C6B530AA78695E257E55D63C00A6EC9AD3E977

❷ *A4B6157319038724E3560894F7F932C8886EBFCF

❸ *DD26C2A1C032D814179245BCB5C5F5680CFC18EE

❹ *607653B7478AFB63AC94F940CC294A43A3544F91

3 다음의 설명을 보고 필요한 소스를 빈 칸에 채우세요.

- POST 방식을 사용하여 "register_update.php" 라는 페이지로 데이터를 전송합니다.
- 회원 이름을 전달하는 〈input〉의 name 속성 값을 "name" 으로 지정하고 값은 "홍길동" 을 넣습니다.
- 회원 이름을 전달하는 〈input〉의 name 속성 값을 "id" 로 지정하고 값은 "hong" 을 넣습니다.

```html
<form action="①____" method="②____">
    <input type="text" name="③____" value="④____">
    <input type="text" name="⑤____" value="⑥____">
    <input type="submit" value="전송">
</form>
```

4 3번 문제의 결과 페이지인 "register_update.php" 의 소스입니다. 다음의 설명을 보고 필요한 소스를 빈 칸에

- 변수 $name에 POST 방식으로 전달 받은 name의 값을 대입합니다.
- 변수 $id에 POST 방식으로 전달 받은 id의 값을 대입합니다.

```php
<?php
$name = ①____;
②____ = $_POST['id'];
?>
```

Answer

1 $_SESSION['city']

2 ❷번

3 ❶ register_update.php　❷ POST　❸ name　❹ 홍길동　❺ id　❻ hong

4 ❶ $_POST['id']　❷ $id

쪽지 프로그램

이번 장에서는 쪽지 프로그램을 구현을 하도록 하겠습니다. 쪽지 프로그램은 그 나름대로의 의미도 있겠지만 일반적으로 우리가 자주 이용하는 커뮤니티 사이트의 기본 기능중 하나입니다. 쪽지 프로그램에서 구현되는 내용들은 다른 프로그램에 많이 응용되어 사용될 수도 있습니다. 예를 들어 쪽지의 읽기, 쓰기, 삭제, 보낸쪽지는 데이터를 조작하는 기본 SQL문이 모두 사용되므로 이와 비슷한 기능들을 하는 프로그램들에 응용하여 프로그래밍을 할 수가 있습니다. 지금부터 쪽지 프로그램을 구현 하도록 하겠습니다.

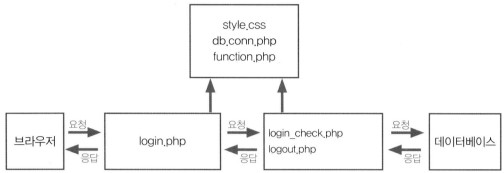

▲ 쪽지 프로그램 로그인, 로그아웃 구조도

쪽지 프로그램에서는 위 그림과 같이 PHP와 데이터베이스 MySQL을 연결하기 위한 dbconn.php 파일과 함수들을 모아 놓은 function.php 파일이 반드시 필요하며, 마찬가지로 PHP에서는 사용자가 보게 될 화면출력 부분 및 데이터베이스 연동을 모두 처리 할 수 있으며, 사용자가 보게 될 화면은 PHP와 HTML을 사용하여 구성하며 데이터베이스에 연결하여 데이터 처리를 위한 작업도 각각의 PHP파일에서 구성되도록 하는 것 까지 동일합니다.

지금부터 시작 할 쪽지 프로그램은 로그인 페이지에서 로그인이 완료되면 로그인 〈form〉이 사라지며 대신 가입된 회원정보가 목록 형태로 나타나는 페이지로 변경되도록 구현하겠습니다.

그리고 회원정보가 리스트로 나타나는 페이지에서는 각 회원들에게 쪽지를 보낼 수 있는 링크가 생성되고, 쪽지 보내기 링크를 클릭하면 팝업창을 띄워 해당 쪽지 팝업창에서 쪽지를 읽기, 쓰기, 삭제 등 쪽지에 관련된 항목을 실행할 수 있습니다.

조금 더 이해하기 쉽도록 쪽지 프로그램을 세분화 해보면 쪽지의 읽기, 쓰기, 삭제, 보낸쪽지 목록의 큰 흐름은 다음과 같습니다.

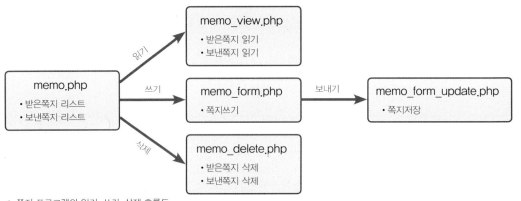

▲ 쪽지 프로그램의 읽기, 쓰기, 삭제 흐름도

이제 약간은 이해가 되었나요? 15장에서 실습한 회원가입과 로그인 프로그램과 크게 다를 바가 없지만 이렇게 단계적으로 파일들이 연결되고 실행되면서 하나의 쪽지 프로그램이 완성이 되는 것입니다.

지금부터 흐름을 잘 생각하면서 본격적으로 쪽지 프로그램을 구현하겠습니다.

소스분류	파일명	기능
PHP (공통파일)	dbconn.php	데이터베이스 연결 페이지
PHP	login.php	로그인 페이지
	login_check.php	로그인 체크 페이지
	logout.php	로그아웃 페이지
	memo.php	쪽지 페이지
	memo_delete.php	쪽지 삭제 페이지
	memo_form.php	쪽지 쓰기 페이지
	memo_form_update.php	쪽지 저장 페이지
	memo_view.php	쪽지 읽기 페이지
기타	style.css	스타일 시트 파일
쪽지 프로그램의 기능	• 회원의 목록을 보여줍니다.	
	• 쪽지를 읽습니다.	
	• 쪽지를 작성합니다.	
	• 쪽지를 삭제합니다.	
	• 보낸쪽지의 리스트를 보여줍니다.	

▲ 소스목록 및 기능

01 _ 데이터베이스 설계

먼저 프로그래밍에 앞서 필요한 데이터베이스 테이블을 만들어 보도록 하겠습니다. 게시판에 필요한 테이블은 쪽지를 전송할 회원목록을 저장하고 있는 'member' 테이블과 쪽지내역이 쌓이는 'memo' 테이블이 필요합니다. 'memo' 테이블에는 여러 가지 정보가 들어가는데, 'memo' 테이블에는 어떤 정보들을 저장하는지 다음 표를 살펴보겠습니다.

> **알아두세요**
>
> 'member' 테이블은 앞서 15장에서 생성하였기 때문에 이번 장에서는 'memo' 테이블 만 생성하도록 합니다.

01-1 쪽지 테이블 만들기

컬럼명	데이터 타입	설명
me_id	int(11) – auto_increment	쪽지의 유일성을 보장하는 쪽지번호를 저장하는 컬럼입니다. me_id의 값은 유일한 값이므로 기본 키(primary key)와 자동증가(auto_increment)값으로 지정하였습니다.
me_recv_mb_id	varchar(20)	쪽지를 받는 사람의 아이디를 저장하는 컬럼입니다. 'me_recv_mb_id' 라는 이름으로 인덱스(index)를 지정하였습니다.
me_send_mb_id	varchar(20)	쪽지를 보낸 사람의 아이디를 저장하는 컬럼입니다.
me_send_datetime	datetime	쪽지를 보낸 일시를 저장하는 컬럼입니다.
me_read_datetime	datetime	쪽지를 읽은 일시를 저장하는 컬럼입니다.
me_memo	text	쪽지 내용을 저장하는 컬럼입니다.

▲ 쪽지 테이블

위의 테이블 명세표를 보고 다음과 같이 쿼리(query)를 작성하고 14장 마지막에서 만들어 놓은 "project"라는 데이터베이스에 "memo" 테이블을 만듭니다.

다음 예제는 'memo' 테이블을 생성하는 query문입니다.

```
CREATE TABLE memo (
  me_id int(11) NOT NULL AUTO_INCREMENT,
  me_recv_mb_id varchar(20) NOT NULL DEFAULT '',
  me_send_mb_id varchar(20) NOT NULL DEFAULT '',
  me_send_datetime datetime NOT NULL DEFAULT '0000-00-00 00:00:00',
  me_read_datetime datetime NOT NULL DEFAULT '0000-00-00 00:00:00',
```

```
  me_memo text NOT NULL,
  PRIMARY KEY (me_id),
  KEY me_recv_mb_id (me_recv_mb_id)
);
```

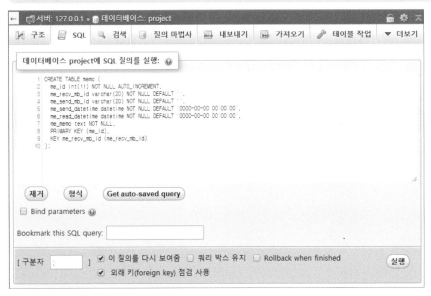

▲ memo 테이블 만들기

02 _ 설계 및 구현

쪽지 프로그램은 쪽지의 읽기, 쓰기, 삭제, 보낸 쪽지 내역 등의 기능들이 있습니다. 한꺼번에 모든 기능들을 구현하는 것보다는 단계적으로 흐름에 맞게 구현하는 것이 처음 PHP 프로그램을 하시는 분들께는 좋은 방법이라고 생각합니다. 지금부터 여러 단계로 나누어서 쪽지 프로그램을 단계적으로 구현하겠습니다.

02-1 데이터베이스 연결 및 스타일시트 만들기

조금 전 위에서 우리가 이번 장에서 만들어야 할 PHP 파일과 기타파일의 목록을 살펴보았습니다. 우선 제일 처음 필요한 것은 많은 페이지에서 공통으로 사용 되는 데이터베이스 연결 파일, 디자인 요소를 담당하는 스타일시트를 만드는 것입니다.

(1) 데이터베이스 연결 파일 부분

데이터베이스 연결을 위한 페이지를 작성하고 저장합니다.

소스 코드 : http://localhost/myapp/ch16/dbconn.php

```php
01 : <?php
02 : $mysql_host = "localhost";
03 : $mysql_user = "root";
04 : $mysql_password = "1234";
05 : $mysql_db = "project";
06 :
07 : $conn = mysqli_connect($mysql_host, $mysql_user, $mysql_password, $mysql_db);   ← MySQL 데이터베이스 연결
08 :
09 : if (!$conn) {   ← 연결 오류 발생 시 스크립트 종료
10 :     die("연결 실패: " . mysqli_connect_error());
11 : }
12 :
13 : session_start();   ← 세션의 시작
14 : ?>
```

02~05 : 데이터베이스 연결을 위한 설정 값들을 각 변수에 할당합니다.

07~11 : mysqli_connect() 함수를 사용하여 데이터베이스에 연결하고 만약 에러가 발생한다면 "연결 실패: 에러코드"를 출력하고 페이지가 중단됩니다.

13 : 데이터베이스가 정상으로 연결이 되었다면 세션을 시작합니다.

알아두세요

우리가 만드는 쪽지 프로그램에서는 대부분의 PHP 파일에서 세션을 필요로 합니다. 그렇기 때문에 모든 PHP 파일에서는 최상단에 세션을 사용하는 소스가 필요하게 되는데 dbconn.php 파일 하단에 세션을 사용하는 소스를 넣어둠으로서 dbconn.php 파일만 사용하더라도 PHP 파일에서 세션을 자동으로 사용할 수 있습니다. 이와 같이 공통적으로 사용해야할 부분은 상단의 공통 파일에서 관리하는 것이 편리합니다.

---

(2) 스타일시트 연결 파일 부분

페이지 전체에 적용할 디자인을 위한 스타일시트를 작성하고 저장합니다.

소스 코드 : http://localhost/myapp/ch16/style.css

```css
01 : * {
02 :     padding:0;
03 :     margin:0;
04 : }
05 : body {
06 :     padding-top:20px;
07 :     font-family: 'NanumGothic','맑은 고딕',MalgunGothic,sans-serif,굴림,verdana,tahoma;
```

```
08 :    font-size:14px;
09 :    text-align:center;
10 :    color:#333;
11 :    background:#cee2f3;
12 : }
13 : caption {
14 :    text-align:left;
15 :    padding-bottom:10px;
16 :    font-size:14px;
17 :    font-weight:500;
18 : }
19 : table {
20 :    max-width:90%;
21 :    margin:20px auto;
22 :    border-collapse:collapse;
23 : }
24 : th,td {
25 :    padding:10px 20px;
26 :    min-height:40px;
27 :    font-size:14px;
28 :    border:1px solid #a0b5c7;
29 : }
30 : th {
31 :    width:120px;
32 :    color:#fff;
33 :    background:#0369bb;
34 : }
35 : td {
36 :    padding:10px 20px;
37 :    font-size:14px;
38 :    border:1px solid #a0b5c7;
39 :    background:#fff;
40 : }
41 : td.td_center {
42 :    text-align:center;
43 :    border:none;
44 :    background:none;
45 : }
46 : td span {
47 :    display:block;
48 :    text-align:left;
49 :    font-size:12px;
50 : }
51 : label {
52 :    line-height:40px;
53 :    vertical-align:top;
```

```
54 :   }
55 :   input,select {
56 :       padding:0 10px;
57 :       height:40px;
58 :       line-height:40px;
59 :       border:1px solid #a0b5c7;
60 :       background:#fff;
61 :   }
62 :   textarea {
63 :       width:100%;
64 :   }
65 :   a {
66 :       display:inline-block;
67 :       padding:0 10px;
68 :       margin:0 1px;
69 :       height:38px;
70 :       line-height:38px;
71 :       font-size:13px;
72 :       color:#0369bb;
73 :       text-decoration:none;
74 :       border:1px solid #a0b5c7;
75 :       background:#fff;
76 :   }
77 :   table a {
78 :       border:none;
79 :       padding:0;
80 :       text-decoration:underline;
81 :   }
82 :   table a.td_btn {
83 :       padding:0 5px;
84 :       border:none;
85 :       border-radius:5px;
86 :       background:#e4eef7;
87 :   }
88 :   .pg strong {
89 :       display: inline-block;
90 :       padding: 0 10px;
91 :       margin:0 1px;
92 :       height: 38px;
93 :       line-height: 38px;
94 :       color: #fff;
95 :       border: 1px solid #a0b5c7;
96 :       background: #0369bb;
97 :       vertical-align:bottom;
98 :   }
```

```
99 : button {
100 :   display:inline-block;
101 :   padding:0 10px;
102 :   height:40px;
103 :   line-height:38px;
104 :   font-size:13px;
105 :   color:#0369bb;
106 :   text-decoration:none;
107 :   border:1px solid #a0b5c7;
108 :   background:#fff;
109 : }
110 : #memo {
111 :   padding:30px;
112 : }
113 : #memo ul {
114 :   font-size:0;
115 : }
116 : #memo ul li {
117 :   display:inline-block;
118 :   width:33.33%;
119 :   margin-bottom:10px;
120 :   font-size:14px;
121 :   vertical-align:middle;
122 : }
123 : #memo ul li a {
124 :   width:100%;
125 :   padding:0;
126 : }
127 : #memo table {
128 :   max-width:100%;
129 : }
130 : #memo table td {
131 :   padding:3px 20px;
132 :   text-align:center;
133 : }
```

알아두세요

우리는 해당 스타일시트에 사용되는 CSS언어를 배우지 않았기 때문에 스타일시트의 설명에 대해서는 생략하고 넘어가도록 하겠습니다.

우선 우리는 쪽지 프로그램의 구현에 앞서 많은 페이지에 사용되는 데이터베이스 연결 파일 dbconn. php와 디자인 부분을 담당하는 스타일시트 style.css를 생성했습니다.

02-2 회원 목록 만들기

회원 목록 페이지는 로그인이 완료되면 login.php 페이지의 로그인 〈form〉이 사라지며 가입된 회원정보가 목록 형태로 나타나는 화면입니다. 반대로 로그아웃을 하게 된다면 회원정보 목록이 사라지로 로그인 〈form〉이 나타납니다.

회원 목록 페이지에서는 회원 순번, 아이디, 이름, 이메일, 가입날짜 등의 정보를 확인 할 수 있고, 회원 목록을 가져오는 역할 뿐만 아니라 쪽지보내기 기능과 페이징 및 블록 처리 부분을 담당하는 페이지입니다.

> ### 알아두세요
>
> **페이징 사용**
>
> 페이징(paging)이라고 하는 것은 주로 게시판 목록에서 하단에 존재하는 1 ~ 10, 11 ~ 20과 같이 각 페이지를 볼 수 있게 하는 기능을 말합니다. 이런 기능이 필요한 이유가 뭘까요?
> 먼저 한 목록에 모든 페이지의 게시글이 나오게 되면 스크롤이 길어집니다. 사용자가 가독성이 떨어지게 되고 글을 찾기도 힘들게 됩니다. 그리고 요청 데이터가 많은 만큼 페이지의 로딩 속도(모바일의 경우 데이터 문제도 발생)도 많이 느려집니다. 하지만 가장 중요한 부분은 페이징 기능을 사용함으로써 데이터베이스에 대한 부하가 줄어듭니다. 만약 게시판에 10,000개의 게시글이 존재하는 게시판에 만 명의 사용자가 접속하여, 모든 글을 출력해준다고 하면 어떻게 될까요? 모두에게 10,000개의 글을 보여주기 전에 데이터베이스 서버가 과부하가 걸려서 멈출 겁니다. 그래서 페이징을 사용하게 되면 적당한 양의 글을 나눠서 보여줄 수 있으며 데이터베이스에 과부하를 줄여주는 문제도 해결할 수 있습니다.

우리가 작성할 회원 목록 페이지의 화면 구성은 아래와 같습니다.

▲ 로그인 전 login.php 파일 화면

▲ 로그인 후 login.php 파일의 회원 목록 화면

(1) 로그인 페이지 & 회원 목록 부분

로그인, 회원 목록 페이지를 작성하고 저장합니다.

소스 코드 : http://localhost/myapp/ch16/login.php

```
01 : <?php
02 : include("./dbconn.php");   ◀ DB연결을 위한 같은 경로의 dbconn.php를 인클루드합니다
03 : ?>
04 :
05 : <html>
06 : <head>
07 :    <title>Login</title>
08 :    <link href="./style.css" rel="stylesheet" type="text/css">
09 : </head>
10 : <body>
11 :
12 : <?php if(!isset($_SESSION['ss_mb_id'])) { ?>   ◀ 로그인 세션이 있을 경우 로그인 화면
13 :
14 : <h1>로그인</h1>
15 :
16 :    <form action="./login_check.php" method="post">
17 :       <table>
18 :          <tr>
19 :             <th>아이디</th>
20 :             <td><input type="text" name="mb_id"></td>
21 :          </tr>
22 :          <tr>
23 :             <th>비밀번호</th>
24 :             <td><input type="password" name="mb_password"></td>
25 :          </tr>
26 :          <tr>
27 :             <td colspan="2" class="td_center">
28 :                <input type="submit" value="로그인">
29 :             </td>
```

```
30 :            </tr>
31 :         </table>
32 :     </form>
33 :
34 : <?php } else { ?>  ← 로그인 세션이 없을 경우 로그인 완료 화면
35 :
36 : <h1>Member List</h1>
37 :
38 :     <?php
39 :     $mb_id = $_SESSION['ss_mb_id'];
40 :
41 :     $sql = " SELECT COUNT(*) AS `cnt` FROM member";  ← member 테이블에 등록되어있는 회원의 수를 구함
42 :     $result = mysqli_query($conn, $sql);
43 :     $row = mysqli_fetch_assoc($result);
44 :     $total_count = $row['cnt'];
45 :
46 :     $page_rows = 10;  ← 페이지당 목록 수
47 :     $page = $_GET['page'];
48 :
49 :     $total_page  = ceil($total_count / $page_rows);  ← 전체 페이지 계산
50 :     if ($page < 1) { $page = 1; }  ← 페이지가 없으면 첫 페이지 (1 페이지)
51 :     $from_record = ($page - 1) * $page_rows;  ← 시작 열을 구함
52 :
53 :     $list = array();  ← 회원 정보를 담을 배열 선언
54 :                                                    ↓ 회원 정보를 조회
55 :     $sql = " SELECT * FROM member ORDER BY mb_datetime desc LIMIT {$from_record}, {$page_rows} ";
56 :     $result = mysqli_query($conn, $sql);
57 :     for ($i=0; $row=mysqli_fetch_assoc($result); $i++) {
58 :         $list[$i] = $row;
59 :         $list_num = $total_count - ($page - 1) * $page_rows;  ← 회원 순번
60 :         $list[$i]['num'] = $list_num - $i;
61 :     }
62 :
63 :     $str = '';  ← 페이지 시작
64 :     if ($page > 1) {
65 :         $str .= '<a href="./login.php?page=1" class="pg_page pg_start">처음</a>';
66 :     }
67 :
68 :     $start_page = ( ( (int)( ($page - 1 ) / $page_rows ) ) * $page_rows ) + 1;
69 :     $end_page = $start_page + $page_rows - 1;
70 :
71 :     if ($end_page >= $total_page) $end_page = $total_page;
72 :
73 :     if ($start_page > 1) $str .= '<a href="./login.php?page='.($start_page-1).'" class="pg_page
     pg_prev">이전</a>';
74 :
75 :     if ($total_page > 1) {
76 :         for ($k=$start_page;$k<=$end_page;$k++) {
```

```php
77 :                  if ($page != $k)
78 :                         $str .= '<a href="./login.php?page='.$k.'" class="pg_page">'.$k.'</a>';
79 :                  else
80 :                         $str .= '<strong class="pg_current">'.$k.'</strong>';
81 :            }
82 :      }
83 :
84 :      if ($total_page > $end_page) $str .= '<a href="./login.php?page='.($end_page+1).'" class="pg_
         page pg_next">다음</a>';
85 :
86 :      if ($page < $total_page) {
87 :            $str .= '<a href="./login.php?page='.$total_page.'" class="pg_page pg_end">맨끝</a>';
88 :      }
89 :
90 :      if ($str)   ← 페이지가 있다면 생성
91 :            $write_page = "<nav class=\"pg_wrap\"><span class=\"pg\">{$str}</span></nav>";
92 :      else
93 :            $write_page = "";
94 :
95 :      mysqli_close($conn);   ← 데이터베이스 접속 종료
96 :      ?>
97 :
98 : <a href="./memo.php" onclick="win_memo(this.href); return false;">쪽지함</a>
99 : <a href="./logout.php">로그아웃</a>
100 :
101 : <table>
102 : <caption>Total <?php echo number_format($total_count) ?>명 <?php echo $page ?> 페이지</caption>
103 : <thead>
104 : <tr>
105 :        <th>번호</th>
106 :        <th>아이디</th>
107 :        <th>이름</th>
108 :        <th>이메일</th>
109 :        <th>성별</th>
110 :        <th>직업</th>
111 :        <th>관심언어</th>
112 :        <th>가입일</th>
113 :        <th>쪽지보내기</th>
114 : </tr>
115 : </thead>
116 : <tbody>
117 :        <?php
118 :        for ($i=0; $i<count($list); $i++) {
119 :        ?>
120 :        <tr>
121 :            <td><?php echo $list[$i]['num'] ?></td>
122 :            <td><?php echo $list[$i]['mb_id'] ?></td>
123 :            <td><?php echo $list[$i]['mb_name'] ?></td>
```

```
124 :          <td><?php echo $list[$i]['mb_email'] ?></td>
125 :          <td><?php echo $list[$i]['mb_gender'] ?></td>
126 :          <td><?php echo $list[$i]['mb_job'] ?></td>
127 :          <td><?php echo $list[$i]['mb_language'] ?></td>
128 :          <td><?php echo $list[$i]['mb_datetime'] ?></td>
129 :          <td><a href="./memo_form.php?me_recv_mb_id=<?php echo $list[$i]['mb_id'] ?>"
             class="td_btn" onclick="win_memo(this.href); return false;">쪽지보내기</a></td>
130 :        </tr>
131 :        <?php } ?>
132 :        <?php if (count($list) == 0) { echo '<tr><td colspan="9">등록된 회원이 없습니다.</td></tr>'; } ?>
133 :  </tbody>
134 : </table>
135 :
136 : <p><?php echo $write_page;  ?></p> [← 페이징]
137 :
138 : <script>
139 : var win_memo = function(href) { [← 쪽지 팝업창]
140 :     var new_win = window.open(href, 'win_memo', 'left=100,top=100,width=620,height=500,scrollbars=1');
141 :     new_win.focus();
142 : }
143 : </script>
144 :
145 : <?php } ?>
146 :
147 : </body>
148 : </html>
```

02~03 : 데이터베이스 연결을 위한 같은 경로의 dbconn.php 파일을 인클루드 합니다.

08 : 이 페이지에 관련된 스타일을 style.css에서 처리를 할 수 있도록 지정을 하였습니다.

14~32 : 로그인 세션이 없다면 실행되는 부분으로 로그인 〈form〉태그에서 아이디, 비밀번호를 입력하고 로그인 버튼을 클릭하면 action으로 지정된 login_check.php 파일로 아이디, 비밀번호가 〈POST〉 방식으로 전송됩니다.

36~146 : 위의 조건문에 반대가 되는 부분입니다. 'ss_mb_id' 라는 이름을 가진 세션이 있다면 실행되는 부분입니다.

39 : 로그인 세션을 변수 $mb_id 에 대입합니다.

41~44 : MySQL의 COUNT() 함수를 사용하여 'member' 테이블에 등록되어있는 회원의 수를 구하고 전체 회원 수를 변수 $total_count에 대입합니다.

46 : 회원목록의 페이징 처리를 위해서 변수 $page_rows에 페이지당 출력할 목록 수를 대입합니다. 예제에서는 목록 수는 10개로 하기위해 10을 대입하였습니다.

47 : 변수 $page에 GET 방식으로 전달받은 page값을 대입합니다. 변수 $page에 있는 값으로 현재 페이지에 맞는 회원정보를 데이터베이스에서 가져오게 됩니다.

49 : 변수 $total_page에 ceil() 함수를 사용하여 (전체회원 수 / 한 페이지당 목록 수)를 나눈 값을 반올림하여 대입합니다. 변수 $total_page는 전체 페이지가 되며 페이징을 계산하여 생성하는데 사용됩니다.

알아두세요

ceil() 함수

PHP에서는 ceil() 함수를 사용하여 소수점을 반올림한 값을 구할 수 있습니다.

페이징 계산

웹 페이지의 페이징을 표시 할 때 게시물의 총 개수가 15개, 한 페이지에 보여주는 게시물의 수가 5개씩이면 , 총 몇 페이지가 나와야 될까요? 이를 계산할 때 보통(총 게시물 수 / 한 페이지 당 목록 수) 나누면 총 페이지의 수를 구할 수 있습니다. 방금 예시로 한 것은 총 게시물이 15개이고 한 페이지에 5개씩 보여줘야 되니 총 3페이지가 되는 것 입니다.

그런데 만약 총 게시물이 15개이고 한 페이지에 보여주는 게시물의수가 6개라면 몇 페이지여야 할까요? 방금 공식처럼(총 게시물 수 / 한 페이지 당 목록 수) 나누어 보면 15 / 6 = 2.5 가 나옵니다. 그러면 페이징은 2페이지여야 할까요? 3페이지여야 할까요??

페이징의 관점에서 보면 단 1이라도 나누어지지 않으면 페이지가 추가되어야 합니다. 따라서 위 같은 경우는 ceil(총 게시물 수 / 한 페이지 당 목록 수)처럼 ceil 함수를 이용하면 편리하게 총 페이징을 오차 없이 보여줄 수 있습니다.

50   : 조건문 if문을 사용하여 페이지 값이 없으면 첫 페이지 값. 즉 1을 대입합니다.

51   : 변수 $form_record에 ((현재 페이지 − 1) * 페이지당 목록 수)를 계산한 값을 대입합니다. 여기에서 대입된 값은 데이터베이스에서 현재 페이지에 위치한 회원 목록을 가져오는데 사용됩니다.

53   : 회원정보를 담을 배열 $list를 선언합니다.

55~61 : 변수 $sql에 회원정보를 조회하는 쿼리문을 작성합니다. 여기에서 변수 $form_record. $page_rows에는 위에서 페이지에 따라서 구해진 값이 대입되어 쿼리문이 작성됩니다.

           데이터베이스에 조회한 회원의 수만큼 반복문이 실행되어 배열 변수 $list[$i]에 현재 조회된 회원의 정보를 배열로 대입합니다. 그리고 해당 회원의 순번을 계산하여 $list[$i]['num'] 변수에 대입합니다.

63~93 : 페이징을 생성하는 부분입니다. 페이징을 생성하는 부분은 다소 복잡할 수 있기 때문에 최대한 나누어서 설명하겠습니다. 우선 페이징을 생성하여 저장할 변수 $str을 선언합니다.

64~66 : 페이지가 1보다 크다면, 즉 첫 페이지가 아니라면 '처음' 버튼을 생성합니다. 변수 $str에 '처음' 버튼을 클릭시 1페이지로 이동하도록 〈a〉 태그의 링크를 'login.php?page=1'과 같은 형식으로 생성하였습니다.

68~69 : 블록의 시작과 마지막 페이지 번호를 구하는 변수입니다.

블록이란??

▲ 페이징 블록

블록이란 위 그림의 빨간 상자 영역. 하단의 중앙 페이지번호들의 모임을 블록이라고 합니다.

1부터 10까지의 페이징 블록이 있고 오른쪽에는 '다음' 버튼이 있습니다. 그러면 다음 블록은 몇 번부터 몇 번까지 블록이 생성될까요? 위의 그림에서 보았을 때 우리는 당연히 다음 블록은 11부터 20까지 블록이 생성된다고 알 수 있습니다. 그러면 소스에 있는

```
$start_page = ( ( (int)( ($page - 1 ) / $page_rows ) ) * $page_rows ) + 1;
```

위 블록의 시작 번호를 구하는 계산식에 11이라는 숫자를 대입해서 계산해보겠습니다.

```
$start_page = ( ( ( (11 - 1) / 10 ) ) * 10 ) + 1;
```

11페이지에서 1을 빼면 10이 되고 10 나누기 10은 1이 됩니다. 그리고 1에 10을 곱하고 마지막으로 1을 더합니다. 그러면 계산 결과는 11이 나오게 되는데, 이게 다음 블록의 시작 페이지 번호가 되는 것입니다.

블록의 마지막 페이지 번호는 마찬가지로 마지막 페이지 번호를 구하는 계산식을 이용하면 다음과 같은 계산식이 됩니다.

```
$end_page = 11 + 10 - 1;
```

11에서 10을 더하면 21이 되고 마지막으로 1을 빼면 블록의 마지막 페이지 번호는 20이 됩니다.

73~84 : '이전' 버튼과 '다음' 버튼이 생성되는 구간입니다. 변수 $start_page가 1보다 크다면, 즉 2페이지부터는 바로 이전 페이지로 갈 수 있는 버튼이 생성되고, 변수 $total_page가 $end_page보다 크다면 다음 페이지로 갈 수 있는 버튼이 생성됩니다. 그리고 75~82라인에서는 블록의 페이지들이 1,2,3,4,5 순서로 이동 링크가 생성되고 변수 $str에 문자열을 붙여서 대입됩니다.

86~88 : 페이지가 전체 페이지 수보다 작다면, 즉 마지막 페이지가 아니라면 '맨끝' 버튼을 생성합니다. 변수 $str에 '맨끝' 버튼을 클릭 시 마지막 페이지로 이동하도록 〈a〉 태그의 링크를 'login.php?page=전체 페이지'와 같은 형식으로 생성하였습니다.

90~93 : 위에서 페이징이 생성 되었다면 변수 $write_page에 대입됩니다. 만약 페이지가 필요한 수만큼 데이터가 없다면 변수 $write_page에는 빈 공백이 대입됩니다. 여기서 생성을 마친 페이징 출력을 위한 변수 $write_page는 136라인에서 사용됩니다.

95 : 데이터베이스 사용을 마쳤기 때문에 데이터베이스 접속을 종료합니다.

98~99 : 쪽지함, 로그아웃 링크가 출력됩니다. 쪽지함 링크를 클릭하면 팝업 창으로 쪽지함이 열리고, 로그아웃 링크를 클릭하면 logout.php 파일로 이동되며 이후 logout.php 파일에서 로그아웃을 처리합니다.

101~136 : 회원정보 목록이 출력되는 부분입니다.

104~128 : 이전에 회원의 정보를 가지고 있는 배열 $list의 개수만큼 반복문 for문을 실행합니다. 반복문이 한번 실행될 때 마다 $list[0], $list[1], $list[2] 와 같은 형식으로 자동으로 다음 배열에 있는 회원의 정보가 순차적으로 출력됩니다.

$list[$i]['num'] 변수에는 회원의 순번

$list[$i]['mb_id'] 변수에는 회원의 아이디

$list[$i]['mb_name'] 변수에는 회원의 이름

$list[$i]['mb_email'] 변수에는 회원의 이메일

$list[$i]['mb_gender'] 변수에는 회원의 성별

$list[$i]['mb_job'] 변수에는 회원의 직업

$list[$i]['mb_language'] 변수에는 회원의 관심언어

$list[$i]['mb_datetime'] 변수에는 회원의 회원가입일이 출력됩니다.

129 : '쪽지보내기' 링크가 출력되며 '쪽지보내기'를 클릭 시 memo_form.php 파일에 GET 방식으로 해당 회원의 아이디 값을 전송하여 팝업 창 형식으로 띄웁니다.

132 : 가입된 회원이 한명도 없다면 "등록된 회원이 없습니다."라는 문자열이 출력됩니다.

136 : 위에서 생성된 페이징이 출력되는 부분입니다.

138~143 : 팝업 창을 띄우기 위한 자바스크립트가 있는 부분입니다.

(2) 로그인 체크 페이지 부분

로그인을 시도하는 아이디, 비밀번호를 체크하는 페이지를 작성하고 저장합니다.

소스 코드 : http://localhost/myapp/ch15/login_check.php

```php
01 : <?php
02 : include("./dbconn.php");    ◀ DB연결을 위한 같은 경로의 dbconn.php를 인클루드합니다.
03 :
04 : $mb_id       = trim($_POST['mb_id']);
05 : $mb_password = trim($_POST['mb_password']);
06 :
07 : if (!$mb_id || !$mb_password) {
08 :     echo "<script>alert('회원아이디나 비밀번호가 공백이면 안됩니다.');</script>";
09 :     echo "<script>location.replace('./login.php');</script>";
10 :     exit;
11 : }
12 :     ↓ 회원 테이블에서 해당 아이디가 존재하는지 체크
13 : $sql = " SELECT * FROM member WHERE mb_id = '$mb_id' ";
```

```
14 : $result = mysqli_query($conn, $sql);
15 : $mb = mysqli_fetch_assoc($result);
16 :    ⬇ 입력한 비밀번호를 MySQL password() 함수를 이용해 암호화해서 가져옴
17 : $sql = " SELECT PASSWORD('$mb_password') AS pass ";
18 : $result = mysqli_query($conn, $sql);
19 : $row = mysqli_fetch_assoc($result);
20 : $password = $row['pass'];
21 :    ⬇ 존재하는 아이디인지, 입력한 패스워드가 회원 테이블에 저장된 패스워드와 동일한지 체크
22 : if (!$mb['mb_id'] || !($password === $mb['mb_password'])) {
23 :     echo "<script>alert('가입된 회원아이디가 아니거나 비밀번호가 틀립니다.\\n비밀번호는 대소문자
          를 구분합니다.');</script>";
24 :     echo "<script>location.replace('./login.php');</script>";
25 :     exit;
26 : }
27 :
28 : $_SESSION['ss_mb_id'] = $mb_id;    ← 아이디/비밀번호 확인 후 세션 생성
29 :
30 : mysqli_close($conn);    ← 데이터베이스 접속 종료
31 :
32 : if(isset($_SESSION['ss_mb_id'])) {    ← 세션이 있다면 로그인 확인 페이지로 이동
33 :     echo "<script>alert('로그인 되었습니다.');</script>";
34 :     echo "<script>location.replace('./login.php');</script>";
35 : }
36 : ?>
```

02 : 데이터베이스 연결을 위한 같은 경로의 dbconn.php를 인클루드 합니다.

04~05 : PHP의 trim() 함수를 사용해서 로그인 〈form〉에서 〈POST〉로 넘어온 아이디와 비밀번호의 공백을 제거합니다. trim() 함수는 문자열 의 맨 앞과, 맨 뒤 의 여백을 제거하는 역할을 합니다.

07~11 : 조건문 if문을 사용하여 아이디 또는 비밀번호가 공백으로 넘어 왔다면 알림 창을 띄우고 login.php 페이지로 돌아갑니다.

13~15 : SELECT 문을 사용하여 member 테이블에 해당 로그인을 시도하는 아이디가 존재하는지 조회합니다. 조회한 회원정보는 $mb 변수에 배열로 저장됩니다. $mb 변수는 뒤에서 다른 값을 비교할 때 사용됩니다.

알아두세요

$mb 변수의 값을 출력할 경우에는 앞에서 배웠던 배열을 출력하는 형식과 같습니다. $mb['mb_id']는 member 테이블의 해당 회원의 mb_id 컬럼의 값이 되며, $mb 배열의 키(Key)는 해당 member 테이블의 컬럼명이 됩니다. 즉, member 테이블의 mb_id는 컬럼의 이름이고 컬럼의 값을 출력하기 위해서는 $mb['컬럼명'] 과도 같습니다. 이름을 출력하려면 $mb['mb_name'], 이메일을 출력하려면 $mb['mb_email']과 같은 형식으로 사용가능합니다.

알아두세요

PHP에서는 변수를 배열로 선언하지 않더라도 변수에 대입되는 값이 배열이라면 자동으로 배열로 형 변환을 하게 되어 배열로 사용이 가능합니다.

17~20 : 로그인을 시도하는 비밀번호를 MySQL의 PASSWORD() 함수를 사용하여 암호화해서 가져옵니다.

알아두세요

MySQL의 PASSWORD() 함수

MySQL의 PASSWORD() 함수는 해시 값을 계산한 문자열을 반환하는 함수입니다.
주로 비밀번호를 처리할 때 많이 사용됩니다.

22~26 : 조건문 if문을 사용하여 존재하는 아이디인지, 입력한 패스워드가 member 테이블의 mb_password 컬럼에 저
장된 패스워드와 동일한지 체크합니다. 만약 아이디가 없거나, 패스워드가 다르다면 알림 창을 띄우고 login.php
페이지로 돌아갑니다.

28 : 'ss_mb_id'란 이름을 가진 세션을 생성합니다. 해당 세션에는 현재 로그인 하는 아이디가 대입됩니다.

30 : 데이터베이스 사용을 마쳤기 때문에 데이터베이스 접속을 종료합니다.

32~35 : 마지막 검증을 위해서 세션이 있는지 체크를 하고 세션이 있다면 알림 창을 띄우고 login.php 페이지로 돌아갑
니다. 여기에서는 로그인 세션이 생성되었기 때문에 login.php 파일의 화면이 로그인 후 화면으로 나타납니다.

(3) 로그아웃 페이지 부분

로그아웃을 위한 세션해제 및 기타처리 페이지를 작성하고 저장합니다.

소스 코드 : http://localhost/myapp/ch15/logout.php

```php
01 : <?php
02 : session_start();          ← 세션의 시작
03 : session_unset();          ← 모든 세션변수를 언레지스터 시켜줌
04 : session_destroy();        ← 세션해제함
05 :
06 : if(!isset($_SESSION['ss_mb_id'])) {   ← 세션이 삭제되었다면 로그인 페이지로 이동
07 :     echo "<script>alert('로그아웃 되었습니다.');</script>";
08 :     echo "<script>location.replace('./login.php');</script>";
09 :     exit;
10 : }
11 : ?>
```

02~04 : 세션을 시작하고 모든 세션 변수를 해지합니다.
06~10 : 'ss_mb_id'란 이름을 가진 세션이 존재하는지 체크를 하고 세션이 삭제되었다면 알림 창을 띄우고 login.php 페
이지로 돌아갑니다.

로그아웃을 하는 과정에는 데이터베이스 접근을 해야 할 이유가 없기 때문에 logout.php 파일의 상
단에는 데이터베이스를 연결하는 dbconn.php 파일을 인클루드 하지 않습니다. 하지만 세션은 사용
해야하기 때문에 상단에는 session_start();를 사용하여 세션을 시작합니다.

02-3 쪽지함 만들기

쪽지함은 로그인후 login.php 페이지의 회원 목록의 상단에는 쪽지함이라는 링크를 통해서 가입된 회원들과 받은 쪽지, 보낸쪽지, 쪽지쓰기, 쪽지 삭제 기능을 사용할 수 있는 페이지입니다.

쪽지 프로그램을 사용하기 위해서는 아래의 파일들이 서로 연결되어 사용됩니다.

❶ memo.php

쪽지함의 초기화면을 담당하며 받은 쪽지, 보낸 쪽지, 쪽지 쓰기 메뉴가 사용됩니다.

❷ memo_delete.php

쪽지의 삭제를 담당하는 부분이 됩니다.

❸ memo_form.php

쪽지쓰기를 위한 페이지입니다.

❹ memo_form_update.php

작성한 쪽지 내용을 데이터베이스에 저장하는 페이지입니다.

❺ memo_view.php

쪽지내용을 출력하는 쪽지읽기 페이지입니다.

우리가 가장 먼저 작성할 쪽지함의 초기화면을 담당하는 memo.php 페이지의 화면 구성은 아래와 같습니다.

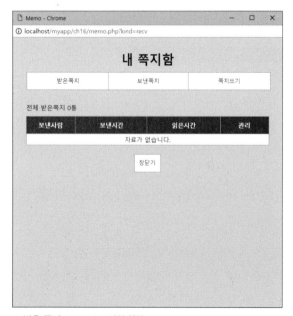

▲ 받은 쪽지 memo.php 파일 화면

▲ 보낸 쪽지 memo.php 파일 화면

이렇게 해보세요 | 쪽지 상태 체크

memo.php 페이지를 사용 시 받은 쪽지 상태인지 보낸 쪽지 상태인지 체크하기 위해서 $kind라는 변수를 임의로 생성하여
kind가 "recv" 이면 받은 쪽지, "send" 라면 보낸 쪽지 상태인지 구분합니다. 즉 $kind 변수의 상태 값에 따라서 받은 쪽지, 보
낸쪽지 페이지에 가져오는 쪽지 데이터의 정보가 달라집니다.

(1) 쪽지함 초기화면 부분

쪽지함 초기화면과 받은 쪽지, 보낸쪽지 메뉴 사용을 위한 페이지를 작성하고 저장합니다.

소스 코드 : http://localhost/myapp/ch16/memo.php

```
01 : <?php
02 : include("./dbconn.php");   ◀ DB연결을 위한 같은 경로의 dbconn.php를 인클루드합니다.
03 :
04 : $mb_id = $_SESSION['ss_mb_id'];
05 :
06 : $kind = $_GET['kind'] ? $_GET['kind'] : 'recv';
07 :
08 : if ($kind == 'recv') {
09 :     $unkind = 'send';
10 :     $kind_title = '받은';
11 : } else if ($kind == 'send') {
12 :     $unkind = 'recv';
13 :     $kind_title = '보낸';
14 : } else {
```

```
15 :    echo "<script>alert(''.$kind .'값을 넘겨주세요.');</script>";
16 :    echo "<script>location.replace('./login.php');</script>";
17 :    exit;
18 : }
19 :
20 : $sql = " SELECT COUNT(*) AS cnt FROM memo WHERE me_{$kind}_mb_id = '{$mb_id}' ";
21 : $result = mysqli_query($conn, $sql);
22 : $row = mysqli_fetch_assoc($result);
23 : $total_count = $row['cnt'];
24 :
25 : $page_rows = 5;   ← 페이지당 목록 수
26 : $page = $_GET['page'];
27 :
28 : $total_page  = ceil($total_count / $page_rows);   ← 전체 페이지 계산
29 : if ($page < 1) { $page = 1; }   ← 페이지가 없으면 첫 페이지 (1 페이지)
30 : $from_record = ($page - 1) * $page_rows;   ← 시작 열을 구함
31 :
32 : $list = array();
33 :
34 : $sql = " SELECT a.*, b.mb_id, b.mb_name, b.mb_email
35 :             FROM memo a
36 :             LEFT JOIN member b ON (a.me_{$unkind}_mb_id = b.mb_id)
37 :             WHERE a.me_{$kind}_mb_id = '{$mb_id}'
38 :             ORDER BY a.me_id DESC LIMIT $from_record, {$page_rows} ";
39 : $result = mysqli_query($conn, $sql);
40 : for ($i=0; $row=mysqli_fetch_assoc($result); $i++)
41 : {
42 :     $list[$i] = $row;
43 :
44 :     $mb_id = $row["me_{$unkind}_mb_id"];
45 :
46 :     if ($row['me_read_datetime'] == '0000-00-00 00:00:00')
47 :         $read_datetime = '아직 읽지 않음';
48 :     else
49 :         $read_datetime = $row['me_read_datetime'];
50 :
51 :     $send_datetime = $row['me_send_datetime'];
52 :
53 :     $list[$i]['send_datetime'] = $send_datetime;
54 :     $list[$i]['read_datetime'] = $read_datetime;
55 :     $list[$i]['view_href'] = './memo_view.php?me_id='.$row['me_id'].'&amp;kind='.$kind;   ← 쪽지 읽기 링크
56 :     $list[$i]['del_href'] = './memo_delete.php?me_id='.$row['me_id'].'&amp;kind='.$kind;   ← 쪽지 삭제 링크
57 : }
58 :
59 : $str = '';   ← 시작 열을 시작
60 : if ($page > 1) {
61 :    $str .= '<a href="./memo.php?kind='.$kind.'&amp;page=1" class="pg_page pg_start">처음</a>';
62 : }
```

```php
63 :
64 : $start_page = ( ( (int)( ($page - 1 ) / $page_rows ) ) * $page_rows ) + 1;
65 : $end_page = $start_page + $page_rows - 1;
66 :
67 : if ($end_page >= $total_page) $end_page = $total_page;
68 :
69 : if ($start_page > 1) $str .= '<a href="./memo.php?kind='.$kind.'&amp;page='.($start_page-1).'"
    class="pg_page pg_prev">이전</a>';
70 :
71 : if ($total_page > 1) {
72 :     for ($k=$start_page;$k<=$end_page;$k++) {
73 :         if ($page != $k)
74 :             $str .= '<a href="./memo.php?kind='.$kind.'&amp;page='.$k.'" class="pg_page">'.$k.'</a>';
75 :         else
76 :             $str .= '<strong class="pg_current">'.$k.'</strong>';
77 :     }
78 : }
79 :
80 : if ($total_page > $end_page) $str .= '<a href="./memo.php?kind='.$kind.'&amp;page='.($end_
    page+1).'" class="pg_page pg_next">다음</a>';
81 :
82 : if ($page < $total_page) {
83 :     $str .= '<a href="./memo.php?kind='.$kind.'&amp;page='.$total_page.'" class="pg_page pg_end">맨끝</a>';
84 : }
85 :
86 : if ($str)        ◀ 페이지가 있다면 생성
87 :     $write_page = "<nav class=\"pg_wrap\"><span class=\"pg\">{$str}</span></nav>";
88 : else
89 :     $write_page = "";
90 :
91 : mysqli_close($conn);        ◀ 데이터베이스 접속 종료
92 : ?>
93 :
94 : <html>
95 : <head>
96 :     <title>Memo</title>
97 :     <link href="./style.css" rel="stylesheet" type="text/css">
98 : </head>
99 : <body id="memo">
100 :        ◀ 쪽지 목록 시작
101 :     <div>
102 :         <h1>내 쪽지함</h1>
103 :
104 :         <ul>
105 :             <li><a href="./memo.php?kind=recv">받은쪽지</a></li>
106 :             <li><a href="./memo.php?kind=send">보낸쪽지</a></li>
107 :             <li><a href="./memo_form.php">쪽지쓰기</a></li>
108 :         </ul>
```

Chapter 16 • 쪽지 프로그램 579

```
109 :
110 :        <div>
111 :            <table>
112 :            <caption>
113 :                    전체 <?php echo $kind_title ?>쪽지 <?php echo $total_count ?>통<br>
114 :            </caption>
115 :            <colgroup>
116 :                    <col width="20%">
117 :                    <col width="">
118 :                    <col width="">
119 :                    <col width="20%">
120 :            </colgroup>
121 :            <thead>
122 :            <tr>
123 :                    <th><?php echo ($kind == "recv") ? "보낸사람" : "받는사람";  ?></th>
124 :                    <th>보낸시간</th>
125 :                    <th>읽은시간</th>
126 :                    <th>관리</th>
127 :            </tr>
128 :            </thead>
129 :            <tbody>
130 :            <?php for ($i=0; $i<count($list); $i++) {  ?>
131 :            <tr>
132 :                    <td><?php echo $list[$i]['mb_name'] ?></td>
133 :                    <td><?php echo $list[$i]['send_datetime'] ?></td>
134 :                    <td><a href="<?php echo $list[$i]['view_href'] ?>"><?php echo $list[$i]['read_
                        datetime'] ?></a></td>
135 :                    <td><a href="<?php echo $list[$i]['del_href'] ?>" onclick="del(this.href);
                        return false;">삭제</a></td>
136 :            </tr>
137 :            <?php }  ?>
138 :            <?php if ($i==0) { echo '<tr><td colspan="4">자료가 없습니다.</td></tr>'; }  ?>
139 :            </tbody>
140 :            </table>
141 :        </div>
142 :
143 :        <p><?php echo $write_page;  ?></p> ← 페이징
144 :
145 :        <div>
146 :            <button type="button" onclick="window.close();">창닫기</button>
147 :        </div>
148 :    </div>
149 : ← 쪽지 목록 끝
150 :    </body>
151 : </html>
```

02	: 데이터베이스 연결을 위한 같은 경로의 dbconn.php를 인클루드 합니다.

02   : 데이터베이스 연결을 위한 같은 경로의 dbconn.php를 인클루드 합니다.

04   : $mb_id 변수에 'ss_mb_id' 라는 이름을 가진 세션의 값을 대입합니다. 세션의 값은 현재 로그인중인 회원 아이디가 됩니다.

06   : 변수 $kind에 삼항연산자를 사용하여 GET 방식으로 전달받은 kind 값이 있다면 $_GET['kind'] 값을, 그렇지 않다면 'recv'를 대입합니다.

08~18 : 변수 $kind 값이 'recv'라면 $unkind, $kind_title 변수에 'send' 와 '받은' 이라는 문자열을 대입하고, 변수 $kind 값이 'send'라면 $unkind, $kind_title 변수에 'recv' 와 '보낸' 이라는 문자열을 대입합니다. 만약 두 가지 값 중 하나라도 일치하지 않는다면 변수 $kind 값이 없다는 것으로 판단하여 알림 창을 띄우고 login.php 페이지로 이동합니다.

20~23 : MySQL의 COUNT() 함수를 사용하여 'memo' 테이블에 등록되어있는 쪽지 수를 구하고 전체 쪽지 수를 변수 $total_count에 대입합니다. 여기에서 변수 $kind, $mb_id에는 위에서 설정된 값이 대입되어 쿼리문이 작성됩니다.

25~30 : 각 변수에 페이지당 목록 수, 현재 페이지, 전체 페이지, 시작 열 등의 값을 대입합니다.

32   : 쪽지정보를 담을 배열 $list를 선언합니다.

34   : MySQL의 LEFT JOIN을 사용하여 변수 $sql에 쪽지정보를 조회하는 쿼리문을 작성합니다. 여기에서 변수 $unkind, $kind, $mb_id에는 위에서 설정된 값이 대입되어 쿼리문이 작성됩니다.

40~57 : 데이터베이스에 조회한 쪽지 수만큼 반복문이 실행되어 배열 변수 $list[$i]에 현재 조회된 쪽지의 정보를 배열로 대입합니다.

46~49 : 읽은 쪽지인지 체크합니다. 'memo' 테이블의 'me_read_datetime' 컬럼에는 쪽지를 읽은 일시가 저장됩니다. 처음 쪽지를 전송시 'me_read_datetime' 컬럼에는 DATETIME 형식으로 "0000-00-00 00:00:00" 값이 저장되고 쪽지 읽기가 완료되면 쪽지를 읽은 일시가 저장됩니다.

if ($row['me_read_datetime'] == '0000-00-00 00:00:00') 조건을 사용하여 'me_read_datetime' 컬럼의 값이 "0000-00-00 00:00:00" 이라면 읽지 않은 쪽지로 분류되어 변수 $read_datetime에 '아직 읽지 않음'이라는 문자열이 대입되고, 읽은 쪽지라면 변수 $read_datetime에는 쪽지를 읽은 일시가 대입됩니다.

51   : 변수 $send_datetime에 쪽지를 보낸 일시가 대입됩니다.

53~54 : 변수 $read_datetime, $send_datetime 변수를 각각 배열 변수인 $list[$i]['send_datetime'], $list[$i]['read_datetime']에 대입합니다.

55~56 : 변수 $list[$i]['view_href']에는 쪽지 읽기 링크, $list[$i]['del_href']에는 쪽지 삭제 링크를 대입합니다. 각 링크에는 GET 방식으로 쪽지 고유 번호와 상태 값이 전달됩니다.

59~89 : 페이징을 생성합니다.

91   : 데이터베이스 사용을 마쳤기 때문에 데이터베이스 접속을 종료합니다.

94~152 : 팝업 창에 출력되는 쪽지함 부분입니다.

97   : 이 페이지에 관련된 스타일을 style.css에서 처리를 할 수 있도록 지정을 하였습니다.

105~107 : 쪽지함의 상단에 있는 받은쪽지, 보낸쪽지, 쪽지쓰기 메뉴의 링크가 있는 부분입니다. 받은쪽지와 보낸쪽지는 변수 GET 방식으로 kind 값을 전달하여 요청한 페이지가 받은쪽지 페이지인지 보낸쪽지 페이지인지 구분합니다.

123   : 테이블의 〈th〉태그에 변수 $kind의 상태 값에 따라 "보낸사람", "받는사람" 으로 출력되는 부분입니다.

130~137 : 이전에 쪽지의 정보를 가지고 있는 배열 $list의 개수만큼 반복문 for문을 실행합니다. 반복문이 한번 실행될 때 마다 $list[0], $list[1], $list[2] 와 같은 형식으로 자동으로 다음 배열에 있는 쪽지의 정보가 순차적으로 출력됩니다.

$list[$i]['mb_name'] 변수에는 회원의 이름 $list[$i]['send_datetime'] 변수에는 쪽지를 보낸 일시가 출력됩니다. 그리고 〈a〉 태그에는 쪽지읽기 링크와 삭제링크가 출력됩니다. 각 링크는 위에서 생성한 $list[$i]['view_href'], $list[$i]['del_href'] 변수가 됩니다.

129   : '쪽지보내기' 링크가 출력되며 '쪽지보내기'를 클릭 시 memo_form.php 파일에 GET 방식으로 해당 회원의 아이디 값을 전송하여 팝업 창 형식으로 띄웁니다.

138   : 받은쪽지 또는 보낸쪽지가 한개도 없다면 "자료가 없습니다."라는 문자열이 출력됩니다.

143   : 위에서 생성된 페이징이 출력되는 부분입니다.

146   : 팝업 창을 닫는 버튼 부분입니다.

쪽지함의 메뉴 중 memo.php 페이지의 역할은 받은 쪽지, 보낸 쪽지 메뉴를 담당하며 파일에서 변수 $kind의 상태 값에 따라서 받은 쪽지인지, 보낸 쪽지인지의 데이터를 다르게 가져와서 받는 사람, 보낸 시간, 읽은 시간 등 데이터를 출력합니다.

02-4 쪽지 쓰기 만들기

쪽지 쓰기 페이지 memo_form.php 파일에서는 쪽지 내용을 입력하고 memo_form_update.php 파일에서 데이터베이스에 저장되는 부분을 처리합니다. 그리고 쪽지 전송이 완료되면 자동으로 해당 팝업 창이 종료됩니다.

우리가 작성할 쪽지 쓰기 페이지의 화면 구성은 아래와 같습니다.

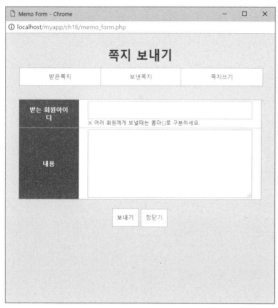

▲ 쪽지쓰기 memo_form.php 파일 화면

(1) 쪽지 쓰기 입력 폼 부분

쪽지 작성 폼을 위한 페이지를 작성하고 저장합니다.

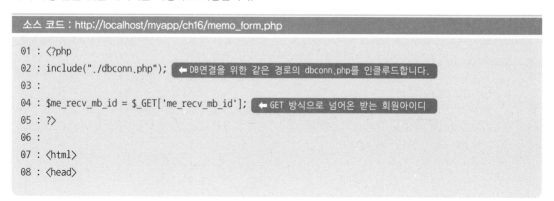

```
소스 코드 : http://localhost/myapp/ch16/memo_form.php

01 : <?php
02 : include("./dbconn.php");    ◀ DB연결을 위한 같은 경로의 dbconn.php를 인클루드합니다.
03 :
04 : $me_recv_mb_id = $_GET['me_recv_mb_id'];    ◀ GET 방식으로 넘어온 받는 회원아이디
05 : ?>
06 :
07 : <html>
08 : <head>
```

```
09 :     <title>Memo Form</title>
10 :     <link href="./style.css" rel="stylesheet" type="text/css">
11 : </head>
12 : <body id="memo">
13 :     ← 쪽지 보내기 시작
14 :     <div>
15 :         <h1>쪽지 보내기</h1>
16 :
17 :         <ul>
18 :             <li><a href="./memo.php?kind=recv">받은쪽지</a></li>
19 :             <li><a href="./memo.php?kind=send">보낸쪽지</a></li>
20 :             <li><a href="./memo_form.php">쪽지쓰기</a></li>
21 :         </ul>
22 :
23 :         <form name="fmemoform" action="./memo_form_update.php" onsubmit="return fmemoform_
         submit(this);" method="post" autocomplete="off">
24 :         <div>
25 :             <table>
26 :             <tbody>
27 :             <tr>
28 :                 <th>받는 회원아이디</th>
29 :                 <td>
30 :                     <input type="text" name="me_recv_mb_id" value="<?php echo $me_recv_mb_id ?>"
                     id="me_recv_mb_id" required class="frm_input required" size="47"></br>
31 :                     <span>※ 여러 회원에게 보낼때는 콤마(,)로 구분하세요.</span>
32 :                 </td>
33 :             </tr>
34 :             <tr>
35 :                 <th>내용</th>
36 :                 <td><textarea name="me_memo" rows="10" cols="50" required></textarea></td>
37 :             </tr>
38 :             </tbody>
39 :             </table>
40 :         </div>
41 :
42 :         <div class="win_btn">
43 :             <input type="submit" value="보내기">
44 :             <button type="button" onclick="window.close();">창닫기</button>
45 :         </div>
46 :         </form>
47 :     </div>
48 :     ← 쪽지 보내기 끝
49 : </body>
50 : </html>
```

02 : 데이터베이스 연결을 위한 같은 경로의 dbconn.php를 인클루드 합니다.

04 : 변수 $me_recv_mb_id에 회원 목록에서 '쪽지보내기' 링크를 클릭 시 GET 방식으로 회원 아이디를 전달하는 데 이때 전송받은 회원 아이디 값이 대입됩니다

▲ '쪽지보내기' 링크 클릭 시 memo_form.php 파일 화면

10 : 이 페이지에 관련된 스타일을 style.css에서 처리를 할 수 있도록 지정을 하였습니다.

18~20 : 받은쪽지, 보낸쪽지, 쪽지쓰기 메뉴가 출력되는 부분입니다.

23 : 쪽지 전송 시 〈form〉 태그의 action에 지정된 경로로 쪽지의 내용을 전송합니다.

27~33 : 받는 회원아이디를 입력하는 부분입니다. 여러 회원에게 보낼 때는 콤마(,)로 구분하여 전송이 가능합니다.

34~37 : 쪽지 내용을 입력하는 부분입니다.

43~44 : '쪽지 보내기' 와 '창 닫기' 버튼 부분입니다. '보내기' 버튼을 클릭하면 〈form〉 태그의 action에 지정된 경로로 데이터를 전송합니다.

(2) 쪽지 쓰기(INSERT) 부분

memo_form.php 페이지에서 넘어온 데이터를 처리하기 위한 파일을 작성하고 저장합니다.

소스 코드 : http://localhost/myapp/ch16/memo_form_update.php

```php
01 : <?php
02 : include("./dbconn.php");      ← DB연결을 위한 같은 경로의 dbconn.php를 인클루드합니다.
03 :
04 : $mb_id = $_SESSION['ss_mb_id'];
05 : $me_send_datetime = date('Y-m-d H:i:s', time());      ← 메모 작성일
06 :
07 : $recv_list = explode(',', trim($_POST['me_recv_mb_id']));
08 : $str_name_list = '';
09 :
10 : $error_list = array();
```

```php
11 : $member_list = array();
12 : for ($i=0; $i<count($recv_list); $i++) {
13 :     $sql = " SELECT mb_id, mb_name FROM member WHERE mb_id = '{$recv_list[$i]}' ";
14 :     $result = mysqli_query($conn, $sql);
15 :     $row = mysqli_fetch_assoc($result);
16 :     if ($row) {   ← 해당 회원이 존재한다면
17 :         $member_list['id'][]   = $row['mb_id'];
18 :         $member_list['name'][] = $row['mb_name'];
19 :     } else {   ← 해당 회원이 존재하지 않는다면
20 :         $error_list[]   = $recv_list[$i];
21 :     }
22 : }
23 :
24 : $error_msg = implode(",", $error_list);
25 :
26 : if ($error_msg) {
27 :     echo "<script>alert('회원아이디 {$error_msg} 은(는) 존재하지 않는 회원아이디 입니다.\\n쪽지를
         발송하지 않았습니다.');window.close();</script>";
28 :     exit;
29 : }
30 :
31 : for ($i=0; $i<count($member_list['id']); $i++) {
32 :     $recv_mb_id = $member_list['id'][$i];
33 :     ⬇ 쪽지 INSERT
34 :     $sql = " INSERT INTO memo
35 :                 SET   me_recv_mb_id            = '$recv_mb_id',
36 :                       me_send_mb_id            = '$mb_id',
37 :                       me_send_datetime         = '$me_send_datetime',
38 :                       me_memo                  = '{$_POST['me_memo']}' ";
39 :     $result = mysqli_query($conn, $sql);
40 : }
41 :
42 : mysqli_close($conn);   ← 데이터베이스 접속 종료
43 :
44 : if ($member_list) {
45 :     $str_name_list = implode(',', $member_list['name']);
46 :     echo "<script>alert('{$str_name_list} 님께 쪽지를 전달하였습니다.');window.close();</script>";
47 :     exit;
48 : } else {
49 :     echo "<script>alert('회원아이디 오류 같습니다.');window.close();</script>";
50 :     exit;
51 : }
52 : ?>
```

02 : 데이터베이스 연결을 위한 같은 경로의 dbconn.php를 인클루드 합니다.

04 : $mb_id 변수에 'ss_mb_id' 라는 이름을 가진 세션의 값을 대입합니다. 세션의 값은 현재 로그인중인 회원 아이디가 됩니다.

05 : 메모 작성일 변수 $me_send_datetime에 현재 일시를 '0000-00-00 00:00:00' 형식으로 대입합니다.

07 : 변수 $recv_list에 memo_form.php 파일에서 전달받은 회원아이디를 PHP의 explode() 함수를 사용하여 콤마(,) 구분으로 잘라서 배열형태로 대입합니다. 여기에서 생성된 배열의 개수만큼 아래에서 쪽지를 전송합니다.

08 : 쪽지 전송을 완료한 회원이름의 정보를 담기위한 변수 $str_name_list을 선언합니다.

10~11 : 쪽지 전송이 불가능한 회원의 정보와 쪽지 전송이 가능한 회원의 정보를 담을 배열을 각각 $error_list, $member_list로 선언합니다. 여기에서 쪽지 전송이 불가능한 회원이라는 것은 존재하지 않는 회원이라는 의미입니다.

12~22 : 쪽지를 전송할 회원아이디 정보가 있는 $recv_list 배열의 개수만큼 반복문 for문이 실행됩니다.

13~15 : 각 회원 아이디를 데이터베이스의 'member' 테이블에서 조회합니다. 결과는 변수 $row에 대입되며 조건문 if문을 사용하여 변수 $row에 값이 있다면 해당 회원이 존재한다는 것으로 판단하여 $member['id'][] 배열변수에 회원아이디를, $memebr['name'][] 배열변수에는 회원 이름을 담습니다. 해당 회원이 존재하지 않는다면 $error_list[] 배열에 쿼리문에 조회한 회원아이디를 담습니다.

24 : 변수 $error_msg 변수에 위에서 존재하지 않는 회원아이디를 PHP의 implode() 함수를 사용하여 콤마(,) 구분으로 이어서 대입합니다. 존재하지 않는 회원에게 쪽지 전송을 시도했을 경우 $error_msg에는 해당 회원의 아이디가 들어가고, 그렇지 않다면 공백이 됩니다.

26~29 : 존재하지 않는 회원의 아이디가 있는 변수 $error_msg에 값이 있다면 알림 창을 띄우고 팝업 창이 종료됩니다.

31~40 : 배열변수 $member_list['id']의 개수만큼 쪽지 전송을 실행하는 부분입니다. 변수 $recv_mb_id에 쪽지를 받는 회원아이디를 대입하고 INSERT문을 작성하고 'memo' 테이블에 데이터베이스를 저장합니다.

42 : 데이터베이스 사용을 마쳤기 때문에 데이터베이스 접속을 종료합니다.

45~52 : 마지막으로 쪽지를 받는 회원정보가 있는 배열변수 $member_list에 값이 존재하는지 체크하고 쪽지를 받는 회원의 정보가 있다면 회원 이름을 알림 창에 띄우고 팝업 창을 종료합니다. 만약 $member_list에 값이 없다면 오류라고 판단하여 오류 알림 창을 띄우고 팝업 창을 종료합니다.

이제 쪽지함의 쪽지를 작성하고 데이터베이스 저장 할 수 있는 페이지들이 만들어졌습니다.

마찬가지로 회원 목록 페이지에 있는 쪽지보내기 링크를 통해서도 각 회원에게 바로 쪽지를 전송할 수 있습니다.

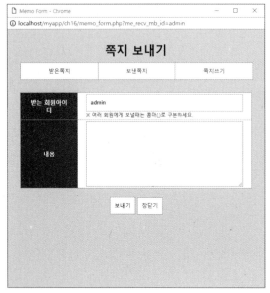

▲ 회원 목록 페이지에서 쪽지 보내기

앞의 그림과 같이 회원 목록에서 쪽지보내기를 실행 하면 GET 방식으로 쪽지보내기 링크에 회원아이디의 데이터를 전달하였기 때문에 자동으로 '받는 회원아이디' 입력 폼에 해당 회원 아이디가 입력되는 것을 확인 할 수 있습니다.

아직까지는 쪽지의 목록과 쪽지 쓰기 페이지만 구현되어있는 상태이며 쪽지를 읽기 위해서는 memo_view.php 페이지가 필요하기 때문에 쪽지 읽기는 현재까지 불가능한 상태입니다.

하지만 받은 쪽지, 보낸쪽지 페이지나 phpMyAdmin을 실행해서 쪽지를 작성한 정보가 제대로 입력되었는지 확인 할 수는 있습니다.

▲ 데이터베이스 'project'의 'memo' 테이블 확인

02-5 쪽지 읽기 만들기

쪽지함 초기화면인 memo.php 페이지에서 받은 쪽지 또는 보낸쪽지 메뉴를 클릭하면 쪽지의 목록이 나타납니다. 쪽지 목록 페이지에서는 읽기 기능을 담당하는 memo_view.php 페이지로 이동하는 링크가 있습니다.

읽기 링크는 쪽지의 고유 번호 값인 'me_id' 컬럼의 값을 GET 방식으로 memo_view.php 파일로 전달하고 memo_view.php 파일에서는 전달받은 'me_id' 값을 데이터베이스에 요청하여 해당 데이터를 조회하여 받는 사람, 보낸 시간, 내용 등의 정보를 출력합니다.

우리가 작성할 쪽지 읽기 페이지의 화면 구성은 다음과 같습니다.

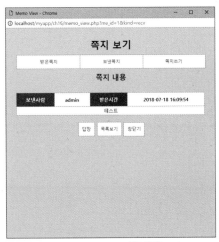

▲ 쪽지 읽기 memo_view.php 파일 화면

(1) 쪽지 읽기 부분

작성 또는 전달 받은 쪽지의 상세 내용들을 읽기 위한 파일을 작성하고 저장합니다.

소스 코드 : http://localhost/myapp/ch16/memo_view.php

```php
01 : <?php
02 : include("./dbconn.php");        ← DB연결을 위한 같은 경로의 dbconn.php를 인클루드합니다.
03 :
04 : $mb_id = $_SESSION['ss_mb_id'];
05 : $kind = $_GET['kind'] ? $_GET['kind'] : 'recv';
06 :
07 : if (!$mb_id) {
08 :    echo "<script>alert('회원만 이용하실 수 있습니다.');window.close();</script>";
09 :    exit;
10 : }
11 :
12 : $me_id = $_REQUEST['me_id'];
13 : $me_read_datetime = date('Y-m-d H:i:s', time());      ← 메모 읽은 일시
14 :
15 : if ($kind == 'recv')
16 : {
17 :    $kind_str = "보낸";
18 :    $kind_date = "받은";
19 :
20 :    $sql = " UPDATE memo
21 :                 SET me_read_datetime = '$me_read_datetime'
22 :                 WHERE me_id = '$me_id'
23 :                 AND me_recv_mb_id = '$mb_id'
24 :                 AND me_read_datetime = '0000-00-00 00:00:00' ";
25 :    $result = mysqli_query($conn, $sql);
26 : }
27 : else if ($kind == 'send')
28 : {
29 :    $kind_str = "받는";
30 :    $kind_date = "보낸";
31 : }
32 : else
33 : {
34 :    echo "<script>alert('변수 kind 값이 없습니다.');window.close();</script>";
35 :    exit;
36 : }
37 :
38 : $sql = " SELECT * FROM memo
39 :              WHERE me_id = '$me_id'
40 :              AND me_{$kind}_mb_id = '$mb_id' ";
41 : $result = mysqli_query($conn, $sql);
42 : $memo = mysqli_fetch_assoc($result);
43 :
44 : mysqli_close($conn);      ← 데이터베이스 접속 종료
45 : ?>
```

```
46 :
47 : <html>
48 : <head>
49 :   <title>Memo View</title>
50 :   <link href="./style.css" rel="stylesheet" type="text/css">
51 : </head>
52 : <body id="memo">
53 :     ← 쪽지 보내기 시작
54 :   <div>
55 :       <h1>쪽지 보기</h1>
56 :
57 :       <ul>
58 :           <li><a href="./memo.php?kind=recv">받은쪽지</a></li>
59 :           <li><a href="./memo.php?kind=send">보낸쪽지</a></li>
60 :           <li><a href="./memo_form.php">쪽지쓰기</a></li>
61 :       </ul>
62 :
63 :       <article>
64 :           <header>
65 :               <h1>쪽지 내용</h1>
66 :           </header>
67 :           <table>
68 :               <colgroup>
69 :                   <col width="20%">
70 :                   <col width="*">
71 :                   <col width="20%">
72 :                   <col width="*">
73 :               </colgroup>
74 :               <tr>
75 :                   <th><?php echo $kind_str ?>사람</th>
76 :                   <td><strong><?php echo $memo['me_send_mb_id'] ?></strong></td>
77 :                   <th><?php echo $kind_date ?>시간</th>
78 :                   <td><strong><?php echo $memo['me_send_datetime'] ?></strong></td>
79 :               </tr>
80 :               <tr>
81 :                   <td colspan="4"><?php echo nl2br($memo['me_memo']) ?></td>
82 :               </tr>
83 :           </table>
84 :       </article>
85 :
86 :       <div class="win_btn">
87 :           <?php if ($kind == 'recv') {   ?><a href="./memo_form.php?me_recv_mb_id=<?php echo
          $memo['me_send_mb_id'] ?>&amp;me_id=<?php echo $memo['me_id'] ?>">답장</a><?php }   ?>
88 :           <a href="./memo.php?kind=<?php echo $kind ?>">목록보기</a>
89 :           <button type="button" onclick="window.close();">창닫기</button>
90 :       </div>
91 :   </div>
92 :     ← 쪽지 보내기 끝
93 : </body>
94 : </html>
```

02 : 데이터베이스 연결을 위한 같은 경로의 dbconn.php를 인클루드 합니다.

04 : $mb_id 변수에 'ss_mb_id' 라는 이름을 가진 세션의 값을 대입합니다. 세션의 값은 현재 로그인중인 회원 아이디가 됩니다.

05 : 변수 $kind에 삼항연산자를 사용하여 GET 방식으로 전달받은 kind 값이 있다면 $_GET['kind'] 값을, 그렇지 않다면 'recv'를 대입합니다.

07~10 : 조건문 if문을 사용하여 변수 $mb_id에 값이 없다면 '회원만 이용하실 수 있습니다.' 라는 알림 창을 띄우고 팝업 창을 종료합니다.

12 : 변수 $me_id에 GET 방식으로 전달받은 쪽지의 고유번호인 'me_id' 값을 대입합니다.

13 : 메모 읽은 일시 변수 $me_read_datetime에 현재 일시를 '0000-00-00 00:00:00' 형식으로 대입합니다.

15~26 : 변수 $kind에 값이 'recv' 일 때 실행되는 구간입니다. 변수 $kind_str에 '보낸'이라는 문자열이, 변수 $kind_date에는 '받은' 이라는 문자열이 대입됩니다. 해당 변수는 아래에서 테이블의 〈th〉태그에 변수 $kind의 상태 값에 따라 "보낸사람", "받는사람" 으로 출력되는 부분입니다. 쪽지를 처음 읽는 경우 20~25라인의 쿼리문이 실행되어 'me_read_datetime' 컬럼의 값이 $me_read_datetime 변수에 있는 현재 일시로 UPDATE 됩니다.

27~31 : 변수 $kind에 값이 'send' 일 때 실행되는 구간입니다. 변수 $kind_str에 '받는'이라는 문자열이, 변수 $kind_date에는 '보낸' 이라는 문자열이 대입됩니다.

32~36 : 만약 변수 $kind의 값이 'recv' 또는 'send' 가 아니라면 실행되는 구간입니다. 오류 알림 창을 띄우고 팝업 창이 종료됩니다.

38~42 : 해당 쪽지의 정보를 데이터베이스에서 가져오는 쿼리문을 작성합니다. 여기에서 변수 $kind의 상태 값에 따라 각각 다른 쿼리문이 작성됩니다.

44 : 데이터베이스 사용을 마쳤기 때문에 데이터베이스 접속을 종료합니다.

50 : 이 페이지에 관련된 스타일을 style.css에서 처리를 할 수 있도록 지정을 하였습니다.

58~60 : 받은쪽지, 보낸쪽지, 쪽지쓰기 메뉴가 출력되는 부분입니다.

76 : 변수 $kind에 상태 값에 따라서 '보낸사람' 또는 '받는사람' 의 회원아이디가 출력되는 부분입니다.

78 : 변수 $kind에 상태 값에 따라서 '보낸시간' 또는 '읽은시간' 의 일시가 출력되는 부분입니다.

81 : 쪽지 내용이 출력되는 부분입니다.

알아두세요

default

HTML의 〈textarea〉 태그를 사용하여 저장한 내용의 경우 여러 줄을 엔터로 입력할 수 가 있기 때문에 엔터를 출력하기 위해서는 PHP의 nl2br() 함수를 사용하여 출력할 수 있습니다. 만약 nl2br() 함수를 사용하지 않는다면 내용은 모두 한 줄로 이어져 출력됩니다.

---

87 : 변수 $kind 값이 'recv' 라면 답장 버튼이 활성화되는 부분입니다. 회원목록에서 쪽지 보내기와 마찬가지로 memo_form.php 페이지로 쪽지를 전달 받을 회원아이디를 GET 방식으로 전달합니다.

88~89 : '목록보기' 와 '창 닫기' 버튼 부분입니다. '목록' 링크를 클릭하면 memo.php 페이지로 이동하며 상태 값 $kind 를 GET 방식으로 전달합니다. '창 닫기' 버튼을 클릭하면 팝업 창이 종료됩니다.

이제 여러분은 쪽지 프로그램의 목록, 작성, 읽기까지의 필요한 파일들을 작성하였습니다.

마지막으로 쪽지 삭제 처리 부분만 구현하면 쪽지 프로그램이 완성됩니다. 만약 지금까지 구현한 쪽지 프로그램을 실행 시 쪽지 목록, 작성, 읽기까지의 기능이 정상적으로 실행되지 않는다면 다시 차근차근 소스코드를 비교해가며 점검을 해봐야 할 것입니다.

02-6 쪽지 삭제 만들기

memo.php 페이지의 쪽지 목록에서는 쪽지를 읽기, 삭제의 기능들을 담당하는 페이지의 링크가 있습니다. 삭제 링크는 읽기 링크와 마찬가지로 쪽지의 고유 번호 값인 'me_id' 컬럼의 값을 GET 방식을 사용하여 삭제 링크로 전달하고 memo_delete.php 파일에서는 전달받은 'me_id' 값으로 데이터베이스에 삭제 처리를 요청하게 됩니다.

(1) 쪽지 삭제 부분

작성 또는 전달 받은 쪽지 삭제를 위한 파일을 작성하고 저장합니다.

소스 코드 : http://localhost/myapp/ch16/memo_delete.php

```php
01 : <?php
02 : include("./dbconn.php");    ← DB연결을 위한 같은 경로의 dbconn.php를 인클루드합니다.
03 :
04 : $mb_id = $_SESSION['ss_mb_id'];
05 : $kind = $_GET['kind'] ? $_GET['kind'] : 'recv';
06 :
07 : if (!$mb_id) {
08 :     echo "<script>alert('회원만 이용하실 수 있습니다.');window.close();</script>";
09 :     exit;
10 : }
11 :
12 : $me_id = $_GET['me_id'];
13 :
14 : $sql = " DELETE FROM memo
15 :             WHERE me_id = '{$me_id}'
16 :             AND (me_recv_mb_id = '$mb_id' OR me_send_mb_id = '$mb_id') ";
17 : $result = mysqli_query($conn, $sql);
18 :
19 : if ($result) {    ← 쿼리가 정상 시리행됐다면
20 :     $url = './memo.php?kind='.$kind;
21 :     echo "<script>alert('쪽지가 삭제 완료 되었습니다.');</script>";
22 :     echo "<script>location.replace('$url');</script>";
23 :     exit;
24 : } else {
25 :     echo "삭제 실패: " . mysqli_error($conn);
26 :     mysqli_close($conn);    ← 데이터베이스 종료
27 : }
28 : ?>
```

02 : 데이터베이스 연결을 위한 같은 경로의 dbconn.php를 인클루드 합니다.

04 : $mb_id 변수에 'ss_mb_id' 라는 이름을 가진 세션의 값을 대입합니다. 세션의 값은 현재 로그인중인 회원 아이디가 됩니다.

05 : 변수 $kind에 삼항연산자를 사용하여 GET 방식으로 전달받은 kind 값이 있다면 $_GET['kind'] 값을, 그렇지 않다면 'recv'를 대입합니다.

07~10 : 조건문 if문을 사용하여 변수 $mb_id에 값이 없다면 '회원만 이용하실 수 있습니다.' 라는 알림 창을 띄우고 팝업 창을 종료합니다.

12 : 변수 $me_id에 GET 방식으로 전달받은 삭제 할 쪽지의 고유번호인 'me_id' 값을 대입합니다.

14~17 : 쪽지를 삭제하는 쿼리문을 작성합니다. 현재 쪽지 프로그램에서는 하나의 데이터를 가지고 '받은쪽지', '보낸쪽지' 메뉴에 각각 나누어 사용되기 때문에 쿼리문의 WHERE 절에 (me_recv_mb_id = '$mb_id' OR me_send_mb_id = '$mb_id') 와 같이 'me_recv_mb_id' 컬럼과 'me_send_mb_id' 컬럼 둘 중 하나의 컬럼에 일치하더라도 삭제가 되도록 OR을 사용하여 삭제하는 쿼리문을 작성하였습니다.

19~27 : 쪽지 삭제를 완료 했다면 알림 창을 띄우고 memo.php 페이지로 이동합니다. 그렇지 않다면 삭제 실패 에러가 나타나고 데이터베이스 접속을 종료합니다.

77~78 : 마지막으로 해당 게시물을 삭제 합니다.

이것으로 우리는 책에서 마지막으로 다루고 있는 쪽지 프로그램에 필요한 모든 PHP파일을 작성하고 구현해 보았습니다.

프로그래밍 초보자 입장에서 보자면 이번 16장의 쪽지 프로그램은 앞서 실습한 예제들을 프로그램화 하여 여러 가지 파일들이 연결되고 사용되기 때문에 이전 내용에 비해 조금 더 난이도가 높다고 할 수 있습니다. 하지만 PHP와 MySQL을 사용하여 작성한 프로그램을 너무 자세하게 설명할 수도 없는 것이, 만약 그렇게 한다면 PHP 쪽지 프로그램 하나를 만들기가 1년이 다 가버릴 수도 있기 때문입니다.

혹시라도 쪽지 프로그램에 대해서 이해가 되지 않거나 복잡하고 어렵게 느껴진다면 예제를 여러 번 반복 학습하여 스스로 이해를 해야만 더 높은 프로그래밍에 적응하고 개발 할 수 있을 것 입니다.

이 책에서의 PHP프로그래밍 학습은 이번 장으로 끝을 맺습니다만 독자 여러분께서는 꾸준히 PHP와 MySQL을 공부하시기를 바랍니다. 그렇게 실력을 키워 어엿하게 제 몫을 해내는 PHP프로그래머로 성장한 여러분과 어딘가에서 만날 수 있기를 기대합니다.

페이징 : 페이징(paging)이라고 하는 것은 주로 게시판 목록에서 하단에 존재하는 1 ~ 10, 11 ~ 20과 같이 각 페이지를 볼 수 있게 하는 기능을 말합니다.

페이징 계산

웹 페이지의 페이징을 표시할때 게시물의 총 개수가 15개, 한 페이지에 보여주는 게시물의 수가 5개씩이면 , 총 몇 페이지가 나와야 될까요? 이를 계산할 때 보통 (총 게시물 수 / 한 페이지당 목록 수) 를 나누면 총 페이지의 수를 구할 수 있습니다. 방금 예시로 든 것은 총 게시물이 15개이고 한 페이지에 5개씩 보여줘야 되니 총 3페이지가 되는 것 입니다.

그런데 만약 총 게시물이 15개이고 한 페이지에 보여주는 게시물의수가 6개라면 몇 페이지여야 할까요? 방금 공식처럼 (총 게시물수 / 한 페이지당 목록 수) 를 나누어 보면 15 / 6 = 2.5 가 나옵니다. 그러면 페이징은 2페이지여야 할까요? 3페이지여야 할까요??

페이징의 관점에서 보면 단 1이라도 나누어지지 않으면 페이지가 추가되어야 합니다. 따라서 위 같은 경우는 ceil(총 게시물 수 / 한 페이지당 목록 수) 처럼 ceil() 함수를 사용하면 편리하게 총 페이징을 오차 없이 보여줄 수 있습니다.

```
dbconn.php 중에서
...
session_start(); // 세션의 시작
?>
```

dbconn.php 파일을 인클루드하는 다른 .php 파일에서 세션을 유지 할 수 있도록 dbconn.php 파일의 하단에 세션을 시작하는 session_start();가 사용됩니다. 이와 같이 세션을 공통적으로 사용해야할 부분은 상단의 공통 파일에서 관리하는 것이 편리합니다. 그렇지 않다면 매번 생성하는 .php 파일의 상단에 session_start();를 선언하여 사용해야하는 불편함이 있습니다.

컬럼명	데이터 타입	설명
me_id	int(11) – auto_increment	쪽지의 유일성을 보장하는 쪽지번호를 저장하는 컬럼입니다. me_id의 값은 유일한 값이므로 기본 키(primary key)와 자동증가(auto_increment)값으로 지정하였습니다.
me_recv_mb_id	varchar(20)	쪽지를 받는 사람의 아이디를 저장하는 컬럼입니다. 'me_recv_mb_id' 라는 이름으로 인덱스(index)를 지정하였습니다.
me_send_mb_id	varchar(20)	쪽지를 보낸 사람의 아이디를 저장하는 컬럼입니다.
me_send_datetime	datetime	쪽지를 보낸 일시를 저장하는 컬럼입니다.
me_read_datetime	datetime	쪽지를 읽은 일시를 저장하는 컬럼입니다.
me_memo	text	쪽지 내용을 저장하는 컬럼입니다.

1 쪽지 테이블의 테이블 명세표를 참고하여 "memo" 라는 이름의 테이블을 생성하는 SQL문을 작성하세요.

```
CREATE TABLE '❶_____' (
  '❷_____' int(11) NOT NULL AUTO_INCREMENT,
  'me_recv_mb_id' ❸_____(20) NOT NULL DEFAULT '',
  'me_send_mb_id' varchar(20) NOT NULL DEFAULT '',
  'me_send_datetime' datetime NOT NULL DEFAULT '0000-00-00 00:00:00',
  'me_read_datetime' ❹_____ NOT NULL DEFAULT '0000-00-00 00:00:00',
  'me_memo' text NOT NULL,
  PRIMARY KEY ('me_id'),
  KEY 'me_recv_mb_id' ('me_recv_mb_id')
);
```

2 회원 목록을 가져오는 페이지 중 코드의 일부입니다.

```
$sql = " SELECT * FROM member ORDER BY mb_datetime desc LIMIT {$from_record}, {$page_rows} "; // 회원 정보를 조회
$result = mysqli_query($conn, $sql);
for ($i=0; $row=mysqli_fetch_assoc($result); $i++) {
      $list[$i] = $row;
      $list_num = $total_count - ($page - 1) * $page_rows; // 회원 순번
      $list[$i]['num'] = $list_num - $i;
}
```

다음은 위에서 회원정보를 담은 배열 $list의 값을 for문을 사용하여 출력 하는 코드입니다. 빈칸을 채우세요. 회원 아이디는 'mb_id', 회원이름은 'mb_name', 회원이메일주소는 'mb_email' 컬럼에 각각 저장되어있습니다.

```
for ($i=0; $i<count($list); $i++) {
        echo ❶ 회원아이디;
        echo ❷ 회원이름;
        echo ❸ 회원이메일주소;
}
```

❸ 다음은 쪽지를 읽는 페이지 memo_view.php 파일의 일부입니다. echo 로 출력한 변수$kind 의 값은 무엇일까요?

```
$kind = $_GET['kind'] ? $_GET['kind'] : 'recv';
echo $kind;
```

• 주소 창의 URL은 " http://localhost/myapp/ch16/memo_view.php?kind=send " 입니다.
• 변수 $kind 에는 삼항연산자를 사용하여 값이 대입됩니다.

❹ 이 함수는 〈input〉 태그에 〈textarea〉 속성을 사용하여 작성내용을 엔터로 여러 줄 입력하여 데이터베이스 저장한 경우 엔터 개행 문자(\n)를 〈br〉 태그로 변환하여 HTML에서 인식할 수 있도록 해주는 역할을 합니다. 이 함수는 무엇일까요?

❶ ❶ memo　❷ me_id　❸ varchar　❹ datetime
❷ ❶ $list[$i]['mb_id']　❷ $list[$i]['mb_name']　❸ $list[$i]['mb_email']
❸ send
❹ nl2br

Appendix

우리는 앞에서 PHP와 MySQL을 배워보았습니다. 하지만 개발자가 되어 개발을 진행하다 보면 PHP로 홈페이지를 쉽고 빠르게 만들 수 있는 CMS를 사용하거나 PHP의 프레임워크를 사용하여 개발을 진행하는 경우가 생길 수 있습니다. 따라서 이번 부록에서는 PHP와 MySQL로 만들어진 CMS와 더불어 가장 많이 사용되는 PHP 프레임워크에 대해서 알아보겠습니다.

01 _ PHP와 MySQL로 구현된 CMS 솔루션

오픈소스 기반의 CMS 솔루션을 사용하면 웹 사이트를 쉽고 빠르게 만들 수 있습니다.

기본적으로 홈페이지를 제작하기 위해서는 웹 기획자, 디자이너, 웹 프로그래머, 웹 퍼블리셔 등의 전문가들이 필요하고 메뉴 구성부터 페이지 디자인, 홈페이지에 들어가는 각종 프로그램들을 일일이 전문가들이 참여해서 만들어야만 가능합니다.

하지만 CMS 솔루션을 이용하게 되면 메뉴의 생성부터, 변경, 관리는 물론이고 콘텐츠 페이지 관리, 회원관리, 디자인 관리, 각종 통계, 게시판 관리 기능들이 기본적으로 장착되어 있기 때문에 웹 프로그래머가 만들어야 하는 인적 부담을 줄일 수 있습니다.

디자인에서도 웹 디자이너가 전체 페이지를 만드는 것이 아니라, 홈페이지 구성에 필요한 대표적인 페이지와 디자인 요소들인 인덱스페이지, 콘텐츠 페이지, 위젯, 메뉴, 배너 등의 요소들을 기본만 만들게 되면 CMS에서 알아서 메뉴나 콘텐츠, 디자인 등을 변경시킬 수 있습니다.

이러한 CMS 솔루션의 종류는 너무 많아서 모든 CMS 솔루션을 설명 할 수 없지만 세계적으로 또는 국내에서 많이 사용되는 유명한 CMS 솔루션으로는 워드프레스(WordPress), 그누보드, XE, 킴스큐 등 이 있습니다. 모두 PHP와 MySQL을 사용하는 솔루션이며, 공통적인 CMS 솔루션의 특징과 각 솔루션별로의 특징을 살펴보겠습니다.

▲ 국내외 대표적인 CMS 솔루션

1-1 CMS 솔루션의 장점

❶ 콘텐츠 생산, 관리에 최적

CMS 솔루션을 사용하여 웹 사이트를 구축하면 콘텐츠의 가치를 축적해서 계획 활용하고 재생산할 수 있는 점이 가장 큰 장점이라고 할 수 있습니다. 콘텐츠를 생산하고 관리하고 유통하는 모든 과정이 웹 표준에 가깝게 구조화돼 있기 때문에, 이런 구조 위에 콘텐츠가 쌓이면 10년이 지난 콘텐츠도 영속성을 가질 수 있게 됩니다.

❷ 무궁무진한 확장성

테마와 스킨, 플러그 인을 사용할 수 있다는 점도 CMS 솔루션이 지닌 큰 장점입니다. 테마나 스킨, 플러그인을 잘 활용하면 단순한 개인 블로그부터 기업 웹사이트 그리고 쇼핑몰까지 다양한 웹 서비스를 만들 수 있습니다.

❸ 공유, 검색에 유리함

예를 들어 페이스북 등 SNS나 다른 블로그 서비스에 워드프레스에 쓴 글 주소를 가져다 붙이면 미리보기 그림과 함께 글 내용을 파악할 수 있도록 글머리가 나타납니다. 언론사 기사를 SNS에 공유해 본 사람이라면 내용과 전혀 관계없는 수영복 사진이 뜬금없이 기사 미리보기 그림으로 들어가는 것을 본 적 있을 것입니다. 그 언론사 웹 사이트가 웹 표준을 지키지 않은 탓에 페이스북이 기사 밖 광고 그림을 미리보기 그림으로 불러온 것입니다. CMS 솔루션으로 구축한 웹 사이트는 이런 문제가 덜합니다. 콘텐츠를 원활히 유통하기 위해선 표준을 지켜야 하는데 대부분의 CMS 솔루션은 웹 표준을 준수하고 있습니다.

❹ 오픈소스 커뮤니티

CMS 솔루션을 설명할 때 빼놓을 수 없는 단어가 '오픈소스' 입니다. 오픈소스란 프로그램의 뿌리가 되는 소스코드를 공개해두고 많은 사람이 함께 프로그램을 개선해 나가는 작업 방식을 가리킵니다. 누구든지 CMS 솔루션의 소스코드를 열어서 구조를 살펴볼 수 있다는 말입니다. CMS 솔루션 자체는 무료지만, 완성도 높은 테마와 스킨, 플러그인은 유료로도 많이 팔립니다. 각 솔루션마다 유명 커뮤니티가 존재하는데 그곳에서 대부분의 사용자들이 정보를 공유하거나 무료 테마나 스킨, 플러그인 들을 배포하기도 합니다.

1-2 CMS 솔루션의 단점

CMS 솔루션의 가장 큰 단점은 오픈소스를 벗어날 수 없는 제약이라고 할 수 있습니다.

앞서 오픈소스인 CMS 솔루션을 사용하면 빠르게 웹 사이트를 구축할 수 있다고 설명했습니다. 하지만 오픈소스는 동시에 제약이 될 수도 있습니다. 모두가 힘을 모아 프로그램을 개선하려면 모두 같은 기술을 써야 합니다. CMS 솔루션은 데이터베이스 관리 프로그램(DBMS)으로 MySQL을 쓰고, 프로그램 언어로는 PHP를 사용합니다. 이유는 모두 오픈소스이기 때문입니다.

문제는 큰 기업이 오픈소스보다는 오라클이나 MSSQL 같은 상용 DBMS를 주로 쓴다는 점입니다. 이런 곳은 CMS 솔루션을 선뜻 도입하기 힘든 것이 현실입니다.

워낙 많은 테마와 스킨, 플러그인이 있기 때문에 이 사이에서 충돌이 일어날 가능성도 다른 오픈소스보다 많습니다. 예를 들어 유명한 플러그인 1개를 써서 웹 사이트를 개발·운영하는데 이 플러그인을 만든 개발자가 업데이트를 중단해서 CMS 솔루션의 버전을 업그레이드한 뒤에 플러그인이 작동하지 않는 경우가 발생할 수 있습니다.

그리고 정해진 관리, 운영 주체가 없기 때문에 오픈소스 CMS가 문제점이 발생해 버리면 직접 해결하거나, 주위의 전문가나 아니면 인터넷과 관련 커뮤니티에 질문을 하여 대답을 얻는 방법밖에 없습니다. 이것도 누군가 올바른 해결책을 제시해서 적극적으로 도와주지 않기 때문에 결국 자력으로 문제점을 해결해 나가야하는 것이 단점이라고 할 수 있습니다.

하지만 이 모든 것은 오랜 개발로 인한 경험이 축적된다면 어느정도는 쉽게 해소되는 부분이기도 합니다.

1-3 수많은 유저들이 사용하고 있는 대표 CMS 솔루션

❶ 워드프레스(WordPress)

▲ https://ko.wordpress.org 워드프레스 개발사 한국 홈페이지

전 세계 홈페이지의 약 15% 정도가 사용 중인 사용자가 가장 많은 CMS입니다. 워드프레스는 오랜 기간의 역사에 걸맞게 테마, 스킨, 플러그인 등이 많이 있습니다. 그 개수는 수 만개에 달할 정도입니다. 간단한 클릭 몇 번으로 설치 및 업그레이드가 가능한 것이 장점이며, 소스를 만질 필요도 없이 설치부터 꾸미기까지 과정이 간단합니다. 특히나 반응형 웹이 워드프레스의 가장 큰 강점이라 할 수 있습니다. 하지만 단점은 웬만한 테마, 스킨, 플러그인이 외국에서 개발되어 배포되므로 영어에 약한 분이라면 그 것들을 설치하는 것 만 으로도 어려움을 느낄 수 있습니다. 또 다른 단점으로는 한글지원입니다. 물론 한글로 표시되고 한글로 운영 됩니다. 다만 대다수의 플러그인과 테마 등이 영어기반으로 개발이 되어 있기 때문에 일일이 한글로 수정해줘야 하거나 한글이 깨지거나 하는 경우가 발생할 수 있어 적절한 조치가 필요한데 이 또한 쉬운 일은 아닙니다. 그리고 워낙 디테일하게 구성이 가능하다보니 디테일한 수정을 하려면 정말 소소한 것 까지 일일이 수정하고 설정해야 하는 단점이 있습니다.

❷ 그누보드

▲ https://sir.kr 그누보드 개발사 홈페이지

그누보드는 근래 들어 국내에서 압도적인 이용률이지 않나 싶습니다. 쇼핑몰 기능을 가진 CMS 영카트와 함께 서비스를 하고 있으며, 가볍기는 타 솔루션 중 단연 1위입니다.

10년이 넘는 세월을 서비스 하다 보니 웬만한 커뮤니티는 그누보드로 만들어졌다고 할 정도로 그 사용량이 많습니다. 커뮤니티 사이트에 적합하며, 관련 무료 테마, 스킨, 플러그인 등이 많습니다. 약간의 웹 지식이 있는 가정 하에 가장 쉽게 제작이 이루어 질수 있다는 장점이 있으며, 다만 간혹 직접 코딩을 해야 하는 경우가 생기긴 하나 설명대로 따라 하다보면 그리 어려운 수준은 아니며, PHP

초급자 수준에서 개발을 하더라도 크게 많은 어려움이 없고 또한 관련 커뮤니티가 활성화 되어 있어 초보자들도 쉽게 접할 수 있는 것이 강점이라고 할 수 있습니다. 단점은 타 솔루션에 비해 보안이 약하다는 것이 단점입니다. 사실 얼마나 수준 높은 기밀사항들을 다루는 커뮤니티를 원하는지 모르겠습니다만 기본적인 보안은 꾸준히 보완되어 업데이트되기 때문에 크게 신경 쓸 문제는 아니라고 생각됩니다.

❸ XE(XpressEngine)

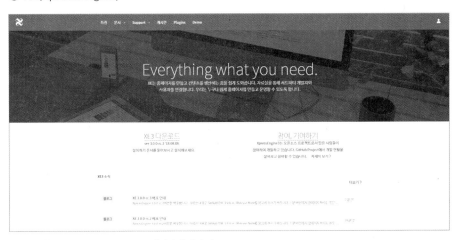

▲ https://www.xpressengine.io XE 개발사 홈페이지

XE는 몇 년전까지 존재하던 제로보드라는 CMS가 XE라는 이름 탈바꿈하여 배포하는 CMS 솔루션입니다. 외국에서 개발하여 배포하는 워드프레스와 흡사한 형식으로 국내에서 제작한 CMS입니다. 호스팅 또는 서버에서 설치된 DB의 이름과 접속ID DB경로 등만 설정해주면 설치는 아주 간단합니다. 또한 국내 사용자가 많으며 플러그인, 스킨들이 워드프레스 보다는 적지만 충분히 사용할 정도의 자료들은 있으며, 일반적인 게시판 시스템에 특화되어있는 것이 장점이라고 할 수 있습니다. 하지만 단점은 커뮤니티 기능이 약하고 시스템이 타 솔루션들에 비해서 상당히 무거운 것이 단점입니다. 그리고 커스터마이징을 하기에는 다소 소스코드나 구조가 복잡하여 초급자들의 진입장벽이 높은 것이 단점으로 꼽힙니다.

❹ 킴스큐(KimsQ)

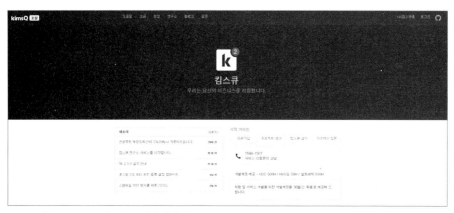

▲ https://www.kimsq.com 킴스큐 개발사 홈페이지

킴스큐는 기본적으로 블로그, 커뮤니티, 기업 웹사이트를 만드는 데 최적화 돼 있으며, 웹사이트를 이루는 구성요소를 넣고 뺄 수 있는 모듈 시스템을 통해 쇼핑몰이나 그룹웨어 등으로까지 사용 영역을 확장할 수 있는 게 특징입니다. 불과 몇 년 전만 해도 킴스큐를 이용하는 사용자들이 꽤 있었지만, 요즘은 다른 CMS 솔루션보다는 다소 주춤한 상황인 것 같습니다. 아무래도 사용자들이 줄어 들면 줄어 들수록 신규로 개발되어 공유되고 배포되는 테마나 스킨, 플러그인들의 양이 함께 줄어들기 때문에 거기에 따른 신규 유저들의 유입이 주춤하는 것 같은 조금은 더 지켜봐야할 CMS 라고 생각됩니다.

이것으로 여러 가지 국내외에서 자주 그리고 많이 사용되는 대표적인 4가지의 CMS를 살펴보았습니다. 사실 이 모든 CMS가 각각의 장점과 단점이 존재하며 이 CMS를 사용하여 개발을 하는 웹 개발자나 웹 퍼블리셔, 웹 디자이너들이 얼마나 커스터마이징을 하여 웹 사이트를 개발하느냐에 따라서 웹 사이트가 좋아 보일 수도 안 좋아 보일 수도 있습니다. 어느 정도의 개발능력이 향상되면 여기에 나열한 CMS의 단점이 크게 신경 쓰이지 않을 수 도 있습니다. 각자가 개발하는 웹 사이트가 어떤 종류를 자주 개발하는지에 따라서 CMS는 선택적으로 자유롭게 사용이 가능 할 것입니다. 저자의 경우 이 모든 CMS를 사용하고 공부도 해보았습니다. "어떤 CMS가 사용하기 편리하고 좋은가?" 라고 한다면 각자 개발하는 스타일에 따라서 본인에게 맞는 CMS를 설치해보고 어느 것이 더 좋은지는 각자가 판단할 수밖에는 없을 것 같습니다.

02 _ PHP 프레임 워크

- -

지금부터 설명할 프레임워크(Framework)는 앞서 살펴본 CMS와는 다릅니다. CMS는 워드프레스, 그누보드, XE, 킴스큐 등 콘텐츠관리시스템, 즉 이미 만들어져 있는 시스템을 의미합니다. 반대로 프레임워크는 시스템을 의미하지 않습니다.

프레임워크는 단어 의미 그대로 단순한 틀, 혹은 미리 약속된 제작 구조 체계를 의미합니다. 즉, 이미 만들어져 있는 시스템이 아니기 때문에, 프레임워크에서 체계를 따라 베이스부터 시작하여 개발자가 주체가 되어 아주 다양한 프로젝트를 수행할 수 있습니다. 조금 더 쉽게 설명을 하자면 자유도가 높다고 생각하면 됩니다.

알아두세요

프레임워크(Framework) 란?

프레임워크란, 소프트웨어의 구체적인 부분에 해당하는 설계와 구현을 재사용이 가능하게끔 일련의 협업화된 형태로 클래스들을 제공하는 것 입니다.

• 자동차의 예를 들어 프레임워크가 무엇인지 살펴보겠습니다.

자동차에는 프레임이라는 것이 있습니다. 프레임이라는 것은 각종 장치들이 자리를 잡을 수 있도록 하는 자동차의 뼈대와 같은 역할을 합니다. 자동차를 조립할 때 프레임을 기준으로 엔진, 바퀴, 좌석, 외형 등의 부품들을 붙여서 만듭니다. 만약 프레임이 없다면 자동차를 만드는 작업이 오래 걸릴 뿐만 아니라 작업하기가 어려워집니다.

• 프레임워크 탄생

웹 어플리케이션 제작 시 요구가 많아지면서 제작 인력을 늘리는 데 한계가 있던 시기가 있었습니다. 또 제작 인력의 실력에 따라 웹 어플리케이션의 품질에 문제 발생하기도 했습니다. 그래서 품질의 수준을 어느 정도 일괄적으로 맞추면서 빠르게 제작하는 작업이 필요했던 것입니다. 처음에는 필요한 함수를 모아 라이브러리(Library)를 만들어 사용하였지만 부족함을 느꼈고 그래서 웹 어플리케이션 뼈대가 필요했습니다. 그렇게 라이브러리와 공통의 기능들을 모아서 웹 어플리케이션의 뼈대가 되는 프레임워크가 만들어진 것입니다.

라이브러리와 프레임워크의 차이점

❶ 라이브러리는 자주 사용되는 기능을 재사용하고자 모아둔 컴포넌트 입니다. 쉽게 설명하면 공구 상자와 같습니다. 필요한 도구들이 상자에 들어가 있고 사용자가 도구를 꺼내어 사용할 수 있습니다.

❷ 프레임워크는 라이브러리와 같은 컴포넌트를 사용자가 쉽게 사용할 수 있도록 재조합해 놓은 것입니다. 라이브러리가 공구 상자라면 프레임워크는 모두 공구가 합쳐진 전동 공구라고 할 수 있습니다. 사용자가 전동 공구 사용법만 알고 있으면 쉬운 방법으로 다양한 공구의 기능을 사용할 수 있는 것과 같습니다.

이런 한 PHP에서 사용하는 프레임워크의 종류는 수없이 많지만 크게 많이 사용하는 프레임워크의 종류와 각각의 특징을 살펴보도록 하겠습니다.

알아두세요

MVC 패턴

기본적으로 프레임워크들은 MVC 패턴을 기반으로 하고 있습니다. 웹 어플리케이션의 구조를 Model, View, Controller의 세 부분으로 나누어서 각각 다음과 같은 역할을 수행합니다.

❶ Model : 데이터베이스에서 값을 불러 오는 등의 역할을 수행함.
❷ View : 웹 프런트와 관련된 작업을 처리함.
❸ Controller : Model과 View를 연결해 주는 역할을 수행한다.

❶ 라라벨(Laravel)

▲ https://laravel.co.kr 라라벨 한국 사용자모임 홈페이지

라라벨은 PHP를 기반으로 하는 웹 개발 프레임워크로서 Taylor Otwell과 커뮤니티 회원에 의해 개발되었습니다.

현대적인 PHP의 기능을 최대한 활용하여 아름답고 우아하게 코드를 작성할 수 있으며 다양하고 풍부하고 사용하기 쉬운 기능을 제공하므로 약간의 코딩으로 강력하고 견고한 웹 어플리케이션을 개발할 수 있습니다.

이제는 라라벨 프레임워크의 장점이 많이 알려져서 나날이 사용자가 늘고 있으며 가장 대표적인 PHP 프레임워크가 되고 있으며 구글 트렌드를 보면 엄청난 성장세를 보이고 있음을 알 수 있습니다.

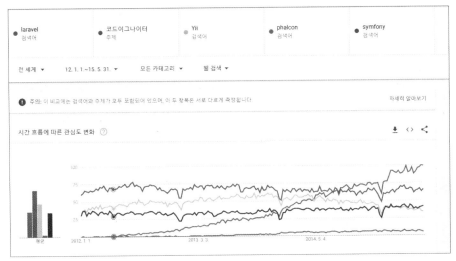

▲ PHP 프레임워크 구글 트렌드(http://goo.gl/B9CU7k)

라라벨의 장점은 단순하고 MVC 패턴 기반, 우아한 문법, 복잡한 것들은 프레임워크 안에서의 처리, 강력한 확장기능 등 이 있습니다. 하지만 단점은 다른 프레임워크보다 무겁고 느리다고 알려져 있습니다. 라라벨의 철학은 "개발 생산성"인데, 하드웨어 적으로 성능을 높여 무겁고 느린 부분을 커버하는 것이 낫다는 철학입니다. 이러함에도 불구하고 전 세계에서 가장 많이 사용하는 PHP 프레임워크인 이유는 분명 많은 장점이 그 단점을 커버하기에 가능하지 않는가 하는 생각이 듭니다.

❷ 코드이그나이터(Codeigniter)

▲ http://codeigniter-kr.org 코드이그나이터 한국 사용자모임 홈페이지

코드이그나이터는 오랫동안 많은 유저들이 사용하는 프레임워크입니다. 앞서 설명한 라라벨이 나오기 전까지 사용자가 독보적으로 많았습니다. 이처럼 코드이그나이터를 사용하는 기존 유저가 많기 때문에 커뮤니티가 활성화 되어있습니다. 또한 회원가입을 하여, 자신이 모르는 부분을 질문하여, 많은 도움을 얻을 수도 있습니다.

코드이그나이터의 장점은 MVC 패턴 기반, PHP에 적합, 가벼움, 여러 플랫폼을 지원하는 완벽에 가까운 데이터베이스 클래스 지원, 폼과 데이터의 검증, 보안과 XSS 필터링 등이 있습니다.

일반적으로 코드이그나이터를 처음 시작한다면, 사용자개발가이드를 이용하는 것이 좋습니다. 사용자개발가이드는 코드이그나이터 공식 홈페이지에 접속하면 이용할 수 있습니다. 하지만, 영어에 익숙하지 않는 경우 개발하는데 있어서 어려움을 겪을 수 있습니다. 그래서 처음에는 코드이그나이터 한국사용자포럼 홈페이지에 접속하여 CI한글 메뉴얼을 이용하면 코드이그나이터를 배우는데 조금 더 쉽게 접근이 가능합니다.

❸ Yii

▲ http://yiikr.com Yii 한국 사용자모임 홈페이지

Yii는 대규모 웹어플리케이션을 신속하게 개발하기위한 고성능 컴포넌트 기반의 PHP 프레임워크입니다. 2008년 1월 1일에 Yii프로젝트를 시작하였고 설립자는 Qiang Xue 입니다.
수년간의 경험과 수많은 개발자들의 피드백으로 웹2.0 응용프로그램 개발에 대한 요구로 매우 빠르고, 안전하고 전문적인 프레임워크인 Yii 1.0버전을 2008년 12월 3일 공개하게 되었습니다.

Yii는 앞서 설명한 두 개의 프레임워크보다는 사용자가 적습니다. 그래서 그런지 사용자모임 홈페이지에서도 다른 커뮤니티보다 활동량이 적다고 할 수 있습니다. 그렇다보니 다른 프레임워크보다 강좌나 자료들을 구하기가 어렵고 처음 접하기에는 다소 힘든 장벽이 있습니다.

위에서 언급한 프레임워크들이 왜 세계적으로 인기가 많은지 프레임워크를 사용함으로써 어떤 것이 편리해지는지는 각자가 직접 경험을 해보아야 느낄 수 있는 부분입니다. 이상으로 여러 가지 국내외에서 자주 그리고 많이 사용되는 대표적인 3가지의 프레임워크를 살펴보았습니다.

책에서는 프레임워크가 무엇이고 왜 존재하는지 무엇이 사용되는지 간략한 소개만 했지만, 어느 정도 PHP와 MySQL을 숙달하고 개발 능력이 향상된다면 꼭 한번쯤은 사용을 해보는 것이 개발 방식이나 시야를 넓히는데 도움이 많이 될 것이라고 생각합니다.

프로그래밍 추천 서적

JSPStduy의
Java 프로그래밍 입문

초보자도 이해할 수 있게 자바의 핵심을 잘 집어주는 친절한 설명!

Java 프로그램의 동작 원리와 개념을 알기 쉽게 설명한 책이다. JDK 8.0 설치부터 JAVA 기초 문법은 물론 반복문으로 비밀번호 해킹하기, 서버와 클라이언트 간 통신하는 Echo 채팅 구현하기, 데이터베이스와 SQL문을 이용한 회원테이블 데이터베이스 만들기 등 다양한 응용 기술까지 자바 개발자로 가는 길을 알려준다. 실력을 향상시킬 수 있도록 난이도에 맞는 실습예제를 단원별로 수록하였다. 또한 대학 강의에 맞게 설계된 맞춤형 강의 PPT를 제공하고 있다.

정동진 외 2명 공저 | 21,000원

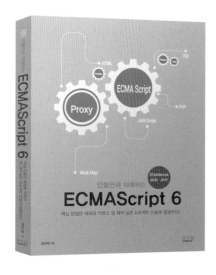

만들면서 이해하는
ECMAScript 6_ECMAScript 2016, 2017 포함

핵심 문법은 예제로 익히고 앱 제작 실전 프로젝트 만들며 응용한다!

ECMAScript 6의 핵심 기능을 알기 쉽게 이해하고, 실습 예제로 복습한 후 업무 관리 앱 실전 프로젝트를 만들 수 있도록 구성한 책이다. ECMAScript 2016 · 2017 핵심 API도 알기 쉽게 정리하였다.
책에서 제시한 다양한 예제와 실전 프로젝트를 따라하면 ECMAScript 6의 핵심 기능을 손쉽게 파악하고 실무에 바로 적용할 수 있으니 지금 시작해 보자!
책속에는 하루에 한 시간씩 총 7일, 4일 코스로 공부할 수 있는 교육 시간표가 제공된다. 교육 시간표는 스터디나 교육기관에서 활용할 수 있고 혼자서 스스로 공부하는데 좋은 가이드가 될 것이다.

김규태 저 | 18,000원